조선어방언사전

조선어방언사전

오구라 신페이 저
이상규 · 이순형 교열

한국문화사

조선어방언사전

인쇄 · 2009년 8월 25일
발행 · 2009년 8월 30일

편 저 · 오구라 신페이小倉進平
교 열 · 이상규 · 이순형
펴낸이 · 김 진 수
편 집 · 문 소 진
펴낸곳 · **한국문화사**
주소 · 서울특별시 성동구 성수1가2동 656-1683번지 두앤캠B/D 502호
전화 · (02)464-7708 / 3409-4488
팩시밀리 · (02)499-0846
등록번호 · 제2-1276호
등록일 · 1991년 11월 9일
홈페이지 · www.hankookmunhwasa.co.kr
이메일 · hkm77@korea.com
가격 · 35,000원

잘못된 책은 바꾸어 드립니다.
이 책의 내용은 저작권법에 따라 보호받고 있습니다.

ISBN 978-89-5726-694-6 91700

> I'd like to clarify that this book is published with the support of the **Shinmura Izuru Commemoration Foundation** in 2002 and express my heartful appreciation for the support of the publication grant.

■ 小倉進平 博士 近影

■ 東京帝國大學 言語學科 教授와 小倉進平 博士

@ 사진 제공 : 新村出 記念財團, 東京帝國大學 言語學科 敎授, 우측상단 新村出. 맨앞줄 오른편 小倉進平.

■ 小倉進平 博士의 親筆 편지

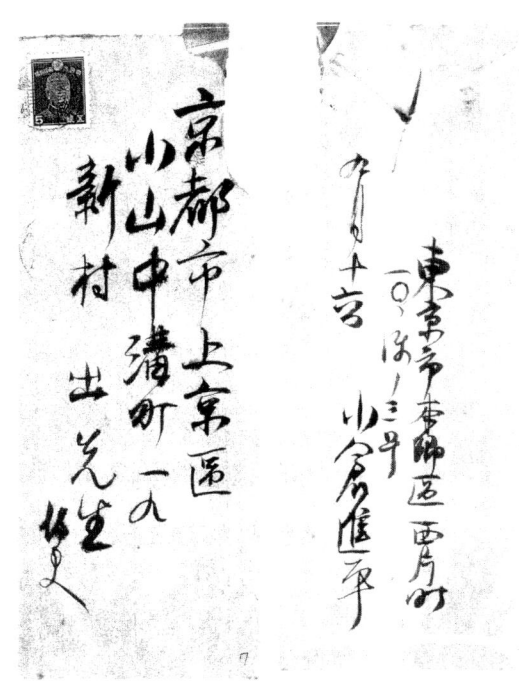

@ 자료 제공 : 新村出 記念財團, 小倉進平가 新村出에게 보낸 편지.

@ 자료 제공 : 新村出 記念財團, 小倉進平가 新村出에게 보낸 편지.

머리글

오구라 신페이小倉進平 선생은 한국어에 대한 남다른 열정으로 특히 방언학에 관련된 많은 연구 성과물을 남겼다. 일본의 제국 식민 통치의 기획으로 시작된 연구였지만 남다른 조선에 대한 학구적인 열정과 애정을 그의 저작물 곳곳에서 찾아 볼 수 있다. 특히 옛가요인 향가鄕歌에 대한 해독과 조선 전역의 방언 현지 조사 과정을 살펴보면 어느 누구도 감히 쉽사리 시도할 수 없었던 학문적 성과로 높이 평가하지 않을 수 없을 것이다.

『조선어 방언 연구朝鮮語方言の研究』는 자료편이 상권으로 해설편이 하권으로 구성되어 유고작으로 출판되었다. 2003년 도쿄대학 객원연구원 시절에 오구라 신페이 저작물에 대한 공부를 하면서 특히『조선어 방언 연구』는 자료편을 일반 독자들도 참고할 수 있도록 재편하는 준비를 해왔다. 그러던 중 일본 도야마대학 나카이 세이치中井精一 교수의 호의로 2002년 신무라 이즈루기념재단新村出記念財團의 출판 지원을 받아 오구라 신페이 선생의 땀과 정열이 베여 있는 교열본 조선어방언사전이 출판의 빛을 보게 되었다. 자료의 정밀도를 훼손시키지 않기 위해 많은 시간과 공력이 필요로 했기 때문에 계획된 시간보다 많은 시간을 흘려 보냈다.

한국 방언학의 기초를 쌓은 『조선어 방언 연구』는 현대적 관점에서 보면 자료의 신뢰성 여부에 문제가 다소간 있지만, 매우 중요한 자료로서의 가치는 결코 소홀하게 다룰 수 없을 것이다. 3세대를 지난 당대의 언어가 현재의 모습과 어떻게 체계적인 차이를 보이는지를 이해하는데 전문학자 뿐만 아니라 일반 독서가들에게도 훌륭한 길잡이 노릇을 할 것이다.

본 조사 사업의 정밀한 조사과정과 제보자에 대한 자료가 아직 발견되지 않아서 안타깝다. 그러나 신무라 이즈루기념재단에는 37건에 이르는 오구라 신페이의 친필 편지가 남아 있다. 앞으로 오구라 신페이 관련 자료들이 더 발견될 가능성의 여지가 남아 있을 뿐만 아니라 새로운 자료들을 포함한 보다 더 정밀한 연구가 진척되기를 기대해 본다. 이 자료를 토대로 하여 통시적 방언의 변화, 방언지도 제작, 방언을 토대로 한 문화사의 변화 등 여러 분야의 연구 자료로서 활용되기를 기대한다.

이 교열본 조선어방언사전이 출판되기까지 사진 및 관련 자료를 제공해 준 신무라 이즈루기념재단과 자료의 교열과 교정에 몇 년간 땀을 흘린 이순형李舜炯 박사, 늘 한·일간의 방언 연구의 가교 역할을 해 준 오랜 학문적 동료인 도야마대학 나카이 세이치 교수에게 이 자릴 빌어 감사를 드린다. 아울러 어려운 출판 환경 속에서 출판을 맡아 준, 한국문화사 김진수 사장님과 관계자 여러분께도 감사드린다.

매우 열악했던 20세기 초반 조선 전역을 누비며 방언 조사를 수행했던 오구라 신페이 박사의 학문적 열정을 오랫동안 기리며, 『조선어 방언 연구』가 한중일 등 동아시아의 협력 연구로 발전되기를 진심으로 기원한다.

끝으로 여러 가지 미진한 점은 전적으로 교열을 맡은 이의 몫이다. 부족한 점은 질정해 주시기를 바라며 이 책의 머리글을 놓아둔다.

2009년 초하에
교열 책임 이상규·이순형

차례

- 小倉進平 博士 近影 / 5
- 東京帝國大學 言語學科 敎授와 小倉進平 博士 / 5
- 小倉進平 博士의 親筆 편지 / 6
- 머리말 / 7

해설편解說篇 11

01 조선어 방언 연구의 역사	13
02 조선어 방언 연구의 필요	17
03 나의 조선어 방언 조사의 경과	19
04 어문의 로마자 전사	23
05 조사 지점 일람	27
06 방언 채집의 추억	31

자료편資料篇 41

01 천문天文	43
02 시후時候	57
03 지리地理·하해河海	68
04 방위方位	96
05 인륜人倫	103
06 신체身體	131
07 가옥家屋	170

9

08 복식服飾	191
09 음식飮食	220
10 농경農耕	233
11 화과花果	249
12 채소菜蔬	261
13 금석金石	287
14 기구器具	295
15 배와 수레舟·車	342
16 날짐승飛禽	348
17 달리는 짐승走獸	365
18 수중 생물水族	391
19 곤충파충昆蟲爬蟲	404
20 초목草木	428
21 형용사形容詞	443
22 동사動詞	463
23 조동사助動詞	491
24 부사副詞	585
25 조사助辭	597
26 접두사接頭辭·접미사接尾辭	605
27 구句·단문短文	608
28 잡雜	611

해설解說

小倉進平의 『朝鮮語方言の研究(上)』의 검토

이상규(경북대)　625

찾아보기 / 641

| 해解 | 설說 | 편篇 |

01 조선어 방언 연구의 역사
02 조선어 방언 연구의 필요
03 나의 조선어 방언 조사의 경과
04 어문의 로마자 전사
05 조사 지점 일람
06 방언 채집의 추억

조선어 방언 연구의 역사

조선어는 최근까지 국내외 학자들의 주목을 그다지 끌지 못했던 언어 가운데 하나였다. 따라서 조선어 방언 연구도 거의 이루어지지 않았다고 해도 과언은 아니다.

조선 사람들은 옛날부터 한학漢學을 존중하여, 그들의 손으로 이루어진 각종 기록의 대부분을 한문으로 썼고 조선어로 쓴 것은 극히 드물었다. 그들은 자기의 언어를 속어俗語라고 비하하여 애써 이것을 문학어로써 사용하는 것을 꺼렸기 때문에 조선어 및 그 방언의 연구 등은 세상 사람들의 관심 밖에 놓이게 되었다. 지금으로부터 약 140년 전, 이덕무李德懋가 저술한 『한죽당섭필寒竹堂涉筆』 중에 「신라방언新羅方言」이란 제목으로, 경상남북도 지방의 방언을 다음과 같이 적고 있다.

"관官에 오래 재직하는 사람은 방언을 배워 속정俗情에 통달해야만 한다. 내가 처음 사우沙郵에 부임했을 때 서리胥吏와 노예奴隸가 말하는 것을 쉽게 이해할 수가 없었다. 아마도 그들이 쓰는 말이 신라新羅의 방언이기 때문이다. 그리하여 내가 하는 말도 서리와 노예들이 이해하지 못하고 매번 일마다 착오가 많았다. 그런데 얼마 지나지 않아 나는 대강이나마 방언을 익혀 결국에는 방언으로 백성을 대하기에 이르렀다. 예전에 나는 서리와 노예들에게 곡류를 창고에 보관하도록 명령한 적이 있는데 이들은 '居穤[kə-cʰi]'가 불완전하면 '羅洛[na-rak]'이 반드시 누출漏出된다. '請伊[cʰə-i]'로 치고 나서 단단히 '沙暢歸[sa-tʃʰa-i]'[1)]로 묶어 '丁支間[tʃʰə-dʒi-kʼan]'에 두자고 대답했다.

> 마침 그때 서울京城에서 온 손님이 있어 그 말을 듣고 입을 가리고 웃으며 무엇을 이야기하고 있느냐고 물었다. 나는 '거치居穉'는 섬俵, '나락羅洛'은 벼稻, '청이請伊'는 키箕, '사창귀沙暢歸'는 새끼줄藁索, '정지간丁支間'은 곳간庫의 뜻이라고 하나하나 설명하였다"

또한 이와 동시대 사람인 홍양호洪良浩의 『북새기략北塞記略』을 보면 '무격巫覡'을 '스스師'[su-su], '문門'(저택)을 '오라烏喇'[o-ra], '언덕高阜'을 '덕德'[tɔk], 부근邊涯을 '역域'[jɔk], '벽壁'을 '책策'[tʃuk-(tam)], '얕은 여울淺灘'을 '슬膝'[s'ul], '고양이猫'를 '호양虎樣'[ko-nɛ-i], '임대한 소貰牛'(종우種牛를 다른 사람에게 대여하고 그 송아지를 무상으로 받는 것)을 '수도리輪道里'[jun-du-ri], '조망鳥網'(새를 잡는 망)을 '탄彈'[tʰan], '남쪽'을 '앞'[alp], [ap], '북쪽'을 '뒤'[tui], '가죽제의 구두'를 '다로기多路岐'[to-ro-gi], [to-re-gi], 썰매橇의 일종을 '발고跋高'[pal-gi], [pal-gui], 두만강에서 잡히는 고기의 일종을 '야래夜來'[ja-ri], [ja-rui]라고 하는 등, 함경북도의 방언을 여실히 기록한 것과 같이[1] 조선어 방언 연구의 귀중한 자료가 있긴 하나 그 외에는 특필할 만한 기록이 보이지 않는다.

일본인은 상당히 오래전부터 조선어를 연구해 왔으나, 방언 연구에는 특별히 뜻을 두지 않았다. 오다 간사쿠小田管作의 저서 『상서기문습유象胥紀聞拾

---

1) 오구라 신페이小倉進平가 조사한 방언자료에서 No. 10354 '새끼줄藁繩'의 방언형은 아래와 같다. 특히 '산챙이'의 방언 분화형이 전라남북도 일원에서 발견된다.
   (1) 셋기[set-ki] 대다수 지방
   (2) 색기[sɛk-ki] (제주)제주·성산·서귀·대정
   (3) 셋치[set-čʰi] (함남)홍원·이원
   (4) 삳챙이[sat-čʰɛn-i] (전남)담양, (전북)남원·순창
   (5) 산내기[san#nɛt-ki] (전남)담양, (전북)운봉·남원·순창·전주·장수·진안·금산
   (6) 산낟구[san#nat-ku] (전남)여수
   (7) 사낻기[sa#nɛt-ki] (전남)순천·장성·곡성
   (8) 새드래기[sɛ-di-rɛ-gi] (함남)신고산
   (9) 새드랟기[sɛ-di-rɛt-ki] (함남)고원

遺』(서기, 1841)에 경상남도에서는 '무'를 [mu-si]라고 한다고 기록하고 있는데[2] 이것은 단순히 조선인으로부터 전해들은 것에 지나지 않는다. 그 후 조선어가 지방에 따라 발음이 다르다는 것을 언급한 것은 있으나 굳이 여기에 소개할 만한 정도의 것은 없다.

중국인으로서는 한漢의 양웅揚雄이 지은 『양자방언揚子方言』에 열수列水(대동강이라는 견해와 한강이라는 견해가 있다) 부근의 방언을 들고 있는데, 이것은 실제 본래의 조선어가 아니라 그 지방의 중국어 방언을 모사模寫한 것이다. 또한 송宋의 손목孫穆의 『계림유사鷄林類事』는 고려시대의 조선어를 수집한 것으로 유명한데, 그것은 고려왕도의 언어를 반영한 것으로 한 지방의 방언으로 보기 어렵다. 그리고 명明의 『화이역어華夷譯語』에도 다수의 조선 어휘가 보이는데, 이것 또한 방언적인 색채가 짙다고는 할 수 없다.[3]

마지막으로 서양인의 연구가 있다. 그들이 조선어 연구에 뜻을 두기 시작한 것은 19세기 초기 이후의 일인데, 방언에까지는 미치지 못했다. 단지 항해자인 영국인 브로우튼W. R. Broughton[4]이 1797년 10월 부산 지방에서 그 지방의 방언 단어 38개를 채집하였고, 홀B. Hall[5]이 1916년 조선의 서해안 지방을 탐색하며 남쪽으로 항해하던 중 그 지방 방언의 단어 28개를 채집하였다. 이들의 방언 수집은 단어수單語數로는 극히 빈약하나 어학사語學史에서 지극히 중요시할 일들이다. 그 후 서양인에 의한 방언 연구는 전혀 없는 상태이다. 그러나 그들이 조선어에 관해 지은 사서문법辭書文法 중에는 방언적 사실을 중심으로 설명을 시도한 것이 몇몇 남아 있어, 우리가 귀중한 방언 자료를 접할 수 있는 것이다. 예를 들면 푸치로Putsilo의 『러시아어 조선어 대역사서』 중에 포함되어 있는 어휘의 대다수가 함경도 방언[6]이고, 또한 만주에서 선교하며 중국어와 조선어 연구에 종사한 로스J. Ross와 매킨타이어J. MacIntyre 두 선교사의 『조선어에 관한 문법』[7]은 평안도 방언 어법에 관한 것이다.[8]

원주

1 『조선어 방언 연구(하)』 별항 「함경남도 및 황해도의 방언」 297쪽 참조.
2 『조선어 방언 연구(하)』 별항 Z(△)의 제34쪽의 기사 참조.
3 졸고, 『조선관역어朝鮮館譯語』 역(상, 하), 동양학보 제28권 제3호, 제4호 (1941년 8월, 12월) 참조.
4 W. R. Broughton : "A voyage of discovery to the North Pacific Ocean." 1804.
5 B. Hall : "Account of a voyage of discovery of the west coat Corea, and the Great Loochoo Islands." 1818.
6 상세한 것은 『조선어 방언 연구(하)』 별항 「7년 전의 함경방언」 참조.
7 J. Ross : "Corean Primer." 1877.
　　　　 : "The Corean Language." China Review. Vol VI. 1878.
　　　　 : "Korean Speech, with Grammar and Vocabulary." New Edition. 1882.
　　J. MacIntyre : "Notes on the Corean language." China Review. Vol VIII. 1879.
8 상세한 것은 별항 「서양인의 기록에 남겨진 조선방언」 참조.

조선어 방언 연구의 필요

    조선어는 어떠한 특질이 있는 언어이며, 어떠한 언어와 계통을 같이 하는 것인가 등의 문제는 아직까지도 충분히 해결되지 않았다. 이들 문제 규명을 위해 먼저 조선어의 역사적 변천을 밝히고, 한편으로는 다른 언어와 비교 연구할 필요가 있다.

    내가 조선어의 역사적 변천을 연구하는 데 연구의 근간을 이루는 자료를 풍부하게 제공받고 있는가 하면 반드시 그렇다고 할 수가 없다. 예로부터 조선에서는 조선어를 글로 써서 표현할 만할 조선 고유의 문자가 존재하지 않았다. 조선조 초기까지 사람들은 한자를 빌어 조선어를 표현하는 것 외에 다른 방법을 몰랐다. 그 불편함과 부정확함이 어느 정도였는가는 대략 상상이 될 것이라 생각된다. 그런데 조선조 초기 세종28(1446)년에 이르러 조선은 드디어 조선 고유의 문자 '한글諺文' 28자를 창제하고 이를 이용하여 조선어를 충분히 글로 표현할 기회를 얻었다. 종래에는 오로지 한자를 사용借하여 극히 불완전하게 조선어를 표기하는 정도였으나 한글 발명 이후에는 명사, 수사, 조사, 부사 등 독립적인 의의를 가지는 단어 이외에 형용사, 동사, 조동사의 어미변화 등 크고 작은 언어 현상을 표현할 수 있게 되었다. 그 이후 일반인들이 얻은 편리함뿐만 아니라 후세 언어 연구자가 느낀 감사의 마음도 결코 적은 것이 아닐 것이다. 그렇지만 한글 반포 당시, 실제로 이 문자를 이용한 것은 2, 3종의 문학서, 어학서를 제외

하고는 대부분이 불전佛典의 해석서류로, 각종 방면에 널리 이용된 것은 아닙니다. 또한 그 후 얼마 지나지 않아 한글은 사대부들 사이에서는 배척당하고 대개 무학자無學者나 부녀자의 문자로서 경시되었기 때문에, 이 문자의 활동력은 크게 위축되었다. 그리하여 이를 이용한 숭고한 문학 등이 출현할 여유가 없었을 뿐만 아니라, 일상생활에 사용되었을 풍부한 어휘도 문자로 기록될 수 없었다. 오늘날 이용되고 있는 각종 조선어사전을 살펴보았을 때 그 어휘수가 빈약한 것에 놀랄 수밖에 없는데, 그 이유는 여기에 있다. 이 결함을 보완하기 위해 나는 특히 조선에서의 방언 채집 사업이 긴급히 필요하다고 느낀 것이다.

  이렇듯 조선어 방언 채집의 목적은 앞에서 말한 것과 같이 새롭게 얻어진 자료로 종래의 부족한 어휘를 보완하려는 것에 있다. 그리고 거기에 더해 더욱더 중요한 이유는 살아 있는 언어의 연구로 언어학 내지 방언학의 발달에 공헌을 하고 싶다는 것이다.

나의 조선어 방언 조사의 경과

    나는 1911(메이지 44년)년에 조선으로 건너와 조선총독부에 재직하면서 교과서 편찬사업에 종사했지만, 나의 본래의 목적은 조선어 연구에 있었다. 나는 조선에 도착하자마자 실제의 화법을 배우며, 각종 문헌을 섭렵하고 조선어 연구에 종사했는데, 이것이 완전한 연구가 되기 위해서는 방언 연구가 절대적으로 필요하다고 느끼기에 이르렀다. 이후 나는 총독부와 경성제국대학교에 재직하면서 공무의 여가를 이용하여 몇 번이나 장·단기의 조선 내 여행을 시도, 약 20여 년에 걸쳐 극히 개략적이긴 하나 조선 전국 각지로 조사를 다녔다. 나는 1933년(쇼와 8년) 도쿄제국대학으로 옮겼는데, 이때 매년 공무로 개성을 방문한 기회를 이용하여, 단기간이기는 하지만 각지로 출장하며 그 이전의 조사에 대한 미비한 점을 수정, 보충하였다. 처음부터 나는 여행 때마다의 조사 결과를 잡지 등에 발표하는 방침을 취했기 때문에 방언에 관한 단편적인 보고는 현재까지 여러 편에 이른다.

1. 제주도 방언(1, 2, 3), 『조선 및 만주朝鮮及滿洲』, 1913년 3, 4, 5월
2. 서부황해도 방언, 『조선교육회 잡지朝鮮敎育會雜誌』, 제27호, 1914년 4월
3. 경상남도 방언, 『조선휘보朝鮮彙報』, 1915년 4월
4. 경상남북도 방언, 『조선휘보朝鮮彙報』, 1916년 5월
5. 경원 함경철도연선 방언, 『조선교육연구회잡지朝鮮敎育硏究會雜誌』, 제20호, 1918년 5월

6. 충청남도의 방언에 대해서, 『조선교육연구회잡지朝鮮敎育硏究會雜誌』, 제35호, 1919년 8월
7. 전라남도 방언(1, 2, 3), 『조선교육연구회잡지朝鮮敎育硏究會雜誌』, 제44, 45, 46호, 1919년 5, 6, 7월
8. 함흥지방의 방언, 『조선교육연구회잡지朝鮮敎育硏究會雜誌』, 제62호, 1920년 11월
9. 전라북도 및 충청북도 방언, 『조선교육朝鮮敎育』, 제6권 제5호, 1922년 2월
10. 경상북도 방언, 『조선교육朝鮮敎育』, 제7권 제6호, 1923년 3월
11. 영동 방언, 『조선朝鮮』, 1923년 7월
12. 함경남북도 방언, 『조선어朝鮮語』, 조선어연구회, 1927년 4월
13. 영서 방언, 『문교조선文敎朝鮮』, 1928년 3월
14. 제주도 방언, 『청구학총靑丘學叢』, 제5호, 1931년 8월

한편 나는 이들 자료를 총괄적으로 연구한 시론試論을 공표하였다. 그 중 잡지, 논문집 등에 발표한 것으로 다음과 같은 것이 있다.

1. 조선어의 역사적 연구에서 볼 수 있는 제주방언의 가치, 『조선朝鮮』, 1924년 2월
2. 신라어와 경상북도 방언, 『아시아연구亞細亞硏究』, 오사카동양학회, 제1호, 1924년 6월
3. 명의고名義考, 『민족民族』, 제4권 제1호, 쇼와 3년 11월
4. 말馬에 관한 조선어, 『문교조선文敎朝鮮』, 쇼와 5년 1월
5. 여우를 의미하는 조선방언, 『청구학총靑丘學叢』, 제1호, 쇼와 5년 8월
6. "추천鞦韆"의 방언분포, 『문교조선文敎朝鮮』, 제73호, 쇼와 6년 9월
7. 60년 전의 함경방언, 『중등조선어강좌中等朝鮮語講座』, 쇼와 6년 2월
8. 서양인의 기록에 남아있는 조선방언, 『국어국문国語国文』, 제2권 제1호, 쇼와 7년 1월
9. "재성在城" 및 "거세간居世干"명의고, 『조선朝鮮』, 제203호, 쇼와 7년 4월
10. 국어 특히 쓰시마津島방언에 영향을 미친 조선어의 영향, 『방언方言』, 제2권 7호, 쇼와 7년 7월
11. 북부조선방언 중 활용어의 어미에 존재하는 [-duŋ] 및 [-me], 『문교조선文敎朝鮮』, 제85호, 쇼와 7년 9월
12. 방언분포상의 단층, 『돌멘』, 제4권 제1호, 쇼와 10년 1월
13. "재쥬"의 방언분포, 『청구학총靑丘學叢』, 제19호, 쇼와 10년 2월

14. 방언채집추억만담,『방언方言』, 제5권 제10호, 쇼와 10년 10월
15. "소주燒酎"를 나타내는 조선방언의 분포,『민족학연구民族學硏究』, 제2권 제3호, 쇼와 11년 7월
16. "감저"를 나타내는 조선방언의 분포와 그 유래, 이나미 후유伊波普猷씨 환갑기념『남도논총南島論叢』, 쇼와 12년 7월
17. "냉이薺" 명의고,『방언方言』, 제8권 제2호, 쇼와 13년 5월
18. 방언경계선의 일예,『제국대학신문帝国大学新聞』, 쇼와 13년 11월 14일
19. 조선어 "달팽이" 명의고,『언어연구言語硏究』, 제2호, 쇼와 14년 4월
20. 조선어 말의 중간에 나타나는 [b],『청구학총靑丘學叢』, 제30호, 쇼와 14년 10월
21. 조선어 음절 중간에 나타나는 [k]·[g],『언어연구言語硏究』, 제7·8호, 쇼와 16년 4월
22. 조선어 "매鷹"의 명칭,『민족학연구民族學硏究』, 제7권 제1호, 쇼와 16년 4월
23. 대구 부근의 방언,『대구부사大邱府史』, 쇼와 18년

단행본으로 발표한 책으로는 다음과 같은 것이 있다.

1.『남부조선의 방언』, 조선사학회(경성), 다이쇼 13년
2.『평안남북도의 방언』, 경성제국대학교 법문학부연구 조사책자 제1집, 쇼와 4년
3.『함경남도 및 황해도의 방언』, 앞과 같음. 쇼와 5년
4.『조선어 겸양법·존경법의 조동사』, 동양문고논총 제26, 쇼와 13년
5.『The outline of the korean dialects』, Memoirs of the Research Department of the Toyo Bunko, No.12, 1940

우선 차등방언의 조사에서 내가 채택한 방법은 다음과 같다. 먼저 조사지점은 각 군청소재지로 잡았고, 필요하면 여러 다른 지점도 조사했다. 그리고 지금까지 조사해서 얻은 지점의 수는 전 조선을 통틀어 200개 이상에 이르지만, 중간에 필요가 있어 재조사 한 지점도 적지 않다.

다음으로 언급할 것은 조사 대상자에 대한 것이다. 조사 대상자는 보통학교(조선인 교육의 소학교) 상급 남녀생도 약 10명을 선발하는 것을 원칙

으로 했다. 조사 목적상 노인, 특히 부인 등을 대상으로 하는 것이 가장 좋지만 이런 사람들은 장시간의 조사에 견디지 못한다. 또한 이들은 질문의 회답 요령을 경험하지 못한 경우가 많아 학교 생도(학생)를 대상으로 삼았다.

그 다음은 조사 항목을 기입한 조사서에 대한 것이다. 이것은 내 자신의 경험을 토대로 작성했다. 원래 유럽 여러 언어에는 각각의 언어에 적합한 방언조사서가 있고, 일본에도 이전부터 여러 종류의 방언 채집부라고 불리는 것이 있지만 그것을 그대로 조선어 방언채집에 사용할 수 없다고 생각한다. 조선어에는 그만의 특이한 언어 현상이 있다는 것을 생각해야 한다. 그러나 종래에 조선에서 이런 종류의 조사서는 한 권도 없었다. 그래서 나는 최초의 조사서를 작성하기 위해서 먼저 음운·어휘·어법 등을 보고, 특색이 있다고 생각되는 말을 스스로 선택하고, 여행을 통해 쌓은 스스로의 경험에 근거해서 그 범위를 정하였다. 처음에 그 말의 수가 극히 적었지만 점차 그 수가 늘어났고 지금은 600 내지 700 항목에 이르고 있다.

마지막으로 말할 것은 조사 여행에 관한 것이다. 조선 각지는 지금은 철도·해운도 발달했고, 자동차 망(길)도 완비되어 있지만, 지금부터 십수 년 전의 옛날에는 교통기관이 대단히 열악했고, 겨우 말 등을 타고 도읍 간의 여행을 시도해 볼 수밖에 없었다. 그 결과 긴 조사 기간에 비해 충분한 효과를 올릴 수가 없었을 때에는 그만둘 사정이 생겼다는 것밖에 달리 할 말이 없었다.

나는 지금까지 조사를 계속해 왔지만, 그것은 원래 일시적 흥미로부터 출발한 것이었다. 학문적 기준 위에서 출발한 것이 아니기 때문에, 그 결과에 많은 결함이 있는 것은 당연하다. 나는 이런 결함들이 완전하게 제거되고, 조선어에 기초가 될 방언학이 하루 빨리 실현될 날이 오기를 열망해 마지않았는데, 이번에는 다행히도 일본 학술진흥회의 후원으로 1937년(쇼와 12년) 10월부터 향후 3년간을 예정으로 조선어 방언을 재조사하게 되었다. 현재 후배이자 공동연구자인 고노 로쿠로河野六郎씨(당시 경성제국대학교 조교수)가 세워준 계획에 따라 실지 조사에 임하고 있다.

어문의 로마자 전사

한글은 조선어를 표기하는 데 편리한 문자이지만, 인쇄할 때 곤란한 단점이 있다. 때문에 로마자 및 그에 기초한 기호를 사용하는 것이 독자에게 편리할 것으로 본다. 그 약속은 다음과 같다. 괄호를 하는 것은 고서의 철자를 나타내는 등 특별한 경우에만 사용하는 문자 기호이고, 괄호 안에 넣은 것은 현대 발음을 나타내는 발음기호이다.

1. ㅏ = a [a], 2. ㅑ = ia [ja], 3. ㅓ = ɔ [ɔ], 4. ㅕ = iɔ [jɔ], 5. ㅗ = o [o], 6. ㅛ = io [jo], 7. ㅜ = u [u], 8. ㅠ = iu [ju], 9. ㅡ = ú [ŭ], 10. ㅣ = i [i], 11. ㆍ 〈주〉(1) = ɒ, 12. ㅐ, ㅔ 〈주〉(2) = ai, ɒi [ɛ], 13. ㅒ = iai [jɛ], 14. ㅖ = ɔi [e], 15. ㅖ = iɔi [je], 16. ㅚ = oi [ø], 17. ㅟ = ui [wi], 18. ㅢ = úi [ŭi], 19. ㅘ = oa [wa], 20. ㅝ = uɔ [wɔ], 21. ㅙ = oai [wɛ], 22. ㅞ = uɔi [we], 23. ㄱ = k [k, g], 24. ㄴ = n [n], 25. ㄷ = t [t, d], 26. ㄹ = r [l, r], 27. ㅁ = m [m], 28. ㅂ = p [p, b], 29. ㅅ = s [s, t], 30. ㅇ = [ŋ], 31. ㅈ = č [tʃ, dʒ], 32. ㅊ = č` [tʃ`], 33. ㅋ = k` [k`], 34. ㅌ = t` [t`], 35. ㅍ = p` [p`], 36. ㅎ = h [h], 37. ㄲ = sk [ʔk, ʔg], 38. ㄸ = st [ʔt, ʔd], 39. ㅃ = sp [ʔp, ʔb], 40. ㅆ = ss [ʔs], 41. ㅉ = sč [ʔtʃ, ʔdʒ], 42. ㅿ 〈주〉(3) = z

<주>(1) 문자 「ㆍ」는 지금 일반적으로 사용되지 않으며, 그 음가는 현재 a·ɔ·o·u 등으로 실현되고 있다. 어원 등을 설명할 경우, 특히 「ㆍ」의 사용을 필요로 할 때는 「ㆍ」문자를 ɒ로 쓴다.

<주>(2) ·ㅣ는 조선 대다수의 지방에서 ㅐ와 동일한 발음인 [ɛ]로 실현되지만 제주도는 특이한 발음으로 실현된다.
<주>(3) ㅿ은 지금 사용되지 않는 문자이지만 어원 등을 설명할 경우, 특히 ㅿ의 사용을 필요로 할 때는 z로 쓴다.

〈역자 주〉
음성전사를 위한 문자는 인쇄를 고려하여 오늘날 국제음성부호를 기준으로 아래와 같이 일부 새롭게 규정한다. 오구라 신페이小倉進平는 인쇄용 활자의 제약 때문에, 예를 들면 2. ㅑ = ia [ja]와 같이 "ia" 표기와 함께 [ja]와 같은 정밀 음성 표시를 하였다. 여기서는 널리 알려진 국제음성부호를 기준으로 하여 다음과 같이 표기하였음을 밝혀 둔다.

1. 모음

1. ㅏ = a [a]
2. ㅑ = ia [ja]
3. ㅓ = ɔ [ɔ] → [ə]
4. ㅕ = iɔ [jɔ] → [jə]
5. ㅗ = o [o]
6. ㅛ = io [jo]
7. ㅜ = u [u]
8. ㅠ = iu [ju]
9. ㅡ = ů [ů] → [i]
10. ㅣ = i [i]
11. · 〈주〉(1) = ɒ, → ɔ
12. ㅐ, ㅓ 〈주〉(2) = ai, ɒi [ɛ] → [aj], [ɔj]
13. ㅒ = iai [jɛ]
14. ㅖ = ɔi [e]

15. ㅖ = iɔi [je]
16. ㅚ = oi [ɵ] → [ö]
17. ㅟ = ui [wi]
18. ㅢ = ŭi [ŭi] → [ɨj]
19. ㅘ = oa [wa]
20. ㅝ = uɔ [wə]
21. ㅙ = oai [wɛ]
22. ㅞ = uɔi [we]

2. 자음

23. ㄱ = k [k, g]
24. ㄴ = n [n]
25. ㄷ = t [t, d]
26. ㄹ = r [l, r]
27. ㅁ = m [m]
28. ㅂ = p [p, b]
29. ㅅ = s [s, t]
30. ㅇ = [ŋ]
31. ㅈ = č [tʃ, dʒ] → [č], [j]
32. ㅊ = č` [tʃ`] → [čʰ]
33. ㅋ = k` [k`] → [kʰ]
34. ㅌ = t` [t`] → [tʰ]
35. ㅍ = p` [p`] → [pʰ]
36. ㅎ = h [h]
37. ㅺ = sk [ʔk, ʔg] → [k', g']
38. ㅼ = st [ʔt, ʔd] → [t', d']

39. ㅃ = sp [ʔp, ʔb] → [p', b']
40. ㅆ = ss [ʔs] → [s']
41. ㅉ = sč [ʔtʃ, ʔdʒ] → [č', ǰ']
42. ㅿ = z

조사 지점 일람

방언조사지점(부록 그림 제1) 중, 숫자로 표시된 부분은 대부분 내가 실지 조사를 한 지명에 번호를 매긴 것이다. 그 가운데는 오히려 아직 조사할 기회를 갖지 못한 장소도 있다. 그리고 번호가 매겨진 지명이 대부분 마을의 군청 소재지에 모여 있지만, 그 이외에 중심지에서 떨어진 작은 부락도 약간 포함했다. 아래에다 지명에 번호를 매긴 대조표를 제시했다.

<전라남도 1-29>
1. 제주, 2. 성산, 3. 정의, 4. 서귀, 5. 대정(이상 제주도), 6. 돌산, 7. 여수, 8. 광양, 9. 순천, 10. 벌교, 11. 고흥, 12. 보성, 13. 장흥, 14. 강진, 15. 완도, 16. 해남, 17. 진도, 18. 영암, 19. 목포, 20. 함평, 21. 영광, 22. 나주, 23. 화순, 24. 광주, 25. 장성, 26. 담양, 27. 옥과, 28. 곡성, 29. 구례

<전라북도 30-44>
30. 운봉, 31. 남원, 32. 순창, 33. 정읍, 34. 고창, 35. 부안, 36. 김제, 37. 이리, 38. 군산, 39. 전주, 40. 임실, 41. 장수, 42. 진안, 43. 무주, 44. 금산

<경상남도 45-65>
45. 울산, 46. 양산, 47. 동래, 48. 부산, 49. 김해, 50. 마산, 51. 거제, 52. 통영, 53. 고성, 54. 성안, 55. 의령, 56. 진주, 57. 사천, 58. 남해, 59. 하동, 60. 산청, 61. 함양, 62. 거창, 63. 합천, 64. 창녕, 65. 밀양

<경상북도 66-91>
66. 청도, 67. 경산, 68. 영천, 69. 경주, 70. 포항, 71. 흥해, 72. 영덕, 73. 대구, 74. 고령, 75. 성주, 76. 왜관, 77. 지례, 78. 김천, 79. 선산, 80. 군위, 81. 의성, 82. 상주, 83. 함창, 84. 문경, 85. 예천, 86. 안동, 87. 영천, 88. 내성, 89. 영양, 90. 청송, 91. 도동(울릉도)

<충청남도 92-113>
92. 대전, 93. 공주, 94. 논산, 95. 강경, 96. 부여, 97. 홍산, 98. 청양, 99. 서천, 100. 남포, 101. 대천, 102. 보령, 103. 탄포(안면도), 104. 광천, 105. 홍성, 106. 해미, 107. 서산, 108. 당진, 109. 오천, 110. 예산, 111. 온양, 112. 천안, 113. 조치원

<충청북도 114-123>
114. 청주, 115. 보은, 116. 옥천, 117. 영동, 118. 진천, 119. 음성, 120. 괴산, 121. 충주, 122. 단양, 123. 제천

<경기도 124-143>
124. 평택, 125. 안성, 126. 수원, 127. 용인, 128. 이천, 129. 여수, 130. 양평, 131. 광주(경안), 132. 경성(지금의 서울), 133. 영등포, 134. 인천, 135. 김포, 136. 강화, 137. 개성, 138. 장단, 139. 문산, 140. 의정부(양주), 141. 연천, 142. 포천, 143. 가평

<강원도 144-169>
144. 흡곡, 145. 통천, 146. 장전, 147. 고성, 148. 간성, 149. 단양, 150. 주문진, 151. 강릉, 152. 삼척, 153. 울진(현재 경상북도), 154. 평해(현재 경상북도), 155. 정선, 156. 영월, 157. 평창, 158. 원주, 159. 횡성, 160. 홍천, 161. 춘천, 162. 화천, 163. 양구, 164. 인제, 165. 회양, 166. 금화, 167. 철원, 168. 평강, 169. 이천

<황해도 170-187>
170. 금천, 171. 연안, 172. 해주, 173. 옹진, 174. 태탄, 175. 장연, 176. 송화, 177. 은율, 178. 안악, 179. 신천, 180. 재령, 181. 사리원, 182. 황주, 183. 서흥, 184. 남천, 185. 신계, 186. 수안, 187. 곡산

<함경남도 188-207>
188. 신고산, 189. 안변, 190. 원산, 191. 덕원, 192. 문천, 193. 고원, 194. 영흥, 195. 정평, 196. 함흥, 197. 오로, 198. 신흥, 199. 홍원, 200. 북청, 201. 이원, 202. 단천, 203. 예산, 204. 갑산, 205. 혜산, 206. 삼수, 207. 장진

<함경북도 208-222>
208. 성진, 209. 길주, 210. 명천, 211. 경성, 212. 나남, 213. 청진, 214. 부거, 215. 부령, 216. 무산, 217. 회령, 218. 종성, 219. 온성, 220. 경원, 221. 경흥, 222. 웅기

<평안남도 223-239>
223. 중화, 224. 평양, 225. 진남포, 226. 용강, 227. 강서, 228. 강동, 229. 성천, 230. 양덕, 231. 맹산, 232. 영원, 233. 덕천, 234. 개천, 235. 순천, 236. 순안, 237. 영유, 238. 숙천, 239. 안주

<평안북도 240-259>
240. 박천, 241. 영변, 242. 희천, 243. 운산, 244. 태천, 245. 구성, 246. 정주, 247. 선천, 248. 철산, 249. 용암포, 250. 신의주, 251. 의주, 252. 삭주, 253. 창성, 254. 벽동, 255. 초산, 256. 위원, 257. 강계, 258. 자성, 259. 후창

　다음 내용은 이 책에서 인용한 책들의 약칭명이다. 이것에 관한 해설은 소저 『조선어학사』를 참조하기 바란다.

　　<訓民>훈민정음, <金剛>금강경언해, <五倫>오륜행실, <華夷>화이역어, <漢淸>한청문감, <課程>과정일록, <牛疫>우역방, <鄕集>향약집성방, <三綱>삼강행실, <釋譜>석보상절, <訓蒙>훈몽자회, <語錄>어록해, <交隣>교린수지, <華抄>화어류초, <月仁>월인석보, <攷事>고사찰요, <鄕救>향약구급방, <經驗>경험방, <四聲>사성통해, <仁粹>인수왕후택리지경언해, <書傳>서전언해, <淸總>청문총휘, <星湖>성호사설, <才物>재물보, <濟衆>제중신편, <杜詩>두시언해, <朝物>조선물어, <痘瘡>두창집요, <南明>영희대사증도가남명선사계송, <博解>박

통사언해, <捷解>첩해신어, <淸鑑>청문감, <山林>산림경제, <詩名>시경물명해, <採取>채취명령, <同文>동문유해, <東醫>동의보감, <內訓>내훈, <父母>부모은중경언해, <百聯>백련초해, <普勸>보권문언해, <妙法>묘법연화경언해, <蒙老>몽어노기대, <辟溫>벽온방, <蒙山>몽산화상법어, <譯語>역어류해, <譯補>역어류언보, <老解>노기대언해, <和漢>화한삼재도회, <龍歌>용비어천가, <隣語>인어대방, <圓覺>원각경언해

부록 그림 제1 [방언조사지점]

1	濟州	41	長水	81	義城	121	忠州	161	春川	201	利原	241	寧邊
2	城山	42	鎭安	82	尙州	122	丹陽	162	華川	202	端川	242	熙川
3	旌義	43	茂朱	83	咸昌	123	堤川	163	楊口	203	豊山	243	雲山
4	西歸	44	錦山	84	聞慶	124	平澤	164	麟蹄	204	甲山	244	泰川
5	大靜	45	蔚山	85	醴泉	125	安城	165	淮陽	205	惠山	245	龜城
6	突山	46	梁山	86	安東	126	水原	166	金化	206	三水	246	定州
7	麗水	47	東萊	87	榮州	127	驪仁	167	鐵原	207	長津	247	宣川
8	光陽	48	釜山	88	乃城	128	利川	168	平康	208	城津	248	鐵山
9	順天	49	金海	89	英陽	129	驪州	169	伊川	209	吉州	249	龍岩浦
10	筏橋	50	馬山	90	盈德	130	楊州	170	金川	210	明川	250	新義州
11	高興	51	巨濟	91	道洞	131	廣州	171	延安	211	鏡城	251	義州
12	寶城	52	統榮	92	大田	132	京城	172	海州	212	稚南	252	朔州
13	長興	53	固城	93	公州	133	永登浦	173	瓮津	213	淸津	253	昌城
14	廣津	54	咸安	94	論山	134	仁川	174	苔灘	214	富居	254	碧潼
15	莞島	55	宜寧	95	江景	135	金浦	175	長淵	215	富寧	255	楚山
16	海南	56	晉州	96	扶餘	136	江華	176	松禾	216	茂山	256	渭源
17	珍島	57	泗川	97	鴻山	137	開城	177	殷栗	217	會寧	257	江界
18	靈岩	58	南海	98	靑陽	138	長湍	178	安岳	218	鍾城	258	慈城
19	木浦	59	河東	99	舒川	139	文川	179	信川	219	穩城	259	厚昌
20	咸平	60	山淸	100	藍浦	140	議政府	180	載寧	220	慶源		
21	靈光	61	咸陽	101	大川	141	漣川	181	沙里院	221	慶興		
22	羅州	62	居昌	102	保寧	142	抱川	182	黃州	222	雄基		
23	和順	63	陝川	103	炭浦	143	加平	183	瑞興	223	中和		
24	光州	64	昌寧	104	廣川	144	敵谷	184	南川	224	平壤		
25	長城	65	密陽	105	舒山	145	洪川	185	新溪	225	鎭南浦		
26	潭陽	66	淸道	106	海美	146	長箭	186	遂安	226	龍岡		
27	玉果	67	慶山	107	瑞山	147	高城	187	谷山	227	江西		
28	谷城	68	永川	108	庠津	148	杆城	188	新高山	228	江東		
29	求禮	69	慶州	109	汀川	149	襄陽	189	安邊	229	成川		
30	雲峰	70	浦項	110	禮山	150	注文津	190	元山	230	關德		
31	南原	71	興海	111	溫陽	151	江陵	191	德源	231	孟山		
32	淳昌	72	盈德	112	天安	152	三陟	192	文川	232	寧遠		
33	井邑	73	大邱	113	鳥致院	153	蔚珍	193	高原	233	德川		
34	高敞	74	倭館	114	鎭川	154	平海	194	永興	234	价川		
35	扶安	75	星州	115	報恩	155	旌善	195	定平	235	順川		
36	金堤	76	倭館	116	大興	156	寧越	196	咸興	236	順安		
37	裡里	77	知禮	117	永同	157	平昌	197	五老里	237	永柔		
38	群山	78	金泉	118	鎭川	158	原州	198	新興	238	肅川		
39	全州	79	善山	119	沃川	159	橫城	199	洪原	239	安州		
40	任實	80	軍威	120	塊山	160	洪川	200	北靑	240	博川		

【나카이 세이치(中井精一: 2007)『朝鮮半島 言語地圖』, p. 5】

방언 채집의 추억

1

"배 떠나온 하카타博多는 어디인가? 쓰시마對馬에서는 알 수 없는 신라의 산만이 보이는구나."(『夫木集』)

실로 쓰시마對馬:대마도와 조선은 일의체수一衣滯水의 아주 가까운 거리로, 하늘이 푸르고 높은 가을 즈음에는 저 멀리 희미하게 서로 육지의 일부가 보인다. 쓰시마 방언이 현저하게 조선어의 영향을 받고 있다든가, 쓰시마 방언이 일본어와 조선어의 혼용어混用語라는 등의 근거 없는 학설이 생긴 것도 결코 우연이 아니다. 그러나 그 유래는 극히 다르다고 해야 할 것이다. 나는 그 진상을 규명하기 위해, 또 한편으로 일본어에서 쓰시마 방언의 위치를 밝히기 위해 단단히 결심하고 쓰시마 여행을 시도했다. 그것은 지금부터 몇 년이나 전인 1914년(다이쇼 3년) 8월의 일이었다. 당시에는 지금 성황을 이루고 있는 방언의 조직적인 연구 따위는 전무하였으며 호시나 고이치保科孝一 선생의 하치조지마八丈島 방언(메이지 33년, 언어학잡지 게재)이 획기적인 신연구로 당시 학계에서 중시되었다. 나는 선생님의 연구에 자극을 받아 선생님의 조사 방침을 기초로 하여 조사를 하였다. (조사 결과는 다이쇼 3년 1월 이후 2회에 걸쳐 국학원잡지에 발표했다.)

같은 해 7월에 세계대전이 발발하여 8월에 일본이 독일에 대해 선전포고를 했다. 고슈만膠州灣을 점거한 독일 함정이 자주 일본 근해에 출몰하여 국민의 간담을 서늘하게 하였다. 그렇게 심각한 시기라고 생각하지 못하고 나는 8월에 150톤 정도의 작은 기선 덴신마루天眞丸를 타고 부산을 출항했다. 항해 중 선장으로부터 이 항로는 전쟁 중이기 때문에 이 배가 출항하는 마지막 배가 될지도 모른다는 이야기를 듣고선 마음이 많이 불안했다. 배는 무사히 쓰시마對馬 가까이에 도착하여 일단 사스나佐須奈에 기항寄港, 이즈하라嚴原에 도착했다. 이즈하라에서 지금도 쓰시마의 향토 연구가로서 저명한 가와모토 다쓰川本達씨로부터 여행 계획과 그 밖에 만전의 예비지식을 전수 받아, 우선 가장 먼저 이즈하라嚴原의 서쪽으로 산 넘어 3, 4리 떨어진 섬의 서편해안에 임한 작은 마을 고모다小茂田를 방문했다. 가와모토 씨로부터 소개장을 받기는 했지만 촌장은 이 향촌의 내정을 폭로하기 위해 왔다는 식으로 계속 불쾌한 얼굴 표정을 지었다. 그곳에서 이즈하라嚴原로 귀환, 준비를 해서 또다시 작은 기선을 타고 사스나佐須奈에서 북쪽으로 출항, 거기에 상륙하여 쓰시마의 최북단에 도착했다. 『일본서기日本書紀』 "황후 신코神功가 지휘하는 군은 와니쓰和珥津를 출발했다. 그때 바람의 신은 바람을 일으키고, 물결의 신은 물결을 일으켰으나 바다 속의 물고기가 모두 떠올라 배를 도왔다. 순풍이 불어 범선은 물결을 따라 흘러 키나 노를 사용하지 않고 신라에 도착했다"에 나오는 와니쓰和珥津가 바로 와니우라鰐浦로 근세까지 조선을 도항하는데 가장 중요한 항이었다. 여기서도 촌장, 초등학교 교장 등이 상당히 의혹스러운 눈초리로 맞이했으나 나의 혐의는 얼마 지나지 않아 풀렸다. 지금은 사스나佐須奈에 번영을 빼앗긴 작은 이 마을에는 여행객을 위한 여관도 없어 잡화점과 같은 작은 상가의 2층 방에서 엣추越中에서 온 약장수 한 사람과 같은 모기장 속에서 누추하고 불안한 밤을 보냈다. 이것 또한 잊지 못할 추억이다. 다음 날 와니우라鰐浦를 나와 사스나佐須奈로 향했으나 도중 니시쓰야西津屋의 마을 입구에서 순사와 파수꾼이 훈계하며 다가와 사스나佐須奈로의 교통을 차단했다. 들어보니 내가 이제까지 지나온 오우라大浦방면은 이질이 유행하는 곳으로 지정되었으므로 사스나佐須奈에서는 경관과 마을 사람을 일부러 여기까지 보내 사스나佐須奈에 역병이 습격하는 것을 철저하게 방지하려고 한다고 했다. 나는 내 의향을 구체적으로 밝혀 통관을 간청했으나 도저히 허가 받을 수 없었다.

어쩔 수 없이 그곳의 교장이 궁리하여 니시쓰야西津屋에서 작은 어선을 구해 밀항을 꾀해 사스나佐須奈의 바다를 남하하여 사고佐護에서 북쪽으로 1리 정도 떨어진 모래사장에 배를 대어 겨우 사고佐護에 도착했다. 거친 뱃사람 손에 운을 맡겨 2리 정도 떨어진 파도 높은 외해外海에 도착했을 때의 불안함이란 지금 떠올려도 오싹해질 정도이다. 사고佐護 이남의 니이仁位에 다다르기까지는 며칠이나 걸렸으며, 도착해 보니 산맥이 종횡으로 뻗어 있고, 그 사이로는 계곡들이 해안으로 흘러내리는 등 도로다운 도로라고는 없었다. 지리를 안내 받지 않고서 단독으로 여행을 하기는 도저히 불가능하다고 하여 이번에는 우편배달부에게 몸을 맡겨 발 빠른 배달부에게 어쩔 수 없이 끌려 다니다 시피하며 여기저기로 여행을 계속했다.

그사이 육지의 언덕길을 피해 작은 배를 타는 수로를 선택하여 여행한 것이 2회 정도 있었다고 기억된다. 니타仁田촌의 히사하라久原 입구에「甘藷翁原田君之碑(고구마옹 하라다군의 비)」라는 것이 서 있다. 1905년(메이지 38년)에 세워졌다고 이노우에 요시오미井上義臣의 총서撰書에 적혀있다. 이것은 하라다原田가 사부로우에몽三郞右衛門이라는 이름의 히사하라久原의 농민이었으나 비밀리에 고구마甘藷를 사쓰마薩摩에서 가지고 와서는 이것을 섬 내에 널리 알려 섬사람을 기아에서 살려낸 은인이라는 사실을 기록한 것이다. 그 공으로 그는 뒤에 무사의 신분士分으로 추앙되어 이즈하라嚴原의 성 아래에 거처를 마련하고는 각 호에서 "고코이모셍孝行藷錢"을 갹출하여 그들의 손자로 하여금 그 덕을 기리도록 했다고 한다. "고코이모孝行藷"라는 것은 고구마(사쓰마이모)를 일컫는 쓰시마 방언이다. 조선에서는 사쓰마이모를 "고구마"라고 하는데, 이 여행에서 나는 "고구마"는 쓰시마 방언 "고코이모"의 전화轉化라는 것을 밝힐 수 있게 되어 기뻤다. (별항 "고구마甘藷" 참조)

니이仁位에서는 증기 기관선을 타고 자연경관이 아름다운 아소만淺海湾을 횡단하여 다케시키竹敷의 주요항要港을 지나 게치鷄知를 거쳐 육로로 다시 이즈하라嚴原에 들어갔다. 아소만淺海湾은 달리 아사지포淺芽浦라고도 불리며 만요슈萬葉集에

> "백 척이나 되는 배가 드나드는 쓰시마의 아사지야마安佐治山는 보슬비에도 깎여 내리는구나." (권15)

라고 나오고 있으며 다케시키竹敷도

> "다케시키의 단풍을 보니 내 가족들이 돌아오기를 기다리겠다고 한 바로 그 때이구나" (견신라부사遣新羅副使의 노래)
> "다케시키 우라마의 단풍이여 내가 가서 다시 돌아올 때까지 지지 않고 있어다오" (견신라대판관遣新羅大判官의 노래)
> "다케시키의 옥초에 걸려 나아가지 못하고 당신의 배가 언제 돌아오는가 만 기다리고 있구나" (쓰시마처녀 다마쓰키對馬島娘子名玉槻의 노래)

등으로 나오고 있다. 다케시키竹敷는 순풍을 기다리다 지친 일본의 견신라사遣新羅使가 멀리 고향을 그리며 여수를 달랜 곳이다.

북부 시찰을 끝낸 나는 마지막으로 남단의 쓰쓰촌豆酘村을 방문했다. 이즈하라嚴原와 같이 육로로는 겨우 5리 정도의 거리이긴 하나 중간에 우치야마內山의 험준한 산을 넘어야 했기 때문에 더운 기운에 약간 지쳐있던 나는 이곳을 피해 다시 어선 한 척을 빌려 타고 쓰시마對馬의 최남단 가미사키神岐를 우회하여 쓰쓰豆酘의 항으로 들어갔다. 만의 바깥쪽에는 수 척의 일본 구축함이 당당히 위용을 떨치며 정박해 있어 시국의 급박함을 대변하고 있는 듯했다. 쓰쓰豆酘는 언어 풍습이 다른 지방과 간간이 달라서 의미가 컸던 곳이다. 또 관음당경장觀音堂經藏 내에 고려판 일절경一切經의 「대반야파나밀다경大般若波羅密多經 절본折本」의 일부인 종의지기진宗義智寄進을 발견할 수 있어, 당시 나에게 있어 극히 진귀하게 느껴졌던 곳이다. 그 곳에서 배를 세 번 갈아타고 이즈하라嚴原로 돌아와 신기하게도 다시 덴신마루天眞丸를 타고 부산에 도착한 것은 그 달(8월)의 말이었다.

2

제주도는 전라남도의 남해에 있으며 언어적으로도 고립된 상태에 있다.

또한 그 위치가 멀리 일본의 여러 섬들과 서로 마주보는 형세에 있기 때문에 쓰시마對馬의 경우와 같이 제주도의 방언은 조선어와 일본어의 혼합으로 이루어진 것이라는 설이 얼마 전부터 일부 사람들 사이에서 다루어지고 있었다. 이러한 사실을 확인하기 위해 나는 1912년(다이쇼 1년) 겨울과 1930년(쇼와 5년) 6월, 2회에 걸쳐 제주도를 방문했다. 제주도는 지금이야 상당한 규모의 항구가 있어 선박의 출입도 빈번하고 육상 또는 자동차의 발전이 눈부시고, 치안도 유지되어 주민 모두가 혜택을 누리며 편안히 자신들의 일에 종사하고 있다. 그러나 20년 전의 제주도는 옛날부터 유배지였던 잔재가 그대로 남아 있는 것 같았다. 당시는 도읍을 가로지르는, 지금 볼 수 있는 것과 같은 탄탄한 도로는 없었다.

교통기관으로서는 자동차나 인력거 등이 있을 리가 없고 도보가 아니면 말을 의존할 수밖에 없었다. 게다가 한일합방 후 얼마 지나지 않은 때인지라 민심이 동요하여 치안이 충분히 유지되고 있다고는 할 수 없는 상태였다. 내가 조사 장소로 택한 보통학교(일본인의 소학교에 해당함)는 제주濟州, 대정大靜, 정의旌義의 세 읍에 신설된 곳으로 교장은 학교 창설과 사무에 심신이 지쳐 있는 듯했다. 이러한 정세 하에 나는 말 한 마리와 마부 한 사람을 고용하여 시종일관 그들과 함께 행동을 같이 하면서 섬을 일주했다. 경찰서에서는 나의 신변을 신경 써서 처음부터 끝까지 순사보巡査補 한 사람을 붙여 주었다. 일개의 서생이 경호경관을 수행하는 등 보통으로는 상상하기 어려운 정경이었다. 이러한 불편과 위험을 무릅쓰고 시골을 여행한 사람은 목숨 아까운 줄 모르는 브로커가 아니면 직무상 의무적으로 다닐 수밖에 없는 관리 정도일 것이다. 나와 같이 태평스러운 용무로 온 여행객은 전혀 보이지 않았기 때문에 한편으로는 스파이로 오해받는 등 불쾌한 경험을 한 적도 있지만 한편으로는 "잘 오셨습니다"라고 환영하는 이도 있었다. 말을 타고 경관警官과 함께 대정읍 내에 도착했을 때, 마을 입구에 보통학교의 전 직원, 생도가 사열하여 나를 맞아준 데에는 무의식중에 식은땀을 흘릴 정도로 놀랐다. 대정에서 숙박을 할 때 학교장의 배려로 대접

받은 산 칠면조의 맛은 도저히 잊기 어려운 기억으로 남아 있다. 1930년(쇼와 5년)에 재차 제주도를 방문했을 때는 섬 내 곳곳이 현대화하여 예전과 같은 경관警官은 없고 옛날을 기억하고 있는 사람은 2, 3인 정도밖에 잔존하고 있지 않았다. 대정에서 서쪽으로 1리쯤 떨어진 모슬포摹瑟浦 부근 일대의 해안은 암초가 많아 선박이 항해하는 데 골칫거리인 마魔의 해안이다. 지금부터 약 380년 전 그 유명한 핸드릭 하멜Handrick Hamel 일행이 탄 네덜란드의 스펠벨호가 좌초한 곳도 바로 이 곳이다. 어쩌면 당시의 전설 등이 전해지고 있을지도 모른다는 생각에 노인에게 물어보기도 했지만 누구 하나 아는 이가 없고 컵이나 은시계줄 등이 300년의 역사를 숨기면서 어딘가에 그 모습을 감추고 있을지도 모른다는 등, 먼 옛날을 그리워하며 혼잣말을 했다. 이곳에는 일본인도 상당히 많이 주거하고 있긴 하나 일본인이 경영하는 여관이 없어 어쩔 수 없이 조선인 여관에 투숙했다. 아침 일찍 용변을 보러가니 놀랍게도 아래쪽에서 돼지가 콧소리를 내며 배설물이 떨어지기를 기다리고 있는 것이 아닌가. 나는 깜짝 놀라 뛰쳐나와서는 볼일도 보지 못한 채 고통스러운 하루를 보냈다. 이 부근의 방언으로 변소를 [ktot-t'oŋ]이라고 한다. 직역하면 "돼지통豚桶", 의역하면 "돼지집豚家", "돼지 오두막豚小屋"이라는 뜻이다. 변소와 돼지 오두막과의 관계를 엿볼 수 있는 점이 재미있었다. 제주도 남안의 서귀포는 이전에는 학교도, 여관도 없이 폭도가 봉기한다는 소문이 분분해 주재소駐在所의 한쪽 구석에서 남경충南京蟲:빈대의 습격을 받으면서 하룻밤을 지샌 적도 있었으나 지금은 이곳 섬 내에 일류의 여관도 생기고 상당히 완비된 시설의 학교 등도 세워져 있다.

제주도청의 소재지인 제주읍은 긴 역사를 가진 곳이고 섬 전체 문화의 중심지일 뿐만 아니라 옛부터 각종 문헌의 출판은 물론 조선 교화 향상에 기여한 것도 적지 않은 곳이다. 현재 잔존하는 각종 출판목록 등을 보아도 그것을 쉽게 알 수 있다. 또 제주도는 예로부터 동서 여러 선박들이 조난을 당한 장소였기 때문에 외교문제를 야기시키는 일도 많아 다른 지방에

비해 어학 제도, 즉 외국어학습에 관한 제도 등이 상당히 잘 발달해 있다. 그 중에서도 일본어의 학습은 상당히 활발했던 듯하며, 내가 두 번째 방문을 했을 때 예전 어느 역관譯官의 집에서 구사본舊寫本 『교린수지交隣須知』의 선본善本과 약간의 일본어 학습서를 볼 수 있었다.

3

나의 조선어 방언 조사라고 하면 대단히 거창한 일처럼 들리지만 사실은 개성에서 재임 중 공무의 여가를 이용하여 평소 내가 품고 있던 각종의 의문을 해결하기 위한 자료를 찾으러 나간 것이 그 동기였다. 진정한 학문적인 방언 연구 등은 앞으로 많은 학도―특히 조선인 학도―의 손으로 이루어야 할 것은 말할 것도 없다. 내가 이러한 일에 종사한 것도 이럭저럭 20여 년이나 된다. 그동안 얻은 성적은 극히 빈약한 것에 지나지 않으나 긴 세월에 걸쳐 시골여행의 힘든 경험은 면면히 그 기억이 끊이지 않는다.

관리役人―물론 나도 말단 관리이기는 하지만―에게는 1년에 한번 정도 위로출장이라는 형태의 휴가가 있다. 다른 사람들은 오래간만의 휴가이기 때문에 일본에 귀환하거나 아니면 여유롭게 만주여행을 가거나 하여 온천에서 쉬고 오곤 한다. 나에게는 이럴 필요도 없었을 뿐 아니라 그러한 것에 흥미도 느끼지 않았다. 나는 시간만 있으면 그것을 이용하여 시골로 떠났다. 유별나다고 하면 유별나다고 할 수 있다. 만포진滿浦鎭에서 신의주까지의 압록강 안, 함경남도의 깊은 산속에 있는 장진 등, 교통이 불편하고 비적匪賊이 출몰하는 곳을 제외하고는 반도 각지의 중요한 도읍은 거의 걸어서 다 돌아보았다. 필요에 따라서는 2번 이상 방문한 곳도 적지 않다. 그것을 이수里數로 말한다면 거의 수천 리에 달할 것이다. 딱히 눈에 띄는 효과도 거두지 못한 채 무익한 고생을 했다고 스스로 한숨을 쉬며 무모함을 느끼는 때도 가끔씩 있다.

예전에는 여행을 좌우하는 운명은 교통의 불편에 있었다. 지금에야 함경선이 개통되어 몽상에 잠겨 있는 동안에 두만강의 국경을 넘어 신경新京까지 갈 수 있지만 지금부터 20년 전에는 원산까지도 철도가 개통되어 있지 않았다. 강원도 동해안의 간성·강릉·삼척 지방의 사람들이 개성으로 나갈 때에는 부산을 우회 경유했다. 신문이나 우편물도 물론 이와 같다. 신문이 도착할 즈음에는 대개 사건은 벌써 구문舊聞이 되었다. 인쇄된 공문서가 아직 도착하기도 전에 독촉하는 전보가 오는 등의 사건은 이 지방에서는 그다지 진기한 현상이 아니었다. 또한 연안항로는 있지만 기선이 기후에 따라 불안정하므로 믿을 수가 없었다. 제주도행도 지금은 목포에서 단시간에 직항하고 있지만 옛날에는 부산이나 군산을 기점으로 하여 몇 날 며칠을 음침한 선실에서 보내지 않으면 안 되었다.

도로는 지금에야 아주 잘 정비되어 있지만 그래도 비가 많이 온 뒤에는 하천의 제방이 파손되어 도로까지 싹 씻어 내려가 버린다. 수목남벌의 결과인가 어떤가는 잘 모르겠지만 하천이 산지보다 다량의 토사를 유출하기 때문에 제방이 높아 하천 바닥이나 노면보다도 높아져 이것이 범람했을 때에는 그 지형조차도 변경시킬 정도이다. 이러한 경우를 조우한 여행자야말로 운이 다했다고 할 수 있다. 이틀이나 사흘을 물이 줄어들기를 기다리는 것은 비단 나 혼자만의 일은 아닐 것이다.

오늘날 자동차—특히 승합자동차—교통은 극히 잘 발달되어 있으나 시골에 가면 갈수록 엉망이다. 낡은 자동차에 몸을 맡긴 10월 초순, 구름으로 뒤덮인 강계—후창(평안북도) 간 25, 6리의 산길을 겨우 오르락내리락하여 목적지에 도착했을 때, 우기에 들어선 6월 말 호우를 무릅쓰고 혜산진—북청(함경남도) 간 40여 리의 험한 길을 질주 돌파했을 때와 같이 시시때때로 눈앞에서 벌어지는 위험에 몇 번이나 가슴을 쓸어내리고 식은땀을 흘렸는지 모른다.

그러나 뭐니뭐니해도 자동차는 예전의 말을 타고 여행하는 것과는 비교할 수도 없을 것이다. 교통기관이 발달하지 않고 도로가 정비되기 이전에는 말馬이 여행자의 가장 친한 동반자였다. 그렇지만 이것을 그림으로, 시로 읊을 정도의 흥취 깊은 것이라고는 생각하지 않았다. 그것은 가끔 생각지 못한 위험과 불쾌함을 동반하기 때문이다. 그 이유로 첫 번째, 조선의 시골말은 일본의 말馬에 비교해 체구가 너무 작은 것은 어쩔 수 없다고 해도 마구馬具를 완비하고 있지 않다. 채찍도 없고 수망도 없다. 말등의 한쪽에 짐을 실으면 다른 한쪽에는 그것과 같은 무게의 돌이나 흙덩어리를 실어 좌우 2개의 짐 위에 방석 등을 깔고, 그 위에 앉아 양다리를 앞쪽으로 한 뒤 말귀를 좌우로 늘어뜨려, 짐의 끝에 끈을 달아 수망 대신으로 쓴다. 작은 말은 쉽게 놀란다. 흔들려 떨어져 손이나 다리를 부러뜨린 사람이 수도 없이 많다. 두 번째로 유쾌하지 않은 것은 마부의 나태함과 무책임함이다. 조선의 습관이라는 면도 크게 작용하고 있겠지만 마부馬夫는 일반적으로 늦게 일어나 아침밥을 먹지 않고 나간다. 정오경에 적당한 부락에 도착을 하면 말에서 짐을 내리고 물을 주고 먹을 것을 주어 쉬게 하는 것까지는 좋으나 자기들도 밥을 지어 술을 마시며 낮잠까지 자는 마부가 있다. 말로 독촉을 해봐야 쉽게 움직이지도 않고 귀중한 2, 3시간을 이러한 사소한 일에 낭비하여 조사의 능률을 방해받은 적이 몇 번이나 있다.

치안도 지금은 유지되어 어떤 시골이라도 혼자 안전하게 여행할 수 있지만 이전에는 폭도가 봉기하거나 마적이 국경근처에서 습격하는 일이 있어 경관의 도움을 많이 받기도 했다.

원래 나는 결코 여행을 좋아하지 않는다. 그럼에도 불구하고, 위험을 무릅쓰고 이렇게 조선의 내지를 굳이 여행했는가는 스스로 생각해 보아도 이상한 일이다. 나는 공무로 조선에 올 때마다 지금도 여유가 있기만 하면 시골로 가서 지식 축적을 하고 있다. 20여 년 간의 모험에도 불구하고 이렇게 지금 온전하게 있는 것은 정말 신명神冥의 가호가 있었던 덕택이라고 깊은 감사의 뜻을 하늘에 드리고 있다.

(1935년(쇼와10년) 10월 『방언』 제5권 제10호)

|자資|료料|편篇|

01 천문天文 / 02 시후時候 / 03 지리地理·하해河海 / 04 방위方位 / 05 인륜人倫 /
06 신체身體 / 07 가옥家屋 / 08 복식服飾 / 09 음식飮食 / 10 농경農耕 /
11 화과花果 / 12 채소菜蔬 / 13 금석金石 / 14 기구器具 / 15 배와 수레舟·車 /
16 날짐승飛禽 / 17 달리는 짐승走獸 / 18 수중 생물水族 / 19 곤충파충昆蟲爬蟲 /
20 초목草木 / 21 형용사形容詞 / 22 동사動詞 / 23 조동사助動詞 / 24 부사副詞 /
25 조사助辭 / 26 접두사接頭辭·접미사接尾辭 / 27 구句·단문短文 / 28 잡雜

천문天文

10001 하늘天

【「龍歌」天 ha-nɔr,「訓蒙」天・霄・乾・旻 ha-nɔr,「雞林」天曰漢捺,「華夷」天, 哈嫩二,「三才」天, 波乃留,「物語」天ヵはのる】

① **하널**[ha-nəl] (전남)보성
② **하늘**[ha-nil] (전남)여수・보성
③ **하눌**[ha-nul] (전남)목포・강진・영암

10002 해日

① **해**[hɛ] 다수지방
② **빋치**[pit-cʰi] (함남)갑산(산삼채취자들의 은어)

10003 햇무리日暈

① **핻갇**[hɛt-kat] *(이하 기본형 미확인 표시)(제주)제주・성산
② **핸머리**[hɛn#mə-ri] 【「漢淸」日暈 hɔis-mo-ro】 (제주)대정

10004 일식日蝕

① **일식**[il-sik] 다수지방

❷ 해개[hɛ-gɛ] (함남)홍원 · 북청 · 단천, (함북)성진 · 길주 · 종성 · 나남 · 청진 · 부령 · 무산 · 회령 · 종성 · 경흥([hɛ-gɛ#məŋ-nin-da]처럼 말한다.)

10005 햇볕日光

❶ 볕[pyət] *【「訓蒙」景 piət, 「杜詩」piə-tʰii, 「隣語」piət-cʰi(日が), 「華夷」陽, 別】(경남)부산, (경북)영주, (충남)공주 · 서천, (충북)청주 · 보은 · 영동 · 충주 · 단양, (강원)영월 · 평창 · 원주 · 횡성 · 홍천 · 인제 · 평강, (함남)원산 · 문천 · 정평 · 신흥

❷ 뺃[pɛt] *(경남)울산 · 양산 · 동래 · 부산 · 김해 · 마산, (경북)영천 · 경주 · 포항 · 홍해 · 영덕 · 대구 · 예천 · 영주

❸ 뻗[pet] *(전북)남원 · 정읍 · 김제 · 군산 · 전주 · 임실, (경남)마산 · 거제 · 통영 · 진주 · 남해 · 거창, (경북)영주 · 울진 · 평해, (충남)공주 · 강경 · 부여 · 홍산 · 청양 · 염포 · 보령 · 안면도 · 광천 · 홍성 · 해미 · 서산 · 오천 · 예산 · 천안 · 조치원, (충북)영동 · 제천, (경기)연천, (강원)통천 · 장전 · 고성 · 간성 · 양양 · 주문진 · 강릉 · 영월 · 평창 · 원주 · 횡성 · 홍천 · 춘천, (함남)안변 · 고원 · 정평 · 함흥

❹ 빋[pit] *(경남)울산 · 함양 · 합천 · 창녕 · 밀양, (경북)영천 · 포항 · 영덕 · 고령 · 성주 · 의성 · 상주 · 함창 · 문경 · 안동 · 청송 · 울진 · 평해, (충남)강경, (충북)영동, (강원)양양 · 강릉 · 삼척

10006 새벽曉

❶ 새벽[sɛ-byək] 【「漢淸」晨光, sai-piək-pis】(전북)군산 · 전주, (경남)울산 · 동래, (경북)성주 · 문경 · 예천 · 영주 · 청송 · 평해, (충남)공주 · 청양 · 서천 · 염포 · 보령 · 홍성 · 해미 · 오천 · 예산 · 천안 · 조치원, (충북)충주 · 단양 · 제천, (경기)경성 · 개성 · 장단 · 연천, (강원)간성 · 주문진 · 삼척 · 영월 · 평창 · 원주 · 횡성 · 홍천 · 춘천 · 인제, (황해)금천 · 연안 · 해주 · 옹진 · 태탄 · 장연 · 은율 · 안악 · 재령 · 황주 · 서흥 · 신계 · 수안 · 곡산

❷ 새벽[sɛ-bək] (전북)남원 · 정읍 · 김제 · 임실, (경남)거제, (경북)영천 · 예천 · 청송, (충남)부여 · 홍산 · 염포 · 보령 · 안면도 · 광천 · 서산
❸ 새베[sɛ-be] 【「老解」淸早 sai-piəi, 「譯補」曉頭 sai-piəi】 (경남)창녕
❹ 새박[sɛ-bak] (경북)의성 · 안동 · 청송, (강원)통천 · 고성, (함남)신고산 · 안변 · 덕원 · 고원 · 문천 · 영흥 · 정평 · 함흥 · 오로 · 신흥 · 홍원 · 북청 · 이원 · 단천 · 풍산 · 갑산 · 혜산, (함북)성진 · 길주 · 명천 · 종성 · 나남 · 청진 · 부령 · 무산 · 회령 · 종성 · 경원 · 경흥, (평남)평양, (평북)박천 · 영변 · 희천 · 구성 · 강계 · 자성 · 후창
❺ 새백[sɛ-bɛk] (경북)영덕, (강원)장전
❻ 새배[sɛ-bɛ] 【「訓蒙」曉·晨 sai-pai, 「杜詩」曉·曙 sai-pai, 「百聯」曉 sai-pai, 「辟瘟」平曉 sai-pai】 (경북)포항 · 홍해
❼ 새복[sɛ-bok] (경남)울산 · 마산 · 거제 · 통영 · 남해, (경북)영천 · 영덕 · 고령 · 예천 · 울진, (충남)강경 · 서천, (충북)청주 · 보은 · 영동, (강원)양양 · 강릉
❽ 새북[sɛ-buk] (경남)양산 · 동래 · 부산 · 김해 · 마산 · 진주 · 거창 · 합천 · 창녕 · 밀양, (경북)경주 · 포항 · 홍해 · 영덕 · 대구 · 김천 · 상주 · 함창
❾ 새비[sɛ-bi] (경남)밀양

10007 석양夕陽

❶ 서걍[sə-gyaŋ] (충남)공주 · 강경 · 홍산 · 청양 · 염포 · 보령 · 안면도 · 광천 · 홍성 · 해미 · 갈산 · 서산 · 오천 · 예산 · 천안 · 조치원, (충북)제천, (강원)통천 · 장전 · 고성 · 간성 · 양양 · 주문진 · 강릉 · 영월 · 평창 · 원주 · 횡성 · 홍천 · 춘천 · 인제, (함남)신고산 · 안변 · 원산 · 정평, (경북)울진 · 평해
❷ 세걍[se-gyaŋ] (전북)남원 · 정읍 · 김제 · 군산 · 전주 · 임실 · 무주 · 금산, (충남)부여, (함흥)문천 · 고원 · 영흥 · 함흥 · 신흥

■ 10008 주야晝夜

① 듀야[tyu-ya] (함북)회령(군내의 중도동을 [tyuŋ-do-doŋ]으로 부름)·종성·경원
② 두야[tu-ya] (평남)중화(이 지방의 사람들은 「중화中和」를 [tuŋ-hwa]나 [čuŋ-hwa]로 발음하는데 후자 쪽이 더 많다)·평양·순천·숙천·안주, (평북)박천·영변·희천·구성·정주·선천·용암포·의주·강계·자성·후창
③ 주야[ču-ya] (평안남북도 이외 조선 대부분, 다만 평북 후창에서는 [ču-ya]로도 말한다.)

■ 10009 달무리月暈

① 달마루[tal#ma-ru]【「漢淸」tɔr-mo-ro】 (충남)서천·홍성
② 달매[tal-mɛ] (경북)포항·영덕
③ 돌머리[tɔl#mə-ri] (제주)서귀·대정
④ 돌 갇[tɔl-kat] *(제주)성산
⑤ 달머리[tal#mə-ri] (전남)여수·순천·보성·강진·영암·목포·나주·광주·장성·담양·곡성, (전북)운봉·남원·순창·정읍·김제·전주·임실·장수·진안·무주·금산, (경남)마산·거제·통영, (경북)영천·울진, (강원)양양·강릉·삼척
⑥ 달무[tal-mu] (충남)공주·강경
⑦ 달무래[tal#mu-rɛ] (경남)울산
⑧ 달무리[tal#mu-ri] (경남)거창, (충남)천안
⑨ 달무지기[tal#mu-ǰi-gi] (경남)동래
⑩ 달문[tal-mun] (경남)양산·부산·김해·진주·하동·함양·합천·창녕·밀양, (경북)대구·고령·김천·의성·영주, (충북)청주
⑪ 달물[tal-mul] (경북)의성·예천·평해, (충북)보은·영동·충주·단양

■ 10010 월식月蝕

① 달개[tal-gɛ] (함남)홍원·북청·단천, (함북)성진·길주·경성·나남·청진·부거·부령·무산·회령·종성·경흥([tal-gɛ#məŋ-nin-da]와 같이 말한다.)

▰ 10011 활시위弦

❶ 조기[čo-gi] (제주)제주・성산(상현上弦을 [saŋ-jo-gi], 하현下弦을 [ha-jo-gi]라 부른다.)

▰ 10012 별星

❶ 별[pyəl] 【「龍歌」piər, 「訓蒙」星・辰 piər, 「華夷」星, 別二, 「物語」星ᇢびよる】 (전남)순천・목포・영광・광주・장성・곡성・구례, (전북)순창・정읍・김제・전주・임실・장수・진안・무주・금산, (경남)울산, (경북)영천・안동・영주・청송・평해, (충남)공주・천안, (충북)영동, (경기)경성・개성・장단・연천, (강원)강릉・철원, (황해)금천・연안・해주・옹진・태탄・장연・은율・안악・재령・황주・서흥・신계・수안・곡산, (함남)신고산・안변・덕원・문천・고원・영흥・정평・오로・신흥・홍원・북청・이원・풍산・갑산・혜산, (평남)평양, (평북)박천・영변・희천・구성・후창
❷ 뼬[pel] 【「三才」星, 倍留】 (제주)제주・성산・서귀・대정, (전남)벌교・옥과・곡성・구례, (전북)운봉・남원・임실, (경남)마산・거제・통영・진주・남해・하동・함양・거창, (경북)지례・평해, (강원)삼척, (함남)덕원・고원・정평・함흥・혜산, (함북)명천, (평남)평양, (평북)박천・영변・희천・구성・강계・자성
❸ 베리[pe-ri] (함남)영흥・오로・신흥・단천, (함북)성진・길주・명천・경성・나남・청진・부령・무산・회령・종성・경원・경흥・웅기
❹ 뻴:[pɛ:l] (경남)울산・양산・동래・부산・마산, (경북)경주
❺ 빌:[pi:l] (전남)돌산・여수・고흥・보성・장흥・강진・해남・영암・목포・함평・나주・광주・장성・담양, (전북)순창・정읍・김제・군산・전주・무주, (경남)양산・부산・김해・거창・합천・창녕・밀양, (경북)영천・포항・홍해・영덕・대구・고령・성주・김천・의성・상주・함창・문경・예천・안동・영주・청송・울진, (충남)강경・부여・홍산・서천・염포・보령・홍성・해미・서산・오천・예산・천안・조치원, (충북)청주・보은・

영동・진천・괴산・충주・단양・제천, (강원)통천・장전・고성・간성・양양・주문진・영월・평창・원주・횡성・홍천・인제・평강, (함남)안변・덕원・신고산

■ 10013 바람風

① **보롬**[po-rom]【「龍歌」風 pɔ-rɔm,「月印」風 pɔ-rɔm,「訓蒙」風 pɔ-rɔm,「鷄林」李纚】(함남)풍산・갑산, (함북)회령・종성
② **바름**[pa-rim]【「杜詩」pɔ-ri-mɔn】(황해)연안, (함북)명천・부거・무산
③ **바람**[pa-ram]【「譯語」感冒・傷風 pɔ-ram#ti-da,「漢淸」風 pɔ-rɔm,「三才」風 波良车,「物語」風ゕばらみ】(함남)신고산・안변・덕원・문천・고원・영흥・정평・함흥・오로・신흥・홍원・북청・이원・단천・풍산・갑산・혜산, (함북)성진・길주・경성・나남・청진・부령・경흥・웅기

■ 10014 회오리바람施風

① **독궁이**[tok-kuŋ-i] (제주)제주
② **독켕이**[tok-kweŋ-i] (제주)성산・서귀・대정

■ 10015 북풍北風

① **북새**[puk-sɛ] (경북)의성・상주・문경・안동・청송・울진, (강원)통천・고성・간성・양양・주문진・강릉・철원, (함남)안변・문천・신고산・정평

■ 10016 동풍東風

① **새바람**[sɛ#ba-ram] (경북)경주・포항・흥해・영덕・대구・평해, (충북)제천, (강원)장전・영월・창평・원주・횡성・홍천・인제

■ 10017 저녁노을夕燒

① **나부리**[na-bu-ri] (경북)고령, (강원)삼척

② **나불**[na-bul] (경북)울진
③ **나오랭이**[na-o-rɛŋ-i] (경북)포항·영덕
④ **나오리**[na-o-ri] (경북)김천·의성·함창·문경·예천·안동·영주·청송, (함남)안변·덕원
⑤ **노불**[no-bul] (함남)함흥
⑥ **누부리**[nu-bu-ri] (함남)정평·함흥·신흥·홍원·이원·갑산·혜산, (함북)명천·부거
⑦ **느부리**[ni-bu-ri] (함남)오로·신흥·단천, (함북)성진·길주·경성·나남·부령·무산·회령·종성·경원·웅기
⑧ **놀:**[no:l] 【「訓蒙」霞 no-ir, 「譯語」早霞 a-čəm#no-ir, 晚霞 čiə-niək#no-ir, 「譯補」火雲 no-or, 「漢淸」霞 no-or】 (경남)부산, (경북)포항·흥해·상주·함창·청송, (충남)(대다수 지방에서 이름을 모름), (충북)청주·진천·충쥬(다른 지방의 이름을 모름), (경기)경성·개성·장단·연천, (강원)양양·강릉, (황해)금천·은율·서흥·신계·수안·곡산, (함남)신고산·문천·고원, (함북)경흥, (평남)평양
⑨ **노오리**[no-o-ri] (충북)괴산, (평북)박천·영변·희천·구성·강계·자성·후창
⑩ **노:리**[no:-ri] (함남)영흥
⑪ **농오리**[noŋ-o-ri] (충북)영동
⑫ **누:리**[nu:-ri] (강원)통천·장전·고성·간성·양양·주문진·강릉, (경북)울진·평해, (함남)정평(조선 각 지방 내에서는 「박電」을 누리[nu-ri]로 말하는 지방이 있다. 「우박電」의 항목 참조.)
⑬ **누구리**[nu-gu-ri] (함남)북청(이전 조사에서는 [nɔ-bu-ri])·풍산
⑭ **북새**[puk-sɛ] (전남)여수·순천·보성·강진·영암·목포·나주·광주·장성·담양·곡성·구례, (전북)운봉·남원·순창·정읍·김제·전주·임실·장수·진안·무주·금산, (경남)거제·통영·진주·남해·하동·함양·거창·합천·창녕
⑮ **뿍살**[pʼuk-sal] (경남)마산

⑯ 불새[pul-sɛ] (경남)울산, (경북)영천 · 포항 · 영덕(이전 포항 · 영덕조사에서는 [na-o-rɛŋ-i].)
⑰ 뿔새[pʼul-sɛ] (경북)평해
⑱ 불거지[pul-gə-ji] (황해)연안 · 해주 · 옹진 · 태탄 · 장연 · 안악 · 재령
⑲ 우내[u-nɛ] (경북)경주
⑳ 해지기[hɛ-ji-gi] (제주)제주 · 성산 · 대정

10018 아지랑이[陽炎] : かげろふ

① 삼새미[sam-sɛ-mi] (전남)곡성, (경남)진주 · 하동 · 거창
② 생당이[sɛŋ-daŋ-i] (함북)나남 · 부령
③ 생대[sɛŋ-dɛ] (함남)갑산, (함북)무산 · 회령
④ 생댕[sɛŋ-dɛŋ] (함북)경성
⑤ 생댕이[sɛŋ-dɛŋ-i] (함남)정평 · 신흥 · 홍원 · 북청 · 단천 · 혜산, (함북)성진 · 길주 · 명천 · 청진 · 종성 · 경흥
⑥ 아무레미[a-mu-re-mi] (함남)안변 · 원산 · 문천 · 고원 · 고산
⑦ 아므레미[a-mi-re-mi] (강원)평강
⑧ 아스랭이[a-si-rɛŋ-i] (충남)염포
⑨ 아시랭이[a-si-rɛŋ-i] (충남)강경 · 부여 · 홍산 · 청양 · 보령 · 홍성 · 해미 · 갈산 · 서산 · 오천
⑩ 아지라미[a-ji-ra-mi] (경북)영덕
⑪ 아지랑이[a-ji-raŋ-i] 『漢淸」遊絲 a-či-raŋ-i》 (전남)순천 · 목포 · 나주 · 광주, (경남)거창, (경북)울진 · 평해, (충남)예산, (경기)경성 · 개성 · 장단 · 연천, (강원)통천 · 장전 · 고성 · 간성 · 양양 · 주문진 · 강릉, (황해)금천 · 해주 · 태탄 · 은율 · 안악 · 재령 · 서흥 · 수안, (함남)신흥 · 북청 · 풍산
⑫ 아지래이[a-ji-rɛ-i] (황해)옹진 · 장연
⑬ 아지랭이[a-ji-rɛŋ-i] (전남)여수 · 보성 · 강진 · 장성 · 담양, (전북)운봉 · 남원 · 순창 · 정읍 · 김제 · 군산 · 전주 · 임실 · 장수 · 진안 · 무주 · 금산,

(경남)울산·양산·동래·김해·마산·거제·통영·진주·남해·함양·합천·창녕·밀양, (경북)영천·포항·대구·고령·김천·의성·예천·영주·청송, (충남)공주·강경·서천·홍성·천안·조치원, (충북)청주·보은·영동·충주·단양·제천, (강원)영월·평창·원주·횡성·홍천·춘천·인제·철원, (황해)연안·황주·신계·곡산, (함남)신고산·안변·덕원·문천·고원·영흥, (평남)평양, (평북)박천·영변·희천·구성·강계·자성·후창

⑭ **안개**[an-gɛ] 【「杜詩」霧 an-kai, 「譯補」霧 an-kai, 「鷄林」霧曰蒙, 「華夷」霧, 按盖】(제주)제주·서귀·대정(제주도 전역에서 안개霧·연무를 [un-am]이라고 한다.)

10019 무지개虹 : にじ

❶ **무지게**[mu-ji-ge] 【「龍歌」白虹 hich#mi-či-kəi, 「杜詩」虹 mu-či-kəi, 「訓蒙」虹·霓·蝃·蝀 mi-či-kəi, 「譯語」天虹 mu-či-kəi, 「漢淸」虹霓 mu-či-kəi, 「鷄林」虹曰陸橋】(전남)여수·순천·보성·강진·영암·목포·나주·광주, (경남)하동

❷ **무지개**[mu-ji-gɛ] (전남)장성·구례, (전북)운봉·남원·정읍·김제·전주·임실·장수·진안·무주·금산, (경남)울산·양산·동래·부산·마산·거제·통영·진주·남해·함양·거창·합천·창녕·밀양, (경북)영천·포항·영덕·대구·김천·의성·예천·안동·영주·청송·울진·평해, (충남)공주·강경·서천·홍성·천안, (충북)청주·보은·영동·충주·단양, (강원)양양·강릉·삼척

❸ **무지기**[mu-ji-gi] (전남)담양·곡성, (전북)순창, (경남)김해·함양, (경북)고령

❹ **황고지**[hwaŋ-go-ji] (제주)제주·성산·서귀·대정

10020 번개電光

❶ **번괴**[pən-gö] (제주)제주·성산·서귀·대정

❷ **번개**[pən-gɛ] 【「龍歌」電 pənkəi, 「月印」 pən-kəi, 「杜詩」電 pən-kəi, 「譯語」閃電 pən-kəi,

「類合」(萬曆) 電 pən-kai】 (전남)여수 · 순천 · 강진 · 영암 · 목포 · 장성 · 담양 · 곡성, (전북)운봉 · 남원 · 순창 · 정읍 · 김제 · 전주 · 임실 · 장수 · 진안 · 무주 · 금산
❸ 뻔괴[p'ən-kö] (제주)성산

■ 10021 벼락霹靂 · 落雷

❶ 뼹녁[peŋ-nyək]【漢淸』雷擊 piək-riək-hɔ-ta】(경남)거창 · 합천 · 밀양, (경북)지례 · 김천
❷ 뺑녁[pɛŋ-nyək] (경남)울산 · 동래, (경북)영천 · 경주 · 대구 · 성주
❸ 빙녁[piŋ-nyək] (경남)창녕
❹ 베락[pe-rak]【『杜詩』霹靂 piə-rak,「訓蒙」霹 · 靂 piə-rak,「華夷」雷, 別刺】(전남)광양 · 순천 · 벌교 · 고흥 · 보성 · 장흥 · 목포 · 함평 · 영광 · 나주 · 광주 · 장성 · 옥과 · 곡성 · 구례, (전북)남원 · 정읍 · 김제 · 군산 · 전주 · 임실 · 무주 · 금산, (경북)상주 · 문경 · 청송 · 울진 · 평해, (충남)공주 · 강경 · 부여 · 홍산 · 청양 · 염포 · 보령 · 암면도 · 광천 · 홍성 · 해미 · 갈산 · 오천 · 예산 · 천안 · 조치원, (충북)청주 · 영동 · 진천 · 괴산 · 충주 · 제천, (경기)연천, (강원)통천 · 장전 · 고성 · 간성 · 양양 · 주문진 · 강릉 · 영월 · 평창 · 원주 · 횡성 · 홍천 · 춘천 · 인제 · 철원 · 평강, (함남)안변 · 원산 · 문천 · 고원 · 영흥 · 정평 · 함흥 · 신흥 · 고산
❺ 배락[pɛ-rak] (전남)해남 · 완도 · 지도, (경북)경주 · 포항 · 홍해 · 영덕 · 대구 · 의성 · 예천 · 안동 · 영주
❻ 비락[pi-rark] (전남)돌산 · 여수, (경북)상주 · 함창 · 문경

■ 10022 비雨

❶ 비[pi]【『三才』雨, 比,「物語」雨ゞび】대다수 지방
❷ 훌림[hil-lim] (함남)풍산 · 갑산, (평북)후창(산삼채취자들의 은어, [hil-lim-i#čɛn-da]「비가 오다」와 같이 말함.「오다來る」의 항목 참조.)

❸ 줄멩이[čul-meŋ-i] (강원)춘천(산삼채취자들의 은어)

10023 가랑비細雨

❶ 가는비[ka-nin-bi]【「漢淸」 細雨 kɔ-nɔn#pi】(전남)순천·장성, (전북)정읍·김제, (함남)북청·풍산
❷ ᄀᆞ랑비[kɔ-raŋ-bi]【「譯語」 濛鬆雨 kɔ-raŋ#pi】(제주)성산·서귀·대정
❸ 가랑비[ka-raŋ-bi] (전남)여수·장성·담양·곡성, (전북)운봉·남원·순창·정읍·김제·전주·임실·장수·진안·무주, (경남)부산·김해·마산·거제·통영·진주·남해·함양·하동·거창·합천·창녕·밀양, (경북)대구·고령·청송·평해, (충남)공주·강경·홍성·천안, (충북)청주·보은·영동·충주·단양, (경기)경성, (강원)양양
❹ 고랑비[ko-raŋ-bi] (제주)제주
❺ 가그랑비[ka-gi-raŋ-bi] (경북)안동·영주·울진·평해
❻ 갈방비[kal-baŋ-bi] (경남)양산·울산·동래, (경북)영천·포항·영덕
❼ 갈강비[kal-gaŋ-bi] (경남)남해, (경북)김천·울진, (강원)강릉·삼척
❽ 갈그랑비[kal-gi-raŋ-bi] (경북)예천
❾ 능개비[niŋ-gɛ-bi] (함남)신고산·안변·덕원
❿ 보수락비[po-su-rak-pi]【「漢淸」 雨瀟瀟 pi#pu-sɔr-pu-sɔr#o-ta 零碎塊 ko-ki#pu-si-rɔk-i】(황해)황주, (함남)풍산, (평남)평양, (평북)박천·영변·희천·구성·강계·자성·후창
⓫ 싸락비[s'a-rak-pi] (ss과 ʔs의 표기를 구분함)【「杜詩」 糠粃 psɔ-ra-ki#pa-pə-ro, 糠粃 kiɔ-oa#sɔ-ra-ki-to, 「譯補」 碎米 ssɔr-a-ki, 「漢淸」 碎米渣子 ssɔr-a-ki】(함남)갑산·혜산
⓬ 싸그랑비[s'a-gi-raŋ-bi] (함남)덕원
⓭ 야시비[ya-si-bi] (경북)대구([ya-si]는 「여우」의 의미. 「여우狐」 항목 참조.)
⓮ 이슬비[i-sɨl-bi]【「月印」 露-nɔn#i-si-ri-ra, 「杜詩」 露 i-sir, 「譯語」 下露水 i-sir#ti-ta, 「華夷」 露, 以沁】(전남)강진·영암·목포, (함남)문천·고원·영흥·정평·함흥·오로·신흥

⑮ 이시랭이[i-si-rɛŋ-i] (충남)서천
⑯ 안개비[an-gɛ-bi] (경기)개성・장단・연천, (황해)금천・연안・해주・옹진・태탄・장연・은율・안악・재령・서흥・신계・수안・곡산
⑰ 줌벙이[čum-bəŋ-i] (제주)대정
⑱ 줌뱅이[čum-beŋ-i] (제주)성산(성산에서는 가랑눈小雪)・서귀
⑲ 지냉비[či-nɛŋ-i] (함남)홍원・이원

10024 눈雪

❶ 눈[nun]【「三才」雪 奴乍,「物語」雪ヵぬン】대다수 지방
❷ 헤기[he-gi] (함남)혜산(산삼채취자들의 은어)

10025 우박雹 : へう

❶ 우박[u-bak]【「鷄林」雹日雹】 (제주)제주, (전남)여수・보성・강진・영암・목포・나주・광주・장성・곡성・구례, (전북)운봉・남원・순창・정읍・김제・전주・임실・장수・진안・무주, (경남)양산・동래・부산・김해・마산・거제・통영・진주・남해・하동・함양・거창・합천・창녕・밀양, (경북)고령, (충남)공주・강경・서천・홍성・천안, (충북)청주, (경기)경성・개성・장단・연천, (황해)금천・연안, (함북)나남・회령
❷ 무래[mu-rɛ]【「訓蒙」雹 mu-rui,「杜詩」霰 mu-rui,「東醫」雹 mu-rui,「漢淸」雹 mu-rui】(함남)함흥・신흥
❸ 무뢰[mu-rö] (함남)북청
❹ 무리[mu-ri] (황해)금천・연안・해주・옹진・태탄・장연・은율・안악・재령・서흥・신계・수안・곡산, (함북)부령
❺ 누레[nu-re] (전남)담양
❻ 누리[nu-ri] (전북)무주・금산, (경남)양산・부산・밀양, (경북)영천・울진・평해, (충북)제천, (강원)통천・고성・양양・주문진・강릉・삼척・영월・평창・원주・횡성・홍천・춘천・인제, (함남)신고산・안변・원산・덕원・

문천·고원·영흥
⑦ **느리**[ni-ri] (강원)고성·간성
⑧ **유리**[yu-ri] (경남)울산, (경북)포항·영덕·대구·김천·의성·예천·안동·영주·청송·평해, (충북)청주·보은·영동·충주·단양·제천, (강원)장전·영월·평창·원주·춘천
⑨ **박새**[pak-sɛ] (함북)경성
⑩ **박재**[pak-čɛ] (함북)명천·경성·나남·부거·부령·회령

10026 고드름垂氷 : つらら

① **고더름**[ko-də-rim] 【『譯補』 簾垂氷·氷錐 kos-ə-rim, 「漢淸」 簾淩 kos-ə-rim】 (전남)여수·보성, (경남)울산·동래·부산·하동·합천, (경북)영천·포항·김천, (황해)연안
② **고도롬**[ko-do-rom] (전북)김제·전주·진안·무주
③ **고두래미**[ko-du-rɛ-mi] (경북)예천·영주·안동, (충남)공주·천안
④ **고두림**[ko-du-rəm] (경남)양산·김해·창녕·밀양
⑤ **고두레미**[ko-du-re-mi] (함남)신고산·안변·덕원·문천·고원·영흥
⑥ **고두룸**[ko-du-rum] (전남)강진·목포·나주·곡성·구례, (전북)운봉·임실·장수·금산, (경남)거창, (충북)영동
⑦ **고두름**[ko-du-rim] (전남)장성·담양, (전북)남원·순창·정읍, (충남)강경·서천·홍성
⑧ **고드래**[ko-di-rɛ] (황해)금천·옹진
⑨ **고드래미**[ko-di-rɛ-mi] (충북)청주·충주·단양, (강원)강릉·삼척·춘천, (황해)신계
⑩ **고드림**[ko-di-rəm] (경남)거제·통영·진주·남해, (경북)영덕·대구·의성·울진·평해, (경기)개성·장단·연천
⑪ **고드룸**[ko-di-rum] (경북)고령·청송, (경기)경성
⑫ **고드름**[ko-di-rim] (전남)순천·영암·광주, (경남)함양

⑬ 고조러미[ko-jo-rə-mi] (함남)정평・신흥
⑭ 고조름[ko-jo-rim] (함남)북청
⑮ 고조리[ko-jo-ri] (함남)이원・풍산・갑산・혜산
⑯ 고주래미[ko-ju-rɛ-mi] (함남)풍산・갑산・혜산
⑰ 고주러미[ko-ju-rə-mi] (함남)함흥・오로・홍원
⑱ 고지[ko-ji] (황해)해주
⑲ 곤드라미[kon-di-ra-mi] (충북)보은
⑳ 곤드래미[kon-di-rɛ-mi] (강원)양양
㉑ 동곧[toŋ-got] (기본형 미확인) 【『訓蒙』鑷・釵 toŋ-kos,『譯保』串子 toŋ-kos,『類合』(萬曆)釵 toŋ-kos】 (제주) 제주・성산・서귀・대정(남자 머리의 상투에 얼러 꿰는 비녀와 유사하다고 한다.)

▨ 10027 천지天地

❶ 턴디[tʰyən-di] (함북)회령・종성・경원
❷ 턴지[tʰyən-ji] (함북)회령
❸ 텐디[tʰen-di] (함북)경원
❹ 턴디[tʰən-di] (평남)평양・중화(군내 천곡면을 [tʰən-goŋ-myən]이라고 부른다)・순천(군내 천성면을 [tʰən-səŋ-myən]이라고 부른다)・숙천・안주, (평북)박천・영변・희천・구성・정주・선천・용암・의주・강계・자성・후창(후창에서는 다른 지방과 달리 [čhən-ji]라고 말한다.)

시후時候

20028 올해本年

❶ **올해**[ol-hɛ] 【「杜詩」今年 or-hɔi, 「老解」今季夏 ol-hɔi#niə-rɔm, 「華夷」今年, 我害】 (경남)함양·밀양, (경북)고령·안동·영주·청송·울진·평해, (충남)공주·강경·서천·홍성, (충북)영동

❷ **오래**[o-rɛ] (경남)거제·통영·진주·남해·거창·합천, (경북)대구·김천·의성·예천·안동·영주·청송·울진, (충남)천안, (충북)청주·보은·영동·충주·단양·제천, (강원)양양·강릉·삼척·영월·평창·원주·횡성·홍천·춘천·인제

❸ **오리**[o-ri] (충남)공주·강경·서천, (충북)영동

❹ **올개**[ol-gɛ] (경남)울산·양산·동래·부산·김해·마산·창녕·밀양, (경북)영천·경주·포항·흥해·영덕·대구·성주·김천·의성·상주·함창·문경·예천·안동·영주·청송·울진·평해

❺ **올기**[ol-gi] (경남)창녕, (경북)함창

❻ **올**[ol] 【「杜詩」今年人日 or-人日-əi, 「老解」今春, ol-pom-əi, 「譯語」今年, or, 「隣語」當年는, or-in】 (충남)강경·홍성, (충북)청주·보은·충주·단양, (강원)통천·장전·고성·간성·양양·주문진·강릉, (경북)울진·평해

■ 20029 흉년凶年

❶ 흉년[hyuŋ-nyən]/숭년[suŋ-nyən] 대다수 지방
❷ 숭냔[suŋ-nyan] (경북)예천

■ 20030 정월正月

❶ 정월[čəŋ-wəl] (제주)제주・성산・서귀・대정, (전남)돌산・여수・광양・순천・벌교・고흥・보성・장흥・완도・지도・해남・목포・함평・영광・나주・광주・장성・담양・옥과・곡성・구례, (전북)운봉・남원・순창・정읍(군내 영원면을 [yəŋ-wən-myən]이라고 부른다)・김제(군내 월촌면을 [wəl-čhon-myən]이라 부른다)・군산・전주・임실(남원을 [nam-an]이라 부른다)・장수・진안(군내 반월리를 [pan-wəl-li]라 부른다)・무주・금산, (경남)울산・양산・부4산・김해・거창・합천・창녕・밀양, (경북)영천・경주・포항・흥해・영덕・대구・고령・성주・지례・김천・의성・문경・예천・안동・영주・청송・울진・평해, (충남)공주・강경・서천・홍성・천안, (충북)청주・보은・영동・진천・괴산・충주・단양, (강원)통천・고성・간성・양양・주문진・강릉・영월・평창・원주・횡성・홍천・춘천・인제・철원・평강, (황해)금천・연안・해주・옹진・태탄・장연・은율(구월산을 [ku-wəl-san]이라 부른다)・안악(군내 월암리를 [wəl-am-ni]라 부른다)・재령・황주・서흥・신계・수안・곡산, (함남)신고산・안변・덕원・문천・고원・영흥・정평・함흥・오로・신흥・홍원・북청・이원・단천・풍산・갑산・혜산, (함북)성진・길주・명천・종성・나남・청진・부령・무산・회령・경성・경원・경흥・옹기, (평남)중화・평양・순천・숙천・안주, (평북)박천・영변・희천・구성・정주・선천・용암・의주・강계・자성・후창
❷ 정얼[čəŋ-əl] 【物語」月ヵおる】 (전남)벌교・목포・나주・담양(군내 금월리를 [kim-əl-li], 월산리를 [wəl-sal-li]라 부른다)・곡성, (전북)정읍・김제・임실, (경남)울산・양산・동래・부산・마산・거제・통영・진주・남해・하동・함양, (경북)흥해・김천・상주・함창・예천, (함남)갑산, (함북)성진・명천・회령

20031 이월二月
① **영등돌**[yəŋ-diŋ-tɔl] (제주)제주·성산·서귀·대정

20032 유월六月
① **누월**[nu-wəl] (평남)평양, (평북)박천·영변·희천·구성·강계·자성·후창

20033 여름夏
① **여름**[yə-rim] 【「訓蒙」夏 niə-rim, 「內訓」niə-rim-əi(夏に), 「杜詩」niə-rim-əi(夏に), 「譯語」夏 niə-rim, 「華夷」夏, 呆論, 「物語」夏ヲによろみ】 (제주)제주·성산·서귀·대정, (전남)여수·순천·보성·강진·영암·목포·나주·광주·장성·담양·곡성·구례, (전북)운봉·남원·순창·정읍·김제·전주·임실·장수·진안·무주·금산, (경남)울산·마산·거제·통영·진주·남해·하동·함양, (경북)영천·포항·영덕·울진·평해, (충남)공주·강경·서천·홍성·천안, (충북)청주·보은·충주·단양, (경기)경성·개성·장단·연천, (강원)양양·강릉·삼척, (황해)금천·연안·해주·옹진·태탄·장연·은율·안악·재령·황주·서홍·신계·수안·곡산, (함남)신고산·안변·덕원·문천·고원·영흥·정평·함흥·오로·신흥·홍원·북청·이원·풍산·갑산·혜산, (평북)후창
② **여럼**[yə-rəm] (경남)양산·동래·부산·김해·마산·진주·거창·합천·창녕·밀양, (경북)대구·고령·김천·의성·예천·안동·영주·청송, (충북)영동
③ **너름**[nə-rim] (평남)평양, (평북)박천·영변·희천·구성·강계·자성·후창(후창에서는 [yə-rim]이라 부른다.)

20034 가을秋
① **ᄀᆞ울**[kɔ-ul] 【「杜詩」秋 kɔ-ɔr, 「千字」秋 kɔ-ɔr, 「譯語」秋 kɔ-ɔr, 「漢淸」秋 kɔ-ɔr, 「交

隣」秋 kɔ-ɔr,「物語」秋ッこをる】(제주)성산・서귀・대정
❷ 가을[ka-il] (전남)영암・목포・나주・광주・장성・구례, (전북)김제・전주, (경남)마산, (경북)영덕・대구・김천・의성・예천・안동・영주・청송・울진・평해, (충남)공주・서천・홍성・천안, (충북)보은・영동・제천, (경기)경성・개성・장단・연천, (강원)통천・장전・고성・간성・양양・주문진・강릉・삼척・영월・평창・원주・횡성・홍천・춘천・인제, (황해)금천・연안・해주・옹진・태탄・장연・은율・안악・재령・서흥・수안, (함남)신고산・안변・원산・덕원・문천・고원・영흥・홍원・북청・이원・단천・풍산・갑산, (함북)성진・청진・부령・무산・회령・종성・경원, (평남)중화・평양, (평북)박천・영변・희천・구성・강계・자성・후창
❸ 갈:[ka:l] (경북)청송, (충남)강경・홍성, (충북)청주・충주・단양・제천, (강원)통천・고성・영월・평창・원주・횡성・홍천・춘천・인제・철원(이 지방에서는「가을-이」를 [kal-gi]라고 말한다), (평남)순천・숙천・안주, (평북)정주・선천・용암・의주
❹ ᄀᆞ실[kɔ-sil]【「月釋」秋 kɔ-ɔr,「蒙山」秋 ka-zɔr,「訓蒙」秋 kɔ-ɔr,「類合」(萬曆)秋 kɔ-zɔr,「華夷」秋, 格白】(제주)제주・성산・서귀・대정
❺ 가실[ka-sil] (전남)정의・돌산・여수・광양・순천・벌교・고흥・보성・완도・지도・해남・목포・나주・광주・장성・담양・옥과・곡성・구례, (전북)운봉・남원・순창・정읍・김제・전주・임실・장수・진안・무주・금산, (경남)울산・양산・동래・부산・김해・마산・거제・통영・진주・남해・하동・함양・거창・합천・창녕・밀양, (경북)영천・포항・영덕・고령・울진・평해(이 지방에서는「가을-이」를 [ka-sil-gi]라고 말한다), (강원)강릉
❻ 가슬[ka-sil] (전남)장흥・강진・영암・목포・함평・나주, (전북)전주, (강원)주문진・평창, (함남)정평・함흥・오로・신흥・홍원・북청・이원・단천・풍산・갑산・혜산, (함북)성진・길주・명천・경성・나남・부거・회령・종성・경원, (평북)후창

20035 겨울冬

① **겨을**[kyə-il] 【「杜詩」 冬 kiə-ir, 「訓蒙」 冬 kiə-ir, 「痘瘡」 冬月 kiə-i-rəi-nɔn, 「東醫」 冬 kiə-ɔr, 「譯語」 冬 kiə-ɔr, 「漢淸」 冬 kiə-ɔr, 「物語」 冬ㅋけをる】 (전남)장성, (전북)정읍·김제·전주, (충남)천안, (충북)보은·영동·진천·괴산·충주·단양, (강원)평창·원주·횡성·춘천

② **겨울**[kyə-ul] (전남)광주, (경북)의성·영주·청송, (경기)경성·개성·장단·연천, (강원)양양·강릉·삼척·철원, (황해)금천·연안·해주·옹진·태탄·장연·은율·안악·재령·서흥·신계·수안·곡산

③ **결:**[kyə:l] (경남)울산·마산·거제·통영·진주·남해·함양, (경북)영천·영덕·대구·안동·영주·청송

④ **저울**[čə-ul] (전북)운봉·군산, (경남)울산·동래·거창·창녕·밀양, (경북)경주·대구·성주·지례·김천·상주·함창·문경·예천·안동(이들 대다수의 지방에서는 「겨울-이」를 [čə-ul-gi]라고 말한다)·울진, (충남)천안, (충북)충주·단양·제천, (강원)고성·간성·주문진·강릉·삼척·영월·평창·원주·횡성·홍천·춘천·인제·평강, (함남)신고산·안변·덕원·문천·고원·영흥

⑤ **저을**[čə-il] (전남)장흥, (전북)남원·임실, (경기)연천, (강원)통천·장전·평강, (경북)울진·평해

⑥ **즉:**[či:k] (충남)부여·홍산·청양·서천·염포·보령·안면도·광천·홍성·해미·서산·오천·예산·조치원

⑦ **절**[čəl] (경남)양산·부산·김해·거창·합천·창녕·밀양, (경북)고령·김천·의성·예천·안동·영주·청송, (충북)영동

⑧ **절기**[čəl-gi] (*곡용형인지 기본형인지 미확인)(전북)무주·금산·김제, (충남)천안·조치원

⑨ **즐:**[či:l] (충북)청주·보은

⑩ **줄:기**[ču:l-gi] (충남)공주·강경

⑪ **저슬**[čə-sil] 【「月印」 冬 kiə-zir, 「內訓」 冬 kiə-zir, 「華夷」 冬, 解白】 (전남)장흥·강

진・영암・목포・함평・영광・나주, (전북)전주, (경북)대구

⑫ **저슬기**[čə-sil-gi] *(전북)정읍・김제

⑬ **저식**[čə-sik] (전북)남원

⑭ **저실**[čə-sil] (제주)정의・제주・성산・서귀・대정, (전남)돌산・여수・광양・순천・벌교・고흥・보성・완도・지도・해남・목포・장성・담양・옥과・곡성・구례, (전북)운봉・남원・순창・정읍・임실, (경남)울산・양산・동래・부산・김해・마산・거제・통영・진주・남해・하동・함양・거창・합천・창녕・밀양, (경북)영천・경주(「가을이」를 [čə-sil-gi]라고 말한다)・포항・흥해・영덕・고령, (강원)평강

⑮ **저실게**[čə-sil-ge] *(전북)장수

⑯ **저실기**[čə-sil-gi] *(전북)진안

⑰ **동삼**[toŋ-sam] (함남)신고산・안변・덕원・문천・고원・영흥・정평・함흥・오로・신흥・홍원・북청・이원・풍산・갑산・혜산

⑱ **삼동**[sam-doŋ] (경남)마산・거제・통영

⑲ **시안**[si-an] (「歲안」이라는 말, 의미 차이가 있음)(전남)장성・담양, (전북)운봉・순창・정읍・김제・임실・장수・진안・무주・금산

▰ 20036 어제昨日

❶ **어제**[ə-ǰe] 【「杜詩」昨日 ə-čəis-nar,「捷解」昨日 ə-čəi,「譯語」昨日・夜來, ə-čəi,「鷄林」昨日曰訖載】 대다수 지방

❷ **어재**[ə-ǰɛ] 【「老解」昨日 ə-čəi】 (경남)울산, (경북)영천・경주・포항・흥해・영덕・대구・성주・의성・예천・안동・영주

❸ **어지**[ə-ǰi] (경남)동래・창녕・밀양

▰ 20037 모레明後日

❶ **모래**[mo-rɛ] 【「譯語」後日 mo-rɔi,「漢淸」後日 mo-rɔi,「捷解」あさて mo-rɔi,「隣語」明五日 mo-rɔi,「鷄林」後日曰母魯,「物語」明後日ヵもろい】 (전남)돌산・여수・광양・

벌교 · 완도 · 지도 · 장성, (경남)울산 · 양산 · 마산 · 거제 · 통영 · 진주 · 남해 · 하동 · 함양, (경북)영천 · 포항 · 영덕 · 대구 · 김천 · 예천 · 안동 · 청송 · 울진 · 평해, (충북)청주 · 보은 · 영동 · 충주 · 단양, (강원)강릉 · 삼척

❷ **모레**[mo-re] (전남)순천 · 고흥 · 보성 · 장흥 · 강진 · 해남 · 영암 · 목포 · 함평 · 영광 · 나주 · 광주 · 장성 · 담양 · 옥과 · 곡성 · 구례, (전북)운봉 · 남원 · 순창 · 정읍 · 김제 · 전주 · 임실 · 장수 · 진안 · 무주 · 금산, (경북)의성 · 영주, (충남)오천 · 예산, (강원)양양

❸ **모리**[mo-ri] (제주)제주 · 성산 · 서귀 · 대정, (전북)정읍 · 김제 · 군산 · 전주, (경남)김해 · 창녕 · 밀양, (충남)공주 · 강경 · 부여 · 홍산 · 청양 · 서천 · 염포 · 보령 · 안면도 · 광주 · 홍성 · 해미 · 서산 · 오천 · 천안 · 조치원

❹ **모루**[mo-ru] (전북)전주

20038 글피明明後日

❶ **글피**[kil-pʰi]【「譯語」 外後日 kir-pʰii】 (제주)제주 · 성산 · 서귀 · 대정, (전북)김제 · 무주 · 금산, (충남)공주 · 강경 · 서천 · 홍성 · 천안, (경북)울진

❷ **글패**[kil-pʰɛ] (전남)광주, (전북)남원 · 정읍 · 전주, (충북)청주 · 보은 · 영동 · 충주 · 단양, (강원)양양 · 강릉 · 삼척, (경북)평해

❸ **글푸**[kil-pʰu] (전북)전주

❹ **그패**[ki-pʰɛ] (전북)진안

❺ **고패**[ko-pʰɛ] (전남)여수 · 순천 · 보성 · 강진 · 영암 · 목포 · 나주 · 광주 · 장성 · 담양 · 곡성, (경남)남해 · 하동

❻ **굴패**[kul-pʰɛ] (전북)장수

❼ **구패**[ku-pʰɛ] (전남)곡성, (전북)운봉 · 남원 · 순창 · 임실, (경남)거창

❽ **내모래**[nɛ-mo-rɛ] (경남)울산 · 양산 · 동래 · 부산 · 김해 · 창녕 · 밀양, (경북)영천

❾ **내모리**[nɛ-mo-ri] (경남)합천, (경북)고령

❿ **저모래**[čə-mo-rɛ] (경남)진주 · 함양 · 거창(거창에서는 '글피'의 다음 날을 말한

다), (경북)영천·포항·대구·김천·의성·예천·안동·영주·청송
⑪ 저모레[čə-mo-re] (경북)영덕
⑫ 모래고패[mo-rɛ#ko-pʰɛ] (경남)거제·통영·진주·함양
⑬ 후모래[hu-mo-rɛ] (경남)마산

▰ 20039 아래頃日

① 아래께[a-rɛ-k'e] (전북)정읍·무주
② 아럭께[a-rək-k'e] (전남)여수·광양·순천·고흥·지도·목포·구례
③ 아룩께[a-ruk-k'e] (전남)돌산
④ 아륵께[a-rik-k'e] (전남)('전북'으로 오기)광주·곡성, (전북)남원·전주·임실
⑤ 아릭께[a-rik-k'e] (전남)벌교·장흥·완도·해남·장성·옥과, (전북)금산
⑥ 아렉께[a-rek-k'e] (전남)함평

▰ 20040 지금今

① 이제[i-je] 【「月印」今 i-čəi, 「蒙山」今 i-čəi, 「金剛」今 i-čəi, 「華夷」今, 如今ㅊ 耶住】 대다수 지방
② 어제[ə-je] (함남)함흥·홍원·이원

▰ 20041 옛날昔

① 엔날[yen-nal] (전남)광양·고흥·장흥·완도·해남·함평·영광·광주·옥과·곡성, (전북)남원·정읍·김제·전주·임실, (경남)동래·합천, (충북)청주·영동·진천·괴산·충주, (함남)북청·풍산·갑산
② 엔날[en-nal] (전남)돌산·여수·순천·벌교·지도·목포·나주·장성·구례, (전북)임실, (경남)거창·마산·거제, (경북)지례·김천
③ 인날 [in-nal] (전남)완도·목포
④ 녠날[nyen-nal] 【「內訓」昔日 niəis-nar, 「漢音」昔日 niəis-nar, 「月釋」舊 niəi, 「訓蒙」古·昔, niəi, 「華夷」古, 呆】(평북)박천

❺ **넨날**[nen-nal] (평북)박천 · 자성

20042 아침朝

❶ **아침**[a-čʰim] 【「月印」 旦 a-čʰɔm, 「內訓」 朝 a-čʰɔm, 「杜詩」 朝 a-čʰɔm, 「百聯」 朝 a-čʰɔm, 「訓蒙」 旦朝 a-čɔm, 「鷄林」 旦日阿慘】 (제주)제주 · 성산 · 서귀 · 대정, (전남)여수 · 강진 · 목포 · 장성 · 담양 · 곡성, (전북)운봉 · 남원 · 순창 · 정읍 · 김제 · 전주 · 임실 · 장수 · 진안 · 무주 · 금산, (경남)하동, (경기)경성 · 개성 · 장단 · 연천, (황해)금천 · 연안 · 해주 · 옹진 · 태탄 · 장연 · 은율 · 안악 · 재령 · 서홍 · 신계 · 수안 · 곡산, (함남)정평 · 함흥 · 오로 · 신흥 · 홍원 · 북청 · 이원 · 풍산 · 갑산 · 혜산

❷ **아춤**[a-čʰum] (함남)신고산 · 안변 · 덕원 · 문천 · 고원 · 영흥

❸ **아척**[a-čʰək] (제주)제주 · 성산 · 서귀 · 대정, (전남)여수 · 강진 · 목포 · 장성 · 담양, (전북)남원 · 순창 · 정읍 · 김제 · 전주, (경남)하동, (경기)개성 · 연천, (황해)연안 · 신계

❹ **아치게**[a-čʰi-ge] (황해)금천 · 옹진 · 태탄 · 장연 · 은율 · 안악 · 재령 · 서홍 · 수안

❺ **아적**[a-jək] (황해)해주, (함남)신고산 · 안변 · 덕원 · 문천 · 고원 · 영흥 · 정평 · 함흥 · 오로 · 신흥 · 홍원 · 북청 · 이원 · 풍산 · 혜산

❻ **아직**[a-jik] (함남)갑산

20043 저녁夕

❶ **저녁**[čə-nyək] 【「譯語」 晚飯 čiə-niək-pap, 「漢淸」 晚 čiə-niək】 (제주)제주 · 성산 · 서귀 · 대정, (전남)순천 · 광주 · 곡성, (전북)운봉 · 임실 · 장수 · 진안 · 무주 · 금산, (경남)마산 · 거제 · 통영 · 진주 · 남해 · 하동 · 함양 · 거창 · 합천, (경북)영천 · 경주 · 고령 · 의성 · 영주 · 청송 · 울진 · 평해, (충남)공주 · 강경 · 서천 · 홍성 · 천안, (충북)청주 · 보은 · 영동 · 진천 · 괴산 · 충주 · 단양, (경기)경성 · 개성 · 장단 · 연천, (강원)양양 · 주문진 · 강릉 · 삼척 ·

원주·홍천·인제, (황해)연안·해주·옹진·태탄·장연·신계·수안·곡산, (함남)신고산·안변·덕원·문천·고원

② **저닉**[čə-nək] (경북)포항·영덕, (함북)무산, (평북)후창
③ **적**[čək] (경북)예천·영주
④ **저낙**[čə-nak] (황해)황주, (함북)회령·종성·경흥, (평남)평양, (평북)박천·영변·희천·구성·강계·자성
⑤ **저냑**[čə-nyak] (강원)강릉, (함북)부령
⑥ **제녁**[če-nyək] (충남)청주·괴산·충주, (경기)경성, (강원)횡성·춘천
⑦ **제빅**[če-nek] (경기)연천, (강원)철원·평강
⑧ **제냑**[če-nyak] (강원)원주·홍천·인제, (황해)금천·은율·안악·재령·서흥
⑨ **제악**[če-ak] (함북)명천
⑩ **지낙**[či-nak] (황해)신계·수안·곡산, (함남)홍원, (함북)청진
⑪ **지냑**[či-nyak] (강원)통천·장전·간성
⑫ **지녁**[či-nyək] (경남)울산·동래·김해·마산·합천·창녕·밀양, (경북)영천·포항·흥해·대구·성주·지례·김천·의성·상주·함창·문경·안동·청송, (충북)제천, (강원)간성·영월·평창, (함북)나남
⑬ **지넉**[či-nək] (경남)울산·양산·부산·밀양, (경북)영천·흥해·의성
⑭ **지닉**[či-nik] (경남)창녕
⑮ **지악**[či-ak] (함남)신고산·안변·고원
⑯ **지약**[či-yak] (강원)양양, (함남)북청·단천, (함북)성진·길주·경성
⑰ **지얔**[či-yək] (경남)부산, (경북)예천
⑱ **나조**[na-čo] 【「月印」 na-čo-hɔi(タに),「杜詩」暮 na-čo,「訓蒙」夕·晡 na-čoi,「鷄林」暮日占捺 혹은 占沒】 (함남)영흥·정평·함흥·오로·신흥·홍원·북청·이원·풍산·갑산·혜산
⑲ **나주왁**[na-ču-wak] (평북)자성
⑳ **해거럼**[hɛ-kə-rəm] (경남)마산·거제

20044 화창和暢

❶ **화창**[hwa-cʰaŋ] 대다수 지방

❷ **화탕**[hwa-tʰaŋ] (평남)중화・평양・숙천・안주, (평북)박천・영변・희천・구성・정주・선천・용암・의주・강계・자성・후창(후창에서는 [hwa-cʰaŋ]도 사용한다.)

지리地理 · 하해河海

30045 세계世界
❶ 셰계[sye-gye] (함북)종성 · 경원 · 경흥
❷ 세게[se-ge] 대다수 지방
❸ 새개[sɛ-gɛ] (전남)장성(제주[če-ju]를 [čɛ-ju], 구례[ku-rye]를 [ku-rɛ] 또 군내 삼계면 [sam-gye-myən]을 [sam-gɛ-myən]이라 한다) · 담양, (경남)울산 · 동래 · 부산 · 김해(군내 진내면[čin-rye-myən]을 [čin-rɛ-myən], 제도리[čye-do-ri]를 [čɛ-do-ri], 무계리 [mu-gye-ri]를 [mu-gɛ-ri]라 부른다) · 합천(군내 호계리[ho-kye-ri]를 [ho-kɛ-ri], 석계리 [sək-kye-ri]를 [sək-kɛ-ri]라 부른다) · 밀양(초계[čho-kye]를 [čho-kɛ], 같은 군내에 예림리 [ye-rim-ni]를 [ɛ-rim-ni]라 부른다), (경북)영천 · 경주 · 포항 · 흥해 · 영덕(군내 삼계동[sam-gye-doŋ]을 [sam-gɛ-doŋ]이라 부른다) · 대구(예천[ye-čhən]을 [ɛ-čhən]이라 부른다)성주 · 김천(예천[ye-čhən]을 [ɛ-čhən]이라 부른다) · 의성 · 상주 · 안동 · 영주 · 청송 · 울진

30046 서울京: みやこ
❶ 서울[sə-ul] 대다수 지방【「耽羅志」以京爲西那, 「物語」都ヵせおり】

30047 시골田舍 : いなか

❶ 싀골[siy-gol]【「捷解」 田舍 sii-kor,「譯補」 鄕村 sii-kor,「漢淸」 鄕村 sii-kor】(경남)울산・함양, (경북)영천・포항・영덕, (충남)공주・강경・서천・홍성・천안, (충북)청주・보은・영동・충주・단양

❷ 시골[si-gol] (전남)여수・순천・보성・강진・영암・목포・장성・담양・곡성, (전북)남원・순창・정읍・김제・전주・장수・진안・무주・금산, (경남)양산・마산・거제・통영・진주・합천・밀양, (강원)양양・강릉・삼척, (경북)울진・평해

❸ 씨골[sʼi-gol] (제주)제주, (경남)하동

❹ 촌[cʰon] (제주)성산・서귀, (전남)곡성, (전북)임실, (경남)울산・양산・동래・부산・김해・거창・합천・창녕・밀양, (경북)영천・포항・영덕・대구・고령・김천・의성・예천・안동・영주・청송・울진・평해, (강원)양양・강릉・삼척

30048 마을村落

❶ ᄆᆞ울[mɔ-ul]【「杜詩」 無村 mɔ-ɔr-hi#əp-sə,「百聯」 里 mɔ-ɔr】(제주)제주・성산・서귀・대정

❷ 마울[ma-ul] (전남)순천・광주, (충남)공주・강경・서천・홍성・천안, (충북)청주・보은・영동・충주・단양, (경기)경성, (강원)양양・강릉・삼척, (경북)울진・평해, (함남)함흥・단천, (함북)성진・길주・명천・경성・나남・청진・부거・부령・무산・경흥・웅기, (평북)후창

❸ 말:[ma:l]【「杜詩」 冠邊鄙 kɔ-ais-mɔr#kɔ-kii#ui-tu-hɔ-to-ta】(경남)부산, (경기)경성・개성・장단・연천, (황해)금천・신계・수안・곡산(금천, 수안 부근에서는 "이웃집"의 뜻으로 부른다), (함남)신고산・안변・덕원・문천・고원・영흥・정평・오로・신흥・홍원・북청・이원・풍산・갑산・혜산, (평남)평양, (평북)박천・영변・희천・구성・강계

❹ 멀:[mə:l] (황해)연안

⑤ 몰:[mo:l]【「物語」里ヲもうり, 町ヲもうり】(황해)해주・옹진・태탄・장연・은율・안악・재령・황주・서흥・수안(은율 이하의 지방에서는 이웃집의 뜻으로 부른다), (함남)풍산・갑산, (함북)회령・종성, (평북)박천・구성・강계・자성

⑥ 므슬[mɔ-sul]【「訓蒙」間・閭・里・村・鄒 ma-zɔr,「月印」 mɔ-zɔr-hi,「內訓」里 mɔ-zɔr,「百聯」村・里 mɔ-zɔr】(제주)성산

⑦ 마슬[ma-sil] (전남)광주

⑧ 므실[mɔ-sil] (제주)제주・서귀・대정([mɔ-sil#kan-da]는 이웃집에 '놀러간다'는 뜻.)

⑨ 마실[ma-sil] (전북)전주・진안・무주・금산, (경남)울산・동래・부산・김해・마산・통영・진주・남해・함양・거창・합천・창녕・밀양, (경북)영천・포항・영덕・대구・고령・김천・의성・예천・안동・영주・청송

⑩ 모슬[mo-sul] (전남)강진・영암

⑪ 모실[mo-sil]【「類合」(萬曆) 牧 mo-sir】(전남)여수・보성・목포・나주・장성・담양・구례・곡성, (전북)운봉・남원・순창・정읍・김제・임실・장수, (경남)양산・김해・마산・거제・통영・거제・하동

30049 들野原

① 드르[ti-rɨ]【「龍歌」龍鬪野中 ti-ri-həi 龍-i ssa-ho-a,「內訓」魯野之婦人, 魯-s ti-ri-həis-婦人,「百聯」野 ti-ri,「譯語」野甸子 ti-ri,「華夷」郊, 得勒】(제주)제주・성산・서귀・대정

② 드레[ti-re] (함남)북청, (평북)영변・희천

③ 두루[tu-ru] (함남)문천・영흥・정평・신흥, (함북)경원

④ 두루이[tu-ru-i] (함북)경흥

⑤ 들:[tɨ:l]【「漢淸」野 tir,「類合」(萬曆) 郊 tir】(전남)여수・순천・보성・강진・영암・목포・나주・광주・장성・담양・곡성, (전북)운봉・남원・순창・정읍・김제・전주・임실・장수・진안・무주・금산, (경남)울산・양산・동래・마산・부산・거제・통영・진주・남해・하동・함양・거창・합천・창녕・밀양, (경북)영천・포항・영덕・대구・고령・김천・안동・청송・울

진·평해, (충남)공주·강경·서천·홍성·천안, (충북)청주·보은·영동·충주·단양·제천, (경기)경성·개성·장단, (강원)통천·장전·고성·간성·양양·주문진·강릉·삼척·영월·평창·원주·횡성·홍천·춘천·인제, (황해)금천·연안·해주·옹진·태탄·장연·은율·안악·재령·황주·서흥·신계·수안·곡산, (함남)신고산·안변·덕원·고원·오로·홍원·풍산·혜산, (함북)청진, (평남)평양, (평북)박천·구성·자성

❻ **뜰**[t'il] (평북)후창
❼ **들:바닥**[ti:l#-pa-dak] (충남)강경
❽ **덜:**[təːl] (경남)양산·김해·마산, (경북)('경남'으로 잘못 표기됨)의성·예천·영주
❾ **벌**[pəl] (경기)경성, (함남)북청·이원, (함북)나주·부령·무산, (평남)평양, (평북)박천·영변·희천·구성·강계
❿ **벌판**[pəl-pʰan] (경기)개성·장단·연천, (황해)금천·연안·해주·옹진·태탄·장단·은율·안악·재령·황주·서흥·신계·수안·곡산, (함남)신고산·안변·덕원·문천·고원·영흥·정평·함흥·오로·신흥·홍원·갑산·혜산, (함북)경성
⓫ **버당**[pə-daŋ] (강원)강릉·삼척, (경북)울진
⓬ **버덕**[pə-dək] (함남)이원, (함북)나남·부령·무산·회령·종성
⓭ **버더기**[pə-də-gi] (함북)성진·길주
⓮ **버덜기**[pə-dəl-gi] (함북)경흥
⓯ **버덩**[pə-dəŋ] (충북)제천, (경북)울진·평해, (강원)통천·장전·고성·간성·양양·주문진·강릉·영월·평창·원주·횡성·홍천·춘천·인제
⓰ **버데기**[pə-de-gi] (함남)단천

30050 언덕표

❶ **언덕**[ən-dək] 【「譯補」岸頭 ən-tək, 懸崖 kip-hɔn#ən-tək, 「漢淸」高岡 nop-hin#ən-tək,

丘陵('邱陵'으로 표기됨) 큰언덕([kʰin#ən-tək]), 「註千」阿・阜・롯 언덕[ən-tək]】 (제주)제주・대정, (전남)여수・강진・목포・영광・담양・곡성, (전북)운봉・정읍・김제・무주・금산, (경남)울산・양산・김해・마산・거제・통영・진주・남해・함양・거창・합천・창녕・밀양, (경북)('경남'으로 잘못 표기됨)영천・경주・포항・흥해・영덕・대구・고령・김천・의성・상주・함창・문경・예천・안동・영주・청송・울진・평해, (충남)공주・서천・홍성・천안, (충북)청주・보은・영동・진천・괴산・충주・단양, (경기)경성・개성・장단・연천, (강원)양양・강릉・삼척, (황해)금천・연안・해주・옹진・태탄・장연・은율・안악・재령・서흥・신계・수안・곡산

② 언떡[ən-t'ək] (전북)전주・임실・장수・진안, (경남)동래・부산
③ 어덕[ə-dək] (전남)강진・담양
④ 엉덕[əŋ-dək] (전남)장성, (충남)서천
⑤ 엉떡[əŋ-t'ək] (전북)남원・순창・김제, (충남)강경
⑥ 두던[tu-dən] 【「訓蒙」丘・原 [tu-dən], 「百聯」岸 [tu-dən], 「類合」(萬曆) 丘・岸・原 [tu-dən], 「漢淸」高阜 [tu-dən], 「譯語」幔坡子 [na-čok-hon#tu-dən]】 (전남)광주, (경남)양산, (경북)고령, (평북)박천・구성・자성・후창
⑦ 두둑[tu-duk] 【「龍歌」松原 [so-tu-tirk], 「訓蒙」坡・阪・陵・陸 [tu-tirk], 「杜詩」高岩 [no-phon#tu-tir-ki-ro], 「百聯」土龍 塢 [tu-tirk]】 (경남)거창
⑧ 두덕[tu-dək] (전남)순천, (경남)김해・진주・남해・하동・합천・창녕・밀양, (경북)예천
⑨ 둔덕[tun-dək] (황해)금천・서흥・수안・곡산, (함남)신고산・안변・덕원・문천・고원・영흥・정평・함흥・오로・신흥・홍원・북청・이원・풍산・갑산・혜산
⑩ 둔덩[tun-dəŋ] (황해)연안・옹진・태탄・장연・은율・안악・재령・신계, (평북)영변・희천・강계
⑪ 동산[toŋ-san] 【「月印」園-in 東山-i-ra, 「訓蒙」苑・囿 [toŋ-san], 「千字」園 [toŋ-san], 「漢淸」園 [toŋ-san]】 (제주)제주・성산・서귀・대정

⑫ 그적[kɨ-jək] (제주)서귀
⑬ 긔적[kiy-jək] (제주)대정

30051 밭둑火田の畔

① 밭두둑[pat#tu-duk] 【「譯語」田壟 [pas-tu-tirk], 「漢淸」壟 [pat-tu-tirk]】 (전북)군산·전주·금산, (충남)공주·강경·부여·홍산·청양·염포·보령·안면도·광천·홍성·해미·서산·갈산·오천·예산·천안·조치원
② 밭두덕[pat#tu-dək] (전북)김제·무주
③ 밭두럭[pat#tu-rək] (전남)남원·임실·정읍·김제
④ 밭두렁[pat#tu-rəŋ] (전북)무주·금산

30052 염전鹽田

① 염전[yəm-jən] (경남)마산, (강원)양양·강릉·삼척, (경북)울진·평해
② 염받[yəm-bat] *(경기)경성
③ 소곰받[so-gom-pat] *(제주)제주·서귀·성산·대정, (경남)거제
④ 벌[pəl] (충남)서천(솥돛을 [pəl-sot]이라 한다)*
⑤ 잠[čam] (함남)덕원·문천·고원

30053 골목橫町

① 골목[kol-mok] 【「譯補」 衚衕口 [kol-mok#ə-kui], 「華夷」洞, 谷莫】 (황해)황주, (함남)홍원·단천·북청·갑산·혜산, (함북)성진·길주·나남·청진·부령·무산·회령·종성·경흥, (평남)평양, (평북)박천·영변·희천·구성·강계·자성·후창
② 골채기[kol-čʰɛ-gi] (함남)이원
③ 회춤[hö-čʰum] (함남)신고산·안변·덕원·문천·고원·영흥·정평·오로·신흥
④ 회춤마기[hö-čʰum-ma-gi] (함남)단천

■ 30054 모서리 · 모퉁이角 : かど

❶ **모텡이**[mo-tʰöŋ-i] (함남)신고산 · 안변 · 덕원 · 문천 · 고원 · 영흥 · 정평 · 오로 · 신흥

❷ **모팅이**[mo-tʰiyŋ-i] (경남)울산 · 마산 · 거제 · 통영 · 진주 · 남해 · 함양, (경북)영천 · 포항 · 영덕

❸ **모탱이**[mo-tʰɛŋ-i] (함남)홍원

❹ **모태**[mo-tʰɛ] (함남)홍원

❺ **모캥이**[mo-kʰɛŋ-i] (황해)황주, (함남)함흥, (평남)평양, (평북)박천 · 영변 · 구성 · 강계 · 자성 · 후창

❻ **모캥**[mo-kʰɛŋ] (함남)홍원

■ 30055 봉우리峰

❶ **봉오리**[poŋ-o-ri] (전북)남원 · 정읍 · 김제 · 군산 · 전주 · 임실, (경남)양산 · 동래 · 부산 · 김해 · 마산 · 거제 · 통영 · 진주 · 남해 · 함양 · 합천 · 밀양, (충남)공주 · 강경 · 홍산 · 갈산 · 서천 · 홍성 · 오천 · 예산 · 천안, (충북)청주 · 보은 · 영동 · 괴산 · 충주 · 단양, (강원)양양 · 강릉 · 원주 · 횡성 · 홍천 · 춘천 · 인제

❷ **봉우리**[poŋ-u-ri] (충북)제천, (강원)영월 · 평창

❸ **봉도리**[poŋ-do-ri] (경남)고령 · 상주 · 문경, (충남)광천 · 홍성 · 오천 · 예산, (충북)진천 · 괴산, (강원)삼척, (경북)울진 · 평해

❹ **봉두리**[poŋ-du-ri] (경남)거창 · 창녕, (경북)경주 · 흥해 · 영덕 · 대구 · 김천 · 의성 · 함창 · 예천 · 안동 · 영주 · 청송, (충남)공주 · 부여 · 염포 · 보령 · 홍성 · 해미 · 서산 · 갈산 · 조치원, (충북)제천, (강원)영월 · 평창

❺ **산곡대기**[san#kok-tɛ-gi] (경남)부산, (충남)공주 · 강경, (충북)청주 · 보은 · 영동 · 충주 · 단양

30056 고개 · 재峠

① 재[čɛ]【「龍歌」 牛峴 sio-čai, 鐵峴 soi-čai, 「百聯」 嶺 čai】(전남)영암 · 목포 · 나주 · 장성 · 담양, (전북)남원 · 순창 · 정읍 · 김제 · 전주

② ᄆᆞ르[mɔ-ri]【「四佳亭」龜旨-旨方言, 猶言地脊也, 「訓蒙」 宗 · 棟, mɔ-rɔ, 「杜詩」 棟 čip-mɔ-rɔ, 「譯語」 脊棟 mɔ-rɔ, 「百聯」 mɔ-rɔ, 「華夷」 梁, 墨勒】(제주)제주 · 성산 · 서귀 · 대정(군내 저지리를 [taŋ-mɔ-ri]라 한다.)

③ 말랭이[mal-lɛŋ-i] (전북)김제 · 전주 · 임실, (충남)공주 · 강경 · 서천 · 홍성 · 천안, (충북)청주 · 보은 · 충주

④ 몰랭이[mol-lɛŋ-i] (전남)순천 · 강진 · 나주 · 광주 · 담양 · 곡성, (전북)남원 · 순창 · 정읍 · 장수

⑤ 몰랑[mol-laŋ] (전북)운봉

⑥ 몰랑지[mol-laŋ-ji] (전남)보성

⑦ 모렝이[mo-rɛŋ-i] (전북)금산(이 지방에서는 '산모서리'를 뜻함), (경북)의성 · 예천 · 안동 · 영주 · 청송

⑧ 모링이[mo-riŋ-i] (전북)무주(이 지방에서는 '산모서리'를 뜻함), (경북)김천

⑨ 몬당[mon-daŋ] (전남)여수 · 구례, (경남)하동

⑩ 산말랭이[san#mal-lɛŋ-i] (경남)합천, (경북)고령 · 의성, (충남)천안

⑪ 산모랭이[san#mo-rɛŋ-i] (경남)울산 · 진주 · 남해, (경북)영천 · 포항 · 영덕, (강원)양양 · 강릉 · 삼척, (경북)울진 · 평해

⑫ 산몰랭이[san#mol-lɛŋ-i] (전북)진안

⑬ 산만댕이[san#man-dɛŋ-i] (경남)양산 · 동래 · 부산 · 김해 · 창녕 · 밀양, (경북)대구 · 김천

⑭ 산만대이[san#man-dɛ-i] (경북)예천 · 청송

⑮ 산만당[san#man-daŋ] (경남)거창

⑯ 산몬댕이[san#mon-dɛŋ-i] (경남)마산 · 거제

30057 벼랑길崖路

① **비렝이**[pi-reŋ-i] 【「杜詩」崖斷 pi-rəi#ki-čʰi-ni, 崖沈 pi-rəi#tɔ-mɔ-miɔ, 陰崖 ə-tik-hɔn#pi-rəi-iəi, 「華夷」山岩, 磨必賴】 (함북)청진

② **비렁이**[pi-rəŋ-i] (함북)나남

③ **비랑**[pi-raŋ] (함남)북청 · 풍산 · 갑산 · 혜산

④ **비랭이**[pi-rɛŋ-i] (함북)나남 · 부령 · 회령

⑤ **비락때**[pi-rak-t'ɛ] (함남)오로 · 심흥 · 이원

⑥ **비량**[pi-ryaŋ] (함북)부령

⑦ **비냥**[pi-nyaŋ] (경기)경성 · 장단 · 연천, (황해)연안 · 옹진 · 신계

⑧ **비냉**[pi-nyɛŋ] (함북)부거

⑨ **비양**[pi-yaŋ] 【「杜詩」 斷崖 ki-čʰin#piŋ-ai-nɔn, 崩崖 mir-ɔ-ti-nɔn#piŋ-ai-nɔn, 陰崖路 ə-ti-un#piŋ-əi】 (함북)종성 · 경원

⑩ **비알**[pi-al] (충북)보은

⑪ **(산)비알**[(san)-pi-al] (경남)거제 · 남해, (경북)고령 · 예천, (충남)천안

⑫ **(산)비얄**[(san)-pi-yal] (경남)양산 · 김해 · 거창 · 합천 · 창녕 · 밀양, (경북)영천 · 포항 · 영덕 · 고령

⑬ **벼랑**[pyə-raŋ] 【「漢淸」 峭崖 piə-ro(벼로), 懸崖 tu-čiər-ʰɔn#piə-ro, 「課程日錄」 棧道 piə-ro-kir】 (경기)경성, (황해)장연 · 은율 · 안악 · 재령 · 서흥 · 수안 · 곡산, (강원)춘천

⑭ **벼락**[pyə-rak] (황해)금천

⑮ **베랑**[pe-raŋ] (황해)태탄 · 황주, (함남)신고산 · 안변 · 덕원 · 문천 · 고원 · 영흥, (평남)평양, (평북)박천 · 영변 · 희천 · 구성 · 강계 · 자성 · 후창

⑯ **베랑때**[pe-raŋ-t'ɛ] (함남)홍원 · 북청

⑰ **베렝이**[pe-rɛŋ-i] (함남)함흥

⑱ **베래이**[pe-rɛŋ-i] (함남)단천, (함북)나남

⑲ **베래**[pe-rɛ] (함남)성진 · 길주 · 명천 · 경성

⑳ **베락때**[pe-rak-t'ɛ] (함남)단천

㉑ 벼락장[pe-rak-čaŋ] (함남)정평, (함북)나남
㉒ (산)빋달[(san)-pit-tal] (경남)마산, (경북)김천
㉓ 비탈[pi-tʰal] (경남)양산·동래·부산·김해·마산·진주·창녕, (충남)공주·홍성·천안, (충북)청주·영동
㉔ (산)비탈[(san)-pi-tʰal] (충남)공주·강경·서천·홍성, (충북)청주·보은·영동·충주·단양, (강원)양양·강릉·삼척
㉕ (산)비털[(san)-pi-thəl] (경남)밀양
㉖ (산)빋닥[(san)-pit-tak] (경남)진주
㉗ (산)빈달[(san)-pin-dal] (경남)울산, (경북)포항·의성·예천, (충북)단양, (경북)울진·평해
㉘ 빈탈[pin-tʰal] (충남)강경·서천, (충북)충주
㉙ (산)뻰달[(san)-pen-dal] (경북)안동·영주·청송
㉚ 낭[naŋ] (경기)경성·연천
㉛ 낭채[naŋ-čʰɛ] (함남)신흥
㉜ 냥창[nyaŋ-čʰaŋ] (함북)회령·종성·경성
㉝ 양창[yaŋ-čʰaŋ] (함북)청진·함흥
㉞ 양채[yaŋ-čʰɛ] (함남)풍산·갑산, (함북)무산

▮ 30058 산岳

❶ 오롬[o-rom]【「耽羅志」 以岳爲兀音】 (제주)제주(군내 갈악葛岳을 [čhuk#o-rom]이라 하고 판을포악板乙浦岳을 [nil-gö#o-rom]이라 한다)·성산·서귀·대정(군내 달산達山을 [toŋ#o-rom], 수악水岳을 [mul#o-rom], 응암산鷹巖山을 [mö-pa-ui#o-rom]이라 한다.)

▮ 30059 오솔길樵路

❶ 소로낄[so-ro-k'il] (경기)경성·장단·연천, (황해)수안
❷ 소리낄[so-ri-k'il] (황해)금천·연안·해주·옹진·태탄·은율·안악·재령·서흥·신계

❸ 소리찔[so-ri-č'il] (제주)제주・성산・서귀・대정, (전남)여수・곡성, (전북)운봉, (경남)하동, (충남)공주・강경・서천・홍성・천안, (충북)청주・보은・영동・충주・단양

❹ 산찔[san-č'il] (전남)장성, (전북)운봉・정읍・김제・임실・진안・무주・금산, (강원)양양・강릉・삼척, (경북)울진・평해

❺ 샏길[sɛt-kil] (황해)황주, (평북)박천・영변・회천・구성, (평남)평양

❻ 샏질[sɛt-čil] (전남)강진・장성・담양, (전북)정읍

❼ 오솔길[o-sol-kil] (함북)무산・회령・종성・경원

❽ 오솔질[o-sol-čil] (함남)문천・고원・영흥・정평・함흥・오로・신흥・홍원・북청・이원・단천・풍산・갑산・혜산, (함북)성진・길주・명천・경성・나남・청진・부거・부령

❾ 오솓길[o-sot-kil] (함남)북청

30060 길路

❶ 길[kil] 【「月印」kir, 「龍歌」于路 kir-həi(길헤), 「內訓」塞路 kir-hɔr#mak-non-ti-ni, 「千字」道・路・途 kir, 「華夷」路, 吉二】(경북)안동・청송, (충남)천안, (경기)경성・개성・장단・연천, (강원)철원, (황해)금천・연안・해주・옹진・태탄・장연・은율・안악・재령・황주・서홍・신계・수안・곡산, (평남)평양, (평북)박천・영변・회천・구성・강계・자성・후창

❷ 질[čil] (제주)제주・성산・서귀・대정, (전남)여수・순천・보성・강진・영암・목포・나주・광주・장성・담양・곡성・구례, (전북)운봉・남원・순창・정읍・김제・군산・전주・임실・장수・진안・무주・금산, (경남)울산・양산・동래・부산・김해・마산・거제・통영・진주・남해・하동・함양・거창・합천・창녕・밀양, (경북)영천・경주・포항・흥해・영덕・대구・고령・성주・지례・김천・의성・상주・함창・문경・예천・안동・영주・청송・울진・평해, (충남)공주・강경・부여・홍산・청양・서천・염포・보령・안면도・광천・홍성・해미・갈산・서산・오천・예

산·천안·조치원, (충북)청주·보은·영동·진천·괴산·충주·단양·제천, (강원)통천·장전·고성·간성·양양·주문진·강릉·삼척·영월·평창·원주·횡성·홍천·춘천·인제·평강, (함남)신고산·안변·문산·덕원·문천·고원·영흥·정평·함흥·오로·신흥·홍원·이원·북청·풍산·갑산·혜산

30061 산 · 묘山 · 墓

① 뫼[mö]【「月印」moi-hai, 山-「龍歌」鼎山 sot-moi, 「內訓」走於山 moi-hɔ-ro#tɔt-kə-nir, 「千字」崑, 佊 moi, 「鷄林」山曰每, 「華夷」山, 磨一, 「三才」山, 毛惠, 「物語」山ヲもい】(전북)운봉·임실·장수·진안·무주·금산, (충남)강경, (충북)보은·영동, (경기)장단·연천, (강원)양양·강릉·삼척, (황해)해주·옹진·재령·황주·신계·곡산, (함남)신고산·안변·덕원·문천·고원·영흥·정평·함흥·오로·신흥·홍원·이원·북청·풍산·갑산·혜산, (평남)평양

② 뫼똥[mö-t'oŋ] (전북)남원·순창

③ 모이[mo-i] (충남)공주·서천·홍성·천안, (충북)청주·충주

④ 매[mɛ] (전남)곡성, (경남)동래·부산·김해·마산·진주

⑤ 매똥[mɛ-t'oŋ] (전남)여수, (경남)하동

⑥ 매떵[mɛ-t'əŋ] (경남)마산

⑦ 맨[mɛt] *(전남)목포

⑧ 메[me] (제주)제주·성산·서귀·대정, (경남)거제·통영·남해·함양·거창, (경기)경성·개성, (경북)평해, (황해)금천·연안·태탄·장연·은율·안악·서흥·수안, (평북)박천·영변·희천·구성·강계·자성·후창

⑨ 멘[met] *(전남)나주·장성·담양, (전북)정읍·김제

⑩ 메똥[me-t'oŋ] (전남)보성·강진·영암

⑪ 메떵[me-t'əŋ] (경남)거제

⑫ 미[mi] (경남)울산·양산·거창·합천·창녕·밀양, (경북)영천·포항·영덕·대구·고령·김천·의성·예천·안동·영주·청송·울진, (충북)

단양, (황해)옹진
⓭ **각금**[kak-kim] (전남)순천
⓮ **깍금**[k'ak-kim] (전남)여수 · 보성 · 강진 · 목포 · 나주, (경남)하동

▰ 30062 구멍穴

❶ **구무**[ku-mu] 【「月印」 ku-mu-ma-ta(穴海に), 「龍歌」 孔巖 ku-mu#pa-hoi, 「四聲」 窟 · 孔 ku-mu, 「訓蒙」 孔 · 穴 · 窟 ku-mu, 「漢淸」 窟窿通稱 ku-mu, 橋洞 tɔ-ri#ku-mu, 「訓蒙」 壙 ku-mo】 (경남)양산, (경북)대구 · 의성 · 예천 · 안동 · 영주 · 청송

❷ **구먹**[ku-mək] (전남)순천 · 보성 · 강진 · 영암 · 목포 · 나주 · 광주 · 장성 · 담양 · 곡성, (전북)운봉 · 남원 · 순창 · 정읍 · 김제 · 전주 · 임실 · 진안 · 금산, (충남)공주 · 강경, (경기)경성 · 개성 · 장단 · 연천

❸ **구멍**[ku-məŋ] 【「痘瘡」 開一竅 ku-məŋ-ir#turp-ko】 (전남)여수, (경남)부산 · 남해 · 밀양, (충남)서천 · 홍성, (경기)경성, (황해)금천 · 연안 · 해주 · 옹진 · 태탄 · 장연 · 은율 · 안악 · 재령 · 신계 · 수안 · 곡산, (함남)신고산 · 안변

❹ **고망**[ko-maŋ] (제주)제주 · 성산 · 서귀 · 대정

❺ **구녁**[ku-nyək] (전남)보성 · 강진 · 영암 · 목포 · 나주 · 장성 · 담양 · 곡성 · 구례, (전북)운봉 · 남원 · 순창 · 정읍 · 김제 · 전주 · 장수 · 무주 · 금산, (경남)함양, (충남)공주 · 강경 · 천안, (충북)청주 · 보은 · 영동 · 충주, (경기)경성 · 개성 · 장단 · 연천

❻ **구녕**[ku-nyəŋ] (경남)동래 · 마산 · 김해 · 거제 · 통영 · 진주 · 하동 · 합천 · 창녕, (경북)고령, (충남)서천 · 홍성, (충북)단양, (강원)양양 · 강릉 · 평해, (황해)금천 · 연안 · 해주 · 옹진 · 태탄 · 장연 · 은율 · 안악 · 재령 · 황주 · 신계, (함북)종성 · 경흥

❼ **구넝**[ku-nəŋ] (평남)평양, (평북)박천 · 영변 · 희천 · 구성 · 강계 · 자성 · 후창

❽ **구늉**[ku-nyuŋ] (경남)김해 · 거창

❾ **고냥**[ko-nyaŋ] (제주)제주 · 성산 · 서귀 · 대정(유아어)

80 | 조선어방언사전

⑩ **구양**[ku-yaŋ] (함남)정평 · 함흥 · 오로 · 신흥 · 단천
⑪ **구영**[ku-yəŋ] (경남)울산 · 양산 · 부산 · 밀양, (경북)영천 · 포항 · 영덕 · 대구 · 김천 · 안동 · 청송 · 울진, (함남)신고산 · 안변 · 덕원 · 문천 · 고원 · 영흥 · 홍원 · 북청 · 풍산, (함북)성진 · 길주 · 명천 · 경성 · 종성 · 나남 · 부령
⑫ **궁기**[kuŋ-gi] 【痘瘡」以紙糊其竅 čio-hɔi-ro#ki#kum-kir#pɔr-ra,「南明」將管見 tais-kum-ki-ro#po-mɔr#ka-čiə,「杜詩」齪動神仙窟, 神仙-ii#kuŋ-kir#ti-ii-tʰiə-mui-uəi】(함남)정평 · 함흥 · 오로 · 신흥 · 북청
⑬ **궁긔**[kuŋ-gɨi] (제주)성산 · 서귀 · 대정
⑭ **궁강**[kuŋ-gaŋ] (함남)안변 · 덕원 · 문천 · 고원 · 영흥 · 정평 · 함흥 · 오로 · 신흥 · 이원 · 풍산, (함북)길주 · 명천 · 경성 · 나남 · 청진 · 부령
⑮ **궁개**[kuŋ-gɛ] (함남)함흥 · 홍원 · 이원 · 갑산 · 혜산, (함북)무산 · 회령 · 종성
⑯ **궁갱이**[kuŋ-gɛŋ-i] (경북)청송 · 울진
⑰ **궁겅**[kuŋ-gəŋ] (함남)신고산
⑱ **궁영**[kuŋ-yəŋ] (강원)삼척

30063 길이長ㅎ

❶ **기리**[ki-ri] 【「月印」 ki-ri#nir-kup-čʰi-rə-ni,「杜詩」 如人長, sa-rɔ-mɔi#ki-rɔi-oa#kɔt-to-ta,「註千」 長 ki-rii】 대다수 지방
❷ **기장**[ki-jaŋ] (경기)개성 · 장단 · 연천, (황해)금천 · 연안 · 해주 · 옹진 · 태탄 · 장연 · 은율 · 안악 · 재령 · 서흥 · 신계 · 수안 · 곡산
❸ **기러기**[ki-rə-gi] (경기)경성
❹ **기럭지**[ki-rək-či] (경기)경성, (황해)옹진 · 태탄
❺ **기작지**[ki-jak-či] (황해)금천 · 해주 · 옹진 · 태탄 · 장연 · 안악 · 재령 · 서흥 · 수안
❻ **지리**[či-ri] (전남)곡성

⑦ **지레**[či-re] (함남)신고산·안변·덕원·고원
⑧ **지레기**[či-re-gi] (전북)김제
⑨ **지러기**[či-rə-gi] (제주)성산·서귀·대정, (전남)영암
⑩ **지럭수**[či-rək-su] (전남)여수
⑪ **지럭지**[či-rək-či] (제주)성산·서귀·대정, (전남)나주
⑫ **지럭씨**[či-rək-sʼi] (제주)제주, (전남)강진·장성·담양, (전북)남원·순창·정읍
⑬ **지래기**[či-rɛ-gi] (전남)순천·보성·목포, (전북)운봉·전주·임실·장수·진안·무주·금산, (경남)하동
⑭ **질떼기**[čil-tʼe-gi] (함남)오로
⑮ **질씨**[čil-sʼi] (함남)정평·함흥·오로·홍원·북청
⑯ **질쎄**[čil-sʼe] (함남)문천·고원·영흥

30064 걸小川

① **걸**[kəl] 【「杜詩」決渠當斷岸 kər#hə-ro-mɔr#ki-čʰin#tu-tir-kir 當-hɔ-nos-ta, 血走浚儀渠 pʰi-nɔn 浚儀-s#kə-rəi#hir-rə-tɔ-rɔ-ni-ra】 (경북)대구·의성·청송
② **거랑**[kə-raŋ] (경남)울산·부산·통영, (경북)영덕·포항·고령·청송
③ **거랑물**[kə-raŋ-mul] (의미영역 불분명)(강원)삼척(부근에 있는 오십천五十川 정도의 큰 규모의 강), (경북)울진·평해
④ **거렁**[kə-rəŋ] (경남)동래, (경북)대구·의성·예천·안동·영주
⑤ **그랑**[ki-raŋ] (경북)영천(부근에 있는 금호강琴湖江 정도의 강을 말하기도 한다.)
⑥ **내거랑**[nɛ-kə-raŋ] (경남)남해

30065 개울小川 (30064 걸小川과 의미영역이 불분명하다)

① **개거랑**[kɛ-kə-raŋ] (경남)합천
② **개고랑**[kɛ-ko-raŋ] (경남)김해·통영(통영에서는 하수下水를 말한다.)
③ **개골**[kɛ-gol] (경북)영덕

④ 개골창[kɛ-gol-čʰaŋ] (전남)곡성, (전북)운봉・임실・장수・진안・무주・금산(전라남북 대다수 지방에서는 도랑을 말한다)・(경남)양산(이 지방에서는 도랑을 말한다)・거창・합천・밀양, (경북)고령

⑤ 깨골창[kʼɛ-gol-čʰaŋ] (경남)동래・진주

⑥ 개구창[kɛ-gu-čʰaŋ] (평북)자성

⑦ 개굴[kɛ-gul] (황해)태탄・장연・안악・신계・수안・곡산

⑧ 개굴창[kɛ-gul-čʰaŋ] (경남)부산, (황해)황주, (평남)평양, (평북)박천・영변・희천・구성・강계・후창

⑨ 개굴찬[kɛ-gul-čʰan] 【「千字」渠 kɔi-čʰiən, 「漢淸」大溝 kɔi-čʰiən, 「交隣」kɔs-čʰiən-irl (溝을)】 (경기)경성・개성・장단・연천(이 지방에서는 도랑을 말한다.)

⑩ 개구란[kɛ-gu-ran] (경남)창녕

⑪ 개앤[kɛ-ɛn] (함남)문천・영흥・정평・함흥・오로・신흥・홍원・북청・이원・풍산・갑산・혜산

⑫ 개올[kɛ-ol] (경남)거창(내川의 하류의 뜻.)

⑬ 개울[kɛ-ul] (경기)경성・장단・연천, (강원)양양(부근에 있는 남대천南大川 정도의 규모를 말한다), (황해)금천・해주・옹진, (함남)신고산

⑭ 갠[kɛn] (함남)신고산・안변・덕원・고원

⑮ 갠굴[kɛn-gul] (황해)연안

⑯ 갱골[kɛŋ-gol] (황해)재령

⑰ 갱굴[kɛŋ-gul] (황해)해주・옹진・안악・서흥

⑱ 갱구랑[kɛŋ-gu-raŋ] (충남)공주・강경・서천(이 지방에서는 도랑을 말한다.)

⑲ 갱울[kɛŋ-ul] (황해)태탄・장연・은율

30066 봇도랑溝

① 고랑[ko-raŋ] 【「訓蒙」 畎 ko-raŋ, 「譯補」 瓦壟溝 či-sai#kor-haŋ, 「漢淸」 溝 pat#kor-haŋ, 開墾 kor-haŋ#nai-ta, 「華夷」 溝, 活】 (경남)김해・마산・거제・통영・하동

② 꼬랑[kʼo-raŋ] (전남)여수・순천・강진・영암・목포, (전북)정읍・김제・

전주
❸ 꼬랑쟁이[k'o-raŋ-jɛŋ-i] (평북)희천
❹ 골창이[k'ol-čʰaŋ-i] (제주)제주 · 서귀 · 대정

30067 도랑溝

❶ 도랑[to-raŋ] (전남)광주, (경남)울산 · 양산 · 동래 · 부산 · 김해 · 마산 · 거제 · 통영 · 진주 · 남해 · 함양(진주 · 함양에서는 개울이나 도랑으로 부른다.) · 거창 · 합천 · 창녕 · 밀양, (경북)영천 · 포항 · 영덕 · 대구 · 고령 · 김천 · 의성 · 예천 · 안동 · 영주 · 청송 · 울진 · 평해, (충남)천안, (경기)경성 · 연천, (강원)양양 · 강릉 · 삼척, (황해)금천 · 해주 · 옹진 · 태탄 · 장연 · 은율 · 안악 · 재령 · 서흥 · 신계 · 수안 · 곡산, (함남)신고산 · 안변 · 덕원 · 문천 · 고원 · 영흥 · 정평 · 함흥 · 오로 · 신흥 · 홍원 · 이원 · 북청 · 풍산 · 갑산 · 혜산
❷ 도랑이[to-raŋ-i] (제주)제주
❸ 또랑[t'o-raŋ] (전남)장성 · 담양, (전북)남원 · 순창 · 전주, (충남)공주 · 강경 · 서천 · 홍성, (충북)청주 · 보은 · 영동 · 충주 · 단양
❹ 도랑창[to-raŋ-čʰaŋ] (황해)황주 · 수안
❺ 도랑창이[to-raŋ-čʰaŋ-i] (평남)평양, (평북)박천 · 구성
❻ 도랑채기[to-raŋ-čʰɛ-gi] (평북)영변
❼ 똘구랑[t'ol-gu-raŋ] (충남)홍성
❽ 돌창[tol-čʰaŋ] (전북)김제

30068 하수구溝 : 下水 などに

❶ 수채[su-čʰɛ] 【「譯補」 墻水眼 siu-čʰai#ku-mu, 「漢淸」水溝 siu-čʰɔi】 (경남)울산 · 양산 · 김해 · 마산 · 거제 · 통영 · 진주 · 남해 · 함양, (경북)영천 · 포항 · 영덕 · 대구 · 김천, (충남)공주 · 서천 · 홍성 · 천안, (충북)청주 · 보은 · 영동 · 충주 · 단양

30069 시궁창川

① 시궁창[si-guŋ-čʰaŋ] (황해)황주, (평남)평양

30070 내川

① 내[nɛ] 【『龍歌』爲川 nai-hi#i-rə, 達川 tar-nai, 「千字」川 nai, 「杜詩」川路 nais-kir-ʰɔi, 「譯補」河決 naithə-ti-ta】 (제주)제주(군내의 산저천山底川, 별도천別刀川, 대천大川을 [san-ji-nɛ], [pe-rin-nɛ], [han-nɛ]라고 부른다)·서귀·대정(군내의 감산천甘山川을 [kam-san-nɛ]라고 부른다), (전남)여수·순천·보성·광주, (전북)남원·순창, (경남)하동
② 내물[nɛ-mul] (충남)공주, (충북)청주·보은·영동·단양
③ 낻[nɛt] *(전남)담양
④ 낻갈[nɛt-kal] (전북)정읍·김제·전주, (충남)서천·홍성·천안
⑤ 낸물[nɛn-mul] 【『譯語』河水 nais-mur, 「瘟瘤」長流水 mər-ri-siə#hir-rə-o-nɔn#nain-mir】 (강원)강릉(부근에 남대천南大川 등을 말한다), (경북)울진·평해
⑥ 낟갇줄[nat-kat-čul] (경기)개성
⑦ 넫[net] *(전북)강진·목포·나주
⑧ 넫갈[net-kal] (전남)강진

30071 물머리水脈

① 물갈래[mul#kal-lɛ] (전남)고흥, (전북)남원·전주, (경북)포항·흥해, (충북)영동·진천
② 물가달[mul#ka-dal] (함남)단천, (함북)성진·길주·경성·나남·청진·부령·무산·회령·종성·경흥
③ 물가다리[mul#ka-da-ri] (함남)안변·원산·문천·고원·영흥·정평·함흥·신흥, (강원)통천·장전
④ 물줄기[mul#čul-gi] (전남)돌산·여수·광양·순천·벌교·고흥·보성·장흥·완도·지도·해남·목포·함평·영광·나주·광주·장성·옥과·곡성·구례, (전북)정읍·김제·임실·무주·금산, (경북)경주·영

덕・대구・의성・상주・함창・문경・예천・안동・영주・청송, (충북)청주・진천・괴산・충주・제천, (강원)영월・평창・원주・횡성・홍천・춘천・인제, (함남)홍원・북청・단천

30072 개浦

❶ 개[kɛ]【「龍歌」合浦 hap-kai,「四聲」港汉 kai,「譯語」港汉,藏舡處俗稱 kai,「杜詩」浦上 kai#u-hɔi】(제주)제주(군내의 옹포瓮浦를 [tok-kɛ], 대포大浦를 [khin-gɛ], 판포板浦를 [nəl-gɛ]라 한다), (전남)광주・목포, (충남)공주・강경([kaŋ-gɛ]江經라는 말이 있다)・서천([kɛ#pa-daŋ]이라는 말이 있다)・홍성, (강원)양양・강릉・삼척, (경북)울진・평해

❷ 개꼴[kɛ-k'ol] (충남)천안(대천大川의 입구.)

❸ 개맏[kɛ-mat] *(제주)제주・성산・서귀・대정, (경남)하동

❹ 개모기[kɛ-mo-gi] (함남)북청

❺ 갣가[kɛt-ka] (경남)거제・통영

❻ 갱문까[kɛŋ-mun-k'a] (경남)통영

❼ 갱물까[kɛŋ-mul-k'a] (경남)거제

❽ 불:[puːl] (경북)포항

30073 바다海

❶ 바다[pa-da]【「月印」香水-pa-ta-hi-ni,「捷解」an-pa-ta-hɔi(奥-),「千字」海 pa-ta,「漢清」海 pa-ta】(전남)순천・나주・광주, (경남)울산・양산・부산・김해・마산・통영・진주・남해・함양・거창・합천, (경북)영천・포항・영덕・대구・고령・김천・의성・예천・안동・청송・울진・평해, (충남)공주・강경・서천・홍성・천안, (충북)청주・보은・영동・충주・단양, (경기)경성・개성・장단・연천, (강원)양양・강릉・삼척, (황해)금천・연안・해주・옹진・태탄・장연・은율・안악・재령・황주・서흥・신계・수안・곡산, (함남)신고산・안변・덕원・문천・고원・영흥・정평・함흥・오로・신흥・홍

원·북청·풍산·갑산·혜산, (함북)성진·명천·경성·청진·부거·부령·종성·경흥, (평남)평양, (평북)박천·영변·희천·구성·강계·자성·후창

❷ **바닥**[pa-dak]【「漢淸」耳底 kui-an#s#pa-tak, 爐條 phur-mu#pa-tak-əi#skɔn 鐵竿】(전남)여수·고흥·완도·지도·해남·목포, (경남)진주·하동

❸ **바당**[pa-daŋ]【「東醫」龜板 nam-siəŋ-ii#pɔis-pa-taŋ,「譯補」脚底板 par-pa-taŋ,「三才」海, 波太具,「物語」海ヵはたく)】(제주)제주·성산·서귀·대정, (전남)돌산, (경남)동래·거제, (함남)단천, (함북)길주·나남·무산·회령·경원

❹ **바대**[pa-dɛ] (전남)광양·벌교·보성·장흥·강진·해남·영암·함평·영광·나주·장성·담양·옥과·곡성·구례, (전북)운봉·남원·순창·정읍·김제·전주·임실·장수·진안·무주, (경남)창녕·밀양, (충남)강경

❺ **갱문**[kɛŋ-mun] (경남)통영

30074 바다물 海水

❶ **바다물**[pa-da-mul] (전남)나주, (함남)북청, (함북)경성
❷ **바당물**[pa-daŋ-mul] (전남)여수, (경남)하동
❸ **바담물**[pa-dam-mul] (함북)부거
❹ **바단물**[pa-dan-mul] (전남)목포, (황해)금천·연안·해주·옹진·태탄·장연·은율·안악·재령·서흥·신계·수안·곡산, (함남)신고산·안변·덕원·문천·고원·영흥
❺ **바당물**[pa-daŋ-mul] (❷번 항목과 동일함)(제주)제주·성산·서귀·대정, (함남)홍원·단천, (함북)명천·나남
❻ **바댄물**[pa-dɛn-mul] (전남)강진·영암·장성·담양·곡성, (전북)운봉·남원·순창·정읍·김제·전주·임실·장수·진안·무주·금산
❼ **바람물**[pa-ram-mul]【「月印」parɔrs-mir(海水),「杜詩」流血成海水 hu-ri-nɔn#pʰi#pa-rɔs#mir#kɔ-tʰi#tɔ-oi-io-tɔi, 覆八溟 八方 s#pɔ-rɔs-mi-rir#əp-tʰiə, 溟漲 pa-rɔs-mi-rii#mir-iu-mi,

「月印」海-nɔn#pa-cɔ-ri-ra, 「龍歌」海無舟矣, pa-rɔ-rai#pɔi#əp-kə-nir, 「華夷」江・海, 把刺】 (함남)북청・홍원
⑧ 바름물[pa-rim-mul] (함남)단천, (함북)성진・길주・부령
⑨ 바룸물[pa-rum-mul] (함남)정평・함흥・오로・신흥・이원
⑩ 감물[kam-mul] (함남)홍원・북청
⑪ 갱물[kɛŋ-mul] (경남)마산

30075 바다물결 海水のうねり

① 누[nu] (제주)제주・대정
② 누파[nu-pha] (제주)서귀
③ 누팔[nu-pʰal] (제주)대정
④ 나불[na-bul] (경남)울산・동래・부산・김해・마산・남해, (경북)포항
⑤ 나울[na-ul] (전남)여수, (경남)거제・통영
⑥ 나우리[na-u-ri] (함남)고원・북청
⑦ 늬이[niy-i] (경남)하동([niy-i-ga#č'in-da]라고 한다.)
⑧ 누이[nui] (전남)강진・목포([nui-təŋ-ə-ri]라고 한다.)・영광
⑨ 니[ni] (경남)마산・거제・남해
⑩ 니쌀[ni-s'al] (파도가 부서지는 것을 말한다)(경남)거제・통영
⑪ 누이쌀[nui-s'al] (경남)남해
⑫ 물롱울[mul-loŋ-ul] (충남)강경・서천(양 지방에서 [mul-loŋ-ul-i#čʰin-da]라고 한다.)
⑬ 바리[pa-ri] (경북)영덕・울진・평해

30076 파도 波

① 멀[məl] (강원)양양
② 멀기[məl-gi] (강원)양양, (함남)덕원・문천・고원・영흥・정평・함흥・오로・신흥・홍원・북청・이원・풍산・갑산・혜산, (함북)성진・길주・명천・경성・나남・청진・부령・무산・회령・종성・경원・경흥・웅기

❸ **멀미**[məl-mi] (함남)신고산 · 안변
❹ **물결**[mul-kyəl] 【「杜詩」洪濤 nə-pin#mir-kiə-rain, 「譯語」波浪 mir-kiər, 「漢淸」浪 mir#skiər, 「物語」波ヲむるける】(전남)순천 · 강진 · 영암 · 목포 · 나주 · 광주 · 장성 · 담양 · 곡성, (전북)운봉 · 남원 · 순창 · 정읍 · 김제 · 전주 · 임실 · 장수 · 진안 · 무주 · 금산, (경남)양산 · 진주 · 함양 · 거창 · 합천 · 창녕 · 밀양, (경북)고령 · 예천, (충남)공주 · 강경 · 서천 · 홍성 · 천안, (충북)청주 · 보은 · 영동 · 충주 · 단양, (경기)경성 · 개성 · 장단 · 연천, (황해)금천 · 연안 · 해주 · 옹진 · 태탄 · 장연 · 은율 · 안악 · 재령 · 황주 · 서흥 · 신계 · 수안 · 곡산, (평남)평양, (평북)박천 · 영변 · 희천 · 구성 · 강계 · 자성 · 후창
❺ **물겔**[mul-kel] (경남)하동
❻ **물쌀**[mul-s'al] (전남)여수 · 보성 · 강진 · 영암 · 목포 · 나주 · 장성 · 담양, (전북)정읍 · 김제 · 남원 · 순창 · 전주(전라남 · 북도 지방에서는 '파도힘'을 뜻한다), (경남)마산 · 거제 · 통영 · 남해
❼ **물오리**[mul#o-ri] (경기)연천
❽ **무노리**[mu-no-ri] (잔물결)(경기)경성
❾ **절**[čəl] (제주)제주 · 성산 · 서귀 · 대정

30077 뱃나루渡船場

❶ **느리**[nɔ-ri] 【「龍歌」熊津 ko-ma#nɔ-rɔ, 「訓蒙」津 nɔ-ru, 「譯語」津頭 nɔ-ru, 「漢淸」渡口 nɔ-ru, 「杜詩」乘槎與問津 tir-kur#tʰa#ta-mɔs#nɔr-ɔr#mu-rə, 動要津 čo-ɔ-rɔ-oin#nɔr-ɔr#mui-o-to-ta】(제주)제주
❷ **나리**[na-ri] (전남)여수 · 순천 · 보성 · 강진 · 영암 · 목포 · 나주 · 광주 · 장성 · 담양 · 곡성, (전북)순창 · 정읍, (경남)양산 · 동래 · 부산 · 김해 · 마산 · 거제 · 통영 · 진주 · 하동 · 합천 · 창녕 · 밀양, (경북)고령
❸ **나리까**[na-ri-k'a] (강원)양양 · 강릉 · 삼척, (경북)울진
❹ **나리껃**[na-ri-k'ət] *(경남)남해
❺ **나루**[na-ru] (전북)김제 · 무주(임실 · 운봉 · 장수 · 진안에서는 방언형이 나타나지 않

음), (경남)울산, (경북)포항(영천·영덕에서는 방언형이 나타나지 않음), (충남)공주·강경·서천·홍성·천안, (충북)청주·보은·충주·단양·제천, (경기)경성·장단·연천, (강원)통천·장전·고성·간성·평창·원주·횡성·홍천·춘천·인제·철원, (황해)금천·연안·해주·옹진·태탄·장연·은율·안악·재령·황주·서흥·수안·곡산, (함남)북청·풍산, (평남)평양, (평북)박천(주격형은 [nal-gi]이다)·자성

⑥ **나들**[na-dil] (경북)예천·안동·청송(의성·대구·영주에서 방언형이 나타나지 않음), (강원)평강, (함남)덕원·문천·함흥·북청·이원·서천·풍산, (함북)길주·경성·청진·무산·회령·종성·경원·경흥

⑦ **나드리**[na-di-ri] (충북)제천, (강원)영월·평창, (황해)곡산

⑧ **날구**[nal-gu] (함남)북청

⑨ **배나들**[pɛ-na-dil] (함남)고원

⑩ **밴나들**[pɛn-na-dil] (함남)신고산·안변·영흥·정평, (함북)나남·부령

⑪ **뺃사**[pɛt-sa] (평북)영변, (함남)고원·영흥

⑫ **배사이**[pɛ-sa-i] (함남)정평·오로·신흥(오로·신흥에서는 [na-ru]는 포구浦口의 뜻임.)

⑬ **뺃사이**[pɛt-sa-i] (함남)정평

⑭ **뺃새**[pɛt-sɛ] (평북)박천·영변

⑮ **뺃세**[pɛt-se] (함남)혜산

⑯ **뺃소**[pɛt-so] (함남)혜산

⑰ **재비탄**[čɛ-bi-tʰan] (함북)무산·회령·종성

30078 여울淺瀨

① **여을**[yə-il] 【「龍歌」岐灘 ki-ri#iə-hir,「箭灘」sar#riə-hir,「杜詩」灘淺 iə-hir#iə-thin#tɔi,「譯語」灘裡·梢裡 iə-hir,「漢淸」箭溜 kip-hɔn#iə-hir】 (전남)강진·장성·담양·곡성, (전북)운봉·남원·순창·정읍·김제·군산·임실(장수·진안·무주·금산에서는 방언형이 나타나지 않았음), (경남)하동, (경북)상주·함창·문경, (충

남)부여 · 홍산 · 청양 · 해미 · 갈산 · 서산 · 오천 · 조치원, (경기)연천, (강원)원주 · 횡성 · 홍천 · 춘천 · 인제, (황해)곡산

② **여울**[yə-ul] (경남)동래 · 진주 · 남해 · 함양 · 합천, (경북)고령 · 울진, (충북)영동 · 진천 · 괴산 · 충주 · 단양 · 제천, (경기)경성 · 장단 · 연천, (강원)고성 · 간성 · 양양 · 주문진 · 강릉 · 영월 · 평창 · 철원, (황해)금천 · 황주 · 서흥 · 신계 · 수안, (평남)평양, (평북)박천 · 영변 · 희천 · 구성 · 자성 · 후창

③ **여얼**[yə-əl] (경남)밀양, (경북)의성 · 예천 · 안동 · 청송

④ **얼:**[ə:l] (경북)포항 · 홍해 · 영덕 · 의성 · 울진 · 평해, (충남)공주 · 염포, (강원)삼척

⑤ **열기**[yəl-gi] (경북)울진

⑥ **에울**[e-ul] (경남)거창 · 창녕

⑦ **이울**[i-ul] (충북)보은

⑧ **여들**[yə-dɨl] (경북)울진, (강원)고성 · 간성 · 양양 · 주문진 · 강릉 · 평창 · 횡성 · 홍천 · 인제 · 평강, (함남)신고산 · 안변 · 문천 · 고원 · 영흥, (함북)명천 · 나남 · 청진 · 부거 · 부령 · 무산 · 회령 · 종성 · 경원 · 경흥

⑨ **쏠**[s'il] 【「北塞記略」淺灘曰 膝】(함남)함흥 · 혜산, (함북)길주 · 명천 · 경성 · 청진 · 부거 · 부령 · 무산 · 회령 · 종성 · 경원 · 경흥 · 웅기

⑩ **살품**[sal-pʰum] (함남)덕원 · 문천 · 영흥

⑪ **물쌀**[mul-s'al] (함남)신고산 · 안변, (황해)금천 · 수안

⑫ **물사품**[mul-sa-pʰum] (평북)희천 · 구성 · 강계

⑬ **물쌀품**[mul-s'al-pʰum] (함남)고원

⑭ **물쌑품**[mul-s'at-pʰum] (함남)신고산, (함북)경성

⑮ **물쌀턱**[mul-s'at-thəm] (황해)서흥

⑯ **저들**[čə-dɨl] (함남)정평 · 풍산

⑰ **저들기**[čə-dɨl-gi] (함남)신흥 · 북청 · 단천

30079 물가水邊

❶ 물력[mul-lyək]【「北塞記略」邊涯曰城】(황해)연안・해주・황주・서흥・신계・곡산, (함남)신고산・안변・덕원・문천・고원・영흥・정평・함흥・오로・신흥・홍원・북청・이원・단천・풍산・갑산・혜산, (함북)성진・길주・명천・경성・나남・청진・부령・무산・회령・종성・경원・경흥・웅기, (평남)중화・평양・순천・숙천・안주, (평북)박천・영변・희천・구성・정주・선천・용암・의주・강계・자성・후창

❷ 물여가리[mul#yə-ga-ri] (경기)연천, (함남)영흥

❸ 물역수가리[mul-yək-su-ga-ri] (황해)황주

❹ 물역카리[mul-yək-kha-ri] (함남)신고산・안변・덕원・문천・고원

❺ 물열수가리[mul-yəl-su-ga-ri] (평남)평양

30080 못池

❶ 몯[mot] *【「月印」池-nɔn#mo-si-ra,「訓蒙」池 mos,「杜詩」塘惚 mos#u-muk-hɔn#tɔi, 龍池, 龍 mo-sɔn】(경남)울산・양산・동래・부산・김해・마산・거제・통영・진주・남해・함양・거창・합천・창녕・밀양, (경북)영천・포항・영덕・대구・고령・김천・의성・예천・안동・영주・청송・울진・평해, (충남)공주・강경・서천・홍성・천안, (충북)청주・보은・영동・충주・단양・제천, (강원)장전・고성・간성・양양・주문진・강릉・삼척・영월・평창・원주・횡성・홍천・춘천・인제

❷ 연몯[yən-mot] *대다수 지방

❸ 넌몯[nən-mot]【「物語」蓮ヶによん】(평남)중화・평양・순천(군내 원당동을 [nən-daŋ-doŋ]이라고 한다)・숙천・안주, (평북)박천(군내 영미동을 [nəŋ-mi-doŋ]이라 한다)・영변・희천・구성・정주・선천・용암(당연동을 [taŋ-nən-doŋ], 충렬동을 [thuŋ-nəl-doŋ]이라 한다)・강계・자성・후창(후창에서는 [yən-mot]이라고도 한다.)

❹ 연당[yən-daŋ] (강원)강릉・삼척, (경남)울진・평해

❺ 듬벙[tim-bəŋ] (경남)동래・거제・진주・함양, (경북)예천・영주, (충남)

공주・강경・서천・홍성・천안, (충북)청주・보은・영동・충주

❻ **둠붕**[tum-buŋ] (경남)통영

❼ **늡**[nip] *(강원)통천・간성・양양, (경북)울진, (함남)함흥・신흥

30081 우물井戶

❶ **우물**[u-mul]【「月印」井-in#u-mi-ri-ra,「杜詩」人無井 sa-rɔ-mi#u-mi-ri#əp-si-ni,「譯語」井眼 u-mir,「漢淸」井 u-mir,「華夷」井, 五悶】(제주)제주・성산・서귀・대정, (전남)광주, (충남)서천・홍성・천안, (경기)경성

❷ **움물**[um-mul] (경기)개성・장단・연천, (황해)금천・연안・해주・옹진・태난・장연・은율・안악・재령・황주・서홍・신계・수안・곡산, (함남)신고산・안변・덕원・문천・고원・영홍・정평・함흥・오로・신흥・홍원・북청・이원・단천・풍산・갑산・혜산, (평남)평양, (평북)박천・영변・회천・구성・강계・후창

❸ **웅굴**[uŋ-gul] (경남)울산, (경북)영천・포항・영덕・대구・김천・의성・안동・청송・울진・평해, (강원)양양・강릉・삼척

❹ **구렁물**[ku-rəŋ-mul] (함북)성진・길주・명천・경성・나남・청진・부령・무산・회령・종성・경원・경흥・옹기

❺ **두룸물**[tu-rum-mul] (평북)박천・영변・회천・구성・강계・자성・후창

30082 샘泉

❶ **새암**[sɛ-am]【「月印」源-in#sɔi-mi-tʰi-o,「龍歌」源遠之水, sɔi-mi#kiʰpin#mi-rin,「訓蒙」泉 sɔim,「杜詩」泉聲 sɔim#so-ri,「漢淸」泉 sɔim】(충남)홍성, (황해)은율・안악・재령

❷ **새암물**[sɛ-am-mul] (전남)광주・장성・곡성, (경북)김천, (충북)영동

❸ **샘물**[sɛm-mul] (제주)서귀, (전남)여수・순천・보성・강진・목포・나주, (경북)예천・영주・안동, (충남)서천・홍성・천안, (충북)청주・보은・충주・단양, (경기)경성・개성・장단・연천, (황해)금천・연안・서홍・신계・

수안・곡산, (함남)문천・고원・영흥
❹ 샘:[sɛːm] (전남)여수・순천・보성・강진・목포, (경북)대구・김천・의성・안동・청송・울진・평해, (충남)서천, (충북)충주・단양, (강원)양양・강릉・삼척, (황해)태탄, (함남)신고산・안변・덕원
❺ 새미[sɛ-mi] (제주)제주・대정, (경남)양산・동래・부산・김해・마산・거제・진주・남해・하동・거창・합천・창녕・밀양, (경북)영덕・고령・예천・영주
❻ 새미물[sɛ-mi-mul] (경남)동래・부산・김해・하동・거창・합천・창녕・밀양, (경북)대구・고령・의성
❼ 새매[sɛ-mɛ] (처격 통합형임)(경남)통영
❽ 새매물[sɛ-mɛ-mul] ('샘물'의 의미임)(경남)양산
❾ 새물[sɛ-mul] (경남)함양, (경북)청송
❿ 샘치[sɛm-čʰi] (함남)덕원
⓫ 삼치[sam-čʰi] (함남)정평・신흥
⓬ 시암[si-am] (전남)영암・장성・담양, (전북)남원・순창・정읍・김제, (충남)공주・강경・천안, (충북)보은・영동, (황해)장연
⓭ 시암물[si-am-mul] (전남)영암・담양, (전북)운봉・남원・순창・정읍・김제・전주・임실・장수・진안・무주・금산, (충남)공주・강경, (황해)해주・옹진
⓮ 도내기시암[to-nɛ-gi#si-am] (전남)담양, (전북)남원・순창・정읍

30083 거품泡

❶ 거품[kə-pʰum] 【「訓蒙」泡・沫 kə-pʰum, 漚 kə-pʰɔm, 「譯語」水沫子 mirs-kə-pʰum, 「痘瘡」水疱 mir-kə-pʰum), 「漢淸」吐沫 kə-pʰum#hur-ri-ta】 (경남)양산・동래・거창・합천・창녕・밀양, (경북)대구・고령・김천・의성・예천・안동・영주・청송
❷ 거픔[kə-pʰim] 【「譯補」浮漚 kə-pʰim, 「漢淸」起浮沫 通稱 kə-pʰim#ni-ta, 「交隣」kəp-pʰim-i(あわが)】 (전북)무주・금산, (경남)울산, (경북)영천・포항・영덕・울

진·평해, (충남)공주·부여·예산·천안·조치원, (충북)청주·보은·영동·충주·단양, (경기)경성·장단·연천, (강원)양양·강릉·삼척
❸ **거큼**[kə-kʰim] (충남)청양·광천·홍성·해미·서산·오천
❹ **개끔**[kɛ-k'im] (제주)제주·성산·서귀·대정('큰 포말'의 뜻.)
❺ **더품**[tə-pʰum] (함남)홍원·북청·단천, (함북)성진·길주·명천·경성·나남·청진·부거·부령·무산·회령·종성·경흥
❻ **버껌**[pə-k'əm] (경남)마산·거제·통영·남해
❼ **버꿈**[pə-k'um] (경남)부산·김해
❽ **버금**[pə-gim] (전남)장흥·완도·해남·함평·영광·옥과·곡성
❾ **버끔**[pə-k'im] (전남)돌산·여수·광양·벌교·고흥·보성·광주·구례, (경남)하동
❿ **버큼**[pə-kʰim] (전남)순천·장흥·강진·영암·목포·함평·해남·나주·광주·장성·담양·곡성·구례, (전북)운봉·남원·순창·정읍·김제·군산·전주·임실·장수·진안, (경남)진주·함양, (충남)강경·홍산·청양·서천·염포·보령·오천
⓫ **벅굴래기**[pək-kul-lɛ-gi] (제주)성산('작은 포말'을 뜻함.)
⓬ **북굴래기**[puk-kul-lɛ-gi] (제주)제주·대정('작은 포말'을 뜻함.)
⓭ **함부래기**[ham-bu-rɛ-gi] (제주)서귀('작은 포말'을 뜻함.)

■ **30084 암초岩礁**
❶ **여**[yə] (제주)성산·서귀, (전남)여수·강진·목포, (경남)거제

방위方位

40085 곁側

① 곁[kyət] *【「月印」門-s-kiə-tʰii#siə-mɔn,「龍歌」馬外 mɔr#kiə-tʰii,「法華」旁出 kiə-thi-ro#na-ni-ra,「千字」傍 kiət】(전남)구례, (경북)안동・영주・청송, (충남)천안, (경기)경성・개성・장단・연천, (강원)철원, (황해)금천・연안・해주・옹진・태탄・장연・은율・안악・재령・황주・서흥・신계・수안・곡산, (함남)원산, (함북)무산・회령・종성・경원, (평남)평양, (평북)박천・영변・희천・구성・강계・자성・후창

② 젙[čet] *(제주)제주・성산・서귀・대정, (전남)돌산・여수・광양・순천・벌교・고흥・보성・장흥・강진・완도・지도・해남・영암・목포・함평・영광・나주・광주・장성・담양・옥과・곡성・구례, (전북)운봉・남원・순창・정읍・김제・군산・전주・임실・장수・진안・무주・금산, (경남)울산・동래・부산・김해・마산・거제・통영・진주・남해・하동・함양・거창・합천・창녕・밀양, (경북)영천・경주・포항・흥해・영덕・대구・고령・성주・지례・김천・의성・상주・함창・문경・예천・안동・영주・청송・울진・평해, (충남)공주・강경・부여・홍산・청양・서천・염포・보령・광천・홍성・해미・서산・오천・예산・천안・조치원, (충북)청주・보은・영동・충주・단양・제천, (경기)연천, (강원)통천・장전・고성・간성・양양・주문진・강릉・삼척・영월・평창・원주・횡성・홍천・춘천・

인제, (함남)신고산·안변·원산·덕원·문천·고원·영흥·정평·함흥·오로·신흥·홍원·북청·이원·단천·풍산·갑산·혜산, (함북)성진·길주·명천·경성·나남·부령·경흥·청진·부거
❺ 잗[čat] *(경남)울산·양산, (경북)영천·홍해·대구

40086 구석隅 (모퉁이와 구석은 의미 차이가 있음)

❶ 구석[ku-sək] 【「痘瘡」 眼角 nun#ku-sək-ii, 「捷解」 i#ku-sək-ii(このおくに)】 (전남)여수·장성·담양, (전북)운봉·남원·순창·정읍·김제·임실·장수·진안·무주·금산, (경남)하동
❷ 구속[ku-sok] (제주)제주·성산·서귀·대정, (전남)곡성
❸ 구속대기[ku-sok-tɛ-gi] (전남)순천
❹ 구탱이[ku-tʰɛŋ-i] (충남)공주·강경·서천
❺ 구팅이[ku-tʰiyŋ-i] (충남)홍성

40087 모퉁이角 : かど

❶ 모[mo] 【「月印」 東西南北-koa#nəi-mo-khoa, 「內訓」 越隅 mo-hɔ-ro#tə-ra#ka 「譯補」 稜兒 mo, 「千字」 方 mo】 (충남)천안, (경북)울진
❷ 모도리[mo-do-ri] (평북)박천·영변·구성
❸ 모서리[mo-sə-ri] (경남)마산·거제·통영·진주·함양, (경북)영천
❹ 모캐이[mo-kʰɛ-i] (황해)옹진·태탄·장연·은율·안악·재령·서흥
❺ 모캥이[mo-kʰɛŋ-i] (강원)양양, (황해)황주·신계·수안·곡산, (함남)홍원·북청·이원·풍산, (평남)평양, (평북)박천·영변·희천·구성·강계·자성·후창
❻ 모태이[mo-tʰɛ-i] (황해)금천
❼ 모탱이[mo-tʰɛŋ-i] (경기)개성·장단·연천, (황해)연안, (함남)함흥
❽ 모텡이[mo-tʰeŋ-i] (강원)강릉·삼척, (경북)평해
❾ 모톨[mo-tʰol] (함남)풍산

⑩ **모통이**[mo-tʰoŋ-i] (제주)제주·서귀·대정
⑪ **모퉁이**[mo-tʰön-i] (경기)경성, (함남)신고산·안변·덕원·문천·고원·영흥·정평·오로·신흥
⑫ **모퉁이**[mo-tʰuŋ-i] (황해)황주, (평남)평양
⑬ **모뒤**[mo-tʰwi] (함남)갑산
⑭ **모퉁이**[mo-tʰwiŋ-i] (황해)신계·곡산, (함남)혜산
⑮ **모팅이**[mo-tʰiyŋ-i] (경남)울산·양산·동래·부산·김해·마산·거제·통영·진주·남해·함양·거창·합천·창녕·밀양, (경북)영천·포항·영덕·대구·고령·김천·의성·예천·안동·영주·청송, (충남)홍성·천안, (충북)청주·보은·영동·충주·단양, (황해)해주

40088 앞南

① **압**[ap] *【「北塞記略」南曰前】 대다수 지방

40089 뒤北

① **뒤**[twi] 【「北塞記略」北曰後】
② **뒤대**[twi-dɛ] (경기)연천

40090 옆左

① **왼**[ön] 【「訓民」左-nɔn#oin-niə-ki-ra, 「內訓」在左 oin-niə-kii#is-ko, 「痘瘡」左眼 oin-nun-əi, 「漢淸」左手射 oin-hoar, 「物語」左ヶをいんべん】 (전남)돌산·여수·광양·순천·벌교·고흥·보성·장흥·완도·지도·해남·목포·곡성·구례, (전북)군산·무주·금산, (충남)공주·강경·홍산·홍성·해미·갈산·서산·오천·예산·천안·조치원, (충북)청주·영동·진천·괴산·충주·제천, (경북)울진·평해, (강원)통천·장전·고성·간성·양양·주문진·강릉·삼척·영월·평창·원주·횡성·홍천·춘천·인제, (함북)나남
② **왠**[wɛn] (경남)양산·부산·김해, (경북)영천·포항·홍해·영덕·경주

❸ 웬[wen] (제주)제주·성산·서귀·대정, (경남)울산·거제·통영·진주·남해·거창, (경북)영덕·고령·문경·예천·안동·영주·청송·평해, (충북)청주·보은·충주·단양
❹ 앤[ɛn] (경남)양산·동래·부산·김해·마산·밀양
❺ 엔[en] (경남)마산·진주·함양, (경북)상주·울진
❻ 윈[win] (경남)합천·창녕, (경북)대구·의성·함창·안동·영주
❼ 인ː[iːn] (경남)합천, (경북)김천
❽ 외약[ö-jak] (전남)완도·지도·목포·함평·영광·나주·광주·장성·옥과·곡성·구례, (전북)운봉·남원·정읍·김제·군산·전주·임실·장수·진안·무주·금산
❾ 오약[o-yak] (전남)목포, (충남)강경·홍산
❿ 오얕[o-yat] *(충남)서천
⑪ 오옅[o-yət] *(충남)공주·부여·청양·보령·안면도·광천·홍성
⑫ 오요[o-yo] (충남)염포

40091 외外

❶ 외[ö] (전남)여수·광양·순천·벌교·고흥·보성·장흥·강진·해남·영암·함평·영광·광주·장성·담양·옥과·곡성·구례, (전북)남원·순창·정읍·김제·군산·전주·임실·무주·금산, (충남)공주·강경·부여·서천·보령·해미·서산·오천·예산·천안·조치원, (충북)제천, (경기)경성·연천, (강원)통천·장전·고성·간성·양양·주문진·강릉·삼척·영월·평창·원주·횡성·홍천·춘천·인제·철원·평강, (황해)금천·해주·옹진·태탄·장연·은율·안악·재령·황주·서흥·신계·수안·곡산, (함남)신고산·안변·원산·덕원·문천·고원·영흥·정평·함흥·오로·신흥·홍원·북청·단천·풍산, (함북)경성·나남·청진·부령·무산·경흥·웅기, (평남)중화·평양·숙천·안주, (평북)영변

❷ 애[ɛ] (경남)울산・양산・동래・부산・김해(군내 외동리를 [ɛ-doŋ-ni] 또는 [wɛ-doŋ-ni], 회현을 [hɛ-in] 또는 [hi-in]이라 한다)・함양・거창(군내 과정리를 [ɛ-mak-kəl] 또는 [we-mak-kol]이라 한다)・합천・밀양(군내 산외면을 [san-ɛ-myən]이라 한다), (경북)영천・포항(군내 괴동동을 [kɛ-doŋ-doŋ]이라 한다)・대구・김천・예천, (함남)함흥・홍원(읍내에서는 [ö], 서쪽 서상리에서는 [ɛ]), (함북)부거, (평남)중화・순천・안주

❸ 에[e] (전남)목포・나주, (경남)마산・거제・통영・진주・남해・하동(군내 횡천면을 [heŋ-čhən-myən]이라 한다)・거창, (충남)홍성, (충북)청주(군내 강외면을 [kaŋ-e-myen], 괴산군을 [ke-san-gun]이라 한다)・영동(군내 귀목리를 [ke-moŋ-ni]라 한다. 또 괴산을 [ke-san]으로 발음하는 점에서 계산[ke-san])・진천・충주, (경북)울진・평해, (황해)금천・연안, (함북)성진・길주・명천・경성・부거

❹ 이[i] (경남)창녕, (경북)상주(괴이를 [ki-i], 회답을 [hi-dap] 등으로 부른다.)

❺ 왜[wɛ] (경남)부산・김해・진주・합천(군내 가회면을 [ka-hwɛ-myən], [ka-hwe-myən], [ka-he-myən]이라 부른다), (경북)김천・의성・예천・영주・청송(군내 월외리를 [wəl-wɛ-ri]라 부른다), (함북)부거・무산・회령・종성・경원, (평북)박천・영변・희천・구성(군내 용퇴동을 [noŋ-thwɛ-doŋ]이라 부른다)・정주・선천・의주・용암・강계・자성・후창

❻ 웨[we] (제주)제주・성산・서귀・대정, (전남)완도・목포・나주, (경남)울산(군내 남외리를 [nam-we-ri]라 부른다)・마산・남해・거창, (경북)영천・경주・포항・영덕・지례・함창・문경・안동, (충남)염포, (충북)보은・괴산・충주(괴산 또는 충주에서는 괴산군을 [kwe-san-gun]이라 부른다)・단양(괴산군을 [kwe-san-gun]이라 한다. 또 군내의 외중방리를 [we-čuŋ-baŋ-ni], 괴평리를 [kwe-pʰyəŋ-ni], 회산리를 [hwe-sal-li], 장회리를 [čaŋ-we-ri]라 한다), (경기)개성・장단, (경북)울진・평해, (함남)이원・갑산・혜산, (함북)명천・부거(군내 최현동을 [čhwe-ʰyən-doŋ], 횡병동을 [hweŋ-byəŋ-doŋ]이라 한다)・회령(회령을 [hwe-ryəŋ]이라 한다.)

❼ 위[ui] (경남)창녕, (경북)고령・예천

40092 맨앞最前

① 왼압[ön-ap] *(경기)개성, (황해)해주·옹진·태탄·장연·은율·안악·재령·서흥·신계·수안·곡산, (함남)덕원·문천·고원·영흥·정평·함흥·오로·신흥·홍원·북청·이원·풍산·갑산·혜산
② 앤압[ɛn-ap] *(함남)함흥
③ 엔압[en-ap] *(황해)연안
④ 맨압[mɛn-ap] *(경기)경성·장단·연천, (황해)금천, (함남)신고산·안변

40093 여기此處·此方

① 여긔[yə-giy], 여기[yə-gi] 【『物語』愛に置ョよけそつとり】 대다수 지방
② 엥게[yəŋ-ge] (함북)무산·회령·종성·경원·경흥
③ 엥거게[yəŋ-gə-ge] (함북)웅기
④ 엥그게[yəŋ-gi-ge] (함북)회령·종성·경원·경흥
⑤ 잉게[iŋ-ge] (함북)무산·회령

40094 그기其處·其方

① 거긔[kə-giy], 거기[kə-gi] 대다수 지방
② 겡게[kəŋ-ge] (함북)무산·회령·종성·경원
③ 겡그게[kəŋ-gi-ge] (함북)회령·종성·경원

40095 저彼: かの

① 저[čə] 대다수 지방
② 데[te] (평남)평양, (평북)박천·영변·희천·구성·강계·자성(후창에서는 [cə]라 한다.)

40096 저곳 · 저쪽彼處 · 彼方

❶ 저긔[čə-giy], 저기[čə-gi] 대다수 지방
❷ 정게[čəŋ-ge] (함북)무산 · 회령 · 종성 · 경원 · 경흥
❸ 정그게[čəŋ-gi-ge] (함북)회령 · 종성 · 경원 · 경흥
❹ 접작[čəp-čak] (충북)제천, (강원)영월 · 창평 · 원주 · 횡성 · 홍천 · 춘천 · 인제

40097 근처近處

❶ 허양[hə-yaŋ] (y와 j의 표기 혼동)(함남)홍원 · 북청 · 단천, (함북)성진
❷ 헝양[həŋ-yaŋ] (함북)회령

40098 어느 곳何處

❶ 어드메[ə-di-me] (함남)홍원 · 북청 · 단천, (함북)성진 · 길주 · 경성 · 나남 · 청진 · 부령 · 무산 · 회령 · 종성 · 경원 · 경흥 · 웅기

40099 쪽方 (동쪽東方 · 서쪽西方 등)

❶ 짝[čak] (경남)울산 · 양산 · 부산 · 김해 · 거창, (경북)영천 · 경주 · 포항 · 홍해 · 영덕 · 대구 · 고령 · 의성 · 예천 · 안동 · 영주, (함남)함흥 · 신흥 · 북청 · 단천, (함북)성진 · 길주 · 명천 · 경성 · 나남 · 청진 · 부령 · 무산 · 회령 · 종성 · 경흥
❷ 쪽[č'ok] (경남)진주, (경북)상주 · 울진 · 평해, (충남)공주 · 강경 · 홍산 · 홍성 · 해미 · 갈산 · 오천 · 예산 · 천안 · 조치원, (충북)청주 · 보은 · 제천, (강원)통천 · 양양 · 주문진 · 강릉 · 영월 · 평창 · 원주 · 횡성 · 홍천 · 춘천 · 인제
❸ 착[čʰak] (제주)제주 · 성산 · 서귀 · 대정
❹ 켼[kʰyən] (경기)연천, (강원)장전 · 고성 · 간성 · 철원 · 평강, (경북)평해, (함남)신고산 · 안변 · 원산 · 문천 · 고원 · 영흥 · 정평 · 함흥 · 홍원 · 북청 · 단천, (함북)성진 · 길주 · 청진 · 부령 · 회령 · 종성

인륜人倫

▎50100 사람人

❶ 사:람[sa:-ram] 【「物語」人ヲさるみ】 대다수 지방
❷ 멀커니[məl-kʰə-ni] (함남)풍산, (평북)자성(인삼채취자들의 은어)
❸ 먹킹이[mək-kʰiŋ-i] (함남)갑산(인삼채취자들의 은어)

▎50101 남녀男女

❶ 남녀[nam-nyə] 대다수 지방
❷ 남너[nam-nə] (평북)박천(영변을 [nəŋ-ben] 또는 [neŋ-ben]이라 한다)·영변([nəŋ-byən]이라 한다)·희천·구성·정주(영변을 [nəŋ-byən]이라 한다)·강계·자성·후창
❸ 남네[nam-ne] (평남)평양·순천·숙천·안주(중화에서는 [nam-nyə]라 한다), (평북)선천·용암·의주

▎50102 할아버지祖父

❶ 하르방[ha-ri-baŋ] (제주)제주·성산·서귀·대정

50103 할머니祖母
❶ 할망[hal-maŋ] (제주)제주·성산·서귀·대정

50104 아버지父
❶ 아방[a-baŋ]【「三才」父 阿婆美,「物語」父ヲあはみ】(제주)제주

50105 어머니母
❶ 어멍[ə-məŋ]【「三才」母, 乎由美,「物語」母ヲおいみ】(제주)제주

50106 친척親戚
❶ 일가[il-ga] 대다수 지방
❷ 가방[ka-baŋ] (함남)홍원·북청·이원

50107 양친親 : おや
❶ 어버이[ə-bə-i]【「三才」親, 於婆伊,「物語」親ヲおばい】(경북)울진·평해, (강원) 통천·장전·고성·간성·양양·주문진·영월·평창·춘천, (함남)정주· 함흥·신흥
❷ 어시[ə-si] (함남)정평·함흥·신흥

50108 큰어머니伯母
❶ 마대매[ma-dɛ-mɛ]【「訓蒙」兄·哥·昆 mat,「千字」伯·尹·昆·孟 mat,「月印」 mɔt#a-tɔ-ri,「譯語」大哥 mɔs 兄, 伯母 mɔs-a-čɔ-pii-ð^hiə】(함북)성진·길주·경 성·나남·청진·부령·무산·경흥
❷ 모다매[mo-da-mɛ]【「百聯」正 mot】(함북)회령·종성
❸ 큰재미[kʰɨ-ʒɛ-mi]2)【「華夷」伯母, 掮額㪵】(함북)나남·부령·무산
❹ 큰제미[kʰɨ-je-mi] (함북)단천, (함북)성진·길주·경성·청진·회령·종성

50109 맏숙모伯叔母

① 아주마니[a-ju-ma-ni] (함북)무산 · 회령 · 종성
② 아즈마니[a-ji-ma-na] (함북)성진 · 길주 · 경성 · 청진
③ 아지미[a-ji-mi] (함남)홍원 · 북청 · 단천
④ 아재[a-jɛ] (함북)성진 · 길주 · 경성 · 나남 · 청진 · 부령 · 회령 · 종성 · 경흥
⑤ 자근제미[ča-gin#če-mi] (함남)단천
⑥ 자근에미[ča-gin#e-mi] (함남)홍원 · 북청

50110 장인妻の父

① 가시애비[ka-si#ɛ-bi] 【「月印」妻-nɔn#ka-si-ra,「華夷」外父, 憂色阿必】 (함남)단천, (함북)나남 · 부령
② 가스애비[ka-si#ɛ-bi] (함남)홍원 · 북청

---

2) "큰어머니"의 방언형은 다음과 같다.
마다매(함남)(함북)(중국)[계동, 연길, 화룡, 훈춘], 마다메(함남)(함북)(중국)[연길], 마대매(함북), 마더매(경북)(중국)[오상], 마덤마(평남)(평북)(중국)[개현], 마덤매(평남)(평북)(중국)[개현], 마도마니(평북)(중국)[심양], 맏삼촌어머니(제주), 맏삼춘오마니(평남)(평북), 맏아마임(함북), 맏아매(함북), 맏엄매(평북), 맏오마니(평북), 맞엄매(평북), 모다매(함북), 몬아매(함북), 몰아매(함북), 컨애미(경남)(중국)[태래], 컨어마(경남)(중국)[태래], 컨어마이(황해), 컨어머이(함남)(중국)[계동], 컨엄마(경남)(중국)[태래], 컨오마니(평북), 컨오마이(황해), 큰넘매(경북), 큰어마(강원)(경남)(경북)(전북)(함북)(중국)[화룡], 큰어마이(강원)(함남)(함북), 큰어매(경북)(전남)(전북)(중국)[오상] (중국)[교화], 큰어머니(제주), 큰어머이(강원)(경북)(충북), 큰어멍(제주), 큰어멍이(강원), 큰어메(경북)(전북), 큰어메(전남)[보성], 큰어무니(경기)(경북)(전남)[여수], 큰어무이(경남)(경북)(전남), 큰어문(경북), 큰엄니(전남), 큰엄마(강원)(경북)(전북)(충북), 큰엄매(경남)(경북)(전남)(전북)(평북)(평북)(중국)[무순], 큰엄메(전남)[진도], 큰오마니(평남)(평북), 큰오만(평남), 큰오매(경남)(경북)(전남)(전북), 큰오메(전북), 큰옴마(전북)(평북)(중국)[심양], 큰옴매(경북), 큰이미(경북), 큰재미(함북), 큰제미(함남)(함북), 큰집던매(평북)(중국)[심양], 큰집도마니(평북)(중국)[심양], 클매(경남)

❸ 가새비[ka-sɛ-bi] (함북)성진·길주·경성·청진·무산·회령·종성·경흥

■ 50111 장모妻の母

❶ 가스어미[ka-si#ə-mi]【「華夷」外母 戛色阿密】(함남)홍원
❷ 가세미[ka-se-mi] (함남)북청·단천·풍산·갑산·혜산, (함북)성진·길주·경성·나남·청진·부령·무산·회령·종성·경원·경흥·웅기

■ 50112 홀아비鰥

❶ 호부래비[ho-bu-rɛ-bi]【「訓蒙」鰥 ho-ir#a-pi】(경남)울산·동래·부산·김해·마산·거제·통영·진주·남해·함양, (경북)영천·영덕·의성·예천·안동·영주·청송
❷ 호보래비[ho-bo-rɛ-bi] (경남)양산·거창·합천·창녕·밀양, (경북)고령
❸ 호래비[ho-rɛ-bi] (충남)공주·강경·서천·홍성·천안, (충북)청주·보은·영동·충주·단양, (강원)양양
❹ 하부래비[ha-bu-rɛ-bi] (함남)홍원·북청·단천, (함북)성진·길주·경성·나남·청진·부령·무산·회령·종성·경원·경흥·웅기

■ 50113 과부寡婦

❶ 과부[kwa-bu] (경북)의성·안동·영주·청송·평해, (충남)공주·강경·홍성·천안, (충북)청주·보은·영동·충주, (강원)양양·강릉
❷ 가부[ka-bu] (경남)울산·동래·부산·김해·마산·거제·통영·진주·남해·함양, (경북)영천·영덕·예천
❸ 호부래미[ho-bu-rɛ-mi]【「訓蒙」寡·婆·婿 ho-ir#ə-mi】(경남)진주·함양, (경북)영덕·평해
❹ 호부리미[ho-bu-ri-mi] (경남)양산·거창·합천·창녕·밀양, (경북)고령
❺ 호래미[ho-rɛ-mi] (충남)홍성·천안, (충북)청주·보은·충주
❻ 호리미[ho-ri-mi] (충북)영동

❼ 하부레미[ha-bu-re-mi] (함남)홍원 · 북청 · 단천, (함북)성진 · 길주 · 경성 · 나남 · 청진 · 부령 · 무산 · 회령 · 종성 · 경원 · 경흥 · 웅기

50114 남편夫 : をっと

❶ 사청[sa-čʰəŋ] 【「月印」夫-nɔn#sia-oŋ-i-o(음절구분 오류)】 (함남)홍원 · 북청, (함북)나남 · 부령

50115 남의 남편夫 : 他人の

❶ 나그내[na-gi-nɛ] (경남)남해(의미조사가 잘못됨.)

50116 남의 부인夫人 : 他人の

❶ 아지만네[a-ǰi-man-ne] (경남)남해

50117 신부新婦

❶ 새악시[sɛ-ak-si] (함북)경성 · 나남 · 부령
❷ 새각시[sɛ- g ak-si] 【「朴新」白然是女孤兒了, 白然-hi#sai-kak-si-ra】 (함남)홍원 · 북청 · 단천, (함북)성진
❸ 새각지[sɛ- g ak-či] (함북)길주
❹ 새기[sɛ-gi] (함남)홍원 · 북청 · 단천, (함북)성진 · 길주 · 경성 · 청진 · 무산 · 회령 · 종성 · 경흥

50118 형兄

❶ 형[hyəŋ] 【「月印」兄-nim-ɔr#mo-rɔr-ssɔi, 「老解」媱子 hiəŋ-ii#čʰiə, 「鷄林」兄曰長官】 (경북)포항 · 흥해 · 안동 · 영주 · 청송, (함남)고원 · 영흥 · 정평 · 함흥 · 신흥 · 홍원 · 북청 · 단천, (함북)성진 · 길주 · 경성 · 나남 · 청진 · 부령 · 무산 · 회령 · 종성

❷ 헹[heŋ] (경남)거창·합천·밀양
❸ 헝[həŋ] (경남)창녕, (경북)영천·포항·홍해·경주
❹ 행[hɛŋ] (경북)영덕·성주
❺ 셩[syəŋ] (함북)회령(夫人用語)
❻ 성[səŋ] (경남)동래·밀양, (경북)영천·경주·대구·의성·상주·함창·문경·예천·안동·영주, (충북)영동·제천, (경기)연천, (강원)영월·평창·원주·횡성·홍천·인제·철원·평강, (함남)안변·원산·문천·고원·영흥·정평·함흥·신흥, (함북)나남·경흥
❼ 성이[səŋ-i] (함남)홍원
❽ 셍[seŋ] 【「三才」 兄, 閑岐, 「物語」 兄ヶせぎ】 (경북)지례
❾ 셍이[seŋ-i] (함남)북청
❿ 생[sɛŋ] (경남)울산
⓫ 서이미[sə#i-mi] (함남)홍원·북청·단천
⓬ 내셍이[nɛ-seŋ-i] (함북)성진·길주
⓭ 맹예[mɛŋ-ye] (함남)경성(유아어)·나남·청진

50119 아우弟

❶ 아시[a-si] 【「龍歌」 弟 az-ɔn, 「月印」 a-zɔ#a-tɔ-ni-mɔn, 「訓蒙」 弟 a-zɔ, 「華夷」 弟 阿刍, 「鶏林」 弟 日了兒, 「三才」 弟 阿之, 「物語」 弟ヶあじ】 (제주)제주·성산·서귀·대정, (전남)영암, (전북)운봉·진안·무주·금산(아우가 태어나는 것을 [a-si#pon-da]라고 함), (경남)양산·김해·창녕·밀양, (경북)영천·의성·청송, (강원)삼척

❷ 아우[a-u] 【「杜詩」 弟 a-ɔ, 「譯語」 叔伯兄弟·姑舅兄弟 a-ɔ, 「老解」 兄弟們 a-ɔ-tir-i, 「千字」 弟 a-ɔ】 (전남)순천·강진·목포·장성·담양·곡성, (전북)순창·정읍·김제·전주·장수, (경남)울산·양산·김해·마산·거제·통영·진주·함양·거창·합천·창녕·밀양, (경북)영천·포항·영덕·고령·울진·평해, (충남)공주·강경·서천·홍성·천안, (충북)청주·보은·영동·충

주·단양, (강원)양양·강릉·삼척, (황해)황주, (평남)평양, (평북)박천·
영변·희천·구성

❸ 아이[a-i] (평북)박천·영변·희천·구성·강계·자성·후창
❹ 악기[ak-ki] (함북)청진·종성·경흥
❺ 액기[ɛk-ki] (함남)신고산·안변·덕천·문천·고원·영흥·정평·함흥·
오로·신흥·홍원·북청·이원·단천·풍산·갑산·혜산, (함북)성진·
길주·경성·나남·부령·무산·회령
❻ 보리동생[po-ri#toŋ-sɛŋ] (경남)남해

50120 자매姉妹

❶ 누의[nu-iy] 【「月印」妹-nɔn#nu-ii-ra, 「譯語」姉妹 nu-ii-tir, 「杜詩」妹 nu-ii, 「老解」姐姐 mas-nu-ii, 妹子 a-ɔ-nu-ii, 「內訓」其姉病 ki#nu-ii 病-kʰə-tin, 「杜詩」弟妹 a-ɔ-oa#nu-ii-oai】
(충남)서천·홍성·천안

❷ 누이[nu-i] (제주)제주·성산·서귀·대정, (전남)순천·광주, (전북)전주,
(충남)강경, (충북)청주·충주·단양, (경기)경성·개성·장단·연천, (강
원)양양·강릉, (경북)평해, (황해)금천·연안·해주·옹진·태탄·장연·
은율·안악·재령·황주·서흥·수안·곡산, (함남)함흥·오로·홍원·
북청·이원·단천·풍산·갑산·혜산, (함북)성진·길주·명천·경성·
나남·부령·부거, (평남)평양

❸ 누우[nu-u] (경남)거제·통영·진주·함양, (함남)신고산·안변·덕원·
문천·고원·영흥

❹ 누야[nu-ya] (경남)김해·거창

❺ 뉘[nwi] (충남)공주, (충북)보은·영동, (평북)박천·영변·희천·구성·
강계·자성

❻ 누[nu] (전남)여수·장성·담양·곡성, (전북)운봉·남원·순창·정읍·
김제·임실·장수·진안·무주·금산, (경남)진주·하동, (경북)예천·
영주·울진, (강원)삼척, (평북)후창

⑦ 눙우[nuŋ-u] (경남)남해
⑧ 누비[nu-bi] 【「華夷」妹, 餕必】 (경남)창녕, (함남)정평·오로·신흥·홍원·이원·풍산·갑산·혜산, (함북)나남·청진·무산·회령·종성·경흥
⑨ 누부[nu-bu] (경남)울산·동래·부산·김해·마산·합천, (경북)영천·포항·영덕·고령
⑩ 누배[nu-bɛ] (함북)회령
⑪ 늬비[nɨy-bi] (함남)함흥

50121 며느리子の妻

① 며누리[myə-nu-ri] 【「千字」婦 miə-nɔ-ri,「譯語」媳婦兒 miə-nɔ-ri,「漢淸」媳婦 miə-nɔ-ri】 (충남)광천·조치원, (충북)괴산·충주, (황해)금천·해주·옹진·장연·은율·안악·재령·황주·서흥

② 며느리[myə-ni-ri] 【「訓蒙」miə-ni-ri,「類合」(萬曆) 婦 miə-ni-ri】 (전남)함평, (함북)종성

③ 메나리[me-na-ri] (전남)영광, (경남)거창, (경북)김천, (강원)강릉·삼척

④ 메너리[me-nə-ri] 【「物語」嫁ヵめのり】 (경남)마산·거제·통여·진주·남해·합천

⑤ 메누리[me-nu-ri] (전남)순천·영암·목포·곡성, (전북)운봉·남원·정읍·김제·군산·전주·임실·장수·진안·무주·금산, (경남)부산·마산·하동·함양·거창, (경북)영주·청송·울진·평해, (충남)공주·강경·부여·홍산·청양·서천·염포·보령·안면도·홍성·해미·갈산·서산·오천·예산, (충북)보은·영동·진천·충주·제천, (경기)경성·개성·장단·연천, (강원)통천·장전·고성·간성·양양·주문진·강릉·삼척·영월·평창·원주·홍천·춘천·인제·철원·평강, (황해)연안·태탄·황주·신계·수안·곡산, (함남)신고산·안변·원산·고산·덕원·문천·고원·영흥·정평·함흥·오로·신흥·홍원·북청·이원·풍산·갑산·혜산, (함북)나남·부령·부거·무산·회령, (평남)평양, (평북)자성·후창

⑥ 메눌[me-nul] (경북)포항・영덕, (함남)북청
⑦ 메느리[me-ni-ri] (전남)여수・광양・순천・벌교・고흥・보성・장흥・해남・광주・옥과・곡성・구례, (경북)지례・영주・청송, (함남)단천, (함북)성진・길주・종성・청진・경흥
⑧ 메니리[me-ni-ri] (평북)박천・영변・희천・구성・강계
⑨ 매너리[mɛ-nə-ri] (경남)울산・양산・동래・김해, (경북)영천・경주
⑩ 매느리[mɛ-ni-ri] (전남)완도・지도・목포, (경남)동래, (경북)포항・흥해・영덕・예천
⑪ 매늘[mɛ-nəl] (경북)영천
⑫ 미나리[mi-na-ri] (경북)김천・울진・평해, (강원)양양
⑬ 미누리[mi-nu-ri] (전남)여수・광주・장성・담양, (전북)순창, (경남)합천・창녕・밀양, (경북)대구・고령・김천・예천・안동・청송, (충북)청주・단양
⑭ 미느리[mi-ni-ri] (전남)돌산・나주・장성, (경남)창녕・밀양, (경북)영천・대구・성주・지례・김천・의성・상주・함창・문경
⑮ 아장[a-jaŋ] (제주)제주・성산・서귀・대정(경시하는 의미가 있다.)

50122 남자・남아男子・男兒

① 亽나이[sɔ-na-i] 【『訓蒙』孩兒 sɔ-na-hi, 『杜詩』男兒 sɔ-na-hoi, 『漢淸』男人 sɔ-na-hoi), 『老解』 㑒男子 sɔ-na-hoi#toi-i, 『痘瘡』 童男 sɔ-na-hoi#a-ich, 『鷄林』男子曰沙喃 (音沙南), 『物語』男ッそんなへ】 (제주)제주・성산・서귀
② 사나이[sa-na-i] (제주)제주・성산・서귀・대정, (경기)개성・장단, (황해)금천・연안・해주・옹진・태탄・장연・은율・안악・재령・서흥・신계・수안・곡산
③ 사내[sa-nɛ] (충남)공주・강경・서천・홍성・천안, (충북)청주・보은・영동・충주・단양, (경기)경성・연천
④ 사나중[sa-na-juŋ] (함남)고원

⑤ 서나이[sə-na-i] (제주)대정, (평남)평양
⑥ 서나[sə-na] (평북)박천·영변·희천·구성
⑦ 서나지[sə-na-ji] (함남)함흥
⑧ 선스나[sən-si-na] (황해)황주, (함남)신고산·안변·덕원·문천·영흥·정평·함흥·오로·신흥·홍원·북청·이원·단천·풍산·갑산·혜산, (함북)성진·길주·경성·나남·청진·부령·무산·회령·종성·경원·경흥·웅기, (평남)평양, (평북)박천·영변·희천·구성·강계·자성·후창
⑨ 선스니[sən-si-ni] (함남)고원
⑩ 스나최[si-na-jö] (함남)문천·영흥·정평·오로·신흥
⑪ 시나중이[si-na-juŋ-i] (함남)신고산·안변·덕원
⑫ 시나이[si-na-i] (황해)황주
⑬ 머서마[mə-sə-ma] (경남)동래
⑭ 머스마[mə-si-ma] (전북)남원·김제·전주·진안·무주·금산, (경남)양산·부산·김해·마산·통영·진주·남해·거창·합천·창녕·밀양, (경북)영덕·대구·고령·의성·예천·안동·영주·청송·울진·평해, (충북)보은·영동·단양, (강원)양양·강릉·삼척
⑮ 머스마그[mə-si-ma-gɨ] (전남)강진·영암
⑯ 머스매[mə-si-mɛ] (전북)순창·정읍, (충남)공주·강경·서천·홍성·천안, (충북)청주·보은
⑰ 머시마[mə-si-ma] (전남)여수, (경남)울산·거제·하동·함양, (경북)영천·포항
⑱ 머시매[mə-si-mɛ] (전남)(원본에서 누락되었음)순천·보성·영암·목포·나주·광주·장성·담양·곡성, (전북)운봉·임실·장수
⑲ 머이매[mə-i-mɛ] (전남)순천, (전북)운봉·장수

50123 여자女

❶ **계집**[kye-jip]【「月印」女子-nɔn#kiɔ-či-pi-ra,「訓蒙」妻・女・娘 kiɔ-čip,「杜詩」老妻 nir-kin#kiə-či-pin,「華夷」妻, 結直,「譯語」婆子,通稱 kiəi-čip,「譯補」老妻 kiəi-čip,「漢淸」女人kiəi-čip,「物語」妻ヮけちび】(경기)경성, (함북)청진・회령・종성・경흥, (평남)중화・순천・숙천・안주, (평북)정주・선천・용암・의주

❷ **계집**[ke-jip] (전남)고흥・보성・함평・영광, (전북)장수・진안・금산, (경남)부산・하동, (경북)안동・청송, (충남)갈산・천안, (충북)괴산, (경기)개성, (황해)옹진・태탄・장연・은율・안악・재령・황주・서흥・신계・수안・곡산, (함남)신고산・안변・덕원・문천・고원・영흥・정평・함흥・오로・신흥・홍원・북청・풍산・갑산・혜산, (함북)부령, (평남)평양, (평북)박천・영변・희천・구성・강계・자성・후창

❸ **개집**[kɛ-jip] (전남)장성, (전북)전주

❹ **기ː집**[ki:-jip] (전남)강진・영암・목포・광주, (경북)흥해・김천・영주, (충남)예산, (경기)장단, (황해)금천・연안・해주・장연

❺ **제집**[če-jip]【「內訓」其妻 ki#čiə-či-pi】(전남)광양・순천・고흥・보성・옥과・곡성・구례, (전북)남원・순창・임실, (경남)마산・거제・통영・진주・함양・거창・합천・창녕・밀양, (경북)지례, (함남)풍산・갑산, (함북)성진・길주・명천・종성・나남・청진・무산・경흥

❻ **재집**[čɛ-jip] (경남)남해, (경북)영주

❼ **지집**[či-jip] (전남)돌산・여수・벌교・완도・지도・해남・영암・목포・함평・나주・광주・장성・담양, (전북)정읍・김제・군산・전주・진안・무주・금산, (경남)울산・양산・동래・부산・김해・마산・거제・합천・창녕・밀양, (경북)영천・경주・포항・영덕・대구・고령・성주・김천・의성・상주・함창・문경・예천・안동・영주・청송・울진・평해, (충남)공주・강경・부여・홍산・청양・서천・염포・보령・광천・홍성・해미・갈산・서산・오천・예산・천안・조치원, (충북)청주・보은・영동・진천・괴산・충주・단양・제천, (강원)양양・강릉・삼척・평창・원주・횡성・

홍천 · 인제

■ 50124 여女 (호칭 · 지칭에 대한 구분이 없음)

① **여펜네**[yə-pʰen-ne] 『內訓』先妣-nɔn#祠堂-ai#tin#niəi-pʰiən-tɔr-hi-ra』 대다수 지방
② **예청**[ye-čʰəŋ] (제주)제주 · 성산

■ 50125 자녀 · 여아子女 · 女兒

① **개지배**[kɛ-ǰi-bɛ] (전남)순천 · 광주
② **지지배**[či-ǰi-bɛ] (경기)연천
③ **지지빠이**[či-ǰi-p'a-i] (제주)제주 · 성산 · 서귀 · 대정
④ **가스나기**[ka-si-na-gi] (전남)영암
⑤ **가시나**[ka-si-na] (전북)무주 · 금산, (경남)하동
⑥ **가시내**[ka-si-nɛ] (전남)순천 · 보성 · 강진 · 영암 · 목포 · 광주 · 담양, (전북)운봉 · 남원 · 순창 · 전주 · 임실 · 장수 · 진안
⑦ **가이나**[ka-i-na] (전북)운봉, (경남)하동
⑧ **가이내**[ka-i-nɛ] (전남)보성, (전북)정읍 · 김제 · 장수
⑨ **간나**[kan-na] (함남)북청 · 단천, (함북)성진 · 길주 · 종성 · 청진 · 회령 · 경흥
⑩ **갈라**[kal-la] (함남)혜산
⑪ **새가**[sɛ-ga] (함북)길주 · 종성 · 청진 · 무산 · 회령 · 경흥
⑫ **바바리**[pa-ba-ri] (제주)제주 · 성산 · 서귀 · 대정(다 큰 처녀.)
⑬ **안들**[an-dil] (결혼한 여자를 지칭)(경북)경주 · 포항 · 홍해 · 영덕 · 대구
⑭ **안깐**[an-k'an] (함남)홍원 · 북청 · 단천, (함북)성진 · 길주 · 경성 · 나남 · 청진 · 부령 · 무산 · 종성 · 경흥
⑮ **아기씨**[a-gi-s'i] (함남)홍원
⑯ **애기씨**[ɛ-gi-s'i] (함남)단천, (함북)성진
⑰ **에마**[e-ma] (함남)이원

⑱ 에미[e-mi] (함남)북청·풍산·갑산·혜산
⑲ 에미나[e-mi-na] (강원)통천, (황해)황주, (함남)단천, (함북)성진·나남·부령, (평남)평양
⑳ 에미내[e-mi-nɛ] (함남) 북청
㉑ 에미네[e-mi-ne] (함남) 고산·원산·문천·고원·영흥
㉒ 예시가[ye-si-ga] (강원) 고성·간성·양양·주문진·강릉, (경북)울진·평해

50126 여女 (卑語)

❶ 화냥년[hwa-nyaŋ-nyən] 【『課程日錄』養漢的 hoa-niaŋ-i, 又曰 花孃】(평북)희천·강계·자성·후창
❷ 하냥년[ha-nyaŋ-nyən] (함남)단천, (함북)성진·길주·경성·나남·청진·부령·무산·회령·종성·경원·경흥·웅기, (평북)희천·강계·자성·후창
❸ 하당년[ha-daŋ-nyən] (함남)홍원·북청
❹ 쌍년[s'aŋ-nyən] (함남)홍원·북청·단천, (함북)성진·길주·경성·나남·청진·부령·무산·회령·종성·경원·경흥·웅기, (평북)희천·강계·자성·후창

50127 어린아이幼兒

❶ 어린아[ə-rin#a] (함남)홍원·북청·단천, (함북)성진·길주·경성·나남·청진·부령·무산·회령·종성·경흥
❷ 얼라[əl-la] (함남)홍원·북청·단천, (함북)성진

50128 양반兩班

❶ 양반[yaŋ-ban] 대다수 지방
❷ 냥반[nyaŋ-ban] (함남)장진([yaŋ-ban]이라 한다), (평남)중화·평양·순천·숙천·안주, (평북)박천·영변·희천·구성·정주·선천·용암(양책동을 [naŋ-čhɛk-toŋ])

이라 한다)·의주·강계·자성·후창(후창에서는 [yaŋ-ban]이라 한다.)

50129 환갑還甲

❶ 환갑[hwan-gap] 대다수 지방
❷ 한갑[han-gap] (이하 ⁺지방은 [hwan-gap]도 사용하는 지방)(제주)성산⁺, (전남)벌교·보성·장흥⁺·완도⁺·지도⁺·해남·목포⁺·나주⁺·장성(군내 동화면을 [toŋ-ha-myən]이라 한다)·담양(광주를 [kaŋ-ju], 화순을 [ha-sun]이라 한다)·구례, (전북)운봉·순창·장수·진안·무주·금산, (경남)울산·양산·동래·부산·김해·마산·거제·통영·진주·남해·하동(군내 화개면을 [ha-gɛ-myən] 또는 [ha-gu-myən]이라 한다)·함양·거창·창녕·밀양, (경북)영천(군내 화산면을 [hwa-san-myən], 화북면을 [hwa-buŋ-myən] 또는 [ha-buŋ-myən]이라 한다)·포항(봉화군을 [poŋ-ha] 또는 군내 환호면을 [han-ho-myən]이라 한다)·영덕(봉화군을 [poŋ-ha-gun], 군내 화수동을 [ha-su-doŋ], 화개동을 [ha-ge-doŋ]이라 한다)·대구·김천·상주·함창·문경·예천·평해, (충남)공주·강경·서천·홍성·천안, (충북)보은·영동(군내 용화면을 [yoŋ-ha-myən]이라 한다)·단양, (강원)주문진, (황해)금천·해주·옹진·태탄·장연·은율(송화를 [soŋ-wa] 또는 [soŋ-a]라 하고 또 군내 만화리를 [man-hwa-ri]라 한다)·안악·재령·서흥·수안, (함남)안변·함흥·북청·이원·단천, (함북)성진·길주·명천·종성

50130 벼슬官職

❶ 벼슬[pyə-sɨl] 【『訓蒙』 卿·職 piə-sir, 「月印」 piə-sir-to#no-pʰɔ-miə, 「龍歌」 陛官爵 piə-si-rir#to-to-si-ni, 「譯語」 前程, 通稱 piə-sɔr, 做官 piə-sɔr-hɔ-ta, 「物語」 位ヲひよずり】 (전남)함평·영광
❷ 벼실[pyə-sil] (전남)장성, (전북)정읍, (경북)영주, (충남)오천, (충북)괴산
❸ 베슬[pe-sɨl] (전남)나주, (전북)전주, (경남)거창, (충남)부여·홍산·청양·염포·보령·광천·홍성·해미·갈산·서산, (함남)신고산·안변·원산·문천·고원·영흥·정평·함흥·신흥

❹ 베실[pe-sil] (제주)제주·성산·서귀·대정, (전남)광양·순천·벌교·고흥·보성·장흥·강진·영암·목포·나주·광주·옥과·곡성·구례, (전북)운봉·남원·정읍·김제·전주·임실·장수·진안·무주·금산, (경남)마산·거제·통영·진주·남해·함양·하동·거창·합천, (경북)영주·청송·평해, (충남)공주·강경·서천·홍성·예산·천안·조치원, (충북)청주·보은·영동·진청·괴산·충주·단양·제천, (강원)통천·장전·고성·간성·양양·주문진·강릉·삼척·영월·창평·원주·횡성·홍천·춘천·인제·철원·평강

❺ 배슬[pɛ-sil] (경남)양산

❻ 배실[pɛ-sil] (전남)완도·지도·해남·목포, (경남)울산·동래·부산·김해·마산, (경북)영천·포항·홍해·영덕·경주

❼ 비슬[pi-sil] (경북)지례·김천

❽ 비실[pi-sil] (전남)돌산·여수·장성·담양, (경남)부산·거창·합천·창녕·밀양, (경북)영천·영덕·대구·고령·성주·김천·의성·상주·함창·문경·예천·안동·청송·울진

50131 면장面長

❶ 면장[myən-jaŋ] 대다수 지방
❷ 면댱[myən-dyaŋ] (함북)회령([myə-jaŋ]도 실현됨)·경원
❸ 면당[myən-daŋ] (평남)중화([myən-jaŋ]이라 한다. 군내 장산리는 [taŋ-san-ri]라 한다)·평양(드물게 [myən-jaŋ]이라 한다)·구성·정주·선천·용암·의주·강계·자성·후창([myə-jaŋ]도 실현됨.)

50132 이서방李書房

❶ 이서방[i-sə-baŋ] 대다수 지방
❷ 리서방[ri-sə-baŋ] (함북)회령·종성·경원·경흥(이들 지역에서는 임진강臨津江을 [rim-dʒin-gaŋ]이라 부른다), (평북)강계·자성

❸ 니서방[ni-sə-baŋ] (황해)황주(천주면 방면), (함북)회령, (평남)중화·평양·순천·숙천·안주, (평북)박천·영변·희천·구성·정주·선천·용암·의주·강계·후창

50133 효자孝子

❶ 효자[hyo-ja] 대다수 지방
❷ 소자[so-ja] 대다수 지방
❸ 회자[hö-ja] (전남)돌산·여수·광양·순천·벌교·고흥·보성·장흥·완도·지도·해남·목포·함평·영광·나주·광주(원효사元曉寺를 [wən-hö-sa]라 한다)·장성·옥과·곡성·구례, (전북)운봉·남원·정읍·김제·군산·임실·장수·진안·무주·금산, (강원)고성·간성·양양·주문진·강릉·영월·평창·홍천⁺·원주⁺·인제⁺(홍천·원주·인제는 [hyo-ja]라 한다), (함남)덕원·문천·고원·영흥·정평⁺·함흥⁺·오로⁺·신흥⁺·홍원·북청·이원·단천([ho-ja]라 한다)·풍산⁺·갑산([hyo-ja]라 한다)(이상 +를 표시한 지방에서는 [hyo-ja]라 한다)·혜산([ho-ja] 또는 [hyo-ja]라 한다), (함북)길주([ho-ja]라 한다.)
❹ 호자[ho-ja] (경남)울산(군내 효문리를 [ho-mun-ri]라 한다)·양산·동래·부산·마산·거제·통영·진주·남해·함양·하동·거창·합천·창녕(군내 효정리를 [ho-jəŋ-ni]라 한다)·밀양, (경북)영천·경주·포항·흥해·영덕·대구·고령·성주·지례·김천·상주·함창·예천·울진·평해, (황해)황주[hyo-ja]라고도 한다), (함남)단천⁺·갑산⁺·혜산⁺(이상 세 군데에서는 [hyo-ja]라고도 한다), (함북)성진·길주([hö-ja]라고도 한다)·경성·나남·청진⁺·부령⁺·무산⁺·회령⁺·웅기⁺(이상 +를 표시한 지방에서는 [hyo-ja]라 한다), (평남)중화·평양[hyo-ja]라고도 한다)·순천·숙천·안주, (평북)박천⁺·영변⁺·희천⁺·구성⁺·정주·선천·용암·의주·강계·후창⁺(이상 +를 표시한 지방에서는 [hyo-ja]라 한다.)

50134 제자弟子

❶ 제자[če-ja] 대다수 지방

❷ 재자[čɛ-ja] (경남)울산・동래・부산, (경북)영천・경주・포항・홍해・영덕・대구・성주・의성・예천청・안동, (충북)청주・보은
❸ 지:자[čiː-ja] (경남)창녕・밀양, (경북)영천・대구・상주, (충남)공주・강경・서천, (충북)보은・영동
❹ 데자[te-ja] (평남)중화・평양・순천・숙천・안주, (평북)박천・영변・회천・구성・정주・선천・용암・의주・강계・자성(후창에서는 [čɛ-ja]라고 함.)

50135 스님僧

❶ 중[čuŋ] 【「月印」 比丘-nin#čiuŋ-i-ra, 「訓蒙」 僧čiuŋ, 「杜詩」 胡僧 toi-čiuŋ, 「譯語」 和尙, 通稱čiuŋ, 「三才」僧, 知由具, 「物語」 僧ヵちゆぐ】
❷ 산나뷔[san#na-bwi] (경기)양주(산삼채취자들의 은어)

50136 비구니尼

❶ 승[siŋ] 【「訓蒙」 尼 siŋ, 「譯語」 尼姑 siŋ, 「漢淸」 尼僧 siŋ】 (충북)청주・진천・괴산・충주
❷ 승당[siŋ-daŋ] (경북)예천・청송
❸ 신중[sin-juŋ] (전남)돌산・여수・벌교・고흥・보성・장흥・완도・지도・해남・목포・영광・광주・옥과・곡성, (전북)전주・임실, (경남)울산・동래・부산・김해・마산・거제・통영・진주・남해・거창・합천・창녕・밀양, (경북)대구・고령・울진・평해, (충북)영동, (강원)통천・장전・양양・강릉・삼척
❹ 신쭝[sin-č'uŋ] (전남)함평
❺ 씬즁[sʼin-juŋ] (전남)광양・순천・구례, (전북)남원
❻ 신찡[sin-č'iŋ] (전남)장성, (전북)정읍
❼ 싱각시[siŋ-gak-si] (경북)경주・포항・홍해・영덕・의성
❽ 싱다니[siŋ-da-ni] (경북)상주・함창・문경
❾ 보:살[poːsal] (菩薩)(전북)남원・정읍・임실・무주・금산(이 지방에서는 [po-sal#hal-mi]

또는 [po-sal#hal-məm] 등으로 불린다), (경남)울산·양산·동래·부산·김해·마산·거제·통영·진주·함양·거창·합천·창녕·밀양, (경북)영천·포항·흥해·영덕·대구·고령·김천·의성·상주·함창·문경·예천·안동·영주·청송·울진·평해, (충남)공주·강경·서천·홍성·천안, (충북)청주·보은·영동·진천·괴산·충주·단양(이 지방에서는 [po-sal#hal-mi] 등으로 불린다), (강원)양양·강릉·삼척

⑩ 암쭝[am-č'uŋ] (전북)김제·무주·금산

■ 50137 점쟁이賣卜者

❶ 점치개[čəm-čʰigɛ] (함북)나남·부령

❷ 점장이[čəm-čaŋ-i] (경기)경성·개성·문경·장단·연천, (강원)양양·강릉·삼척, (황해)수안

❸ 점자이[čəm-ča-i] (황해)연안·해주·옹진

❹ 점쟁이[čəm-čɛŋ-i] (제주)제주·성산·서귀·대정, (전남)여수·보성·강진·영암·목포·나주·장성·담양·곡성, (전북)운봉·남원·순창·정읍·김제·전주·임실·장수·진안·무주·금산, (경남)울산·동래·부산·마산·거제·통영·진주·남해·하동·함양·거창·합천·창녕·밀양, (경북)영천·포항·영덕·대구·고령·김천·의성·예천·안동·영주·청송, (충남)공주·강경·서천·홍성·천안, (충북)청주·보은·영동·충주·단양, (황해)신계·곡산, (함남)신고산·안변·덕원·고원, (평북)자성

❺ 점재이[čəm-čɛ-i] (황해)금천·장연·은율·안악·재령·서흥

❻ 점재[čəm-čɛ] (황해)태탄

❼ 점받치[čəm#pat-čʰi] (경남)울산·양산·김해, (경북)영천·울진·평해, (함남)문천·영흥·정평·함흥·오로·신흥·홍원·북청·이원·풍산·갑산·혜산

❽ 복술[pok-sul] (卜術)(황해)황주, (함남)홍원·북청·단천, (함북)성진·길

주 · 경성 · 청진 · 무산 · 회령 · 종성 · 경흥, (평남)평양, (평북)박천 · 영변 · 희천 · 구성 · 강계 · 후창

50138 무녀巫女 : みこ

❶ **무당**[mu-daŋ] 【「內訓」不信巫術小醫 mu-daŋ-koa 醫員-ir 信 thi-a-ni-ʰɔ-sia, 「訓蒙」巫 mu-daŋ, 「譯語」女師婆子 mu-daŋ, 「漢淸」祝神人 mu-daŋ, 女打手鼓 mu-daŋ#sio# ko-čʰi-ta】 (전남)여수 · 순천 · 강진 · 광주 · 담양, (전북)남원 · 순창 · 김제 · 전주 · 무주 · 금산, (경남)울산 · 양산 · 동래 · 부산 · 김해 · 마산 · 거제 · 통영 · 진주 · 남해 · 하동 · 함양 · 거창 · 합천 · 창녕 · 밀양, (경북)영천 · 포항 · 영덕 · 대구 · 고령 · 김천 · 의성 · 예천 · 안동 · 영주 · 청송 · 울진 · 평해, (충남)공주 · 강경 · 서천 · 홍성 · 천안, (충북)청주 · 보은 · 영동 · 충주 · 단양 · 제천, (강원)통천 · 장전 · 고성 · 양양 · 주문진 · 강릉 · 삼척 · 영월 · 평창 · 원주 · 횡성 · 홍천 · 춘천 · 인제, (황해)황주, (함남)신고산 · 안변 · 덕원 · 문천 · 고원 · 영흥 · 정평 · 함흥 · 오로 · 신흥 · 홍원 · 북청 · 이원 · 단천 · 풍산 · 갑산 · 혜산, (함북)성진 · 종성 · 청진 · 경흥, (평남)중화 · 평양 · 순천 · 숙천 · 안주, (평북)박천 · 영월 · 희천 · 구성 · 강계 · 자성 · 후창

❷ **무댕이**[mu-dɛŋ-i] ([mu-dɛŋ-i]가 주격형인지 미확인)(전남)곡성

❸ **무댕**[mu-dɛŋ] (함북)길주 · 명천

❹ **무대**[mu-dɛ] (함남)홍원, (함북)부령

❺ **무덩**[mu-dəŋ] (경기)개성, (황해)연안

❻ **무여**[mu-yə] (함남)갑산

❼ **복술**[pok-sul] (함남)북청 · 단천, (함북)성진 · 길주 · 종성 · 나남 · 청진 · 부령 · 무산 · 회령 · 종성(회령 · 종성 부근에서는 남녀 모두) · 경흥

❽ **단골**[tan-gol] (전남)강진 · 영암 · 목포 · 나주, (전북)운봉 · 남원 · 순창 · 정읍 · 김제 · 전주 · 임실 · 장수 · 진안 · 무주 · 금산, (평남)평양 · 안주, (평북)박천 · 영변

⑨ 단골래[tan-gol-le] (전남)영암·목포·나주·장성·담양, (전북)정읍·김제
⑩ 스싱[si-siŋ] (「蒙山」 si-siŋ-koa 弟子-oa), 「訓蒙」 師傳 si-siŋ, 「杜詩」 鞭巫 si-siŋ#tʰiu-min, 「北塞記略」 巫覡謂之師】 (함북)단천·길주·부령·무산·회령·종성·경흥, (평북)의주(존대의 의미가 포함.)
⑪ 스성이[si-sɨyŋ-i] ([si-siiŋ-i]음운론적 표기)(함북)명천
⑫ 스성[si-səŋ] (황해)황주
⑬ 신방[sin-baŋ] (제주)제주·성산·서귀·대정(각지에서 남녀 모두에게.)
⑭ 호세미[ho-se-mi] (함남)풍산

50139 소경盲人

① 장님[čaŋ-nim] (충남)공주·강경·서천·홍성·천안, (충북)청주·보은·영동·충주
② 쇠경[sö-gyəŋ] (함남)단천, (함북)성진·길주·청진·종성
③ 쇠겡이[sö-geŋ-i] (함북)부령·무산·회령·종성·경흥
④ 쇠공[sö-geŋ-i] (함남)북청
⑤ 쇠굉[sö-göŋ] (함남)홍원·북청
⑥ 세겡이[se-geŋ-i] (함북)나남
⑦ 판수[pʰan-su] (전북)남원·정읍·김제·전주·임실·무주·금산
⑧ 눈멀댕이[nun#məl-dɛŋ-i] (함북)회령
⑨ 눈멀쟁이[nun#məl-jaŋ-i] (함북)무산·종성·경흥
⑩ 봉사[poŋ-sa] (전남)보성·장흥·완도·지도·해남·목포·함평·영광·나주·광주·장성·옥과·곡성·구례, (전북)남원·정읍·김제·전주·임실·무주·금산, (경남)울산·양산·동래·부산·김해·진주·거제·마산·거창·합천·창녕·밀양, (경북)영천·포항·영덕·김천·예천·영주, (충남)공주·강경·서천·홍성·천안, (충북)청주·보은·영동·충주, (강원)양양·강릉
⑪ 봉새[poŋ-se] (전남)돌산·여수·광양·순천·벌교·고흥, (경남)남해·

통영, (경북)대구 · 의성 · 울진 · 평해, (강원)삼척
⑫ 보사[po-sa] (경남)합천

50140 의사醫者 (침을 놓는 한의사)
❶ 침받치[cʰim-pat-čʰi] (제주)제주 · 성산 · 서귀 · 대정(유아어.)

50141 매사냥꾼鷹匠
❶ 매산양군[mɛ-san-yaŋ-kun] (황해)곡산
❷ 매사양[mɛ-san-yaŋ] (함남)홍원 · 북청 · 풍산 · 갑산 · 혜산
❸ 매산영[mɛ-san-yəŋ] (경기)장단 · 연천, (함남)신고산 · 안변 · 덕원 · 문천 · 영흥 · 함흥
❹ 매사영[mɛ-sa-yəŋ] (함남)정평 · 오로 · 신흥
❺ 매새난군[mɛ-sɛ-nan-kun] (평남)중화 · 순천 · 숙천 · 안주, (평북)정주 · 선천 · 용암 · 의주
❻ 매수아치[mɛ-su-a-čʰi] (황해)황주 · 서흥, (함남)홍원 · 북청 · 서천, (함북)성진 · 길주 · 나남 · 무산
❼ 매소아치[mɛ-so-a-čʰi] (황해)금천 · 연안 · 해주 · 옹진 · 태탄 · 장연 · 은율 · 안악 · 재령 · 신계, (함남)신고산 · 안변 · 문천 · 고원 · 영흥 · 이원
❽ 매사치[mɛ-sa-čʰi] (함남)덕원, (평남)평양, (평북)박천 · 영변 · 희천 · 구성 · 선천 · 의주 · 강계 · 후창
❾ 매님재[mɛ-nim-jɛ] (함북)화령
❿ 매주인[mɛ-ču-in] (함북)부령
⓫ 매쟁이[mɛ-jɛŋ-i] (전남)광주 · 곡성, (전북)운봉 · 임실 · 장수 · 진안 · 무주 · 금산, (경남)하동
⓬ 매군[mɛ-kun] (전남)순천
⓭ 매석받치[mɛ-sək-pat-čʰi] (경기)개성, (황해)수안
⓮ 매받치[mɛ-pat-čʰi] (경기)경성

■ 50142 불무꾼冶匠

❶ 불무쟁이[pul-mi-ʣɛŋ-i] (전남)장성·담양, (전북)남원·순창·정읍·김제·전주
❷ 불미왇치[pul-mi-wat-cʰi] (제주)성산·서귀
❸ 성냥쟁이[səŋ-nyaŋ-ǰɛŋ-i] (전남)여수·강진·영암·목포·장성·담양·곡성, (전북)운봉·남원·순창·정읍·김제·임실·장수·진안
❹ 대정[tɛ-ǰəŋ] (전북)무주·금산
❺ 펜수[pʰen-su] (경남)

■ 50143 주인雇主

❶ 한집[han-ǰip] (제주)제주·성산·서귀·대정

■ 50144 (농사)일꾼被雇人 (農事)

❶ 머섬[mə-səm] (전북)무주, (경남)울산·양산·동래·부산·김해·마산·진주·함양·거창·합천·창녕·밀양, (경북)영천·경주·대구·고령·김천·의성·함창·문경·안동·예천·영주·청송, (충남)강경·부여·홍산·청양·서천·염포·보령·광천·홍성·해미·갈산·서산·오천·예산·천안·조치원, (충북)보은·영동·진천·괴산·제천, (경기)장단, (강원)영월·평창·원주·횡성·홍천·인제
❷ 머슴[mə-sim] (전남)장흥·강진·함평·영광·나주, (전북)남원·군산·전주·임실, (경북)포항·영덕·상주·울진·평해, (충북)청주·충주·단양, (경기)경성·연천, (강원)양양·강릉·삼척
❸ 머심[[mə-sim] (전남)돌산·여수·광양·순천·벌교·고흥·보성·장흥·완도·지도·해남·영암·목포·광주·장성·담양·옥과·곡성·구례, (전북)운봉·남원·순창·정읍·김제·전주·임실·장수·진안·금산, (경남)마산·거제·통영·남해·하동, (경북)홍해, (충남)공주, (경기)연천
❹ 머음[mə-im] (전주)전주·임실, (충북)진천·괴산

⑤ **담사리**[tam-sa-ri] (전북)남원·임실
⑥ **더사리**[tə-sa-ri] (제주)성산·서귀
⑦ **장남**[čaŋ-nam] (作男)(제주)제주·성산·서귀·대정

50145 일일고용日雇人 (日軍)

① **놉**[nop] (전남)여수·순천·보성·강진·영암·목포·나주·장성·담양·곡성, (전북)운봉·남원·순창·정읍·김제·전주·임실·장수·진안·무주·금산, (경남)울산·양산·동래·부산·김해·마산·진주·남해·하동·거창·합천·창녕·밀양, (경북)영천·포항·영덕·대구$^+$·고령·김천$^+$·의성·예천·청송$^+$(+표 지방은 [pʰun]형도 있다), (충남)공주·강경·서천·홍성·천안, (충북)청주·보은·영동(충주·단양에는 이 방언형은 없다), (강원)(해안지방에서는 이 방언형이 없음.)

② **푼**[pʰun] (고용비를 [pʰun-gap] 또는 [pʰun-sak]이라고 한다)(경북)대구$^+$·김천$^+$·의성$^+$·안동$^+$·영주·청송$^+$(+지방에는 [nop]이라고도 한다.)

50146 관기官妓

① **지대**[či-tɛ] (제주)제주
② **저대**[čə-tɛ] (제주)성산·서귀·대정

50147 노인老人 (卑稱)

① **노토리**[no-tʰo-ri] (함남)신고산·안변·덕천·문천·고원·영흥·정평·함흥·오로·신흥·홍원·북청·이원(여기에서는 여자에게 하는 말이다)·단천·풍산·갑산·혜산(함남에서는 중국인에게 하는 말이다), (함북)성진·길주·종성·나남·청진·부령·무산·회령·종성·경원·경흥, (평북)자성·후창(황해도에는 없다.)

② **노툴**[no-tʰul] (평북)박천·구성
③ **노투리**[no-tʰu-ri] (평북)희천·강계

④ 노툭[no-tʰuk] (평북)영변
⑤ 노축[no-čʰuk] (황해)황주
⑥ 두상[tu-saŋ] (경기)개성(장단·단천에는 없음), (황해)금천·연안·해주·옹진·태탄·장연·은율·안악·재령·서흥·신계·수안·곡산, (함남)신고산·안변·덕원·문천·고원·영흥·정평·함흥·오로·신흥·홍원·북청·이원·풍산·갑산·혜산

50148 소변小便
❶ 상이쉬[saŋ-i-swi] (제주)제주

50149 구두쇠吝嗇家
❶ 깍장이[kʼak-čaŋ-i] (함남)북청·단천, (함북)성진·청진·무산·회령·종성·경흥
❷ 깍쟁기[kʼak-čɛŋ-gi] (평북)희천·강계·자성·후창
❸ 꼭새[kʼok-sɛ] (함남)홍원
❹ 꼭쇠[kʼok-sö] (함남)홍원
❺ 둑두기[tuk-tu-gi] (평북)자성
❻ 두구쇠[tu-gu-sö] (함북)나남
❼ 땅댕이[tʼaŋ-dɛŋ-i] (함북)경성

50150 무서워하는 사람恐ろしがる人
❶ 공다리[koŋ-da-ri] (제주)제주·성산·서귀·대정

50151 종奴 : やつ
❶ 미[mi] (전남)보성·강진·영암([ki-mi](그놈其奴), [čə-mi](저놈彼奴) 등이라 부른다. 어린 종에게 사용하는 [nom]보다 정중하다.)

50152 거지乞食

① **그ː지**[kiːji] (전남)영암·목포·광주·장성, (전북)정읍·김제, (경남)동래, (충남)서천·홍성·천안, (충북)청주·괴산·충주, (강원)양양, (경북)울진
② **그지**[ki-ji] (충남)공주·강경, (충북)청주·보은·영동·충주·단양
③ **비러바기**[pi-rə-pa-gi] (충북)진천
④ **비렝이**[pi-reŋ-i] (충남)공주·강경·서천·홍성, (충북)청주·보은·영동·단양
⑤ **비랭바기**[pi-reŋ#pa-gi] (충북)청주
⑥ **거라시**[kə-ra-si] (전남)담양, (전북)순창
⑦ **거라이**[kə-ra-i] (전북)남원
⑧ **거랭이**[kə-rɛŋ-i] (경남)거제·통영·하동, (충북)영동
⑨ **거러시**[kə-rə-si] (경북)영주
⑩ **거러지**[kə-rə-ji] (경북)청송, (강원)양양
⑪ **걸방이**[kəl-paŋ-i] (충북)영동
⑫ **걸뱅이**[kəl-pɛŋ-i] (경남)양산·동래·부산·김해·마산·진주·거창·합천·창녕·밀양, (경북)대구·고령·김천
⑬ **걸빙이**[kəl-piŋ-i] (경남)울산, (경북)영천·포항·영덕
⑭ **걸바생이**[kəl-ba-sɛŋ-i] (경북)의성
⑮ **걸부생이**[kəl-bu-sɛŋ-i] (강원)삼척
⑯ **걸버시**[kəl-bə-si] (경북)예천·안동·영주·청송
⑰ **거름뱅이**[kə-rim-bɛŋ-i] (강원)강릉
⑱ **어더배기**[ə-də-pɛ-gi] (전북)무주·금산, (충북)영동
⑲ **어더박수**[ə-də#pak-su] (전남)여수
⑳ **어더박시**[ə-də#pak-si] (전북)금산
㉑ **어듬박지**[ə-dim#pak-či] (전북)진안
㉒ **유걸**[yu-gəl] (함남)고산·고원·함흥·신흥
㉓ **이걸**[i-gəl] (함남)문천·영흥

㉔ 이퀄[i-gwəl] (함남)고원 · 정평
㉕ 동양[toŋ-yaŋ] (함남)홍원 · 북청 · 단천, (함북)성진 · 길주 · 경성 · 나남 · 청진 · 부령 · 무산 · 회령 · 종성 · 경흥
㉖ 동냥아치[toŋ-nyaŋ#a-čʰi] (경남)하동
㉗ 동낭아치[toŋ-naŋ#a-čʰi] (경남)남해, (전북)남원 · 순창 · 김제 · 전주
㉘ 동낭치[toŋ-naŋ-čʰi] (전남)순천 · 영암 · 목포 · 나주 · 광주 · 장성 · 담양 · 곡성, (전북)운봉 · 남원 · 순창 · 정읍 · 임실
㉙ 동나치[toŋ-na-čʰi] (전북)장수, (경남)하동
㉚ 동녕받치[toŋ-nyəŋ#pat-čʰi] (제주)제주 · 성산 · 서귀 · 대정

50153 왜놈倭奴 (일본인을 천시하여 부르는 말)

❶ 왜놈[wɛ-nom] (전남)여수 · 광양 · 순천 · 벌교 · 고흥 · 장흥 · 해남 · 함평, (전북)남원 · 김제 · 군산 · 전주 · 임실, (경남)울산 · 거창 · 창녕 · 밀양, (경북)영천 · 경주 · 포항 · 흥해 · 영덕 · 대구 · 고령 · 성주 · 의성 · 함창 · 문경 · 예천 · 안동 · 청송, (충남)공주 · 강경 · 서천 · 홍성, (충북)보은 · 진천 · 괴산 · 충주 · 단양, (강원)통천 · 고성 · 간성 · 양양 · 주문진 · 강릉 · 울진 · 평해, (황해)금천 · 연안 · 해주 · 옹진 · 태탄 · 장연 · 은율 · 안악 · 재령 · 황주 · 서흥 · 신계 · 수안 · 곡산, (함남)단천, (함북)성진 · 길주 · 종성 · 나남 · 청진 · 부령 · 무산 · 회령 · 종성 · 경원 · 경흥 · 웅기

❷ 애놈[ɛ-nom] (전남)돌산 · 순천 · 벌교 · 보성 · 장흥 · 완도 · 지도 · 해남 · 목포 · 영광 · 나주 · 장성 · 옥과 · 곡성 · 구례, (전북)정읍 · 김제, (경남)양산 · 동래 · 부산(부산 · 마산 · 거제부근에서 일본배를 [ɛ-bɛ]와 같이 부른다.) · 김해 · 거제 · 통영 · 진주 · 남해 · 하동 · 합천, (경북)지례 · 김천 · 상주 · 예천(이들 지방에서는 왜관을 [ɛ-gwan], [ɛ-gan] 등이라 부른다.), (충남)천안, (충북)청주 · 영동 · 단양

❸ 외놈[ö-nom] (전남)광주

❹ 예[ye] 【「龍歌」見請之倭, 請-iro#on#iəi, 「訓蒙」倭 iəi】 (전남)광주(병란이 일어나는

것을 [je-ga#nan-da]라고 한다.)

50154 댓놈胡奴 (중국인을 천시하여 부르는 말)

❶ 돼놈[tö-nom]【『月印』胡-nɔn#toi-ni, 羌胡夷狄-in#ta#toi-ra,「杜詩」胡虜 toi-tur-hi,「訓蒙」夷・戎・蠻・狄・羌・虜, toi】(경기)경성・개성・장단・연천, (황해)금천・연안・해주・옹진・태탄・장연・은율・안악・재령・황주・서흥・신계・수안・곡산, (함남)신고산・안변・덕원・문천・고원・영흥・정평・함흥・오로・신흥・홍원・북청・이원・단천・풍산・갑산・혜산, (함북)성진・길주・명천・종성・나남・청진・부령・무산・경원・경흥, (평남)평양, (평북)박천・영월・희천・구성・강계・자성・후창(함북에서는 중국인을 높여 [tɛ-kuk#sa-ram](대국 사람)이라 한다.)
❷ 대놈[tɛ-nom] (함북)회령・종성
❸ 돼놈[twɛ-nom] (평북)구성
❹ 데놈[twɛ-nom] (함북)길주

50155 러시아인ロシア人 (천시하여 부르는 말)

❶ 마우재[ma-u-jɛ] (함남)덕원・문천・고원・정평・함흥・오로・신흥・홍원・북청・이원・단천・풍산・갑산・혜산(신고산・안변・영여지방에는 이 방언형이 없다), (함북)성진・길주・명천・종성・나남・청진・부령・무산・회령・종성・경원・경흥・웅기, (평북)자성・후창(박천・영변・희천・구성・강계에서는 이 방언형이 존재하지 않는다. 또 경기・황해・평남 전역에서도 이 방언형이 존재하지 않는다.)

50156 너汝 (지칭)

❶ 너[nə] 대다수 지방
❷ 네[ne] (전남)순천・광주, (경남)하동
❸ 늬[niy] (전북)여수

④ 너뇌[nə-nö] (제주)제주・성산・서귀・대정(복수형은 [nə-nö-dil]이라 한다.)

50157 너汝 (호칭)

① 자네[ča-ne] 【『杜詩』君王自神武 nim-ki-mi#ča-nai 神武-hɔ-sir-sɔi,「物語」此方ヵさない】 대다수 지방
② 자긔[ča-giy] 대다수 지방
③ 자개[ča-gɛ] 【「月印」čɔ#kiai-to#mɔ-rɔ-sia, (스스로도 모르는 척하며)「金剛」阿難-i#čɔ#kiai#nir-o-tɔi,「內訓」自殺 čɔ-kiai#ču-ki-si-ni-ra】 (경남)부산, (경북)안동・양주・청송・평해, (강원)양양・강릉
④ 재개[čɛ-gɛ] (경남)양산・거창, (경북)안동・영주
⑤ 자기[ča-gi] (경남)양산・김해・마산・거제・통영・합천・창녕・밀양, (경북)고령・의성・예천・청송
⑥ 귀래[kwə-rɛ] (함북)나남・부령・무산・회령・종성(부부사이에서 사용한다.)
⑦ 손수[son-su] (함남)홍원・북청・단천, (함북)성진・길주・종성・나남・청진・부령・무산・회령・종성・경흥

50158 남他人

① 남[nam] 대다수 지방
② 넘[nəm] (전남)여수・순천・장성・담양・곡성, (전북)운봉・남원・순창・정읍・김제・전주・임실・장수・진안・무주・금산, (경남)양산・동래・부산・김해・마산・거제・통영・진주・남해・하동・함양・거창・합천・창녕・밀양, (경북)고령(대구・김천・의성・예천・안동・청송에는 [nam].)
③ 놈[nom] (제주)제주・성산・서귀・대정, (전남)보성・강진・영암・목포・나주・광주

신체身體

60159 머리頭 (卑稱)

① **대가리**[tɛ-ga-ri] (경남)울산·양산·동래·부산·김해·마산·거제·통영·진주·남해·함양·거창·합천·창녕·밀양, (경북)영천·포항·영덕·대구·고령·김천·의성·예천·안동·영주·청송

② **대갈**[tɛ-gal] (경북)울진·평해, (충남)공주·강경·서천·홍성·천안, (충북)청주·보은·영동·충주·단양, (강원)양양·강릉·삼척, (함남)신고산·안변·덕원·문천·영흥·정평·함흥·오로·신흥·홍원

③ **대갈빡**[tɛ-gal-pʼak] (전남)남원·순창, (경남)울산·하동·함양, (경북)영천·포항·영덕

④ **대갈빼기**[tɛ-gal#pʼɛ-gi] (전북)정읍·김제, (경남)마산·거제·통영·진주·남해

⑤ **대강이**[tɛ-gaŋ-i] (제주)성산·서귀·대정

⑥ **대골**[tɛ-gol] (함남)신고산·안변·덕원·문천·영흥·정평·함흥·오로·신흥·홍원

⑦ **대구빡**[tɛ-gu-pʼak] (전남)장성·담양

⑧ **대글빡**[tɛ-gɨl-pʼak] (전남)순천, (전북)전주

⑨ **다급박**[ta-gɨp-pak] (전남)광주

⑩ **대맹이**[tɛ-mɛŋ-i] (제주)제주·성산·서귀·대정

⑪ 골[kol] 【「譯譜」盌子, 通稱 kor,「漢淸」腦子 ma-ri-s-kor, 脊體 tiŋ-s-kor】 (함남)신고산・안변・덕원・문천・영흥・정평・함흥・오로・신흥・홍원

60160 머리카락毛髮

❶ 털[tʰəl] 【「譯語」氈帽子 tʰər-kas,「漢淸」頭髮 ma-ri-tʰər, 毛 tʰər】 (전남)곡성, (전북)운봉・김제・임실・진안・무주・금산, (경북)경주・홍해・대구・김천・의성・상주・함창・문경・안동・청송・평해, (충남)공주・강경・서천・홍성・천안, (충북)청주・보은・영동・진천・괴산・충주・단양

❷ 터럭[tʰə-rək] 【「訓蒙」毛 tʰə-rək,「痘瘡」頭髮 mə-ri#tʰə-rək】 (전남)여수・순천・보성・강진・영암・목포・나주・광주・장성・담양, (전북)운봉・남원・순창・정읍・김제・전주・장수・진안・무주・금산, (경남)하동, (경북)상주

❸ 터래기[tʰə-rɛ-gi] (경남)양산・동래・김해・마산・합천, (경북)경주・홍해・대구・김천・의성・예천・안동・영주・청송・울진, (강원)양양・강릉・삼척

❹ 터레기[tʰə-re-gi] (경남)울산・부산・함양, (경북)영천・포항・영덕, (충북)충주

❺ 터러구[tʰə-rə-gu] (경남)남해

❻ 터렁구[tʰə-rəŋ-gu] (경남)거제

❼ 터리기[tʰə-ri-gi] (경남)마산・거제・통영・진주・거창・창녕・밀양, (경북)고령, (원본의 ❽은 ❼과 동일한 방언형임)(충북)영동

❽ 허운더기[ʰə-un-də-gi] (원본의 ❾항임)(제주)제주・성산・서귀・대정(모발)

60161 수염髮

❶ 쉬염[swi-yəm] (제주)제주・성산・서귀・대정, (전남)순천・보성・강진・영암・목포・장성・담양・곡성, (전북)운봉・남원・순창・정읍・김제・전주・임실・장수・진안・무주・금산, (경남)남해, (경북)고령, (충남)홍성・천안

❷ 쉬엠[swi-em] (강원)삼척
❸ 쑤염[s'u-yəm] (전남)여수
❹ 씨염[s'i-yəm] (경남)하동
❺ 시염[si-yəm] (경남)거창·합천, (경북)대구·김천, (충남)공주·강경·서천, (충북)청주·보은·영동·청주·단양
❻ 시임[si-im] (경남)창녕, (경북)예천·안동
❼ 씨임지[s'i-im-ji] (경남)통영·거제
❽ 쇰[söm] (강원)양양·강릉
❾ 쒬[s'wem] (경북)울진
❿ 쒜미[s'we-mi] (경북)평해
⓫ 샘[sɛm] (경남)진주
⓬ 새미[sɛ-mi] (경남)울산·양산·동래·부산·김해·밀양, (경북)영천·포항·영덕
⓭ 쌔염[s'e-yəm] (경남)마산
⓮ 세미[se-mi] (경북)의성·영주·청송
⓯ 새염[sɛ-yəm] (경남)함양

60162 이마額

❶ 이마[i-ma] 【「月印」ni-ma-hi#nəp-ko(이마가 넓고),「訓蒙」額·顱·顙 ni-ma,「譯語」頭顱·額顱 ni-ma,「漢淸」顙 ni-ma】 (전북)무주·금산, (경북)대구·김천·함창·문경·안동·영주·청송, (충남)공주·강경·서천·천안, (충북)청주·보은·영동·충주·단양·제천, (강원)양양·주문진·강릉·삼척·영월·평창·원주·횡성·홍천·춘천·인제

❷ 이마빡[i-ma-p'ak] (전남)강진·영암·목포·나주·장성·담양, (전북)순창·정읍·김제·전주, (충남)공주·강경·서천·홍성, (충북)청주·보은·영동·충주

❸ 이마팍[i-ma-pʰak] (전남)곡성, (전북)임실·무주·금산

❹ 이막팍[i-mak-pʰak] (전북)장수 · 진안
❺ 이맘때기[i-mam-t'ɛ-gi] (경남)울산
❻ 이망[i-maŋ] (전남)여수 · 순천, (경남)양산 · 동래 · 부산 · 김해 · 마산 · 거제 · 통영 · 진주 · 남해 · 함양 · 거창 · 합천 · 창녕 · 밀양, (경북)고령, (강원)통천 · 장전 · 고성 · 간성 · 양양
❼ 이망빡[i-maŋ-p'ak] (전북)남원
❽ 이망팍[i-maŋ-pʰak] (전북)운봉
❾ 이망떼기[i-maŋ#p'ɛ-gi] (경남)양산 · 마산 · 진주 · 함양
❿ 이망뗑이[i-maŋ-p'ɛŋ-i] (경남)거제 · 통영 · 남해
⓫ 이매[i-mɛ] (전남)장성, (경남)울산, (경북)영천 · 경주 · 포항 · 흥해 · 영덕 · 대구 · 성주 · 지례 · 김천 · 상주 · 문경 · 청송 · 울진 · 평해, (충북)제천, (강원)홍천
⓬ 이매빽[i-mɛ-p'ɛk] (경북)의성
⓭ 이맹이[i-mɛŋ-i] (제주)제주 · 성산 · 서귀 · 대정
⓮ 임댕이[im-dɛŋ-i] (제주)성산 · 서귀

60163 귀耳 (卑稱)

❶ 귀때기[kwi-t'ɛ-gi] (전남)장성 · 담양, (전북)남원 · 순창 · 정읍 · 김제 · 전주, (경기)경성 · 개성 · 장단 · 연천, (황해)금천 · 연안 · 해주 · 옹진 · 태탄 · 장연 · 은율 · 안악 · 재령 · 서흥 · 수안, (함남)신고산 · 안변 · 문천 · 고원 · 영흥
❷ 뀌때기[k'wi-t'ɛ-gi] (전남)여수 · 순천 · 보성 · 강진 · 영암 · 목포 · 나주 · 곡성, (전북)운봉 · 임실 · 장수 · 진안 · 무주 · 금산
❸ 귀뛰[kwi-t'wi] (전남)순천 · 곡성 · 구례, (전북)운봉 · 임실 · 장수 · 진안 · 무주 · 금산
❹ 귀뙹이[kwi-t'wiŋ-i] (황해)신계 · 곡산
❺ 귀띵[kwi-t'iŋ] (함남)함흥 · 오로 · 신흥

❻ 귀띵이[kwi-t'iyŋ-i] (함남)정평・홍원・이원
❼ 귀띵지[kwi-t'iyŋ-ji] (함남)북청・갑산・혜산
❽ 귀팅이[kwi-tʰiyŋ-i] (제주)제주・대정
❾ 끼때기[k'i-t'ɛ-gi] (경남)하동

60164 귀언저리耳の邊
❶ 귀아다리[kwi-a-da-ri] (제주)제주・성산・서귀・대정

60165 코鼻
❶ 코[kʰo]【「辟蘊」採鼻端 ko-hai#pɔ-rɔ-ko,「牛疫」鼻口 ko-hi#miə#i-pəi,「杜詩」酸鼻 ko-hɔr#sɨi-hi-hɔ-no-ra,「痘瘡」鼻燦 kʰo-hi#mɔ-rɔ-ko,「譯語」鼻子 kʰo,「漢淸」鼻 kʰo】대다수 지방
❷ 쾨[kʰö] (전남)여수
❸ 캐[kʰɛ] (경남)울산
❹ 케[kʰe] (경남)하동

60166 콧물鼻水
❶ 콘물[kʰon-mul]【「訓蒙」齈涕 kos-mir,「痘瘡」涕 kos-mir, 涕淚 kʰt-mir-koa#nun-mir,「譯語」鼻涕 kʰos-mur,「漢淸」鼻涕 kʰos-mir】대다수 지방
❷ 캐[kʰɛ] (경남)동래・거제・통영
❸ 패[kʰwɛ] (경북)영덕
❹ 캔물[kʰɛn-mul] (경남)울산, (경북)포항

60167 눈眼 (卑稱)
❶ 눈깔[nun-k'al] (전남)순천・장성・담양・곡성・구례, (전북)운봉・남원・순창・정읍・김제・전주・임실・장수・진안・무주・금산, (경남)하동
❷ 눈까리[nun-k'a-ri] (제주)제주・성산・서귀・대정

❸ 눈깔[nut-k'al] (황해)재령
❹ 눈깔[nut-k'wal] (경기)경성・개성・장단・연천, (황해)금천・연안・해주・옹진・태탄・장연・은율・안악・서흥・신계・수안・곡산, (함남)신고산・안변・덕원・문천・고원・영흥・북청
❺ 눈망둥이[nun-maŋ-duŋ-i] (제주)제주・성산・서귀・대정

60168 눈眼

❶ 야사[ya-sa] (함남)풍산(만주어에서 기원.)
❷ 살피개[sal-phi-gɛ] (함남)풍산, (평북)자성
❸ 반들개[pan-dɨl-gɛ] (강원)춘천(위의 ❶, ❷, ❸은 모두 인삼채취자의 은어임.)

60169 눈꺼풀瞼 : まぶた

❶ 눈껍[nun-k'əp] (전남)담양, (전북)운봉・전주・장수
❷ 눈겁닥[nun#kəp-tak] (전남)장성, (전북)정읍・김제
❸ 눈껍덕[nun#k'əp-tək] (전남)강진, (전북)남원・순창
❹ 눈겁질[nun#kəp-čil] (전남)광주・곡성, (전북)임실・진안
❺ 눈껍줄[nun#k'əp-čul] (강원)인제
❻ 눈거풀[nun#k'ə-pʰul] (전남)영암, (경기)경성, (강원)원주・횡성・홍천・인제
❼ 눈꺼프리[nun#k'ə-pʰɨ-ri] (함남)이원
❽ 눈두덕[nun#tu-dək] (전남)여수, (경남)하동, (강원)원주, (황해)신계
❾ 눈두던[nun#tu-dən] (황해)곡산
❿ 눈두덩[nun#tu-dəŋ] (충북)영동・진천, (경기)경성・개성・장단・연천, (황해)금천・연안・해주・옹진・태탄・장연・은율・안악・재령・황주・서흥・수안, (평남)평양, (평북)박천・영변・희천・구성・강계・자성・후창
⓫ 눈덕[nun-tək] (함남)정평・신흥・홍원・북청・단천・풍산・갑산・혜산, (함북)성진・길주

⑫ **눈딱지**[nun-t'ak-či] (함남)문천·영흥·함흥·오로

⑬ **눈띵이**[nun-t'iyŋ-i] (경북)의성·안동·청송

⑭ **눈등**[nun-tiŋ] (경북)영주

⑮ **눈탱이**[nun-tʰɛŋ-i] (충남)서천

⑯ **눈테**[nun-tʰe] (강원)평창·횡성

⑰ **눈텡이**[nun-tʰeŋ-i] (강원)양양·강릉, (경북)평해

⑱ **눈팅이**[nun-tʰiyŋ-i] (경남)울산·양산·동래·부산·김해·마산·거제·통영·남해·함양·거창·합천·창녕·밀양, (경북)영천·포항·흥해·영덕·상주·함창·문경·예천, (충남)공주·강경·홍성·천안, (충북)청주·보은·영동·진천·괴산·청주·단양

⑲ **눈두버리**[nun#tu-bə-ri] 【「蒙山」眼皮重 nuns-tu-wəi#mi-kə-win-tɔr, 「訓蒙」瞼 nuns-tu-əi, 「四聲」眼胞 nuns-tu-əi, 「譯語」眼胞 nun-s-tu-əi】 (경북)대구·김천·의성·예천·안동·청송·울진, (강원)삼척

⑳ **눈두버이**[nun-tu-bə-i] (경북)영주

㉑ **눈두벙**[nun-tu-bəŋ] (전남)순천·목포, (함남)신고산·안변·덕원·문천·고원·영흥

㉒ **눈두베**[nun-tu-be] (함북)경성·나남·청진·부령·무산·회령·종성·경원

㉓ **눈두부리**[nun-du-bu-ri] (경북)대구·상주·함창·문경

㉔ **눈뚝게**[nun#t'uk-ke] (제주)제주·성산·서귀·대정

60170 눈동자瞳 : ひとみ

❶ **눈동자**[nun-toŋ-ja] (경남)양산·거창·합천·창녕·밀양, (경북)대구·고령·김천·의성·예천·안동·영주·청송·울진, (충북)청주·영동·진천·괴산·충주, (강원)강릉·삼척

❷ **눈깔**[nun-k'al] (경남)마산·거제·통영·진주·남해·함양, (충남)공주·강경·서천·홍성·천안, (충북)청주·보은·영동

❸ 눈까리[nun-k'a-ri] (경북)영천, (충북)충주 · 단양
❹ 눈카리[nun-kʰa-ri] (경남)울산
❺ 눈알[nun-al] 【「華夷」眼珠, 눌按】(경남)동래 · 부산 · 김해 · 마산 · 진주, (경북)포항 · 영덕 · 평해, (충남)천안, (충북)청주 · 영동 · 진천 · 괴산 · 충주
❻ 눈자오[nun-ǰa-o] 【「蒙山」眼睛 nunt-čɔ-zɔi, 「訓蒙」睛 nun-čɔ-zɔ, 「痘瘡」目睛青 nun-čɔ-ɔi#pʰi-ri-ko, 「杜詩」雙瞳 tu#nuns-čɔ-ɔ-nɔn】(충북)충주
❼ 눈자우[nun-ǰa-u] (충북)영동 · 진천 · 괴산
❽ 눈자위[nun-ǰa-wi] (충북)청주, (강원)양양

60171 뺨頬

❶ 뺨[pyam] 【「譯語」腮頬 spiam, 「漢淸」spiam】(경북)고령 · 울진 · 평해, (충남)공주 · 서천 · 홍성 · 천안, (충북)청주 · 보은 · 영동, (경기)경성 · 개성 · 장단 · 연천, (강원)양양 · 강릉 · 삼척, (황해)금천 · 연안 · 해주 · 옹진 · 태탄 · 장연 · 은율 · 안악 · 재령 · 황주 · 서흥 · 신계 · 수안 · 곡산
❷ 삐얌[p'i-yam] (제주)제주 · 성산 · 서귀 · 대정
❸ 뺌[p'ɛm] (전북)전주 · 진안 · 무주, (경남)울산 · 거창 · 창녕, (경북)영천 · 포항 · 영덕, (충남)강경, (충북)충주 · 단양
❹ 뺌때기[p'ɛm-t'ɛ-gi] (충남)강경, (충북)청주 · 보은 · 영동 · 충주 · 단양
❺ 뺀대기[p'ɛn-dɛ-gi] (전북)금산, (경북)김천
❻ 뺨[p'am] (전남)여수 · 순천 · 보성 · 강진 · 영암 · 목포 · 나주 · 장성 · 담양 · 곡성, (전북)운봉 · 남원 · 순창 · 정읍 · 김제 · 임실 · 장수, (경남)양산 · 동래 · 부산 · 김해 · 마산 · 거제 · 통영 · 진주 · 남해 · 하동 · 함양 · 합천 · 밀양, (함남)신고산 · 안변 · 덕원 · 문천 · 고원 · 북청
❼ 뺨마대기[p'am-ma-dɛ-gi] (전남)담양, (전북)남원 · 순창
❽ 뺨말때기[p'am-mal-t'ɛ-gi] (경남)마산
❾ 뺨짝[p'am-č'ak] (경남)거제 · 통영 · 남해
❿ 볼다구[pol-da-gu] (경기)경성 · 개성 · 장단 · 연천, (황해)금천 · 연안 · 해

주·옹진·태탄·장연·은율·안악·재령·황주·서흥·신계·수안·곡산, (평남)평양, (평북)박천·영변·희천·구성·강계·자성·후창
⑪ **볼때기**[pol-t'ɛ-gi] (전북)금산, (경북)울진·평해, (강원)양양·강릉·삼척
⑫ **뽈때기**[p'ol-t'ɛ-gi] (경남)울산·부산·거제·통영·진주·남해·함양, (경북)영천·포항·대구·안동·영주·청송
⑬ **볼도가지**[pol-do-ga-ji] (함남)홍원·북청·이원·갑산·혜산
⑭ **볼두가지**[pol-du-ga-ji] (함남)풍산
⑮ **볼태가지**[pol-tʰɛ-ga-ji] (함남)홍원·이원
⑯ **볼태기**[pol-tʰɛ-gi] (경남)진주, (경북)김천·의성·예천
⑰ **뽈태기**[p'ol-tʰɛ-gi] (경남)양산·동래·김해·마산·창원·합천·거창·밀양
⑱ **볼텡이**[pol-tʰeŋ-i] (충남)서천
⑲ **볼토가지**[pol-tʰo-ga-ji] (함남)덕원·문천·영흥
⑳ **볼통**[pol-tʰoŋ] (함남)홍원·이원
㉑ **볼투가지**[pol-tʰu-ga-ji] (함남)정평·함흥·오로·신흥
㉒ **뀌멛대기**[k'wi-met-tɛ-gi] (함남)고원·정평·함흥·오로·신흥·이원·풍산·갑산·혜산
㉓ **귀민태기**[kwi-mit-tʰɛ-gi] (함남)안변·덕원·문천·고원·영흥

60172 입口

❶ **입**[ip] *각지 다수 지방
❷ **아가리**[a-ga-ri] (비칭)(제주)제주·성산·서귀·대정
❸ **굴래깡이**[kul-lɛ-k'waŋ-i] 【「耽羅誌」謂口爲勒,「訓蒙」鞍·勒·羈·轡 kur-əi,「譯語」勒 kur-əi】 (제주)제주·성산·서귀·대정(비칭. 본래는 소·말 등의 입을 말한다. 입안에 음식을 가득 넣었을 때 [kul-le=e tʃan-túk tam-at-ta] 등으로 말한다.)

60173 입술脣

❶ **입살**[ip-sal] 【「訓民」脣-in#ip-si-u-ri-ra,「訓蒙」脣 ip-si-ur,「譯語」嘴脣 ip-si-urk,「漢淸」脣 ip-si-ur】 (강원)통천

❷ **입설**[ip-səl] (전남)영암 · 목포 · 함평 · 나주 · 장성 · 담양, (전북)순창 · 정읍 · 김제 · 전주 · 임실 · 무주 · 금산, (충남)공주 · 강경 · 서천 · 홍성 · 천안, (충북)청주 · 제천

❸ **입서리**[ip-sə-ri] (전남)벌교 · 고흥 · 장흥 · 해남, (경남)거제 · 진주 · 함양

❹ **입솔**[ip-sol] (전남)돌산 · 완도 · 지도 · 광주 · 옥과 · 곡성, (전북)운봉 · 임실 · 진안 · 무주 · 금산, (충북)청주 · 진천 · 괴산 · 충주

❺ **입소리**[ip-so-ri] (전남)여수 · 광양 · 순천 · 보성 · 강진 · 곡성 · 구례, (전북)남원 · 장수, (경남)통영 · 진주 · 하동

❻ **입소구리**[ip-so-gu-ri] (경남)마산

❼ **입수**[ip-su] (황해)황주

❽ **입수월**[ip-su-wəl] (경북)울진

❾ **입숙**[ip-suk] (강원)평강, (황해)금천 · 연안 · 해주 · 옹진 · 태탄 · 장연 · 은율 · 안악 · 재령 · 황주 · 서흥 · 신계 · 수안 · 곡산, (함남)신고산 · 안변 · 덕원 · 고원

❿ **입술**[ip-sul] (경북)안동 · 영주, (충북)제천, (경기)개성 · 장단 · 연천, (강원)통천 · 장전 · 고성 · 주문진 · 삼척 · 영월 · 평창 · 원주 · 횡성 · 홍천 · 춘천 · 인제 · 철원, (황해)연안, (함남)문천 · 영흥, (평남)평양, (평북)박천 · 영변 · 희천 · 구성 · 강계 · 자성 · 후창

⓫ **입술기**[ip-sul-gi] (강원)고성 · 간성 · 양양 · 주문진 · 강릉, (함남)북청 · 풍산 · 갑산 · 혜산, (함북)나남 · 청진 · 무산 · 회령 · 종성

⓬ **입수구리**[ip-su-gu-ri] (경남)양산 · 동래 · 김해 · 마산 · 남해 · 밀양, (경북)영덕

⓭ **입서벌**[ip-sə-bəl] (충북)보은 · 영동

⓮ **입서버리**[ip-sə-bə-ri] (경남)울산, (경북)영천 · 경주

⑮ **입서불**[ip-sə-bul] (경북)흥해·의성, (충북)단양
⑯ **입서부리**[ip-sə-bu-ri] (경북)김천
⑰ **입수버리**[ip-su-bə-ri] (경북)고령
⑱ **입수불**[ip-su-bu-bul] (경북)청송·울진·평해
⑲ **입수부리**[ip-su-bu-ri] (경남)동래·부산·거창·합천, (경북)포항·영덕·대구·상주·함창·문경·예천
⑳ **임녁**[im-nyək] (함남)정평·함흥·오로·신흥·홍원·북청·이원, (함북)명천·경성·청진·부거·경흥
㉑ **입바위**[ip-pa-wi] (제주)제주·성산·서귀·대정
㉒ **입슌**[ip-syun] (함북)경원
㉓ **입전**[ip-čən] (함남)단천, (함북)성진
㉔ **입저니**[ip-čə-ni] (함북)길주
㉕ **입줄기**[ip-čul-gi] (함북)부령
㉖ **입천**[ip-čʰən] (함남)풍산·갑산·혜산

60174 언청이兎脣 : いぐち

❶ **얻팅이**[ət-tʰəŋ-i] 【「譯語」谿脣子 əs-čʰiəŋ-i, 「漢淸」谿脣 ən-čʰiəŋ-i】 (평남)평양, (평북)구성·자성
❷ **얻통이**[ət-tʰoŋ-i] (평북)자성
❸ **얻팅이**[ət-tʰöŋ-i] (원본에는 [ət-töŋ-i]로 되어 있음)(평북)박천·영변·희천·강계
❹ **얻챙이**[ət-čʰɛŋ-i] (충남)홍성, (충북)충주
❺ **얻챙이**[ət-čʰeŋ-i] (경기)경성, (황해)황주
❻ **얻칭이**[ət-čʰiŋ-i] (충남)공주·천안, (충북)청주
❼ **얼챙이**[əl-čʰɛŋ-i] (전남)여수·순천·보성·강진·영암·목포·나주·광주, (전북)전주, (충남)강경·서천
❽ **얼칭이**[əl-čʰiŋ-i] (경남)하동
❾ **헏쟁이**[hət-čɛŋ-i] (경북)영주

⑩ **헏창이**[hət-čʰaŋ-i] (경기)개성 · 장단 · 연천, (강원)삼척, (경북)울진, (황해)수안
⑪ **헏채이**[hət-čʰɛ-i] (황해)금천 · 연안 · 해주 · 옹진 · 태탄 · 장연 · 은율 · 안악 · 재령 · 서흥
⑫ **헏챙이**[hət-čʰɛŋ-i] (경북)의성, (충북)단양, (황해)신계
⑬ **헏치기**[hət-čʰi-gi] (경북)영덕
⑭ **헏칭이**[hət-čʰiŋ-i] (경북)포항 · 청송
⑮ **헐칭이**[həl-čʰiŋ-i] (경북)영천
⑯ **헫창**[het-čʰaŋ] (함남)정평 · 함흥 · 오로 · 신흥 · 홍원 · 북청 · 이원 · 풍산 · 갑산 · 혜산
⑰ **헫창이**[het-čʰaŋ-i] (강원)양양 · 강릉, (경북)평해, (황해)곡산, (함남)홍원 · 북청 · 단천, (평북)후창
⑱ **헫챙**[het-čʰɛŋ] (함남)신고산 · 안변 · 덕원 · 고원 · 영흥
⑲ **헫챙이**[het-čʰɛŋ-i] (함북)성진 · 길주 · 명천 · 경성 · 나남 · 부령 · 무산 · 회령 · 종성 · 경흥
⑳ **때지기**[t'ɛ-ji-gi] (함북)길주
㉑ **떼기**[t'wɛ-gi] (함북)경성 · 나남 · 부령
㉒ **입떼기**[ip-t'wɛ-gi] (함북)명천 · 무산 · 회령 · 종성 · 경흥
㉓ **쩨보**[č'ɛ-bo] (전남)순천 · 보성 · 강진 · 영암 · 목포 · 광주 · 장성 · 담양 · 곡성, (전북)운봉 · 남원 · 순창 · 정읍 · 김제 · 전주 · 임실 · 장수 · 진안 · 무주 · 금산, (경남)울산 · 양산 · 동래 · 부산 · 김해 · 마산 · 거제 · 통영 · 진주 · 남해 · 하동 · 함양 · 거창 · 합천 · 창녕 · 밀양, (경북)영천 · 포항 · 영덕 · 대구 · 고령 · 김천 · 의성 · 예천 · 안동 · 청송, (충남)공주 · 강경 · 서천, (충북)청주 · 보은 · 영동 · 충주 · 단양
㉔ **쩨보**[č'e-bo] (전남)나주, (강원)양양 · 강릉, (경북)평해, (함남)홍원 · 북청

60175 혀舌

① **혀**[hyə] 【「月印」hiə-oa#mom-koa(혀와 몸과), 「杜詩」hiə-rɔr, 「譯語」舌頭 hiə, 「漢淸」舌 hiə, 「華夷」舌解】 (충북)괴산·충주, (경기)경성, (경북)평해, (강원)철원

② **헤**[he] (경북)영주·청송, (황해)황주, (평남)중화·평양·순천·숙천·안주, (평북)박천·영변·희천·구성·정주·선천·용암·의주·강계·자성·후창

③ **헤떼기**[he-t'e-gi] (황해)수안

④ **헤빠닥**[he-p'a-dak] (경북)영주

⑤ **해**[hɛ] (경북)포항·홍해·영주

⑥ **서**[sə] (전남)함평·영광·나주·광주·장성·옥과·곡성, (전북)정읍·김제·군산·전주, (경북)안동, (충남)공주·강경·부여·홍산·청양·서천·염포·보령·광주·홍성·해미·서산·오천·예산·천안·조치원, (충북)청주, (강원)철원

⑦ **서깔**[sə-k'al] (황해)장연·은율·안악·재령

⑧ **서끝**[sə-k'it] *(황해)연안·해주·옹진·태탄·안악·재령·서홍

⑨ **서빠닥**[sə-p'a-dak] (전남)나주·장성·담양, (전북)순창·정읍·김제·전주, (충남)강경·서천·홍성·천안, (황해)금천·연안·해주·옹진·태탄·장연·은율·안악·재령·서홍

⑩ **세**[se] (제주)제주·성산·서귀·대정, (전남)순천·보성·영암·목포, (전북)남원·임실, (경남)마산·거창·밀양, (경북)성주·김천·문경·청송, (충남)아산, (충북)청주·진천·괴산·단양·제천, (경기)경성, (강원)통천·장전·고성·간성·양양·주문진·영월·평창·원주·횡성·홍천·인제·평강, (황해)곡산, (함남)신고산·안변·덕원·문천·영흥·정평·함흥·오로·신흥·홍원·북청·이원·단천·풍산·갑산·혜산, (함북)성진·길주·명천·경성·나남·부령

⑪ **쎄**[s'e] (전남)여수·광양·순천·벌교·고흥·보성·장흥·해남·구례, (경

남)거제 · 통영 · 진주 · 남해 · 함양 · 하동 · 거창 · 합천

⑫ 세까닥[se-k'a-dak] (제주)서귀 · 대정

⑬ 세끝[se-k'it] *(황해)수안

⑭ 세때[se-t'ɛ] (함남)홍원 · 북청 · 단천

⑮ 세때기[se-t'ɛ-gi] (함남)신고산 · 안변 · 덕원 · 문천 · 고원 · 영흥

⑯ 세띠[se-t'iy] (함북)성진 · 길주 · 명천 · 경성 · 부거 · 부령 · 무산 · 회령 · 종성 · 경원 · 경흥

⑰ 세빠닥[se-p'a-dak] (제주)제주, (전남)강진 · 영암 · 목포 · 곡성 · 구례, (전북)운봉 · 임실 · 장수 · 진안 · 무주 · 금산, (충남)공주, (충북)청주 · 보은 · 영동 · 충주 · 단양, (경기)개성 · 장단 · 연천, (경북)평해, (황해)신계

⑱ 쎄빠닥[s'e-p'a-dak] (전북)남원

⑲ 새[sɛ] (전남)완도 · 지도 · 목포, (경남)울산 · 동래, (경북)영천 · 경주 · 포항 · 홍해 · 영덕 · 대구 · 성주 · 의성 · 예천

⑳ 쌔[s'ɛ] (경남)양산 · 부산 · 김해 · 마산, (경북)대구 · 김천

㉑ 쇠[sö] (경북)지례

㉒ 쉐[swe] (경남)밀양

㉓ 시[si] (경남)합천 · 창녕, (경북)고령 · 상주 · 함창

㉔ 씨[s'i] (전남)돌산 · 여수, (경남)창녕

㉕ 씨빠닥[s'i-p'a-dak] (경북)김천

60176 이齒

❶ 니[ni] 【「譯語」牙齒 ni, 「漢淸」牙 ni, 「鷄林」齒曰儞, 「華夷」齒, 你】(제주)제주 · 성산 · 서귀, (전남)광주, (황해)재령 · 황주 · 서흥, (함남)회령, (평남)중화 · 평양 · 순천 · 숙천 · 안주, (평북)박천 · 영변 · 희천 · 구성 · 정주 · 선천 · 용암 · 의주 · 강계 · 후창

❷ 니빨[ni-p'al] (제주)제주 · 성산 · 서귀

❸ 늬[niy] (제주)제주 · 대정

❹ 늬빨[niy-pʼal] (제주)대정
❺ 이[i] 대다수의 지방
❻ 이빠듸[i-pʼa-diy] (전남)여수, (경남)하동
❼ 이빠지[i-pʼa-ji] (전북)순창
❽ 이빨[i-pʼal] (전남)순천·강진·목포·광주·장성·담양

60177 어금니牙

❶ 어금니[ə-gim-ni] 【「譯語」腮牙 ə-kim-ni,「訓民」əm-sso-ri(牙音),「訓蒙」牙 əm,「月印」nəi#əm-ni#hɔi-o-nɔr#na-si-miə,「漢淸」包牙 遼牙 ɔm-ni】 (경남)울산·양산·김해·거창·합천·창녕·밀양, (경북)영천·포항·영덕·대구·고령·김천·의성·예천·안동·영주·청송·울진·평해, (충북)충주·단양, (경기)경성·개성·장단·연천, (강원)양양·강릉·삼척, (황해)금천·연안·해주·옹진·태탄·장연·은율·안악·재령·황주·서흥·신계·수안·곡산, (함남)신고산·안변·덕원·문천·고원·영흥·정평·함흥·오로·신흥·홍원·북청·이원·풍산·갑산·혜산, (함북)청진, (평북)평양, (평북)박천·영변·희천·구성·강계·자성·후창
❷ 어검니[ə-gəm-ni] (제주)제주·성산·서귀·대정, (경남)동래·부산
❸ 아금니[a-gim-ni] (전남)여수·순천·보성·강진·영암·목포·나주·광주·장성·담양·곡성·구례, (전북)운봉·남원·순창·정읍·김제·전주·임실·장수·진안·무주·금산, (경남)마산·진주·남해·하동·함양, (충남)공주·강경·서천·홍성·천안, (충북)청주·보은·영동, (함남)문천·고원
❹ 검니[kəm-ni] (함남)홍원·북청·이원·풍산·갑산·혜산, (함북)성진·길주·경성·나남·부령·무산·회령·종성·경원·경흥
❺ 엄니[əm-ni] (경남)거제·통영

60178 턱頤 : あご

❶ 톡[tʰɔk] 【『訓蒙』 頤 tʰɔk, 「內訓」 解頤 tʰɔ-kɔr#kii-hii-iɔ, 「譯語」 下頦 tʰɔk】 (제주)제주·성산·대정

❷ 톡가리[tʰɔ-ga-ri] (제주)제주·성산·서귀·대정

❸ 탁[tʰak] (제주)성산

❹ 탁수가리[tʰak-su-ga-ri] (평남)평양

❺ 당내기[taŋ-nɛ-gi] (함남)홍원·북청·단천, (함북)성진·길주·경성·나남·청진·부령·무산·회령·종성·경원·경흥

❻ 탕내기[tʰaŋ-nɛ-gi] (황해)신계·곡산, (함남)신고산·안변·덕원·문천·고원·영흥·정평·함흥·오로·신흥·홍원·북청·이원·풍산·갑산·혜산, (평북)박천·영변·희천·구성·강계·자성·후창

❼ 태아리[tʰɛ-a-ri] (충북)영동

❽ 택[tʰɛk] (전남)여수·순천·보성·강진·영암·목포·나주·광주·장성·담양·곡성, (전북)운봉·남원·순창·정읍·김제·전주·장수·진안·무주·금산, (경남)울산·양산·동래·부산·김해·마산·거제·통영·진주·남해·하동·함양·거창·합천·창녕·밀양, (경북)영천·포항·영덕·대구·고령·김천·의성·예천·안동·영주·청송·울진·평해, (강원)양양·강릉·삼척, (함남)신고산·안변·덕원·문천·영흥·정평·함흥·오로·신흥·홍원·북청·이원·단천·풍산·갑산·혜산, (함북)성진·길주·경성·나남·청진·부령·무산·회령·종성·경원·경흥

❾ 택사가리[tʰɛk-sa-ga-ri] (경남)울산·양산, (경북)영천

❿ 택송아리[tʰɛk-soŋ-ga-ri] (함남)신고산

⓫ 택수가리[tʰɛk-su-ga-ri] (경남)김해, (경북)포항·영덕·예천·울진·평해, (강원)삼척

⓬ 태가리[tʰɛ-ga-ri] (전남)장성·담양, (전북)남원·정읍·김제, (강원)양양·강릉

⓭ 태거리[tʰɛ-gə-ri] (충북)보은(원본 평북으로 됨.)

⑭ **택조가리**[tʰɛk-čo-ga-ri] (전북)임실・장수・진안, (경남)마산・거제・통영・진주・남해・함양
⑮ **턱**[tʰək] (충남)서천・천안, (충북)단양, (경기)경성・개성・장단・연천, (황해)금천・연안・해주・옹진・태탄・장연・은율・안악・재령・수안
⑯ **터가지**[tʰə-ga-ji] (충남)서천
⑰ **터거리**[tʰə-gə-ri] (충남)공주・강경・홍성・천안, (충북)청주・충주
⑱ **턱주가리**[tʰək-ču-ga-ri] (경기)경성
⑲ **턱패기**[tʰək-pʰɛ-gi] (충남)홍성
⑳ **테아리**[tʰe-a-ri] (충남)강경
㉑ **톡수가리**[tʰok-su-ga-ri] (경기)개성・장단・연천, (황해)금천・연안・해주・옹진・태탄・장연・은율・안악・재령・황주・서흥・신계・수안・곡산
㉒ **아구탁**[a-gu-tʰak] (제주)성산

■ 60179 목頸

❶ **목**[mok] 【「訓民」喉-nin#mo-ki-ra, 「內訓」項有大瘤 mo-kɔi#kʰin-hok#is-nɔn#čiən-čʰɔ-ro, 「譯語」孛頁項・孛頁子, mok, 「漢淸」脖項 mok】 각 지방
❷ **모가지**[mo-ga-ji] 대다수 지방
❸ **모개지**[mo-gɛ-ji] (제주)성산・서귀
❹ **야개**[ya-gɛ] (제주)제주・성산・서귀
❺ **야개기**[ya-gɛ-gi] (제주)성산・서귀
❻ **야가기**[ya-ga-gi] (제주)제주・대정
❼ **야가지**[ya-ga-ji] (제주)제주・대정

■ 60180 배腹

❶ **뵈**[pö] 【「月印」pɔi-iəi(배에), 「譯語」肚子 pɔi】 (제주)제주・성산・서귀・대정
❷ **뵈뿌기**[pö-b'u-gi] (제주)제주・성산・서귀・대정
❸ **배**[pɛ] 대다수 지방

60181 등背

❶ 등[tiŋ] 대다수 지방
❷ 등어리[tiŋ-ə-ri] (제주)제주·성산·서귀·대정, (전남)광주·곡성, (전북)운봉·남원·김제·임실·장수·진안·무주·금산, (경남)하동
❸ 등거리[tiŋ-gə-ri] (전남)강진·영암·목포·나주·장성·담양, (전북)순창·정읍
❹ 등더리[tiŋ-də-ri] (전남)여수, (경남)하동
❺ 등떠리[tiŋ-t'ə-ri] (전남)순천
❻ 등때기[tiŋ-t'ɛ-gi] (황해)곡산, (함남)신고산·안변·덕원·문천·영흥·정평·함흥·오로·신흥·홍원·이원·풍산·갑산·혜산, (평북)후창
❼ 등땡이[tiŋ-t'ɛŋ-i] (제주)제주·성산·서귀·대정
❽ 등심[tiŋ-sim] (평북)자성
❾ 등짝[tiŋ-č'ak] (전북)김제
❿ 잔등[č'an-diŋ] (경기)경성·장단, (황해)금천·연안·해주·옹진·태탄·장연·은율·안악·재령·서흥·신계
⓫ 장등[čaŋ-diŋ] (경기)연천
⓬ 뒨잔등[twit#čan-diŋ] (경기)개성, (황해)황주·수안·곡산, (평남)평양, (평북)박천·영변·회천·구성·강계

60182 어깨肩

❶ 억개[ək-kɛ] 대다수 지방
❷ 억게[ək-ke] 【『月印』əs-kəi-oa#mok-koa(어깨와 목과),「訓蒙」肩·膊·胛·膞 əs-kəi,「杜詩」有肩 or-hɔn#əs-kəi-rir,「譯語」肩膀 əs-kəi] (제주)제주·성산·서귀·대정, (경남)울산·동래·밀양, (경북)경주·성주·청송
❸ 언개[ən-gɛ] (경북)경주·포항
❹ 엑개[ek-kɛ] (경남)합천
❺ 액기[ɛk-ki] (경북)예천·영주

⑥ 익개[ik-kɛ] (경남)창녕, (경북)의성
⑦ 익기[ik-ki] (경북)안동
⑧ 뚝지[t'uk-či] (제주)제주 · 성산 · 서귀 · 대정

■ **60183 배꼽臍 : へそ**

① 배꼽[pɛ-k'op] (전남)장성 · 담양, (전북)남원 · 순창 · 정읍 · 김제 · 전주, (충남)공주 · 강경 · 서천 · 홍성 · 천안, (충북)청주 · 보은 · 영동 · 충주 · 단양, (경기)경성 · 개성 · 장단 · 연천, (강원)양양 · 강릉 · 삼척, (경북)울진 · 평해, (황해)금천 · 해주 · 옹진 · 태탄 · 장연 · 은율 · 안악 · 재령 · 황주 · 서흥 · 신계 · 수안 · 곡산, (함남)신고산 · 안변 · 덕원 · 문천 · 고원 · 영흥, (평남)평양, (평북)박천 · 영변 · 희천 · 구성
② 배꿉[pɛ-k'up] (황해)연안, (평북)강계 · 자성 · 후창
③ 배꽁[pɛ-k'oŋ] (전남)목포
④ 배고마[pɛ-go-ma] (전남)강진
⑤ 배구녕[[pɛ-gu-nyəŋ] (경남)양산 · 동래 · 김해 · 마산 · 거제 · 통영 · 진주 · 남해 · 하동 · 거창 · 합천 · 창녕 · 밀양, (경북)대구 · 고령 · 김천 · 의성 · 예천 · 안동 · 영주 · 청송
⑥ 배꾸녁[pɛ-k'u-nyək] (경남)함양
⑦ 배꾸먹[pɛ-k'u-mək] (전남)순천
⑧ 배꾸멍[pɛ-k'u-məŋ] (전남)여수
⑨ 배꾸무[pɛ-k'u-mu] (경북)영덕
⑩ 배꾸미[pɛ-k'u-mi] (경남)울산, (경북)영천
⑪ 배꾸영[pɛ-k'u-yəŋ] (경남)부산
⑫ 배꿈[pɛ-k'um] (경북)포항
⑬ 뵈또롱[pö-t'o-roŋ] (제주)성산 · 서귀
⑭ 뵈똥[pö-t'oŋ] (제주)제주 · 대정
⑮ 배뽕[pɛ-p'oŋ] (전남)강진 · 영암

⑯ 배뿍[pɛ-p'uk] (함남)정평・함흥・오로・신흥・홍원・북청・이원・단천・풍산・갑산・혜산, (함북)성진・길주・명천・경성・나남・청진・부거・부령・무산・회령・종성・경원・경흥・웅기

60184 볼기尻

❶ 볼기[pol-gi] 각지 대부분
❷ 볼기짝[pol-gi-č'ak] (전남)장성・담양, (전북)남원・순창・정읍・김제・전주
❸ 엉치[əŋ-čʰi] (제주)제주・성산・서귀・대정, (함남)홍원・북청・단천, (함북)성진・길주・경성・나남・청진・부령・무산・회령・종성・경흥
❹ 엉더리[əŋ-də-ri] (함남)홍원・북청
❺ 엉둥빼기[əŋ-duŋ-p'ɛ-gi] (제주)제주
❻ 오모리[o-mo-ri] (함북)경성・부령・무산・회령・종성・경흥
❼ 꽁미[k'oŋ-mi] (함남)북청
❽ 군둥이[kun-diŋ-i] (경남)부산・김해, (경북)안동・영주・청송
❾ 조롬[čo-rom] (후방後方의 뜻도 있음)(제주)제주・성산・서귀
❿ 조름[čo-rim] (후방後方의 뜻도 있음)(제주)대정

60185 허리腰

❶ 잔등이[čan-diŋ-i] (제주)제주・서귀・대정

60186 허파肺臟

❶ 폐[pʰye] (전남)순천・영광・광주, (강원)양양・강릉・삼척, (경북)울진・평해, (함남)오로・영흥, (함북)부령
❷ 페[pʰe] (전북)정읍, (경남)거제・통영
❸ 패[pʰɛ] (경북)안동・영주
❹ 허파[hə-pʰa] (충남)공주・강경・부여・홍산・청양・서천・염포・보령・

광천·홍성·해미·서산·오천·예산·천안·조치원, (충북)청주·보은·진천·괴산·충주·제천, (경기)경성·장단·연천, (강원)원주·횡성·홍천·춘천·인제·철원, (황해)금천·해주·옹진·태탄·장연·은율·안악·재령·황주·서흥·신계·수안

⑤ **허폐**[hə-pʰye] (전남)해미·함평·나주·광주·장성·옥과·곡성, (경남)울산, (경북)영천·포항·영덕·청송, (함남)신고산·안변·덕원·문천·고원·영흥·정평·함흥·오로·신흥·홍원·북청·이원

⑥ **허페**[hə-pʰe] (경남)통영·남해, (강원)통천·장전·고성·간성, (경북)울진·평해, (함남)정평·북청·풍산

⑦ **허패**[hə-pʰɛ] (전남)돌산·여수·고흥·보성·강진·해남·영암·목포·함평·나주·광주·장성·담양·곡성·구례, (전북)운봉·남원·순창·정읍·김제·전주·임실·장수·진안·무주·금산, (경남)양산·동래·부산·김해·마산·진주·하동·거창·합천·창녕·밀양, (경북)경주·포항·흥해·영덕·대구·고령·김천·의성·상주·함창·문경·예천·안동·영주, (충북)영동·단양, (경기)개성, (강원)영월·평창·평강, (황해)곡산, (함남)단천, (함북)경성·나남·부거

⑧ **허피**[hə-pʰi] (함남)혜산

⑨ **허부기**[hə-bu-gi] (함북)성진·길주·명천

⑩ **부애**[pu-ɛ] (전북)정읍·김제, (강원)간성·양양·주문진·강릉

⑪ **버패**[pə-pʰɛ] (강원)평강

⑫ **북베기**[puk#pe-gi] (제주)성산

⑬ **북부기**[puk#pu-gi] (제주)제주·서귀·대정

⑭ **푸승개**[pʰu-siŋ-gɛ] (함북)나남·청진·부령·무산·회령·종성·경원·경흥

⑮ **섭서비**[səp-sə-bi] (황해)황주, (평남)평양, (평북)박천·영변·희천·구성·강계·자성·후창

⑯ **섭세비**[səp-se-bi] (함남)고산·안변·고원·영흥·함흥·신흥

60187 콩팥腎臟

❶ 콩폳[kʰoŋ-pʰɔt] *【『訓蒙』 腎 kʰoŋ-pʰɔs, 「四聲」 今俗語腰子 kʰoŋ-pʰɔs, 「譯語」 腰子 kʰoŋ-pʰɔs, 「漢淸」 腎 kʰoŋ-pʰɔs】 (제주)제주

❷ 콩팥[kʰoŋ-pʰat] *(전남)함평, (전북)정읍・김제・전주・임실・장수・진안・무주・금산, (경남)울산・부산・김해・마산・거창・합천・창녕・밀양, (경북)영천・포항・영덕・대구・고령・김천・의성・예천・안동・영주・청송・울진・평해, (충남)공주・강경・서천・홍성・천안, (충북)청주・보은・영동・충주・단양, (경기)경성・개성・장단・연천, (강원)양양・강릉・삼척, (황해)금천・연안・해주・옹진・태탄・장연・은율・안악・재령・황주・서흥・신계・수안・곡산, (함남)신고산・안변・덕원・북청

❸ 콩팥치[kʰoŋ-pʰat-čʰi] (함남)함흥・오로・홍원・북청

❹ 콩팩기[kʰoŋ-pʰɛk-ki] (함남)문천・고원・영흥・정평・신흥・풍산・갑산・혜산

❺ 콩팤[kʰoŋ-pʰak] *(평남)평양, (평북)박천・영변・희천・구성・강계・자성・후창

❻ 콩폳[kʰoŋ-pʰot] *(전남)돌산・여수・광양・순천・벌교・고흥・보성・장흥・강진・완도・지도・해남・영암・목포・함평・나주・광주・장성・담양・옥과・곡성・구례, (전북)운봉・남원・순창・정읍, (경남)양산・동래・마산・거제・통영・진주・남해・하동・함양

❼ 볼개[pol-gɛ] (함남)신흥

❽ 태도[tʰɛ-to] (제주)성산・서귀・대정

60188 비장脾臟

❶ 기래[ki-rɛ] (함남)안변・원산
❷ 지라[či-ra] (충북)진천, (강원)원주・횡성・홍천・춘천・인제
❸ 지래[či-rɛ] (경남)울산・양산・동래・김해・마산・진주・함양・거창・합

천·창녕·밀양, (경북)경주·포항·홍해·영덕·대구·고령·지례·김천·상주·함창·문경·예천·안동·영주·청송·울진·평해, (충남)공주·강경·서천·홍성·천안, (충북)청주·보은·영동·충주·단양·제천, (경기)연천, (강원)통천·장전·양양·강릉·삼척·영월·평창·철원·평강, (함남)신고산·문천·고원·영홍·정평·함홍·신홍·홍원·북청·단천, (함북)성진·길주·경성·나남·청진·부령·무산·회령·종성·경원

❹ 지레[či-re] (전남)강진·영암·목포·광주·장성·담양, (전북)남원·순창·정읍·김제·군산·전주·임실, (경남)하동, (충남)부여·홍산·청양·남포·보령·광천·홍성·해미·서산·오천·예산, (충북)영동·진천·괴산, (강원)고성·간성·원주

60189 담膽

❶ 열[yəl] 【「救急」熊膽口老·牛膽鄕名興老,「漢淸」迷透了 iər#spa-či-ta】(경북)영덕·평해, (경기)개성, (강원)양양·강릉, (황해)연안·해주·옹진·태탄·장연·은율·안악·재령·황주·서홍·신계·곡산, (함남)신고산·안변·덕원·문천·고원·영홍·정평·함홍·오로·신홍·홍원·북청·이원·풍산·갑산·혜산, (평남)평양, (평북)박천·영변·희천·구성·강계·자성·후창

❷ 열기[yəl-gi] (강원)삼척

❸ 쑬개[sʼul-gɛ] 【「譯語」肚子膽 psir-kai,「漢淸」膽 ssir-kai,「東疑」鯉魚膽 ni-ə#psir-kəi】(전북)보성·강진·영암·목포·나주, (충남)부여·홍산·청양·남포·보령·해미·서산·오천, (경기)장단

❹ 씰괴[sʼil-gö] 【「濟衆」熊膽 kom-ii#psir-kɔi】 (제주)제주·성산·서귀·대정

❺ 씰개[sʼil-gɛ] (전남)여수·순천·광주·장성·담양·곡성·구례, (전북)운봉·남원·순창·정읍·김제·군산·전주·임실·장수·진안·무주·금산, (경남)양산·동래·부산·김해·마산·거제·통영·진주·남해·하

동·함양·거창·창녕·밀양, (경북)영천·포항·대구·김천, (충남)공주·강경·홍성·천안·조치원, (충북)보은·영동, (경기)경성, (황해)연안·옹진
⑥ 씨개[sʼi-gɛ] (경북)예천·안동·영주
⑦ 씨래[sʼi-rɛ] (경북)의성·청송, (충북)청주·충주·단양

60190 손手

① 손[son] 각지 대부분
② 잡개[čap-kɛ] (평북)자성(인삼채취자의 은어)

60191 손톱手瓜

① 손톱[son-tʰop] 【「月印」čəi#son-tʰo-pi#tɔ-oi-ia, 「杜詩」霜落瓜 sə-ri#kɔ-tʰɔn#kə-si#son-tʰo-pai#ti-ko】 (전북)김제·진안·무주·금산, (경남)김천, (충남)공주·강경·홍성·천안, (충북)청주·보은·영동·충주, (강원)양양
② 손툽[son-tʰup] (전남)여수·보성·강진·영암·목포·나주·장성·담양, (전북)운봉·남원·순창·정읍·전주·장수, (경북)대구·의성·예천·안동·영주·청송, (충남)서천, (충북)단양, (강원)강릉
③ 손텁[son-tʰəp] (경남)양산·동래·부산·김해·창녕·밀양, (경북)울진·평해
④ 손팁[son-tʰip] (전남)순천·곡성·구례, (전북)임실, (경남)울산·마산·거제·통영·진주·남해·하동·함양·거창·합천, (경북)영천·포항·영덕·고령, (강원)삼척
⑤ 손콥[son-kʰop] 【「耽羅誌」謂瓜爲蹄】 (제주)제주·성산·서귀·대정

60192 팔臂

① 폴[pʰɔl] 【「訓蒙」肱·肱·臂 pʰɔr, 「杜詩」玉臂 玉-kɔs-hɔn#pʰɔr-hi, 「老解」手臂長 pʰɔr-i#ki-ni, 「漢淸」肩膀 pʰɔr】 (제주)제주·성산·서귀·대정

❷ 팔[pʰal] (전남)영암, (전북)군산·전주·무주, (경남)마산·거창·합천·밀양, (경북)영천·경주·포항·흥해·영덕·대구·성주·지례·김천·의성·상주·함창·문경·예천·안동·영주·청송·울진·평해, (충남)공주·강경·부여·홍산·청양·남포·보령·홍성·해미·서산·오천·예산·조치원, (경기)경성·개성·장단·연천, (강원)통천·장전·고성·간성·양양·주문진·강릉·영월·평창·원주·횡성·홍천·춘천·인제·철원·평강, (황해)금천·연안·해주·옹진·태탄·은율·안악·재령·황주·신계·수안·곡산, (함남)신고산·안변·덕원·문천·고원·영흥·정평·함흥·오로·신흥·홍원·북청·이원·단천·풍산·혜산·장진, (함북)성진·길주·명천·경성·나남·청진·부거·부령·종성·웅기, (평남)중화·평양·순천·숙천·안주, (평북)박천·영변·희천·구성·정주·의천·용암·의주·강계·자성·후창

❸ 파리[pʰa-ri] (함북)경원·경흥

❹ 팔곰지[pʰal-kom-ǰi] (경남)창녕

❺ 팔때기[pʰal-t'ɛ-gi] (황해)금천·옹진·장연·서흥·수안

❻ 팔둑[pʰal-duk] 【『四聲』 膊肐 pʰɔr-tok, 『譯語』 肐膊 pʰɔr-stok, 『訓蒙』 膊 pʰɔr-tok, 『漢淸』 肘 pʰɔr-s-tok,】 (전남)영광, (전북)김제·임실·금산

❼ 폴[pʰol] (전남)여수·광양·순천·벌교·고흥·보성·장흥·강진·영암·광주·옥과·곡성·구례, (전북)남원·순창, (경남)울산·동래·마산·거제·통영·진주·남해·하동·함양, (함남)풍산·갑산·혜산, (함북)회령·종성

❽ 포리[pʰo-ri] (함북)경원

❾ 폴개[pʰol-gɛ] (전남)보성

❿ 폴꾸마리[pʰol-k'u-ma-ri] 【『譯語』 拐肘子 pʰɔr-s-ku-mə-ri, 『訓蒙』 肘 pʰɔr-ku-pi-rəŋ】 (전남)돌산, (경남)양산·거제

⓫ 폴둑[pʰol-duk] (전남)완도·지도·해남·목포·함평·나주·장성·담양, (전북)남원·순창·정읍·김제·임실

60193 무릎膝

❶ **무룹**[mu-rup] *【月印」 tu#mu-rup-koa, 「訓蒙」 膝・膕 mu-rup, 「杜詩」 不離膝 nai#mu-ru-pʰir#iə-hii-ti-a-hɔ-ia, 「譯語」 曲膝 mu-rup, 「漢淸」 膝 mu-rup】 (전남)광주, (충남)강경・서천・홍성・천안, (충북)청주・보은・영동・충주・단양, (경기)경성, (강원)양양・삼척・영월・평창・원주・횡성・홍천・춘천・인제

❷ **무룹팍**[mu-rup-pʰak] (전남)해남, (충북)충주・단양

❸ **무룹패기**[mu-rup-pʰɛ-gi] (평북)자성・후창

❹ **무럽**[mu-rəp] (제주)제주・성산・서귀・대정, (강원)통천・장전・고성・간성・주문진, (함남)신고산・안변・덕원・문천・고원・영흥・정평・함흥・오로・신흥・홍원・북청・이원・단천・풍산・갑산・혜산, (함북)성진・길주・경성・나남・청진・부거・부령・무산・회령・종성・경원

❺ **무루팍**[mu-ru-pʰak] (경북)포항・대구・김천・의성・안동・영주・청송, (충남)공주, (충북)청주・보은・제천, (경기)경성・개성・장단, (강원)춘천

❻ **무룸팍**[mu-rum-pʰak] (충북)영동, (경기)연천, (황해)금천・서흥・신계

❼ **무름팍**[mu-rim-pʰak] (전북)금산, (황해)연안・해주・옹진

❽ **물박**[mul-pak] (경북)평해

❾ **물팍**[mul-pʰak] (전남)돌산・광양・순천・벌교・고흥・보성・장흥・강진・완도・지도・해남・영암・목포・함평・영광・나주・광주・장성・담양・옥과・곡성・구례, (전북)운봉・남원・순창・정읍・김제・전주・임실・장수・진안・무주, (경남)울산・양산・동래・부산・김해・마산・거제・통영・진주・남해・하동・함양・거창・합천・창녕・밀양, (경북)영천・영덕・고령・예천・울진・평해, (충남)공주・강경・서천・홍성・천안, (강원)강릉, (황해)태탄・장연・은율・안악・재령・신계・수안・곡산, (평남)평양, (평북)박천・영변・구성

❿ **물팩기**[mul-pʰɛ-gi] (평북)희천・강계

⓫ **동무럽**[toŋ-mu-rəp] (제주)성산

⑫ 장개[čaŋ-gɛ] (의미 조사가 잘못된 것으로 추정됨. "무릎과 발목사이의 앞부분")(경남)마산, (경북)영천([čaŋ-gɛ]는 원래 정강이의 뜻. 다음 항목 참조.)

■ 60194 정강이脛 : すね

❶ 정갱이[čəŋ-gɛŋ-i]【「漢淸」腿樑 čiəŋ-kaŋ-spiə】(전북)전주
❷ 장개[čaŋ-gɛ] (경남)거제 · 통영 · 진주 · 남해
❸ 장갱이[čaŋ-gɛŋ-i] (전남)여수 · 강진 · 영암 · 목포 · 장성 · 담양 · 곡성, (전북)운봉 · 남원 · 순창 · 정읍 · 김제 · 임실 · 장수 · 진안 · 무주 · 금산, (경남)하동
❹ 성무니[səŋ-mu-ni] (제주)제주 · 성산 · 서귀 · 대정

■ 60195 장단지腸脛 : ふくらはぎ

❶ 장딴지[čaŋ-t'an-ji] (전남)여수 · 강진 · 영암 · 목포 · 장성 · 담양 · 곡성
❷ 성중이[sö-ǰuŋ-i] (제주)제주
❸ 쥐솔[čwi-sɔl] (제주)제주

■ 60196 복숭씨踝 : こるぶし

❶ 복상뻬[pok-saŋ-p'e]【「譯語」跨子骨 pok-sio-a-ppiə,「漢淸」核桃骨 pok-sio-a-spiə】(충남)천안, (강원)양양 · 강릉
❷ 복상씨[pok-saŋ-s'i] (전남)곡성, (전북)운봉 · 김제 · 전주 · 임실 · 장수 · 진안 · 무주 · 금산, (경북)영덕 · 의성 · 예천 · 안동 · 영주 · 청송 · 울진 · 평해, (충남)공주 · 강경, (충북)청주 · 충주 · 단양, (강원)삼척
❸ 복사씨[pok-sa-s'i] (충남)서천
❹ 복성씨[pok-səŋ-s'i] (전남)여수 · 순천 · 보성 · 목포 · 장성 · 담양, (전북)순창 · 정읍, (경남)울산 · 마산 · 거제 · 통영 · 진주 · 남해 · 하동 · 함양 · 거창 · 합천 · 창녕
❺ 복성치[pok-səŋ-čʰi] (경북)포항

❻ 복송씨[pok-soŋ-s'i] (전남)강진 · 영암, (전북)남원, (충북)영동 · 보은
❼ 복숭아뻬[pok-suŋ-a-p'e] (충남)홍성
❽ 복숭씨[pok-suŋ-s'i] (경남)양산 · 동래 · 부산 · 김해 · 밀양
❾ 귀마리[kwi-mari] (제주)제주 · 성산 · 서귀 · 대정

■ 60197 병病

❶ 병[pyəŋ] (제주)서귀 · 대정, (전남)장흥 · 함평 · 광주 · 장성(이상 6군데는 [peŋ]이라고도 함), (전북)정읍 · 김제 · 군산 · 임실 · 무주 · 금산(이상 6군데는 [peŋ]이라고도 함), (경남)부산([peŋ]이라고도 함), (경북)포항 · 흥해⁺ · 대구⁺ · 고령 · 김천⁺ · 의성⁺ · 상주⁺ · 함창⁺ · 문경 · 안동⁺ · 영주 · 청송(이상 +표를 붙인 지방에서는 [peŋ]이라고도 함), (충남)공주 · 강경 · 서천 · 홍성 · 천안, (충북)청주 · 보은 · 영동 · 진천⁺ · 충주⁺ · 제천⁺(이상 +표를 붙인 지방에서는 [peŋ]이라고도 함), (경기)경성 · 개성 · 장단 · 연천, (강원)통천 · 장전 · 영월 · 평창 · 철원 · 원주 · 횡성 · 홍천 · 춘천 · 인제 · 철원, (황해)금천 · 연안 · 해주 · 옹진 · 태탄 · 장연 · 은율 · 안악 · 재령 · 황주 · 서흥 · 신계 · 수안, (함남)신고산 · 안변 · 덕원 · 문천 · 고원 · 영흥(군내 대평리를 [te-pʰen-ni], 진평면을 [čin-pʰeŋ-myən]이라고 한다) · 정평 · 함흥 · 오로 · 신흥 · 덕원 · 북청 · 이원 · 단천 · 풍산 · 갑산 · 혜산(이상 각지에서는 [peŋ]이라고도 함), (함북)길주⁺ · 경성⁺ · 나남⁺ · 청진 · 부령⁺ · 회령⁺ · 종성 · 경원 · 경흥 · 웅기⁺(이상 +표를 붙인 지방에서는 [peŋ]이라고도 함), (평남)중화 · 평양 · 순천 · 숙천⁺ · 안주⁺(이상 +표를 붙인 지방에서는 병病을 [peŋ], 석유石油를 [se-gyu], 면장面長을 [men-daŋ]이라고도 함), (평북)박천⁺ · 영변 · 희천 · 구성 · 정주⁺ · 선천 · 용암⁺ · 강계 · 자성⁺ · 후창⁺(이상 +표를 붙인 지방에서는 [peŋ]이라고도 함.)

❷ 뼁[peŋ] (제주)성산(우편을 [u-pʰen]이라 함) · 서귀⁺ · 대정(군내 신평리를 [sin-pʰeŋ-ni], 광평리를 [kwan-pʰeŋ-ni]라 함)(이상 ⁺표를 붙인 지방에서는 [pyəŋ]이라고도 함), (전남)돌산 · 여수(군내 호명리를 [ho-meŋ-ni]라 함) · 광양 · 순천 · 벌교 · 고흥 · 보성(군내 명봉리를 [meŋ-boŋ-ni]라 함) · 장흥⁺ · 강진(우편을 [u-pʰen]이라 함) · 해남 · 영암(남평군을 [nɛm-pʰeŋ-gun]이라 함) · 목포(咸平을 [han-pʰeŋ], 현경면을 [hen-gyəŋ-myən]

이라 함)・함평⁺・영광・나주(함평을 [hɛn-pʰeŋ], 문평면을 [mun-pʰeŋ-myən]이라 함)・광주⁺・장성⁺・옥과・곡성・구례(이상 ⁺표를 붙인 지방에서는 [pyəŋ]이라고도 함), (전북)남원⁺・순창・정읍⁺・김제・군산・전주・임실⁺・무주⁺・금산(이상 ⁺표를 붙인 지방에서는 [pyəŋ]이라고도 함), (경남)동래([peŋ]이라고도 함)・부산([pyəŋ]이라고도 함)・마산(군내 경화동을 [keŋ-ha-doŋ]라고 함)・거제・통영・진주(군내 집현면을 [čip-hen-myən], 평거면을 [pʰen-gə-myən] 또는 [pʰen-gi-myən], 명석면을 [meŋ-sək-myən]이라 함)・남해(군내 고현면을 [ko-hen-myən], 서면을 [se-myən], 평현리를 [pʰeŋ-hen-ri]라고 함)・하동・함양(군내 우명리를 [u-meŋ-ni], 송평을 [soŋ-pʰeŋ]이라 함)・거창(군내 양평리를 [yaŋ-pʰeŋ-ni]라고 함)・합천, (경북)영덕([peŋ], [piŋ]이라고도 한다)・지례・울진・평해, (충북)영동, (강원)통천⁺・장전⁺・고성⁺・간성・양양・주문진・강릉・영월⁺・평창⁺・홍천・평강⁺(이상 ⁺표 지방에서는 [pyeŋ]이라고 함), (함남)신고산⁺・안변⁺・원산⁺・덕원⁺・문천⁺・고원⁺・영흥⁺・정평⁺・함흥⁺・오로⁺・신흥⁺・홍원⁺・북청⁺・이원⁺・단천⁺・풍산⁺・갑산⁺・혜산⁺(군내 별동면을 [pel-toŋ-myən]이라 함. ⁺표 지방은 [pyeŋ]이라고 함), (함북)성진・길주⁺・명천⁺(군내 평기동을 [pʰeŋ-gi-doŋ], 지경면을 [či-geŋ-doŋ]이라고 함)・경성⁺・나남⁺・부거⁺・부령⁺・회령⁺・웅기⁺(이상 ⁺표 지방은 [pyeŋ]이라고 함), (평남)순천(면장面長을 [men-daŋ], 서편西便을 [se-pʰen], 석유石油를 [se-gyu]라고 함)・안주([pyeŋ]이라고도 한다), (평북)박천⁺・정주⁺・선천⁺・용암⁺・의주⁺・자성⁺・후창⁺(이상 ⁺표 지방 [pyəŋ]이라고 함.)

❸ 빙[piŋ] (제주)제주, (전남)여수([pyeŋ]이라고도 한다)・담양(면경面鏡을 [min-gyəŋ], 함평을 [ham-pʰeŋ] 또는 [ham-pʰiŋ]이라 함. 또 군내 천변리를 [čʰin-bin-ri]라고 함), (전북)남원・전주, (경남)합천・창녕・밀양, (경북)영천・포항・홍해・영덕・대구・김천・의성・함창・예천・안동・청송, (강원)홍천

❹ 뱅[pɛŋ] (경남)울산・양산(군내 명곡리를 [meŋ-goŋ-ni]라고 함)・동래([peŋ]이라고 함)・김해(경상도를 [kɛŋ-saŋ-do]라 함), (경북)경주・영덕([peŋ], [piŋ]이라고도 함.)

60198 귀머거리啞者 : おし

❶ 벙어리[pəŋ-ə-ri] 【「譯語」啞子 pəŋ-ə-ri, 「漢淸」啞吧 pəŋ-ə-ri】 (전북)정읍・김제・

전주(충남)공주 · 강경 · 홍성 · 천안, (충북)청주 · 영동([pə-bə-ri]라고도 한다) · 단양 · 제천, (경기)경성 · 개성 · 장단 · 연천, (강원)장전([pə-bə-ri]라고도 한다) · 고성 · 간성([pə-bə-ri]라고도 한다) · 양양 · 강릉 · 영월 · 평창(양양 이하의 각지에서는 [pəŋ-č^hi]라고도 한다) · 원주 · 횡성 · 홍천 · 춘천 · 인제(홍천 이하의 각지에서는 [pəŋ-č^hi]라고도 한다), (황해)금천([pə-bə-ri]라고도 한다) · 연안

❷ 벙치[pəŋ-č^hi] (강원)양양 · 강릉 · 영월 · 평창 · 홍천 · 춘천 · 인제(이상 춘천 · 인제 두 지방에서는 [pəŋ-ə-ri]라고도 한다.)

❸ 버버리[pə-bə-ri] (제주)제주 · 성산 · 서귀 · 대정(이상의 서귀 · 대정 두 지방에서는 [mo-ri-gi]라고도 한다), (전남)돌산 · 여수 · 광양 · 순천 · 벌교 · 고흥 · 보성 · 장흥 · 강진 · 완도 · 해남 · 영암 · 목포 · 함평 · 영광 · 나주 · 광주 · 장성 · 담양 · 옥과 · 곡성 · 구례, (전북)운봉 · 남원 · 순창 · 임실 · 장수 · 진안 · 무주 · 금산, (경남)울산 · 마산 · 진주 · 남해 · 하동 · 거창 · 합천 · 창녕, (경북)영천 · 포항 · 영덕 · 대구 · 고령 · 의성 · 예천 · 안동 · 영주 · 청송 · 울진 · 평해, (충북)보은 · 영동, (강원)통천 · 장전 · 간성(장전 · 간성 두 지방에서는 [pəŋ-ə-ri]라고도 한다) · 삼척, (황해)금천([pəŋ-ə-ri]라고도 한다) · 해주 · 옹진 · 태탄 · 장연 · 은율 · 안악([pə-bəl-č^hi]라고도 한다) · 재령([pə-bəl-č^hi] 또는 [pəl-č^hi]라고도 한다) · 황주 · 서흥 · 신계 · 수안 · 곡산, (함남)신고산 · 안변 · 덕원 · 문천 · 고원 · 영흥 · 정평 · 함흥 · 오로 · 신흥 · 홍원 · 북청 · 이원 · 단천 · 풍산 · 갑산 · 혜산, (함북)성진 · 길주 · 명천 · 경성 · 나남 · 청진 · 부거 · 부령 · 무산 · 회령 · 종성 · 경원 · 경흥 · 웅기, (평남)평양, (평북)박천 · 영변 · 희천 · 구성 · 자성 · 후창

❹ 버벌치[pə-bəl-č^hi] (황해)안악([pə-bə-ri]라고도 한다) · 재령([pə-bə-ri] 또는 [pəl-č^hi]라고도 한다.)

❺ 버부리[pə-bu-ri] (경남)양산 · 동래 · 부산 · 김해 · 마산 · 거창 · 통영 · 진주 · 함양 · 밀양, (경북)김천

❻ 법딍이[pəp-tiyŋ-i] (경남)마산([pə-bu-ri]라고도 한다.)

❼ 벌치[pəl-č^hi] (황해)재령([pə-bə-ri] 또는 [pə-bəl-č^hi]라고도 한다.)

❽ 모르기[mo-ri-gi] (제주)서귀 · 대정(양 지방모두 [pə-bə-ri]라고도 한다.)

■ 60199 재채기嚔 : くしゃみ

❶ 자차기[ča-čʰa-gi] 【「訓蒙」噴・嚔 čɔ-čʰɔi-iom,「內訓」嚔 čɔ-čʰɔi-iom,「譯語」・「漢淸」打嚔噴 čačʰii-om#hɔ-ta,「老解」又噴嚔噴 sto#ča-čʰiɔ-om#hɔ-to-ni】 (함남)정평

❷ 자채기[ča-čʰɛ-gi] (함남)신고산・안변・덕원・문천・고원・영흥, (함북)성진・길주

❸ 재채기[čɛ-čʰɛ-gi] (황해)황주, (함남)함흥・오로・신흥・홍원・북청・이원・단천・풍산・갑산・혜산, (평남)평양, (평북)박천・영변・희천・구성・강계・자성・후창

❹ 자치미[ča-čʰi-mi] (함북)경성

❺ 재치미[čɛ-čʰi-gi] (함북)나남([čɛ-čʰɛ-mi]라고도 한다.)

❻ 재채미[čɛ-čʰɛ-mi] (함북)나남([čɛ-čʰi-mi]라고도 한다)・청진・부령・무산・회령・종성・경흥

■ 60200 부스름腫・瘡 : できもの

❶ 부시럼[pu-si-rəm] 【「訓蒙」癤・疽・癰 pi-zi-rim,「四聲」瘡癤 pi-zi-rim】 (제주)제주・성산・서귀・대정, (전남)돌산・여수・광양・순천・벌교・고흥・보성・장흥・완도・해남・목포・함평・영광・나주・광주・장성・담양・옥과・곡성・구례, (전북)남원・순창・정읍・김제・임실, (경남)울산・양산・동래・부산・김해・마산・거제・통영・진주・남해・하동・함양・거창・합천・창녕・밀양, (경북)영천・포항・영덕・대구・고령・김천・의성・예천・안동・영주・청송・울진・평해, (충남)공주・강경・홍성・천안, (충북)청주・보은・영동・충주・단양, (강원)양양・강릉・삼척

❷ 부시룸[pu-si-rum] (전북)진안

❸ 부스럼[pu-si-rum] (전남)강진・영암・목포・나주, (전북)전주

❹ 부실먹[pu-sil-mək] (전북)운봉・남원・정읍・김제・임실・장수・무주・금산

❺ 부슬먹[pu-sɨl-mək] (전북)전주

❻ 부럼[pu-rəm] 【「譯語」出瘡・生瘡癤 pi-i-rim#na-ta, 癤子 pi-u-rim, 「訓蒙」腫 pi-ir, 痘瘡 眼腫 nun-i#ma-ko-pi-ə, 頭面皆腫 mə-ri#nɔ-čʰi#ta#pus-ko, 「漢淸」腫 pus-ta, 腫脹 puə-o-ri-ta】 (전남)해남・함평・나주・광주・장성・곡성, (전북)김제・전주, (충남)서천
❼ 헌듸[hən-diy] (경남)울산・마산・진주, (경북)영천・포항・영덕・대구・김천・의성・안동・영주・청송・울진・평해, (강원)양양・강릉・삼척
❽ 헌미[hən-mi] (경남)거제・통영
❾ 콩곧[kʰoŋ-got] *(전남)담양, (전북)남원・순창
❿ 콩걷[kʰoŋ-gət] *(전북)남원・정읍・김제・임실

60201 여드럼面疱 : にきび

❶ 놑사옴[nɔt-sa-om] (제주)제주・성산・서귀・대정
❷ 어드룸[ə-di-rum] (전남)여수・순천・광주, (경남)하동

60202 버짐癬瘡

❶ 버즘[pə-jim] 【「訓蒙」癬 pə-čim, 「譯語」生癬 pə-čom, 「漢淸」癬 pə-čim, 「痘瘡」爲疥 癬 om-koa#pə-ču-mi#toi-ko】 (경남)거창・합천, (경북)고령, (충북)괴산・충주・단양, (강원)통천・주문진
❷ 버젬[pə-jəm] (경남)김해・밀양, (경북)함창
❸ 버짐[pə-jim] (전남)여수・순천・보성・강진・영암・목포・나주・광주・담양・곡성, (전북)운봉・남원・순창・정읍・임실, (경남)마산・거제・통영・진주・남해・하동・함양・창녕, (경북)영덕・김천・의성・상주・문경・예천・안동・영주・청송・울진・평해, (충남)아산, (충북)진천・제천, (강원)장전・고성・간성・양양・강릉・삼척・영월・평창・원주・횡성・홍천・춘천・인제
❹ 버듬[pə-dim] (전남)장성, (전북)김제・군산・전주・임실・진안・무주・금산, (충남)공주・강경・부여・홍산・청양・서천・남포・보령・광천・홍

성·해미·서산·오천·예산·천안·조치원, (충북)청주·보은·영동·
진천
⑤ 버섬[pə-səm] (경남)양산·동래·부산, (경북)영천·포항·대구
⑥ 버섣[pə-sət] *(경북)경주·포항·흥해

60203 거문깨雀斑 : そばかす

① 가마깨[ka-ma-k'ɛ] (전남)순천
② 까문끼[ka-mun-k'i] (경남)하동
③ 프리똥[pʰɔ-ri-t'oŋ] (제주)제주·성산·서귀·대정

60204 사마구痣

① 사마귀[sa-ma-gwi] 【「四聲」痣 sa-ma-koi, 「訓蒙」痣·黶 sa-ma-koi】 (충남)홍성·천안, (경기)경성·개성·장단·연천, (황해)금천·연안·해주·옹진·태탄·장연·은율·안악·재령·서흥·신계·수안, (함남)덕원·문천·고원·영흥·정평·함흥·오로·신흥·홍원·북청·이원·단천·풍산·갑산·혜산, (함북)경성·나남·청진·부령·무산·회령·종성·경원
② 사마구[sa-ma-gu] (전남)여수·순천·보성·강진·영암·목포·나주·장성·담양·곡성, (전북)운봉·남원·순창·정읍·김제·전주·임실·장수·진안·무주·금산, (경남)울산·양산·동래·부산·김해·마산·거제·통영·진주·남해·하동·함양·거창·합천·창녕·밀양, (경북)영천·포항·영덕·대구·고령·김천·의성·예천·안동·영주·청송·울진·평해, (충남)공주·강경, (충북)청주·보은·영동·충주·단양, (강원)양양·강릉·삼척, (황해)황주·곡산, (함남)신고산·안변, (함북)청진, (평남)평양, (평북)박천·영변·희천·구성·강계·자성·후창
③ 사마기[sa-ma-gi] (함북)성진
④ 사막[sa-mak] (제주)제주·성산·서귀·대정, (충남)서천·홍성
⑤ 사매기[sa-mɛ-gi] (함남)홍원·북청

⑥ 삼바퀴[sam-ba-kʰwi] (함북)명천
⑦ 삼바키[sam-ba-kʰi] (함북)성진 · 길주

60205 학질 おこり · マラリヤ

① 학질[hak-čil](瘧疾) (제주)제주 · 서귀 · 대정, (전남)보성 · 강진 · 영암, (경기)경성 · 개성 · 장단 · 연천, (황해)금천 · 연안 · 해주 · 옹진 · 태탄 · 장연 · 은율 · 안악 · 재령 · 황주 · 서흥 · 신계 · 수안 · 곡산
② 하로거리[ha-ro-gə-ri] (전남)곡성(특히 하루걸러 열이 남.)
③ 말거리[mal-gə-ri] (제주)제주 · 성산 · 서귀 · 대정
④ 초학[čʰo-hak] (전남)장성 · 담양, (전북)김제 · 전주 · 무주 · 금산
⑤ 초악[čʰo-ak] (전남)곡성(특히 매일 열이 남), (전북)남원 · 순창 · 운봉 · 임실 · 장수 · 진안(운봉이하 매일 열이 나는 경우와 하루걸러 열이 나는 경우 모두를 일컬음.)
⑥ 터러기[tʰə-gə-ri] (제주)성산
⑦ 푿심[pʰut-sim] (경남)하동(특히 하루걸러 열이 남.)
⑧ 메너리심[me-nə-ri-sim] (경남)하동(특히 매일 열이 남.)
⑨ 고근[ko-gin] (경기)경성, (황해)연안 · 해주 · 옹진 · 태탄 · 장연 · 은율 · 안악 · 재령 · 서흥 · 신계, (함남)신고산 · 안변 · 덕원 · 문천 · 고원 · 영흥 · 정평 · 함흥 · 오로 · 홍원 · 북청 · 이원 · 갑산 · 혜산

60206 천연두 天然痘

① 손님[son-nim] (손님이라는 뜻)(경기)경성, (황해)황주 · 곡산, (함남)덕원 · 문천 · 영흥 · 정평 · 함흥 · 신흥 · 북청 · 이원 · 풍산 · 갑산 · 혜산, (평남)평양, (평북)박천 · 영변 · 희천 · 구성 · 강계 · 자성 · 후창
② 나그내[na-gi-nɛ] (나그네라는 뜻)(함남)정평 · 신흥
③ 꼳[kʼot] (꽃이라는 뜻)*(황해)태탄 · 장연 · 은율 · 안악 · 재령
④ 지구술[či-gu-sul] (함남)함흥 · 오로
⑤ 호역[ho-yək] (호역 胡疫이라는 뜻)(함남)덕원 · 문천 · 영흥 · 정평 · 함흥 · 오로 ·

신흥

⑥ 대역[tɛ-yək] ([tö-yək](호역胡疫이라는 뜻)(함남)오로
⑦ 마마[ma-ma] (만주어 기원 마마媽媽)(경기)경성・개성・장단・연천, (황해)금천・옹진
⑧ 마누라[ma-nu-ra] (황해)금천・연안・해주・옹진・서흥・신계・수안, (함남)북청
⑨ 마누래[ma-nu-rɛ] (황해)황주・곡산, (함남)정평・함흥・오로・신흥・홍원・이원・풍산・갑산・혜산, (평남)평양, (평북)박천・영변・희천・구성
⑩ 큰역신[kʰin#yək-sin] (큰 역신疫神이라는 뜻)(함남)정평・신흥
⑪ 큰손님[kʰin#son-nim] (큰 손님이라는 뜻)(제주)제주, (함남)신고산・안변・고원
⑫ 큰마누래[kʰin#ma-nu-rɛ] (함남)덕원・문천・영흥
⑬ 큰한집[kʰin#han-jip] (큰 주인집雇主라는 뜻)(제주)성산・서귀・대정

60207 홍진紅疹 : はしか

① 호역[ho-yək] (호역胡疫이라는 뜻)(경북)울진, (강원)삼척, (함남)오로・홍원・북청・이원・풍산・갑산・혜산, (함북)부거
② 호녁[ho-nyək] (호역胡疫의 뜻에서 전용됨)(전남)강진・영암・목포・나주・곡성, (전북)전주・임실, (충남)공주・강경・서천・홍성・천안, (충북)청주・보은・영동・충주・단양, (경북)평해, (황해)금천・연안・해주・태탄・장연・재령
③ 혼녁[hon-nyək] (호역胡疫의 뜻에서 전용됨)(황해)옹진
④ 도역[to-yək] ([tö-yək]호역胡疫의 뜻에서 전용됨)(함북)명천
⑤ 돼기[twɛ-gi] ([tö-yək]호역胡疫의 뜻에서 전용됨)(함남)이원・단천, (함북)성진・길주・명천・경성・나남・청진・부거・부령・무산・회령・종성・경원・경흥・웅기
⑥ 홍진[hoŋ-jin](홍진紅疹) 【漢淸」 紅點瘡 hoŋ-čin, 出盖痘瘡 hoŋ-čin#na-ta】 (전남)여

수·순천·보성·광주·장성·담양·곡성, (전북)운봉·남원·순창·정읍·김제·임실·장수·진안·무주·금산, (경남)울산·양산·동래·부산·김해·마산·거제·통영·진주·남해·하동·함양·거창·합천·창녕·밀양, (경북)영천·포항·영덕·대구·고령·김천·의성·예천·안동·영주·청송·울진·평해, (강원)삼척, (함남)북청·단천·풍산, (함북)성진·길주·명천

❼ 홍녁[hoŋ-nyək] (호역胡疫이라는 의미)(경기)장단·연천
❽ 홍대기[hoŋ-dɛ-gi] (붉은 호역胡疫이라는 의미임. [-dɛ-gi]는 [tö-yə-gi]에서 전용됨)(경기)개성, (황해)해주·옹진·장연·은율·안악·재령·서흥·신계·수안·곡산
❾ 홍돼기[hoŋ-dwɛ-gi] (황해)황주, (평남)평양, (평북)박천·영변·희천
❿ 홍역[hoŋ-yək] (호역胡疫이라는 의미)(전북)남원, (경기)경성, (황해)은율·안악·신계, (평북)박천·구성
⓫ 자근마누래[ča-gin#ma-nu-rɛ] (작은 [ma-nu-rɛ]의 의미임)(함남)정평·함흥·
⓬ 자근손님[ča-gin#son-nim] (작은 손님이라는 뜻)(함남)신고산·안변·덕원·문천·고원·영흥
⓭ 자근역신[ča-gin#yək-sin] (작은 역신疫神이라는 뜻)(함남)신흥
⓮ 저근손님[čə-gin#son-nim] (작은 손님이라는 뜻)(평북)희천·강계·자성·후창
⓯ 조근마누라[čo-gin#ma-nu-ra] (작은 [ma-nu-ra]의 의미임)(제주)제주
⓰ 조근한집[čo-gin#han-jip] (작은 주인집雇主의 의미임)(전남)서귀·대정

60208 힘줄筋

❶ 심쭐[sim-č'ul] (함남)홍원
❷ 심묵[sim-muk] (함남)단천, (함북)나남·부령
❸ 시묵[si-muk] (함남)북청, (함북)무산·회령·종성·경원
❹ 시목[si-mok] 경성·청진(힘力[him] 항목 참조.)

60209 뼈骨

① 뼈[p'yə] (경기)경성, (충남)청양·홍성·해미·갈산·서산·오천, (강원)철원
② 뻬[p'e] (전남)곡성, (전북)운봉·남원·정읍·김제·군산·전주·임실·장수·진안·무주·금산, (충남)공주·부여·홍산·남포·보령·광천·예산·천안·조치원, (경기)연천, (강원)평강
③ 뼉다구[p'yək-ta-gu] (전북)전주
④ 뻭다구[p'ek-ta-gu] (전북)남원·순창·정읍·김제, (경남)하동
⑤ 뼉다구[p'ik-ta-gu] (전남)장성·담양
⑥ 뻳다구[p'et-ta-gu] (전남)순천·보성·강진·영광·곡성, (전북)운봉·임실·장수·진안·무주·금산
⑦ 뻰다구[p'it-ta-gu] (전남)여수
⑧ 뻰닥[p'et-tak] (전남)목포
⑨ 뻴따구[p'el-ta-gu] (전북)남원
⑩ 꽝[k'waŋ] (제주)제주·성산·서귀·대정

60210 체조體操

① 체조[čʰe-jo] 대다수 지방
② 테조[tʰe-jo] (평남)중화·평양·순천·숙천·안주, (평북)박천·영변·희천·구성·정주·선천·용암·의주·강계·자성·후창(후창에는 [čʰe-jo]도 실현됨.)

60211 힘力

① 힘[him] (제주)제주, (경남)울산, (경북)영천·영주·안동·청송, (충남)공주·강경·서천·홍성·천안, (충북)청주·보은·영동·충주·단양, (경기)경성·장단·연천, (강원)춘천, (황해)황주, (함북)성진·청진·회령·종성·경원, (평남)중화·평양·순천·숙천·안주, (평북)박천·영변·희

천·구성·정주·선천·용암·의주·강계·자성·후창·

❷ 심[sim] (제주)성산·서귀·대정, (전남)돌산·여수·광양·순천·벌교·고흥·보성·장흥·강진·완도·지도·해남·영암·목포·함평·영광·나주·광주·장성·담양·옥과·곡성·구례, (전북)운봉·남원·순창·정읍·김제·군산·전주·임실·장수·진안·무주·금산, (경남)울산·양산·동래·부산·김해·마산·거제·통영·진주·남해·하동·함양·거창·합천·창녕·밀양, (경북)영천·경주·포항·흥해·영덕·대구·고령·성주·지례·김천·의성·상주·함창·문경·예천·안동·청송·울진·평해, (충남)공주·강경·부여·홍산·청양·남포·보령·광천·홍성·해미·서산·오천·예산·천안·조치원, (충북)청주·보은·영동·진천·괴산·충주·단양·제천, (경기)경성·개성, (강원)통천·장전·고성·간성·양양·주문진·강릉·삼척·영월·평창·원주·횡성·홍천·춘천·인제·철원·평강, (황해)금천·연안·해주·옹진·태탄·장연·은율·안악·재령·서흥·신계·수안·곡산, (함남)신고산·안변·원산·덕원·문천·고원·영흥·정평·함흥·오로·신흥·홍원·북청·이원·단천·풍산·갑산·혜산, (함북)성진·길주·명천·경성·나남·청진·부거·부령·무산·회령·종성·경흥·웅기

60212 보행步行

❶ 거름[kə-rim] 대다수 지방
❷ 걸금[kəl-gim] (함남)신고산·안변·덕원·문천·고원·영흥·함흥·신흥·홍원·이원
❸ 버쟁이[pə-ǰɛŋ-i] (인삼채취자 은어)(함남)풍산

60213 거짓말虛言

❶ 거짓말[kə-ǰin-mal] 【「月印」忘語-nin#kə-čis-ma-ri-ra, 眞實-oa#kə-čis-i-rɔr#kɔr-kɔr-hɔi-si-ko, 「金剛」不壞假名 kə-čis-ir-hu-mir#hə-ti-a-ni#hɔ-ia, 「法華」以破妄有 kə-čis-有-rir#hə-ri-sia,

「訓蒙」諢·贗 kə-čis,「老解」不要撤読 kə-čis-mar#mar-miə,「物語」虛言, かうへんまる】
(경기)경성·개성·장단

❷ **거즏부리**[kə-ǰit-pu-ri] (함남)북청, (함북)나남·청진·부거·무산·경흥

❸ **거즏부령**[kə-ǰit-pu-ryəŋ] (경기)연천

❹ **꺼진부리**[k'ə-ǰit-pu-ri] (함남)신고산·안변·덕원·문천·고원

❺ **거진부리**[kə-ǰit-pu-ri] (황해)연안·해주·옹진·태탄·장연·신계·곡산, (함남)북청, (함북)청진·경흥·웅기, (평남)평양, (평북)영변·희천·강계·자성·후창

❻ **거진부레**[kə-ǰit-pu-re] (함북)부령·무산

❼ **꺼진부레기**[k'ə-ǰit-pu-re-gi] (함남)영흥

❽ **거진부레기**[kə-ǰit-pu-re-gi] (평북)박천·영변·희천·구성·강계·자성·후창

❾ **거진부떼기**[kə-ǰit-pu-t'e-gi] (함남)단천, (함북)성진

❿ **거집소리**[kə-ǰip-so-ri] (평북)박천·구성

⓫ **거젇부리**[kə-ǰət-pu-ri] (황해)금천·은율·재령·서흥·안악

⓬ **빈소리**[pin-so-ri] (함남)이원

⓭ **접**[čəp] *(함남)갑산·혜산

⓮ **도새비**[to-sɛ-bi] (함북)회령·종성·경원

⓯ **초서**[čʰo-sə] (함북)경성

⓰ **허팡소리**[hə-pʰaŋ#so-ri] (평남)평양

⓱ **대포**[tɛ-pʰo] (대포大砲의 의미임)(평북)박천·구성

⓲ **얼리**[əl-li] (함남)영흥·정평·함흥·오로·신흥

⓳ **부:시**[puː-si] (함남)북청·갑산(어린 아이가 농담으로)·혜산

⓴ **부시기**[pu-si-gi] (함남)홍원·풍산

㉑ **부기**[pu-gi] (함남)북청·풍산·혜산

㉒ **북기**[puk-ki] (함북)길주·경성·나남

㉓ **뿌지**[p'u-ǰi] (함남)영흥·정평·함흥·오로·신흥

가옥家屋

70214 기둥柱

❶ 기동[ki-doŋ] 【「訓蒙」柱·楹 ki-doŋ, 「譯語」停柱 ki-doŋ, 柱「漢淸」ki-doŋ, 「華夷」豎柱, 吉董捨以大】 (충남)천안

❷ 기둥[ki-duŋ] (경기)경성·개성·장단·연천, (강원)원주, (황해)금천·연안·해주·옹진·태탄·장연·은율·안악·재령·황주·서홍·신계·수안·곡산, (평남)평양, (평북)박천·영변·희천·구성·강계·자성·후창

❸ 지동[či-doŋ] (제주)제주·성산·서귀·대정, (전남)순천·광주, (전북)진안·무주·금산, (경남)울산·양산·동래·부산·김해·마산·거제·통영·진주·남해·하동·함양·거창·합천·창녕·밀양, (경북)영천·경주·포항·홍해·영덕·대구·고령·성주·지례·김천·의성·상주·문경·예천, (충남)천안, (충북)청주·보은·영동·괴산

❹ 지둥[či-duŋ] (전남)돌산·여수·광양·벌교·고흥·보성·장흥·강진·완도·지도·해남·영암·목포·함평·영광·나주·광주·장성·담양·옥과·곡성·구례, (전북)운봉·남원·순창·정읍·김제·군산·전주·임실·장수, (경남)하동, (경북)영주·안동·청송·울진·평해, (충남)공주·강경·부여·홍산·청양·서천·남포·보령·광천·홍성·해미·서산·오천·예산·천안·조치원, (충북)진천·충주·단양·제천, (경기)연천, (강원)양양·강릉·삼척·영월·평창·원주·횡성·춘천·인제, (함

남)신고산·안변·덕원·문천·고원·영흥·정평·함흥·오로·신흥·홍원·북청·이원·풍산·갑산·혜산

■ 70215 기와瓦

❶ **기와**[ki-wa] (전남)장성, (충북)괴산, (경기)경성·개성·장단, (황해)황주·서흥·신계·수안·곡산, (평남)중화·평양·순천·안주, (평북)영변·희천·정주·용암·자성·후창
❷ **기아**[ki-a] (경기)연천, (강원)철원
❸ **기애**[ki-ɛ] (평북)강계
❹ **갸**[kya] (황해)금천·연안·해주·옹진·태탄·장연·은율·안악·재령·신계
❺ **계와**[ke-wa] (평남)숙천·안주, (평북)선천·의주
❻ **지와**[či-wa] (전북)김제·임실·장수·진안, (충남)해미·서산·갈산·오천·예산, (충북)진천, (강원)장전·고성·평강, (함남)원산·북청·풍산·갑산·혜산
❼ **지애**[či-ɛ] (제주)제주·서귀·대정, (경남)거창, (경북)함창, (충북)진천·제천, (강원)영월·평창, (함남)신고산·안변·문천·고원·영흥
❽ **지야**[či-ya] (전남)담양, (전북)남원·순창·정읍·금산, (충남)부여·홍산·청양·남포·보령·광천·홍성
❾ **지아**[či-a] (전남)벌교·완도·지도·해남·목포·곡성, (전북)운봉
❿ **지새**[či-sɛ] (제주)성산·서귀·대정
⓫ **재와**[čɛ-wa] (전남)돌산, (경남)울산·동래·거창·합천·창녕, (경북)경주·대구·김천
⓬ **재애**[čɛ-ɛ] (경남)양산·김해
⓭ **재**[čɛ] (전북)무주, (강원)통천·간성·양양·주문진·강릉·삼척·원주·횡성·홍천·춘천·인제, (경북)울진·평해

70216 기와집瓦屋

① **기와집**[ki-wa-jip] (전남)영광 · 장성, (전북)김제, (경북)안동 · 청송, (경기)경성
② **개와집**[kɛ-wa-jip] (경남)울산 · 부산, (경북)영천 · 영덕 · 안동 · 영주
③ **개집**[kɛ-jip] (충남)천안, (평북)박천 · 구성
④ **갸집**[kya-jip] (경기)개성 · 연천
⑤ **걔집**[kyɛ-jip] (함북)회령 · 종성
⑥ **지와집**[či-wa-jip] (전남)장흥 · 목포 · 함평 · 나주 · 장성 · 곡성, (전북)정읍 · 김제 · 전주 · 임실
⑦ **지애집**[či-ɛ-jip] (제주)제주 · 서귀, (전남)보성
⑧ **지야집**[či-ya-jip] (전남)광양 · 순천 · 고흥 · 보성 · 강진 · 영암 · 나주 · 담양 · 옥과 · 곡성 · 구례, (전북)남원 · 순창 · 정읍 · 김제 · 전주 · 임실
⑨ **지새집**[či-sɛ-jip] (제주)성산
⑩ **재집**[ʒɛ-jip] (제주)서귀, (전남)돌산 · 여수, (경남)동래 · 마산 · 거제 · 통영 · 진주 · 남해 · 하동 · 함양 · 거창 · 합천 · 창녕 · 밀양, (경북)영천 · 경주 · 흥해 · 영덕 · 대구 · 고령 · 성주 · 지례 · 김천 · 상주 · 함창 · 문경 · 예천 · 영주 · 청송, (충남)공주, (충북)청주 · 보은 · 영동 · 충주 · 단양, (함남)신고산 · 안변 · 덕원 · 정평 · 함흥 · 오로 · 신흥 · 단천, (함북)성진 · 길주 · 청진 · 경흥
⑪ **쾌집**[čwɛ-jip] (함북)명천 · 경성 · 나남 · 부거 · 부령 · 무산
⑫ **자집**[ča-jip] (충남)강경 · 서천 · 홍성, (함남)홍원 · 북청 · 이원

70217 기와조각瓦の一片

① **지와짱**[či-wa-č'aŋ] (전남)목포 · 나주, (전북)김제 · 전주
② **지아짱**[či-a-č'aŋ] (전남)곡성, (전북)운봉 · 임실
③ **지야짱**[či-ya-č'aŋ] (전남)순천 · 보성 · 강진 · 영암 · 담양, (전북)남원 · 순창 · 정읍 · 장수 · 진안

❹ 재짱[čɛ-č'aŋ] (전남)여수, (전북)무주·금산, (경남)마산·거제·통영·하동
❺ 째짱[č'ɛ-č'aŋ] (경남)진주·남해·함양

70218 굴뚝煉出し

❶ 굴뚝[kul-t'uk] (연통煙筒이 없고 지표에서 구멍을 낸 것)【「譯語」煙洞 kur-s-tok 或呼煙窓, 「漢淸」煙洞 kur-stok】(제주)제주·성산·서귀·대정, (전남)곡성, (전북)운봉·남원·임실·장수·진안·무주·금산, (경남)마산·진주·남해·거창·창녕, (경북)대구·김천·의성·예천·안동·영주·청송·울진, (충남)공주·강경·서천·홍성·천안, (충북)청주·보은·영동·충주·단양, (경기)경성·개성·장단·연천, (강원)양양·강릉·삼척, (황해)연안·황주·신계·수안·곡산
❷ 굴뚱[kul-t'uŋ] (황해)금천·해주·옹진·태탄·장연·은율·안악·재령·서흥
❸ 굴떡[kul-t'ək] (경남)울산·양산·동래·부산·김해·거제·통영·함양·합천·창녕·밀양, (경북)영천·포항·영덕·고령·울진·평해
❹ 굴목[kul-mok] (함남)안변·덕원·문천, (평북)강계·자성·후창
❺ 굴묵[kul-muk] (함남)신고산·고원·북청·북청·이원·혜산, (함북)성진·나남·부령·무산·회령·종성·경원·경흥, (평북)박천·영변·희천·구성
❻ 굴묵둑[kul-muk-tuk] (평북)구성
❼ 굴묵통[kul-muk-tʰoŋ] (평북)희천·후창
❽ 구묵[ku-muk] (함남)영흥·정평·함흥·오로·신흥·홍원·북청·단천·풍산, (함북)성진·길주·경성·나남·청진·부령·무산·회령·종성·경원·경흥
❾ 굼묵[kum-muk] (함남)갑산, (함북)경성·청진
❿ 귈뚝[kwil-t'uk] (전북)김제·전주

⑪ **귀뚝**[kwi-t'uk] (전남)여수・순천・보성・강진・영암・목포・나주・광주・장성・담양・곡성, (전북)순창・정읍・김제
⑫ **게뚝**[ke-t'uk] (경남)남해
⑬ **기뚝**[ki-t'uk] (경남)하동
⑭ **내뚝**[nɛ-t'uk] (제주)성산・서귀
⑮ **구새**[ku-sɛ] (함남)안변・덕원・문천・영흥・정평・함흥・오로・신흥・홍원・북청・이원・단천・풍산・혜산, (함북)성진・길주・경성・나남・청진・부령・무산・회령・종성・경원・경흥
⑯ **구새통**[ku-sɛ-tʰoŋ] (이하 [tʰoŋ] (桶)을 붙인 말은 근대식 굴뚝이 있는 것을 말함) (황해)연안・해주・옹진・태탄・장연・은율・안악・재령・황주・서흥・신계・곡산, (함남)신고산・고원
⑰ **구사통**[ku-sa-tʰoŋ] (황해)금천
⑱ **굴통**[kul-tʰoŋ] (평남)평양, (평북)박천・영변・희천・구성・강계・자성
⑲ **내통**[nɛ-tʰoŋ] (제주)제주・대정
⑳ **연기통**[yən-giy-tʰoŋ] (연기통煙氣桶이라는 뜻) (전북)금산, (경남)거제・통영・남해, (충남)공주・강경・서천, (충북)청주・보은・영동・충주・단양
㉑ **엔기통**[en-gi-tʰoŋ] (전북)진안・무주
㉒ **연통**[yən-tʰoŋ] (경기)개성・장단・연천

70219 구들장溫堗の石床 : いしゆか

❶ **구들**[ku-dil]【「訓蒙」炕 ku-tir, 火炕 pir#tin-nɔn#ku-tir,「四聲」土炕 ku-tir,「譯語」土炕 hɔrk#ku-tir, 炕洞 ku-tor#kor-ai,「漢淸」炕 ku-tor】(전남)여수・보성, (경남)양산・김해・하동・거창・합천・창녕・밀양, (경북)대구・고령・김천・의성・예천・영주・안동・청송, (충남)공주・강경・서천・홍성・천안, (충북)청주・보은・영동・충주・단양

❷ **구둘**[ku-dul] (경남)울산・마산・거제・통영・진주・남해・함양, (경북)영천・포항・영덕

❸ 구덜[ku-dəl] (경남)동래 · 부산

70220 온돌방溫堗の部屋

❶ 방[paŋ] (「첩해捷解」 새의 날개를 겹쳐서 만든 방이) 대다수 지방
❷ 구들[ku-dil] 【「松屋筆記」 면장眠藏구쓰로. 寶歷六年 津輕 船頭朝鮮江原道漂流記 중에 「굴로窟爐로 들어오시옵소서」라 말한다】 (제주)제주 · 성산 · 서귀 · 대정
❸ 구둘[ku-dul] (경기)경성 · 개성, (강원)양양 · 강릉 · 삼척, (경북)울진 · 평해, (황해)금천 · 해주 · 태탄 · 장연 · 은율 · 안악 · 재령 · 서흥 · 수안

70221 처갓집妻の家

❶ 가시집[ka-si-ǰip] (함남)단천, (함북)나남 · 부령
❷ 가스집[ka-si-ǰip] (함남)홍원 · 북청, (함북)성진 · 길주 · 경성 · 청진 · 무산 · 회령 · 종성 · 경흥

70222 정거장停車場

❶ 깔징깨[k'al-čiŋ-k'ɛ] 【러시아어 карточка(까르또치까:의미 불명)의 전용轉用】 (함북)나남

70223 정거장停車場

❶ 걷돌[kət-tol] 【러시아어 контора(깐또라:역참)의 전용轉用】 (함북)성진 · 길주 · 경성 · 나남 · 청진 · 부거 · 부령 · 무산 · 회령 · 종성 · 경원(부령에서는 특히 건널목으로, 회령에서는 정차장停車場 혹은 철로鐵路의 분기점分岐點을 뜻함.)

70224 변소便所

❶ 되깐[tiy-k'an] (전북)군산, (충남)공주 · 강경 · 부여 · 홍산 · 청양 · 서천 · 남포 · 보령 · 광천 · 홍성 · 해미 · 서산 · 갈산 · 오천 · 예산 · 천안 · 조치원, (충북)청주 · 보은 · 영동 · 충주 · 단양, (평남)평양

❷ 북간[puk-kan] (전북)정읍・김제・전주(부인 용어)・임실
❸ 서각[sə-gak] (황해)황주
❹ 소막간[so-mak-kan] (충남)공주・강경・부여・홍산・청양・남포・보령・광천・홍성・해미・서산・오천・천안・조치원
❺ 똥수깐[t'oŋ-su-k'an] (함북)성진・길주・청진
❻ 동수깐[toŋ-su-k'an] (전북)남원・군산・전주・임실, (충남)공주・강경・부여・홍성・남포・천안・조치원
❼ 똥시깐[t'oŋ-si-k'an] (충북)청주・보은・영동
❽ 동시깐[toŋ-si-k'an] (전북)정읍・김제, (충남)공주・강경・서천
❾ 껑낭[k'yəŋ-naŋ] (평북)희천・강계・자성・후창
❿ 구세[ku-se] (경남)거제・통영
⓫ 재통[čɛ-tʰoŋ] (평북)박천・영변・구성
⓬ 쩡양깐[č'əŋ-yaŋ-k'an] (함남)홍원・북청
⓭ 돋통[tot-tʰoŋ] (제주)서귀
⓮ 돋통시[tot-tʰoŋ-si] (제주)성산
⓯ 즉간[čik-kan] (전남)순천
⓰ 직간[čik-kan] (충남)공주・강경・서천
⓱ 측간[čʰik-kan] (함북)경성・무산・회령・종성・경흥
⓲ 측실[čʰik-sil] (함남)신고산・안변・덕원・문천・고원・영흥・정평・함흥・오로・신흥・홍원・북청・이원・풍산・갑산・혜산, (평북)자성(인삼채취자의 은어)
⓳ 측슬[čʰik-sil] (함남)북청
⓴ 칙간[čʰik-kan] (전남)목포・장성・담양, (전북)남원・순창・정읍・김제・전주・임실, (함남)단천
㉑ 통시[tʰoŋ-si] (제주)제주・성산・서귀・대정, (전남)여수・강진・목포, (전북)남원, (경남)양산・동래・부산・김해・마산・거제・진주・남해・하동・거창・합천・창녕・밀양, (경북)대구・고령・김천・의성・예천・안동・영주・청송

㉒ 통세[tʰoŋ-se] (전남)순천·영암, (경남)통영
㉓ 통구시[tʰoŋ-gu-si] (경남)마산
㉔ 드나기깐[ti-na-gi-kʼan] (인삼채취자의 은어)(함남)풍산·혜산(변소에 가는 것을 [ti-na-gi-kʼan#ča-in-da]라고 한다.)
㉕ 드내실[ti-nɛ-sil] (인삼채취자의 은어)(함남)풍산
㉖ 디락시리[ti-rak-si-ri] (인삼채취자의 은어)(평북)자성
㉗ 분간[pun-gan] (인삼채취자의 은어)(함북)명천

70225 뜰庭 (뜰과 마당의 의미영역이 다르다)

❶ 뜰[tʼil] (경북)예천·안동·영주·청송·울진·평해, (충남)공주·강경·서천·홍성·천안, (충북)청주·보은·영동·충주·단양, (강원)양양·강릉·삼척
❷ 뜨럭[tʼi-rək] (경북)김천·예천·영주
❸ 마당[ma-daŋ] (경남)울산·양산·동래·부산·김해·마산·거제·통영·진주·남해·함양·거창·합천·창녕·밀양, (경북)영천·포항·영덕·대구·고령·의성·청송·울진·평해, (충남)공주·강경·서천, (충북)청주·보은·영동·충주·단양, (강원)양양·강릉·삼척
❹ 니이[ni-i] (제주)제주
❺ 이이[i-i] (제주)성산
❻ 이히[i-hi] (제주)서귀·대정

70226 두지木材の樻 (다량의 쌀을 넣는다)

❶ 뒤지[twi-ji] (전남)장성·담양, (전북)순창·정읍·김제·전주, (경기)연천, (황해)해주, (함남)신고산·안변·고원
❷ 뒤주[twi-ju] (경기)경성
❸ 두지[tu-ji] (제주)제주·성산·서귀·대정, (전북)남원, (경기)개성·장단, (황해)금천·연안·옹진·태탄·장연·은율·재령·서흥·신계·수안·

곡산, (함남)덕원 · 문천 · 홍원 · 북청 · 단천, (함북)성진 · 길주 · 경성 · 나남 · 청진 · 부령 · 무산 · 회령 · 종성 · 경흥
❹ 발궤[pal-kwe] (나무로 만든 궤櫃의 일종)(제주)대정

70227 불무깐鍛冶場

❶ 대장깐[tɛ-čaŋ-k'an] (함남)홍원, (함북)경성 · 나남 · 청진 · 부령 · 무산
❷ 얘장깐[yɛ-čaŋ-k'an] (함남)북청 · 단천, (함북)성진 · 길주 · 경성 · 나남 · 부령 · 회령 · 종성 · 경흥

70228 제방堤防

❶ 둑[tuk] (경기)경성
❷ 둘[tul] (경남)울산

70229 임시로 만든 집假小屋

❶ 동연[toŋ-yən] (함남)혜산
❷ 동여니[toŋ-yə-ni] (함북)명천
❸ 동영이[toŋ-yəŋ-i] (함남)풍산
❹ 동넌[toŋ-nən] (함남)갑산, (평북)자성
❺ 동녕은[toŋ-nəŋ-in] (평북)후창(이상 모두 인삼채취자의 은어)

70230 못釘

❶ 몯[mot] *(제주)제주 · 성산 · 서귀 · 대정, (전남)여수 · 순천 · 보성 · 강진 · 영암 · 목포 · 나주 · 광주 · 장성 · 담양 · 곡성, (전북)운봉 · 남원 · 순창 · 정읍 · 김제 · 전주 · 임실 · 장수 · 진안 · 무주 · 금산, (경남)울산 · 양산 · 동래 · 부산 · 김해 · 마산 · 거제 · 통영 · 진주 · 남해 · 하동 · 함양 · 거창 · 합천 · 창녕 · 밀양, (경북)영천 · 포항 · 영덕 · 대구 · 고령 · 김천 ·

의성·예천·안동·영주·청송·울진·평해, (충남)공주·강경·서천·
홍성·천안, (충북)청주·보은·영동·충주·단양, (경기)경성·개성·
장단·연천, (강원)양양·강릉·삼척, (황해)연안, (함남)신고산·안변·
덕원·고원·홍원·북청·단천·갑산·혜산, (함북)성진·길주·명천·
경성·나남·청진·부령·무산·회령·종성·경원·경흥

② **모디**[mo-di] *(함북)길주·경성·청진·회령·종성·경원·경흥
③ **모지**[mo-ji] *(함남)북청·풍산, (함북)무산
④ **모다구**[mo-da-gu] (황해)안악·황주·수안·곡산, (함남)신고산·안변·
덕원·고원, (평남)평양, (평북)박천·영변·희천·구성·강계·자성·후
창
⑤ **모다귀**[mo-da-gwi] (황해)금천·해주·옹진·태탄·장연·은율·재령·
황주·서흥·신계, (함남)문천·영흥·단천
⑥ **모다기**[mo-da-gi] (함남)정평·함흥·오로·신흥·홍원·북청·풍산·갑
산·혜산, (함북)성진
⑦ **여남**(몯)[yə-nam-(mot)] *(함남)정평·함흥·오로·신흥·홍원·이원
⑧ **여내미**[yə-nɛ-mi] (함남)정평
⑨ **왜몯**[wɛ-mot] (큰 것)*(전북)장수·무주·금산
⑩ **애몯**[ɛ-mot] (큰 것)*(전남)곡성, (전북)임실
⑪ **콩쟁이**[kʰoŋ-jɛŋ-i] (굽은 것)(제주)제주·성산·서귀·대정

70231 마루板間·緣 : えん

① **마루**[ma-ru] 【「譯語」地唐板·地坪板 ma-ru, 「漢淸」地坪 ma-ru】(전남)광주, (경
남)마산·거제·통영, (경북)영천·고령, (충남)홍성·천안, (충북)청주·
보은·충주, (경기)경성, (강원)양양·강릉·삼척, (함남)홍원·북청·단
천, (함북)성진·길주·경성·나남·청진·부령·무산·회령·종성·경
원·경흥·웅기

❷ 마룽[ma-ruŋ] (전남)장성・담양, (전북)운봉・남원・순창・전주・임실・장수・진안・금산, (충남)강경

❸ 마룽캉[ma-ruŋ-kʰaŋ] (전북)정읍・김제

❹ 마리[ma-ri] (제주)제주・성산・서귀・대정, (전북)무주, (경남)울산・양산・동래・부산・김해・진주・함양, (경북)포항・영덕・대구・고령・김천・의성・예천・안동・영주・청송, (충남)공주・서천, (충북)영동・단양

❺ 마래[ma-rɛ] (경북)울진

❻ 말래[mal-lɛ] (전남)곡성

❼ 말레[mɑl-le] (전남)순천・보성・강진・영암・나주

❽ 말리[mɑl-li] (전남)여수, (경남)하동

❾ 물리[mul-li] (전남)목포

❿ 구팡[ku-pʰaŋ] (함남)신고산・안변・덕원・문천・고원・영흥・정평・함흥・오로・홍원・북청・단천, (함북)성진・길주・경성・나남・청진・부령・무산・회령・종성・경원・경흥・웅기(지방에서는 [ma-ru], [ma-ri] 등 '마루방'을 [čhaŋ] '대청廳・방'과 같은 의미로 사용하는 곳이 있다.)

▪▪▪ 70232 창문障子窓 (좌우로 여는 것, 미닫이)

❶ 미다지[mi-da-ji] (경기)경성・장단, (황해)금천・연안・해주・옹진・태탄・장연・은율・안악・재령・서흥・신계・수안・곡산

❷ 밀창[mil-čʰaŋ] (함남)신고산・안변・덕원・문천・고원・영흥・정평・함흥・오로・신흥・홍원・북청・이원・풍산・갑산・혜산

❸ 밀짱문[mil-č'aŋ-mun] (황해)수안

❹ 열창[yəl-čʰaŋ] (경기)연천

❺ 영창[yəŋ-čʰaŋ] (경기)경성

▪▪▪ 70233 작은 창문小窓 (벽에 뚫은 것)

❶ 바라지[pa-ra-ji] 대다수의 지방

❷ **바라디**[pa-ra-di] (평남)평양, (평북)박천·영변·구성(평북 중에서도 희천에서는 [pa-ra-ji]라 한다.)

70234 부엌臺所 (지방에 따라 밥 짓는 아궁이라고도 한다)

❶ **부엌**[pu-ək] 【「東醫」百草霜 o-ran#pi-ək#ə-kui-iəis-kəm-kəm-tɔi-iəŋ】 *(전남)영광, (전북)김제·임실, (경북)예천, (충남)공주·강경·서천·홍성·천안, (충북)영동, (경기)경성·장단·연천, (황해)금천·연안·해주·서흥·신계, (함남)북청

❷ **부엌개**[pu-ək-kɛ] (처격형인지 불명확함)(함남)정평·함흥·오로·신흥·홍원·북청·이원·풍산·갑산·혜산

❸ **부얻개**[pu-ət-kɛ] (처격형인지 불명확함)(함남)홍원·북청·단천

❹ **베역**[pe-yək] *(황해)은율

❺ **비억**[pi-ək] *(평북)구성

❻ **비역**[pi-yək] *(경기)개성, (황해)해주·옹진·태탄·장연·은율·재령·신계·수안·곡산

❼ **벅**[pək] *(전북)전주, (경북)영주·청송·울진·평해, (충북)청주·보은·충주·단양, (강원)양양·강릉·삼척, (함남)신고산

❽ **벡**[pek] *(평남)평양, (평북)박천·영변·구성

❾ **벽**[pyək] (황해)황주·안악

❿ **벅개**[pək-kɛ] *(함남)안변·덕원

⓫ **벡개**[pek-kɛ] *(함남)문천·고원·영흥

⓬ **벡게**[pek-ke] *(평북)희천·강계·자성·후창

⓭ **부석**[pu-sək] *【「訓家」庖·廚·竈 pi-zək, 「類合」(萬曆) 廚·竈 pi-zək】(전남)돌산·여수·광양·함평·장성·담양·옥과·곡성·구례, (전북)운봉·남원·순창·정읍·임실·장수·진안·무주·금산, (경남)울산·동래·부산·김해·마산·거제·통영·진주·남해·하동·함양·거창·합천·창녕·밀양, (경북)포항·영덕·대구·고령·김천·의성·예천·안동·청송·울진·평해

⑭ 부삭[pu-sak] *(전남)벌교 · 고흥 · 보성 · 강진 · 해남 · 영암 · 목포 · 나주
⑮ 부알깨[pu-at-kɛ] *(전남)순천
⑯ 부숲깨[pu-sut-kɛ] *(함남)북청 · 단천, (함북)성진 · 길주 · 명천 · 경성 · 나남 · 청진 · 부거 · 부령 · 무산 · 회령 · 종성 · 경원 · 경흥 · 웅기
⑰ 부섭[pu-səp] *【杜詩」廚煙覺遠庖 pi-səp#nɔi-iəi, 庖廚 ii#mə-ro-mɔr#ar-ri-ro-ta, 初痘有一味 pi-ɔ-pii#mɔiŋ-kɔr-ra-hɔ-non#č'a-pa-nɔn#o-čik-hɔn#ma-si-io】 (전남)나주
⑱ 부삽[pu-sap] *(전남)장흥 · 완도 · 지도 · 목포
⑲ 부적[pu-jək] *(경남)울산, (경북)영천
⑳ 부직[pu-jik] *(경남)울산, (경북)영천 · 포항
㉑ 정자깐[čəŋ-ja-k'an] (인삼채취자의 은어)(함북)명천, (평북)후창
㉒ 정재[čəŋ-jɛ] *(전남)순천 · 보성 · 강진 · 영암 · 목포 · 나주 · 광주, (전북)남원 · 정읍 · 김제 · 임실
㉓ 정재시리[čəŋ-jɛ-ʒi-ri](인삼채취자의 은어)(함남)풍산
㉔ 정제[čəŋ-je] *(전북)운봉 · 남원 · 순창 · 임실 · 장수
㉕ 정지[čəŋ-ji] (제주)제주 · 성산 · 서귀 · 대정, (전남)여수 · 장성 · 담양, (전북)정읍 · 김제 · 군산 · 전주 · 진안 · 무주 · 금산, (경남)양산 · 동래 · 부산 · 김해 · 마산 · 진주 · 하동 · 거창 · 합천 · 창녕 · 밀양, (경북)고령, (함북)(인삼채취자의 은어)명천

70235 벽장壁藏 : 押入

❶ 벽장[pyək-čaŋ] (전남)순천 · 장성, (전북)정읍 · 김제 · 전주, (경북)영주 · 청송, (충남)공주 · 강경 · 서천 · 홍성 · 천안, (충북)청주 · 보은 · 영동 · 충주 · 단양, (경기)경성, (강원)강릉 · 삼척, (경북)울진 · 평해
❷ 벡장[pek-čaŋ] (제주)제주 · 성산 · 서귀 · 대정 · 강진, (전남)강진 · 영암 · 목포 · 나주 · 곡성 · 구례, (전북)운봉 · 남원 · 순창 · 임실 · 장수 · 진안 · 무주 · 금산, (경남)마산 · 거제 · 통영 · 진주 · 남해 · 하동 · 함양 · 거창, (경북)영덕

❸ 백장[pɛk-čaŋ] (경남)울산·양산·동래·부산·김해, (경북)영천·포항·예천
❹ 빅장[pik-čaŋ] (전남)여수·담양, (경남)합천·창녕·밀양, (경북)대구·고령·김천·의성·안동

70236 시렁棚 : たな

❶ 시렁[si-rəŋ] 【「訓蒙」架 sir-ɔi,「杜詩」傍架齊書帙 sir-ɔi-rɔr#pa-ra 書帙-ir#kɔ-čɔ-ki-hɔ-ko,「類合」(萬曆) 架 sir-ɔi】 (제주)성산·서귀, (전남)목포·나주·광주·장성, (전북)정읍·김제·군산·전주, (경북)영주, (충남)부여·홍산·청양·서천·남포·보령·홍성·해미·갈산·서산·예산, (경기)경성·장단·연천, (강원)철원, (황해)금천·연안·해주·옹진·태탄·장연·은율·안악·재령·서흥·신계·수안
❷ 실렁[sil-ləŋ] (경기)개성
❸ 실겅[sil-gəŋ] 【「淸文總彙」柵 sel-he】 (전남)여수·순천·보성·강진·영암·광주·담양·곡성·구례, (전북)운봉·남원·순창·임실·장수·무주·금산, (경남)울산·동래·부산·마산·진주·남해·하동·함양·거창·합천·창녕·밀양, (경북)영천·경주·포항·흥해·대구·고령·김천·의성·상주·함창·문경·예천·안동, (충남)공주·강경·남포·광천·홍성·오천·천안·조치원, (충북)청주·보은·영동·진천·괴산, (강원)통천·장전·고성·간성·양양·강릉·평강, (황해)황주·신계·곡산, (함남)신고산·안변·덕원·문천·고원·영흥·정평·신흥·홍원·북청·이원·단천·풍산·갑산·혜산, (함북)명천·경성·나남·청진·부거·부령, (평남)평양, (평북)박천·영변·구성·자성·후창
❹ 실강[sil-gaŋ] (경북)함창·문경
❺ 슬겅[sil-gəŋ] (평북)희천·강계
❻ 실건[sil-gən] (경남)양산·김해
❼ 실공[sil-goŋ] (함남)함흥·오로

⑧ 실광[sil-gwaŋ] (경북)영덕 · 청송 · 울진 · 평해, (충북)제천, (강원)영월 · 평창 · 원주 · 횡성 · 춘천
⑨ 실겅[sil-gwəŋ](경북)영주, (충북)충주, (강원)주문진 · 삼척 · 홍천 · 인제
⑩ 덕때[tək-t'ɛ] (함남)단천, (함북)성진 · 길주 · 명천
⑪ 덩때[təŋ-t'ɛ] (함북)경성 · 나남 · 청진 · 부거 · 부령 · 무산 · 회령 · 종성 · 경원 · 경흥
⑫ 선반[sən-ban] ('시렁架'과 '선반旋盤'의 의미역 불확실)(전북)무주 · 금산, (경남)마산 · 거제 · 통영

▨ 70237 살강食器棚 (식기 얹는 곳, 부엌에 있음)

❶ 살강[sal-gaŋ] (전남)순천 · 영암 · 장성 · 담양, (전북)남원 · 순창 · 정읍 · 김제 · 전주, (경남)마산 · 진주 · 남해 · 함양, (충남)공주, (충북)청주 · 보은 · 영동
❷ 살겅[sal-gəŋ] (전남)강진 · 목포 · 나주, (경남)하동
❸ 살공[sal-goŋ] (함남)문천 · 고원 · 영흥 · 정평 · 신흥
❹ 살궁[sal-guŋ] (황해)수안
❺ 실겅[sil-gəŋ] (함남)신고산 · 안변 · 덕원
❻ 사롱[sa-roŋ] (사롱[sa#roŋ]으로 표기 되어 있음)(경기)경성, (황해)신계
❼ 사룽[sa-ruŋ] (경기)장단 · 연천, (황해)해주 · 옹진 · 태탄 · 장연 · 은율 · 안악 · 재령 · 서흥
❽ 새롱[sɛ-roŋ] (황해)연안
❾ 새룽[sɛ-ruŋ] (경기)개성
❿ 시렁[si-rəŋ] (황해)금천
⓫ 당반[taŋ-ban] (황해)곡산, (함남)신고산 · 안변 · 덕원
⓬ 선반[sən-ban] (전남)순천 · 보성, (경남)거제 · 통영
⓭ 조왕[čo-waŋ] (어떤 지방에서는 '조왕신'의 의미로도 쓰임) (부엌신인 '조왕신'을 모시는 부뚜막의 의미와 구분)(제주)제주 · 성산 · 서귀 · 대정, (황해)해주 · 옹진 ·

태탄·장연·은율·안악, (함남)정평·오로·신흥·홍원·북청·이원

⑭ **주왕**[ču-waŋ] (혹 지방에 따라 '조왕신'의 의미로도 쓰임) (부엌신인 '조왕신'을 모시는 부뚜막의 의미와 구분)(경기)경성·개성·장단·연천, (황해)금천·재령·서흥

70238 사립문柴扉 (섶나무 문)

① **사리문**[sa-ri-mun] (경남)함양

② **싸리문**[s'a-ri-mun] (경기)경성·연천, (강원)양양·강릉·영월·평창·원주·횡성·홍천·인제, (평남)평양, (평북)박천·영변·희천·구성·강계·자성·후창, (함남)북청(다른 함남지방은 방언형 불명)

③ **싸리문짝**[s'a-ri-mun-č'ak] (황해)연안·황주·신계·곡산

④ **사림문**[sa-rim-mun] (경남)진주

⑤ **싸림문**[s'a-rim-mun] (황해)은율·안악

⑥ **사람문**[sa-ram-mun] (경남)거제·통영·남해

⑦ **싸룸문**[s'a-rum-mun] (충남)서천·홍성

⑧ **싸림문**[s'a-rim-mun] (원본에서는 음운이 보이지 않고, ⑤와 겹침) (충남)공주·강경·천안, (충북)영동

⑨ **새럼문**[sɛ-rəm-mun] (경남)진주

⑩ **싸리짱문**[s'a-ri-č'aŋ-mun] 【「孤山集」 sa-rip#tas-ko#sio#mə-kiə-ra(사립문을 닫고 소 먹이어라), 「交隣」 sa-rip-pčak-ur#tasčʰiə#man-ru-ə-ra(사립문을 만들어 둬라)】 (경기)장단, (황해)해주·옹진·태탄·장연

⑪ **삽장문**[sap-čaŋ-mun] 【「語錄」 笆籬 sap-č'ak-i-ra】 (경남)울산·양산·동래·부산·김해·마산·진주·거창·합천·창녕·밀양, (경북)영천·경주·포항·흥해·영덕·대구·고령·김천·의성·상주·함창·문경·예천·안동·영주·청송, (강원)영월·평창·원주·횡성·홍천·인제

⑫ **쌉짝**[s'ap-č'ak] (충북)청주·보은·영동·괴산·충주·단양·제천

⑬ **쌉장문**[s'ap-čaŋ-mun] (강원)삼척, (경북)울진·평해

⑭ 살감문[sal-kam-mun] (충남)서천
⑮ 쩡문[čʼəŋ-mun] (함남)북청
⑯ 찌기[čʼə-gi] (함남)북청·단천, (함북)성진·길주·경성·청진·경흥
⑰ 쩨기[čʼe-gi] (함남)홍원, (함북)나남·부령·무산·회령·종성

70239 석가래 椽木 : たるき

① 서까래[sə-kʼa-ɾɛ]【『訓蒙』 椽·桷·榱 siə,「內訓」椽-ɔn#siəi-ra,「杜詩」寄短椽 tiə-rɔn#siə-rɔr#pi-tʰio-ri-ra,「漢淸」椽子 čiaŋ-mak#siəs-ka-rɔi】(경남)울산·창녕, (경북)김천·안동

② 서까리[sə-kʼa-ri] ([sə-kʼa#ri]로 표기되었음)(경북)대구·의성

③ 석가래[sək-ka-rɛ] (전남)순천·장성, (전북)순창·정읍·김제·전주, (경북)고령, (충남)공주·강경·서천·홍성·천안, (충북)청주·보은·영동·충주·단양

④ 석걸[sək-kəl] (전남)강진·영암·목포·담양

⑤ 썩가래[sʼək-ka-ɾɛ] (전북)임실·장수·진안·무주·금산

⑥ 세까래[se-kʼa-ɾɛ] (전남)여수, (경남)마산·거제·통영·진주·남해·함양, (경북)울진·평해

⑦ 세까락[se-kʼa-rak] (강원)강릉·삼척

⑧ 섹가래[sek-ka-ɾɛ] (전북)남원, (경남)거창, (강원)양양

⑨ 쎅까래[sʼek-kʼa-ɾɛ] (전남)곡성, (전북)운봉, (경남)하동

⑩ 식까래[sik-kʼa-ɾɛ] (경남)합천

⑪ 헤까래[he-kʼa-ɾɛ]【「交隣」hiək-ka-rɔi-rɔr 석가래를】(경북)영주·청송

⑫ 새까래[sɛ-kʼa-ɾɛ] (경남)양산·동래·부산·밀양, (경북)예천

⑬ 새까리[sɛ-kʼa-ri] (경남)김해, (경북)영천·포항·영덕

⑭ 서리[sə-ri] (제주)제주·성산·서귀·대정

70240 신발 履ひ物 (눈 올 때의)

❶ 살피[sal-pʰi] (충북)제천, (강원)평창・홍천・인제(강원도에서 영월, 원주, 횡성 지방에는 없음.)

70241 사다리梯子 : はしご

❶ 사닥다리[sa-dak-ta-ri] 【「交隣」 sa-tak-tə-ri#nos-kho, はしごかけて(사다리 놓아서)】 (전북)군산, (충남)강경・부여・청양・남포・보령・안면도・광천・홍성・해미・갈산・서산・오천・예산・조치원
❷ 새닥다리[sɛ-dak-ta-ri] (충남)공주
❸ 새다리[sɛ-da-ri] (전북)남원・정읍・김제・임실・무주・금산
❹ 사드래[sa-di-rɛ] ([sa-di#rɛ]로 표기되어 있음)(전북)김제・전주
❺ 사작다리[sa-ĵak-ta-ri] (충남)홍산・서산
❻ 새작다리[sɛ-ĵak-ta-ri] (충남)천안

70242 대지 저택屋敷

❶ 오래[o-rɛ] 【「訓蒙」 門 mun, 俗呼門子在外爲門國語 o-rai-mun, 「千字」 門 o-rai, 「百聯」 門 o-rai, 「北塞」 門曰烏喇】 (황해)신계・곡산(황주에는 없음), (함남)(없음)(함북) 성진・길주・경성・나남・청진・부령・무산・회령・종성・경원・경흥, (평북)박천・영변・희천・구성・강계・자성・후창
❷ 우래[u-rɛ] (함북)무산・경원
❸ 우란[u-ran] (황해)금천・연안・해주・옹진・태탄・은율・안악・재령・서흥・수안, (함남)홍원・북청・단천, (함북)종성
❹ 울땅[ul-t'aŋ] (함남)북청
❺ 왠[wɛn] (함남)단천
❻ 뜨락[t'i-rak] (함남)홍원, (황해)신계・곡산

70243 근처 부근近所・隣近

❶ 오래[o-rɛ] (황해)신계・곡산, (함남)신고산・안변・덕원・문천・고원・영

홍・정평・함흥・오로・신흥・홍원・북청・이원・단천・풍산・갑산・혜산, (함북)성진・길주・명천・경성・나남・청진・부령・회령・종성・경원・경흥・웅기, (평북)박천・영변・희천・구성・강계・자성・후창

■ 70244 이웃鄰

① 니웃[ni-ut] *(평북)희천・강계・자성・후창(영변에서는 [i-ut], 희천에서는 [i-ut]이라함.)
② 이웃[i-ut] *대다수의 지방
③ 이옆집[i-yəp-(čip)] *(제주)성산・서귀
④ 이염[i-yəm] (제주)제주, (평북)강계
⑤ 이엄[i-əm] (평북)박천
⑥ 엄[əm] (평북)영변
⑦ 올래[ol-lɛ] (제주)제주・성산・서귀・대정

■ 70245 울타리籬

① 울타리[ul-tʰa-ri] 대다수의 지방
② 훌타리[hul#tʰa-ri] (전북)남원・정읍・김제・전주・임실
③ 바재[pa-jɛ]【譯語』笆籬門 pa-čɔ 門, 笆子 笆籬 pa-čo,「漢淸」荊笆墻 pa-čɔ, 夾籬笆 pa-čɔ#čʰi-ta, 柳條笆 čʰip-u-həi#skɔn#pa-čɔ,「訓蒙」笆・籬・稈 pa-čo】(경기)연천, (강원)통천・장전・고성・간성・양양・철원・평강, (함남)신고산・안변・원산・문천・고원・영흥・정평・함흥・신흥
④ 나난[na-nan] (전북)군산

■ 70246 인가人家

① 업치기[əp-čʰi-gi] (인삼채취자의 은어)(함남)풍산

■ 70247 숙소宿

❶ 칡그레[čʰit-gi-re] (인삼채취자의 은어)(함남)갑산

70248 처마끝軒端：のきば

❶ 집지스락[čip-či-si-rak] 【「訓蒙」 簷・甍 ki-sirk, 「杜詩」 入簷廻 čip-ki-sir-kəi#ti-rə# hois-to-nos-ta, 簷影 čip-ki-sirk#ki-ri-məi-nɔn, 「譯語」 房簷 čip-ki-sirk, 「漢淸」 簷 čip-ki-sirk】 (전남)강진
❷ 집시락[čip-si-rak] (전남)여수・순천, (경남)하동
❸ 집시랑[čip-si-raŋ] (전남)장성・담양・곡성, (전북)운봉・남원・순창・정읍・김제・임실・장수・진안
❹ 집지슬[čip-či-sɨl] (제주)제주・성산・서귀・대정
❺ (집)기슬카리[(čip)-ki-sɨl-kha-ri] (황해)황주, (평남)평양, (평북)박천・영변・희천・구성・강계・자성・후창
❻ (집)지스락[(čip)-či-si-rak] (전남)영암・광주
❼ (집)지시락[(čip)-či-si-rak] (전남)목포, (전북)전주
❽ 가취끝[ka-čʰwi-k'ut] *(함남)정평・함흥・오로・신흥

70249 절寺

❶ 절[čəl] 대다수의 지방
❷ 뎔[təl] 【「月印」 僧伽藍-onc#tiə-ri-ni, 「訓蒙」 寺・刹・庵 tiər, 「杜詩」 古寺 niəis-tiə-rəi, 「譯語」 寺院 tiər, 庵堂 čiə-kin#tiər, 「捷解」 寺 tiər, 「華夷」 寺 迭二, 「三才」 寺, 泥留, 「物語」 寺, てらい】 (평남)평양, (평북)박천・영변・희천・구성・강계・자성
❸ 결[kyəl] (함북)명신・종성・경원

70250 석단石垣

❶ 축담[čuk-tam] 대다수의 지방
❷ 둑담[tyuk-tam] 【「北塞記略」 墻壁曰筑】 (함북)회령・종성・경원
❸ 둑담[tuk-tam] (평북)박천・희천・강계・자성

❹ 줄담[čul-tam] (함남)홍원(čuk-tam라고도 한다.)

70251 학교學校

❶ 학교[hak-kyo] 대다수의 지방
❷ 학괴[hak-kö] (전북)돌산·여수·광양·순천·벌교·고흥·보성·장흥·해남·목포·나주·광주·장성·담양(담양에는 벌교를 [pəl-gɛ], 운교를 [un-gɛ-ri]라 한다)·옥과·곡성·구례, (전북)남원·순창·정읍·김제·군산, (충북)진천·충주, (강원)통천·고성·간성·양양·주문진·강릉·영월·평창·원주·횡성·홍천·춘천·인제, (황해)금천, (함남)문천·고원·오로·신흥·북청·혜산, (함북)명천·종성·경흥
❸ 핵고[hɛk-ko] (전남)돌산·완도·지도·해남·목포·곡성·구례, (전북)운봉·군산·임실·진안·무주·금산, (경남)울산·양산·동래·부산·김해·마산·거제·통영·진주·남해·하동·함양·거창·합천(군내 묘산면을 [mo-san-myən]이라 한다)·창녕·밀양, (경북)영천·경주·포항·홍해·영덕·대구·고령·성주·지례·김천·상주·함창·문경·예천·영주·청송·울진·평해, (함남)신고산·안변·덕원·문천·고원·영흥·정평·함흥·오로·신흥·북청·이원·단천·풍산·갑산·혜산, (함북)성진·길주·명천·부거·종성, (평남)순천·숙천·안주, (평북)박천·영변·희천·구성·정주·선천·용암·의주·강계·자성·후창
❹ 핵개[hɛk-kɛ] (전남)돌산, (경남)울산, (경북)포항·영덕·평해

70252 현판懸板 : 板の額面

❶ 현판[hyən-pʰan] 대다수의 지방
❷ 선판[sən-pʰan] (전북)남원·정읍·김제·군산·전주·임실·무주·금산, (충남)공주·강경·부여·홍산·청양·남포·보령·광천·홍성·해미·갈산·서산·오천·천안·조치원

복식服飾

80253 귓바퀴耳輪

① **귀꼬리**[kwi-k'o-ri] (경남)울산, (경북)영천·포항·고령, (충남)강경·서천, (경기)경성·개성, (황해)황주·수안·곡산, (평남)평양, (평북)박천·영변

② **귀꼴리**[kwi-k'ol-li] (제주)서귀, (전남)순천·장성·담양, (전북)순창·정읍·김제

③ **귀고리**[kwi-go-ri] (전남)여수·보성·강진·영암·목포·나주, (경북)영덕·울진·평해, (충남)공주·홍성·천안, (경기)장단·연천, (강원)양양·강릉·삼척, (황해)금천·해주·옹진·태탄·장연·은율·안악·재령·서흥·신계

④ **기고리**[ki-go-ri] (경남)김해·진주·하동·함양·거창·합천, (경북)예천

⑤ **귀사실**[kwi-sa-sil] (평북)자성

⑥ **귀영지**[kwi-yəŋ-ǰi] (평북)박천·강계·후창

⑦ **귕지**[kwiŋ-ǰi] (평북)희천·구성

⑧ **궹이**[kweŋ-i] (황해)곡산

⑨ **월개탄**[wəl-gɛ-tʰan] (함남)홍원·북청·단천, (함북)성진·길주·명천·종성·경원

⑩ **월기탕**[wəl-gi-tʰan] (함남)정평·함흥·오로·신흥·갑산·혜산, (함북)

무산 · 회령
⑪ 월게탄[wəl-ge-tʰaŋ] (함북)나남 · 부령
⑫ 월구타[wəl-gu-tʰa] (함북)부령
⑬ 타내[tha-nɛ] (황해)서흥 · 신계

■ 80254 두루막掛子 (추운지방에서 착용한다. 중국식의 의상)

❶ 구루매[ku-ru-mɛ] (추운 지방에서 착용하는 중국식 두루마기)(ku-ru-me)【「同文」外套 掛子 kʰu-ru-mə, S. M. Shirokogoroff : Psyčhomental complex of the Tungus, 1935, Kurume(Man. Sp. Writ.)-a short coat, the shaman's coat. p. 438】(함북)나남 · 부령
❷ 쿠루매[kʰu-ru-mɛ] (함북)성진 · 경성 · 청진, (평북)박천 · 영변 · 희천 · 후창
❸ 쿠루매기[kʰu-ru-mɛ-gi] (함남)갑산 · 혜산, (평북)강계 · 자성
❹ 쿠리매[kʰu-ri-mɛ] (함북)무산 · 회령 · 종성, (평북)구성
❺ 쿨루매[kʰul-lu-mɛ] (함북)길주
❻ 후루매[hu-ru-mɛ] (함남)신고산 · 안변 · 덕원 · 고원 · 신흥(덕원에서 이 말은 조선 솜이 들어간 두루마기襨[če-me-gi]라는 의미로 사용되고, 신고산 안변 고원에서는 솜옷이나 겹옷으로 사용되며, 신흥에서는 오늘 날 보통 사용하지 않는다.)

■ 80255 왜나막신下駄 (일본인內地人이 신는 나막신. 일본어에서 기원)

❶ 게다[ke-da] (제주)제주 · 성산 · 서귀 · 대정, (전남)순천 · 보성 · 강진 · 영암 · 목포 · 나주 · 장성 · 곡성, (전북)운봉 · 정읍 · 김제 · 무주, (경남)마산 · 거제 · 남해 · 하동 · 창녕, (경북)영덕 · 대구 · 김천 · 의성 · 안동 · 영주 · 청송 · 울진 · 평해, (충남)공주 · 홍성 · 천안, (충북)청주 · 보은 · 영동 · 충주 · 단양, (경기)경성 · 개성 · 장단 · 연천, (강원)양양 · 강릉 · 삼척, (황해)금천 · 연안 · 해주 · 태탄 · 장연 · 안악 · 재령 · 서흥 · 신계 · 수안 · 곡산, (함남)신고산 · 안변 · 덕원 · 문천 · 고원, (함북)나남
❷ 게달[ke-dal] (함남)북청, (함북)명천 · 경성 · 부거 · 부령

③ 게다리[ke-da-ri] (함남)함흥 · 오로 · 신흥 · 홍원 · 이원 · 혜산, (함북)경성 · 회령
④ 게자[ke-ǰa] (경남)울산 · 양산 · 김해 · 진주 · 함양 · 밀양, (경북)영천 · 포항 · 대구 · 고령, (함남)덕원 · 문천 · 고원 · 정평 · 갑산
⑤ 갠따[ken-t'a] (전북)남원 · 전주 · 임실
⑥ 겓다[ket-ta] (전남)목포 · 나주 · 구례, (전북)장수 · 진안 · 금산, (충남)서천 · 강경, (함남)영흥
⑦ 개다[kɛ-da] (경북)예천
⑧ 게자[ke-ǰa] (경남)마산 · 진주
⑨ 갸다[kya-da] (경기)연천
⑩ 겨자[kyə-ǰa] (황해)은율
⑪ 기다[ki-da] (경남)거창 · 합천, (경북)김천 · 울진
⑫ 긷다[kit-ta] (전남)여수 · 담양, (전북)순창

80256 구두靴 : くつ (일본어에서 기원)

❶ 구두[ku-du] (제주)제주 · 성산 · 서귀 · 대정, (전남)여수 · 순천 · 보성 · 강진 · 영암 · 목포 · 나주 · 광주 · 장성 · 담양 · 곡성 · 구례, (전북)운봉 · 남원 · 순창 · 정읍 · 김제 · 전주 · 임실 · 장수 · 진안 · 무주 · 금산, (경남)울산 · 양산 · 동래 · 부산 · 김해 · 마산 · 거제 · 통영 · 진주 · 남해 · 하동 · 함양 · 거창 · 합천 · 창녕 · 밀양, (경북)영천 · 포항 · 영덕 · 대구 · 고령 · 김천 · 의성 · 예천 · 안동 · 영주 · 청송 · 울진 · 평해, (충남)공주 · 강경 · 서천 · 홍성 · 천안, (충북)청주 · 보은 · 영동 · 충주 · 단양, (경기)경성 · 개성 · 장단 · 연천, (강원)양양 · 강릉 · 삼척, (황해)금천 · 연안 · 해주 · 옹진 · 태탄 · 장연 · 은율 · 재령 · 서흥 · 신계 · 수안 · 곡산
❷ 구주[ku-ǰu] (황해)은율 · 안악, (함남)신고산 · 안변 · 덕원 · 문천 · 고원 · 영흥 · 정평 · 함흥 · 오로 · 신흥 · 홍원 · 북청 · 이원 · 풍산 · 갑산 · 혜산 (문천지방에서는 [ku-ču]로 발음한다), (함북)명천 · 경성 · 나남 · 부거 · 부령 · 회

령(나남에서는 [ku-ču]로 발음한다.)

80257 끈紐 : ひ も

❶ 끈[kʼin] 【『이야기物語』에 면綿을 '끈'이라 함은 이를 말하는가】 (전남)여수・순천・보성・장성・담양, (전북)김제, (경남)진주・하동・함양, (충북)충주・단양, (경기)경성・개성・장단・연천
❷ 끈낼기[kʼin-nɛt-ki] (전북)김제, (충북)청주・보은・충주
❸ 끈내키[kʼin-nɛ-kʰi] (전북)남원・순창・전주
❹ 끈나팔[kʼin-na-pʰal] (전남)장성, (전북)순창・전주
❺ 끈나풀[kʼin-na-pʰul] (전북)남원
❻ 끈다발[kʼin-ta-bal] (전남)담양
❼ 끈다불[kʼin-ta-bul] (경남)남해
❽ 끈타불[kʼin-tʰa-bul] (경남)거제・통영

80258 깃襟 : え り

❶ 긷[kit] *(경북)예천・청송, (충남)천안, (경기)경성, (경북)울진, (강원)영월・평창・원주・횡성・홍천・인제・철원
❷ 짇[čit] (전북)남원・정읍・김제・군산・전주・임실, (경남)울산・양산・동래・부산・김해・마산・거제・통영・진주・남해・함양・거창・합천・창녕・밀양, (경북)영천・경주・포항・흥해・영덕・대구・고령・성주・지례・김천・의성・상주・함창・문경・예천・안동・영주・청송・울진・평해, (충남)공주・강경・부여・홍산・청양・서천・남포・보령・안면도・광천・홍성・해미・서산・오천・예산・천안・조치원, (충북)청주・보은・영동・충주・단양・제천, (강원)통천・장전・고성・간성・양양・주문진・강릉・삼척・영월・평창・원주・횡성・홍천・춘천・평강, (함남)안변・원산・문천・고원・영흥・정평・함흥・신흥

■ 80259 모자帽子 (관冠의 일종)

❶ **간모**[kan-mo] (전북)장수, (경남)김해・통영・남해, (충남)공주・강경・서천・홍성・천안, (충북)청주・보은・영동・충주・단양, (경기)경성・개성・장단・연천, (강원)양양, (황해)금천・연안・해주・옹진・태탄・장연・은율・안악・재령・서흥・신계・수안・곡산, (함남)신고산・안변・덕원・문천・고원

❷ **간메**[kan-me] (제주)제주・성산・대정

❸ **간뫼**[kan-mö] (제주)서귀

❹ **갈모**[kal-mo] (전남)여수・순천・보성・강진・목포・나주・광주・담양, (전북)남원・정읍・김제・전주・진안・무주・금산, (경남)울산・양산・동래・부산・마산・거제・진주・하동・함양・거창・합천・창녕・밀양, (경북)영천・포항・영덕・대구・고령・김천・의성・예천・안동・영주・청송・울진・평해, (강원)강릉・삼척, (함남)영흥・정평・함흥・오로・신흥・홍원・북청・이원・갑산・혜산

❺ **갈무**[kal-mu] (전남)영암・장성・곡성, (전북)운봉・순창・임실

❻ **갈미**[kal-mi] (경북)청송

■ 80260 호주머니ポケット

❶ **개화주머니**[kɛ-hwa#ču-mə-ni] ([kɛ-hwa]는 개화開化이나 [ču-mə-ni]는 두루주머니巾着의 의미)(경북)고령, (충남)홍성・천안, (강원)양양・강릉, (황해)안악

❷ **개와주머니**[kɛ-wa#ču-mə-ni] ([ke-wa]는 개화開化[ču-mə-ni]의 전용)(경북)영덕, (충북)청주, (황해)재령・서흥

❸ **괴와**[kö-wa] (제주)성산

❹ **괴와속**[kö-wa#sok] (제주)제주・서귀・대정

❺ **개와**[kɛ-wa] (전남)여수・보성・강진・장성・담양, (전북)남원・순창・정읍・김제, (경남)하동

❻ **개아쭘치**[kɛ-a#čum-cʰi] (경남)울산・양산・동래・부산

⑦ 개아주미[kɛ-a#ču-mi] (경북)영천
⑧ 개아통[kɛ-a-thoŋ] (경남)김해
⑨ 개쭈머니[kɛ-č'u-mə-ni] (전북)진주·김제·진안·무주, (경남)거창·합천·밀양, (경북)포항·예천·안동·영주, (충북)보은·영동
⑩ 개투머니[kɛ-tʰu-mə-ni] (강원)삼척, (경북)울진·평해
⑪ 개쭘치[kɛ-č'um-čʰi] (경남)마산·거제·통영·거창·창녕
⑫ 개주미[kɛ-ču-mi] (경북)영천
⑬ 개쭈맹이[kɛ-č'u-mɛŋ-i] (경북)의성
⑭ 개쭈멩이[kɛ-č'u-meŋ-i] (경북)대구·김천·청송
⑮ 괴아쭈머니[kö-a-č'u-mə-ni] (전남)목포·나주
⑯ 거르만[kə-ri-man] 【러시아어 карманы(까르만:주머니)】 (함남)단천, (함북)나남·부령·무산
⑰ 거르마니[kə-ri-ma-ni] (함북)성진·길주·명천·경성·청진·부거
⑱ 거리마니[kə-ri-ma-ni] (함남)풍산·갑산·혜산, (함북)회령·종성·경원·경흥
⑲ 컬라니[kʰəl-la-ni] (함남)단천(대부분은 군내의 시골에서.)
⑳ 거르망[kə-ri-maŋ] (함남)문천·영흥(서당에 다니는 아동의 밥을 넣어 다니는 것)·이원
㉑ 거르망이[kə-ri-maŋ-i] (함남)함흥(천가방)·오로(옛 고풍의 가방)·홍원
㉒ 곁집[kyət-čip] *(평북)박천
㉓ 겐집[ket-čip] *(평북)구성
㉔ 안집[an-ǰip] *(황해)은율·안악
㉕ 거지[kə-ǰi] (황해)해주·옹진·태탄·재령
㉖ 괴비[kö-bi] (전남)여수·순천·보성·강진·영암·목포·장성·담양·곡성, (전북)운봉·남원·순창·정읍·김제·임실·장수
㉗ 게비[ke-bi] (경남)하동
㉘ 기비[ki-bi] (경남)합천

㉙ **개비**[kɛ-bi] (경남)거제(거제에서는 [t'ək-kɛ-bi]라고도 한다. [t'ək]은 떡의 의미임)·통영·진주·남해·함양
㉚ **그랑**[ki-raŋ] (충남)서천
㉛ **더붇치**[tə-but-čʰi] (황해)서흥
㉜ **마구자**[ma-gu-ǰa] (경남)진주
㉝ **봉창**[poŋ-čʰaŋ] (전북)금산, (충남)공주·강경·서천·홍성·천안, (충북)청주·보은·영동
㉞ **주머니**[ču-mə-ni] (경기)경성·장단·연천, (황해)금천·황주, (평남)평양
㉟ **엽차게**[yəp-čʰa-ge] (경기)개성, (황해)장연·은율·황주·서흥·수안, (경남)신고산·안변·덕원·문천·고원·영흥·정평·함흥·오로·신흥·홍원·북청·이원·풍산·갑산·혜산
㊱ **엽차기**[yəp-čʰa-gi] (강원)양양
㊲ **넙차게**[nəp-čʰa-ge] (평남)평양, (평북)박천·영변·구성
㊳ **호주머니**[ho-ču-mə-ni] ([ho]는 호狐, [ču-mə-ni]는 '두루 주머니, 염낭'의 의미임)(충남)강경·서천, (충북)청주·충주·단양, (경기)경성
㊴ **호랑**[ho-raŋ] (호낭胡囊 [ho-na,ŋ])(전남)강진·영암, (경남)남해, (경북)의성, (충남)강경·서천·홍성
㊵ **호랑이**[ho-raŋ-i] (전남)목포
㊶ **홍복**[hiŋ-bok] (평북)후창
㊷ **홍보**[hiŋ-bo] (평북)희천·강계·자성

80261 구두革靴

❶ **가죽신**[ka-ǰuk-sin] (전북)김제, (경남)양산·부산·김해·거제·거창·합천·창녕·밀양, (경북)대구·고령·김천·의성·예천·안동·영주·청송·울진·평해, (충남)공주·강경·서천·홍성·천안, (충북)청주·보은·영동·충주·단양, (강원)양양·강릉·삼척
❷ **까죽신**[k'a-ǰuk-sin] (경남)동래·마산·진주·남해

③ 갇죽신[kat-čuk-sin] (경남)울산, (경북)영천·포항·영덕
④ 까죽구두[k'a-juk#ku-du] (경남)통영·남해
⑤ 갓신[kas-sin] (경남)남해, (충남)공주, (함남)홍원·북청·단천, (함북)성진·길주·경성·나남
⑥ 갇친[kat-čʰin] (전남)곡성, (경남)부산·마산·거제, (충남)공주
⑦ 깟신[k'as-sin] (전북)임실·장수·진안, (함북)청진·회령·종성·경원·경흥
⑧ 깓진[k'at-čin] (전남)장성·담양, (전북)운봉·남원·순창·정읍·전주·무주·금산
⑨ 깓친[k'at-čʰin] (경남)하동
⑩ 깟신[k'as-sin] (전남)보성·강진·영암(⑦번 항과 동일함)
⑪ 까친[k'a-čʰin] (전남)목포·나주
⑫ 각신[kak-sin] (함북)부령·무산
⑬ 깔쩐[k'al-č'in] (경남)거제
⑭ 깔친[k'al-čʰin] (전남)여수

80262 털모자毛帽 (개털 등으로 만든 방한용 모자)

① 감투[kam-tʰu] (전남)여수·순천·보성·강진·영암·목포·나주(이상 전남 각 지방에서는 곰털로 만든 목출모目出帽의 의미임), (전북)임실(다른 지방에서는 없음), (경남)양산·동래·거창, (경북)고령, (충남)강경(이 지방에서는 탕건宕巾을 의미한다)·홍성, (강원)양양(다른 지방에서는 없음.)
② 감토[kam-tʰo] (전북)금산, (경남)부산·진주·밀양, (경북)예천
③ 감틔[kam-tʰiy] (제주)제주·성산·서귀·대정, (경남)합천·창녕
④ 아마구[a-ma-gu] (전남)나주

80263 고무신ゴム靴

① 고로시[ko-ro-si] 【러시아어 галоша(갈로샤:방수덧신)의 복수형인 галоши(갈로쉬:방

수덧신)을 썼을 가능성이 있음】 (함남)함흥(근래에는 사용하지 않음.)

❷ **골로:시**[kol-ro:-si] (함남)홍원·북청·이원·단천·갑산(이원·갑산에는 근래 사용하지 않음), (함북)성진·길주·경성·청진·무산·회령·종성·경원·경흥,

❸ **골로:신**[kol-ro:-sin] ([sin]은 조선어 신발의 의미인데 [sin]에서 유추하여 이름이 붙은 것) (함남)안변·덕원·영흥(근래에는 사용하지 않음), (함북)명천·나남·부거·부령

■ 80264 모자笠

❶ **우대:소니**[u-dɛ-so-ni] (산삼채취자의 은어)(함남)풍산, (평북)강계·자성

■ 80265 나막신木履

❶ **나막개**[na-mak-kɛ] (인삼채취자의 은어)(전남)순천·보성·강진·나주·광주·장성·담양, (경남)진주·하동·함양·거창·합천·창녕, (경북)고령, (충남)서천

❷ **나막신**[na-mak#sin] (제주)제주, (전남)여수·보성·강진·영암·목포·나주, (전북)장수, (경남)양산·동래·부산·김해·마산·거제·통영·진주·남해·밀양, (경북)영천·영덕·대구·김천·예천·안동·영주·울진·평해, (충남)서천·홍성·천안, (충북)단양, (경기)경성·장단·연천, (강원)양양·강릉·삼척, (황해)금천·연안·해주·옹진·태탄·장연·안악·재령, (함남)신고산·안변·덕원·문천·고원·영흥

❸ **남박신**[nam-bak#sin] (황해)은율

❹ **나목개**[na-mok#kɛ] (충남)홍성

❺ **나목신**[na-mok#sin] (함남)북청

❻ **나묵개**[na-muk-kɛ] (전남)곡성, (전북)운봉·남원·순창·정읍·김제·전주·임실·장수·진안·무주·금산, (충남)공주·강경, (충북)청주·보은·영동·충주

❼ **나무신**[na-mu#sin] (전남)광주, (경남)울산, (경북)포항·청송, (충남)홍성·천안, (함남)정평·함흥·오로·신흥·홍원·이원
❽ **나묵신**[na-muk#sin] (경북)의성·청송
❾ **남신**[nam-sin] (제주)제주·성산·서귀·대정
❿ **목신**[mok-sin] (충남)홍성
⓫ **걱뛰기**[kək-twi-gi] (경기)개성, (함남)풍산·갑산·혜산
⓬ **걷두기**[k'ət-tu-gi] (황해)해주·옹진·황주·서흥·신계·수안·곡산, (평남)평양, (평북)박천·영변·희천·구성·강계·자성·후창

80266 양말靴下：くつした

❶ **양말**[yaŋ-mal] (양말洋襪의 뜻)(제주)제주·성산·서귀·대정, (전남)순천·광주·장성·담양·곡성, (전북)운봉·순창·정읍·김제·장수·진안·무주, (경남)마산·통영, (경북)포항·고령·예천·안동·영주·울진·평해, (충남)공주·강경·서천·홍성·천안, (충북)청주·보은·영동·충주·단양, (경기)경성·개성·장단·연천, (강원)양양·강릉·삼척, (황해)금천·연안·해주·옹진·태탄·장연·재령·안악, (함남)북청, (함북)명천·부거·회령

❷ **양발**[yaŋ-bal] ([bal]은 조선어 발足의 의미이며, [pal]에서 유추하여 이름이 붙어진 것) (전남)곡성·구례, (전북)남원(무학자無學者의 말)·임실·금산, (경남)남해, (경북)영덕·대구·김천·의성·청송, (충남)공주·강경·서천·천안, (충북)보은·영동, (황해)은율·안악

❸ **보선**[po-sən] (본래 조선 버선의 의미)(전남)영광·곡성, (전북)남원·임실·무주·금산

❹ **보손**[po-son] (전남)돌산

❺ **보순**[po-sun] (전남)장흥·해남

❻ **보신**[po-sin] ([sin]은 조선어 신발의 의미인데 [sin]에서 유추하여 이름이 붙어진 것) (전남)돌산·광양·순천·벌교·고흥·장흥·해남·함평·광주·옥과·

곡성 · 구례

❼ **버선**[pə-sən] (경남)남해, (경북)영천, (충남)강경 · 서천 · 홍성 · 천안, (함남)북청

❽ **다비**[ta-bi] (일본어의 다비(足袋)에서 유래)(전남)여수 · 순천 · 보성 · 강진 · 영암 · 목포 · 나주 · 광주 · 장성, (경남)양산 · 동래 · 부산 · 김해 · 마산 · 거제 · 통영 · 진주 · 남해 · 하동 · 함양 · 거창 · 합천 · 창녕 · 밀양, (경북)영천 · 포항 · 영덕 · 대구 · 고령 · 김천 · 의성 · 청송 · 울진 · 평해, (경기)장단, (강원)양양 · 강릉 · 삼척, (황해)옹진 · 태탄 · 장연 · 은율 · 안악 · 재령 · 서흥, (함남)신고산 · 안변 · 덕원 · 문천 · 고원 · 영흥, (함북)경성 · 나남 · 부거 · 부령

❾ **대비**[tɛ-bi] (제주)제주 · 성산 · 서귀 · 대정, (황해)신계 · 수안 · 곡산

80267 다리髢 : かもじ

❶ **둘위**[tɔl-wi] 【『訓蒙』髢 · 髢 [tɔr-oi], 「譯語」梳頭髮 tɔr-oi#pis-ki-ta, 「譯譜」假髮 tɔ-rɔi, 「交隣」髢 tɔr-nai】 (제주)제주 · 성산 · 서귀 · 대정

❷ **다루**[ta-ru] (전남)목포, (전북)김제 · 전주 · 임실 · 장수 · 진안 · 무주 · 금산, (충남)공주 · 강경 · 서천, 평북(구성)

❸ **다래**[ta-rɛ] (경기)경성 · 장단, (황해)금천 · 연안 · 해주 · 옹진 · 태탄 · 장연 · 은율 · 안악 · 재령 · 황주 · 서흥 · 신계 · 수안, (평남)평양, (평북)박천

❹ **다리**[ta-ri] (전남)보성 · 강진 · 영암 · 나주 · 광주 · 장성 · 담양 · 곡성, (전북)남원 · 순창 · 정읍, (경북)안동 · 영주 · 청송, (충남)홍성 · 천안, (충북)충주 · 단양 · 제천, (강원)영월 · 원주 · 횡성 · 춘천 · 철원, (평북)영변 · 희천 · 강계

❺ **다리꼽지**[ta-ri#k'op-či] (경기)연천

❻ **달래**[tal-lɛ] (경기)개성

❼ **다뱅이**[ta-bɛŋ-i] (경남)거창

❽ **달비**[tal-bi] (전남)순천 · 곡성 · 구례, (전북)운봉, (경남)울산 · 양산 · 동

래・부산・김해・마산・거제・통영・진주・남해・하동・함양・합천・창녕・밀양, (경북)영천・포항・영덕・대구・고령・김천・의성・예천・청송・울진・평해, (충남)천안, (충북)청주・보은・영동, (강원)통천・장전・고성・간성・양양・주문진・강릉・삼척・영월・평창・홍천・인제, (황해)곡산, (함남)신고산・안변・덕원・문천・고원・영흥・정평・함흥・오로・신흥・홍원・북청・이원・단천・풍산・갑산・혜산, (함북)성진・길주・명천・경성・나남・청진・부거・부령・무산・회령・종성・경원・경흥・웅기, (평북)자성・후창

80268 다로기鞜子鞋 (우피 등으로 만든 중국식 신발)

❶ 다루기[ta-ru-gi] 【「北塞記略」 孔州(慶興)風土記의 條,「地宜麻織細布, 無綿臬 不蠶桑 衣袴用狗皮 襪用牛革 長沒脛 名曰多路岐 不着鞋」,「同文」 兀刺 tɔ-ro-ki,「課程」 兀刺 tɔr-o-ki,「漢淸」 鞜子鞋 tɔ-ro-ki,「才物」 兀刺靴 tor-ho-ki,「러한사전」ブツィロ tor-o-ki,「華夷」襪鞋譯語鞋 察魯】 (평북)박천・희천・강계・자성・후창

❷ 도레기[to-re-gi] (함남)이원・단천・갑산, (함북)명천

❸ 도로기[to-ro-gi] (함남)홍원・북청・풍산・혜산, (함북)청진・종성・경원・경흥

❹ 도록신[to-rok-sin] ([sin]은 신발의 의미임) (함북)청진

❺ 도뢰기[to-rö-gi] (함북)성진・길주・경성・나남・부령・무산・회령

80269 두루막周衣

❶ 두루막[tu-ru-mak] (경남)울산・마산・진주, (경북)영천・영덕・대구・청송

❷ 두루마기[tu-ru-ma-gi] (충남)공주・강경・홍성・천안, (충북)청주・보은・영동・충주・단양, (강원)양양・강릉・삼척・인제, (경북)울진・평해, (황해)금천・연안・해주・옹진・태탄・장연・안악・재령・황주・서흥・신계・수안・곡산, (평남)평양, (평북)박천・영변・희천・구성・강계・자성・

후창

③ **두루매기**[tu-ru-mɛ-gi] (제주)제주・성산・서귀・대정, (전남)순천・강진・영암・목포・나주・광주・장성・담양・곡성, (전북)운봉・남원・순창・정읍・김제・전주・임실・장수・진안・무주・금산, (경남)양산・동래・부산・김해・거제・통영・남해・하동・함양・거창・합천・창녕・밀양, (경북)포항・고령・김천・의성・예천・안동・영주, (경기)경성・개성・장단・연천, (함남)신고산・안변・덕원・문천・고원・영흥・홍원・북청・단천, (함북)성진・길주・경성・나남・부령

④ **후루마기**[hu-ru-ma-gi] (제주)제주(제주에서는 솜을 넣어 만든 두루막을 [tu-ru-mɛ-gi], 홑겹으로 만든 두루막을 [hu-ru-ma-gi]라 함.)

⑤ **후루매기**[hu-ru-mɛ-gi] (전남)영암・목포・나주・광주・담양, (전북)순창・정읍・김제, (경북)영주・울진・평해, (충남)공주・강경・서천・홍성・천안, (충북)청주・보은・영동・충주・단양, (강원)양양・강릉・삼척

⑥ **후루매**[hu-ru-mɛ] (충남)천안, (경기)연천

⑦ **후리매**[hu-ri-mɛ] (제주)성산・서귀・대정(이상의 지방에서는 솜을 넣어 만든 두루막을 [tu-ru-mɛ-gi], 홑겹으로 만든 두루막을 [hu-ri-mɛ]라 함.)

⑧ **행이**[hɛŋ-i] (전북)임실(홑겹으로 된 두루막.)

⑨ **두룽**[tu-ruŋ] (함북)무산

⑩ **두루지**[tu-ru-ǰi] (함남)신고산・안변・덕원・문천・고원・영흥・정평・함흥・홍원・북청・이원・풍산・갑산・혜산, (평북)박천・영변・강계・자성・후창

⑪ **두렝이**[tu-reŋ-i] (함남)정평・오로・신흥

⑫ **장오시**[čaŋ#o-si] (주격형)(함북)경성(노인어)・청진

⑬ **창오시**[čʰaŋ-o-si] (대부분 홑겹을 말한다)(주격형)(함남)북청・단천, (함북)성진・길주・무산・회령・종성・경원・경흥

⑭ **천의**[čʰən-iy] (황해)은율

⑮ **주의**[ču-iy] (평남)중화・순천・숙천・안주, (평북)정주・선천・용암・의주

⑯ 주이[ču-i] (강원)원주・홍천
⑰ 둔자[tun-ja] (경기)개성, (황해)안악・재령・서홍・수안

■ 80270 다님足紐 (발목에 바지의 아랫부분을 묶는 천으로 만든 끈)

❶ 다님[ta-nim] (제주)제주・성산・서귀, (경기)경성, (황해)해주・옹진・태탄
❷ 다님#맥기[ta-nim-mɛk-ki] (황해)금천
❸ 다임[ta-im] (경남)동래・부산・김해
❹ 단님[tan-nim] (전남)광주, (전북)남원, (경남)양산・진주・거제・통영・거창・합천・창녕・밀양, (경북)대구
❺ 대님[tɛ-nim] (경기)경성・장단・연천
❻ 대님#맥기[tɛ-nim#mɛk-ki] (경기)개성
❼ 댄님[tɛn-nim] (전남)여수・순천・보성・강진・영암・목포・장성・담양・곡성・구례, (전북)운봉・순창・정읍・김제・임실・장수・진안・무주・금산, (경남)남해・하동・함양, (경북)김천, (충남)강경・서천, (충북)영동・충주・단양, (강원)양양・강릉・삼척
❽ 다림[ta-rim] (제주)제주・대정
❾ 다림맥기[ta-rim#mɛk-ki] (경기)개성, (황해)수안
❿ 다리매[ta-ri-mɛ] (함남)문천・고원・영흥・정평・신흥・북청
⑪ 다리매기[ta-ri#mɛ-gi] (함남)안변
⑫ 다리맹이[ta-ri-mɛŋ-i] (함남)덕원
⑬ 다리막기[ta-ri#mak-ki] (황해)연안
⑭ 다리맥기[ta-ri#mɛk-ki] (황해)신계・곡산
⑮ 다르매[ta-ri-mɛ] (함남)홍원
⑯ 다루매기[ta-ru#mɛ-gi] (함남)신고산
⑰ 달조암매[tal-čo#am-mɛ] (함남)정평・신흥
⑱ 달좌매[tal-čwa-mɛ] (함남)함흥・오로

⑲ 고맥기[ko-mɛk-ki] (황해)해주·옹진·태탄·장연·은율·안악·재령·서흥·신계·곡산
⑳ 꼳대미[k'ot-tɛ-mi] (전남)나주·장성·담양, (전북)순창·정읍·김제·전주
㉑ 가붇댕이[ka-but#tɛŋ-i] (경남)울산·양산·김해·진주·거창, (경북)영천·대구·의성
㉒ 가불땡이[ka-bul#t'ɛŋ-i] (경북)청송
㉓ 갑땡이[kap#t'ɛŋ-i] (경남)동래·부산·합천·창녕·밀양, (경북)포항
㉔ 갑띵이[kap#t'iyŋ-i] (경남)마산, (경북)영덕
㉕ 꼽땡이[k'op#t'ɛŋ-i] (경남)거제·통영
㉖ 발땡이[pal#t'ɛŋ-i] (경북)안동
㉗ 받땡이[pat-t'ɛŋ-i] (경북)예천·영주·청송·울진·평해
㉘ 재님[čɛ-nim] (경기)연천
㉙ 잰님[čɛn-nim] (전북)금산, (충남)공주·홍성·천안, (충북)청주·보은

■ 80271 댕기リボン (여자아이들 머리 묶는 것)

❶ 댕이[tɛŋ-i] (함북)나남·부령·무산·회령
❷ 머리때[mə-ri#t'ɛ] (함남)홍원·북청·단천, (함북)성진·길주·경성·청진·부령·무산
❸ 멀때[məl-t'ɛ] (함북)경흥

■ 80272 방한모防寒帽 (털실 등으로 짜서 머리와 이마부분을 감싸 양 눈만을 노출하는 것)

❶ 감투[kam-tʰu](본래 개털로 만든 방한모. 털모자毛帽의 항목 참조) (전남)곡성
❷ 감토[kam-tʰo](앞의 항목과 같음) (전북)장수·진안
❸ 메다시[me-da-si] (함남)안변
❹ 목출모[mok-čʰul-mo](목출모目出帽의 한국식 한자음) (경기)경성, (황해)금천·

연안 · 해주 · 옹진 · 신계 · 수안 · 곡산, (함남)고원 · 영흥

⑤ **목출모자**[mok-cʰul#mo-ja] (눈을 드러내는 목출모目出帽를 조선 글자로 읽은 것)(황해)태탄 · 장연 · 은율 · 안악 · 재령 · 서흥

⑥ **아마위**[a-ma-wi] (경기)개성 · 장단 · 연천

⑦ **아마구**[a-ma-gu] (전북)운봉 · 임실 · 무주

⑧ **털모자**[tʰəl#mo-ja] (털모자毛帽子의 의미) (함남)영흥

⑨ **털벙어지**[tʰəl#pəŋ-ə-ji] (털모자毛帽子의 의미) (함남)덕원

⑩ **후구메**[hu-gu-me] (복면覆面에서 전용됨) (황해)신계, (함남)(대부분 어린이용으로 사용)안변 · 문천 · 고원 · 정평 · 함흥 · 오로 · 신흥 · 홍원 · 북청 · 풍산 · 갑산 · 혜산, (함북)명천 · 경성 · 나남 · 부거 · 부령 · 회령

⑪ **후구미**[hu-gu-mi] (황해)서흥

⑫ **후구망**[hu-gu-maŋ] (함남)신고산

80273 무명木棉

① **매앵**[mɛ-ɛŋ] (경남)김해

② **메엥**[me-eŋ] (경남)진주

③ **메영**[me-yəŋ] (경남)진주 · 남해 · 하동 · 함양

④ **멩배**[meŋ-bɛ] (경남)마산 · 남해

⑤ **명**[myəŋ] (경북)안동 · 청송, (충북)청주 · 충주

⑥ **명베**[myəŋ-be] (전남)순천

⑦ **목햅**[mok-hɛt] *(경북)평해

⑧ **무넝**[mu-nəŋ] (평남)평양, (평북)박천 · 영변 · 희천 · 구성 · 강계 · 자성 · 후창

⑨ **무녕**[mu-nyəŋ] (경기)개성 · 장단, (황해)연안 · 해주 · 옹진 · 안악

⑩ **무명**[mu-myəŋ] 【『三才』木綿, 矣女具,「物語」木綿, むめぐ】 (충남)공주 · 강경 · 천안, (충북)보은

⑪ **미녕**[mi-nyəŋ] (제주)제주 · 성산 · 서귀 · 대정, (경기)연천, (황해)금천 ·

해주 · 옹진 · 태탄 · 장연 · 은율 · 재령 · 황주 · 서흥 · 수안 · 곡산
⑫ 미몡[mi-myəŋ] (충남)강경, (충북)영동
⑬ 미몡베[mi-myəŋ#pe] (전남)여수
⑭ 미옝[mi-yəŋ] (전남)보성 · 강진 · 영암 · 목포 · 나주 · 광주 · 장성 · 담양 · 곡성, (전북)운봉 · 남원 · 순창 · 정읍 · 김제 · 전주 · 임실 · 진안 · 무주 · 금산, (경남)울산 · 양산 · 동래 · 부산 · 마산 · 거제 · 통영 · 거창 · 합천 · 밀양, (경북)영천 · 포항 · 영덕 · 대구 · 고령 · 김천 · 울진 · 평해, (충남)서천 · 홍성, (충북)단양, (경기)경성, (강원)양양 · 강릉 · 삼척, (함남)신고산 · 안변 · 덕원 · 문천 · 고원 · 영흥 · 정평 · 함흥 · 오로 · 신흥 · 홍원 · 북청 · 이원 · 풍산 · 갑산 · 혜산, (함북)명천 · 경성 · 나남 · 부거 · 부령 · 회령
⑮ 미잉[mi-iŋ] (경남)창녕
⑯ 밍[miŋ] (경북)의성 · 예천 · 안동 · 영주 · 청송
⑰ 밍베[miŋ-pe] (전남)여수

■ 80274 방한모자煖帽 (겨울 방한용 모자)

❶ 마우래[ma-u-rɛ] 【滿洲語起源,「同文」冠 ma-ha-ra, 又云 ma-hi-rai,「淸文」冠 馬阿哈阿喇阿,「三史」馬哈拉 滿洲語帽也,「漢淸」護耳帽 kui#təp-nan#ma-hi-rai, 凉帽 riaŋ-ma-hi-roi】 (함남)덕원, (함북)성진 · 길주 · 청진 · 무산 · 회령 · 종성 · 경원 · 경흥 · 웅기
❷ 마우래기[ma-u-rɛ-gi] (평북)자성 · 후창
❸ 망래기[maŋ-rɛ-gi] (강원)영월
❹ 마ː래기[ma:-rɛ-gi] (경기)경성, (강원)평창, (황해)신계(요즘 가끔 사용한다)(이 계통의 말은 이상 열거한 지방 외에는 존재하지 않는다.)

■ 80275 미투리麻製の鞋

❶ 막투리[mak-tʰu-ri] (황해)황주
❷ 매터리[mɛ-tʰə-ri] (경남)김해
❸ 머커리[mə-kʰə-ri] (함북)청진 · 부령 · 무산 · 회령 · 종성 · 경원 · 경흥

④ 머쿠래기[mə-kʰu-rɛ-gi] (함남)홍원
⑤ 메커리[me-kʰə-ri] (함남)북청・풍산・갑산・혜산, (함북)성진・경성・나남, (평북)박천
⑥ 메터리[me-tʰə-ri] (경남)동래・마산・거제・진주・남해・거창
⑦ 메투리[me-tʰu-ri] (황해)곡산, (함남)신고산・덕원・신흥・풍산
⑧ 메트리[me-tʰi-ri] (경남)함양
⑨ 무커리[mu-kʰə-ri] (평북)희천・강계・자성・후창
⑩ 무쿠리[mu-kʰu-ri] (평북)영변・구성
⑪ 미터리[mi-tʰə-ri] (경남)양산・합천・창녕・밀양, (경북)고령・예천・영주
⑫ 미틸[mi-tʰəl] (경북)영덕
⑬ 미투리[mi-tʰu-ri] (충남)(종이로 만든 구두를 말한다)공주・강경・서천・홍성・천안, (충북)영동・충주・단양, (경기)경성(마 또는 종이로 만든 구두를 말한다)・연천, (강원)양양・강릉・삼척, (경북)울진・평해, (황해)신계
⑭ 미트리[mi-tʰi-ri] (경남)부산, (경북)의성・안동
⑮ 미틸[mi-tʰil] (경북)포항・청송
⑯ 초신[cʰo-sin] (함남)문천・고원・영흥・정평・함흥・오로・신흥・홍원・이원
⑰ 최신[cʰö-sin] (함남)신고산・안변・덕원

■ 80276 짚신草鞋 (부녀용으로 예쁜 장식을 단 신)
① 모개신[mo-gɛ-sin] (함남)홍원・북청

■ 80277 비누石鹼
① 비노[pi-no] (경남)남해, (경북)안동・영주・청송
② 비누[pi-nu] (제주)제주・성산・서귀・대정, (전남)여수・순천・보성・강진・영암・목포・나주・장성・담양・곡성・구례, (전북)운봉・남원・순창・정읍・김제・전주・임실・장수・진안・무주・금산, (경남)양산・동

래·부산·김해·마산·거제·통영·하동·함양·거창·합천·창녕·밀양, (경북)대구·고령·김천·의성·예천·안동·영주·청송·평해, (충남)공주·강경·서천·홍성·천안, (충북)청주·보은·영동·충주·단양, (경기)경성·개성·장단·연천, (강원)양양, (황해)금천·연안·해주·옹진·태탄·장연·은율·안악·재령·서흥·신계·수안, (함남)신고산·안변·덕원·고원

❸ 비눌[pi-nul] (경남)울산·진주, (경북)영천·포항·영덕·김천·의성·청송·울진, (강원)강릉·삼척, (함남)문천·영흥·북청, (함북)명천·경성·나남·부거·부령

❹ 비늘[pi-nil] (함북)회령

❺ 사분[sa-bun] (일본어 샤본(シャボン: 포루투갈어에서 기원)의 전용)(경남)울산·양산·동래·부산·김해·마산·거제·통영·진주·남해·함양·합천·창녕·밀양, (경북)영천·포항·영덕·대구·김천

80278 베麻布

❶ 베[pɛ] (전남)장성·담양·곡성·구례, (전북)운봉·남원·순창·임실·장수·진안·무주·금산, (경남)울산·양산·동래·부산·김해·마산·통영·남해·하동, (경북)영천·포항·영덕·예천, (황해)황주, (함남)정평·신흥·북청·풍산·갑산·혜산, (함북)길주·명천·경성·나남·청진·부령·무산·회령·종성·경흥, (평남)평양, (평북)박천·영변·희천·구성·강계·자성·후창

❷ 베[pe] (제주)제주·성산·서귀·대정, (전남)나주, (전북)정읍·김제·전주, (경남)거제·함양·거창, (경북)청송·울진·평해, (충남)공주·강경·서천·홍성·천안, (충북)청주·보은·영동·충주·단양, (경기)경성·개성·장단·연천, (강원)양양·강릉·삼척, (황해)금천·연안·태탄·서흥·신계·수안, (함남)신고산·안변·덕원·단천, (함북)성진

❸ 뵈[pö] (황해)해주·옹진·장연·은율·안악·재령·곡산, (함남)문천·

고원·영흥·정평·함흥·오로·신흥·홍원·이원, (함북)성진·청진
❹ 붸[pwe] (함북)부거
❺ 비[pi] (경남)합천·밀양, (경북)대구·고령·김천·의성·안동

■ 80279 비녀簪 : かんざし

❶ 비나[pi-na] (충남)공주·강경·서천·홍성·천안, (충북)청주·진천·괴산·충주, (경기)경성·개성·장단·연천, (황해)금천·연안·해주·옹진·태탄·장연·은율·안악·재령·황주·서흥·신계·수안·곡산
❷ 비내[pi-nɛ] (제주)제주, (전남)여수·순천·보성·강진·영암·장성·담양·곡성·구례, (전북)운봉·남원·순창·정읍·김제·전주·임실·장수·진안·무주·금산, (경남)울산·양산·동래·부산·김해·마산·거제·통영·진주·남해·하동·함양·거창·합천·창녕·밀양, (경북)영천·경주·포항·홍해·영덕·대구·고령·김천·의성·상주·함창·문경·예천·안동·영주·청송·울진·평해, (충북)보은·영동·충주·단양, (강원)양양·강릉·삼척·영월·평창·원주·횡성·홍천·인제, (황해)곡산, (함남)신고산·안변·덕원·문천·고원·영흥·정평·함흥·오로·신흥·홍원·북청·이원·단천·풍산·갑산·혜산, (함북)성진·길주·명천·경성·나남·청진·부령·무산·회령·종성·경원·경흥·웅기, (평북)희천·강계·자성·후창
❸ 비너[pi-nə] (충남)천안
❹ 비네[pi-ne] (전남)목포·나주, (경북)의성·안동·영주·청송, (평북)박천·영변·구성
❺ 비녀[pi-nyə] (충북)청주·괴산
❻ 빈내[pin-nɛ] (제주)서귀·대정

■ 80280 담요毛布

❶ 보련[po-ryən] (평북)박천·영변·희천·구성·강계·후창(자성에는 없음)

❷ 세열[se-yəl] (함북)나남・부령
❸ 쇠열[sö-yəl] (함북)길주・청진
❹ 쇠열탄자[sö-yəl#tʰan-ča] (함남)단천, (함북)청진
❺ 쇠녈[sö-nyəl] (함북)무산・회령・종성・경흥
❻ 탄재[tʰan-čɛ] (함북)성진

80281 신靴 (중국식의 신)

❶ 북신[puk-sin] (함남)정평・홍원(정평・홍원 등지에는 어부용 신발)・함흥・신흥(어린아이가 신는 신발)・북청・이원・풍산・혜산(함남 중에서 신고산・안변・덕원・문천・고원・영흥・오로・갑산지방에는 이 말이 없음.)

80282 조끼チョッキ (안쪽에 양털이 있는 것)

❶ 배자[pɛ-ča] (충남)제천, (강원)영월・평창・원주・횡성・홍천・인제

80283 외투外套

❶ 벌도[pəl-do] 【러시아어 пальто(빨-또:외투)】 (함남)단천(북청・홍원 등에는 없음), (함북)성진・길주・나남・청진・부령・무산・회령・종성・경원・경흥 (명천에는 없음.)

80284 겨울모자冬帽

❶ 볻바개[pot-pa-gɛ] (함북)성진・길주

80285 모자帽子

❶ 삽쾌[sap-kwɛ] 【러시아어 шапка(샤쁘까:모자)】 (함북)나남・부령・무산・종성・경원・경흥
❷ 삳개[sat-kɛ] (함남)신고산・안변・덕원・문천・고원・영흥・정평・함흥・오로・신흥・홍원・북청・이원・단천・풍산・갑산・혜산, (함북)성진・

길주・명천・경성・회령, (평북)강계・자성・순창

❸ 삳쾌[sat-kwɛ] (함북)청진・부거

80286 모자帽子

❶ 삳보[sat-po] (일본어 シャッポ(프랑스어 chapeau에서 기원)의 전용) (충남)서천・홍성・천안

80287 나무신木靴 (의식에 사용하는 것)

❶ 훼[hwe] 【「華夷」靴 火甚(火는 [hwə], 즉 「靴」, 「甚」은 [sin], 즉 신발을 나타내는 말), 「訓蒙」靴 [hwə], 「譯語」靴子 通稱, [huə], 皂靴 kə-min#huə, 靴鞁 huəs-ton, 靴扇 huəs-ur, 靴底子 huəs-cʰiaŋ】 (제주)제주・성산・서귀・대정, (함남)문천・영흥・신흥・풍산, (평남)(중화・평양・순천・안주에서 조사했지만 명칭을 알지 못함), (평북)박천・영변・구성(정주・선천・용암・강계・자성・후창에 조사했으나 명칭을 알지 못함.)

❷ 헤[hye] (함남)홍원
❸ 훼자[hwe-ja] (함남)문천
❹ 훼:재[hwe:-jɛ] (함남)정평
❺ 훼자[hywe-ja](본문에는 hyue-ja로 되어 있음) (전남)장성
❻ 새자[sɛ-ja] (경남)양산
❼ 쇠자[sö-ja] (함북)성진・길주・청진・무산・회령・종성
❽ 수에자[su-e-ja] (함남)덕원
❾ 수여자[su-yə-ja] (강원)영월・평창(횡성・원주・홍천・인제・춘천에서 조사했으나 명칭을 알지 못함), (함남)홍원
❿ 수이[su-i] (경남)동래(부산・마산・진주에서 조사했으나 명칭을 알지 못함.)
⓫ 쉐자[swe-ja] (전북)남원・금산, (충남)강경・천안, (충북)충주, (경기)경성・연천, (황해)금천・재령・안악・서흥・수안(연안・해주・옹진・태탄・장연・은율・황주・신계에서 조사했으나 명칭을 알지 못함), (함남)갑산, (함북)부거, (평북)의주

⑫ 쉔자[swen-ǰa] (함북)경원
⑬ 쉬여지[swi-yə-ǰi] (전북)순창
⑭ 쉬여자[swi-yə-ǰa] (전북)운봉, (함남)단천
⑮ 쉬지[swi-ǰi] (경북)고령
⑯ 시우자[si-u-ǰa] (전남)영암

■ 80288 신靴

❶ 사바귀[sa-ba-gwi] 【러시아어 сапогы(사쁘기:신발)】 (함남)북청 · 이원 · 단천 · 풍산 · 혜산(신고산 · 덕원 · 문천 · 고원 · 영흥 · 정평 · 함흥 · 오로 · 신흥 · 홍원 · 갑산 지방에는 있음), (함북)명천 · 경성 · 청진 · 부거 · 부령 · 무산 · 회령 · 종성 · 경원 · 경흥
❷ 사바긔[sa-ba-giy] (함북)나남 · 부령
❸ 사바기[sa-ba-gi] (함북)성진 · 길주
❹ 사부[sa-bu] (만주어 [sa-bu]靴에서 기원)(평북)자성(타도와 도내 다른 지방에서는 없음.)

■ 80289 신鞋 (인삼채취자은어)

❶ 디디개[ti-di-gɛ] (함남)풍산 · 갑산, (평북)강계 · 자성 · 후창
❷ 디딈[ti-diym] (강원)춘천

■ 80290 우티衣 · 着物

❶ 우테[u-tʰe] (황해)장연 · 은율 · 안악 · 재령 · 서흥, (평남)중화
❷ 오틔[o-tʰiy] (강원)원주 · 횡성, (황해)연안 · 해주
❸ 우틔[u-tʰiy] (충북)제천, (경북)울진 · 평해(울진 · 평해에서는 상반신의 옷을 가리킴), (경기)경성 · 개성 · 장단 · 연천, (강원)양양 · 강릉 · 삼척 · 영월 · 평창 · 홍천 · 춘천 · 인제, (황해)금천 · 옹진 · 옹진 · 태탄 · 황주 · 신계 · 수안 · 곡산, (함남)신고산 · 안변 · 덕원 · 문천 · 고원 · 영흥 · 정평 · 함흥 · 오로 · 신흥 · 홍원 · 북청 · 이원 · 단천 · 풍산 · 갑산 · 혜산, (함북)성진 · 길주 ·

명천 · 경성 · 나남 · 청진 · 부거 · 부령 · 무산 · 회령 · 종성 · 경원 · 경흥 · 웅기, (평북)박천 · 영변 · 희천 · 구성(이상 4지방에는 [ot]이라는 방언형이 많이 나타남) · 강계 · 자성 · 후창

❹ 우티[u-tʰi] (평남)순천
❺ 불겁피[pul-kəp-pʰi] (이하 ❻, ❼은 산삼채취자 은어)(함남)갑산, (평북)강계
❻ 굴걱지[kul-gək-či] (평북)자성
❼ 굴겁시리[kul-gəp#si-ri] (평북)후창(조선 중부 이남에는 전부 [ot]이라는 방언형이 나타남.)

80291 아청鴉靑 (염료染料의 일종)

❶ 왜청[wɛ-čʰəŋ] (경기)경성 · 개성 · 장단, (황해)금천 · 해주 · 옹진 · 태탄 · 장연 · 은율 · 안악 · 재령 · 서흥 · 신계 · 수안 · 곡산, (함남)안변 · 덕원 · 문천 · 고원 · 영흥 · 정평 · 함흥 · 오로 · 신흥 · 홍원 · 북청 · 이원 · 단천 · 풍산 · 갑산 · 혜산, (함북)성진 · 길주 · 명천 · 나남
❷ 아청[a-čʰəŋ] (함남)북청 · 단천, (함북)종성 · 청진 · 무산 · 회령 · 종성 · 경원 · 경흥(강원 · 충청도 등의 이남에는 [wɛ-čʰəŋ]형이 많이 나타남. [a-čʰəŋ]이라는 말은 없음.)

80292 옷감 (의복의 재료)

❶ 온ᄀ슴[ot#kɔ-sim] 【[ot]은 「衣服」의 뜻, 「料」는 「四聲」料 수俗語 kɔ-zem】 (제주)성산 · 서귀 · 대정
❷ 온가슴[ot#ka-sim] (경북)울진 · 평해
❸ 온가심[ot#ka-sim] (제주)제주, (경북)영덕
❹ 온ᄀ옴[ot#kɔ-im] 【「譯譜」 衣料 os#kɔ-ɔm】 (제주)성산 · 서귀 · 대정
❺ 온가옴[ot#ka-im] (제주)제주
❻ 온감[ot-ka:m] (전남)곡성, (전북)운봉 · 임실 · 장수 · 진안 · 무주 · 금산, (경남)울산 · 양산 · 동래 · 부산 · 김해 · 마산 · 거제 · 통영 · 진주 · 남해 · 함양 · 거창 · 합천 · 창녕 · 밀양, (경북)영천 · 포항 · 대구 · 고령 · 김천 · 의

성·예천·안동·영주·청송·울진·평해, (충남)공주·강경·서천·홍성·천안, (충북)청주·보은·영동·충주·단양, (강원)양양·강릉·삼척

80293 목이 짧은 구두短靴 (농부가 산이나 들에 풀을 벨 때 신는 신)

❶ 오로시[o-ro-si] (함북)부거·무산·회령(회령에는 [to#ro-gi] (80268 다로기 항목 참조)와 동일함)·종성·경원·경흥·웅기

80294 핟두루막이周衣 (솜을 넣은 것)

❶ 두루오시[tu-ru#o-si] (주격형인지 미확인)(함북)경흥([tu-ru-ma-gi] (두루막)(80269 두루막 항목 참조.)
❷ 속해두루마기[sok-hɛ#tu-ru-ma-gi] (황해)황주, (평남)평양, (평북)박천·영변·구성
❸ 솜:두루매기[so:m#tu-ru-mɛ-gi] (충남)공주·강경·홍성·천안, (충북)청주·보은·영동·충주·단양, (경기)경성
❹ 제마기[če-ma-gi] (함남)북청·단천(이들 지방에서는 겹옷·솜옷의 총칭), (함북)성진·길주·명천·경성·나남·청진·부령·무산·회령·종성·경흥·웅기, (평북)강계·자성·후창
❺ 제메기[če-me-gi] (함남)문천·영흥·정평·함흥·오로·신흥·홍원·이원·풍산·갑산·혜산
❻ 합두루매기[hap#tu-ru-mɛ-gi] (경남)진주, (경북)평해
❼ 핟두루매기[hat#tu-ru-mɛ-gi](경남)울산·양산·동래·김해·마산·거제·통영·진주·남해·함양·거창·합천·창녕·밀양, (경북)영천·포항·영덕·대구·고령·김천·의성·예천·안동·영주·청송·울진, (충남)공주·강경·서천·홍성, (충북)영동, (강원)양양·강릉·삼척, (평북)용암·의주
❽ 핟주의[hat#ču-iy] (평북)용암·의주

■ 80295 주머니巾着

① 주머니[ču-mə-ni] 대다수 지방에 통용
② 주만치[ču-man-cʰi] (전남)담양
③ 주맹이[ču-mɛŋ-i] (경북)영덕
④ 주메이[ču-me-i] (경북)의성
⑤ 주먼치[ču-mən-cʰi] (전남)곡성
⑥ 주멍이[ču-məŋ-i] (경북)대구·김천
⑦ 주맹이[ču-meŋ-i] (제주)제주
⑧ 주맹기[ču-meŋ-gi] (제주)성산·서귀·대정
⑨ 주무이[ču-mu-i] (경남)양산
⑩ 주뭉이[ču-muŋ-i] (경남)동래·부산·김해·창녕·밀양
⑪ 주미[ču-mi] (경북)포항
⑫ 주밍이[ču-miŋ-i] (경남)울산, (경북)영천
⑬ 줌치[čum-cʰi] (경남)울산·양산·동래·부산·마산·거제·통영·진주·남해(남해에서는 작은 것을 [ču-mə-ni]라 한다)·함양, (경북)영천
⑭ 조마니[čo-ma-ni] (전남)강진·영암·나주·장성, (경북)예천

■ 80296 짚신藁の草鞋

① 집신[čip-sin] (평안남북도·함경북도의 일부 이외의 각지에서 통용.)
② 딥신[tip-sin] 【「譯語」穀草 čos-tip, 稻草 nis-tip,「千字」篙 tip】 (함북)회령, (평남)중화·평양·순천·숙천·안주, (평북)박천·영변·희천·구성·정주·선천·용암·의주·강계·자성·후창(후창에서는 [čip-sin]에서 [cʰo-sin]도 사용함.)
③ 집새기[čip-sɛ-gi] (경기)경성·개성·장단·연천, (황해)금천·연안·해주·옹진·태탄·장연·은율·안악·재령·서흥·수안
④ 베집신[pe#čip-sin] (함남)북청·단천
⑤ 사신[sa-sin] (함남)이원, (함북)명천
⑥ 초신[čʰo-sin] (제주)제주·성산·서귀·대정, (황해)황주·신계·곡산, (평

북)후창
❼ 신발[sin-bal] (황해)연안

80297 신靴 (중국형, 소아용)
❶ 푼투[pʰun-tʰu] (평북)희천 · 구성 · 강계 · 후창
❷ 푼투기[pʰun-tʰu-gi] (황해)황주, (평북)박천 · 영변
❸ 푼튀기[pʰun-tʰwi-gi] (함남)영흥

80298 치마裳 (부녀용)
❶ 치마[čʰi-ma] (전남)장성, (전북)정읍, (경북)청송, (충남)공주 · 강경 · 서천 · 홍성 · 천안, (충북)청주 · 영동 · 충주, (경기)경성 · 장단 · 연천, (강원)강릉, (황해)금천 · 해주 · 옹진 · 태탄 · 장연 · 은율 · 안악 · 재령 · 서흥 · 신계
❷ 치매[čʰi-mɛ] (제주)제주 · 성산 · 서귀 · 대정, (전남)여수 · 순천 · 보성 · 강진 · 영암 · 목포 · 나주 · 광주 · 장성 · 담양 · 곡성, (전북)운봉 · 남원 · 순창 · 정읍 · 전주 · 임실 · 장수 · 진안 · 무주 · 금산, (경남)부산 · 마산 · 거제 · 통영 · 진주 · 남해 · 하동 · 함양 · 거창 · 합천 · 창녕 · 밀양, (경북)고령 · 예천 · 안동 · 영주 · 울진 · 평해, (충남)강경 · 서천, (충북)보은 · 영동 · 단양, (경기)개성, (강원)양양 · 삼척, (황해)수안 · 곡산, (함남)신고산 · 안변 · 영덕 · 문천 · 고원 · 영흥 · 정평 · 함흥 · 오로 · 신흥 · 홍원 · 북청 · 이원 · 단천 · 풍산 · 갑산 · 혜산, (함북)성진 · 길주 · 명천 · 경성 · 나남 · 청진 · 부령 · 무산 · 회령 · 종성 · 경흥 · 웅기
❸ 차매[čʰa-mɛ] (전북)김제, (함북)회령 · 종성 · 경흥 · 웅기
❹ 채매[čʰɛ-mɛ] (경남)울산 · 양산, (경북)영천
❺ 처매[čʰə-mɛ] (경남)동래 · 김해 · 마산, (경북)포항 · 영덕 · 대구 · 김천 · 의성 · 청송
❻ 초마[čʰo-ma] (황해)은율 · 안악 · 재령 · 서흥 · 신계

❼ 초매[cʰo-mɛ] (강원)양양, (황해)황주, (평남)평양, (평북)박천·영변·희천·구성·강계·자성·후창

■ 80299 혼수婚需 (시집 올 때 지참물(목, 면, 견 등))
❶ 천[cʰən] (함남)홍원·북청·단천, (함북)성진·길주·경성·나남·청진·부령·무산·회령·종성·경흥

■ 80300 토수吐手 (천으로 만들어 두 팔을 끼워 방한을 하는 것)
❶ 토수[tʰo-su] 대다수 지방
❷ 토시[tʰo-si] (제주)제주, (전남)여수·순천·강진·영암·목포·광주·장성·담양·곡성, (전북)운봉·남원·순창·정읍·김제·전주·임실·장수·진안·무주·금산, (경남)울산·양산·동래·부산·김해·마산·거제·통영·진주·남해·하동·함양·거창·합천·창녕·밀양, (경북)영천·포항·영덕·대구·고령·김천·의성·예천·안동·영주·청송·울진·평해, (충남)공주·강경·서천·홍성·천안, (충북)청주·보은·영동·충주·단양, (강원)양양·강릉·삼척
❸ 손토매[son#tʰo-mɛ] (제주)제주·성산·서귀·대정

■ 80301 강보襁褓 : おしめ
❶ 포대기[pʰo-de-gi] 대다수 지방
❷ 누대기[nu-de-gi] (함남)홍원·북청·단천, (함북)성진·길주·경성
❸ 용[yoŋ] (함북)부령·무산·회령·종성

■ 80302 허리끈帶 : おび
❶ 허리[hə-ri] (제주)제주
❷ 허리띄[hə-ri-t'iy] 대다수 지방
❸ 허리끈[hə-ri-k'in] (경남)마산, (경북)대구·김천·의성·안동·영주·청송

❹ **허리빵**[hə-ri-p'aŋ] (충남)천안, (충북)청주·보은·영동·충주·단양
❺ **허리빠**[hə-ri-p'a] (충남)서천·홍성, (강원)양양·강릉
❻ **허르끈**[hə-ri-t'in] (경북)평해(남자의 끈. ❿의 항 참조.)
❼ **허르뚜**[hə-ri-t'u] (강원)삼척
❽ **흐르빵**[hi-ri-p'aŋ] (경북)예천
❾ **헐끈**[həl-k'in] (경남)울산, (경북)영천·포항·영덕
❿ **헐띠**[həl-t'iy] (경북)울진·평해(여자의 가는 끈. ❻의 항 참조.)
⓫ **꽤리**[kwɛ-ri] (충남)공주·강경, (충북)청주·보은

80303 항라亢羅 (직물의 일종)

❶ **항나**[haŋ-na] 대다수 지방
❷ **항노**[haŋ-no] (경북)포항·영덕·의성
❸ **황나**[hwaŋ-na] (경북)경주·포항·홍해·영덕·안동, (충북)청주·영동·진천·충주·제천, (강원)영월·평창·원주·횡성·홍천·인제

음식飮食

90304 김치漬物 (담근 음식)

❶ **김치**[kim-čʰi] (제주)제주, (경북)안동·영주, (충남)천안, (경기)경성·개성·장단·연천, (강원)평창·원주·횡성·홍천, (황해)금천·연안·해주·옹진·태탄·장연·은율·안악·재령·서흥·신계·수안·곡산, (함북)명천·경성·나남·부거·부령·회령

❷ **짐치**[čim-čʰi] (제주)제주·성산·서귀·대정, (전남)여수·순천·보성·강진·영암·목포·나주·광주·장성·담양·곡성, (전북)운봉·남원·순창·정읍·김제·전주·임실·장수·진안·무주·금산, (경남)울산·양산·동래·부산·김해·마산·거제·통영·진주·남해·하동·함양·거창·합천·창녕·밀양, (경북)영천·경주·포항·흥해·영덕·대구·고령·성주·지례·김천·의성·상주·함창·문경·예천·안동·영주·청송·울진·평해, (충남)공주·강경·서천·홍성·천안, (충북)청주·보은·영동·충주·단양·제천, (강원)양양·강릉·삼척·영월·평창·원주·횡성·홍천·인제, (함남)신고산·안변·덕원·문천·영흥·정평·함흥·오로·신흥·홍원·북청·이원

❸ **짐끼**[čim-kʼi] (제주)성산·서귀·대정

❹ **깍뚜기**[kʼak-tu-gi] (의미 조사가 잘못된 예)(함남)북청

❺ **지**[či] (전남)순천·영암·목포·나주·장성·담양, (전북)남원·순창·정

읍 · 김제 · 전주
❻ **짠지**[čan-ji] (황해)안악, (함남)신고산 · 안변 · 덕원 · 문천 · 고원 · 영흥 · 정평 · 함흥 · 오로 · 신흥 · 홍원 · 북청 · 이원 · 풍산 · 갑산 · 혜산

90305 가루粉

❶ **ᄀᆞ루**[kɔ-ru] (제주)제주 · 성산 · 서귀 · 대정
❷ **가루**[ka-ru] (전남)광주 · 장성 · 곡성, (전북)김제 · 전주 · 임실 · 장수 · 진안 · 무주 · 금산, (경남)거창, (경북)김천 · 예천 · 안동 · 영주, (충남)공주 · 강경 · 서천 · 홍성 · 천안, (충북)청주 · 보은 · 영동 · 충주 · 단양, (경기)경성 · 개성 · 장단 · 연천, (강원)강릉 · 삼척, (황해)금천 · 연안 · 해주 · 옹진 · 태탄 · 장연 · 은율 · 안악 · 재령 · 황주 · 서흥 · 신계, (평남)평양, (평북)박천 · 영변 · 희천 · 구성 · 강계 · 자성 · 후창(이상 평북 각지에서는 주격을 표시한 경우 [kal-gi]임.)
❸ **가리**[ka-ri] (전남)여수 · 순천 · 보성 · 강진 · 영암 · 목포 · 나주 · 광주 · 담양 · 곡성, (전북)운봉 · 남원 · 순창 · 정읍, (경남)울산 · 양산 · 동래 · 부산 · 김해 · 마산 · 거제 · 통영 · 진주 · 남해 · 하동 · 함양 · 거창 · 합천 · 창녕 · 밀양, (경북)영천 · 포항 · 영덕 · 대구 · 고령 · 의성 · 안동 · 청송 · 울진 · 평해
❹ **갈루**[kal-lu] (황해)신계
❺ **갈리**[kal-li] (경남)합천, (경북)고령
❻ **갈기**[kal-gi] (강원)양양, (경북)평해, (함남)신고산 · 안변 · 덕원 · 문천 · 고원 · 영흥 · 정평 · 함흥 · 오로 · 신흥 · 홍원 · 북청 · 이원 · 단천 · 풍산 · 갑산 · 혜산, (함북)성진 · 길주 · 명천 · 경성 · 나남 · 청진 · 부거 · 부령 · 무산 · 회령 · 종성 · 경원 · 경흥 · 웅기

90306 조쌀밥粟飯

❶ **강조밥**[kaŋ-jo#pap] 대다수 지방

❷ **강조팝**[kaŋ-ǰo#pʰap] (경기)경성·개성·장단·연천, (황해)해주·태탄·장연·은율·안악·재령·서흥·수안

❸ **강강조팝**[kaŋ-kaŋ-ǰo#pʰap] (경기)개성

90307 고기|肉魚

❶ **고기**[ko-gi] 【「三才」魚, 古木, 「物語」魚, こき】 (전남)광주, (경남)울산, (경북)영천·포항·영덕·대구·안동·영주·청송·울진·평해, (충북)단양, (강원)양양·강릉·삼척, (황해)황주, (함북)부령·무산·회령·종성·경흥, (평남)평양, (평북)박천·영변·희천·구성·강계·자성·후창

❷ **고이기**[ko-i-gi] (충남)서천

❸ **괴기**[kö-gi] (전남)여수·순천·보성·강진·영암·장성·담양·곡성·구례, (전북)운봉·남원·순창·정읍·김제·전주·임실·장수·진안·무주·금산, (충남)공주·강경·홍성·천안, (충북)청주·보은·영동, (경기)경성·개성·장단·연천, (황해)금천·연안·해주·옹진·태탄·장연·은율·안악·재령·서흥·신계·곡산, (함남)신고산·안변·덕원·문천·고원·영흥·정평·함흥·오로·신흥·홍원·북청·이원·단천·풍산·갑산·혜산, (함북)성진·길주·경성·나남·청진

❹ **개기**[kɛ-gi] (경남)울산·양산·동래·부산·김해·밀양, (경북)영천·포항·영덕·예천, (함남)함흥

❺ **게기**[ke-gi] (경남)마산·거제·통영·진주·남해·하동·함양·거창·합천, (황해)연안

❻ **괘기**[kwɛ-gi] (제주)제주·대정, (경북)의성

❼ **궤기**[kwe-gi] (제주)성산·서귀, (전남)목포·나주, (경북)청송, (충북)충주, (함북)명천·부거

❽ **귀기**[kwi-gi] (경북)고령

❾ **기기**[ki-gi] (경남)창녕, (경북)대구·김천·안동

❿ **버스스리**[pə-si-si-ri] (산삼채취자의 은어)(함남)혜산, (평북)강계([čuŋ-mi-ri#pə-si-si-ri])

「돼지고기」, [oŋ-cʰi#pə-si-si-ri] 「소고기」를 말함.)
⑪ 버쓰시리[pə-s'ɨ-si-ri] (산삼채취자의 은어)(평북)자성

90308 국수羹の汁
① 국수[kuk-su] 대다수 지방
② 새리광이[sɛ-ri-gwaŋ-i] (산삼채취자의 은어)(평북)자성
③ 새루갱이[sɛ-ru-gɛŋ-i] (산삼채취자의 은어)(평북)후창
④ 훌루면[hul-lu-myən] (산삼채취자의 은어)(함남)혜산, (평북)강계

90309 간장醬油
① 간장[kan-jaŋ] 대다수 지방
② 청장[cʰəŋ-jaŋ] (산삼채취자의 은어)(평북)강계

90310 두부豆腐
① 두부[tu-bu] 【『物語』, 豆腐, たうふ】 (전북)김제 · 무주 · 금산, (경남)부산 · 거제 · 진주 · 거창 · 밀양, (경북)영천 · 대구 · 김천 · 예천 · 안동 · 영주 · 청송, (충남)공주 · 강경 · 서천 · 홍성 · 천안, (충북)청주 · 보은 · 영동 · 충주 · 단양, (강원)양양 · 강릉
② 뚜부[t'u-bu] (전남)여수 · 순천 · 보성 · 강진 · 영암 · 목포 · 광주 · 장성 · 담양 · 곡성, (전북)운봉 · 남원 · 순창 · 정읍 · 김제 · 전주 · 임실 · 장수 · 진안, (경남)진주 · 하동 · 함양
③ 더부[tə-bu] (경남)통영
④ 두비[tu-bi] (경북)안동 · 영주
⑤ 둠비[tum-bi] (제주)제주 · 성산 · 서귀 · 대정
⑥ 드부[tɨ-bu] (경남)동래 · 마산, (강원)삼척, (경북)울진 · 평해
⑦ 뜨부[t'ɨ-bu] (경남)남해
⑧ 조ː포[čoː-pʰo] (경남)동래 · 부산 · 마산 · 진주 · 남해 · 거창 · 합천 · 창녕,

(경북)영천·고령·성주·지례·김천·청송
- ⑨ 조:푸[čo:-pʰu] (경남)동래·부산·김해·마산·거제·진주·합천
- ⑩ 조:피[čo:-pʰi] (경남)울산·양산·창녕·밀양, (경북)영천·경주·포항·의성
- ⑪ 존푸[čon-pʰu] (강원)강릉

90311 끼니때食時

- ① 때[t'ɛ] (경기)개성·장단·연천, (황해)연안·해주·옹진·태탄·장연·은율·안악·재령·신계·곡산, (함남)전부, (함북)성진·나남·회령·종성, (평북)강계·자성·후창
- ② 식때[sik-t'ɛ] (함북)나남·부령·무산·회령·종성
- ③ 시격대[si-gək-tɛ] (함북)청진·경성
- ④ 끼때[k'i-t'ɛ] (경기)경기·개성, (황해)해주·옹진·태탄·장연·은율·재령·황주·서흥·수안, (평남)평양, (평북)박천·영변·희천·구성

90312 둥근 모양의 떡園餠 (밤으로 만듦)

- ① 돌래[tol-lɛ] (제주)제주·성산·서귀·대정

90313 연초煉草

- ① 담배[tam-bɛ] 대다수 지방
- ② 뽀뽀로시[p'o-p'o-ro-si] (함북)성진·길주·나남·부령·무산·회령·종성·경원·경흥
- ③ 포포로시개[p'o-p'o-ro-si-gɛ](함남)북청·단천
- ④ 연초[yən-čʰo] (산삼채취자 은어)(함남)풍산, (함북)명천, (평북)강계·후창
- ⑤ 연추[yən-čʰu] (산삼채취자 은어)(함남)갑산
- ⑥ 양덕초[yaŋ-dək-čʰo] (산삼채취자 은어)(경기)양주

90314 만두饅頭 (조선식 만두는 「鮮」, 중국식은 「中」으로 표시함)

❶ 만두[man-du] (제주)제주, (전남)광주, (경남)하동, (충남)공주·강경·서천·홍성·천안, (충북)청주·보은·영동·충주·단양, (경기)경성·개성·장단(이상「鮮」)·연천(「鮮」「中」), (강원)양양·강릉·삼척, (경북)울진·평해(이상「鮮」), (황해)금천·연안·해주·옹진·태탄·장연·은율·안악·재령·황주·서흥·신계·곡산(이상「鮮」「中」), (함남)고원(「中」)·홍원(「鮮」), (평남)중화·평양·순천(이상「鮮」「中」), (평북)용암(「鮮」)

❷ 만두기[man-du-gi] (함남)단천·풍산·갑산·혜산(이상「鮮」), (함북)명천·부거(이상「鮮」)

❸ 만뒤[man-dwi] (함남)북청(「鮮」)

❹ 만듸[man-diy] (제주)성산·서귀·대정(이상「鮮」)

❺ 만주[man-ju] (전남)(순천)(「鮮」), (함남)신고산·안변·덕원(이상「中」)

❻ 만투[man-tʰu] (강원)양양, (함남)신고산·안변·문천·영흥·정평·함흥·오로·신흥·홍원·북청·풍산, (함북)경성·나남·청진·부령·무산·회령·종성·경원·경흥·웅기, (평북)희천·구성·용암·강계·자성·후창(이상「中」)

❼ 만튀[man-tʰwi] (함남)이원·단천·갑산·혜산, (함북)성진·길주·명천(이상「中」)

❽ 빤떡[pʼan-tʼək] ([pʼan]은 만두 [tʼək]은 떡의 의미함)(경남)합천(「中」)

❾ 빵[pʼaŋ] (만두의 의미)(충남)공주·강경(이상「中」)

❿ 빵떡[pʼaŋ-tʼək] (경남)거창·창녕, (강원)강릉, (함남)문천·영흥(이상「中」)

⓫ 호떡[ho-tʼək] ([ho]는 胡, [tʼək]은 떡의 의미)(경기)개성, (황해)신계·수안(이상「中」)

⓬ 호만두[ho-man-du] (경기)경성(「中」)

90315 미수가루炒麵 : ほし飯の粉

❶ 미수[mi-su] 【『同文』 炒麵 [mu-si], 『淸總』 炒麵 mu-si】 (전북)전주, (경북)안동·영주, (경기)경성·개성, (황해)금천·해주·옹진·태탄·장연·은율·안

악 · 재령 · 서흥, (함남)영흥 · 홍원 · 이원
❷ 미수까루[mi-su#k'a-ru] (충북)영동
❸ 미수까리[mi-su#k'a-ri] (경남)울산 · 양산 · 부산 · 마산 · 거제 · 통영 · 진주 · 남해 · 함양 · 거창 · 합천 · 창녕 · 밀양, (경북)영천 · 포항 · 고령
❹ 미수깔[mi-su-k'al] (경북)영덕
❺ 미쉬[mi-swi] (함남)함흥 · 오로 · 단천 · 풍산 · 갑산 · 혜산, (함북)성진 · 길주
❻ 미시[mi-si] (함남)북청, (함북)경성 · 나남 · 청진 · 부령 · 무산 · 회령 · 종성 · 경원 · 경흥 · 웅기
❼ 밀수가리[mil-su#ka-ri] (경남)하동
❽ 밀쉬[mil-swi] (함남)정평 · 신흥
❾ 미염[mi-yəm] (전북)진안 · 무주 · 금산, (경북)울진
❿ 미음[mi-im] (제주)제주 · 성산 · 서귀 · 대정, (충남)공주 · 강경 · 서천 · 홍성 · 천안, (충북)청주 · 보은 · 충주, (강원)양양
⓫ 밈ː[miːm] (전남)순천 · 곡성 · 구례, (전북)운봉 · 장수 · 임실, (충남)단양, (강원)강릉 · 삼척, (경북)평해

▰ 90316 물水

❶ 물[mul] 대다수 지방
❷ 우케[u-kʰe] (아래 ❻번까지 산삼채취자 은어)(함남)혜산, (평북)강계 · 자성
❸ 욱헤[uk-he] (평북)후창
❹ 욱히[uk-hi] (함남)갑산
❺ 우게미[u-ge-mi] (함북)명천
❻ 흘림[hil-lim] (강원)춘천

▰ 90317 메밀가루로 만든 떡蕎麥粉の餠

❶ 물떡[mul-t'ək] (큰 것)(제주)제주 · 성산 · 서귀 · 대정

❷ 새미[sɛ-mi] (작은 것)(제주)제주・성산・서귀・대정
❸ 두루저이[tu-ru#jə-i] (산삼채취자 은어)(함남)갑산・혜산, (평북)강계

■ 90318 반찬飯饌

❶ 반찬[pan-cʰan] 【『物語』菜, ばんさん】 대다수 지방
❷ 햄ː[hɛːm] (함북)성진・길주・경성・나남・청진・부령・회령・종성・경원 (이상 일반에 사용)・무산(야채에 사용.)
❸ 햄ː새[hɛːm-sɛ] (함남)북청・단천(일반에 사용.)

■ 90319 비지豆腐滓

❶ 비지[pi-ǰi] 대다수 지방
❷ 비제기[pi-ǰe-gi] (제주)제주・성산・서귀・대정

■ 90320 조밥粟飯

❶ 조밥[čo-pap] 대다수 지방
❷ 소모래미[so#mo-rɛ-mi] (이하 산삼채취자의 은어)(함남)풍산, (평북)강계
❸ 쏘모래미[sʼo#mo-rɛ-mi] (평북)자성
❹ 소무루미[so#mu-ru-mi] (경기)양주

■ 90321 쌀밥白米飯

❶ 왕모래미[waŋ#mo-rɛ-mi] (산삼채취자의 은어)(강원)춘천

■ 90322 떡餠

❶ 떡[tʼək] 대다수 지방
❷ 시덕[si-dək] (이하 ❹까지 모두 삼삼채취자의 은어)(함남)풍산
❸ 시더기[si-də-gi] (강원)춘천

④ 시더구[si-də-gu] (평북)강계·자성·후창

90323 소금鹽

① 소곰[so-gom] 【「三才」鹽 會久無, 「物語」鹽, そくむ】 대다수 지방
② 곰소[kom-so] (이하 ⑤까지 모두 삼삼채취자 은어)([so-gom]을 도치시킨 것)(함남)혜산, (평북)강계·후창
③ 답승[tap-siŋ] 【「淸文」鹽 達阿 補 蘇烏 思】 (함남)풍산
④ 탑쉬[tʰap-swi] (함남)혜산
⑤ 싹싸기[sʼak-sʼa-gi] (함남)풍산

90324 소주燒酒

① 소주[so-ju] 대다수 지방
② 쇠주[sö-ju] (전남)곡성·구례, (전북)운봉·임실·장수·진안·무주·금산, (충남)공주·강경·서천·홍성·천안, (충북)보은·영동, (경기)경성·개성·장단·연천, (황해)금천·해주·옹진·태탄·장연·은율·안악·재령·서흥·수안
③ 쉐주[swe-ju] (충북)청주
④ 아래기[a-rɛ-gi] 【「淸文」燒酒, 阿呼(伊期), 「同文」燒酒 ar-kʰi】 (전남)여수·보성·영암·목포·나주·구례(보성 이하 지게미酒滓의 의미), (전북)남원·순창·금산(이상 지게미酒滓의 의미), (경남)울산·양산·부산·김해·마산·함양·합천·창녕·밀양(이상 지게미酒滓의 의미), (경북)영천·고령·김천·의성·안동·청송(이상 지게미酒滓의 의미), (충북)충주·단양(이상 주재酒滓의 의미.)
⑤ 아랭이[a-rɛŋ-i] 【「華夷譯語」「朝鮮館譯語」燒酒, 阿浪氣】 (전남)광주(술酒의 의미)·장성·담양(이상 주재酒滓의 의미), (전북)정읍·김제(이상 지게미酒滓의 의미), (충북)청주(지게미酒滓의 의미.)
⑥ 아랑주[a-raŋ-ju] ([ju]는 술의 의미)(제주)제주·성산·서귀·대정, (전남)강진·목포·광주(이상 술의 의미)·순천(소주燒酒의 의미), (경남)하동(소주燒酒의

의미.)

⑦ 쇠주래기[sö-ju-rɛ-gi] (소주燒酒와 [a-rɛ-gi]가 혼효混淆된 것)(전남)곡성(지게미酒滓의 의미), (전북)임실(지게미酒滓의 의미.)

⑧ 아랑주[a-raŋ-ǰu] (이하 ⑪번까지 삼삼채취자 은어)(⑥번과 동일함)(함남)갑산(술의 의미), (평북)강계(술의 의미)

⑨ 아랑쥐[a-raŋ-ǰwi] (함남)풍산(술의 의미.)

⑩ 어르광이[ə-ri-gwaŋ-i] (평북)자성(술의 의미.)

⑪ 망어더기[maŋ-ə-də-gi] (강원)춘천(술의 의미.)

90325 요리料理

① 요리[yo-ri] 대다수 지방
② 뇨리[nyo-ri] (함북)회령(군내 용정을 [nyoŋ-jəŋ] 또는 [yoŋ-jəŋ], 용흥리를 [nyoŋ-hiŋ-ni]라 함.)
③ 노리[no-ri] (평남)평양(중화·순천·숙천·안주에는 [yo-ri]), (평북)박천·영변(군내 용산면을 [noŋ-san-myən]이라 함)·희천·구성(군내 와룡면을 [wa-roŋ-myən]이라 함)·정주·선천(군내 용천을 [noŋ-chən]이라 함.)·용암(용암을 [noŋ-am]이라 하고 군내 구룡동을 [ku-noŋ-doŋ]이라 함)·의주·강계·자성·후창

90326 우거리切干 (표주박瓢·호박南瓜 등의)

① 오가리[o-ga-ri] 대다수 지방
② 우거리[u-gə-ri] (함북)무산

90327 쌀밥白米飯 (산삼채취자의 은어)

① 왕모래미[waŋ-mo-rɛ-mi] (함남)풍산·갑산, (평북)강계·자성
② 왕대모래미[waŋ-dɛ#mo-rɛ-mi] (평북)후창
③ 왕대멀기[waŋ-dɛ#məl-gi] (함남)혜산
④ 대무루미[tɛ#mu-ru-mi] (경기)양주

90328 죽粥

❶ 죽[čuk] 대다수 지방
❷ 후리대[hu-ri-dɛ] (산삼채취자의 은어)(함남)풍산·혜산, (평북)강계

90329 장味噌

❶ 죽[čaŋ]【「三才」未醬 知也木,「物語」味噌, ちやぎ】대다수 지방
❷ 토실[tʰo-sil] (이하 산삼채취자의 은어)(평북)강계
❸ 흑실[hik-sil] (함남)풍산
❹ 흑시리[hik-si-ri] (함남)갑산, (평북)후창
❺ 행새[hɛŋ-sɛ] (함북)명천

90330 부치게油揚

❶ 지짐[či-ǰim] 대다수 지방
❷ 너더구[nə-də-gu] (산삼채취자의 은어)(평북)강계

90331 돼지고기猪肉 (산삼채취자의 은어)

❶ 주육[ču-yuk] (함북)명천

90332 점심點心 (낮 음식)

❶ 점심[čəm-sim] 대다수 지방
❷ 덤심[tyəm-sim] (함북)종성
❸ 템심[tem-sim] (함북)경원
❹ 덤심[təm-sim] (평남)중화(군내 정암리를 [təŋ-am-ni]라 함)·평양·순천(군내 옥전면을 [ok-tən-myən]이라 함)·숙천·안주, (평북)박천·영변·희천·구성·안주(군내 정주를 [təŋ-ju] 다음 군내 청정동을 [cʰəŋ-dəŋ-doŋ], 운전은 [un-dən], 정양동은 [təŋ-yaŋ-doŋ]이라 함)·선천·용암·의주·강계·자성·후창(군내 마전령을 [mɛ-

dən-rən]이라 함.)

❺ 정심[čəŋ-sim] (함북)부거
❻ 겸심[kyəm-sim] (함북)경원
❼ 경심[kəŋ-sim] (함북)회령·경원

90333 막걸리濁酒

❶ 막걸리[mak-kəl-li] 대다수 지방
❷ 탁바기[tʰak-pa-gi] (제주)제주·성산·서귀·대정
❸ 탁배기[tʰak-pɛ-gi] (전남)여수·순천·보성·강진·영암·목포·나주·광주·장성·담양, (전북)남원·순창·정읍·김제·전주(움라우트 확산.)

90334 말아서 피우는 담배卷煙草

❶ 뻬뻬[pe-p'i] (함북)길주
❷ 히로[hi-ro] (이하 ❹까지 메이지明治시대 일본에서 만든 권연초ヒーロ(영어 Hero)의 이름)(경기)경성, (함남)문천·고원·영흥·정평·함흥·오로·신흥·홍원·북청·이원·단천·풍산·갑산·혜산, (함북)성진·길주·명천·경성·나남(노인 일어)·청진·부거·부령·무산·회령·종성·경원·경흥·웅기, (평북)자성(노인 일어)·후창
❸ 헤로[he-ro] (함남)신고산·안변
❹ 시로[si-ro] (함북)부거

90335 후추胡椒

❶ 호초[ho-čʰo] 대다수 지방
❷ 호초까리[ho-čʰo#k'a-ri] (전북)진안
❸ 호추[ho-čʰu] (전북)남원, (강원)양양·강릉·삼척
❹ 후초[hu-čʰo] (제주)제주, (경남)양산·부산·마산·거제·통영·진주·하동·함양·합천, (경북)고령

❺ 후추[hu-cʰu] (제주)성산·서귀, (경남)남해·창녕, (충남)공주·강경·홍성·천안, (충북)청주·보은·영동·충주·단양
❻ 후추까리[hu-cʰu#k'a-ri] (전북)운봉·임실·장수·무주·금산
❼ 휘초[hwi-cʰo] (경남)울산, (경북)영천·포항·영덕·예천·영주
❽ 히초[hi-cʰo] (경남)김해·밀양
❾ 산초[san-cʰo] (경남)밀양

90336 회膾

❶ 회[hö] 대다수 지방
❷ 호이[ho-i] (충남)공주·부여·홍산·남포·광주

농경農耕

■ 10337 김매기雜草 除去 (논밭에)

❶ **검질맨다**[kəm-ǰil#mɛn-da] (제주)제주·성산·서귀·대정
❷ **기슴맨다**[ki-sim#mɛn-da] (함북)경원·경흥
❸ **기심맨다**[ki-sim#mɛn-da] (경북)청송, (평북)후창
❹ **김맨다**[kim#mɛn-da] (경기)경성·개성·장단·연천, (황해)금천·연안·해주·옹진·태탄·장연·은율·안악·재령·황주·서흥·수안, (평남)중화·평양·순천·숙천·안주, (평북)박천·영변·희천·구성·정주·선천·용암·의주·강계·자성·후창
❺ **밭맨다**[pat#mɛn-da] (경남)마산, (충남)공주, (충북)청주·보은·영동·충주·단양
❻ **논맨다**[non#mɛn-da] (경남)거제
❼ **지섬맨다**[či-səm#mɛn-da] (경남)양산·김해·밀양, (경북)김천
❽ **지슴맨다**[či-sim#mɛn-da] (전남)장흥·남해·곡성·구례, (전북)임실, (충남)강경·부여·홍산·청양·남포·보령·광천·해미·서산·예산, (함남)정평·함흥·오로·신흥·홍원·이원·단천, (함북)성진·길주·명천·경성·나남·청진·부거·부령·무산·회령·종성
❾ **지심맨다**[či-sim#mɛn-da] (전남)돌산·여수·광양·순천·벌교·고흥·보성·강진·완도·영암·목포·함평·영광·나주·광주·장성·담

양・옥과, (전북)운봉・남원・순창・정읍・김제・군산・전주・장수・진안・무주・금산, (경남)울산・동래・거제・통영・진주・남해・하동・함양・거창・합천・창녕, (경북)영천・포항・영덕・고령・의성・예천・안동・영주・청송・울진・평해, (충남)조치원, (강원)주문진, (함남)북청・풍산・갑산・혜산

⑩ **지음맨다**[či-im#mɛn-da] (충남)홍성・천안
⑪ **짐:맨다**[čim#mɛn-da] (충남)홍성・천안, (충북)진천・괴산・충주・제천, (강원)통천・장전・고성・간성・양양・주문진・강릉・삼척・영월・평창・원주・횡성・홍천・춘천・인제, (함남)신고산・안변・덕원・문천・고원・영흥
⑫ **풀맨다**[pʰul#mɛn-da] (경남)마산・거제・통영・진주・남해・함양, (경북)영덕
⑬ **풀빈다**[pʰul#pin-da] (경북)대구

10338 가래鍬

① **껭이**[k'ɛŋ-i] (전북)운봉, (경남)양산・동래・부산・김해・마산・거제・통영・진주・남해・하동・함양・창녕・밀양, (경북)영천・대구・김천・예천
② **껭이**[k'eŋ-i] (경남)거창・합천
③ **꽁이**[k'oŋ-i] (전남)강진
④ **과이**[kwa-i] (함남)풍산
⑤ **곽쟁이**[kwak-čɛŋ-i] (황해)황주, (평남)평양, (평북)박천・영변・희천・구성・강계・자성・후창
⑥ **곽지**[kwak-či] (함남)신고산・안변・덕원・문천・홍원・북청・이원
⑦ **꽉지**[k'wak-či] (황해)곡산, (함남)홍원・북청・단천・풍산・갑산・혜산, (함북)성진・길주・경성・나남・청진・부령・무산・회령・종성・경흥
⑧ **광이**[kwaŋ-i] (제주)성산・서귀・대정, (경북)안동・영주・청송, (강원)양양・삼척

⑨ 괘[kwɛ] (경북)청송・평해
⑩ 괘이[kwɛ-i] (황해)금천・연안・해주・옹진・태탄・장연・은율・안악・재령・서흥・수안
⑪ 괘기[kwɛ-gi] (함남)고원・영흥・정평・함흥・오로・신흥・홍원
⑫ 괭이[kwɛŋ-i] (제주)제주, (경북)포항・영덕・청송・울진, (충남)공주・강경, (충북)단양, (경기)경성・개성・장단・연천, (강원)강릉
⑬ 꽹이[k'wɛŋ-i] (전남)순천・광주・장성・담양・곡성・구례, (전북)남원・순창・전주・임실・장수・진안・무주・금산, (경남)울산, (경북)의성, (충남)천안, (충북)청주・보은・영동・충주, (황해)신계
⑭ 굉이[köŋ-i] (전남)강진・목포
⑮ 꿴이[k'wεŋ-i] (전남)나주, (경북)고령
⑯ 쾡이[kʰwɛŋ-i] (전북)김제, (충남)서천・홍성

10339 검불屑 (풀・짚 등의)

① 검불[kəm-bul] 대다수 지방
② 검부적[kəm-bu-jək] (전남)여수・순천・보성・영암・곡성, (전북)운봉・남원・순창・정읍・김제・전주・임실・장수・진안・무주・금산, (경남)하동

10340 잡초雜草 (건초)

① 검질[kəm-jil] (제주)제주・성산・서귀・대정

10341 풀을 베 둔 것, 꼴蒭

① 깔[k'al] (함남)홍원・북청・단천, (함북)성진・길주・경성・나남・청진・부령・무산・회령・종성・경흥

10342 가래シャベル (농공구)

① 광창이[kwaŋ-cʰaŋ-i] (함남)홍원・북청・풍산, (함북)나남・청진・부령・

무산・회령・종성・경원・경흥
- ❷ 광차이[kwaŋ-čʰa-i] (함남)단천, (함북)성진・길주・명천・경성
- ❸ 광차우[kwaŋ-čʰa-u] (함남)신흥・이원・갑산・혜산
- ❹ 광치위[kwaŋ-čʰi-wi] (함북)부거
- ❺ 가래[ka-rɛ] (대다수 지방에서는 양측에 긴 끈을 붙인 일종의 괭이의 의미로 사용되는 것으로 일본의 「シヤベル: 샤베루」의 의미임) (경남)울산, (경북)영천, (함남)정평・함흥・오로・신흥
- ❻ 삽[sap] (충남)공주・강경・서천・홍성・천안, (충북)청주・보은・영동・충주・단양, (강원)양양・강릉・삼척, (경북)울진・평해, (함남)신고산・안변・덕원・문천・고원・영흥・함흥・오로
- ❼ 삽가래[sap#ka-rɛ] (함남)덕원・문천・영흥
- ❽ 삽장[sap-čaŋ] (함남)신고산
- ❾ 삳가래[sat#ka-rɛ] (경북)의성・예천・안동・청송, (함남)신고산・안변
- ❿ 수굼포[su-gum-pʰo] (영어 Soop에서 나온 것)(경남)울산・양산・동래・부산・진주・남해・통영・거제・마산・거창・합천・창녕・밀양, (경북)영천・포항・영덕・대구・의성・예천・안동・청송・울진・평해
- ⓫ 수곰포[su-gom-pʰo] (경남)마산・거제・통영・진주・남해・함양, (경북)김천

■ 10343 소부찔 (소가 끄는 것)

- ❶ 소부[so-bu] (경북)울진・평해
- ❷ 보섭[po-səp] (강원)양양・강릉・삼척
- ❸ 훌칭이[hul-čʰiŋ-i] (경남)울산・양산・김해・마산・거제・통영・진주・남해・창녕・밀양, (경북)영천・포항・영덕
- ❹ 후칭이[hu-čʰiŋ-i] (경북)평해

■ **10344 거적자루**amparo : あんぺら

❶ **까루시리**[ka-ru-si-ri] (이하 ❸까지 전부 산삼채취자의 은어)(평북)후창
❷ **까래**[k'a-rɛ] (함북)명천
❸ **노전**[no-jən] (함북)명천

■ **10345 도롱이**蓑 : みの

❶ **누역**[nu-yək] (황해)황주·서흥·신계·곡산, (평북)박천·영변·희천·구성·강계·자성·후창
❷ **뉘역**[nwi-yək] (강원)인제, (황해)연안·옹진·태탄·장연·은율·수안, (함남)신고산·안변·덕원·문천
❸ **도랭이**[to-rɛŋ-i] (전남)곡성, (전북)운봉·정읍·김제·임실·장수·진안·금산, (충남)공주·강경·서천·홍성, (충북)충주·단양, (경북)예천·안동·영주
❹ **도레이**[to-re-i] (강원)횡성
❺ **도렝이**[to-reŋ-i] (경북)대구, (충북)진천·괴산·제천, (강원)양양·삼척·영월·평창·원주·홍천
❻ **도리이**[to-ri-i] (경남)거창
❼ **도링이**[to-riŋ-i] (전북)무주, (경남)부산·진주·함양·합천, (경북)고령·김천·상주·함창·문경, (충남)천안, (충북)청주·보은·영동
❽ **두랭이**[tu-rɛŋ-i] (전북)전주
❾ **우비**[u-bi] (함남)혜산
❿ **우장**[u-jaŋ] (제주)제주·성산·서귀, (전남)여수·순천·보성·강진·영암·목포·나주·광주·장성·담양·곡성, (전북)운봉·남원·순창·임실·장수·진안·무주, (경남)울산·양산·김해·마산·거제·진주·하동·창녕·밀양, (경북)영천·포항·영덕·의성·청송·울진·평해, (충남)천안, (경기)경성·장단·연천, (강원)양양·강릉, (황해)금천·안악·재령, (함남)문천·고원·영흥·정평·함흥·오로·신흥·홍원·북청·

이원 · 단천 · 풍산 · 갑산 · 혜산, (함북)성진 · 길주 · 명천 · 경성 · 나남 · 청진 · 부거 · 부령 · 무산 · 회령 · 종성 · 경원 · 경흥 · 웅기
⑪ 접새기[čəp-sɛ-gi] (제주)대정

10346 노끈繩

① 노[no] 대다수 지방
② 노끈[no-k'in] (제주)서귀, (전남)강진 · 영암 · 목포 · 나주 · 광주 · 곡성, (경남)부산 · 마산 · 거제 · 통영 · 진주, (충남)공주 · 강경 · 서천, (충북)영동, (경북)울진
③ 노끄내기[no-k'ɨ-nɛ-gi] (제주)제주 · 대정, (전북)정읍
④ 노끝[no-k'it] (전남)서귀 · 성산,
⑤ 노나불[no-na-bul] (경남)마산 · 거제 · 통영 · 창녕
⑥ 노낭갱이[no-nat-kɛŋ-i] (경남)울산 · 양산 · 동래, (경북)영천 · 포항
⑦ 노낱끈[no-nat-k'in] (경남)진주 · 함양
⑧ 노낱기[no-nat-ki] (경북)영덕
⑨ 노내기[no-nɛ-gi] (강원)양양 · 강릉
⑩ 노낻갱이[no-nɛt-kɛŋ-i] (경남)김해
⑪ 노낻끈[no-nɛt-k'in] (전북)장수 · 무주, (강원)삼척, (경북)울진
⑫ 노낻기[no-nɛt-ki] (전북)진안 · 금산, (경남)양산 · 마산 · 진주 · 남해 · 거창 · 합천 · 밀양, (경북)고령, (충남)천안
⑬ 논낻기[non-nɛt-ki] (충남)공주 · 강경 · 홍성
⑭ 노낻깅이[non-nɛt-kiŋ-i] (경북)평해
⑮ 노래기[no-rɛ-gi] (함남)신고산 · 안변 · 덕원 · 문천 · 고원 · 영흥
⑯ 낻긴[nɛt-kin] (황해)황주 · 신계 · 곡산, (함남)신고산 · 안변 · 덕원 · 문천 · 고원 · 영흥, (평남)평양, (평북)박천 · 영변 · 희천 · 구성 · 강계
⑰ 농[noŋ] (함남)정평 · 함흥 · 오로 · 신흥 · 홍원 · 북청 · 단천 · 풍산 · 갑산 · 혜산, (함북)성진 · 길주 · 경성 · 나남 · 청진 · 부령 · 무산 · 회령 · 종성 ·

경원
⑱ 농끼[noŋ-kʻi] (함남)이원
⑲ 농오래기[noŋ-o-rɛ-gi] (함남)풍산
⑳ 농올치[noŋ-ol-čʰi] (황해)해주·옹진·태탄·장연
㉑ 농이[noŋ-i] (평북)박천·영변·구성·강계·자성·후창
㉒ 농재기[noŋ-jɛ-gi] (황해)황주, (평남)평양
㉓ 농치[noŋ-čʰi] (황해)은율·안악·재령
㉔ 뇓긴[nöt-kin] (황해)금천·서흥
㉕ 뇡끼[nöŋ-kʻi] (황해)연안·해주·옹진·태탄·장연·은율·안악·재령
㉖ 뇡이[nöŋ-i] (평북)희천

10347 고삐手綱
❶ 곱비[kop-pi] 대다수 지방
❷ 녹대[nok-tɛ] 【「耽羅誌」草羈謂之綠大】 (제주)제주·성산·서귀·대정
❸ 석[sək] (제주)제주·성산·서귀·대정
❹ 자갈줄[ča-gal#čul] (전북)김제
❺ 맘:줄[maːm-čul] (전남)강진·영암·목포·장성·담양, (전북)남원·순창·정읍

10348 낫鎌
❶ 낟[nat] *대다수 지방
❷ 안거리[an-gə-ri] (이하 ❹번까지 산삼채취자의 은어)(경기)양주, (함남)갑산, (함북)명천, (평북)강계·자성·후창
❸ 앙거리[aŋ-gə-ri] (함남)풍산
❹ 감재비[kam-jɛ-bi] (강원)춘천

■ 10349 절구공이杵 (여자용)

❶ 도구매[to-gu-t'ɛ] (전남)여수 · 순천 · 강진 · 영암 · 목포 · 장성 · 담양 · 곡성, (전북)운봉 · 남원 · 순창 · 정읍 · 김제 · 전주 · 임실 · 장수 · 진안 · 무주 · 금산, (경남)울산 · 동래 · 부산 · 김해 · 마산 · 진주 · 하동 · 함양, (경북)포항, (충남)공주 · 강경 · 서천 · 홍성 · 천안, (충북)보은 · 영동
❷ 돌구땡이[tol-gu-t'ɛŋ-i] (충북)청주
❸ 돋구방[tot-ku#paŋ] (경남)양산 · 거창 · 창녕 · 밀양, (경북)고령
❹ 절구매[čəl-gu-t'ɛ] (충남)충주 · 단양
❺ 절구공이[čəl-gu#koŋ-i] (강원)강릉

■ 10350 절구공이杵 (남자용)

❶ 매:[mɛ:] (전남)강진 · 곡성, (경남)울산 · 마산 · 진주 · 남해 · 하동 · 함양, (경북)영천([t'əŋ-mɛ:] 등이라 함) · 포항 · 울진, (충남)서천 · 홍성 · 천안, (충북)청주([t'əŋ-mɛ:] 등이라 함) · 보은 · 영동, (강원)양양 · 강릉 · 삼척
❷ 메:[me:] (전북)운봉 · 남원 · 순창 · 정읍 · 김제 · 장수 · 진안 · 무주 · 금산, (경남)거제 · 통영, (충북)충주 · 단양(각지에도 [t'əŋ-mɛ:] 등이라 함), (경북)평해
❸ 매:대기[mɛ:-tɛ-gi] (전남)영암 · 목포
❹ 매:겡이[mɛ:-geŋ-i] (충남)공주 · 강경
❺ 메겡이[me:-geŋ-i] (전북)전주
❻ 미:[mi:] (전남)여수 · 장성 · 담양
❼ 방애:뀌[paŋ-ɛ:-k'wi] (제주)제주 · 성산 · 서귀 · 대정

■ 10351 맷돌碾臼 : ひきうす

❶ 맨돌[mɛt-tol] (전남)여수 · 순천 · 광주 · 곡성, (경남)하동, (경기)경성, (함남)단천, (함북)성진 · 길주 · 경성 · 나남 · 청진 · 부령 · 무산 · 회령 · 종성 · 경흥
❷ 맨독[mɛt-tok] *(전남)강진 · 영암 · 목포 · 장성 · 담양, (전북)운봉 · 남원 ·

순창·정읍·김제·전주·임실·장수·진안·무주·금산
❸ 망[maŋ] (함남)북청·단천, (함북)성진
❹ 망도리[maŋ-do-ri] (함남)홍원
❺ ᄀᆞ래[kɔ-rɛ] (제주)제주·성산·서귀·대정

10352 보습犁 (10361 쟁기의 ❶ 쟁이[čɛŋ-i]항 참조. 쟁기 끝부분의 철)

❶ 보십[po-sip] 【「四聲」犁頭 po-sip, 「漢淸」犁杖 po-sip, 「譯語」犁鏵兒 po-sip-nɔr】 (전남)장성, (전북)남원·순창·정읍·김제, (황해)금천·연안·옹진·태탄·장연·은율·안악·재령·서흥
❷ 보삽[po-sap] (함남)영흥
❸ 보섭[po-səp] (제주)제주·성산·서귀·대정, (강원)통천·장전, (황해)신계·수안·곡산, (함남)신고산·안변·덕원·문천·고원·정평·신흥·홍원·북청·이원·단천·풍산·갑산·혜산, (함북)성진·길주·명천·경성·나남·청진·부령·무산·회령·종성·경흥, (평북)박천·영변·희천·구성·강계·자성·후창
❹ 보탑[po-tʰap] (함남)신고산·안변·원산·문천·고원·영흥·정평·함흥·오로·신흥·북청
❺ 버섭[pə-səp] (충북)제천, (강원)고성·간성·양양·주문진·강릉·영월·평창·원주·횡성·홍천·춘천·인제, (함북)나남
❻ 부삽[pu-sap] (황해)황주, (평남)평양([pu-sap]은 많은 지방에서 여러 가지 의미로 사용됨.)

10353 다듬이砧杵 : きぬた棒

❶ 방맹이[paŋ-mɛŋ-i] 대다수 지방
❷ 방망치[paŋ-maŋ-čʰi] (전북)남원
❸ 막개[mak-kɛ] (제주)제주·성산·서귀·대정

10354 새끼줄藁繩

❶ 샌기[sɛt-ki] 대다수 지방
❷ 색기[sɛk-ki] (제주)제주·성산·서귀·대정
❸ 샌치[sɛt-čʰi] (함남)홍원·이원
❹ 샅챙이[sat-čʰɛŋ-i] (전남)담양, (전북)남원·순창
❺ 산낻기[san#nɛt-ki] (전남)담양, (전북)운봉·남원·순창·전주·장수·진안·금산
❻ 산낟구[san#nat-ku] (전남)여수
❼ 사낻기[sa#nɛt-ki] (전남)순천·장성·곡성, (전북)정읍·김제·임실
❽ 새드래기[sɛ-di-rɛ-gi] (함남)신고산
❾ 새드랟기[sɛ-di-rɛt-ki] (함남)고원

10355 노끈繩

❶ 배[pɛ] (제주)성산·서귀·대정, (경남)통영지방에서는 강한 로프와 같은 것을 [čʰam-bɛ]라 하고 닻줄과 같은 것은 [pal-bɛ], 배의 망을 [not-pɛ]라 한다.)

10356 장작割木 (나무를 깬 것)

❶ 장작[čaŋ-jak] 대다수 지방
❷ 지들람[či-dil-lam] (제주)성산
❸ 지들랑[či-dil-laŋ] (제주)제주·서귀·대정

10357 채篩 (눈이 촘촘한 것)

❶ 체[čʰe] (제주)제주·성산·서귀·대정, (전남)광양·순천·벌교·고흥·보성·장흥·강진·영암·함평·영광·광주·장성·옥과·곡성·구례, (전북)운봉·남원·정읍·김제·군산·전주·임실·장수·진안·무주·금산, (경남)거제·하동·거창, (경북)영주, (충남)공주·강경·부여·홍산·청양·남포·보령·광주·홍성·해미·서산·오천·예산·천안·

조치원, (충북)청주 · 보은 · 영동 · 충주 · 단양, (경기)경성 · 장단, (황해)
연안 · 장단 · 은율

❷ 채[cʰɛ] (전남)완도 · 해남 · 목포, (경남)울산 · 양산 · 부산 · 김해 · 마산 ·
통영 · 진주 · 남해 · 함양, (경북)영천 · 포항 · 영덕 · 의성 · 예천 · 안동 ·
청송 · 울진 · 평해, (경기)개성 · 연천, (강원)양양 · 강릉 · 삼척, (황해)금
천 · 해주 · 옹진 · 태탄 · 안악 · 재령 · 황주 · 서홍 · 수안 · 신계 · 곡산,
(함남)신고산 · 안변 · 덕원 · 문천 · 고원 · 영흥 · 정평 · 함흥 · 오로 · 신
흥 · 홍원 · 북청 · 이원 · 단천 · 풍산 · 갑산 · 혜산, (함북)성진 · 길주 · 명
천 · 경성 · 나남 · 청진 · 부거 · 부령 · 무산 · 회령 · 종성 · 경원 · 경흥 ·
웅기, (평남)평양, (평북)박천 · 영변 · 희천 · 구성 · 강계 · 자성 · 후창

❸ 챙이[cʰɛŋ-i] (경남)동래

❹ 치[cʰi] (전남)돌산 · 여수 · 목포 · 나주 · 담양, (전북)순창, (경남)합천 · 창
녕 · 밀양, (경북)대구 · 고령 · 김천

❺ 최[cʰö] (충남)서천

10358 채籭 (눈이 큰 것)

❶ 얼게미[əl-ge-mi] (전남)보성 · 강진 · 영암 · 목포 · 나주 · 곡성, (전북)운봉 ·
임실 · 장수 · 진안 · 무주 · 금산

❷ 얼구미[əl-gu-mi] (전남)순천

❸ 얼멩이[əl-meŋ-i] (전남)나주

❹ 어레미[ə-re-mi] (경기)경성

10359 키箕

❶ 키[kʰi] 【「四聲」簸箕 kʰi, 「訓蒙」箕 kʰi, 「漢淸」箕 kʰi】 (경북)영주, (충남)천안,
(충북)괴산, (경기)경성 · 개성 · 장단 · 연천, (황해)금천 · 연안 · 해주 · 옹진 ·
태탄 · 장연 · 은율 · 안악 · 재령 · 황주 · 서홍 · 수안 · 신계 · 곡산, (함북)
무산(명신면에서) · 회령 · 종성 · 경원, (평남)평양, (평북)박천 · 영변 · 희천 ·

구성・강계・자성・후창
❷ **키짝**[kʰi-čʼak] (황해)옹진・태탄・장연・은율・안악・재령
❸ **챙이**[čʰɛŋ-i] (전남)곡성・구례, (전북)운봉・남원・임실・장수・진안・무주・금산, (경남)울산・동래・부산・마산・거제・통영・진주・남해・함양・거창・창녕, (경북)영천・경주・포항・영덕・대구・지례・김천・의성・예천・안동・청송・울진・평해, (충북)보은・영동
❹ **체**[čʰe] (제주)제주・성산・서귀・대정, (전남)장흥・강진
❺ **챙이**[čʰɛŋ-i] (전남)광양・순천・벌교・고흥・보성・장흥・옥과・곡성・구례, (전북)남원・순창
❻ **치**[čʰi] (전남)해남・영암・목포・함평・영광・나주・광주・장성・담양, (전북)정읍・김제・군산・전주・임실, (경북)예천・안동・영주・울진, (충남)공주・강경・부여・홍산・청양・서천・남포・보령・광천・홍성・갈산・해미・서산・오천・예산・천안・조치원, (충북)청주・진천・괴산・충주・단양・제천, (강원)통천・장전・고성・간성・양양・주문진・강릉・삼척・영월・평창・원주・횡성・홍천・춘천・인제, (함남)신고산・안변・덕원・문천・고원・영흥・정평・함흥・오로・신흥・홍원・북청・이원・단천・풍산・갑산・혜산, (함북)성진・길주・명천・경성・나남・청진・부거・부령・무산・경흥・웅기
❼ **치이**[čʰi-i] (경북)예천
❽ **칭이**[čʰiŋ-i] (전남)돌산・여수, (경남)양산・부산・김해・합천・창녕・밀양, (경북)포항・홍해・대구・고령・성주・김천・상주・함창・문경・안동・평해
❾ **푸는체**[pʰu-nin-čʰe] (제주)제주・성산・서귀・대정

■ **10360 덕석蓆**

❶ **턱석**[tʰək-sək] (함남)함흥・오로・신흥
❷ **턱서기**[tʰək-sə-gi] (함남)홍원・이원(영흥 이남에는 이 종류의 말이 없음.)

▰ 10361 쟁기農具 (추·조 등)

❶ 쟁이[čɛŋ-i] 대다수 지방
❷ 장기[čaŋ-gi] (제주)제주·대정
❸ 젱기[čeŋ-gi] (제주)성산
❹ 쨍이[č'ɛŋ-i] (경남)통영·진주·남해·함양
❺ 잠대[čam-dɛ] (제주)제주·성산·서귀·대정

▰ 10362 호미鋤 : ホミ

❶ 호미[ho-mi] 대다수 지방(제주도에서는 [ho-mi]는 풀 베는 낫.)
❷ 호무[ho-mu] (충남)서천, (충북)제천, (강원)통천·장전·고성·간성·양양·주문진·평창·홍천·인제
❸ 호망[ho-maŋ] (경북)영덕
❹ 호맹이[ho-mɛŋ-i] (전남)여수·순천·보성·강진·영암·목포·나주·광주·곡성·구례, (전북)운봉·임실·장수·진안·무주·금산, (경남)울산·양산·동래·부산·김해·마산·거제·통영·진주·남해·하동·함양·거창·합천·창녕·밀양, (경북)영천·경주·포항·흥해·영덕·대구·고령·김천·의성·상주·함창·문경·예천·안동·영주·청송·평해, (충남)강경, (충북)청주·보은·영동·진천·괴산·충주·단양·제천, (강원)양양·강릉·삼척·영월·평창·원주·횡성·홍천
❺ 허무[hə-mu] (강원)춘천
❻ 허미[hə-mi] (강원)춘천
❼ 훼미[hwe-mi] (제주)제주(풀 베는 鎌)
❽ 굴갱이[kɔl-gɛŋ-i] (제주)제주·성산·서귀·대정
❾ 취토[čʰwi-tʰo] (「서두鋤頭」의 중국음, 산삼채취자의 은어)(평북)강계

▰ 10363 돌확石臼

❶ 호박[ho-bak](南瓜 ho:-oak) 【「訓蒙」臼, ho-oak, 「杜詩」paŋ-a-ko-oa#ho-oak-koa (杵

티】(경남)울산 · 양산 · 부산 · 김해 · 마산 · 진주 · 남해 · 하동 · 함양 · 거창 · 합천 · 창녕 · 밀양, (경북)영천 · 포항 · 영덕 · 대구 · 고령 · 김천 · 의성 · 예천 · 안동 · 영주 · 청송 · 울진 · 평해, (강원)삼척, (함남)고원 · 정평 · 함흥 · 오로 · 신흥 · 홍원 · 북청 · 이원 · 단천 · 혜산, (함북)성진 · 명천 · 나남 · 부거 · 부령 · 무산 · 회령 · 종성 · 경흥

❷ **호배기**[ho-bɛ-gi] (경남)동래, (함남)풍산 · 갑산, (함북)길주 · 경성

❸ **확**[hwak] 【「譯語」確曰 paŋ-has-hoak, 「譯補」確窩 paŋ-ha-hoak】(전남)돌산 · 광양 · 순천 · 벌교 · 강진 · 해남 · 영암 · 목포 · 함평 · 광주 · 옥과 · 곡성 · 구례(여수 · 보성 불명), (전북)임실 · 무산 · 금산, (충남)천안(공주 · 홍성 불명), (충북)단양(청주 · 보은 · 영동 · 충주 불명, 단양에는 수차의 의미로도 사용됨), (경기)개성(장단 · 연천에는 [mɛt-tol]), (강원)양양 · 강릉, (황해)금천 · 해주 · 옹진 · 태탄 · 장연 · 은율 · 안악 · 재령 · 황주 · 서흥 · 수안 · 신계 · 곡산(금천 · 연안 · 장연 · 은율 · 안악 · 재령 · 서흥 · 수안에는 [maŋ] 등), (함남)신고산 · 안변 · 덕원 · 문천 · 고원 · 영흥, (평남)평양, (평북)박천 · 영변 · 희천 · 구성 · 강계 · 자성 · 후창

❹ **확독**[hwak-tok] (전남)장성 · 담양 · 곡성 · 구례, (전북)운봉 · 남원 · 순창 · 정읍 · 김제 · 전주 · 장수 · 진안 · 무주 · 금산

❺ **학독**[hak-tok] (충남)강경

❻ **학도기**[hak-to-gi] (충남)서천

❼ **혹**[hok] (제주)제주 · 서귀 · 대정

10364 겨糠

❶ **겨**[kyə] (경기)경성 · 개성 · 장단, (강원)철원, (황해)해주 · 옹진 · 태탄 · 장연 · 은율 · 안악 · 재령

❷ **계**[kye] (강원)철원, (함북)회령 · 종성

❸ **게**[ke] (충북)청주 · 괴산, (경기)연천, (강원)평창 · 원주 · 홍천, (황해)금천 · 연안 · 해주 · 옹진 · 서흥 · 신계 · 수안 · 곡산, (함남)북청, (평남)평

양, (평북)박천 · 영변 · 희천 · 구성 · 강계 · 자성 · 후창

❹ **저**[čə] (전남)광주 · 장성 · 담양, (전북)순창 · 정읍 · 김제 · 군산 · 전주 · 임실, (충남)공주 · 강경 · 부여 · 홍산 · 청양 · 서천 · 남포 · 보령 · 광천 · 홍성 · 해미 · 서산 · 오천 · 예산 · 천안 · 조치원

❺ **제**[če] (전남)여수 · 순천 · 보성 · 강진 · 영암 · 목포 · 나주 · 곡성, (전북)운봉 · 남원, (경남)하동, (경북)영덕 · 울진 · 평해, (충북)진천 · 괴산 · 충주 · 단양 · 제천, (강원)통천 · 장전 · 고성 · 간성 · 양양 · 주문진 · 강릉 · 삼척 · 영월 · 평창 · 원주 · 횡성 · 홍천 · 춘천 · 인제 · 평강, (함남)신고산 · 안변 · 덕원 · 문천 · 고원 · 영흥 · 홍원 · 북청 · 이원 · 단천 · 풍산 · 갑산 · 혜산, (함북)성진 · 길주 · 명천 · 경성 · 나남 · 청진 · 부거 · 부령 · 무산 · 경흥

❻ **찌깅이**[čʼi-giŋ-i] (충북)영동

❼ **체**[čʰe] (제주)제주 · 성산 · 서귀 · 대정(거친 것, 가는 것은 [po-mi]라고 한다), (함남)정평 · 함흥 · 오로 · 신흥

10365 등겨籾殼

❶ **등겨**[tiŋ-gyə] ([tiŋ-gyə] 계통의 말은 지방에 따라 나락 등겨를 의미하기도 한다.)

❷ **등개**[tiŋ-gɛ] (경남)울산(쌀겨米糠의 의미), (경북)영천 · 포항 · 홍해(이상 쌀겨米糠의 의미)

❸ **등게**[tiŋ-ge] (경북)의성 · 안동 · 청송

❹ **딩개**[tiyŋ-gɛ] (경남)부산, (경북)대구

❺ **딩게**[tiyŋ-ge] (전북)장수 · 진안 · 무주 · 금산(이상 나락 등겨의 의미)

❻ **딩기**[tiyŋ-gi] (경남)동래 · 김해 · 진주 · 거창 · 합천 · 창녕 · 밀양(이상 나락 등겨의 의미) · 함양(이상 나락 등겨의 의미) · 마산 · 거제 · 통영(이상 나락 등겨의 의미), (경북)고령 · 김천 · 상주 · 함창 · 문경 · 예천

❼ **덩개**[təŋ-gɛ] (경남)양산

10366 왕겨租糠

❶ 왕겨[waŋ-gyə] 대다수 지방
❷ 욍기[wɛŋ-gi] (전북)진안·무주·금산
❸ 왕지[waŋ-ǰi] (경북)상주·함창·문경
❹ 왕제[waŋ-ǰe] (경남)통영·남해
❺ 왕딍이[waŋ-dɨŋ-i] (경남)마산·거제

화과花果

■ 11367 꽃花

❶ 꼳[k'ot] * 대다수 지방
❷ 곧[kot] *(평북)희천
❸ 꼬치[k'o-cʰi] (함남)풍산
❹ 꼬지[k'o-ji] (함남)홍원·북청·이원·단천·풍산·갑산·혜산, (함북)길주·경성·청진·무산·회령·종성·경흥
❺ 꼬장[k'o-jaŋ] (제주)성산·서귀·대정

■ 11368 꽃봉오리蕾

❶ 꼳방울[k'ot#paŋ-ul] (경기)개성, (황해)연안, (함남)안변·덕원, (평북)희천·강계·자성
❷ 꼳방우리[k'ot#paŋ-u-ri] (강원)양양·강릉·삼척
❸ 꼳방우지[k'ot#paŋ-u-ji] (평북)희천
❹ 꼳벙어리[k'ot#pəŋ-ə-ri] (전남)장성, (전북)전주
❺ 꼳봉다리[k'ot#poŋ-da-ri] (전남)여수·순천·보성·곡성, (경남)하동
❻ 꼳봉생이[k'ot#poŋ-sɛŋ-i] (전북)남원
❼ 꼳봉아리[k'ot#poŋ-a-ri] (전남)영암·목포·나주, (경북)대구, (황해)해주·

재령 · 황주, (평북)박천 · 구성

⑧ 꼳**봉오리**[k'ot#poŋ-o-ri] (제주)성산 · 서귀, (전남)광주 · 담양, (전북)운봉 · 남원 · 순창 · 정읍 · 임실 · 장수 · 진안 · 무주 · 금산, (경남)동래 · 부산 · 마산 · 진주 · 남해 · 함양 · 합천 · 창녕 · 밀양, (경북)영천 · 영덕 · 고령 · 울진 · 평해, (충남)강경 · 서천 · 홍성 · 천안, (경기)개성, (함남)북청 · 풍산, (평남)평양, (평북)영변 · 자성

⑨ 꼳**봉오지**[k'ot#poŋ-o-ji] (제주)제주 · 성산 · 서귀 · 대정

⑩ 꼳**봉자리**[k'ot#poŋ-ja-ri] (황해)옹진 · 태탄 · 장연 · 은율 · 안악

⑪ 꼳**봉지**[k'ot#poŋ-ji] (경남)거제 · 통영 · 거창

⑫ 꼳**보동이**[k'ot#po-doŋ-i] (함북)성진

⑬ 꼳**보듸**[k'ot#po-diy] (함북)길주

⑭ 꼳**보무라지**[k'ot#po-mu-ra-ji] (함남)정평 · 함흥 · 오로 · 신흥 · 홍원 · 북청 · 단천 · 풍산 · 갑산 · 혜산

⑮ 꼳**보무래기**[k'ot#po-mu-rɛ-gi] (함남)이원

⑯ 꼳**부들기**[k'ot#pu-dɨl-gi] (함북)무산 · 회령 · 종성

⑰ 꼳**부등**[k'ot#pu-diŋ] (함북)청진

⑱ 꼳**부듸**[k'ot#pu-diy] (함북)경성 · 나남 · 부거 · 부령 · 경흥

⑲ 꼳**부듸이**[k'ot#pu-diyŋ-i] (함북)명천

⑳ 꼳**부라지**[k'ot#pu-ra-ji] (함남)북청

㉑ 꼳**부러지**[k'ot#pu-rə-ji] (함남)신흥

㉒ 꼳**마울**[k'ot#ma-ul] (함남)문천 · 고흥 · 영흥

㉓ 꼳**망울**[k'ot#maŋ-ul] (경기)장단 · 연천, (황해)금천, (평남)평양

㉔ 꼳**망우리**[k'ot#maŋ-u-ri] (충북)충주 · 영동 · 충주 · 단양, (함남)신고산, (평북)후창

㉕ 꼳**망래기**[k'ot#maŋ-rɛ-gi] (충북)보은

㉖ 꼳**망우라지**[k'ot#maŋ-u-ra-ji] (황해)서흥 · 신계 · 수안 · 곡산

㉗ 꼳**매주미**[k'ot#mɛ-ju-mi] (경북)포항

㉘ 꼳**모아리**[k'ot#mo-a-ri] (경남)울산
㉙ 꼳**맹아리**[k'ot#mɛŋ-a-ri] (경북)김천・의성・예천・안동・영주・청송
㉚ 꼳**몽아리**[k'ot#moŋ-a-ri] (경남)양산・동래・김해
㉛ 꼳**몽오리**[k'ot#moŋ-o-ri] (충남)공주
㉜ 꼳**송이**[k'ot#soŋ-i] (전남)광주
㉝ 꼳**송오리**[k'ot#soŋ-o-ri] (전북)정읍
㉞ 꼳**숭오리**[k'ot#suŋ-o-ri] (전북)정읍

11369 고염榛の實 (개암나무의 열매)

❶ **가얌**[ka-yam] (경기)개성
❷ **개암**[kɛ-am] (황해)은율
❸ **개암알**[kɛ-am-al] (함남)홍원・이원
❹ **개얌**[kɛ-yam] (경기)경성・장단・연천
❺ **깨동**[k'ɛ-doŋ] (함남)합천, (경북)고령
❻ **갬**[kɛm] (황해)연안
❼ **갬:**[k'ɛ:m] (경북)영덕, (함남)함흥・오로・신흥, (함북)명천
❽ **개:미**[kɛ:mi] (황해)금천・해주・장연・안악・재령・서흥・신계・수안・곡산, (함남)홍원・북청・갑산
❾ **깨:미**[k'ɛ:mi] (함남)혜산, (함북)경성・나남・부거・부령・회령
❿ **개:말**[kɛ:-mal] (함남)북청・갑산
⓫ **깨:말**[k'ɛ:-mal] (함남)혜산, (함북)명천
⓬ **갬:다리**[kɛ:m-da-ri] (황해)옹진・태탄
⓭ **개:감**[kɛ:-gam] (충남)천안
⓮ **깨:곰**[k'ɛ:-gom] (전북)진안・무주, (경남)울산・양산・동래・부산・김해, (경북)영천・대구・김천・의성・예천・안동・영주・청송
⓯ **개:구미**[kɛ:-gu-mi] (함남)홍원
⓰ **개:금**[kɛ:-gim] (전남)함평・장성, (전북)정읍・김제, (충남)공주・강경・

서천·홍성, (충북)영동·단양, (강원)양양, (함남)신고산·안변·덕원·
문천·고원·영흥·정평
⑰ 깨:금[kʼɛ:-gim] (전남)돌산·여수·광양·순천·벌교·고흥·보성·장흥·
해남·영암·목포·영광·나주·광주·담양·옥과·곡성·구례, (전북)
운봉·남원·순창·전주·임실·장수·금산, (경남)거제·함양·거창·
창녕·밀양, (경북)포항·울진·평해, (충남)청주·보은·충주, (강원)강
릉·삼척
⑱ 캐금[kʰɛ-gim] (전북)남원
⑲ 게암[ke-am] (경남)하동

11370 백합꽃百合 : ゆり

❶ 개나리꽃[kɛ-na-ri#kʼot] *(전남)광주, (전북)정읍, (경남)마산, (경북)영
천·대구·의성·울진·평해, (충남)천안, (충북)단양, (경기)개성·장
단·연천, (강원)양양·강릉·삼척, (황해)금천·연안·해주·옹진·태
탄·장연·은율·안악·재령·황주·서흥·신계·수안·곡산, (함남)신
고산·안변, (평남)평양, (평북)자성·후창
❷ 나라꽃[na-ra#kʼot] *(경남)양산
❸ 나래꽃[na-rɛ#kʼot] *(전남)여수·순천·강진·목포, (경남)부산·김해·마
산·진주·남해·하동·함양·거창·합천·창녕·밀양
❹ 나리꽃[na-ri#kʼot] *【物語」百合、なりい】(전남)보성·영암·담양·곡성, (전
북)운봉·남원·순창·김제·전주·장수·진안·무주·금산, (경남)양
산·거제·통영, (경북)영덕·고령·김천·예천·안동·영주·청송, (함
남)덕원·문천·고원·영흥·정평·함흥·오로·신흥·홍원·북청·이
원·풍산·갑산·혜산, (평북)박천·영변·희천·구성·강계(본도本道에서
는 [na-ri]는 이 종種의 총칭 [kɛ-na-ri], [so-na-ri]가 별도로 있다.)
❺ 나발꽃[na-bal#kʼot] *(충남)강경·서천, (충북)청주·보은
❻ 나팔꽃[na-pʰal#kʼot] *(충남)공주·홍성

❼ 백합꼳[pɛk-hap#k'ot] *(제주)제주, (전남)장성, (경기)경성
❽ 백하비[pɛk-ha-bi] (제주)서귀·대정
❾ 홍압꼳[hoŋ-ap#k'ot] *(경남)동래
❿ 몰맹이[mɔl-mɛŋ-i] (제주)성산
⓫ 유리[yu-ri] (일본어 ゆり)(경남)(경북으로 표기됨)울산

11371 대추열매棗の實 ^{なつめ}

❶ 대조[tɛ-jo] (함남)북청·갑산·혜산, (함북)경성·나남·부령·무산·회령·종성, (평북)박천·영변·희천·구성·강계·자성·후창
❷ 대초[tɛ-cʰo] (제주)제주·성산·서귀·대정, (강원)양양, (함북)청진·경흥, (평북)박천·구성
❸ 대추[tɛ-cʰu] (전남)순천·보성·강진·영암·목포·나주·광주·장성·담양·곡성, (전북)운봉·남원·순창·정읍·김제·전주·임실·장수·진안·무주·금산, (경남)울산·양산·동래·부산·김해·마산·거제·통영·진주·남해·하동·함양·거창·합천·창녕·밀양, (경북)영천·포항·영덕·대구·고령·김천·의성·예천·안동·영주·청송·울진·평해, (충남)공주·강경·서천·홍성·천안, (충북)청주·보은·영동·충주·단양, (경기)경성·개성·장단·연천, (강원)강릉·삼척, (황해)금천·연안·해주·옹진·태탄·장연·은율·안악·재령·황주·서흥·신계·수안·곡산, (함남)신고산·안변·덕원, (평남)평양
❹ 대취[tɛ-cʰwi] (함남)문천·고원·영흥·정평·함흥·오로·신흥·북청·단천
❺ 대치[tɛ-cʰi] (함남)홍원·북청·이원, (함북)성진·길주·명천
❻ 태초[tʰɛ-cʰo] (함남)풍산·혜산

11372 딸기苺 : いちご

❶ 딸:[t'a:l] (전남)여수·순천·강진·영암·목포·나주·광주·장성·구례,

(전북)전주・무주・금산, (경남)울산・양산・동래・부산・김해・마산・거제・통영・진주・남해・하동・함양・거창・합천・창녕・밀양, (경북)영천・포항・영덕・대구・고령・김천・의성・예천・안동・영주・청송・울진・평해, (충북)영동・단양, (강원)삼척

❷ 딸기[t'al-gi] (전남)광주
❸ 딸구[t'al-gu] (충남)공주・강경・서천・홍성・천안, (충북)청주・충주, (강원)양양・강릉
❹ 따올[t'a-ol] (전북)진안
❺ 따울[t'a-ul] (전북)장수, (충북)보은
❻ 때왈[t'ɛ-wal] (전남)보성・담양・곡성, (전북)운봉・남원・순창・정읍・김제・임실
❼ 탈[tʰal] (제주)제주・성산・서귀・대정

11373 머루山葡萄

❶ 머뤼[mə-rwi] 【「譯語」山葡萄 mər-ui, 「譯譜」 臭李子 mər-ui】 (제주)제주
❷ 머루[mə-ru] (전남)나주・장성, (전북)운봉・정읍・김제・전주・무주・금산, (경북)김천, (충남)공주・강경・서천・홍성・천안, (충북)청주・보은・영동・충주・단양, (경기)경성・장단・연천
❸ 머래[mə-rɛ] (경남)마산・함양・거창, (황해)은율・안악
❹ 머레[mə-re] (황해)금천・연안・해주・옹진・태탄・장연・재령
❺ 머리[mə-ri] (경남)부산・합천・창녕, (경북)고령
❻ 멀리[məl-li] (제주)성산・서귀・대정
❼ 멀구[məl-gu] (전남)여수・순천・광주・담양, (전북)운봉・장수・진안, (경남)울산・마산・하동・함양, (경북)영천・포항・영덕・대구・예천・안동・영주・청송・울진・평해, (경기)개성, (강원)양양・강릉・삼척, (황해)황주・서흥・수안, (함남)신고산・안변・덕원, (함북)성진, (평남)평양, (평북)박천・영변・희천・구성・강계・자성・후창

⑧ **멀귀**[məl-gwi] (황해)신계, (함남)문천・고원・영흥・정평, (함북)경성・종성・경원・경흥・웅기
⑨ **멀기**[məl-gi] (함남)함흥・오로・신흥・홍원・북청・이원・풍산・갑산・혜산, (함북)성진・길주・나남・부령・무산・회령
⑩ **멜구**[mel-gu] (전남)보성・강진・곡성・구례, (전북)운봉・남원・순창・임실
⑪ **멸구**[myəl-gu] (전남)영암・목포
⑫ **모래**[mo-rɛ] (경남)양산・동래・김해・거제・진주・밀양
⑬ **다래**[ta-rɛ] (경남)진주
⑭ **산보두**[san#po-du] (경남)남해

11374 마름 열매菱の實

① **마람**[ma-ram] 【「月印」金疾鑠-nən#mar-wa-mi-ra,「四聲」芰・菱, mar-oam,「杜詩」mar-oam-nip (菱葉),「譯語」菱角・水栗 ma-ram】 (전남)강진, (전북)정읍・김제・전주・임실・진안, (충북)충주, (평북)강계
② **마래미**[ma-rɛ-mi] (함남)신고산, (평북)후창
③ **마룸**[ma-rum] (충남)공주
④ **마름**[ma-rim] 【「東醫」菱仁 mar-im】 (제주)제주, (경남)부산, (충남)강경・서천・홍성・천안, (충북)청주, (경기)경성・장단, (황해)금천・연안・옹진・태탄・장연・은율・안악・재령・서흥・신계・수안・곡산 (함남)풍산, (평남)중화・평양・순천・숙천・안주, (평북)박천・영변
⑤ **모람**[mo-ram] (전남)영암・목포・나주・장성・담양, (전북)남원・순창
⑥ **말개미**[mal-gɛ-mi] (평북)구성・정주・선천・용암・의주
⑦ **물묑이**[mɔl-möŋ-i] (제주)성산
⑧ **말맹이**[mal-mɛŋ-i] (강원)강릉
⑨ **말밤**[mal-bam] 【「採取」芰實, 鄕名, 末栗】 (경남)울산・양산・동래・마산・거창・합천・창녕・밀양, (경북)영천・포항・영덕・대구・고령・김천・의

성・예천・안동・청송・울진・평해, (충북)보은
⑩ **말방수**[mal-baŋ-su] (경북)영주
⑪ **말배**[mal-bɛ] (함남)홍원・이원
⑫ **말뱅이**[mal-bɛŋ-i] (함남)안변・함흥・홍원・북청・단천, (함북)성진・길주・경성・나남・청진・부거・무산・회령・종성・경원・경흥・웅기
⑬ **몰밤**[mol-bam] (전남)곡성, (전북)운봉・무주, (경남)김해・진주・하동
⑭ **몰밥**[mol-bap] (전남)순천
⑮ **물밤**[mul-bam] (전북)장수

11375 복숭아 桃

① **복사**[pok-sa] (충남)서천, (강원)춘천, (함남)오로・신흥・홍원・북청・이원・단천
② **복상**[pok-saŋ] (전북)김제・전주, (경북)영덕・의성・예천・안동・영주・청송・울진・평해, (충남)공주・강경・천안, (충북)청주・충주・단양, (강원)양양・강릉・삼척, (함남)문천・고원・영흥・정평
③ **복새**[pok-sɛ] (함북)성진
④ **복생**[pok-sɛŋ] (함남)함흥
⑤ **복생이**[pok-sɛŋ-i] (황해)황주
⑥ **벅성**[pək-səŋ] 【「華夷」桃 卜賞,「訓蒙」桃 pok-siəŋ-hoa,「杜詩」pok-siəŋ-hoa】 (전남)여수・순천・보성・목포・나주・광주・장성・담양・곡성・구례, (전북)운봉・순창・정읍・임실・장수・진안・무주・금산, (경남)울산・거제・통영・남해・하동, (경북)영천・포항・대구
⑦ **복소아**[pok-so-a] 【「譯語」桃子, pok-sio-oa,「漢清」桃 pok-sio-a】 (함남)풍산
⑧ **복송**[pok-soŋ] 【「濟衆」桃仁 pok-sioŋ-hoa#psi,「痘瘡」pok-sioŋ-oa】 (전남)강진・영암, (전북)남원, (경남)함양・거창, (충북)보은・영동
⑨ **복송개**[pok-soŋ-gɛ] (제주)성산・서귀・대정
⑩ **복쇠**[pok-swa] (평남)평양

⑪ **복쇄**[pok-swɛ] (평북)박천・영변・희천・구성・강계・자성・후창
⑫ **복수아**[pok-su-a] (함남)덕원・혜산, (함북)청진・경흥
⑬ **복수애**[pok-su-ɛ] (함남)갑산, (함북)길주・명천・경성・나남・부령・무산・회령・종성
⑭ **복수왜**[pok-su-wɛ] (함북)부거
⑮ **복숭**[pok-suŋ] (경남)양산・부산・김해・마산・진주・창녕・밀양, (경북)김천
⑯ **복숭개**[pok-suŋ-gɛ] (제주)제주
⑰ **복숭아**[pok-suŋ-a] (충남)홍성, (경기)경성・장단・연천, (황해)금천・연안・해주・옹진・태탄・장연・은율・안악・재령・서흥・신계, (함남)신고산・안변
⑱ **복숭애**[pok-suŋ-ɛ] (경기)개성, (황해)수안・곡산
⑲ **복승**[pok-siŋ] (경남)동래・마산・합천, (경북)고령

■ 11376 살구 열매杏子の實 ^{あんず}

❶ **살구**[sal-gu] (제주)서귀, (전남)・여수・순천・보성・강진・영암・목포・나주・장성・담양・곡성, (전북)운봉・남원・순창・정읍・김제・전주・임실・장수・진안・무주・금산, (경남)울산・양산・동래・부산・김해・마산・거제・통영・진주・남해・함양・거창・합천・창녕・밀양, (경북)영천・포항・영덕・대구・고령・김천・의성・예천・안동・영주・청송・울진・평해, (충남)공주・강경・서천・홍성・천안, (충북)청주・보은・영동・충주・단양, (경기)경성・개성・장단・연천, (강원)양양・강릉・삼척, (황해)금천・연안・해주・재령・황주・서흥・수안・곡산, (함남)신고산・안변, (평남)평양, (평북)박천・영변・희천・구성・강계・자성・후창
❷ **쌀구**[s'al-gu] (경남)하동
❸ **쌀귀**[s'al-gwi] (제주)제주・대정, (황해)옹진・태탄・장연・은율・안악, (함

남)덕원·문천·영흥·정평·함흥·오로·신흥·홍원·북청·이원·단천·풍산·갑산·혜산, (함북)성진·명천·경성·나남·청진·부령·무산·회령·종성·경원·경흥·웅기

❹ 살기[sal-gi] (함남)(경남으로 표기되어 있음)홍원, (함북)성진·길주

11377 오얏 열매李の實

❶ 오얏[o-yat] *(경북)대구·의성·함창·문경·예천·안동·청송·울진·평해, (충남)공주·강경·서천·홍성·천안, (충북)청주·영동·진천·괴산·충주, (강원)장전·고성·간성·양양·주문진·강릉
❷ 오야[o-ya] (충북)충주
❸ 오약[o-yak] (경북)의성
❹ 오야지[o-ya-ji] (함남)북청·혜산
❺ 오왤[o-wɛt] *(경북)홍해·영덕
❻ 왤[wɛt] *(경북)경주·포항
❼ 옹아[oŋ-a] (충북)청주·괴산
❽ 옹애[oŋ-ɛ] (전북)무주·금산, (경북)상주, (충북)보은·영동
❾ 왜주[wɛ-ju] (경기)경성·장단·연천
❿ 왜지[wɛ-ji] (황해)황주, (함남)원산·문천·영흥·정평·함흥·오로·신흥·홍원·북청·이원·단천·갑산·혜산, (함북)성진·명천·경성·나남·청진·부령·무산·회령·종성·경흥, (평남)평양, (평북)박천·영변·희천·구성·강계·자성·후창
⓫ 왜치[wɛ-cʰi] (전남)여수
⓬ 애애초[ɛ-ɛ-cʰo] (경남)부산
⓭ 애아치[ɛ-a-cʰi] (경남)하동
⓮ 애치[ɛ-cʰi] (경남)동래
⓯ 웨얏[we-yat] *(제주)제주, (전남)보성
⓰ 우애추[u-ɛ-cʰu] (경북)대구

⑰ **자도**[ča-do] (전북)운봉 · 무주
⑱ **자두**[ča-du] (전북)임실 · 장수 · 진안, (경기)경성
⑲ **풍개**[pʰuŋ-gɛ] (경남)양산 · 김해 · 마산 · 거제 · 통영 · 진주 · 함양 · 거창 · 합천 · 창녕 · 밀양, (경북)고령
⑳ **고야**[ko-ya] (충북)단양 · 제천, (강원)영월 · 평창 · 원주 · 횡성 · 홍천 · 춘천
㉑ **고약**[ko-yak] (경북)대구 · 김천 · 안동 · 영주 · 청송
㉒ **꽤**[kwɛ] (강원)인제
㉓ **꽤**[k'wɛ] (강원)주문진 · 강릉 · 평창 · 영월, (경북)울진
㉔ **놀ː**[noːl] (함북)성진
㉕ **노ː리**[noː-ri] (함북)길주 · 명천
㉖ **농구**[noŋ-gu] (평북)희천 · 강계 · 자성 · 후창
㉗ **넝이**[nöŋ-i] (함남)신고산 · 안변 · 덕원

11378 오얏 열매李의 實 (큰 것)

❶ **추리**[čʰu-ri] (경기)개성 · 장단 · 연천, (황해)금천 · 연안 · 해주 · 옹진 · 태탄 · 장연 · 은율 · 안악 · 재령 · 황주 · 서흥 · 신계 · 수안 · 곡산, (평남)평양, (평북)박천 · 영변 · 구성
❷ **시퉁이**[si-thöŋ-i] (함남)안변 · 덕원

11379 오디 열매桑의 實

❶ **오듸**[o-diy] 대다수 지방
❷ **오대**[o-dɛ] (충남)홍성
❸ **오둘개**[o-dul-gɛ] (전북)운봉 · 금산
❹ **오들개**[o-dɨl-gɛ] (충남)공주 · 홍성 · 천안, (충북)청주 · 보은
❺ **오덜개**[o-dəl-gɛ] (충북)영동

⑥ **오두개**[o-du-gɛ] (전남)곡성・구례, (전북)임실・장수・진안・무주, (충남)강경・홍성
⑦ **오동아**[o-doŋ-a] (충북)충주
⑧ **오동애**[o-doŋ-ɛ] (충북)단양
⑨ **오주개**[o-ju-gɛ] (충남)서천
⑩ **우다**[u-da] (충남)서천

11380 진달래꽃躑躅

① **턴지꼳**[tʰyən-ǰi#kʼot] *(함북)성진・길주・경성・청진・종성・경원・경흥・웅기
② **텐지꼳**[tʰen-ǰi#kʼot] *(함북)회령
③ **천지꼳**[čʰən-ǰi#kʼot] *(함북)부령・무산
④ **첸지꽃**[čʰen-ǰi#kʼot] *(함북)나남
⑤ **진달레**[čin-dal-le] (제주)제주・성산・서귀・대정, (경기)경성・개성・장단・연천, (황해)전부, (함남)문천・영흥・정평・함흥・오로・신흥・홍원・북청・이원・풍산・갑산・혜산, (평남)평양, (평북)전부
⑥ **진달래**[čin-dal-lɛ] (함남)북청
⑦ **진달리**[čin-dal-li] (함남)홍원・단천
⑨ **진달루**[čin-dal-lu] (함남)신고산・안변・덕원・고원

채소菜蔬

12381 기장黍

❶ **기장**[kiː-ǰaŋ] 대다수 지방
❷ **지장**[čiː-ǰaŋ] (경남)진주·함양·거창·창녕, (경북)영덕·김천·상주·함창·문경·예천·안동·영주·청송(영주·청송에는 [kiː-ǰaŋ]도 있음)·울진·평해, (충남)공주·강경·서천·홍성·천안, (충북)청주·보은·영동·진천·괴산·충주·단양, (강원)양양·강릉·삼척
❸ **지정**[čiː-ǰəŋ] (경남)울산·양산·동래·부산·김해·마산·진주·남해·밀양, (경북)영천·경주·포항·흥해·대구·고령·의성

12382 고추唐辛

❶ **고추**[ko-čʰu] (충남)천안, (경기)경성·장단·연천, (황해)연안, (함북)청진
❷ **꼬추**[kʼo-čʰu] (전북)전주·진안·무주·금산, (충남)공주·강경·서천·홍성, (충북)청주·보은·충주
❸ **고치**[ko-čʰi] (제주)제주·성산·서귀·대정, (전남)여수·순천·보성·강진·영암·목포·나주·광주, (전북)운봉·남원·김제·장수, (경남)울산·양산·김해·거제·통영·진주·남해·하동·함양·거창·합천·창녕·밀양, (경북)영천·포항·영덕·대구·고령·김천·의성·예천·안동·영주·청송·울진·평해, (충남)천안, (강원)양양·강릉·삼척·

춘천, (함남)이원 · 혜산, (함북)성진 · 길주 · 명천 · 경성 · 나남 · 청진 · 부거 · 부령 · 무산 · 회령 · 종성 · 경원 · 경흥 · 웅기
❹ **꼬치**[kʼo-cʰi] (전남)장성 · 담양 · 곡성, (전북)남원 · 순창 · 정읍 · 임실, (경남)동래 · 부산 · 마산, (충북)영동 · 단양
❺ **당추**[taŋ-cʰu] (경기)개성, (황해)금천 · 연안 · 해주 · 옹진 · 태탄 · 장연 · 은율 · 안악 · 재령 · 황주 · 서흥 · 신계 · 수안 · 곡산, (평남)중화 · 평양
❻ **당취**[taŋ-cʰwi] (함남)단천
❼ **댕가지**[tɛŋ-ga-ji] (함남)덕원 · 문천 · 고원 · 북청, (평북)박천 · 영변 · 희천 · 구성 · 선천 · 용암 · 의주 · 강계 · 자성 · 후창
❽ **댕개지**[tɛŋ-gɛ-ji] (함남)영흥 · 정평 · 신흥 · 북청 · 풍산 · 갑산
❾ **댕거지**[tɛŋ-gə-ji] (함남)함흥 · 오로 · 신흥 · 홍원 · 풍산 · 갑산 · 혜산
❿ **댕꼬지**[tɛŋ-kʼo-ji] (함남)신고산 · 안변
⓫ **댕추**[tɛŋ-cʰu] (평남)순천, (평북)박천 · 자성
⓬ **댁기지**[tɛk-ki-ji] (함남)단천

12383 고구마甘藷

❶ **고구마**[ko-gu-ma] (전남)순천 · 강진 · 목포 · 광주 · 곡성 · 구례, (전북)운봉 · 남원 · 전주 · 임실 · 장수 · 진안 · 무주 · 금산, (경남)울산 · 양산, (경북)영천 · 포항 · 영덕 · 대구 · 김천 · 의성 · 예천 · 안동 · 영주 · 청송, (충남)강경 · 홍성 · 천안, (충북)청주 · 보은 · 영동 · 충주 · 단양, (경기)경성 · 개성 · 장단 · 연천, (강원)양양 · 강릉 · 삼척 · 춘천, (황해)금천 · 연안 · 해주 · 옹진 · 서흥 · 신계 · 수안 · 곡산, (함남)신고산 · 안변 · 덕원 · 문천 · 고원 · 영흥 · 정평 · 함흥 · 오로 · 신흥 · 홍원 · 북청 · 이원 · 단천 · 혜산, (함북)성진 · 청진, (평남)평양 · 순천 · 숙천 · 안주, (평북)박천 · 영변
❷ **고구매**[ko-gu-mɛ] (전남)여수 · 보성, (경남)울산 · 양산 · 동래 · 김해 · 통영 · 진주 · 하동 · 함양 · 거창 · 합천 · 창녕 · 밀양, (경북)영천 · 경주 · 대구 · 고령 · 성주 · 울진 · 평해, (함북)나남 · 부령

③ 고고매[ko-go-mɛ] (경남)마산・거제
④ 당감재[taŋ#kam-jɛ] (평남)순천
⑤ 되감재[tö#kam-jɛ] (평남)안주, (평북)박천
⑥ 디과[ti-gwa] (평북)박천・영변・희천・정주・선천・용암・의주・강계・자성・후창
⑦ 무감자[mu#kam-ja] (충남)홍성
⑧ 무수감자[mu-su#kam-ja] (전북)임실・진안, (충남)공주
⑨ 무시감자[mu-si#kam-ja] (전북)운봉・남원
⑩ 사당감재[sa-daŋ#kam-jɛ] (함북)나남
⑪ 사탕감재[sa-tʰaŋ#kam-jɛ] (함북)길주・회령・종성
⑫ 양감재[yaŋ#kam-jɛ] (평북)박천・영변
⑬ 왜감재[wɛ#kam-jɛ] (황해)황주, (평남)평양・숙천, (평북)박천
⑭ 일본감재[il-bon#kam-jɛ] (함북)무산
⑮ 지주감자[či-ju#kam-ja] (충남)강경
⑯ 호감자[ho#kam-ja] (경기)개성, (황해)해주・옹진・태탄・장연・은율・안악・재령・황주・서흥・수안
⑰ 호감재[ho#kam-jɛ] (황해)곡산, (평남)평양・숙천・안주
⑱ 감자[kam-ja] (전남)여수・보성・강진・목포・나주・장성・담양, (전북)순창・정읍・김제, (경남)부산, (충남)공주・강경・서천
⑲ 감재[kam#jɛ] (전남)영암
⑳ 감저[kam#jə] (제주)성산・서귀
㉑ 감제[kam-je] (제주)제주・대정
㉒ 감지[kam-ji] (평남)중화

12384 감자馬鈴薯

① 감자[kam-ja] (전북)정읍, (경남)울산・양산・동래・부산・마산・진주・남해・하동・함양・거창・합천(밀감蜜柑도 [kam-ja]이지만 감자馬鈴薯는 악센트가

2음절에 있고 밀감蜜柑은 1음절에 있음), (경북)영천·포항·영덕·대구·고령·김천·의성·예천·안동·청송, (충남)공주·천안, (충북)청주·보은·영동·충주·단양, (경기)경성·개성·장단·연천, (강원)양양·춘천, (황해)금천·연안·해주·옹진·태탄·장연·은율·안악·재령·황주·서흥·신계·수안, (함남)신고산·안변·덕원·문천·고원

❷ 감재[kam-jɛ] (경북)영주·청송·울진·평해, (강원)강릉·삼척, (함남)영흥·정평·북청·단천, (함북)성진·길주·명천·경성·나남·청진·부거·부령·무산·회령·종성·경원·경흥, (평북)박천·영변·희천·구성·강계·자성·후창

❸ 감지[kam-ji] (황해)곡산, (함남)문천·고원·함흥·오로·신흥·홍원·이원·풍산·갑산·혜산, (평남)평양

❹ 가지감지[ka-ji#kam-ja] (강원)양양(자색의 것.)

❺ 궁감자[kuŋ#kam-ja] (경남)김해·밀양

❻ 땅감자[t'aŋ#kam-ja] (경남)거제·창녕

❼ 보리감자[po-ri#kam-ja] (충남)홍성

❽ 북감자[puk#kam-ja] (전남)여수·순천·보성·강진·영암·목포·나주, (전북)정읍, (충남)공주·강경·서천·홍성

❾ 풋감자[pʰut#kam-ja] (경남)통영

❿ 올감자[ol#kam-ja] (황해)연안

⓫ 하지감자[ha-ji#kam-ja] (전남)장성·담양, (전북)남원·순창·정읍·김제·전주, (경남)합천, (충남)강경·서천

⓬ 갱게[kɛŋ-ge] (함남)단천, (함북)성진·길주·명천·경성·나남

⓭ 지실[či-sil] (제주)제주·성산·서귀·대정

⓮ 툴렁이[tʰul-ləŋ-i] (산삼채취자의 은어)(평북)후창

12385 가지茄子

❶ 가지[ka-ji] 대다수 지방

❷ 까지[k'a-ji] (전남)여수·순천·보성·강진·영암·목포·나주·광주·장성·담양·곡성·구례, (전북)운봉·남원·순창·정읍·김제·전주·임실·장수·진안·무주·금산, (경남)양산·동래·부산·김해·마산·거제·통영·진주·남해·함양·거창·합천·창녕·밀양, (함남)혜산, (함북)경성·나남·청진·부령·무산·회령·종성·경원·경흥·웅기

12386 김海苔

❶ 김:[ki:m] 대다수 지방
❷ 짐:[či:m] (전북)운봉·남원·정읍·김제·군산·전주·임실·장수·진안·무주·금산, (경남)울산·양산·동래·부산·김해·마산·거제·통영·진주·남해·함양·거창·합천·창녕·밀양, (경북)영천·경주·포항·흥해·영덕·대구·고령·김천·의성·상주·함창·문경·예천·안동·영주·청송·울진·평해, (충남)공주·강경·부여·홍산·청양·서천·남포·보령·광천·홍성·해미·서산·오천·예산·천안·조치원, (충북)청주·보은·영동·진천·괴산·충주·단양·제천, (강원)통천·장전·고성·간성·양양·주문진·강릉·삼척·영월·평창·원주·횡성·홍천·춘천·인제·평강, (함남)고산·안변·원산·문천·고원·영흥·정평·함흥

12387 깜부기黑穗病 (보리에)

❶ 간비역[kan-bi-yək] 【『東醫寶鑑』에 밀깜부기小麥奴 [mil#kam-bo-gi]도 있음】 (제주)제주·성산·서귀·대정
❷ 깐비기[k'an-bi-gi] (전남)곡성, (전북)무주·금산
❸ 깐부기[k'an-bu-gi] (전북)임실·장수·진안

12389 껍질殼 (外皮)

❶ 겁닥[kəp-tak] (전남)광주

❷ 겁대기[kəp-tɛ-gi] (전북)전주
❸ 껍닥[k'əp-tak] (전남)완도·지도·목포·함평·영광·나주·장성·담양·옥과·곡성, (전북)순창·정읍·전주
❹ 껍대기[k'əp-tɛ-gi] (전북)남원·정읍·김제·임실·무주·금산
❺ 껍덕[k'əp-tək] (전남)여수·광양·순천·벌교·고흥·보성·장흥·남해·완도·지도·영암·목포·곡성, (전북)남원
❻ 껍더기[k'əp-tə-gi] (제주)제주·성산·서귀·대정
❼ 껍데기[k'əp-te-gi] (전북)운봉·임실·장수·진안·무주·금산, (경남)하동
❽ 겁질[kəp-čil] (전남)광주
❾ 껍질[k'əp-čil] (전남)완도·지도·함평·영광·나주·장성·곡성, (전북)임실
❿ 꺼죽[k'ə-čuk] (제주)제주·성산·서귀·대정
⓫ 각지[kak-či] (콩 껍질)(제주)제주·성산·서귀·대정
⓬ 강마기[kaŋ-ma-gi] (제주)제주·성산·서귀·대정
⓭ 공마기[koŋ-ma-gi] (쌀, 조 등의 껍질)(제주)성산

12390 냉이薺 : なづな

❶ 나시[na-si] 【「鄕樂」薺 鄕名那耳, 「訓蒙」薺, [na-zi], 「四聲」薺菜, [na-zi], 「同文」甘薺菜 nia-či-pa】 (전남)강진·해남, (경북)안동·청송, (함남)신고산·안변·덕원·문천·고원·영흥·정평·함흥·오로·신흥·홍원·북청·이원·단천·갑산·혜산, (함북)성진·길주·명천·경성·나남·부거·경흥
❷ 나상이[na-saŋ-i] (충북)진천·괴산
❸ 나생이[na-sɛŋ-i] (경남)울산·부산·김해·진주·남해·창녕, (경북)영천·경주·포항·흥해·대구·고령·김천·의성·상주·함창·문경·예천·안동·영주·청송·울진·평해, (충북)충주·단양·제천, (강원)통천·장전·고성·간성·양양·주문진·강릉·삼척·영월·평창·원주·횡성·홍천·춘천·인제
❹ 나싱이[na-siŋ-i] (경북)영덕·평해, (충남)천안

⑤ **나상구**[na-saŋ-gu] (전남)여수・광양・장흥・강진・영암・목포
⑥ **나숭개**[na-suŋ-gɛ] (전남)함평・장성・담양, (전북)남원・순창・정읍・김제・무주・금산
⑦ **나승개**[na-siŋ-gɛ] (전남)순천・나주・광주・옥과・곡성・구례, (전북)운봉・군산・전주・임실・장수・진안・무주・금산, (경남)함양, (충남)서천・남포・보령・광천・해미・홍성・서산
⑧ **나싱개**[na-siŋ-gɛ] (충남)공주・부여・홍산・오천・예산, (충북)청주・보은・영동
⑨ **나신개**[na-sin-gɛ] (충남)강경・천안
⑩ **나신갱**[na-sin-gɛŋ] (충남)천안
⑪ **나시랭이**[na-si-rɛŋ-i] (경남)양산・동래・김해
⑫ **나스랭이**[na-si-rɛŋ-i] (경남)거창・합천
⑬ **나시갱이**[na-si-gɛŋ-i] (경남)마산・밀양
⑭ **내사니**[nɛ-sa-ni] (경남)하동
⑮ **난시**[nan-si] (제주)제주
⑯ **난생이**[nan-sɛŋ-i] (제주)성산, (전남)벌교・고흥・보성
⑰ **낙신갱이**[nak-sin-gɛŋ-i] (충남)천안
⑱ **냉이**[nɛŋ-i] 【「同醫」薺菜 na-ŋi,「交隣」薺 naŋ-i,「經驗」薺菜 na-i,「譯語」薺菜 na-hi】 (경기)경성・장단・연천, (황해)황주, (평남)중화・평양・순천・숙천・안주, (평북)박천・영변・희천・구성・정주・선천・용암・의주・강계・자성・후창
⑲ **앵이**[yɛŋ-i] (황해)신계・수안・곡산
⑳ **애이**[yɛ-i] (황해)금천・연안・해주・옹진・태탄・장연・은율・안악・재령・서흥

■ **12391 순무蕪**: かぶら
① **순무우**[sun#mu-u] 대다수 지방

❷ 호묵구[ho#muk-ku] (함북)혜산
❸ 노:배[noː-bɛ] (함북)성진 · 경성 · 청진 · 무산 · 회령 · 종성 · 경원 · 경흥

12392 야채野菜

❶ ᄂᆞ몰[nɔ-mɔl] 【『訓蒙』 菜 · 蔬, nɔ-mɔr, 『內訓』 鹽菜, so-kom-koa#nɔ-mɔr, 『華夷』 菜 餒黑】 (제주)제주 · 성산 · 서귀 · 대정
❷ 나물[na-mul] (전남)함평 · 영암 · 광주, (전북)전주 · 무주 · 금산, (경남)울산 · 양산 · 동래 · 부산 · 김해 · 마산 · 진주 · 남해 · 함양 · 거창 · 합천 · 창녕 · 밀양, (경북)영천 · 포항 · 영덕 · 대구 · 고령 · 김천 · 의성 · 예천 · 안동 · 영주 · 청송 · 울진 · 평해, (충남)공주 · 강경 · 서천 · 홍성, (충북)청주 · 보은 · 영동 · 충주 · 단양, (강원)양양 · 강릉 · 삼척
❸ 너물[nə-mul] (전남)돌산 · 여수 · 광양 · 순천 · 벌교 · 나주 · 광주 · 장성 · 담양 · 옥과 · 곡성 · 구례, (전북)운봉 · 임실 · 장수 · 진안, (경남)거제 · 통영 · 하동 · 함양, (충남)서천 · 홍성
❹ 노물[no-mul] (전남)고흥 · 보성 · 장흥 · 강진 · 완도 · 지도 · 영암 · 해남 · 목포 · 나주

12393 야채野菜

❶ 나물새[na-mul-sɛ] (경남)동래 · 부산
❷ 나무새[na-mu-sɛ] (경남)김해 · 거창 · 합천 · 창녕 · 밀양, (경북)고령 · 예천 · 안동, (충남)공주 · 강경 · 홍성 · 천안, (충북)영동
❸ 남새[nam-sɛ] (전남)돌산 · 여수 · 광양 · 벌교, (전북)김제 · 전주
❹ 넘새[nəm-sɛ] (전남)순천 · 보성 · 광주 · 장성 · 담양 · 옥과 · 곡성 · 구례, (전북)운봉 · 남원 · 순창 · 정읍 · 김제 · 전주 · 임실 · 장수 · 진안 · 무주 · 금산
❺ 노무새[no-mu-sɛ] (전남)강진 · 영암 · 목포 · 나주
❻ 놈새[nom-sɛ] (전남)고흥 · 보성
❼ 지가심[či-ka-sim] (전남)장흥 · 완도 · 지도 · 해남 · 목포 · 함평 · 영광 · 나

주 · 장성

12394 달래野蒜

① 달래[tal-lɛ] (충남)천안
② 달리[tal-li] (충남)공주 · 강경 · 서천 · 홍성, (경북)평해
③ 달랭이[tal-lɛŋ-i] (경남)울산 · 창녕 · 밀양, (경북)영천 · 포항 · 대구 · 의성 · 예천 · 안동 · 영주 · 청송, (충북)보은
④ 달렁[tal-ləŋ] (충북)충주 · 단양
⑤ 달렁개[tal-rəŋ-gɛ] (충북)영동
⑥ 달롱개[tal-roŋ-gɛ] (전남)순천 · 보성 · 강진 · 곡성 · 구례, (전북)진안 · 무산 · 금산, (경남)동래 · 부산 · 마산 · 거제 · 통영 · 진주 · 남해 · 하동 · 거창 · 합천, (경북)고령 · 김천
⑦ 달루[tal-lu] (강원)삼척
⑧ 달룩[tal-luk] (강원)양양 · 강릉
⑨ 달룽개[tal-ruŋ-gɛ] (전남)여수 · 영암 · 목포 · 나주 · 장성 · 담양, (전북)운봉 · 남원 · 순창 · 정읍 · 김제 · 전주 · 임실 · 장수, (경남)양산 · 김해 · 함양
⑩ 달룽궁이[tal-ruŋ-guŋ-i] (경북)평해
⑪ 달른개[tal-rin-gɛ] (전남)광주
⑫ 달른갱이[tal-rin-gɛŋ-i] (경북)영덕 · 울진
⑬ 꿩마늉[k'wəŋ#ma-niŋ] (제주)제주 · 서귀 · 대정

12395 메밀蕎麥

① 매물[mɛ-mul] (전남)여수 · 장성 · 담양, (전북)남원 · 순창 · 정읍 · 김제, (경남)울산 · 양산 · 동래 · 김해 · 마산 · 진주, (경북)영천 · 경주 · 포항 · 홍해, (강원)양양 · 강릉
② 매밀[mɛ-mil] (함남)북청, (함북)명천 · 경성 · 나남 · 부거 · 부령 · 회령
③ 메물[me-mul] (전남)순천 · 보성 · 강진 · 목포 · 나주 · 광주 · 곡성 · 구례, (전

북)운봉・김제・임실・장수・진안・무주・금산, (경남)부산・마산・거제・통영・남해・하동・함양・거창, (경북)영덕・상주・문경・영주・청송・울진・평해, (충남)공주・강경・서천・홍성・천안, (충북)청주・보은・영동・진천・괴산・충주・단양・제천, (강원)통천・장전・고성・간성・주문진・삼척・영월・평창・원주・횡성・홍천・춘천・인제

❹ 메밀[me-mil] (경기)경성・장단, (황해)금천・연안
❺ 뫼물[mö-mul] (경기)연천, (함남)신고산・안변
❻ 뫼밀[mö-mil] (경기)개성, (황해)해주・옹진・태탄・장연・은율・안악・재령・서흥・신계・수안・곡산, (함남)덕원・문천・고원・영흥
❼ 미물[mi-mul] (경남)합천・창녕・밀양, (경북)대구・고령・김천・의성・함창・예천・안동
❽ 맬:[mɛ:l] (함남)정평・오로・신흥
❾ 묄:[mö:l] (함남)함홍・홍원

12396 무大根

❶ 무수[mu-su] (전남)해남・함평・영광, (전북)군산・전주・임실・진안・무주・금산, (충남)공주・강경・부여・홍산・청양・서천・남포・보령・광천・홍성・해미・서산・오천・천안・조치원, (충북)청주・보은・영동・진천・괴산・충주・제천, (강원)영월・평창・원주・횡성・홍천, (경북)평해, (함남)정평
❷ 무시[mu-si] (전남)돌산・여수・순천・벌교・보성・장흥・강진・영암・목포・함평・나주・광주・장성・담양・옥과・곡성・구례, (전북)운봉・남원・순창・정읍・김제・임실・장수, (경남)울산・양산・동래・부산・김해・마산・거제・통영・진주・남해・하동・함양・거창・합천・창녕・밀양, (경북)영천・경주・포항・흥해・영덕・대구・고령・김천・의성・상주・함창・문경・청송
❸ 무:[mu:] (충남)서천・홍성・천안, (충북)괴산・제천, (강원)통천・장전・

고성・간성・양양・주문진・강릉・영월・평창・원주・횡성・홍천・춘천・인제, (경북)울진・평해, (경기)경성・연천, (황해)황주, (함남)신고산・안변・덕원・문천・고원・영흥・정평・함흥・신흥, (평남)평양, (평북)박천・영변・희천・구성・강계・자성・후창

❹ 무이[mu-i] (강원)주문진, (황해)연안・재령・황주・신계・곡산, (평남)평양

❺ 무유[mu-yu] (경기)개성・장단, (황해)해주

❻ 미우[mi-u] (황해)금천・옹진・태탄・장연・은율・안악・재령・서흥・수안

❼ 묻구[mut-ku] (경북)포항・홍해・영덕・의성・상주・함창・문경・예천・안동・영주・청송・울진・평해, (충북)단양・제천, (강원)주문진・강릉・삼척・영월・평창・횡성・인제, (함남)신고산・안변

❽ 묻기[mut-ki] (함남)오로・홍원・북청・이원・풍산・갑산・혜산, (함북)성진・길주・경성・나남・청진・부령・무산・회령・종성・경원・경흥・웅기

❾ 믿기[mit-ki] (함북)나남・부령

❿ 눔삐[nɔm-p'i] (제주)제주・성산・서귀・대정

12397 오이黃瓜 : きうり

❶ 오이[o-i] (충북)청주・영동・충주, (충남)공주・강경・부여・홍산・청양・서천・광천・홍성・해미・서산・예산・천안, (경기)경성・개성・장단・연천, (황해)금천・연안・해주・옹진・태탄・장연・은율・안악・재령・서흥・신계・수안・곡산, (함남)신고산・안변, (평북)박천・영변・희천・구성・강계・자성・후창

❷ 외[ö] (전남)여수・보성・강진・영암・장성・담양・곡성・구례, (전북)운봉・남원・순창・정읍・김제・군산・전주・임실・장수・진안・무주・금산, (충남)오천, (충북)영동・조치원, (강원)양양・강릉・삼척, (함남)덕

원・문천・고원・영흥・정평・함흥・오로・신흥・홍원・북청・이원・단천・풍산・갑산

❸ 애[ɛ] (경남)양산・동래・부산・김해, (함남)함흥, (함북)부거
❹ 에[e] (경남)마산・통영・진주・남해・하동, (함북)길주・명천・부거
❺ 왜[wɛ] (경남)양산・부산・김해, (경북)예천, (함북)부거・회령, (평북)강계・후창
❻ 우이[u-i] (충남)남포・보령
❼ 위[wi] (경남)합천・창녕, (경북)영천・포항・영덕・고령・의성・예천・안동・영주・울진
❽ 웨[we] (제주)제주・성산・서귀・대정, (전남)목포・나주, (경남)울산・거제・진주・함양・거창, (경북)청송, (충북)보은・충주, (경북)평해, (함남)갑산・혜산, (함북)명천・부거
❾ 이[i] (경남)합천・밀양, (경북)대구・김천
❿ 무뢰[mu-rö] (충남)강경・서천, (충북)영동
⓫ 무래[mu-rɛ] (경남)마산
⓬ 무레[mu-re] (경남)거제・통영・진주・남해・함양
⓭ 무뤠[mu-rwe] (제주)제주・성산・서귀・대정, (경남)울산, (충북)보은・충주
⓮ 무뤼[mu-rwi] (경북)영덕
⓯ 무리[mu-ri] (경북)영천・포항, (충북)단양

12398 참외眞瓜 : まくはうり

❶ 차뫼[cʰa-mö] (전남)여수・보성・강진・영암・목포・장성・담양・곡성, (전북)운봉・남원・순창・정읍・김제・군산・전주・임실・장수・진안・무주・금산, (충남)청양・서천・안면도・광천・해미・서산・오천・예산, (충북)영동・괴산・제천, (강원)통천・장전・고성・간성・양양・주문진・강릉・삼척・영월・평창・원주・횡성・홍천・인제, (황해)태탄・안악・재령

❷ 차매[cʰa-mɛ] (경남)양산·동래·부산·김해·마산, (경북)대구
❸ 차메[cʰa-me] (경남)마산·거제·통영·진주·남해·하동·함양·거창, (경북)안동, (황해)장연·은율
❹ 차뫠[cʰa-mwɛ] (경남)부산, (경북)경주
❺ 차무[cʰa-mu] (충남)강경·부여, (충북)청주·보은·충주·단양·제천, (강원)원주·횡성·홍천·춘천
❻ 최뭬[cʰö-mwe] (제주)제주·성산·서귀·대정
❼ 차뭬[cʰa-mwe] (전남)나주, (경남)울산, (경북)청송·평해
❽ 차뮈[cʰa-mwi] (경남)창녕, (경북)홍해·영덕·고령·의성·예천·영주·청송·울진, (충남)홍산·남포
❾ 차미[cʰa-mi] (경남)거창·합천·밀양, (경북)영천·포항·대구·김천·상주·함창·문경, (충남)공주·홍성·천안, (충북)청주·진천·괴산, (강원)춘천, (황해)안악·재령·곡산
❿ 채미[cʰɛ-mi] (황해)연안·해주·옹진

12399 마늘大蒜 : にんにく

❶ 마늘[ma-nil] 대다수 지방
❷ 마널[ma-nəl] (전북)남원·순창·김제·전주, (경남)하동
❸ 매늘[mɛ-nil] (전남)여수·곡성, (전북)운봉·임실·장수·진안·무주·금산
❹ 곱대사니[kop-tɛ-sa-ni] (제주)제주
❺ 콥대사니[kʰop-tɛ-sa-ni] (제주)성산·서귀·대정

12400 미나리芹 : せり

❶ 미나리[mi-na-ri] 대다수 지방
❷ 메나리[me-na-ri] (경남)거창, (충남)천안, (충북)청주·보은·영동·충주, (강원)강릉·삼척, (경북)울진

❸ 미나기[mi-na-gi] (제주)제주・서귀・대정
❹ 민내기[min-nɛ-gi] (제주)성산

12401 미역若布 : わかめ

❶ 메역[me-yək] 대다수 지방
❷ 미역[mi-yək] (전남)강진・영암・목포・나주・장성・담양・곡성, (전북)운봉・남원・순창・정읍・김제・전주・임실・장수・진안・무주・금산
❸ 멕[mek] (전남)순천
❹ 믹[mik] (전남)여수

12402 다시마荒布 : あらめ

❶ 다스마[ta-si-ma] 대다수 지방
❷ 다시마[ta-si-ma] (전남)목포・장성
❸ 다시매[ta-si-mɛ] (전북)남원・순창・김제
❹ 다시미[ta-si-mi] (전남)순천, (경남)하동

12403 벼稻 (의미역 조사 실패)

❶ 벼[pyə] (황해)해주・옹진・태탄・장연・은율・안악・재령
❷ 베[pe] (전북)김제・군산・무주・금산, (충남)공주(나락柀으로도)・부여・홍산・청양・서천・남포・보령・광천・홍성・해미・서산・예산・천안・조치원, (충북)진천・괴산・제천・충주・단양(충주・단양 나락柀으로도), (경기)경성・개성・장단・연천, (강원)통천・장전・고성・간성・양양・주문진・강릉・삼척・영월・평창・원주・횡성・홍천・춘천・인제, (경북)울진・평해, (황해)금천・연안・황주・서흥・신계・수안・곡산, (함남)신고산・안변・원산・덕원・문천・고원・영흥・정평・함흥・오로・신흥・홍원・북청・이원・단천・풍산・갑산・혜산, (함북)성진・길주・명천・경성・나남・청진・부거・부령・무산・회령・종성・경원・경흥・

웅기, (평남)평양, (평북)박천·영변·희천·구성·강계·자성·후창

❸ 뵈[pö] (황해)옹진·태탄

❹ 나락[na-rak] (전남)돌산·여수·순천·벌교·고흥·보성·장흥·강진·완도·해남·영암·목포·함평·영광·나주·광주·장성·담양·옥과·곡성·구례(곡성·구례 나락찞으로도), (전북)남원·순창·정읍·김제·무주·금산·임실·운봉·장수·진안(임실 이하 나락찞으로도), (경남)울산·양산·동래·부산·김해·마산·거제·통영·진주·남해·하동·함양·거창·합천·창녕·밀양, (경북)영천·경주·포항·흥해·영덕·대구·고령·성주·김천·의성·상주·함창·문경·예천·안동·영주·청송, (충남)공주·강경·부여·홍산·청양·서천·남포·보령·광천·홍성·해미·서산·조치원(충남 각지 나락찞으로도), (충북)청주·보은·영동(이상 나락찞으로도)·충주·제천, (강원)통천·주문진·삼척·영월, (함남)신고산(나락찞으로도.)

❺ 나록[na-rok] (제주)제주·성산·서귀·대정, (경남)거창, (경북)지례, (강원)평강

❻ 나룩[na-ruk] (경기)연천(조粟를 가리키는 것과 같음), (강원)철원(조粟를 가리키는 것과 같음), (황해)해주·장연

❼ 노락[no-rak] (함남)고원·영흥

12404 비름莧 : ひゆ

❶ 비름[pi-rim] (전남)장성·담양·곡성, (전북)남원·순창·정읍·김제·전주·장수·진안·무주·금산, (경남)마산·거제·통영·진주·남해, (경북)포항·영덕·고령·의성·예천·안동·영주·청송·울진·평해, (충남)공주·강경·홍성·천안, (충북)청주·보은·영동·충주·단양·제천, (경기)경성·개성·장단·연천, (강원)장전·고성·간성·양양·주문진·영월·평창·원주·횡성·홍천·춘천·인제·철원, (황해)금천·해주

❷ 비럼[pi-rəm] (경남)울산·양산·동래·부산·마산·진주·하동·함양·

거창・합천・창녕・밀양, (경북)영천・김천
❸ **비리미**[pi-ri-mi] (황해)해주・옹진・태탄・장연・은율・안악・재령
❹ **비짐**[pi-jim] (함남)북청・단천
❺ **비늠**[pi-nim] (제주)제주・성산・서귀・대정
❻ **비듬**[pi-dim] (전남)여수・강진, (충남)서천, (경북)평해, (강원)통천・강릉・삼척, (황해)황주・신계・수안・곡산, (함남)신고산・안변・덕원・문천・고원・영흥・정평・함흥・오로・신흥・홍원・북청・이원・풍산・갑산・혜산, (함북)(각지 모두 명칭을 모름)(평남)평양, (평북)박천・영변・희천・구성・강계・자성
❼ **비드미**[pi-di-mi] (황해)서흥
❽ **비듭**[pi-dip] (황해)연안

12405 보리麥

❶ **보리**[po-ri] 대다수 지방
❷ **버리**[pə-ri] (전남)목포([po-ri]라고도 함.)

12406 수수蜀麥 : もろこし

❶ **수수**[su-su] 【「漢淸」 高粱 siu-siu】 (충남)공주・강경・서천・홍성・천안, (충북)청주・보은・영동・충주・단양, (경기)경성・장단・연천, (강원)양양・강릉, (황해)금천・연안・해주・안악・재령・황주・서흥, (평남)평양
❷ **쑤수**[s'u-su] (전북)진안・무주・금산
❸ **수시**[su-si] (전남)순천・광주・장성・담양, (전북)정읍・김제・전주, (경남)울산・양산・부산・김해・마산・거제・진주・남해・함양・거창・합천・창녕・밀양, (경북)대구・고령・김천
❹ **쑤시**[s'u-si] (전남)여수・곡성・구례, (전북)운봉・임실・장수, (경남)통영・진주・하동
❺ **수지**[su-ji] (경남)울산

❻ 쉬수[swi-su] (경기)개성, (황해)해주 · 옹진 · 태탄 · 장연 · 은율 · 안악 · 신계 · 수안 · 곡산

❼ 쉬쉬[swi-swi] (전남)목포

❽ 쉬시[swi-si] (전남)보성 · 강진 · 영암 · 나주

❾ 쓰시[sʼɨ-si] (전남)남원 · 순창

❿ 수[su] (함남)신고산 · 안변

⓫ 쉬[swi] (함남)덕원 · 문천 · 고원 · 영흥 · 정평 · 함흥 · 오로 · 신흥 · 홍원 · 북청 · 이원 · 풍산 · 갑산 · 혜산, (함북)성진 · 길주 · 명천 · 경성 · 나남 · 청진 · 부령, (평북)박천 · 영변 · 희천 · 구성 · 강계 · 자성 · 후창

⓬ 숙구[suk-ku] (경북)포항 · 영덕 · 의성 · 예천 · 안동 · 영주 · 청송 · 울진 · 평해, (강원)삼척

⓭ 숙기[suk-ki] (경북)영천 · 울진

⓮ 때기지[tʼɛ-ki-ji] (강원)삼척

⓯ 대죽[tɛ-ĉuk] (제주)제주 · 서귀 · 대정

⓰ 대축[tɛ-ĉʰuk] (제주)성산

⓱ 밥쉬[pap-swi] (함북)부령 · 연태동

⓲ 밥숙기[pap#suk-ki] (함북)부거 · 무산 · 회령 · 종성 · 경원 · 경흥 · 웅기

12407 쌀米

❶ 쏠[sʼɔl] 【「鷄林」粟曰菩薩,「華夷」󰀁米 色二,「譯語」米 psɔr#sir-tha,「漢淸」米 ssɔr】 (제주)제주 · 성산 · 서귀 · 대정

❷ 쌀[sʼal] 대다수 지방

❸ 입살[ip-sal] (황해)황주, (함남)신고산 · 안변 · 덕원 · 문천 · 고원 · 영흥 · 정평 · 함흥 · 오로 · 신흥 · 홍원 · 북청 · 이원 · 단천 · 풍산 · 갑산 · 혜산, (함북)성진 · 길주 · 명천 · 경성 · 나남 · 청진 · 부거 · 부령 · 무산 · 회령 · 종성 · 경원 · 경흥 · 웅기, (평남)평양, (평북)박천 · 영변 · 희천 · 구성 · 강계 · 자성 · 후창(이상 ❸ 이하 [sʼal]이라고도 함.)

❹ 왕대[waŋ-dɛ] (산삼 채취자 은어)(평북)후창
❺ 왕[waŋ] (산삼 채취자 은어)(강원)춘천(백미白米의 밥을 [waŋ-mo-rɛ-mi]라고 함. [waŋ-mo-rɛ-mi] (제 90321 쌀밥白米飯 항목 참조.)

12408 아욱露葵 : あおい

❶ 아옥[a-ok] 【「採取」 冬葵子・郷名阿郁,「訓蒙」葵 a-ok,「譯語」葵菜 a-hok】 (전남)장성・담양, (전북)운봉・남원・순창・정읍・김제・전주・무주・금산, (경남)하동・함양・거창, (경북)김천・예천, (충남)공주・강경・서천・홍성・천안, (충북)청주・보은・영동・충주・단양, (경기)경성・개성・장단・연천, (강원)양양・강릉・횡성, (황해)해주・옹진
❷ 아욱[a-uk] (충남)제천, (강원)통천・고성・간성・주문진・삼척・영월・평창・원주・홍천・춘천・인제・철원・평강, (경북)울진, (황해)금천・연안・장연・은율・안악・재령・서흥・신계・수안・곡산, (평북)영변・자성
❸ 아구[a-gu] (경남)마산
❹ 아북[a-buk] 【「救急」葵子 常食阿夫實也,「三史」阿布哈 蕎菜也】 (경남)합천・밀양, (경북)영천・고령・의성, (함남)신고산・문천・고원・함흥・신흥・북청・단천・풍산・갑산・혜산, (함북)성진・경성・나남・부령・무산・회령・종성・경원・경흥

12409 우엉牛蒡

❶ 우방지[u-baŋ-ji] 【「採取」惡實 郷名苦牛蒡子,「交隣」芋根 u-paŋ】 (제주)제주・서귀・대정
❷ 우벙[u-bəŋ] (전남)순천・보성・광주・곡성・구례, (전북)운봉・남원・장수, (경남)울산・동래・부산・거창・합천, (경북)영천・포항・영덕・고령・김천・예천・안동・영주・청송・평해, (강원)양양, (함남)영흥
❸ 우봉[u-boŋ] (전남)여수, (경남)거제・통영・남해・하동, (경북)의성, (함

남)정평 · 함흥 · 오로 · 홍원 · 북청, (함북)명천 · 경성 · 나남 · 부거 · 부령 · 회령 · 연태동

❹ 우붕[u-buŋ] (경남)양산 · 김해 · 마산 · 진주 · 함양 · 창녕 · 밀양, (경북)대구

❺ 우왕[u-waŋ] 【「四聲」 芉蒡菜 o-oaŋ, 「訓蒙」 蒡 u-oaŋ】 (강원)삼척

❻ 우웡[u-wəŋ] 【「東醫」 惡實 u-uəŋ-psi, 「濟衆」 鼠粘子 u-oəŋ-psi, 「譯語」 牛蒡菜 u-uəŋ】 (전남)장성 · 담양, (전북)임실 · 진안 · 무주 · 금산, (충남)홍성, (충북)충주, (경기)경성 · 장단 · 연천, (황해)해주 · 옹진 · 태탄 · 장연 · 은율 · 안악 · 신계 · 곡산, (함남)덕원 · 문천 · 고원

❼ 우항[u-haŋ] (강원)삼척

❽ 웡[wəŋ] (전남)강진 · 영암 · 목포 · 나주, (전북)순창 · 정읍 · 김제 · 전주, (충남)공주 · 강경 · 서천 · 천안, (충북)청주 · 보은 · 영동, (강원)강릉, (황해)금천 · 연안 · 재령 · 서흥 · 수안, (함남)신고산 · 안변

12410 옥수수玉蜀麥 : とうもろこし

❶ 가내숙기[ka-nɛ#suk-ki] (함북)회령

❷ 강나미[kaŋ-na-mi] (황해)금천 · 재령 · 서흥 · 연안

❸ 강낭[kaŋ-naŋ] (경북)영덕 · 의성 · 예천 · 안동 · 영주 · 청송 · 평해

❹ 강낭대죽[kaŋ-naŋ#tɛ-j̃uk] (제주)제주 · 서귀 · 대정(옥수수玉蜀麥의 열매를 서귀에서는 [tɛ-juk-pu-rɛ-gi], 성산에서는 [tɛ-čhuk-pu-rɛ-gi]라고 한다.)

❺ 강낭대축[kaŋ-naŋ#tɛ-čʰuk] (제주)성산

❻ 강낭샛기[kaŋ-naŋ#sɛt-ki] (경남)거창 · 합천

❼ 강낭숙개[kaŋ-naŋ#suk-kɛ] (경북)고령

❽ 강낭숙구[kaŋ-naŋ#suk-ku] (경북)김천

❾ 강낭식키[kaŋ-naŋ#sik-kʰi] (경남)진주

❿ 강낭이[kaŋ-naŋ-i] (황해)재령 · 서흥

⓫ 강내[kaŋ-nɛ] (함남)홍원 · 북청 · 이원 · 풍산 · 갑산 · 혜산

⑫ **강내이**[kaŋ-nɛ-i] (황해)금천
⑬ **강내미**[kaŋ-nɛ-mi] (황해)연안·해주·옹진·태탄·장연·은율·안악
⑭ **강냉이**[kaŋ-nɛŋ-i] (전남)여수·순천·보성·강진·목포·나주·광주·장성·담양·곡성·구례, (전북)운봉·남원·순창·정읍·김제·임실·무주·금산, (경남)울산·양산·동래·김해·부산·마산·거제·통영·남해·하동·함양·창녕·밀양, (경북)영천·영덕·대구·울진, (경기)개성, (황해)황주·신계·수안·곡산, (함남)신고산·안변·덕원·단천, (함북)길주·청진, (평남)평양, (평북)박천·영변·희천·구성·강계·자성·후창
⑮ **깡냉이**[k'aŋ-nɛŋ-i] (전남)담양, (전북)순창·장수·진안
⑯ **강냥숙기**[kaŋ-nyaŋ#suk-ki] (함북)연태동
⑰ **강내**[kaŋ-nyɛ] (함남)문천·고원·영흥·정평·함흥·오로·신흥
⑱ **개수기**[kɛ#su-gi] (함북)부령
⑲ **갱내**[kɛŋ#-nɛ] (함북)성진
⑳ **갱숙기**[kɛŋ#suk-ki] (함북)연태동
㉑ **당쉬**[taŋ-swi] (함남)갑산·혜산, (평북)길주·명천·경성·나남·청진·부령
㉒ **숙기**[suk-ki] (함북)부거·무산(무산에서 수수蜀黍는 [pap#suk-ki]라고 한다)·경흥·웅기
㉓ **슉기**[syuk-ki] (평북)종성·경원
㉔ **옥텍기**[ok-tek-ki] (강원)삼척
㉕ **옥소시**[ok-so-si] (전남)강진·영암
㉖ **옥수수**[ok#su-su] (충남)공주·강경·서천·홍성, (충북)보은·영동, (경기)경성·장단·연천
㉗ **옥수시**[ok#su-si] (전남)보성, (전북)김제·전주
㉘ **옥슉구**[ok#suk-ku] (경북)예천, (충남)천안, (충북)청주·단양
㉙ **옥쉬**[ok-swi] (함북)길주·경성
㉚ **옥시기**[ok#si-gi] (충북)보은·충주, (강원)양양

㉛ **옥식기**[ok#sik-ki] (강원)강릉

12411 아그배山査子

① **아가우**[a-ga-u] (경북)의성 · 상주 · 예천 · 안동 · 울진, (강원)통천 · 고성
② **아가위**[a-ga-wi] (경북)함창 · 영주, (충북)제천, (강원)영월 · 원주 · 횡성 · 홍천 · 인제 · 춘천
③ **아구**[a-gu] (경북)영덕
④ **아가배**[a-ga-bɛ] (전남)고흥, (경북)흥해 · 대구 · 문경 · 청송, (충남)홍산 · 청양 · 서천 · 남포 · 보령 · 안면도 · 광천 · 홍성 · 해미 · 서산 · 오천 · 예산 · 조치원
⑤ **아고배**[a-go-bɛ] (충남)천안
⑥ **아구배**[a-gu-bɛ] (경남)진주 · 함양, (경북)영주, (충남)공주 · 강경 · 부여 · 천안, (충북)청주 · 보은 · 영동
⑦ **아그배**[a-gi-bɛ] (전남)광양 · 순천 · 벌교 · 보성 · 장흥 · 완도 · 지도 · 해남 · 목포 · 함평 · 영광 · 나주 · 광주 · 장성 · 담양 · 옥과 · 곡성 · 구례, (전북)남원 · 순창 · 정읍 · 김제 · 군산 · 전주 · 임실, (충북)진천 · 괴산
⑧ **열구**[yəl-gu] (아그배山査子의 열매)【「北塞記略」海棠實曰悅口】(경기)경성, (강원)양양
⑨ **열귀**[yəl-gwi] (함남)영흥 · 정평 · 함흥 · 신흥 · 홍원 · 북청 · 이원 · 단천 · 풍산 · 갑산 · 혜산, (함북)성진 · 경성 · 나남 · 청진 · 부령 · 경흥
⑩ **열기**[yəl-gi] (함남)홍원 · 북청, (함북)성진
⑪ **열구밥**[yəl-gu#pap] (함북)무산 · 회령 · 종성 · 경원
⑫ **돌:배**[to:l-pɛ] (경남)마산 · 통영 · 진주 · 남해
⑬ **돕배**[top-pɛ] (전남)나주

12412 좁쌀粟

① **조**[čo] 대다수 지방

❷ 조이[čo-i] (강원)강릉, (함남)안변·덕원·문천·영흥·정평·함흥·오로·신흥·홍원·북청·단천, (함북)성진·길주·명천·경성·나남·부거·부령·무산·회령·종성·경원·경흥·웅기([čo-i#cʰap-sal], [čo-ip-sal] 등의 말이 있음.)
❸ 재[čɛ] (경남)울산, (경북)영주
❹ 쥐비[čwi-bi] (경북)고령
❺ 지비[či-bi] (경남)합천·창녕
❻ 잔수[čan-su] (경남)양산·김해
❼ 졈시리[čəm-si-ri] (경남)합천
❽ 좁살[čop-sal] (경기)경성, (황해)황주, (함남)신고산·안변·덕원·문천·영흥·정평·함흥·오로·신흥·홍원·북청·이원·단천·풍산·갑산·혜산, (함북)성진·길주·경성·나남·청진·부령·무산·회령·종성·경원·경흥·웅기, (평남)평양, (평북)박천·영변·희천·구성·강계·자성·후창
❾ 서슥[sə-suk] (전남)여수·순천·보성·강진·영암·목포·나주·장성·담양·곡성·구례, (전북)운봉·남원·순창·정읍·임실·장수·진안, (경남)울산·마산·거제·통영·진주·남해·하동·함양·거창·합천, (경북)영천·포항·영덕·대구·고령·김천·예천·안동·영주·청송·울진·평해
❿ 수숙[su-suk] (전북)무주·금산
⓫ 수수[su-su] (충북)보은
⓬ 스숙[si-suk] (전북)전주·김제
⓭ 스슥[si-sik] (충남)공주·강경·서천·홍성·천안, (충북)청주·충주·단양
⓮ 모래미[mo-rɛ-mi] (산삼채취자의 은어)(평북)후창

12413 팥小豆 : あづき *

❶ 퐅[pʰɔt] 【「訓蒙」荳 pʰɔs, 「東醫」赤小荳 pir-kin-pʰɔs, 「三才」小豆, 波豆 「物語」小豆,

ばつ】 (제주)제주・성산・서귀・대정

❷ 팥[pʰat] (전남)영광・광주, (전북)남원・정읍・김제・군산・전주・임실・장수・진안・무주・금산, (경남)김해・마산・거제・통영・남해・거창・합천・창녕・밀양, (경북)영천・경주・포항・흥해・영덕・대구・성주・지례・김천・의성・상주・함창・문경・예천・안동・영주・청송・울진・평해, (충남)공주・강경・부여・홍산・청양・남포・보령・광천・홍성・해미・서산・오천・예산・조치원, (충북)제천, (경기)경성・개성・장단・연천, (강원)통천・장전・고성・간성・양양・주문진・강릉・영월・평창・원주・횡성・홍천・춘천・인제・철원・평강, (황해)금천・해주・옹진・태탄・장연・은율・안악・재령・황주・서흥・신계・수안・곡산, (함남)원산・덕원・정평・함흥・신흥, (함북)나남

❸ 팍[pʰak] (평남)중화・평양・순천・숙천・안주, (평북)박천・영변・희천・구성・정주・선천・용암・의주・강계・자성・후창

❹ 팥치[pʰat-čʰi] (함북)경원・경흥

❺ 펕기[pʰɛt-ki] (황해)연안・해주・옹진, (함남)덕원・문천・고원・영흥・정평・함흥・오로・신흥・홍원・북청・이원・풍산・갑산・혜산・장진, (함북)명천・경성・청진・부거・부령・무산

❻ 펕키[pʰɛt-kʰi] (함남)단천, (함북)성진・길주

❼ 펕치[pʰɛt-čʰi] (함북)경성

❽ 퐅[pʰot] (전남)돌산・여수・광양・순천・벌교・고흥・보성・장흥・강진・해남・영암・목포・함평・나주・광주・장성・담양・옥과・곡성・구례, (전북)운봉・남원・순창・정읍・임실, (경남)울산・양산・동래・마산・거제・통영・진주・남해・하동・함양

❾ 퐅치[pʰot-čʰi] (함북)회령・종성・경원

12414 찹쌀糯米 : もちごめ (된소리로 발음)

❶ 찹살[čʰap-sal] 대다수 지방

❷ 차입쌀[čʰa-ip-sal] (함남)흥원・이원
❸ 이찹쌀[i-čʰap-sal] (경기)개성・장단・연천, (황해)금천・연안・해주・옹진・태탄・장연・은율・안악・재령・서흥・신계・수안, (함남)신고산・안변・덕원・문천・영흥・정평・오로・신흥・흥원・북청
❹ 찬입쌀[čʰan#ip-sal] (황해)신계・곡산
❺ 묻찹쌀[mut#čʰap-sal] (함남)정평・함흥・오로・신흥

■■ 12415 좁쌀栗の糯米
❶ 조찹쌀[čo-čʰap-sal] (경기)개성・장단・연천, (황해)금천・연안・해주・옹진・태탄・장연・은율・안악・재령・서흥・신계・수안, (함남)신고산・안변・덕원・고원
❷ 조입쌀[čo-ip-sal] (함남)안변・덕원
❸ 조이찹쌀[čo-i#čʰap-sal] (황해)곡산, (함남)문천・영흥・정평・함흥・오로・신흥
❹ 세미찹쌀[se-mi#čʰap-sal] (함남)정평・함흥・오로・신흥

■■ 12416 파葱: ねぎ
❶ 파[pʰa] 【「訓蒙」葱 pʰa,「三才」葱, 波ぱ】 (전남)보성・강진・영암・목포・나주・광주・장성・담양・곡성, (전북)운봉・남원・순창・정읍・김제・전주・임실・장수・진안・무주・금산, (경남)울산・양산・동래・부산・김해・마산・함양・거창・합천・창녕・밀양, (경북)경주・대구・고령・성주・김천・의성・상주・함창・문경・예천・안동・영주・청송・울진・평해, (충남)공주・강경・서천・홍성・천안, (충북)청주・보은・영동・충주・단양・제천, (경기)경성・장단・연천, (강원)통천・장전・고성・간성・양양・주문진・강릉・삼척・영월・평창・원주・횡성・홍천・춘천・인제・철원, (황해)금천・연안・해주・옹진・태탄・장연・은율・안악・재령・서흥・신계, (함남)북청・단천・풍산・갑산・혜산, (함북)성

진・길주・경성・청진・부거・부령・회령・종성・경원・경흥
② **파구**[pʰa-gu] (경북)영덕
③ **파에**[pʰa-e] (함남)정평・함흥・신흥・홍원, (함북)명천
④ **파예**[pʰa-ye] (함남)홍원
⑤ **파우**[pʰa-u] (경북)영덕
⑥ **파이**[pʰa-i] (함남)이원・풍산・혜산, (함북)부령・무산・회령・종성・경원・경흥・웅기
⑦ **팓**[pʰat] *(경북)평해
⑧ **팡에**[pʰaŋ-e] (함남)정평・함흥・오로・신흥
⑨ **팡이**[pʰaŋ-i] (평북)박천・영변・구성・자성
⑩ **패**[pʰɛ] (전남)여수・구례, (경남)마산・거제・통영・진주・남해・하동・거창, (경북)영천・경주・포항・흥해
⑪ **패마농**[pʰɛ#ma-noŋ] (제주)제주・성산・서귀・대정
⑫ **팽애**[pʰɛŋ-ɛ] (함남)문천・고원・영흥
⑬ **팽이**[pʰɛŋ-i] (경기)개성, (강원)평강, (황해)황주・신계・수안・곡산, (함남)신고산・안변・원산・덕원・문천・고원・영흥, (평남)평양, (평북)회천・강계・후창

12417 피稗 : ひえ

① **피**[pʰi] 대다수 지방
② **피마듸**[pʰi#ma-diy] (함북)나남・부령・회령・종성
③ **피나지**[pʰi#na-ji] (함남)정평・함흥・오로・신흥・홍원, (함북)길주・명천・경성・청진・부거・무산・경흥
④ **피낟**[pʰi-nat] *(함남)신고산・안변・덕원・문천・고원・영흥

12418 피마자萆麻子

① **아주가리**[a-ju#ka-ri] (전남)곡성・구례, (전북)운봉・남원・순창・정읍・

김제・전주・임실・장수・진안・무주・금산, (경남)양산・부산・김해・마산・거제・통영・진주・하동・함양・거창・창녕・밀양, (경북)영천・대구・고령・김천・평해, (충남)홍성・천안, (충북)보은・충주

❷ 아주가루[a-ju#ka-ru] (충남)공주・강경・서천・홍성, (충북)청주・영동

❸ 아주깨[a-ju#k'ɛ] (경남)울산・양산・동래・김해・밀양

❹ 아죽가리[a-juk#ka-ri] (경남)합천

❺ 피마주[pʰi-ma-ju] (전남)강진・영암・목포・장성・담양, (강원)양양・강릉・삼척, (경북)울진

❻ 피마지[pʰi-ma-ji] (전남)여수・순천・곡성, (경남)거제・통영・남해, (경북)포항・영덕・의성・예천・안동・영주・청송, (충남)홍성, (충북)단양, (경북)평해

❼ 피만지[pʰi-man-ji] (제주)제주・성산・서귀・대정

12419 호박南瓜 : カボチャ

❶ 호:박[ho:-bak] 대다수 지방

❷ 호:박동[ho:-bak-toŋ] (제주)성산

❸ 동지[toŋ-ji] (제주)제주・서귀・대정

❹ 재기[čɛ-gi] (제주)성산

❺ 갈매지[kal-mɛ-ji] (평북)희천・강계・자성・후창

❻ 골매지[kol-mɛ-ji] (평북)박천・영변・구성

❼ 고매기[ko-mɛ-gi] (함남)북청

❽ 곧매지[kot-mɛ-ji] (함남)홍원・단천

❾ 꼳매지[k'ot-mɛ-ji] (황해)황주

❿ 만박호[man-bak-ho] (평남)평양(호박南瓜의 어린 것을 일반적으로 [ɛ-ho-bak]이라 한다. 함북 성진・길주 지방에서는 [ma-nwi]라 한다.)

금석金石

13420 기름油

❶ 기름[ki-rim] (충남)천안, (경북)안동·영주·청송·평해, (경기)경성
❷ 지림[či-rəm] (전북)장수·무주·금산, (경남)동래·부산, (경북)대구·김천·의성, (충북)보은
❸ 지름[či-rim] (제주)제주·성산·서귀·대정, (전남)돌산·여수·광양·순천·벌교·고흥·보성·장흥·강진·완도·지도·해남·영암·목포·함평·영광·나주·광주·장성·담양·옥과·곡성·구례, (전북)운봉·남원·순창·정읍·김제·군산·전주·임실·진안, (경남)울산·양산·김해·마산·거제·통영·진주·남해·하동·함양·거창·합천·창녕·밀양, (경북)영천·포항·영덕·고령·예천·안동·영주·청송·울진·평해, (충남)공주·강경·부여·홍산·청양·서천·남포·보령·광천·홍성·해미·서산·오천·예산·천안·조치원, (충북)청주·영동·충주·단양, (강원)양양·강릉·삼척
❹ 마랑두[ma-raŋ-du] (❹, ❺는 산삼채취업자의 은어)(함남)풍산
❺ 마랑구[ma-raŋ-gu] (평북)강계·후창(이곳에는 [cʰam#ki-rim] 즉 참깨白胡麻의 기름을 의미한다.)

13421 돌石

① 돌[tol] (제주)제주・성산・서귀・대정, (전남)여수・순천・강진・영광・광주, (경남)울산・양산・동래・부산・김해・마산・거제・통영・진주・남해・하동・함양・거창・합천・창녕・밀양, (경북)영천・경주・포항・흥해・영덕・대구・고령・의성・함창・문경・예천・안동・영주・청송(도내 대다수 지방에서 주격「돌-이」를 [tor-i]라고 하고, 그 외에는 [tol-gi]라고 한다. 충북이나 강원도에서도 마찬가지이다)・울진・평해, (충남)홍산・청양・서천・홍성・천안, (충북)청주・보은・진천・괴산・충주・단양・제천, (강원)통천・장전・고성・간성・양양・주문진・강릉・삼척・영월・평창・원주・횡성・홍천・춘천・인제

② 독[tok] (제주)서귀・대정, (전남)여수・순천・벌교・고흥・보성・장흥・강진・해남・영암・목포・함평・영광・나주・장성・담양・옥과・곡성・구례, (전북)운봉・남원・순창・정읍・김제・군산・전주・임실・장수・진안・무주・금산, (경남)양산・하동・거창・합천・창녕・밀양, (경북)김천・상주(이곳에서는 주격을 [tok-i], [tok-hi]라고 한다)・함창・문경, (충남)공주・강경・홍산・청양・서천・남포・홍성・해미・서산・오천・예산・조치원, (충북)청주・보은

③ 둑[tuk] (충남)보령
④ 돌마[tol-ma] (충남)천안
⑤ 돌막[tol-mak] (충남)공주・홍성, (충북)청주
⑥ 돌매기[tol-mɛ-gi] (충남)강경
⑦ 돌매키[tol-mɛ-kʰi] (경북)예천
⑧ 돌맹이[tol-mɛŋ-i] (경남)부산, (경북)영주, (충남)강경・천안, (충북)보은・영동・충주
⑨ 돌몽싱이[tol-moŋ-siŋ-i] (비어卑語)(경남)통영
⑩ 돌무징이[tol-mu-jiŋ-i] (경남)남해
⑪ 돌미[tol-mi] (경남)거제・진주・함양, (경북)안동

⑫ **돌밍이**[tol-miŋ-i] (경남)마산·통영
⑬ **돌뻥이**[tol-pʼiŋ-i] (경남)마산, (경북)대구·의성·청송
⑭ **돌팍**[tol-pʰak] (충남)강경·서천·홍성
⑮ **돌짝**[tol-čʼak] (충남)공주, (충북)청주·영동

■ 13422 모래砂

❶ **모래**[mo-rɛ] 【「龍歌」沙峴 mor-ai#o-kai, 「杜詩」hɔin#mo-rai, 白沙】 (전남)곡성·구례, (전북)임실·장수·진안·금산, (경남)울산·양산·동래·부산·김해·마산·거제·통영·진주·함양·거창·합천·창녕·밀양, (경북)영천·고령·김천·예천·울진·평해, (충남)강경·서천·홍성·천안, (충북)단양, (경기)경성·장단·연천, (강원)양양·강릉, (황해)금천·연안·해주·옹진·태탄·장연·은율·안악·재령·황주·서흥·신계·곡산, (함남)신고산·안변·덕원·문천·고원·영흥·정평·함흥·오로·신흥, (평남)평양, (평북)박천·희천·구성·강계

❷ **몰래**[mol-lɛ] (제주)제주·성산·서귀·대정

❸ **몰개**[mol-gɛ] (경남)울산·남해·합천, (경북)영천·포항·대구·고령·의성·예천·안동·영주·청송, (강원)양양·삼척, (경기)개성, (황해)신계·수안, (함남)신고산·안변·덕원·문천·고원·영흥·정평·함흥·오로·신흥·홍원·북청·이원·단천, (함북)명천·나남·청진·부거·부령·무산·회령·종성, (평북)희천·강계·자성·후창

❹ **몰개미**[mol-gɛ-mi] (경북)포항·영덕

❺ **모새**[mo-sɛ] (전남)여수·순천·강진·영암·목포·광주·장성·담양·곡성·구례, (전북)운봉·남원·순창·정읍·김제·전주·임실·장수·진안·무주·금산, (경남)거제·통영·진주·남해·하동·함양, (충남)공주·강경·서천·홍성·천안, (충북)청주·보은·영동·충주·단양, (함남)풍산·갑산, (함북)성진·길주·명천·경성·나남·부거·부령·무산·회령·종성·경흥, (평북)박천·영변·희천·구성·강계·자성·후창

⑥ 모세[mo-sɛ] (전남)나주
⑦ 목새[mok-sɛ] (함남)이원·단천·풍산·갑산·혜산, (함북)성진
⑧ 모살[mo-sal] (제주)제주·성산·서귀·대정, (전남)강진, (경남)통영
⑨ 모갈[mo-gal] (경남)마산

13423 바위岩

① 바위[pa-wi] (충남)공주·서천·홍성·천안, (경기)경성·개성·장단·연천, (강원)양양, (황해)금천·서흥
② 바우[pa-u] (전남)보성·강진·영암·목포·나주·장성·담양·곡성, (전북)운봉·남원·순창·정읍·김제·전주·임실·장수·진안·무주·금산, (경남)거제·합천·창녕, (경북)고령, (충남)강경·천안, (충북)청주·보은·영동·충주·단양, (강원)강릉·삼척, (황해)수안
③ 바구[pa-gu] (전남)여수·순천, (경남)거제·통영·진주·하동
④ 방구[paŋ-gu] (경남)울산·양산·김해·마산·합천·밀양, (경북)영천·포항·영덕·대구·김천·의성·예천·안동·영주·청송·울진·평해, (충북)청주·충주·단양, (황해)금천
⑤ 방우[paŋ-u] (경남)동래·부산·남해·함양·거창
⑥ 방쿠[paŋ-kʰu] (황해)안악
⑦ 방퀴[paŋ-kʰwi] (황해)연안·태탄·장연·은율·재령·서흥
⑧ 엉덕[əŋ-dək] (제주)제주·성산·서귀·대정
⑨ 비렁[pi-rəŋ] (크고 평평한 돌)(경남)거제(이곳에서는 벼랑崖의 의미도 있음)·통영·남해
⑩ 왁서기[wak-sə-gi] (산삼채취자의 은어)(함북)명천

13424 쇠鐵·金：かね

① 쇠[sö] (전남)여수·순천·보성·강진·영암·장성·담양·곡성·구례, (전북)운봉·남원·순창·정읍·김제·전주·임실·장수·진안·무주·금

산, (충남)공주·강경·서천·홍성·천안, (충북)보은·영동, (경기)경성·장단·연천, (강원)양양, (황해)금천·해주·옹진·태탄·장연·은율·안악·재령·황주·서흥·신계·수안·곡산, (함남)신고산·안변·덕원·문천·고원·영흥·정평·함흥·오로·신흥·홍원·북청·이원·풍산·갑산·혜산, (평남)평양

❷ 쇠꼽[sö-k'op] (강원)강릉·삼척
❸ 쇄[swɛ] (평북)박천·영변·구성·희천·강계·자성·후창
❹ 쐐[s'wɛ] (경북)의성
❺ 새[sɛ] (경남)동래
❻ 쌔[s'ɛ] (경남)양산·부산·김해·마산, (경북)예천
❼ 쉐[swe] (전남)목포·나주, (경남)울산·밀양, (경북)영천·포항·영덕·고령·울진·평해, (충북)청주·충주·단양, (경기)개성
❽ 쒜[s'we] (제주)제주·성산·서귀·대정, (경북)안동·영주·청송
❾ 쉐갇[swe-k'at] (경북)영덕
❿ 쉐겓[swe-k'ət] (경북)평해
⓫ 쉐꼽[swe-k'op] (경북)울진
⓬ 쒸[s'wi] (경남)창녕
⓭ 세[se] (전남)나주, (경남)함양, (황해)연안
⓮ 쎄[s'e] (경남)거제·통영·진주·남해·하동·거창
⓯ 시[si] (경남)합천, (경북)대구
⓰ 씨[s'i] (경북)김천

13425 수은水銀

❶ 수은[su-in] 대다수 지방
❷ 시은[si-in] (경북)경주·포항·흥해·영덕·대구·의성·상주·함창·문경·예천·안동·영주·청송, (충북)청주·영동·진천·괴산·충주

13426 석유石油

❶ 서규[sə-gyu] 대다수 지방
❷ 세규[se-gyu] (함남)북청
❸ 세기[se-gi] (함남)홍원・단천, (함북)성진・길주・경성・나남・청진・부령・무산・회령・종성
❹ 난봉지름[nan-boŋ#či-rim] (함북)성진・길주・경성・나남・무산・회령
❺ 난복지름[nan-bok#či-rim] (함북)청진・경흥

13427 유리琉璃 : 硝子

❶ 유리[yu-ri] 대다수 지방
❷ 누리[nu-ri] (평남)평양, (평북)박천・영변・희천・구성・강계・자성(도내 후창에서는 [yu-ri]라 함.)

13428 자갈砂礫

❶ 자갈[ča-gal] (제주)제주・성산・서귀・대정, (전남)여수・순천・보성・강진・영암・목포・나주・장성・담양・곡성, (전북)운봉・남원・순창・정읍・김제・전주・임실・장수・진안・무주・금산, (경남)울산・동래・부산・김해・마산・거제・통영・남해・함양・합천・창녕, (경북)영천・포항・영덕・대구・고령・김천・의성・예천・안동・영주・청송・울진, (충남)공주・강경・서천・홍성・천안, (충북)청주・보은・영동・충주・단양・제천, (강원)삼척・영월・평창
❷ 재갈[čɛ-gal] (경남)진주・거창, (경북)울진・평해, (강원)양양・강릉・원주・횡성・홍천・춘천
❸ 조약[čo-yak] (강원)통천
❹ 좩[čwɛk] (충북)제천, (강원)영월・평창・원주・횡성・홍천・인제
❺ 재악돌[čɛ-ak-tol] (강원)주문진・강릉
❻ 잭돌[čɛk-tol] (강원)간성・양양

❼ 짜개돌[čʼa-gɛ#tol] (함남)정평·함흥·신흥
❽ 자각돌[ča-gak#tol] (강원)장전·고성
❾ 작지[čak-či] (제주)성산·서귀·대정

13429 주석錫

❶ 주석[ču-sək] 대다수 지방
❷ 두석[tu-sək] (평북)영변·희천·강계
❸ 뒤석[twi-sək] (평남)평양, (평북)박천·구성

13430 흙土

❶ 흙[hɔk]【「三才」土, 不留,「物語」土, ふる】(제주)제주·성산·서귀
❷ 학[hak] (황해)황주, (평남)평양
❸ 할기[hal-gi] (함북)회령·종성
❹ 힐[həl] (경남)동래, (경북)대구
❺ 혁[hək] (경남)마산, (경북)김천
❻ 혹[hik] (제주)대정, (전남)여수·순천·보성·강진·영암·목포·나주·장성·담양·곡성·구례, (전북)운봉·남원·순창·정읍·김제·전주·임실·장수·진안·무주·금산, (경남)마산·거제·통영·진주·남해·하동·함양·거창·합천·창녕, (경북)고령, (충남)공주·강경·서천·홍성·천안, (충북)청주·보은·영동·충주·단양, (경기)경성·개성·장단·연천, (강원)양양·강릉, (황해)금천·연안·해주·옹진·태탄·장연·은율·안악·재령·서흥·신계·수안·곡산, (함남)신고산·안변·덕원·문천·고원·영흥·북청·이원·풍산·갑산·혜산, (평남)평양, (평북)박천
❼ 흘[hiɭ] (경남)울산·양산·부산·김해·밀양, (경북)영천·포항·영덕·의성·예천·안동·영주·청송·울진·평해, (강원)삼척, (평북)박천·구성

⑧ 흘기[hil-gi] (함남)정평·함흥·오로·신흥·홍원·북청·이원·단천·풍산·갑산·혜산, (함북)성진·길주·경성·나남·청진·부령·무산·회령·종성·경흥·웅기
⑨ 흐륵[hi-rik] (경남)남해
⑩ 흙[hulk] (함북)명천·나남·부령·무산, (평북)영변·희천·강계·자성·후창

기구器具

■ **14431 가위**鋏 : はさみ

① **ᄀ새**[kɔ-sɛ] (제주)제주·성산·서귀·대정
② **가새**[ka-sɛ] (전남)강진·완도·지도·해남·영암·목포·함평·영광·나주·광주·장성·담양·옥과·곡성, (전북)운봉·남원·순창·정읍·김제·군산·전주·임실·장수·진안·무주·금산, (경남)마산·거제·통영·진주, (경북)상주·함창·문경·예천·안동·영주·울진, (충남)공주·강경·부여·홍산·청양·서천·남포·보령·광천·홍성·해미·서산·오천·예산·천안·조치원, (충북)청주·보은·영동·진천·괴산·충주·단양·제천, (경기)장단·연천, (강원)통천·장전·고성·간성·양양·주문진·강릉·삼척·영월·평창·원주·횡성·홍천·춘천·인제, (함남)신고산·안변·덕원·문천·고원·영흥·정평·함흥·오로·신흥·홍원·북청·이원·단천·풍산·갑산·혜산, (함북)성진·길주·명천·경성·나남·청진·부거·부령·무산·회령·종성·경원·경흥·웅기, (평북)후창
③ **까새**[k'a-sɛ] (경북)평해
④ **가시개**[ka-si-gɛ] (전남)돌산·여수·광양·순천·벌교·고흥·보성·곡성·구례, (전북)운봉·장수, (경남)울산·양산·동래·부산·김해·마산·거제·진주·남해·하동·함양·거창·합천·창녕·밀양, (경북)영천·경

주·포항·홍해·영덕·대구·고령·김천·의성·예천·안동·청송

❺ **가우**[ka-u]【「譯語」·「漢淸」剪子 ka-ɔi】(경기)개성, (황해)금천·연안·해주·옹진·태탄·안악·재령·황주·서흥·신계·수안·곡산, (평남)중화

❻ **가위**[ka-wi] (전남)함평, (충남)천안, (충북)괴산·충주, (경기)경성·장단·연천, (황해)금산·해주·옹진·태탄·안악·재령·황주·서흥·신계·수안

❼ **가웨**[ka-we] (황해)장연·은율, (평남)평양

❽ **가왜**[ka-wɛ] (경북)포항·홍해·영주·청송

❾ **강아**[kaŋ-a] (평북)구성·용암

❿ **강애**[kaŋ-ɛ] (평남)숙천·안주, (평북)정주·선천·의주·후창

⓫ **강에**[kaŋ-e] (평북)박천·영변·희천·강계·자성

⓬ **강우**[kaŋ-u] (평남)순천

⓭ **깍개**[k'ak-kɛ] (강원)삼척, (경북)울진

▇ 14432 **구유**馬槽 (우마牛馬의 사료飼料를 넣는 가늘고 긴 통桶)

❶ **구송**[ku-soŋ]【「訓蒙」馬槽 mɔr#ku-ziu, ku-zi-iɔi#ču-zə, 槽頭拾得】(함남)덕원

❷ **구수**[ku-su] (전북)전주·군산, (충남)공주·강경·부여·홍산·청양·서천·남포·보령·광천·홍성·해미·갈산·서산·오천·예산·천안·조치원, (충북)청주

❸ **구숭**[ku-suŋ] (강원)통천·장전·고성, (함남)신고산·고산·안변·원산·문천·고원·영흥

❹ **구시**[ku-si] (전남)돌산·여수·순천·벌교·고흥·보성·장흥·강진·완도·영암·목포·영광·나주·광주·장성·담양·옥과·곡성·구례, (전북)운봉·남원·순창·정읍·김제·임실·장수·진안·무주·금산, (경남)울산·양산·동래·부산·김해·마산·진주·남해·하동·함양·거창·합천·창녕·밀양, (경북)경주·고령·김천·상주, (충북)보은·영동, (함남)정평·함흥·오로·신흥·홍원·북청·이원·단천·풍산·갑

산·혜산, (함북)성진·길주·명천·경성·나남·청진·부거·부령·무산·회령·종성·경원·경흥·웅기
❺ **귀숭**[kwi-suŋ] (강원)간성·평강
❻ **기숭**[ki-suŋ] (강원)양양
❼ **구융**[ku-yuŋ] (충남)갈산, (충북)진천·괴산·충주, (경기)경성, (강원)주문진·철원
❽ **궁**[kuŋ] (황해)신계·수안·곡산
❾ **궁이**[kuŋ-i] (강원)강릉·삼척, (평남)중화·순천·숙천·안주, (평북)박천·영변·희천·구성·안주·선천·용암·의주·강계·자성·후창(희천·강계·후창지방은 통나무배ㅅ木船를 [kuŋ-i]라 함.)
❿ **꽹이**[kwɛŋ-i] (황해)황주, (평남)평양
⓫ **궝**[kwən] (황해)해주
⓬ **궤**[kwe] (황해)태탄·장연
⓭ **궹**[kweŋ] (경기)연천, (황해)연안
⓮ **귀**[kwi] (황해)옹진·은율·안악
⓯ **귀영**[kwi-yəŋ] (황해)금천·재령·서흥
⓰ **귀융**[kwi-yuŋ] (경기)장단, (강원)간성·양양·영월·평창·원주·횡성·홍천·춘천·인제, (황해)해주
⓱ **귀이**[kwi-i] (경북)영천·경주·포항·홍해·영덕
⓲ **귀잉**[kwi-iŋ] (경기)연천
⓳ **귕**[kwiŋ] (황해)신계(❶에서 ⓳까지의 모든 단어는 곳에 따라 중간 부분이 움푹 패인 대형 조리구로도 통용된다. 그 모양이 말구유와 비슷하기 때문이다.)
⓴ **쇠통**[sö-tʰoŋ] (경북)울진
㉑ **쉐통**[swe-tʰoŋ] (경북)평해
㉒ **밥통**[pap-tʰoŋ] (전북)정읍
㉓ **죽통**[čuk-tʰoŋ] (경남)거제, (경북)포항·홍해·영덕·대구·의성·상주·함창·문경·예천·안동·영주·청송, (충북)단양·제천, (경기)개성

■ **14433 귀얄**糊刷毛 : のりばけ

❶ 귀발[kwi-bal] (함남)홍원·북청·이원·단천·풍산·갑산, (함북)명천·나남·부거·부령·무산·회령·종성·경원·연태동
❷ 기발[ki-bal] (경남)거제
❸ 풀께발[pʰul#kʼe-bal] ([pʰul]은 죽糊의 뜻)(함북)청진
❹ 풀꼬발[pʰul#kʼo-bal] (함북)경흥
❺ 풀꾸발[pʰul#kʼu-bal] (경북)의성
❻ 풀뀌발[pʰul#kʼwi-bal] (함남)혜산
❼ 풀끼발[pʰul#kʼi-bal] (경남)통영, (경북)영천, (함북)경성
❽ 푸끼발[pʰu#kʼi-bal] (함남)함흥
❾ 쾌알[kwɛ-al] (전북)남원·순창
❿ 괠ː[kwɛːl] (황해)연안
⓫ 괴알[kö-al] (전북)운봉·전주·임실
⓬ 괴왈[kö-wal] (전북)진안
⓭ 케알[kwe-al] (경기)경성
⓮ 귀알[kwi-al] (전남)장성·곡성, (전북)장수·무주·금산, (경남)창녕, (평남)평양, (평북)강계
⓯ 귀열[kwi-yəl] (경기)장단·연천, (황해)금천·해주·옹진·태탄·장연·은율·안악·재령·서흥·신계·곡산, (함남)신고산·안변·고원
⓰ 풀귀알[pʰul#kwi-al] (충남)공주
⓱ 풀기알[pʰul#ki-al] (경남)마산, (경북)대구, (충북)보은·영동·단양
⓲ 풀기아리[pʰul#ki-a-ri] (경북)예천·안동
⓳ 푸모시[pʰu#mo-si] (경북)평해
⓴ 풀삐[pʰul-pʼi] (전남)여수·순천·보성·강진·영암·목포·나주·광주·장성·담양·구례, (전북)남원·순창·정읍·김제·전주, (경남)울산·양산·동래·부산·김해·마산·거제·진주·남해·하동·함양·거창·합천·창녕·밀양, (경북)포항·영덕·대구·고령·김천·청송·울

진, (충남)강경・서천・홍성・천안, (강원)양양・강릉・삼척, (함남)정평・오로・신흥・단천, (함북)성진

㉑ 풀싸자[pʰul#s'a-ja] 【[s'a-ča]는 「刷子」[sa-čə] 「譯語」 전용)】 (황해)신계
㉒ 풀싸지[pʰul#s'a-ji] (경기)개성, (황해)수안・곡산, (함남)신고산・안변・덕원・문천・고원・영흥・갑산, (평북)박천・영변・희천・구성・강계・자성・후창
㉓ 풀솔[pʰul-sol] (경남)예천・안동・영주・청송, (충북)청주・보은・충주, (경기)연천
㉔ 풀살[pʰul-sal] ([sal]은 [sol]의 전용)(황해)해주
㉕ 비얄[pi-yal] (제주)제주・성상・서귀・대정

14434 그네鞦韆 : ぶらんこ

❶ 추천[čʰu-čʰən] 혹은 취천[čʰwi-čʰən] 대다수 지방
❷ 춘천[čʰun-čʰən] (강원)삼척, (경북)울진・평해
❸ 거늘[kə-nil] (평북)선천・용암・의주
❹ 건네[kən-ne] (전북)김제, (황해)태탄・장연・은율・안악・재령・황주・서흥・수안, (평남)중화・평양
❺ 구네[ku-ne] (충북)영동・진천, (경기)연천, (강원)간성・양양・평창・횡성・홍천・춘천・인제, (황해)신계・곡산, (함남)신고산・안변・덕원・문천
❻ 구누[ku-nu] (충북)단양, (강원)원주
❼ 구눌[ku-nul] (강원)평창, (함남)고원・영흥・정평・갑산・혜산, (평남)순천・숙천・안주, (평북)박천・영변・의천・구성・정주・강계・자성・후창
❽ 구늘[ku-nil] (충북)진천
❾ 구늬[ku-niy] (전남)영광
❿ 구리[ku-ri] (함북)경원
⓫ 군네[kun-ne] (함남)북청・풍산
⓬ 군대[kun-dɛ] (전남)여수, (경남)양산・동래・부산・김해・마산・통영・진

주·남해·함양·거창, (경북)경주·대구·고령

⑬ **군두**[kun-du] (전남)지도·목포, (충북)단양

⑭ **군듸**[kun-diy] (전남)함평, (전북)운봉·남원·정읍·임실·장수·진안·무주, (경남)마산·하동·합천·창녕·밀양, (경북)영천·포항·흥해·영덕·대구·김천·의성·상주·함창·문경·예천·안동·영주·청송, (충북)보은

⑮ **군지**[kun-ji] (전남)돌산·광양·순천·벌교·고흥·보성·강진·해남·영암·목포·나주·광주·장성·담양·옥과·곡성·구례, (전북)순창

⑯ **굴기**[kul-gi] (함북)성진·길주·명천·경성·나남·경흥

⑰ **굴레**[kul-le] (함남)이원·단천, (함북)청진·부거

⑱ **굴리**[kul-li] (경남)마산, (함북)나남·부령·무태동·무산

⑲ **굴매**[kul-mɛ] (제주)제주·성산·서귀·대정

⑳ **궁구**[kuŋ-gu] (경북)평해

㉑ **권듸**[kwən-diy] (전북)금산

㉒ **그네**[ki-ne] (충남)서천·천안, (경기)경성, (강원)양양·주문진·강릉·원주, (황해)금천·연안·해주, (함북)종성

㉓ **그누**[ki-nu] (충북)괴산·충주

㉔ **그늘**[ki-nil] (충북)충주·제천, (강원)주문진·삼척·영월, (함북)회령

㉕ **그늬**[ki-niy] (충남)청양·갈산·남포·보령·광천·해미·서산·오천·예산

㉖ **그니**[ki-ni] (충남)홍성

㉗ **군너**[kun-nə] (충북)청주

㉘ **근네**[kin-ne] (충남)조치원, (경기)개성·장단, (강원)통천·장전·고성·간성·양양·횡성, (황해)해주·옹진

㉙ **근듸**[kin-diy] (전북)남원·군산·전주·임실, (충남)공주·강경·부여·서천

㉚ **술래**[sul-lɛ] (경남)울산

㉛ 질매[čil-mɛ] (전북)전주・임실
㉜ 훌기[hul-gi] (함남)홍원・북청・풍산
㉝ 훔지[hum-ji] (전남)장성
㉞ 훈지[hun-ji] (전남)장성
㉟ 싀천[siy-cʰən] (함남)함흥・오로・신흥

14435 솥釜

❶ 가마솥[ka-ma#sot] * ❷ 이외 대다수 지방
❷ 가매솥[ka-mɛ#sot] (제주)제주・성산・서귀・대정, (전남)여수・보성・강진・영암・목포・나주・장성・담양, (전북)남원・순창・정읍・김제・전주, (경남)울산・양산・동래・부산・김해・마산・거제・통영・진주・남해・하동・함양・거창・합천・창녕・밀양, (경북)영천・경주・흥해・영덕・대구・고령・성주・지례・김천・의성・상주・함창・문경・예천・안동・영주・청송・울진・평해, (충남)강경, (충북)제천, (경기)개성, (강원)통천・장전・고성・간성・양양・주문진・삼척・영월・평창・횡성・홍천・인제, (황해)수안・곡산, (함남)신고산・안변・덕원・문천・고원・영흥・정평・함흥・오로・신흥・홍원・북청・이원・단천・풍산・갑산・혜산, (함북)성진・길주・명천・경성・나남・청진・부거・부령・무산・회령・종성・경원・경흥・웅기, (평남)평양, (평북)박천・영변・희천・구성・강계・자성・후창
❸ 정자[čəŋ-ja] (❸에서 ❹는 산삼채취업자의 은어)(평북)후창
❹ 정재[čəŋ-jɛ] (함남)풍산, (함북)명천, (평북)자성

14436 거울鏡

❶ 거울[kə-ul] (제주)성산・서귀, (전남)강진・영암・목포・장성, (전북)정읍・김제・무주・금산, (경남)마산・거제・통영, (경북)포항・울진, (충남)강경・서천・홍성・천안, (경기)경성, (강원)양양・강릉・삼척

❷ 게울[ke-ul] (전남)보성, (함남)북청
❸ 겡울[keŋ-ul] (함남)정평
❹ 겨울[kyə-ul] (전남)순천
❺ 경울[kyəŋ-ul] (함남)정평·함흥·신흥
❻ 기울[ki-ul] (전남)여수
❼ 멘경[men-kyəŋ] (제주)성산·서귀, (경남)진주·함양
❽ 멘겡[men-keŋ] (경남)거창
❾ 멘겅[men-gəŋ] (경남)거제·통영·남해
❿ 맹경[meŋ-gyəŋ] (경남)마산
⓫ 맨겅[mɛn-gəŋ] (경남)부산·김해
⓬ 민경[min-gyəŋ] (경남)양산·합천·창녕·밀양, (경북)영천·포항·영덕·대구·고령·예천·안동·영주·청송·울진·평해, (충남)강경·서천, (강원)삼척
⓭ 민겅[min-gəŋ] (경남)양산·밀양
⓮ 섹경[sek-kyəŋ] (제주)제주·성산·서귀·대정, (전남)광주·곡성, (전북)순창·정읍·김제·임실·장수·진안·무주·금산, (경남)양산, (충남)공주·강경·서천·홍성·천안, (충북)청주·보은·영동·충주·단양, (경기)개성·장단·연천, (강원)양양·강릉·삼척, (황해)금천·연안·해주·옹진·태탄·장연·은율·안악·재령·서흥·신계·수안·곡산, (함남)신고산·안변·덕원·문천·고원·영흥·북청
⓯ 섹겡[sek-keŋ] (전남)순천·보성·강진·영암·목포·나주, (전북)남원·전주, (경남)하동·거창, (강원)평강
⓰ 섹겅[sek-kəŋ] (전북)운봉
⓱ 섹강[sek-kaŋ] (경남)울산
⓲ 색공[sɛk-koŋ] (경남)동래·진주·함양, (경북)영천
⓳ 색강[sɛk-kaŋ] (경남)남해
⓴ 식경[sik-kyəŋ] (전남)장성·담양, (경북)의성·예천

㉑ 식겅[sik-kəŋ] (전북)순창

14437 궤櫃 : ひつ
❶ 궤[kwe] 대다수 지방
❷ 꽤[kwɛ] (경남)울산
❸ 귀[kwi] (경남)창녕, (경북)영천·포항·영덕·고령·의성·안동
❹ 게[ke] (경남)거제·통영·진주·남해·거창
❺ 개[kɛ] (경남)양산·동래·부산·김해·마산
❻ 기[ki] (경남)합천·창녕·밀양, (경북)대구·김천·예천

14438 말입마개馬銜 : くつはみ
❶ 가달석[ka-dal-sək] 【「耽羅志」鐵銜謂之加達】 (제주)제주·성산·서귀·대정
❷ 자갈[ča-gal] (전남)광주, (전북)김제·무주·금산
❸ 맘[ma:m] (전남)순천·강진·영암·목포·나주·광주·장성·담양·곡성, (전북)운봉·남원·순창·정읍·장수, (경남)하동
❹ 망[maŋ] (전북)금산

14439 연필鉛筆
❶ 연필[yən-pʰil] 대다수 지방
❷ 가름다:시[ka-rim-da:-si] 【러시아어 карандаш(까란다쉬:연필)】 (함북)나남
❸ 가는다시[ka-nin-da:-si] (함북)길주·무산·부거

14440 뚜껑蓋 : 木製ふた
❶ 뚜겅[t'u-gəŋ] (전남)여수·순천·영암·목포·장성·담양·곡성, (전북)순창·정읍, (경남)하동
❷ 뚜껑[t'u-k'əŋ] (전북)남원·김제·전주
❸ 뚝겅[t'uk-kəŋ] (전남)곡성, (전북)운봉·임실·장수·진안·무주·금산,

(경기)경성・개성・장단・연천, (황해)금천・연안・해주・옹진・태탄・장연・은율・안악・재령・서홍・신계・수안・곡산
④ 뚝게[t'uk-ke] (제주)제주・성산・서귀・대정
⑤ 뚝겡이[t'uk-keŋ-i] (제주)제주・성산・서귀・대정

14441 뚜껑蓋 : ふた
① 뚜에[t'u-e] 【「百聯」蓋 tu-əi,「痘瘡」tu-əi, 蓋】 대다수 지방
② 두배[t'u-bɛ] (함남)북청
③ 두벙[tu-bəŋ] (함남)신고산・안변・덕원
④ 드베[ti-be] (함남)정평
⑤ 드빙이[ti-bwiŋ-i] (함남)문천・고원・영홍

14442 인두熨斗 : ひのし
① 다리미[ta-ri-mi] (전북)금산, (충남)홍성・천안, (충북)청주・보은・영동・충주・단양, (황해)연안, (함남)문천・고원・영홍, (함북)나남
② 대루미[tɛ-ru-mi] (황해)서홍
③ 대리미[tɛ-ri-mi] (전남)장성・담양, (전북)순창・정읍・김제・전주・임실・진안, (충남)공주・강경・서천, (경기)경성・연천, (강원)양양, (황해)금천・해주・옹진・태탄・장연・은율・안악・재령・신계・수안・곡산, (함남)신고산・안변・덕원
④ 다래비[ta-rɛ-bi] 【「救急」尉斗 多里甫里】 (경남)양산・밀양, (경북)영천・예천・영주
⑤ 다리비[ta-ri-bi] (전북)무주, (경남)동래・진주・함양・거창・합천・창녕, (경북)대구・고령・김천・안동・청송
⑥ 달비[tal-bi] (경북)영천・포항
⑦ 대래비[tɛ-rɛ-bi] (경북)영덕, (강원)강릉・삼척
⑧ 데루비[te-ru-bi] (전남)곡성

⑨ **대리비**[tɛ-ri-bi] (전남)여수 · 순천 · 구례, (전북)운봉 · 남원 · 장수, (경남)부산 · 김해 · 마산 · 거제 · 통영 · 남해 · 하동, (경북)의성 · 울진 · 평해
⑩ **다레이**[ta-re-i] (함북)경성
⑪ **다로리**[ta-ro-ri] 【「訓蒙」熨 ta-ri-u-ri, 「譯語」熨斗 ta-ri-o-ri】 (함북)명천, (함남)북청
⑫ **다루왜**[ta-ru-wɛ] (제주)제주
⑬ **다리울**[ta-ri-ul] (함남)영흥 · 정평
⑭ **다리웨**[ta-ri-we] (제주)성산 · 서귀 · 대정
⑮ **대련**[tɛ-ryən] (함북)부거 · 부령
⑯ **대려니**[tɛ-ryə-ni] (함북)회령
⑰ **대루**[tɛ-ru] (전남)보성 · 강진 · 영암 · 목포 · 나주 · 광주, (황해)해주 · 옹진
⑱ **대루리**[tɛ-ru-ri] (경기)개성, (황해)연안
⑲ **대리워니**[tɛ-ri-wə-ni] (함북)연태동

14443 따벵이寨籤 (물건을 머리에 일 때, 충격을 줄이기 위해 머리 위에 얹는 동그란 것)

❶ **따바리**[t'a-ba-ri] (전북)무주, (경남)거제 · 통영 · 진주 · 남해 · 하동 · 함양, (강원)삼척, (함남)신고산 · 안변 · 덕원 · 고원 · 문천 · 영흥 · 정평, (함북)명천 · 경성 · 나남 · 부거 · 부령 · 연태동 · 회령
❷ **따반지**[t'a-ban-ji] (경남)하동
❸ **따방구**[t'a-baŋ-gu] (경남)마산 · 거제 · 통영 · 진주 · 남해
❹ **따배**[t'a-bɛ] (경북)평해
❺ **따배이**[t'a-bɛ-i] (경남)거창
❻ **따뱅이**[t'a-bɛŋ-i] (경남)울산 · 양산 · 동래 · 부산 · 김해 · 마산 · 합천 · 창녕 · 밀양, (경북)영천 · 포항 · 영덕 · 대구 · 고령 · 김천 · 의성 · 예천 · 안동 · 영주 · 청송 · 울진, (충북)보은 · 영동
❼ **따빙이**[t'a-biŋ-i] (강원)삼척

❽ **또가리**[t'o-ga-ri] (전남)순천 · 보성 · 강진 · 영암 · 목포 · 나주 · 광주 · 장성 · 담양 · 곡성, (전북)남원 · 정읍 · 김제 · 전주 · 임실
❾ **또개미**[t'o-gɛ-mi] (전남)담양, (전북)순창 · 김제 · 임실 · 진안
❿ **또바리**[t'o-ba-ri] (전남)여수 · 구례, (전북)운봉 · 순창 · 장수 · 금산, (충북)청주, (강원)양양 · 강릉
⑪ **또뱅이**[t'o-bɛŋ-i] (충북)단양
⑫ **또아리**[t'o-a-ri] (황해)은율 · 안악 · 서흥 · 수안 · 신계 · 곡산
⑬ **똬리**[t'wa-ri] (경기)경성
⑭ **똥아리**[t'oŋ-a-ri] (충남)공주 · 강경 · 서천 · 홍성 · 천안, (충북)충주
⑮ **뚜아리**[t'u-a-ri] (충북)충주, (경기)개성 · 장단 · 연천, (황해)금천 · 연안 · 옹진 · 태탄 · 장연 · 재령
⑯ **뙈기**[t'we-gi] (황해)연안 · 해주

14444 도마俎

❶ **도마**[to-ma] (전남)광주, (충남)공주 · 서천 · 홍성 · 천안, (경기)경성 · 연천
❷ **도매**[to-mɛ] (전남)여수 · 순천 · 보성 · 강진 · 영암 · 목포 · 나주 · 장성 · 담양 · 곡성 · 구례, (전북)운봉 · 남원 · 순창 · 정읍 · 김제 · 전주 · 임실 · 장수 · 진안 · 무주 · 금산, (경남)울산 · 양산 · 동래 · 부산 · 김해 · 거제 · 통영 · 진주 · 남해 · 하동 · 함양 · 거창 · 합천 · 창녕 · 밀양, (경북)영천 · 포항 · 영덕 · 대구 · 고령 · 김천 · 의성 · 예천 · 안동 · 영주 · 청송 · 울진 · 평해, (충남)강경, (충북)청주 · 보은 · 영동 · 충주 · 단양, (강원)삼척, (함남)정평 · 함흥 · 오로 · 신흥 · 홍원 · 북청 · 이원 · 풍산 · 갑산 · 혜산
❸ **도막**[to-mak] (경기)개성 · 장단
❹ **도매기**[to-mɛ-gi] (황해)신계 · 곡산, (함남)문천 · 고산 · 덕원 · 영흥, (평북)박천 · 영변 · 희천 · 구성 · 강계 · 자성
❺ **돔배**[tom-bɛ] (제주)제주 · 성산 · 서귀 · 대정
❻ **돔배기**[tom-bɛ-gi] (함남)신고산 · 안변

❼ 토매기[tʰo-mɛ-gi] (강원)양양・강릉・삼척, (경북)울진・평해, (황해)황주・수안, (평남)평양, (평북)후창
❽ 칼판[kʰal-pʰan] (충남)서천, (황해)금천
❾ 칼토막[kʰal#tʰo-mak] (충남)홍성, (황해)연안・해주・옹진・태탄・장연・은율・안악・재령
❿ 칼토매기[kʰal#tʰo-mɛ-gi] (황해)서흥

14445 도끼斧

❶ 도:구[to:-ku] (충북)제천, (강원)영월・평창・원주・횡성・홍천・인제, (경북)영덕・예천・안동・영주・울진
❷ 도:기[to:-ki] (경남)울산, (경북)영천・흥해・영덕・의성・안동・청송, (충북)제천, (강원)영월・평창・원주・횡성・홍천・인제・춘천
❸ 도:키[to:-kʰi] (충북)청주・보은・영동
❹ 도:지[to:-ǰi] (제주)제주・성산・서귀・대정, (전남)여수・순천・보성・강진・영암・목포・나주・광주・담양・곡성・구례, (전북)운봉・남원・순창・전주・임실・장수・진안・무주, (경남)울산・양산・동래・부산・김해・마산・거제・통영・진주・남해・하동・함양・거창・합천・창녕・밀양, (경북)울진, (충남)공주・강경・부여・홍산・청양・서천・남포・보령・광천・홍성・해미・서산・오천・예산・천안, (강원)평창
❺ 독:[to:k] (충북)충주
❻ 독구[tok-ku] (경남)마산・거제・통영・남해, (경북)상주・함창・문경・울진, (충북)단양, (강원)고성・간성・주문진・강릉・삼척・평창
❼ 독기[tok-ki] (경북)경주, (충남)홍성・천안, (충북)진천・괴산・충주, (강원)통천・장전・양양・주문진
❽ 돋기[tot-ki] (전북)군산, (경남)양산・부산・밀양
❾ 돋치[tot- čʰi] (전남)장성, (전북)군산, (충남)조치원
❿ 돌치[tol-čʰi] (전북)정읍・김제

⑪ 되기[tö-gi] (강원)원주
⑫ 수청이[su-čʰəŋ-i] (⑫에서 ⑰까지 산삼채취업자의 은어)(함남)풍산, (평북)후창
⑬ 쉬청이[swi-čʰəŋ-i] (함북)명천
⑭ 쉬체[swi-čʰe] (함남)혜산
⑮ 주청이[ču-čʰəŋ-i]] (평북)강계·자성
⑯ 미더기[mi-də-gi] (경기)양주
⑰ 잔메[čan-me] (강원)춘천

14446 대야盥 (놋쇠眞鍮·철鐵·양철제ブリキ製 등)

❶ 대[tɛ] (전남)여수·순천·목포, (경남)양산·동래·부산·김해·마산·진주·하동·거창·합천·창녕·밀양, (경북)대구·고령·김천·의성·안동·청송, (경기)개성, (함북)경흥([yaŋ-dɛ]라고 한다), (평북)박천·영변·구성

❷ 때[t'ɛ] (경남)울산·마산·거제·통영·남해·함양, (경북)영천·포항·울진, (강원)양양, (평북)희천·강계·자성

❸ 대야[tɛ-ya] (전남)광주, (경기)경성, (황해)해주·옹진·태탄·장연·은율·안악·재령·황주·서흥·수안

❹ 때야[t'ɛ-ya] (경북)예천·영주, (충북)청주·충주·단양, (강원)강릉·삼척, (평남)평양

❺ 대양[tɛ-yaŋ] (전남)곡성, (전북)운봉·남원·순창·정읍·김제·전주·임실·장수·진안·무주·금산

❻ 대여[tɛ-yə] (경기)장단·연천

❼ 때여[t'ɛ-yə] (충북)보은

❽ 대영[tɛ-yəŋ] (제주)제주·성산·서귀·대정

❾ 대와[tɛ-wa] (전남)담양, (황해)금천

❿ 때와[t'ɛ-wa] (경남)진주, (황해)신계

⑪ 대왕[tɛ-waŋ] (전남)장성

⑫ 대우[tɛ-u] (전남)강진 · 영암 · 나주
⑬ 때우[t'ɛ-u] (황해)연안
⑭ 댕애[tɛŋ-ɛ] (함북)나남 · 부령
⑮ 땡애[t'ɛŋ-ɛ] (함남)홍원 · 북청
⑯ 땡이[t'ɛŋ-i] (평북)후창
⑰ 소래[so-rɛ] (황해)연안 · 장연 · 은율 · 안악 · 재령 · 신계, (함남)신고산 · 안변 · 덕원 · 문천 · 고원 · 영흥 · 정평 · 함흥 · 오로 · 신흥 · 홍원 · 북청 · 이원 · 풍산 · 갑산 · 혜산, (함북)성진 · 길주 · 명천 · 경성 · 나남 · 청진 · 부령 · 무산 · 회령 · 종성 · 경흥
⑱ 소래이[so-rɛ-i] (황해)해주 · 옹진 · 태탄 · 서흥
⑲ 소랭이[so-rɛŋ-i] (황해)황주 · 수안 · 곡산, (평남)평양, (평북)박천 · 영변 · 희천 · 구성 · 강계

14447 세숫대야洗面器

❶ 세수때[se-su#t'ɛ] (경남)마산 · 거제 · 통영 · 진주 · 남해 · 함양, (경북)포항 · 영덕 · 대구 · 김천 · 의성 · 안동 · 청송 · 울진 · 평해, (충남)강경 · 천안, (강원)양양 · 강릉 · 삼척, (함북)성진 · 무산 · 회령
❷ 세수때야[se-su#t'ɛ-ya] (충남)공주 · 홍성, (충북)청주 · 영동 · 충주 · 단양
❸ 세수때여[se-su#t'ɛ-yə] (충북)보은
❹ 세수땡이[se-su#t'ɛŋ-i] (충남)천안, (함북)길주 · 경성 · 청진 · 종성
❺ 세수땡애[se-su#t'ɛŋ-ɛ] (함남)단천
❻ 세시때[se-si#t'ɛ] (경남)울산
❼ 세수때[se-su#t'ɛ] (경북)영천
❽ 시수때[si-su#t'ɛ] (충남)서천

14448 돗자리莫蓆

❶ 돗자리[tot#ča-ri] 대다수 지방

❷ 독기[tok-ki] (목적격을 [tok-ki]라고 함)(함북)성진 · 길주 · 경성 · 나남 · 부령 · 무산 · 회령 · 종성

14449 큰가마大釜

❶ 둥긔[tuŋ-giy] (함북)길주 · 경성 · 나남 · 청진 · 부령 · 무산 · 회령 · 종성 · 경원 · 경흥
❷ 둥구[tuŋ-gu] (평북)강계
❸ 둥기[tuŋ-gi] (함남)홍원 · 북청 · 단천
❹ 두무[tu-mu] (함남)홍원 · 북청
❺ 등에[tiŋ-e] (황해)황주

14450 담뱃대煙管 : きせる

❶ 연대[yən-dɛ] (❶에서 ❹까지 모두 산삼채취업자의 은어)(함남)갑산, (함북)명천, (평북)강계
❷ 깍쟁이[k'ak-čɛŋ-i] (함남)풍산
❸ 꼽장이[k'op-čaŋ-i] (경기)양주
❹ 꼽장쇠[k'op-čaŋ-sö] (강원)춘천

14451 재봉틀裁縫機 : ミシン

❶ 재봉침[čɛ-boŋ-čʰim] (제주)제주, (경기)경성 · 장단
❷ 재방침[čɛ-baŋ-čʰim] (함남)문천 · 영흥
❸ 재방틀[čɛ-baŋ-tʰil] (경기)개성
❹ 자봉침[ča-boŋ-čʰim] (제주)성산 · 서귀 · 대정, (전남)광주, (전북)임실, (황해)해주 · 옹진 · 태탄 · 장연 · 황주 · 서흥 · 수안, (평남)평양, (평북)박천 · 영변 · 희천 · 구성 · 강계 · 자성 · 후창
❺ 자방침[ča-baŋ-čʰim] (전남)여수 · 순천 · 장성 · 곡성 · 구례, (전북)운봉 · 정읍 · 김제 · 장수 · 진안 · 무주 · 금산, (경기)연천, (황해)금천 · 연안 · 은

율 · 안악 · 재령 · 신계 · 곡산, (함남)신고산 · 안변 · 덕원 · 고원

❻ 틀[tʰil] (전북)금산

❼ 마선[ma-sən] 【러시아어 машина(마쉬나:재봉틀)】 (함남)정평 · 함흥 · 오로 · 신흥 · 홍원 · 북청 · 이원 · 단천 · 풍산 · 갑산 · 혜산, (함북)성진 · 길주 · 명천 · 경성 · 나남 · 청진 · 부거 · 부령 · 무산 · 회령 · 종성 · 경원 · 경흥 · 웅기, (평북)후창

14452 바께쓰 물통 バケツ

❶ 메드레[me-di-re] 【러시아어 ведро(베드로:양동이)】 (함남)이원 · 단천 · 갑산 · 혜산(혜산에서는 물을 담는 초벌구이 질그릇 단지를 말함), (함북)성진 · 길주 · 명천 · 경성 · 나남 · 청진 · 부거 · 부령 · 무산 · 회령 · 종성 · 경원 · 경흥(함경남북도 이외에서는 이 단어가 없음.)

14453 나무로 만든 베개 木枕

❶ 목침[mok-čʰim] (제주)제주 · 성산 · 서귀 · 대정, (전남)여수 · 순천 · 강진 · 영암 · 목포 · 광주 · 곡성 · 구례, (전북)운봉 · 남원 · 순창 · 전주 · 임실 · 장수 · 진안 · 무주 · 금산, (경남)함양, (경북)울진, (충남)공주 · 강경 · 서천, (경기)경성 · 개성 · 장단 · 연천, (강원)양양 · 강릉, (황해)금천 · 연안 · 해주 · 옹진 · 태탄 · 장연 · 은율 · 안악 · 재령 · 황주 · 서흥 · 신계 · 수안 · 곡산, (함남)신고산 · 안변 · 덕원 · 문천 · 고원 · 영흥 · 정평 · 함흥 · 오로 · 신흥 · 홍원 · 북청 · 이원 · 풍산 · 갑산 · 혜산, (함북)성진 · 길주 · 명천 · 경성 · 청진 · 부령 · 무산 · 회령 · 종성 · 경원 · 경흥, (평남)평양, (평북)박천 · 영변 · 희천 · 구성 · 강계 · 자성 · 후창

❷ 목치미[mok-čʰi-mi] (경남)거제 · 통영 · 남해(남해에서는 특히 장신구를 붙인 것을 말함.)

❸ 목더기[mok-tə-gi] (함남)홍원 · 북청 · 단천, (함북)성진 · 길주 · 경성 · 청진 · 회령 · 종성 · 경원 · 경흥, (평북)자성 · 후창

❹ 목데기[mok-te-gi] (함남)영흥 · 정평 · 함흥 · 오로 · 신흥 · 홍원 · 이원 · 풍

산・갑산・혜산, (함북)나남
⑤ 목대기[mok-tɛ-gi] (함북)명천
⑥ 목도기[mok-to-gi] (함북)무산
⑦ 목두기[mok-tu-gi] (함남)고원, (평북)강계
⑧ 몽침[moŋ-čʰim] (전남)장성・담양, (전북)정읍・김제, (경북)대구・의성, (강원)삼척, (평북)박천・구성
⑨ 몽치미[moŋ-čʰi-mi] (경남)울산・마산・진주, (경북)영천・목포・영덕・평해
⑩ 토막[tʰo-mak] (전북)남원・순창, (경남)함양, (충남)공주・강경・서천・홍성・천안, (충북)청주・보은・영동・충주・단양, (경기)경성・장단, (황해)금천・해주・옹진・태탄・장연・은율・안악・재령・서흥
⑪ 토매기[tʰo-mɛ-gi] (경기)연천
⑫ 돔박[tom-bak] (경남)남해
⑬ 터막[tʰə-mak] (전남)곡성・구례, (전북)운봉・임실・장수(진안・무주・금산에는 단어가 없음. [mok-chim]만 있음.)
⑭ 터마기[tʰə-ma-gi] (황해)신계
⑮ 태치미[tʰɛ-čʰi-mi] (경남)울산・진주, (경북)영천
⑯ 퇴침[tʰö-čʰim] (전북)정읍
⑰ 테치미[tʰe-čʰi-mi] (경남)거제・통영
⑱ 퉤침[tʰwe-čʰim] (제주)대정

14454 (담뱃대의) 물부리吸口 : 煙管

❶ 물뿌리[mul#pʼu-ri] (경기)경성・연천, (함남)덕원
❷ 물둗개[mul#tut-kɛ] (함남)북청・단천, (함북)성진・길주・경성・청진・종성・경원
❸ 물쪼리[mul#čʼo-ri] (함남)문천・고원・영흥・정평
❹ 물쭈리[mul#čʼu-ri] (경기)개성・장단, (황해)금천・연안・해주・서흥・신계・수안・곡산, (함남)신고산・안변・덕원

⑤ 물초리[mul#čʰo-ri] (함남)북청, (평북)박천 · 영변
⑥ 물치[mul-čʰi] (함북)경흥
⑦ 물찌[mul-č'i] (함남)함흥 · 오로 · 신흥 · 홍원 · 북청 · 이원 · 풍산 · 갑산 · 혜산, (함북)나남 · 부령 · 무산 · 회령 · 종성 · 경원
⑧ 빨쭈리[p'al#č'u-ri] (황해)옹진 · 태탄 · 장연 · 은율 · 안악 · 재령 · 황주, (평남)평양
⑨ 빨뜽이[p'al#t'iŋ-i] (평북)박천 · 영변 · 희천 · 구성 · 강계 · 자성 · 후창

14455 물레紡車

① 물래[mul-lɛ] (제주)제주 · 서귀 · 대정, (전남)여수 · 순천 · 보성 · 강진 · 영암 · 목포 · 광주 · 곡성 · 구례, (전북)운봉 · 임실 · 장수 · 진안 · 무주 · 금산, (경남)양산 · 동래 · 부산 · 마산 · 통영 · 진주 · 남해 · 하동 · 함양 · 거창 · 합천 · 밀양, (경북)영덕 · 대구 · 김천 · 의성 · 예천 · 안동 · 영주 · 청송 · 울진 · 평해, (충남)공주 · 강경 · 서천 · 홍성 · 천안, (충북)청주 · 보은 · 영동 · 충주 · 단양, (강원)양양 · 강릉 · 삼척
② 물레[mul-le] (전남)나주 · 장성 · 담양, (전북)남원 · 순창 · 정읍 · 김제 · 전주, (경남)거제
③ 물리[mul-li] (경남)김해 · 창녕, (경북)고령
④ 물랭이[mul-lɛŋ-i] (경남)울산, (경북)영천 · 포항
⑤ 무루래[mu-ru-rɛ] (제주)제주 · 성산
⑥ 무루왜[mu-ru-wɛ] (제주)제주

14456 맥주병ビール瓶

① 무두개[mu-du:-kɛ] 【러시아어 бутылка(부뜨일까:병)】 (함북)경성 · 나남 · 청진 · 부령 · 무산 · 회령 · 종성 · 경원 · 경흥
② 무둗개[mu-dut-kɛ] (함남)단천(홍원 · 북청에는 없음), (함북)성진 · 길주
③ 무듣개[mu-dit-kɛ] (함남)이원(담뱃대煙管의 물부리吸口라고도 함.)

14457 면도剃刀

① 면도[myən-do] (경북)울진, (강원)평창·원주·횡성·홍천·인제, (함북)정평
② 멘도[men-do] (강원)통천·장전·고성·간성·양양·주문진·강릉·영월, (경북)평해, (함북)함흥·신흥
③ 민도[min-do] (충북)제천, (강원)간성·영월·평창·원주·춘천

14458 막대기杖

① 막대기[mak-tɛ-gi] 대다수 지방
② 막댕이[mak-tɛŋ-i] (제주)제주·성산·서귀·대정
③ 마:다[ma:-da] (❸에서 ❼까지 산삼채취자의 은어)(함남)갑산
④ 마:대[ma:-dɛ] (경기)양주, (강원)춘천
⑤ 마대실[ma-dɛ-sil] (함남)풍산
⑥ 마대시리[ma-dɛ#si-ri] (함북)혜산, (평북)자성·후창
⑦ 마대서리[ma-dɛ#sə-ri] (평북)강계

14459 지팡이杖

① 지팽이[či-pʰɛŋ-i] 대다수 지방
② 디팽이[ti-pʰɛŋ-i] (함남)회령([či-pʰɛŋ-i]도 있음), (평남)중화·평양·순천·숙천·안주, (평북)박천·영변·희천·구성·정주·선천·용암·의주·자성·후창

14460 그물網 (해녀들의 허리에 차는 물건)

① 망사리[maŋ-sa-ri] (제주)제주·성산

14461 바둑碁

① 바독[pa-dok] (제주)제주·성산·서귀·대정, (전남)돌산·여수·광양·

순천·벌교·고흥·보성·장흥·강진·해남·영암·목포·함평·나주·광주·장성·담양·옥과·곡성·구례, (전북)남원·순창·정읍·김제·군산·전주·임실·무주·금산, (경남)동래·마산·진주·하동·함양·거창·합천·창녕, (경북)김천, (충남)공주·강경·부여·청양·서천·남포·보령·광천·홍성·천안·조치원, (충북)청주·보은·영동

❷ **배독**[pɛ-dok] (전남)곡성·구례, (전북)운봉·남원·임실·장수·진안·무주·금산

❸ **바닥**[pa-dak] (경남)울산·부산·김해·합천·밀양, (경북)영천·포항·영덕·대구·고령·의성·예천·안동·영주·청송·울진·평해

❹ **빠닥**[pʼa-dak] (경남)양산

❺ **바둑**[pa-duk] (충남)홍산·해미·서산·오천·예산, (충북)충주·단양, (강원)양양·강릉·삼척

❻ **바돌**[pa-dol] (전남)돌산·광양·순천·고흥·영암, (경남)거제·통영·남해·하동

14462 팽이獨樂 : こま

❶ **팽이**[pʰɛŋ-i] (전남)여수·순천·보성, (경남)거제·통영·남해, (경북)안동·청송, (충북)단양, (경기)경성·개성·장단·연천, (강원)양양·강릉·춘천, (황해)신계·수안·곡산, (함남)신고산·안변·덕원, (함북)청진

❷ **패이**[pʰɛ-i] (황해)금천·연안·해주·옹진·태탄·장연·은율·안악·재령·서흥

❸ **팽구라미**[pʰɛŋ-gu-ra-mi] (충북)단양

❹ **팽댕이**[pʰɛŋ-dɛŋ-i] (경남)울산·양산, (경북)영천·포항·의성·예천·영주

❺ **팽듸**[pʰɛŋ-diy] (함북)경흥

❻ **핑듸**[pʰiŋ-diy] (경북)김천

❼ **핑딩이**[pʰiŋ-diyŋ-i] (경남)합천·창녕·밀양, (경북)대구·고령, (충북)영동

⑧ 핑빙이[pʰiŋ-biŋ-i] (경남)진주・하동
⑨ 바리[pa-i] (함북)종성
⑩ 방애[paŋ-ɛ] (함남)이원
⑪ 방애[paŋ-yɛ] (함남)단천
⑫ 방이[paŋ-i] (함북)종성
⑬ 배리[pɛ-ri] (함북)부거
⑭ 빼리[p'ɛ-ri] (함북)청진・연태동
⑮ 배알[pɛ-al] (함북)부령
⑯ 배아리[pɛ-a-ri] (함북)회령
⑰ 뺑공이[p'ɛŋ-goŋ-i] (경북)울진
⑱ 뱅도리[pɛŋ-do-ri] (전남)여수・순천・광주, (경남)하동
⑲ 뺑도리[p'ɛŋ-do-ri] (전남)보성・영암・목포・나주・담양(강진에서는 풍차風車를 의미함.)
⑳ 뺑생이[p'ɛŋ-sɛŋ-i] (경남)부산
㉑ 뺑소이[p'ɛŋ-so-i] (경남)거창
㉒ 뺑송이[p'ɛŋ-soŋ-i] (경남)동래
㉓ 뱅애[pɛŋ-ɛ] (함북)명천
㉔ 뱅애[pɛŋ-yɛ] (함북)길주・경성・무산
㉕ 뺑애[p'ɛŋ-yɛ] (함북)나남
㉖ 뺑오리[p'ɛŋ-o-ri] (전남)담양・곡성・구례, (전북)운봉・남원・순창
㉗ 뺑이[p'ɛŋ-i] (전남)강진・장성, (전북)정읍・김제・전주・임실・장수・진안・무주・금산, (경남)동래・김해・함양, (경북)영덕・울진・평해, (충남)공주・강경・서천・홍성・천안, (충북)청주・보은・충주, (강원)삼척
㉘ 보애[po-ɛ] (함남)풍산・갑산・혜산, (함북)성진
㉙ 봉[poŋ] (함남)홍원
㉚ 봉애[poŋ-ɛ] (함남)함흥・오로・신흥・북청
㉛ 봉앤[poŋ-ɛn] (함남)북청
㉜ 빙딍이[piŋ-diyŋ-i] (경남)김해

㉝ **도래기**[to-rɛ-gi] (제주)제주・서귀
㉞ **골**[kol] (함남)고원
㉟ **골뱅**[kol-bɛŋ] (함남)영흥
㊱ **골뱅이**[kol-bɛŋ-i] (함남)정평
㊲ **골팽**[kol-pʰɛŋ] (함남)문천
㊳ **골팽이**[kol-pʰɛŋ-i] (함남)고원
㊴ **공개**[koŋ-gɛ] (경남)마산
㊵ **서리**[sə-ri] (황해)황주・수안, (평북)강계
㊶ **세루**[se-ru] (평북)용암
㊷ **세리**[se-ri] (함북)길주, (평남)중화・평양・순천, (평북)박천・영변・희천・구성・선천・의주・강계・자성・후창

■ 14463 벼루硯

❶ **벼루**[pyə-ru] (전남)광주・장성, (경남)부산, (충남)해미・오천, (충북)괴산, (경기)경성・개성・장단・연천, (강원)철원, (황해)금천・연안・해주・옹진・태탄・장연・은율・안악・재령・황주・서흥・신계・수안, (함남)고산・안변・원산・문천・고원, (함북)청진・회령・종성
❷ **베래**[pe-rɛ] (전남)순천
❸ **베로**[pe-ro] (경북)영주・안동・청송
❹ **베루**[pe-ru] (전남)벌교・보성・장흥・강진・영암・목포・함평・영광・광주・옥과・곡성・구례, (전북)운봉・남원・정읍・김제・군산・전주・임실・장수・진안・무주・금산, (경남)마산・진주・함양・거창, (경북)영덕, (충남)부여・홍산・청양・서천・남포・보령・광천・홍성・서산・갈산・예산・천안・조치원, (충북)청주・보은・영동・진천・괴산・충주・단양, (경기)연천, (강원)통천・장전・고성・간성・양양・주문진・강릉・영월・평창・원주・횡성・홍천・춘천・인제・평강, (황해)곡산, (함남)신고산・안변・덕원・문천, (함북)나남・부령, (평남)평양, (평북)박천・

영변 · 희천 · 구성 · 강계 · 자성 · 후창

❺ 베루둑[pe-ru-tuk] (충남)공주 · 강경

❻ 베리[pe-ri] (제주)제주 · 성산 · 서귀 · 대정, (전남)광양 · 고흥 · 구례, (경남)거제 · 통영 · 진주 · 남해 · 하동 · 거창, (경북)울진 · 평해, (충북)제천, (강원)주문진 · 삼척, (함남)원산 · 문천 · 고원 · 영흥 · 함흥 · 오로 · 신흥 · 홍원 · 북청 · 이원 · 단천 · 풍산 · 갑산 · 혜산

❼ 베리똘[pe-ri-t'ol] (함남)성진 · 길주 · 명천 · 경성 · 나남 · 부거 · 부령 · 무산 · 경흥

❽ 배로[pɛ-ro] (경남)울산, (경북)영주

❾ 배루[pɛ-ru] (전남)순천 · 완도 · 지도 · 해남 · 목포, (경남)양산 · 동래 · 부산 · 김해 · 마산 · 밀양, (경북)영천 · 포항

❿ 배리[pɛ-ri] (경북)경주 · 포항 · 홍해 · 영덕 · 대구 · 예천

⓫ 비로[pi-ro] (경북)고령 · 성주 · 김천 · 예천

⓬ 비루[pi-ru] (전남)나주 · 담양, (전북)순창, (경남)합천 · 밀양, (경북)대구 · 김천 · 의성 · 상주 · 함창 · 문경 · 안동

⓭ 비리[pi-ri] (전남)돌산 · 여수, (경남)합천 · 창녕, (경북)의성 · 울진

14464 베개枕

❶ 벼개[pyə-gɛ] (강원)철원

❷ 벼게[pyə-ge] (전남)순천 · 광주

❸ 베개[pe-gɛ] (제주)제주 · 성산 · 서귀 · 대정, (전남)광양 · 고흥 · 옥과 · 곡성 · 구례, (전북)운봉 · 남원 · 군산 · 임실, (경남)마산 · 거제 · 통영 · 진주 · 남해 · 하동 · 거창, (충남)부여, (충북)제천, (경기)연천, (강원)통천 · 장전 · 고성 · 간성 · 주문진 · 영월 · 평창 · 원주 · 횡성 · 홍천 · 춘천 · 인제 · 평강, (함남)고산 · 안변 · 원산 · 문천 · 고원 · 영흥 · 정평 · 함흥 · 신흥

❹ 베게[pe-ge] (전남)순천, (강원)양양 · 강릉

❺ 버개[pə-gɛ] (충남)공주 · 홍산 · 서천 · 남포 · 보령 · 광천 · 홍성 · 해미 · 서

산·오천·예산·천안·조치원
⑥ **배개**[pɛ-gɛ] (경남)동래·부산·김해
⑦ **배기**[pɛ-gi] (경남)양산
⑧ **비개**[pi-gɛ] (전남)돌산·여수·벌교·고흥·장흥·완도·지도·해남·함평·영광·곡성·구례, (전북)남원·정읍·김제·전주·임실·장수·진안·무주·금산, (경남)울산·양산·함양·합천·창녕·밀양, (경북)영천·포항·영덕·대구·고령·김천·의성·예천·안동·영주·청송·평해, (충남)공주·강경, (충북)청주·보은·영동·충주·단양, (강원)홍천
⑨ **비게**[pi-ge] (전남)보성·강진·영암·목포·함평·나주·장성·담양, (전북)순창·정읍·김제·전주, (강원)삼척, (경북)울진

14465 설매橇 : そり

① **발구**[pal-gu] 【「北塞記略」孔州(慶興) 風土記條 小車名曰跋高 無輪樣兩木如弓 候有橫軹 以受物 輕疾勝車 尤利雪上. 如風帆行水, 「譯語」把犁 par-oi, 似車而無輪】 (경기)연천, (강원)평창·홍천·인제, (황해)곡산, (함남)신고산·안변, (평남)순천·숙천·안주, (평북)박천·영변·희천·구성·정주·선천·용암·의주·강계·자성·후창
② **발귀**[pal-gwi] (함남)문천·고원·영흥·정평·오로·신흥·단천, (함북)성진·명천·경성·나남·청진·부거·부령·무산·회령·종성·경원·경흥
③ **발기**[pal-gi] (함남)홍원·북청·이원·풍산·갑산·혜산, (함북)성진·길주
④ **설매**[səl-mɛ] (강원)삼척, (경북)울진, (평남)중화
⑤ **소달구지**[so-dal-gu-ji] (황해)황주, (평남)평양

14466 북梭 : をさ

① **북**[puk] 대다수 지방
② **북구**[puk-ku] (함남)문천·고원·영흥·풍산

③ 북기[puk-ki] (함남)정평·함흥·오로·신흥·홍원·북청·이원·풍산·갑산·혜산, (함북)경성·나남·청진·부령·무산·회령·종성·경흥
④ 붇기[put-ki] (함남)홍원·북청·단천, (함북)성진
⑤ 븍기[pwik-ki] (함북)명천
⑥ 븓기[pwit-ki] (함북)길주
⑦ 빋[pit] (제주)성산
⑧ 부[pu] (평남)평양, (평북)박천·영변·희천·구성, (황해)황주
⑨ 부부[pu-bu] (평북)강계·자성·후창
⑩ 꼬리집[k'o-ri-č'ip] (제주)제주·서귀

14467 큰북 大鼓

① 북[puk] 대다수 지방
② 북통[puk-tʰoŋ] (함북)부령
③ 붑[pup] (함남)정평·신흥·단천, (함북)성진·길주·명천·경성·나남·청진·부령·무산
④ 부푸[pu-pʰu] (함남)북청, (함북)회령
⑤ 부피[pu-pʰi] (함남)정평·함흥·오로·홍원·북청·이원·풍산·혜산, (함북)부거·경원·경흥
⑥ 붕피[puŋ-pʰi] (함북)종성
⑦ 묵[muk] (함북)부거
⑧ 무기[mu-gi] (함남)북청, (함북)성진·길주·경성·나남·회령·종성·경원·경흥
⑨ 무기통[mu-gi-tʰoŋ] (함북)부령

14468 부저가락 火箸

① 불가래[pul#ka-rɛ] (전남)여수·영암·목포·장성·담양·곡성, (전북)운봉·남원·순창·정읍·김제·임실·장수·진안, (경남)울산·양산·동

래·부산·김해·마산·거제·통영·진주·남해·함양·거창·합천·창녕·밀양, (경북)영천·포항·영덕·대구·고령·김천·의성·예천·안동·영주·청송·울진·평해, (강원)양양·강릉·삼척

❷ **불갈래**[pul#kal-lɛ] (제주)제주·성산·서귀·대정, (전남)순천·강진, (경남)하동

❸ **불적가락**[pul-čək#ka-rak] (전북)금산

❹ **부까래**[pu-k'a-rɛ] (경남)거창

❺ **불적가락**[pul-čək#ka-rak] (전북)무주

❻ **부저가락**[pu-čə#ka-rak] (강원)철원

❼ **부절**[pu-čəl] (강원)통천·장전·고성·간성·양양·주문진·강릉·홍천·인제, (경북)울진·평해, (함남)고산·안변·원산·문천·고원·영흥·정평·함흥·신흥

❽ **부절가락**[pu-čəl#ka-rak] (강원)평강

❾ **부절깔**[pu-čəl#k'al] (충북)제천, (강원)영월·평창·춘천

❿ **부저깔**[pu-čə#k'al] (강원)원주·횡성

⓫ **부지땡이**[pu-ji#t'ɛŋ-i] (제주)제주·성산·서귀·대정

⓬ **당그래**[taŋ-gi-rɛ] (전북)정읍·김제

14469 부삽＋能

❶ **부삽**[pu-sap] (충남)공주·강경·서천·홍성·천안, (충북)영동·보은·충주, (황해)황주, (평남)평양

❷ **불삽**[pul-sap] (충북)청주

❸ **부술**[pu-sul] (제주)제주·성산·서귀·대정

❹ **비댕이**[pi-dɛŋ-i] (충북)단양

14470 바가지水汲み杓 (호리병박을 반으로 쪼갠 것)

❶ **바가지**[pa-ga-ji] (전북)전주·금산, (경북)고령, (충남)홍성·천안, (충북)

진천·괴산·단양, (경기)경성, (강원)양양·강릉

❷ **바가치**[pa-ga-čʰi] (전남)여수·순천·영암·목포·장성·담양·곡성, (전북)운봉·남원·순창·정읍·김제·임실·장수·진안·무주, (경남)울산·양산·동래·부산·김해·마산·거제·통영·진주·남해·하동·함양·거창·합천·창녕·밀양, (경북)영천·포항·영덕·대구·김천·의성·예천·안동·영주·청송·울진·평해, (충남)공주, (충북)청주·보은·영동·충주, (강원)삼척

❸ **박쇠기**[pak-sö-gi] (제주)제주·성산·서귀

❹ **박재기**[pak-čɛ-gi] (경남)양산·합천·창녕·밀양, (경북)고령

❺ **박지기**[pak-či-gi] (경남)거창

❻ **박적**[pak-čək] (전북)전주

❼ **쪽박**[čʼok-pak] (전남)영암·목포·장성·담양, (전북)남원·순창·정읍·김제

❽ **좁박**[čop-pak] (충남)서천

❾ **우거미**[u-gə-mi] (❾에서 ⓬까지 산삼채취자의 은어)(평북)강계

❿ **우게미**[u-ge-mi] (함북)명천

⓫ **우게비**[u-ge-bi] (함남)혜산

⓬ **넌추리**[nən-čʰu-ri] (강원)춘천

14471 병瓶

❶ **병**[pyəŋ] 대다수 지방

❷ **펭**[peŋ] (전남)순천·강진·영암·목포·구례, (전북)운봉, (경남)진주·남해·하동·함양·거창·합천, (경북)김천·지례, (강원)양양·간성

❸ **펭이**[peŋ-i] (경남)마산·거제·통영

❹ **펭개**[peŋ-gɛ] (충북)영동

❺ **뱅**[pɛŋ] (경남)동래·김해, (경북)영주

❻ **뱅이**[pɛŋ-i] (경남)울산·양산·부산

❼ 빙[piŋ] (전남)여수・나주・담양, (경남)합천・창녕・밀양, (경북)영천・경주・포항・영덕・대구・고령・성주・지례・김천・의성・상주・함창・문경・예천・안동・영주・청송・울진, (강원)삼척

❽ 펭[pʰeŋ] (제주)제주・성산・서귀・대정

14472 빗자루箒

❶ 비[pi] 대다수 지방
❷ 비짜락[pi-č'a-rak] (경남)하동, (충남)공주・홍성・천안
❸ 비짜루[pi-č'a-ru] (경북)김천, (충북)청주・보은(보은에서는 빗자루의 자루를 뜻함.)
❹ 비짜리[pi-č'a-ri] (전남)곡성, (전북)운봉・남원・순창・임실・장수・진안・무주・금산, (경남)울산・양산・동래・부산・김해・마산・거제・통영・진주・남해・함양・거창・합천・창녕・밀양, (경북)영천・포항・영덕・대구・고령・의성・청송, (충북)영동
❺ 비찌락[pi-č'i-rak] (전남)여수・순천・보성・강진・영암・목포・나주・장성・담양・곡성, (전북)남원・정읍・김제・전주・임실, (충남)강경・서천
❻ 비차락[pi-čʰa-rak] (제주)제주・성산・서귀・대정

14473 번지大口土盆 (논밭의 흙을 고르는 데 쓰는 농기구)

❶ 버치[pə-čʰi] (함남)홍원・북청・단천
❷ 번치[pən-čʰi] (함북)성진・길주・경성・나남・청진・부령・무산・회령・종성
❸ 버즈기[pə-ǰi-gi] (함북)경흥

14474 바늘針

❶ 바늘[pa-nil] 대다수 지방
❷ 바농[pa-noŋ] (제주)제주・성산・서귀・대정
❸ 살랑자[sal-laŋ-ǰa] (산삼채취자의 은어)(함남)풍산, (평북)후창

14475 성냥燐村 : マッチ

① **성냥**[səŋ-nyaŋ] (전남)여수, (경남)양산·동래·부산·김해·마산·거제·통영·진주·남해·하동·거창·합천·창녕·밀양, (경북)포항·대구·고령·김천·예천·영주, (충남)강경·홍성·천안, (충북)청주·보은·영동·충주·단양, (경기)경성·개성·장단·연천, (강원)양양·강릉, (함남)단천, (함북)성진·길주·명천·경성·나남·청진·부거·부령·무산·회령·종성·경흥·경원·웅기

② **성냐**[səŋ-nya] (황해)금천·연안·해주·옹진·태탄·장연·은율·안악·재령·서흥·신계

③ **성내**[səŋ-nɛ] (황해)곡산

④ **성낭**[səŋ-naŋ] (전남)순천·보성·강진·영암·목포·나주·광주·곡성, (전북)운봉·임실·장수·진안·무주·금산, (경남)거창, (충남)공주·강경·홍성

⑤ **성나**[səŋ-na] (황해)수안

⑥ **선낭**[sən-naŋ] (경남)울산

⑦ **당성냥**[taŋ#səŋ-nyaŋ] (전남)여수, (경남)진주·하동, (충남)공주·강경·홍성·천안, (충북)청주·보은·영동·충주·단양

⑧ **당성낭**[taŋ#səŋ-naŋ] (전남)순천·보성·강진·영암·목포·나주·광주·장성·담양, (전북)남원·순창·정읍·김제·전주, (경남)함양

⑨ **당황**[taŋ-hwaŋ] (경북)영천·영덕·의성·안동·영주·청송·평해, (강원)양양·강릉·삼척

⑩ **당항**[taŋ-haŋ] (경남)울산, (경북)포항·대구·울진

⑪ **당각**[taŋ-gak] (전남)나주

⑫ **당볻**[taŋ-bot] *(경북)안동

⑬ **불갑**[pul-gap] (제주)제주·성산

⑭ **화갑**[hwa-gap] (제주)제주·성산·서귀·대정

⑮ **비지개**[pi-ji-gɛ] 【러시아어 спичка(스삐치까:성냥)】 (함남)홍원·북청·이원·풍산·

갑산 · 혜산
⑯ **비짇개**[pi-ǰit-gɛ] (함남)단천, (함북)성진 · 길주 · 명천 · 경성 · 나남 · 청진 · 부거 · 부령 · 무산 · 회령 · 종성 · 경원 · 경흥 · 웅기

14476 성냥곽燐寸箱

❶ **성냥갑**[səŋ-nyaŋ-kap] 대다수 지방
❷ **성냥통**[səŋ-nyaŋ-tʰoŋ] (전남)여수, (경남)하동
❸ **성냥통**[səŋ-naŋ-tʰoŋ] (전남)곡성, (전북)임실 · 진안
❹ **성냥곽**[səŋ-naŋ-kwak] (전남)보성 · 강진 · 영암 · 장성 · 담양, (전북)순창 · 정읍 · 무주 · 금산
❺ **성냥각**[səŋ-naŋ-kak] (전남)목포 · 나주, (전북)김제 · 전주
❻ **곽**[kwak] (제주)제주 · 성산 · 서귀 · 대정

14477 씨아綿繰車 : わたくりぐるま

❶ **씨아**[sʼi-a] (경기)경성 · 개성 · 장단 · 연천
❷ **씨앋**[sʼi-at] *(전북)정읍, (충북)공주 · 강경 · 서천 · 홍성 · 천안, (충북)청주 · 보은 · 영동
❸ **씨아시**[sʼi-a-si] (전남)여수 · 순천 · 보성 · 강진 · 영암 · 목포 · 나주 · 광주 · 장성 · 담양 · 곡성 · 구례, (전북)운봉 · 남원 · 순창 · 김제 · 전주 · 임실 · 장수 · 진안 · 무주 · 금산, (경남)거제 · 진주 · 남해 · 하동 · 거창
❹ **씨애기**[sʼi-ɛ-gi] (경남)양산 · 통영 · 함양 · 거창 · 창녕 · 밀양, (경북)영천
❺ **씨에기**[sʼi-e-gi] (경북)의성 · 평해
❻ **쌔기**[sʼɛ-gi] (경남)동래 · 부산 · 김해, (경북)포항 · 김천 · 예천 · 안동 · 영주
❼ **쌔애기**[sʼɛ-ɛ-gi] (경남)마산
❽ **쎄기**[sʼe-gi] (경남)합천 · 평해
❾ **쐐**[sʼwɛ] (충북)충주, (황해)금천 · 태탄 · 장연 · 안악 · 재령 · 서흥 · 신계 · 수안 · 곡산

⑩ 쇄기[swɛ-gi] (강원)강릉
⑪ 쐐기[s'wɛ-gi] (충북)단양, (강원)삼척
⑫ 쐬아기[s'ö-a-gi] (강원)양양
⑬ 쒜[s'we] (황해)연안 · 해주 · 옹진
⑭ 쉐기[swe-gi] (경남)울산
⑮ 쒜기[s'we-gi] (경북)영덕 · 고령 · 청송
⑯ 쉐시[swe-si] (경북)울진
⑰ 쉬야[s'wi-ya] (황해)은율
⑱ 물래[mul-lɛ] (⑱, ⑲ 등은 방적紡績의 의미임)(제주)제주 · 서귀 · 대정
⑲ 무루래[mu-ru-rɛ] (제주)성산
⑳ 타리개[tʰa-ri-gɛ] (함남)문천 · 영흥 · 신흥

14478 서랍抽斗 : ひきだし

❶ 설합[səl-hap] (舌盒)(제주)제주 · 대정, (함남)홍원 · 북청 · 이원 · 단천 · 풍산 · 갑산 · 혜산, (함북)성진(길주 이북에는 [səl-hap]을 담배煙草를 넣는 통이라는 의미도 있음.)
❷ 서랍[sə-rap] (충남)공주 · 강경 · 홍성 · 천안, (충북)충주 · 단양, (경기)경성 · 장단 · 연천, (강원)춘천, (황해)금천 · 해주 · 옹진 · 태탄 · 장연 · 은율 · 안악 · 재령 · 서흥
❸ 설랍[səl-lap] (제주)성산 · 서귀
❹ 설갑[səl-gap] (황해)연안
❺ 뻬기[p'ɛ-gi] (평북)희천 · 강계 · 자성 · 후창
❻ 뻬다지[p'ɛ-da-ji] (전남)순천 · 보성 · 강진 · 목포 · 광주 · 장성 · 담양, (전북)순창 · 정읍 · 김제 · 무주 · 금산, (경남)울산 · 양산 · 동래 · 김해 · 마산 · 거제 · 통영 · 진주 · 남해 · 함양 · 거창 · 합천 · 창녕 · 밀양, (경북)영천 · 포항 · 영덕 · 대구 · 고령 · 김천 · 의성 · 안동 · 영주 · 청송 · 울진 · 평해, (충남)공주 · 강경, (충북)청주 · 보은 · 영동, (강원)양양 · 강릉 · 삼척

⑦ 빼담[pʼɛ-dam] (경남)부산・거제
⑧ 빼더리[pʼɛ-də-ri] (전남)곡성・구례, (전북)운봉・임실・장수・진안
⑨ 빼도리[pʼɛ-do-ri] (전북)남원
⑩ 빼두리[pʼɛ-du-ri] (전북)전주
⑪ 빼배[pʼɛ-bɛ] (함남)북청
⑫ 빼배기[pʼɛ-bɛ-gi] (경남)남해
⑬ 빼비[pʼɛ-bi] (전남)여수, (경남)하동, (함남)함흥・풍산・갑산・혜산
⑭ 뺄간[pʼɛl-kan] (경남)마산・거제
⑮ 뺄함[pʼɛl-ham] (황해)황주, (평남)평양, (평북)박천・구성
⑯ 빼람[pʼɛ-ram] (황해)신계・수안・곡산, (평북)영변
⑰ 빼랍[pʼɛ-rap] (황해)해주・옹진・태탄・장연・은율・안악・재령・서흥
⑱ 빼라지[pʼɛ-ra-ji] (전남)곡성・구례
⑲ 삐비[pʼə-bi] (함북)부령・무산, (평북)희천・강계・자성・후창
⑳ 뻬깐[pʼe-kʼan] (전남)영암・나주
㉑ 뻬남[pʼe-nam] (함남)문천
㉒ 뻬납[pʼe-nap] (함남)신고산・안변・덕원
㉓ 뻬다지[pʼe-da-ji] (전남)목포
㉔ 뻬람[pʼe-ram] (함남)고원・영흥
㉕ 뻬랍[pʼe-rap] (함남)단천
㉖ 뻬비[pʼe-bi] (함남)단천, (함북)성진・길주・명천・경성・나남
㉗ 뽀비[pʼo-bi] (함북)청진・부거・회령・종성・경원・경흥
㉘ 쀄비[pʼö-bö] (함남)홍원・북청
㉙ 쀄비[pʼö-bi] (함남)고원・영흥・정평・함흥・오로・신흥・홍원・이원
㉚ 쀄비[pʼwe-bi] (함북)부거
㉛ 삐비[pʼi-bi] (경북)예천
㉜ 정대[čəŋ-dɛ] (함남)함흥
㉝ 츙[čʰiŋ] (경기)개성

14479 자물쇠鎖

① 쇠줄[sö-ǰul] (전남)장성・담양, (전북)남원・순창・정읍・김제
② 쇠쭐[sö-č'ul] (전남)강진・영암・목포
③ 쇠통[sö-tʰoŋ] (전남)여수・곡성
④ 새줄[sɛ-ǰul] (경남)양산・동래・밀양
⑤ 쌔줄[s'ɛ-ǰul] (경남)부산・김해, (경북)예천
⑥ 쎈통[s'et-tʰoŋ] (경남)하동
⑦ 쇄줄[swɛ-ǰul] (경북)영주
⑧ 쐐줄[s'wɛ-ǰul] (경북)의성
⑨ 쉐줄[swe-ǰul] (경북)고령・안동・청송
⑩ 시줄[si-ǰul] (경남)거창・합천・창녕
⑪ 씨줄[s'i-ǰul] (경북)대구・김천
⑫ 통쇠[tʰoŋ-s'ö] (전남)순천・광주
⑬ 통쉐[tʰoŋ-swe] (제주)제주・성산・서귀・대정

14480 숟가락匙 : さじ

① 수까락[su-k'a-rak] 대다수 지방
② 수깔[su-k'al] (충남)공주・강경・서천・홍성・천안, (충북)청주・영동・진천・괴산・충주・단양・제천, (경기)경성・장단・연천, (강원)영월・평창・원주・횡성・홍천・인제, (황해)금천・연안・해주・옹진・태탄・장연・은율・안악・재령・서흥・수안
③ 수꾸락[su-k'u-rak] (전남)여수・순천・강진・영암・목포・장성・담양・곡성, (전북)운봉・남원・순창・정읍・김제・전주・임실・장수, (경남)하동
④ 술까락[sul#k'a-rak] (함남)홍원, (함북)청진, (경북)평해
⑤ 술[sul] (제주)제주・성산・서귀・대정, (경북)경주・포항・홍해・영덕・대구・의성・평해, (함남)영흥・정평・함흥・오로・신흥・홍원・북청・이원・단천・풍산・갑산・혜산, (함북)성진・길주・명천・경성・청진・

부거・경흥
- ⑥ **수리**[su-ri] (함북)나남・부령・무산・회령・종성
- ⑦ **수제**[su-je] (전북)금산, (충남)공주・강경・서천
- ⑧ **살피**[sal-pʰi] (⑧에서 ⑩까지 산삼채취자의 은어)(함남)풍산・갑산・혜산, (함북)명천, (평북)자성
- ⑨ **살푸**[sal-pʰu] (평북)강계
- ⑩ **실피**[sil-pʰi] (평북)후창

14481 숫돌砥石 : といし

- ① **숟돌**[sut-tol] (전남)순천・장성, (전북)금산, (충남)공주・조치원, (충북)청주・영동・진천・괴산・충주, (경기)경성
- ② **숟둘**[sut-tul] (전남)여수・보성・담양・곡성, (경남)하동, (충남)강경・부여・홍산・서산・오천・예산・천안
- ③ **숟독**[sut-tok] (전북)군산・임실・무주, (충남)강경・부여
- ④ **숟둑**[sut-tuk] (전북)운봉・순창・정읍・임실・무주・금산, (충남)청양・보령・광천・홍성・해미・오천・예산
- ⑤ **술독**[sul-tok] (전북)남원・군산・전주・임실・무주
- ⑥ **술둑**[sul-tuk] (전북)남원・김제・임실・장수・진안
- ⑦ **싣돌**[sit-tol] (전남)강진・영암
- ⑧ **싣둘**[sit-tul] (전남)목포
- ⑨ **신똘**[sin-tʼol] (제주)제주・서귀・대정
- ⑩ **씰돌**[sʼil-tol] (제주)성산

14482 솥鼎

- ① **솓**[sot] *대다수 지방
- ② **열레**[yəl-le] (함남)안변

14483 시계時計
❶ 시게[si-ge] 대다수 지방
❷ 시쇠[si-sö] (함남)혜산

14484 작은 냄비小鍋 (眞鍮製)
❶ 새옹[sɛ-oŋ] 대다수 지방
❷ 불거미[pul-gə-mi] (산삼채취자의 은어)(강원)춘천

14485 시루蒸籠 : せいろ
❶ 시루[si-ru] 대다수 지방
❷ 농이[noŋ-i] (산삼채취자의 은어)(평북)자성

14486 나무그릇木製食器
❶ 우묵시리[u-muk#si-ri] (❶, ❷는 산삼채취자 은어)(함남)풍산, (평북)자성
❷ 엎펑시리[əp-pʰəŋ#si-ri] (함남)풍산

14487 조리笊籬 : ざる
❶ 조:리[čo:-ri] (전남)순천・보성・강진・영암・목포・나주・광주・장성・담양・곡성・구례, (전북)운봉・남원・순창・정읍・김제・전주・임실・장수・진안・무주・금산, (경남)마산・거제・통영・창녕, (경북)영덕・대구・김천・의성・상주・함창・문경・예천・안동・영주・청송, (충북)청주・보은・영동・괴산・충주・단양・제천, (경기)경성, (강원)영월・평창・원주・횡성・홍천・인제
❷ 조고리[čo-go-ri] (경북)울진・평해
❸ 조:레[čo:-re] (전남)여수, (경남)울산・양산・동래・부산・김해・마산・진주・남해・하동・함양・거창・합천・밀양, (경북)영천・경주・포항・홍해・고령

❹ 조:래미[čo:-rɛ-mi] (충남)천안, (충북)진천
❺ 조:랭이[čo:-rɛŋ-i] (충남)공주 · 강경 · 서천 · 홍성, (충북)청주 · 괴산 · 충주 · 제천, (강원)양양 · 강릉 · 삼척 · 영월 · 평창 · 원주 · 횡성 · 홍천

14488 젓가락箸

❶ 저[čə] (경북)고령
❷ 저깔[čə-k'al] (충남)홍성 · 천안, (경기)경성 · 장단 · 연천, (강원)원주 · 횡성, (황해)금천 · 연안 · 해주 · 옹진 · 태탄 · 장연 · 은율 · 안악 · 재령 · 서흥 · 신계
❸ 쩌깔[č'ə-k'al] (충남)공주, (충북)충주 · 단양
❹ 저까락[čə-k'a-rak] (전남)함평, (경북)영덕, (충남)공주 · 강경 · 서천 · 홍성 · 해미 · 서산 · 천안 · 조치원, (충북)청주 · 영동, (강원)철원, (함남)북청, (함북)명천
❺ 저꾸락[čə-k'u-rak] (전남)나주 · 장성, (전북)남원 · 순창
❻ 저끄락[čə-k'i-rak] (전남)장흥 · 완도 · 지도 · 해남 · 목포 · 함평 · 영광
❼ 저굼[čə-gum] (전남)장성 · 담양
❽ 저금[čə-gim] (전남)나주 · 옥과 · 곡성
❾ 저깐치[čə-k'at-čʰi] (경남)울산, (경북)영천 · 포항, (경기)개성, (황해)황주 · 수안
❿ 저범[čə-bəm] (전남)장흥 · 강주 · 해남, (경북)김천, (충북)청주 · 보은 · 영동
⓫ 저붐[čə-bum] (전남)완도 · 지도 · 영암 · 목포 · 영광 · 나주 · 광주 · 장성 · 담양 · 곡성, (전북)운봉 · 남원 · 순창 · 정읍 · 김제 · 군산 · 전주 · 임실 · 진안 · 무주 · 금산, (충남)공주 · 강경 · 부여 · 홍산 · 청양 · 서천 · 남포 · 보령 · 광천 · 홍성 · 해미 · 오천 · 예산 · 조치원
⓬ 저봄[čə-bom] (충남)홍성 · 천안
⓭ 절[čəl] (경북)예천 · 안동 · 영주 · 청송, (강원)통천 · 장전 · 고성 · 간성

주문진·홍천·인제·평강, (함남)덕원·문천·영흥·정평·함흥·오로·
신흥·홍원·북청·이원·단천·풍산·갑산·혜산, (함북)성진·길주·
명천·경성·나남·청진·부령·무산·회령·종성·경원·경흥

⑭ **절까락**[čəl#k'a-rak] (강원)강릉·삼척, (경북)울진·평해, (함남)신고산·
안변·고원·홍원

⑮ **절가치**[čəl#ka-čʰi] (황해)곡산

⑯ **절갈**[čəl-kal] (충북)제천, (강원)양양·영월·평창·춘천, (황해)신계

⑰ **제**[če] (제주)제주·성산

⑱ **제까락**[če#k'a-rak] (전남)여수, (경남)거제·통영·진주·남해·하동·함
양·거창

⑲ **제꾸락**[če#k'u-rak] (전남)광양·순천·벌교·보성·구례

⑳ **제가치**[če#ka-čʰi] (경남)양산·동래·부산·마산·창녕·밀양, (평남)평양,
(평북)박천·영변·희천·구성·강계·자성·후창

㉑ **제범**[če-bəm] (전남)벌교·보성·목포

㉒ **제붐**[če-bum] (전남)여수·순천·영암·구례, (전북)장수

㉓ **재**[čɛ] (경남)양산·김해

㉔ **재까락**[čɛ#k'a-rak] (경남)마산

㉕ **재가치**[čɛ#ka-čʰi] (경남)김해·마산, (경북)대구

㉖ **재범**[čɛ-bəm] (제주)제주, (전남)순천·보성·광주

㉗ **재붐**[čɛ-bum] (제주)서귀·대정

㉘ **지**[či] (경남)합천·창녕·밀양

㉙ **지꾸락**[či#k'u-rak] (전남)돌산·여수·고흥

㉚ **형대무투**[hyəŋ-de#mu-tʰu] (兄弟木頭의 의미)(㉚에서 ㉝까지는 산삼채취자의 은어)
(평북)강계·자성·후창

㉛ **형제무취**[hyəŋ-je#mu-čʰwi] (함남)풍산·갑산

㉜ **무티**[mu-tʰi] (함남)혜산

㉝ **오림대**[o-rim-tɛ] (강원)춘천

14489 방적紡績

❶ **길삼**[kil-sam] (경북)안동・영주・청송
❷ **질삼**[čil-sam] (경남)울산・양산・동래・김해・마산・거제・통영・진주・남해・함양・거창・합천・창녕・밀양, (경북)영천・포항・영덕・김천・의성・예천・안동・영주・청송・울진・평해, (충남)공주・강경・서천・홍성・천안, (충북)청주・보은・영동・충주・단양, (강원)양양・강릉・삼척, (함북)나남・무산・종성・경흥
❸ **질쿠**[čil-kʰu] (평북)자성・후창
❹ **질쿠냉이**[čil-kʰu#nɛŋ-i] (평북)박천・영변・희천・구성・강계
❺ **질퀴**[čil-kʰwi] (함남)신고산・안변・덕원・문천・고원・영흥・정평・함흥・오로・신흥・홍원・북청・이원・단천・풍산・혜산, (함북)성진・길주・부령・회령
❻ **질키**[čil-kʰi] (함남)홍원
❼ **진퀴**[čit-kʰwi] (함북)청진

14490 자루柄 : ㅊ

❶ **ᄌᆞ락**[čɔ-rak] (제주)제주
❷ **ᄌᆞ록**[čɔ-rok] (제주)제주・성산・서귀・대정
❸ **자루**[ča-ru] (전북)김제・전주・장수・진안・무주・금산, (경북)김천, (충남)공주・강경・서천・홍성・천안, (충북)청주・보은・영동・충주・단양, (경기)경성・개성・장단・연천, (강원)양양・삼척, (황해)금천・연안・해주・옹진・태탄・장연・은율・안악・재령・황주・서흥・신계・수안・곡산, (평남)평양, (평북)박천・영변・희천・구성・강계・자성・후창
❹ **자리**[ča-ri] (전남)여수・보성・강진・영암・목포・나주・장성・담양・곡성, (전북)운봉・남원・순창・정읍・임실, (경남)울산・양산・동래・부산・김해・마산・거제・통영・진주・남해・하동・함양・거창・합천・창녕・밀양, (경북)영천・포항・영덕・대구・고령・의성・예천・안동・영

주·청송·울진·평해
❺ 잘기[čal-gi] (강원)강릉, (함남)신고산·안변·덕원·문천·고원·영흥·정평·함흥·오로·신흥·홍원·북청·이원·단천·풍산·갑산·혜산진, (함북)성진·길주·명천·경성·나남·청진·부거·부령·무산·회령·종성·경원·경흥·웅기, (평북)박천·영변·희천·구성·강계·자성·후창

14491 자尺 : ものさし

❶ 자[ča] 【「物語」尺, さあ】 대다수 지방
❷ 자때[ča-t'ɛ] (전남)영암·목포·나주·장성, (전북)정읍·김제·전주·임실·장수·진안
❸ 자쪽[ča-č'ok] (전남)보성·강진·담양, (전북)운봉·남원·순창
❹ 재[čɛ] (전남)여수·순천·보성, (경남)거제·통영·남해·하동
❺ 재쪽[čɛ-č'ok] (전남)여수·순천·곡성, (경남)하동

14492 밥주걱飯杓子

❶ 밥자[pap-ča] (제주)제주·성산·서귀·대정
❷ 밥죽[pap-čuk] (전남)강진·영암·목포, (경북)예천·안동·영주·울진·평해, (강원)삼척
❸ 밥주게[pap#ču-ge] (경북)의성·청송
❹ 밥주개[pap#ču-gɛ] (경남)울산·거제·통영·진주·남해·함양, (경북)영천·포항·영덕·대구
❺ 밥주구[pap#ču-gu] (경남)마산
❻ 주걱[ču-gək] (충남)공주·강경·서천·홍성·천안, (충북)청주·보은·영동·충주·단양
❼ 주겁[ču-gəp] (전남)장성, (전북)정읍·김제, (강원)강릉
❽ 주개[ču-gɛ] (경남)양산·동래·부산·거창·합천·밀양, (경북)고령

334 | 조선어방언사전

⑨ **주구**[ču-gu] (경남)김해
⑩ **주국**[ču-guk] (경북)김천
⑪ **주기**[ču-gi] (경남)창녕
⑫ **주벅**[ču-bək] (전남)여수・목포・담양・곡성, (전북)운봉・남원・순창・전주・임실・장수・진안・무주・금산, (강원)양양
⑬ **오굼**[o-gum] (제주)서귀
⑭ **우굼**[u-gum] (제주)대정

14493 지게작대기棒 (머리 부분이 두 가닥으로 되어 있음)

❶ **작다기**[čak-ta-gi] (제주)제주・성산・서귀・대정
❷ **작대기**[čak-tɛ-gi] (전남)여수・순천・광주・담양・곡성, (전북)운봉・남원・순창・김제・전주・임실・장수・진안・무주・금산, (경남)하동
❸ **짝대기**[č'ak-tɛ-gi] (전남)목포・장성, (전북)정읍
❹ **바작대기**[pa-jak-tɛ-gi] (전남)여수・강진・영암, (경남)하동

14494 제기毽 (놀이기구, 발로 차는 것)

❶ **제:기**[če:-gi] (전남)보성・목포・장성・곡성, (전북)운봉・순창・김제・임실・장수・진안・무주・금산, (경남)하동, (경기)경성・개성・장단・연천, (황해)장연・은율・황주・서흥・신계・곡산, (함남)안변・덕원(신고산・문천・오로・신흥・홍원・갑산지방에서는 이 물건의 이름을 모름.)
❷ **제게**[če-ge] (경기)개성
❸ **재기**[čɛ-gi] (전남)담양
❹ **쇄기**[čwɛ-gi] (함남)고원・영흥
❺ **쉐기**[čwe-gi] (전북)남원
❻ **지게**[či-ge] (황해)옹진・태탄
❼ **지개**[či-gɛ] (전북)전주
❽ **지기**[či-gi] (전남)강진, (전북)정읍, (황해)금천

⑨ 짙기[čit-ki] (전남)영암
⑩ 쮀께[č'we-k'e] (제주)제주
⑪ 절:구[čəl:-gu] (황해)안악
⑫ 절귀[čəl-gwi] (황해)안악
⑬ 절기[čəl-gi] (황해)안악・재령
⑭ 쫑아[č'oŋ-a] (함남)이원
⑮ 체기[čʰe-gi] (황해)수안
⑯ 채기[čʰɛ-gi] (함남)함흥・풍산
⑰ 데기[te-gi] (평북)박천・강계(영변・희천・구성・자성・후창 지방에서는 이 물건의 이름을 알지 못함.)
⑱ 테기[tʰe-gi] (평남)평양

■ 14495 피리橫笛

❶ 저[čə] 대다수 지방
❷ 제[če] (제주)제주・성산・서귀・대정, (평북)후창
❸ 데[te] (평북)박천・영변・희천・구성・강계・자성
❹ 젙대[čət-tɛ] (전남)순천・보성・장흥・함평・영광・나주・광주・장성・옥과・곡성・구례, (전북)남원・정읍・김제・전주・임실・무주・금산, (함남)덕원・문천・고원
❺ 절때[čəl-t'ɛ] (전남)돌산・여수・벌교・고흥・완도・지도・해남・목포, (함남)영흥・정평・함흥・오로・신흥
❻ 적때[čək-t'ɛ] (전남)광양

■ 14496 자루袋 (인삼을 넣는 것)

❶ 메대기[me-dɛ-gi] (❶에서 ❹까지 산삼채취자의 은어)(함남)갑산, (함북)명천, (평북)자성・후창
❷ 메대[me-dɛ] (함남)풍산

❸ 베도:재[pe-doː-jɛ] (함북)명천
❹ 차개시리[cʰa-gɛ-si-ri] (평북)후창

14497 총銃
❶ 총[cʰoŋ] 대다수 지방
❷ 툭투기[tʰuk-tʰu-gi] (산삼채취자의 은어)(함남)혜산

14498 칼庖丁·ナイフ
❶ 칼[kʰal] 대다수 지방
❷ 도자[to-ja] (❷, ❸은 산삼채취자의 은어)(함남)풍산·갑산·혜산, (함북)명천, (평북)강계·후창
❸ 도재[to-jɛ] (함북)명천

14499 올가미鳥網
❶ 올개미[ol-gɛ-mi] (경기)경성·개성·장단·연천, (황해)금천
❷ 옹노[oŋ-no] (경기)경성·장단·연천, (황해)금천·해주·옹진·태탄·장연·은율·안악·재령
❸ 옹누[oŋ-nu] (황해)연안·서흥·신계·수안
❹ 치[cʰi] (제주)제주·성산·서귀·대정
❺ 탄[tʰan] 『北塞記略』鳥網曰彈】 (함남)덕원·정평·함흥·오로·신흥·홍원·북청·이원·단천·풍산·갑산·혜산(신고산·안변·문천·고원·지방에는 이 단어가 없음), (함북)성진·명천·경성·청진·부거·무산·회령·종성·경원·경흥·웅기
❻ 탕[tʰaŋ] (함남)영흥·홍원
❼ 탄코[tʰan-kʰo] (함북)성진·길주(평안남북도에서는 [tʰan]계통의 단어가 없음.)
❽ 당구믈[taŋ#ku-mɨl] (황해)황주
❾ (새)코[(sɛ)-kʰo] (함남)갑산·혜산

■ 14500 타구唾壺 : たんつぼ
❶ 타구[tʰa-gu] 대다수 지방
❷ 타옥[tʰa-ok] (제주)제주・성산・서귀

■ 14501 박瓢 (해녀들 허리에 차는 것)
❶ 퇴왁[tʰö-wak] (제주)제주・성산

■ 14502 표票 : ふだ・きっぷ
❶ 표[pʰyo] (제주)제주・성산・서귀・대정, (전남)함평・장성, (전북)무주・금산, (경북)의성・안동・영주・청송, (충남)공주・강경・서천・홍성・천안, (충북)청주・보은・영동・진천・괴산・충주・단양・제천, (경기)경성・개성・장단・연천, (강원)장전・원주・횡성・홍천・춘천・철원・평강, (황해)금천・연안・해주・옹진・태탄・장연・은율・안악・재령・황주・서흥・신계・수안・곡산, (함남)원산, (함북)경성・청진・부거・부령・무산・회령・종성・경원・경흥・웅기, (평남)중화・평양・순천・숙천・안주, (평북)영변・희천・후창
❷ 푀[pʰö] (전남)돌산・여수・광양・순천・벌교・고흥・보성・장흥・강진・해남・영암(성묘省墓를 [səŋ-mö]라고 함)・목포・광주・장성・담양・옥과・곡성・구례, (전북)남원・순창・정읍・김제・군산・전주・임실, (충남)공주・강경, (충북)보은・영동, (강원)통천・고성・간성・양양・주문진・강릉・영월・평창・원주・횡성・홍천・인제・춘천, (황해)금천, (함남)신고산・안변・덕원・문천(표면表面을 [pʰö-myən]이라고 함)・고원・영흥・정평・함흥(표면表面을 [pʰö-myən], 묘향妙香을 [mö-hyaŋ], 묘猫를 [mö]라고 함)・오로・신흥・홍원・북청(효자孝子를 [hö-ja], 묘향妙香을 [mö-hyaŋ], 교사敎師를 [kö-sa], 묘猫를 [mö]라고 함)・풍산・갑산・혜산, (함북)성진・길주・경성・경원, (평남)평양・숙천・안주, (평북)박천・희천
❸ 포[pʰo] (경남)울산・양산・동래(묘향妙香을 [mo-hyaŋ])・부산・김해・마산・

거제・통영・진주(종묘장種苗場을 [čoŋ-mo-jaŋ], 표준標準을 [pʰo-jun]이라 한다)・남해・하동・함양・거창・합천・창녕(효정리를 [ho-jəŋ-ni], 교동을 [ko-doŋ]이라 한다)・밀양(표충사表忠寺를 [pʰo-cʰuŋ-sa]라고 한다), (경북)영천・경주・포항・흥해・영덕・대구・고령・성주・지례・김천・상주・함창・문경・예천・울진・평해, (함남)단천・풍산・갑산・혜산, (함북)성진・나남, (평북)박천・구성・정주(묘향산妙香山을 [mo-hɛŋ-san]이라 한다)・선천・용암・의주(효과效果를 [ho-gwa]라 한다)・강계・자성(표지表紙를 [pʰo-ji]라 한다.)

❹ 페[pʰe] (제주)성산(표선리를 [pʰe-sən-ri]라 한다)・대정, (전남)목포・나주(교사 敎師를 [kwe-sa] [ke-sa], 영암에서는 향교鄕校를 [seŋ-ge], 보성에서는 벌교를 [pəl-ge]라 한다), (충남)서천・천안, (충북)청주・충주・단양, (경북)울진, (강원)인제, (함북)명천

❺ 패[pʰɛ] (제주)제주・성산・서귀(담양에서는 벌교를 [pəl-gɛ], 운교리를 [un-gɛ-ri]라 한다), (평남)중화・순천

14503 보리피리鶯篥 (피리의 일종)

❶ 피리[pʰi-ri] 대다수 지방
❷ 횐되기[höt-tö-gi] (함남)신고산・안변・덕원・문천・고원・영흥・정평・함흥・오로・신흥
❸ 주래[ču-rɛ] (함남)신고산・안변

14504 화로火鏞

❶ 화로[hwa-ro] (경북)영주, (충북)청주・영동・진천・괴산・충주, (함남)문천・영흥・정평・함흥・오로・신흥・홍원・북청・이원・단천・풍산・갑산・혜산
❷ 화루[hwa-ru] (충남)서천・홍성, (경기)경성・개성・장단・연천, (황해)금천・연안・해주・옹진
❸ 화루통[hwa-ru#tʰoŋ] (함남)신고산・안변・덕원・문천・고원・영흥

④ **화래**[hwa-rɛ] (황해)금천·서홍

⑤ **화레**[hwa-re] (황해)황주, (평남)평양

⑥ **화리**[hwa-ri] (제주)제주·성산·서귀·대정, (전남)여수·보성·강진·목포·나주·장성·담양·곡성, (전남)운봉·남원·순창·정읍·김제·전주·임실·장수·진안·무주·금산, (경남)울산·창녕, (경북)영천·경주·포항·홍해·영덕·대구·고령·의성·안동·영주·청송·평해, (충남)공주·강경·천안, (충북)청주·보은·영동·진천·괴산·충주·단양, (강원)양양·강릉·삼척, (황해)해주·옹진·태탄·장연·은율·안악·재령·신계·수안·곡산, (함남)신고산·안변·덕원·문천·고원·영흥·정평·함흥·오로·신흥·홍원·이원·단천, (함북)명천·경성·나남·청진·부령·무산·회령·종성·경흥, (평북)박천·영변·희천·구성·강계·자성·후창

⑦ **화리통이**[hwa-ri#tʰoŋ-i] (함남)정평·함흥·오로·신흥·이원, (함북)경성·나남·청진·무산·회령·종성·경흥

⑧ **활통이**[hwal-tʰoŋ-i] (함남)홍원·단천

⑨ **활틔**[hwal-tʰiy] (경남)창녕·밀양

⑩ **하로**[ha-ro] (경남)거제·통영, (함남)홍원·북청

⑪ **하루똥이**[ha-ru#t'oŋ-i] (함남)갑산·혜산

⑫ **하리**[ha-ri] (전남)영암·나주, (경남)양산·동래·부산·김해·마산·거제·통영·진주·남해·하동·함양·거창·합천·창녕·밀양, (경북)대구·김천·상주·함창·문경·예천·울진, (함남)혜산, (함북)성진·길주

⑬ **하리똥이**[ha-ri#t'oŋ-i] (함북)성진·길주·명천

⑭ **하틔**[ha-tʰiy] (경남)마산, (경북)상주·함창·문경

⑮ **할똥이**[hal#t'oŋ-i] (함남)홍원·북청·풍산

⑯ **할틔**[hal-tʰiy] (경남)양산·김해·남해·거창·합천

⑰ **하닥**[ha-dak] (경남)거제·통영

14505 흙손泥鏝 : こて

① 혹손[hok-son] (제주)제주
② 학손[hak-son] (경기)개성, (황해)수안
③ 흑손[hik-son] (제주)제주, (경기)경성·개성·장단·연천, (황해)금천·연안·해주·옹진·태탄·안악·재령·황주·서흥·신계·수안, (함남)신고산·안변·덕원·문천·고원·영흥, (평남)평양, (평북)박천·영변·희천·구성·강계·자성·후창
④ 흘손[hil-son] (황해)곡산
⑤ 흑칼[hik-k^{h}al] (함남)신고산·안변
⑥ 쇠손[sö-son] (전남)장성·담양, (전북)남원·순창·정읍·김제
⑦ 쉐손[swe-son] (제주)성산·서귀·대정
⑧ 벽손[pyək-son] (황해)장연·은율
⑨ 왜손[wɛ-son] (함남)정평·함흥·오로·신흥·홍원·북청·풍산·갑산·혜산
⑩ 죽[čuk] (함남)이원

14506 항아리壺

① 항아리[haŋ-a-ri] (경북)상주·함창·문경, (충북)청주·영동·진천·괴산·충주·제천, (강원)영월·평창·원주·횡성·홍천·인제·
② 항[haŋ] (제주)제주·성산·서귀·대정, (전남)목포·장성, (전북)전주
③ 황아리[hwaŋ-a-ri] (경북)안동
④ 황[hwaŋ] (전북)정읍·김제

배와 수레 舟·車

▰ 15507 수레車 (차체 혹은 차륜)

❶ **구루마**[ku-ru-ma] (충남)공주·강경·서천, (충북)청주·보은·영동·충주·단양, (함남)신고산·안변·덕원·고원

❷ **구루매**[ku-ru-mɛ] (함남)문천·영흥

❸ **수래**[su-rɛ] (충남)천안, (강원)영월·평창·원주·횡성·홍천·인제·춘천

❹ **술기**[sul-gi] (함남)정평·함흥·오로·신흥·홍원·북청·이원·단천·풍산·갑산·혜산, (함북)성진·길주·명천·경성·나남·청진·부거·부령·무산·회령·종성·경원·경흥·웅기

▰ 15508 수레바퀴 車輪の緣

❶ **수레박**[su-re#pak] (강원)양양·강릉

❷ **수리받쿠**[su-ri#pat-kʰu] (평북)자성·후창

❸ **술래박쿠**[sul-lɛ#pak-kʰu] (평남)평양, (평북)박천·영변·희천·구성·강계

❹ **박쿠**[pak-kʰu] (경기)개성·장단, (황해)금천·연안·해주·옹진·태탄·장연·은율·안악·재령·황주·서흥·신계·수안·곡산

❺ **박퀴**[pak-kʰwi] (경기)경성·연천

❻ **동태**[toŋ-tʰɛ] (경남)울산·양산·부산·김해·밀양, (경북)영천·포항·영덕·대구·의성·예천·안동·영주·청송·울진·평해, (강원)삼척

❼ 동채[toŋ-čʰɛ] (함북)나남
❽ 도랑태[to-raŋ-tʰɛ] (경남)함양・거창・합천・창녕, (경북)고령・김천
❾ 통태[tʰoŋ-tʰɛ] (경남)동래・마산・거제・통영・진주・남해

15509 작은 배 小船

❶ 거루[kə-ru] (경기)경성・장단・연천, (황해)금천・연안・옹진・태탄
❷ 껄럭쟁이[k'əl-lək#čɛŋ-i] (경남)하동([ten-ma], [ku-meŋ-i]라고도 한다.)
❸ 고맹이[ko-mɛŋ-i] (전남)여수([ten-ma]라고도 한다.)
❹ 구멩이[ku-meŋ-i] (경남)하동([ten-ma], [k'əl-lək#čɛŋ-i]라고도 한다.)
❺ 구밍이[ku-miŋ-i] (경남)마산
❻ 통구밍이[tʰoŋ-ku-miŋ-i] (경남)거제・통영

15510 작은 배 小船 (주로 산지山地의)

❶ 마선[ma-sən] 【「漢淸」・獨木船 ma-siaŋ-i, 樺皮船 čiək-ŭn#ma-siaŋ-i】 (함남)갑산・혜산
❷ 매새이[mɛ-sɛ-i] (황해)옹진・태탄・은율・안악・재령・서흥(옹진에서는 [ten-ma], 은율에서는 [ten-mɛ]라고 함.)
❸ 매생이[mɛ-sɛŋ-i] (황해)황주・신계・수안・곡산, (함남)영흥・풍산, (평남)평양, (평북)박천・영변・희천・구성・강계・자성・후창
❹ 매선[mɛ-sən] (충남)강경([ten-ma])
❺ 무시기배[mu-si-gi#pɛ] (함남)북청(신창부근)
❻ 재비[čɛ-bi] (나룻배 같은 것)(황해)금천・수안, (함북)나남・부령・연태동・무산・회령・종성・경원(무산・회령・종성지방에서는 나룻배를 [čɛ-bi-than]라고 한다.)
❼ 찬[čʰan] (함북)성진・길주・명천・경성・나남・청진・부령・연태동
❽ 촨[čʰwan] (함북)부거・무산・회령・종성・경원・경흥・웅기

15511 마상이獨木舟

① **구수배**[ku-su#pɛ] (통나무를 도려서 형태가 말구유(본도에서는 [ku-su], [ku-si] 등으로 말한다)를 닮은 데서 일컫는다. '14432 구유' 항목 참조)(전북)진안

② **궁이**[kuŋ-i] (말구유를 평안남북도에서는 [kuŋ-i], [kweŋ-i] 등으로 말한다. '14432 구유' 조항 참조)(평북)희천·강계·후창

③ **토궁이**[tʰo-guŋ-i] (평북)자성

④ **토막**[tʰo-mak] (평북)강계·후창

⑤ **톤배**[tʰon-bɛ] (경남)합천, (경북)고령

⑥ **통궁이**[tʰoŋ-guŋ-i] (평북)희천·후창

⑦ **통배**[tʰoŋ-bɛ] (경남)창녕, (경북)대구·김천·의성·예천·안동·영주·청송

⑧ **통선**[tʰoŋ-sən] (전남)무주·금산

⑨ **쫑선**[č'oŋ-sən] (경남)동래

⑩ **망애**[maŋ-yɛ] (함남)신흥·풍산·갑산·혜산, (함북)연태동

15512 거룻배艀 : はしけ

① **뎬마**[ten-ma] 【國語「傳馬」】 (전남)여수([ko-mɛŋ-i]라고도 한다)·강진·목포, (경남)울산·부산·마산·거제·통영·남해·하동(하동에서는 [k'əl-lək-čeŋ-i] 또는 [ku-meŋ-i]라고도 한다), (경북)포항·울진, (충남)강경([mɛ-sən]라고도 한다)·서천, (강원)양양·강릉·삼척, (황해)옹진·태탄(양 지역 모두 [mɛ-sɛ-i]라고도 한다.)

② **뎬매**[ten-mɛ] (황해)은율([mɛ-sɛ-i]라고도 한다.)

③ **뎸배**[tem-bɛ] (전남)강진([ten-ma-pɛ]라고도 한다.)

④ **뎜배**[təm-bɛ] (전남)강진

15513 노櫓

① **노**[no] (경남)양산·김해, (충북)제천, (강원)영월·평창·원주·횡성·홍천·인제·춘천

❷ 놀[nol] (경북)울진, (강원)통천·장전·고성·간성·양양·주문진·강릉, (함남)고산·안변·원산·문천·고원·영흥·정평·함흥·신흥
❸ 노리[no-ri] (경북)고령·평해, (강원)삼척
❹ 미[mi] (경남)창녕·밀양

15514 키舵 : かじ

❶ 키[kʰi] (경북)청송
❷ 치[čʰi] (경남)동래·부산·마산·거제·통영·진주·남해, (경북)영덕·상주·함창·문경, (충북)영동·진천·괴산
❸ 치목[čʰi-mok] (경남)울산, (경북)영천·포항·영덕
❹ 체[čʰe] (충북)청주·충주
❺ 참때[čam-tʼɛ] (경남)김해
❻ 지매[či-mɛ] (경남)대구
❼ 지매때[či-mɛ-tʼɛ] (경남)양산·합천·창녕, (경북)고령
❽ 질매[čil-mɛ] (경남)밀양

15515 뗏목筏

❶ 떼[tʼe] (전남)순천·보성·강진·광주, (경남)마산·통영·하동, (경기)경성, (강원)양양·삼척
❷ 떼배[tʼe-bɛ] (전남)곡성, (전북)운봉·남원·임실(장수·진안·무주·금산지방에서는 그 이름을 모른다), (경북)울진·평해(경남)거제·남해·함양, (강원)강릉
❸ 떼빼[tʼe-pʼɛ] (경남)진주
❹ 때[tʼɛ] (경남)울산, (경북)영천·포항·영덕
❺ 때배[tʼɛ-bɛ] (경남)거창
❻ 뙤배[tʼö-bɛ] (전남)목포
❼ 뛰배[tʼwi-bɛ] (전남)여수

⑧ 띄베[tʼiy-bɛ] (경남)합천・창녕, (경북)고령
⑨ 테[tʰe] (제주)대정
⑩ 테베[tʰe-be] (제주)성산
⑪ 테우[tʰe-u] (제주)제주
⑫ 테위[tʰe-wi] (제주)서귀

15516 얼음지치기・빙활氷滑リ

① 어름지치기[ə-rim-ji#čʰi-gi] (경기)경성・개성・장단・연천, (황해)금천・연안・해주・옹진・태탄・장연・은율・안악・재령・서홍・신계・수안
② 어름타기[ə-rim#tʰa-gi] (전남)여수・순천・보성・강진・영암・목포・나주・광주・장성・담양・곡성・구례, (전북)운봉・순창・김제・전주・임실・장수・진안・무주・금산, (경남)울산・양산・김해・마산・거제・통영・진주・남해・하동・함양・거창・합천・창녕・밀양, (경북)영천・포항・영덕・대구・고령・김천・의성・예천・안동・영주・청송, (충남)공주・강경・서천・홍성・천안, (충북)청주・보은・충주・단양, (강원)양양・삼척, (함남)안변・덕원・문천
③ 어럼타기[ə-rəm#tʰa-gi] (경남)하동・부산
④ 어름노리[ə-rim#no-ri] (강원)양양・강릉
⑤ 어름뇌[ə-rim#nö] (함남)신흥
⑥ 어름말타기[ə-rim#mal-tʰa-gi] (충북)영동, (경북)울진・평해
⑦ 미꺼럼타기[mi-kʼə-rəm#tʰa-gi] (전북)전주
⑧ 간팡뇌[kan-pʰaŋ#nö] (함남)고원・영흥
⑨ 간팡쒜미[kan-pʰaŋ#sʼwe-mi] (함남)혜산
⑩ 감팡질[kan-pʰaŋ-jil] (함남)갑산
⑪ 캉타기[kʰaŋ-tʰa-gi] (황해)곡산, (함남)신고산
⑫ 선배노리[sən-bɛ#no-ri] (함남)홍원・북청・이원・풍산
⑬ 선배뇌[sən-bɛ#nö] (함남)정평

⑭ 설마뇌[səl-ma#nö] (함남)신흥
⑮ 설매노리[səl-mɛ#no-ri] (함남)함흥・오로
⑯ 설매뇌[səl-mɛ#nö] (함남)고원

15517 굵은 새끼줄 太い繩

❶ 배[pɛ] (짚으로 만든 굵은 새끼줄을 [not-pɛ]라 하고, 강한 로프와 같은 것을 [čʰam-pɛ], 줄을 지탱하기 위한 닻줄의 일부를 [pal-pɛ] 등이라 한다)(경남)통영・남해

날짐승 飛禽

▰ 16518 기러기 雁

❶ **기러기**[ki-rə-gi] (경남)남해, (경북)영천 · 영덕 · 대구 · 의성 · 안동 · 청송 · 울진 · 평해, (충남)공주 · 서천, (충북)영동 · 충주, (경기)경성, (강원)양양 · 강릉 · 삼척 · 원주

❷ **기레기**[ki-re-gi] (경북)예천 · 청송, (충남)강경 · 홍성, (충북)청주 · 보은, (경북)평해, (강원)횡성 · 철원

❸ **기리기**[ki-ri-gi] (경남)울산 · 양산 · 동래 · 부산 · 김해 · 마산 · 거제 · 통영 · 진주 · 함양 · 거창 · 합천 · 창녕 · 밀양, (경북)영천 · 경주 · 포항 · 홍해 · 고령 · 성주 · 지례 · 김천 · 울진, (충남)천안

❹ **기래기**[ki-rɛ-gi] (경북)영덕 · 의성 · 예천 · 안동 · 영주

❺ **지러기**[či-rə-gi] (충북)충주 · 단양 · 제천

❻ **지레기**[či-re-gi] (경기)연천, (강원)통천 · 장전 · 고성 · 간성 · 양양 · 주문진 · 강릉 · 영월 · 평창 · 원주 · 홍천 · 춘천 · 인제 · 평강

❼ **지리기**[či-ri-gi] (경북)상주 · 함창 · 문경, (충북)단양

▰ 16519 까치 鵲 : かささぎ

❶ **까치**[k'a-čʰi] (경북)예천 · 안동 · 영주 · 청송 · 울진 · 평해, (충남)공주 · 강경 · 서천 · 홍성 · 천안, (충북)청주 · 충주 · 단양, (경기)경성 · 개성 · 장단 ·

연천, (강원)양양·강릉·삼척, (황해)금천·연안·해주·옹진·태탄·장
연·은율·재령·황주·서흥·신계·수안, (충남)신고산·안변·덕원·
문천·고원·영흥·함흥·북청·붕산·혜산, (평남)평양, (평북)구성·강
계·후창

❷ 가치[ka-čʰi] (황해)안악·재령, (함남)정평·오로·신흥·홍원·이원·단
천·갑산, (함북)성진·길주·명천·경성·나남·청진·부령·무산·회
령·종성·경흥, (평북)박천·영변·희천·자성

❸ 깐챙이[k'an-čʰɛŋ-i] (경남)울산·양산·동래·부산·김해·마산·거제·
통영·합천·창녕·밀양, (경북)영천·대구·고령·의성·청송·

❹ 깐치[k'an-čʰi] (전남)여수·순천·보성·강진·영암·목포·나주·광주·
장성·담양·곡성·구례, (전북)운봉·남원·순창·정읍·김제·전주·
임실·장수·진안·무주·금산, (경남)진주·남해·하동·함양·거창, (경
북)포항·영덕·김천, (충남)강경, (충북)보은·영동

❺ 간치[kan-čʰi] (제주)제주·서귀·대정

16520 거위鵝鳥

❶ 거울[kə-ul] 【「物語」鴈, けおり(후일, 기러기鴈라고 하는 것은 잘못일는지)】 (경북)울
진
❷ 거우[kə-u] (경남)통영·남해, (강원)강릉
❸ 거위[kə-wi] (경기)경성
❹ 게우[ke-u] (전남)영암(제주도 불명), (전북)운봉·남원·정읍·김제·군
산·전주·임실·장수·진안·무주·금산, (경남)거제·진주·하동·함
양, (경북)상주·함창·문경·평해, (충남)공주·강경·부여·홍산·청양·
서천·남포·보령·광천·홍성·해미·서산·오천·예산·천안·조치
원, (충북)청주·보은·영동·진천·괴산·충주·단양·제천, (강원)간
성·양양·주문진·삼척·영월·평창·원주·횡성·홍천·춘천·인제
❺ 괭이[kwɛŋ-i] (경북)포항·흥해

⑥ 공이[koŋ-i] (경남)마산
⑦ 기오리[ki-o-ri] (경남)김해
⑧ 기우[ki-u] (전남)여수·보성, (경남)양산·동래·부산·마산·거창·합천·창녕·밀양, (경북)경주·홍해·영덕·대구·고령·김천·의성·예천·안동·영주·청송
⑨ 기울[ki-ul] (경남)울산, (경북)포항
⑩ 게사니[ke-sa-ni] (경기)개성·연천, (강원)통천·장전, (황해)금천·연안·장연·음율·안악·재령·황주·서홍·신계·수안·곡산, (함남)신고산·안변·고원·단천, (함북)성진·길주·경성·나남·청진·부령·무산·회령·종성·경원·경흥, (평북)평양, (평북)박천·영변·희천·구성·강계·자성·후창
⑪ 게상이[ke-saŋ-i] (함남)안변·덕원·문천·영흥·정평·함흥·오로·신흥·홍원·북청(이원·풍산·갑산·혜산에서는 명칭이 알려져 있지 않음.)
⑫ 떼까우[tʻe-kʻa-u] (전남)순천·강진·나주·광주·장성·담양·곡성, (전북)순창·정읍
⑬ 떼까우리[tʻe-kʻa-u-ri] (전남)구례
⑭ 떼깨우[tʻe-kʻɛ-u] (전북)남원·전주
⑮ 떼게우[tʻe-ke-u] (전남)목포
⑯ 때까우[tʻɛ-kʻa-u] (전북)김제

16521 까마귀 烏 : からす

① 가마귀[ka-ma-gwi] 『三才』鳧, 加末久以』 (제주)제주·성산·서귀·대정
② 까마구[kʻa-ma-gu] (전남)여수·순천·보성·강진·영암·목포·나주·광주·장성·담양·곡성·구례, (전북)운봉·남원·순창·정읍·김제·전주·임실·장수·진안·무주·금산, (경남)하동
③ 노강이[no-gaŋ-i] (③, ④, ⑤는 산삼채취자들의 은어)(함남)혜산
④ 노갱[no-gɛŋ] (함북)명천

❺ 노갱이[no-gɛŋ-i] (함남)풍산・갑산, (평북)후창

16522 꿩雉 : きじ

❶ 꿩[kʼwəŋ] (제주)제주・성산・서귀・대정, (전남)순천・보성・강진・영암・목포・나주・광주・장성・담양・곡성・구례, (전북)남원・순창・정읍・김제・전주・임실・장수・진안・무주・금산, (경북)예천・안동・영주・청송, (충남)공주・강경・서천・홍성・천안, (충북)청주・보은・영동, (경기)경성・개성・장단, (황해)금천・연안・해주・옹진・태탄・장연・은율・안악・재령・서흥・신계・수안・곡산, (함남)신고산・안변・덕원・문천・북청

❷ 꾸엉[kʼu-əŋ] (경남)남해, (황해)은율

❸ 꽁[kʼoŋ] (전남)여수, (전북)운봉, (경남)울산・양산・동래・부산・김해・마산・거제・통영・진주・하동・함양・거창・합천・창녕・밀양, (경북)영천・포항・영덕・대구・고령・김천・의성・청송・울진・평해, (충북)충주・단양, (경기)연천, (강원)양양・강릉・삼척, (함남)영흥・정평・함흥・오로・신흥・홍원

16523 큰제비胡燕 : 大形の燕

❶ 구제비[ku-je-bi] (황해)황주・수안・곡산, (함남)신고산・안변・덕원・문천・고원・영흥・정평・함흥・오로・신흥・홍원・이원・풍산・갑산・혜산, (평남)평양, (평북)박천・영변・희천・구성・강계・자성・후창

❷ 멍머구리[məŋ-mə-gu-ri] (경기)연천, (황해)금천

❸ 명마구리[myəŋ-ma-gu-ri] (경기)장단, (황해)연안・해주・옹진・태탄・장연・은율・안악・서흥・신계

❹ 멍내기[myəŋ-nɛ-gi] (경북)고령

❺ 맹애기[mɛŋ-ɛ-gi] (전북)무주

❻ 병마구리[pyəŋ-ma-gu-ri] (황해)안악・재령

⑦ 왱매기[wɛŋ-mɛ-gi] (전북)진안
⑧ 앵매기[ɛŋ-mɛ-gi] (전북)운봉·임실·장수
⑨ 칼새[kʰal-sɛ] (강원)강릉·삼척
⑩ 칼제비[kʰal#če-bi] (경북)울진·평해
⑪ 칼재비[kʰal#čɛ-bi] (경남)울산, (경북)포항·영덕

16524 제비燕

① 연자[yən-ǰa] (경남)울산, (경북)영천
② 제비[če-bi] (제주)대정, (전남)순천·보성·장성·곡성·구례, (전북)운봉·남원·순창·정읍·김제·군산·임실·장수·진안·무주·금산, (경남)거제·통영·진주·남해·하동·함양·거창·창녕·밀양, (경북)고령·안동·영주·청송·울진·평해, (충남)갈산·홍성·천안, (강원)양양·강릉·삼척·횡성·평강, (함남)고산·안변·원산·문천·고원·영흥·정평·함흥·신흥
③ 제비새[če-bi-sɛ] (제주)성산
④ 제비생이[če-bi-sɛŋ-i] (제주)제주·서귀·대정
⑤ 재비[čɛ-bi] (경남)울산·양산·동래·부산·김해·마산, (경북)영천·포항·대구·김천·의성·예천
⑥ 쩨비[č'ɛ-bi] (경북)영덕
⑦ 지비[či-bi] (전남)여수·강진·영암·목포·나주·담양, (전북)전주, (경남)합천, (충남)공주·강경·부여·홍산·청양·서천·남포·보령·광천·홍성·해미·서산·오천·예산·천안·조치원, (충북)청주·보은·영동·충주·단양, (경기)연천, (강원)통천·장전·고성·간성·양양·주문진·영월·평창·원주·홍천·춘천·인제·철원

16525 굴뚝새鷦鷯 : みそさざい

① 고망독새[ko-maŋ-tɔk-sɛ] (제주)제주·성산·서귀

❷ 기시렁독새[ki-si-rəŋ-tɔk-sɛ] (제주)서귀·대정

16526 딱따구리啄木鳥

❶ 닥다구리[tak-ta-gu-ri] (경북)예천·안동·영주·청송, (황해)금천·연안· 해주·신계·곡산
❷ 딱다구리[t'ak-ta-gu-ri] (전북)무주·금산, (경북)영덕·김천·의성·상주· 함창·문경·울진·평해, (충남)강경·부여·서천, (충북)청주·보은· 영동·진천·괴산·충주·단양, (경기)경성·개성·장단·연천, (강원) 양양·강릉·삼척, (함남)신고산·안변·덕원·고원, (함북)청진
❸ 닥다귀[tak-ta-gwi] (황해)서흥
❹ 닥닥새[tak-tak-sɛ] (황해)옹진·태탄·장연·은율·안악·재령
❺ 딱닥새[t'ak-tak-sɛ] (함북)성진
❻ 딱자구리[t'ak-ča-gu-ri] (함남)북청, (함북)명천
❼ 닥자거리[tat-ča-gə-ri] (전북)정읍
❽ 딷자거리[t'at-ča-gə-ri] (전북)군산, (경남)부산, (경북)경주·흥해, (충남) 홍성·천안·조치원, (함남)함흥
❾ 딷저구리[t'at-čə-gu-ri] (충남)홍산·청양·남포·보령·광천·해미·서산· 오천·예산
❿ 땍대구리[t'ɛk-tɛ-gu-ri] (전북)운봉·임실·장수·진안, (경남)함양
⓫ 땓대구리[t'ɛt-tɛ-gu-ri] (경남)거창·합천, (경북)고령
⓬ 땓자구리[t'ɛt-ča-gu-ri] (전북)남원
⓭ 떡더구리[t'ək-tə-gu-ri] (황해)황주, (평남)평양, (평북)박천·영변·구성· 자성·후창
⓮ 뚝뚝새[t'uk-t'uk-sɛ] (함남)오로·홍원
⓯ 다섣잗거리[ta-sət#čat-kə-ri] (전북)정읍
⓰ 짝자구리[č'ak-ča-gu-ri] (경남)양산, (경북)부령
⓱ 잭재구리[čɛk-čɛ-gu-ri] (전남)여수, (경남)하동

⑱ 쨕재구리[č'ɛk-čɛ-gu-ri] (경남)동래·마산·진주·거창·밀양
⑲ 쨷재구리[č'ɛt-čɛ-gu-ri] (경북)대구
⑳ 쪽박새[č'ok-pak-sɛ] (함북)길주·경성·나남
㉑ 찍바귀[č'ik-pa-gwi] (황해)수안
㉒ 청도고리[čʰəŋ-do-go-ri] (함남)혜산
㉓ 청저구리[čʰəŋ-ĵə-gu-ri] (함남)단천
㉔ 청조고리[čʰəŋ-ĵo-go-ri] (함남)문천·영흥·정평·이원
㉕ 청저거리[čʰəŋ-ĵə-gə-ri] (함남)풍산
㉖ 가막두거리[ka-mak-tu-gə-ri] (평북)희천·강계
㉗ 가막조가리[ka-mak-čo-ga-ri] (함북)무산
㉘ 가막조구리[ka-mak-čo-gu-ri] (함북)회령·종성
㉙ 가막청조거리[ka-mak#čʰəŋ-ĵo-gə-ri] (함남)신흥
㉚ 나무찌기[na-mu#č'i-gi] (전남)순천

▇ 16527 독수리鷲

❶ 독소리[tok-so-ri] (충남)공주, (충북)청주·영동, (함남)함흥·오로·신흥
❷ 독수리[tok-su-ri] (제주)제주, (전남)여수·순천·보성·강진·영암·목포·나주·광주·장성·담양·곡성, (전북)남원·순창·정읍·김제·전주·임실, (경남)진주·함양, (경북)포항·영덕, (충남)강경·서천·홍성·천안, (충북)보은·충주·단양, (경기)경성·개성·장단·연천, (황해)금천·연안·해주·옹진·태탄·장연·은율·안악·재령·황주·서흥·신계·수안·곡산, (함남)신고산·안변·덕원·문천·고원·영흥·홍원·북청·단천, (함북)길주, (평남)평양, (평북)박천·영변·희천·구성·강계·자성·후창
❸ 똑소래기[t'ok-so-rɛ-gi] (경북)예천·안동·영주·청송
❹ 독술[tok-sul] (함남)북청
❺ 똑수리[t'ok-su-ri] (경북)김천·의성·울진·평해, (강원)양양·강릉·삼척

❻ 둑수리[tuk-su-ri] (전북)운봉 · 장수 · 진안 · 무주 · 금산, (경남)울산 · 거창 · 합천, (경북)영천 · 고령
❼ 뚝수리[t'uk-su-ri] (경남)동래 · 부산 · 김해
❽ 둑시리[tuk-si-ri] (경남)양산 · 거창 · 밀양
❾ 닥수리[tak-su-ri] (함북)성진 · 명천 · 경성 · 나남 · 청진 · 부령 · 종성 · 경원 · 경흥
❿ 덕수리[tək-su-ri] (함북)무산 · 회령
⓫ 똥소리기[t'oŋ-so-ri-gi] (제주)대정
⓬ 똥수래기[t'oŋ-su-re-gi] (제주)성산 · 서귀
⓭ 대모수리[tɛ-mo-su-ri] (함남)신흥
⓮ 대미수리[tɛ-mi-su-ri] (함남)홍원 · 이원
⓯ 수리[su-ri] (경남)거제 · 통영 · 남해
⓰ 터벅수리[tʰə-bək-su-ri] (사납고 힘센 독수리)(경남)남해 · 하동

16528 솔개鳶

❶ 소래기[so-rɛ-gi] (제주)제주 · 서귀 · 대정, (경남)울산 · 양산 · 동래 · 진주 · 밀양, (경북)영덕 · 의성 · 예천 · 안동 · 영주 · 청송
❷ 소루개[so-ru-gɛ] (충남)강경
❸ 소리개[so-ri-gɛ] (전북)전주, (충남)공주 · 홍성, (충북)영동
❹ 소리개미[so-ri-gɛ-mi] (충북)청주 · 충주, (강원)강릉
❺ 소리기[so-ri-gi] (경남)통영 · 창녕, (경북)대구 · 울진 · 평해
❻ 수래기[su-rɛ-gi] (제주)성산
❼ 수리개[su-ri-gɛ] (함남)신고산 · 신흥 · 북청 · 단천 · 풍산 · 갑산 · 혜산, (함북)명천 · 나남
❽ 솔개[sol-gɛ] (강원)삼척, (함남)덕원 · 문천 · 고원 · 영흥 · 정평 · 함흥 · 오로
❾ 솔개미[sol-gɛ-mi] (충남)홍성 · 천안, (충북)단양, (강원)양양, (함남)안변
❿ 솔개이[sol-gɛ-i] (경남)거창

⑪ 솔갱이[sol-gɛŋ-i] (전남)여수·순천·강진·영암·목포·나주·장성·담양·곡성·구례, (전북)남원·순창·정읍·임실·무주·금산, (경남)부산·김해·마산·거제·남해·하동·함양, (경북)고령·김천, (충북)보은
⑫ 솔껭이[sol-k'ɛŋ-i] (전남)보성, (전북)운봉·임실·장수·진안, (경남)합천
⑬ 솔꾕이[sol-k'öŋ-i] (전북)김제
⑭ 솔뱅이[sol-bɛŋ-i] (경북)영천·포항·의성·예천·청송
⑮ 술개[sul-gɛ] (함남)덕원·문천·영흥·정평·홍원·이원
⑯ 호리개[ho-ri-gɛ] (전북)김제

▰ 16529 학鶴

❶ 두루미[tu-ru-mi] 【「物語」鶴, つるみ】 (전남)광주·곡성, (경남)양산·동래(동래에서는 [hong-sɛ]를 의미한다)·거창·합천·창녕·밀양, (경북)고령, (충남)홍성·천안([tu-ru-mi]는 대부분 문어文語·아어雅語로 사용된다.)
❷ 두럼[tu-rəm] (제주)제주·서귀·대정
❸ 뚜럼[t'u-rəm] (제주)성산
❹ 학[hak] (전남)여수·강진·영암·목포·나주·장성·담양·곡성, (전북)운봉·남원·순창·정읍·김제·전주·임실·장수·진안·무주·금산, (경남)울산·양산·동래·부산·김해·마산·거제·통영·진주·남해·하동·함양·거창·합천·창녕·밀양, (경북)영천·포항·영덕·대구·고령·김천·의성·청송·울진·평해([hak]은 대부분 구어口語로 사용된다), (충남)공주·강경·서천·홍성·천안, (충북)청주·보은·영동·충주·단양, (강원)양양·강릉·삼척
❺ 항새[haŋ-sɛ] 【「物語」鴻, はぐさいし】 ([haŋ-se]는 원래 [han-se]황새 鶴이지만, 학鶴의 의미로 전용轉用된다)(경남)김해·마산·거제·진주·남해·함양, (경북)예천
❻ 황새[hwaŋ-sɛ] (전 항목과 마찬가지로 학鶴의 의미로도 전용轉用된다)(경남)동래, (경북)고령·안동·영주(청송에서는 백로鷺로 전용轉用된다.)

16530 닭鷄

① 독[tɔk] 【「三才」鷄, 止留木.「物語」鷄, とるき】 (제주)제주・성산・서귀・대정
② 닥[tak] 대다수 지방
③ 끼애기[kʼi-ɛ-gi] (③에서 ⑥까지는 산삼채취자들의 은어)(평북)강계
④ 끼야기[kʼi-ya-gi] (평북)자성
⑤ 께기[kʼe-gi] (함남)풍산
⑥ 귀애기[kwi-ɛ-gi] (평북)후창

16531 닭 부르는 소리鷄を呼ぶ聲

① 굴[kul] (함남)홍원・북청・단천, (함북)성진
② 굴굴[kul-kul] (함남)홍원・북청・단천・풍산・갑산・혜산, (함북)성진, (평북)자성・후창
③ 구구[ku-ku] (평북)자성・후창
④ 구구구[ku-ku-ku] (함북)길주・경성・청진
⑤ 주주[ču-ču] (황해)황주, (함북)길주・경성・나남・부령・경흥, (평남)평양, (평북)박천・영변・희천・구성・강계・자성・후창
⑥ 지주[či-ju] (함북)나남・부령・무산・회령・종성

16532 달걀鷄卵

① 독새기[tɔk-sɛ-gi] (제주)제주・성산・서귀・대정
② 달갈[tal-gal] 대다수 지방
③ 달괄[tal-gwal] (전남)곡성, (전북)운봉・남원・순창

16533 산꿩山雉

① 들꿩[tɨl-kʼwəŋ] 대다수 지방
② 퉁너불개[tʰuŋ-nə-bul-gɛ] (산삼채취자들의 은어)(함남)혜산

16534 메추리鶉

① 뫼추래기[mö-čʰu-rɛ-gi] (경기)경성, (충남)강경, (충북)영동
② 메초리[me-čʰo-ri] (전남)나주・장성・담양, (전북)순창
③ 메추래기[me-čʰu-rɛ-gi] (충북)청주・보은
④ 모추리[mo-čʰu-ri] (경북)청송
⑤ 모추래기[mo-čʰu-rɛ-gi] (충남)홍성・천안, (충북)충주
⑥ 모치래기[mo-čʰi-rɛ-gi] (경북)안동・영주, (충남)서천, (충북)단양
⑦ 매초리[mɛ-čʰo-ri] (전남)여수・보성・강진・영암・목포・광주・곡성, (전북)운봉・남원・정읍・김제・전주・임실・장수・진안・무주・금산, (경남)울산・동래・양산・부산・김해・마산・진주・남해・하동・함양・거창・합천・창녕・밀양, (경북)포항・고령・김천・예천
⑧ 매추리[mɛ-čʰu-ri] (전남)순천, (경남)거제・통영, (경북)영천・영덕, (충남)홍성
⑨ 미추리[mi-čʰu-ri] (경북)의성
⑩ 순작[sun-jak] (제주)성산

16535 모이鳥の餌

① 머이[mə-i] (경기)경성
② 멍이[məŋ-i] (평북)박천・영변
③ 메이[me-i] (경기)개성, (황해)금천・연안・해주・옹진・태탄・장연・은율・안악・재령・서흥・수안
④ 메기[me-gi] (경기)장단・연천
⑤ 맹이[meŋ-i] (경기)개성, (황해)황주・신계・곡산, (평남)평양, (평북)희천・강계・자성・후창
⑥ 마시[ma-si] (충남)서천
⑦ 모시[mo-si] (전남)보성・강진・영암・목포・나주・장성・담양・곡성, (전북)운봉・남원・순창・정읍・김제・군산・전주・임실・장수・진안・금

산, (경남)울산 · 양산 · 동래 · 부산 · 김해 · 마산 · 거제 · 통영 · 진주 · 남해 · 하동 · 함양 · 거창 · 합천 · 창녕 · 밀양, (경북)영덕 · 대구 · 고령 · 의성 · 예천 · 안동 · 청송, (충남)공주 · 강경 · 부여 · 홍산 · 청양 · 남포 · 보령 · 안면도 · 광천 · 홍성 · 해미 · 서산 · 오천 · 예산 · 천안 · 조치원, (충북)청주 · 보은 · 영동 · 충주 · 단양, (함남)문천 · 고원 · 영흥 · 정평 · 신흥 · 홍원 · 북청 · 이원 · 단천 · 풍산 · 갑산 · 혜산, (함북)성진 · 명천 · 나남

⑧ **모새**[mo-sɛ] (전남)여수, (경북)김천
⑨ **모이**[mo-i] (경북)영주, (경기)경성, (강원)강릉
⑩ **뫼**[mö] (강원)양양 · 삼척
⑪ **몽이**[moŋ-i] (평북)구성
⑫ **묑이**[möŋ-i] (함남)신고산 · 안변 · 덕원
⑬ **목시**[mok-si] (경북)포항
⑭ **몹시**[mop-si] (경북)영천, (경북)울진 · 평해
⑮ **예**[ye] (함북)청진
⑯ **옐**[yel] (함북)청진
⑰ **유에**[ju-e] (함북)길주 · 경성 · 나남 · 부령 · 무산 · 회령 · 종성
⑱ **료**[ryo] (함북)종성
⑲ **요**[yo] (함북)무산 · 회령
⑳ **욜**[yol] (함북)경흥
㉑ **양식**[yaŋ-sik] (함남)정평 · 함흥 · 오로 · 신흥

16536 부리嘴

❶ **부버리**[pu-bə-ri] (함남)풍산 · 갑산 · 혜산
❷ **부부리**[pu-bu-ri] (강원)통천, (함남)고원 · 영흥 · 함흥 · 오로 · 신흥 · 홍원 · 이원 · 단천, (함북)성진 · 길주 · 명천 · 경성 · 나남 · 청진 · 부거 · 부령 · 무산 · 회령 · 종성 · 경원 · 경흥 · 웅기
❸ **부:리**[pu:-ri] (강원)통천 · 평창

④ 주댕이[ču-dɛŋ-i] (충남)서천
⑤ 주더리[ču-də-ri] (특히 조류)(함남)갑산
⑥ 주데이[ču-de-i] (황해)금천·연안·해주·옹진·태탄·장연·은율·안악·재령·서흥
⑦ 주뎅이[ču-deŋ-i] (경북)울진·평해, (강원)강릉·삼척
⑧ 주둥이[ču-duŋ-i] (경남)부산, (황해)황주·신계·곡산, (함남)북청·풍산, (평남)평양, (평북)박천·영변·회천·구성·강계·자성·후창
⑨ 주뒹이[ču-dwiŋ-i] (경기)경성·개성·장단·연천, (황해)수안
⑩ 주듕이[ču-diŋ-i] (충남)홍성·천안
⑪ 주딍이[ču-diyŋ-i] (경남)울산·양산·동래·김해·마산·거제·통영·길주·남해·함양·거창·합천·창녕·밀양, (경북)영천·포항·영덕·대구·고령·김천·의성·예천·안동·영주·청송, (충남)공주·강경, (충북)청주·보은·영동·충주·단양·제천, (강원)장전·고성·간성·양양·영변·평창·원주·횡성·홍천·춘천·인제, (함남)안변·원산

16537 병아리雛

① 병아리[pyəŋ-a-ri] (전남)광주, (충남)공주·홍성·천안, (충북)보은·영동·단양, (경기)경성·개성·장단·연천, (강원)양양·강릉, (황해)금천·연안·해주·옹진·태탄·장연·은율·안악·재령·황주·서흥·신계·수안·곡산, (함북)청진
② 뼁아리[p'yəŋ-a-ri] (전북)금산
③ 병사리[pyəŋ-sa-ri] (황해)은율
④ 병자리[pyəŋ-ja-ri] (충북)청주·보은
⑤ 뼁아리[peŋ-a-ri] (경북)영주, (충남)강경, (충북)충주, (강원)삼척, (함남)신고산·안변·덕원
⑥ 베아리[pe-a-ri] (함북)함흥
⑦ 배우리[pɛ-u-ri] (함남)함흥·오로·북청·이원·단천·풍산·갑산·혜산,

(함북)성진・길주・명천・경성・나남・부령・무산・회령・종성・경흥・웅기

⑧ 뱅살[pɛŋ-sal] (함남)정평・함흥・오로・신흥
⑨ 뱅아리[pɛŋ-a-ri] (평남)평양, (평북)구성
⑩ 뱡우리[pyaŋ-u-ri] (함북)경원
⑪ 비아리[pi-a-ri] (경북)예천・안동・청송・울진・평해, (함남)문천・고원・영흥
⑫ 삐아리[p'i-a-ri] (경북)영덕・의성
⑬ 삐애리[p'i-ɛ-ri] (경북)의성
⑭ 비애기[pi-ɛ-gi] (제주)성산, (전북)남원・순창
⑮ 삐애기[p'i-ɛ-gi] (전남)장성, (경북)포항
⑯ 빙아리[piŋ-a-ri] (충남)서천・홍성, (평북)자성・후창
⑰ 삥아리[p'iŋ-a-ri] (전남)보성・강진・영암・목포・나주・담양・곡성・구례, (전북)운봉・남원・순창・정읍・김제・전주・임실・장수・진안・무주, (경북)김천
⑱ 빙애리[piŋ-ɛ-ri] (평북)박천・영변・희천・강계
⑲ 빙애기[piŋ-ɛ-gi] (제주)제주・성산・서귀・대정
⑳ 비가리[pi-ga-ri] (경남)거창
㉑ 삐가리[p'i-ga-ri] (전남)여수, (경남)울산・동래・진주・함양, (경북)영천・대구
㉒ 비개이[pi-gɛ-i] (경남)거창
㉓ 비갱이[pi-gɛŋ-i] (경남)부산
㉔ 삐갱이[p'i-gɛŋ-i] (전남)순천, (경남)울산・양산・김해・마산・거제・통영・진주・남해・하동・밀양, (경북)영천・대구
㉕ 빌가리[pil-ga-ri] (경북)고령
㉖ 빌갱이[pil-gɛŋ-i] (경남)합천・창녕
㉗ 연계[yən-gye] (함북)무산・종성

㉘ 열게[yəl-ge] (함북)나남·종성

16538 새鳥 : とり

❶ 새[sɛ] 대다수 지방
❷ 사이[sa-i] (경기)개성([sɛ]라고도 한다), (황해)재령·서흥·수안
❸ 생이[sɛŋ-i] (제주)제주·성산·서귀·대정

16539 참새雀

❶ 새[sɛ] 【「物語」雲雀, さい】 (전남)여수·순천·목포·영암·나주·장성·담양, (전북)남원·순창·정읍·김제·전주, (경남)하동. 수타
❷ 생이[sɛŋ-i] (제주)제주·성산·서귀·대정
❸ 촘새[čʰom-sɛ] (제주)제주·성산·서귀·대정
❹ 참새[čʰam-sɛ] (전남)여수·순천·강진
❺ 밥주리[pap#ču-ri] (제주)성산·서귀
❻ 밤주리생이[pam-ju-ri#sɛŋ-i] (제주)제주

16540 올빼미鵂

❶ 옫빼미[ot-pɛ-mi] (전남)여수·순천·보성·강진·영암·나주·장성·담양·곡성·구례, (경남)울산·양산·동래·부산·김해·마산·거제·통영·진주·남해·하동·함양·합천·창녕·밀양, (경북)영천·포항·영덕·대구·고령·의성·예천·영주·청송·울진·평해, (충남)서천·홍성, (충북)보은·충주·단양, (경기)경성, (강원)삼척
❷ 올빼미[ol-pɛ-mi] (전남)목포·곡성, (전북)운봉·남원·순창·정읍·김제·전주·임실·장수·진안·무주·금산, (경북)안동, (충남)공주·강경·천안, (충북)청주·영동·충주, (강원)양양·강릉
❸ 옴배미[om-bɛ-mi] (경남)거창, (경북)김천
❹ 옵밤[op-pam] (제주)성산·서귀·대정

❺ **옥밤**[ok-pam] (제주)제주

16541 오리鴨
❶ **오리**[o-ri] 대다수 지방
❷ **올기**[ol-gi] (경남)울산, (경북)영천 · 포항 · 영덕

16542 암꿩雌雉
❶ **암꿩**[am-k'wəŋ] (제주)제주 · 성산 · 서귀 · 대정, (전남)보성 · 강진 · 영암 · 목포 · 구례, (전북)임실 · 장수 · 진안 · 무주 · 금산 · 수타
❷ **암꽁**[am-k'oŋ] (전남)여수, (전북)운봉
❸ **앙꽁**[aŋ-k'oŋ] (경남)하동
❹ **가토리**[ka-tʰo-ri] (전남)순천 · 보성 · 강진 · 장성 · 곡성, (전북)운봉 · 정읍 · 김제
❺ **가투리**[ka-tʰu-ri] (전남)담양, (전북)남원 · 순창
❻ **까토리**[k'a-tʰo-ri] (전북)전주 · 장수 · 진안 · 무주 · 금산
❼ **까투리**[k'a-tʰu-ri] (전북)남원

16543 어미 꿩親雉
❶ **얼트기**[əl-tʰɔ-gi] (제주)성산

16544 어린 꿩幼雉
❶ **줄레**[čul-le] (제주)성산

16545 종달새雲雀
❶ **종달새**[čoŋ-dal-sɛ] (제주)서귀, (전남)여수 · 순천 · 보성 · 강진 · 영암 · 목포 · 나주 · 광주 · 장성 · 담양, (전북)정읍 · 김제 · 전주 · 임실 · 장수 · 진안 · 무주, (경남)동래 · 김해 · 거제 · 통영 · 진주 · 하동 · 함양, (경북)영덕 ·

고령・울진・평해, (충남)공주・강경・서천・홍성・천안, (충북)단양, (경기)경성・개성・장단・연천, (강원)양양・강릉・삼척, (황해)금천・서흥・신계・수안・곡산, (함남)신고산・안변・덕원・문천・영흥

② **종다리**[čoŋ-da-ri] (황해)금천・연안・해주・옹진・태탄・장연・은율・안악・재령・서흥

③ **총데기**[čʰoŋ-de-gi] (제주)제주・서귀・대정

④ **노고조리**[no-go-jo-ri] (경남)부산・진주, (충북)청주・보은・영동・충주

⑤ **노고지리**[no-go-ji-ri] (전남)곡성・구례, (경남)울산・양산・마산・밀양, (경북)영천・포항・김천・예천・안동・영주・청송, (강원)양양・강릉

⑥ **노구자리**[no-gu-ja-ri] (경남)창녕, (경북)고령

⑦ **노구저리**[no-gu-jə-ri] (경남)하동

⑧ **노구조리**[no-gu-jo-ri] (경남)거창・합천

⑨ **노구주리**[no-gu-ju-ri] (전북)금산

⑩ **노구지리**[no-gu-ji-ri] (전북)운봉・남원, (경북)대구・의성

⑪ **뇌조리**[nö-jo-ri] (함남)고원・정평・함흥・오로・신흥・홍원・북청・이원

⑫ **주주머리새**[ču-ju-mə-ri-sɛ] (제주)성산

⑬ **삐쪽새**[pʼi-čʼok-sɛ] (경남)남해

■ 16546 매鶻 : はやぶさ

① **조롱새**[čo-roŋ-sɛ] (황해)황주, (함남)홍원, (평남)평양, (평북)박천・영변・구성

② **조롱이**[čo-roŋ-i] (평북)희천・후창

③ **조롱태**[čo-roŋ-tʰɛ] (황해)금천・연안・옹진・태탄・장연・은율・안악・재령・서흥・신계・수안・곡산, (함남)덕원・신흥・북청・이원・풍산・갑산・혜산

④ **새저리**[sɛ-jə-ri] (함남)홍원・북청, (함북)성진・길주・나남・청진・부령・무산・회령・종성・경원・경흥

달리는 짐승 走獸

■ 17547 고양이 猫

❶ 고내[ko-nɛ] (함북)회령
❷ 고내기[ko-nɛ-gi] (경북)영천·대구·의성
❸ 꼬내기[k'o-nɛ-gi] (경북)포항
❹ 고냉이[ko-nɛŋ-i] (제주)제주·성산·서귀·대정, (강원)양양·강릉·삼척, (함남)신고산·안변·덕원·문천, (함북)청진, (평북)영변·희천·강계·자성·후창
❺ 고내[ko-nyɛ] (함북)종성·경원·경흥·웅기
❻ 고냉이[ko-nyɛŋ-i] (충북)충주·단양
❼ 고애[ko-ɛ] (함남)갑산·혜산
❽ 고양[ko-yaŋ] (함남)북청
❾ 고양이[ko-yaŋ-i] (전남)광주, (충북)청주·보은
❿ 고애[ko-yɛ] (함남)홍원·북청·단천, (함북)성진·길주·종성·나남·부령·무산
⓫ 고앵이[ko-yɛŋ-i] (경북)영주·울진
⓬ 고이[ko-i] (충남)서천, (황해)해주·옹진·태탄
⓭ 고쟁이[ko-jɛŋ-i] (경북)예천
⓮ 공애[koŋ-yɛ] (함남)문천·고원·영흥·정평·함흥·오로·신흥·홍원·

자료편 | 365

이원・풍산, (함북)명천・부거
⑮ 광이[kwaŋ-i] (평북)박천・영변・희천・구성・강계・자성・후창
⑯ 광지[kwaŋ-ji] (경북)안동
⑰ 쾌[kwɛ] (경북)청송
⑱ 쾌내기[kwɛ-nɛ-gi] (경북)영덕
⑲ 쾌냉이[kwɛ-nɛŋ-i] (경북)대구・의성・청송
⑳ 쾌이[kwɛ-i] (황해)금천・연안・해주・옹진・태탄・장연・은율・안악・재령・서흥
㉑ 괭이[kwɛŋ-i] (전남)광주・곡성・구례, (전북)운봉・순창・임실・장수・진안・무주・금산, (충남)공주・강경・서천・홍성・천안, (충북)보은・영동, (경기)경성・개성・장단・연천, (황해)황주・신계・수안・곡산, (평남)평양
㉒ 궤냉이[kwe-nɛŋ-i] (경북)평해
㉓ 괴[kö] (전남)여수・순천・강진
㉔ 괴대기[kö-dɛ-gi] (전남)강진
㉕ 괴데기[kö-de-gi] (전남)영암
㉖ 굉이[köŋ-i] (전남)보성・강진
㉗ 궤데기[kwe-de-gi] (전남)목포・나주
㉘ 궹이[kweŋ-i] (전남)목포・나주, (경남)거창・창녕, (경북)고령
㉙ 귀[kwi] (경북)영주
㉚ 귀앵이[kwi-ɛŋ-i] (전남)장성・담양, (전북)남원・정읍・김제・전주
㉛ 귀엥이[kwi-eŋ-i] (전남)영암
㉜ 개내기[kɛ-nɛ-gi] (경남)울산・동래・부산
㉝ 개냉이[kɛ-nɛŋ-i] (경남)양산・밀양
㉞ 개앵이[kɛ-ɛŋ-i] (경남)하동
㉟ 갱이[kɛŋ-i] (경남)김해・마산・거제・진주・함양・거창・합천・창녕・밀양, (경북)김천
㊱ 게생이[ke-sɛŋ-i] (경남)남해

㊲ **살징이**[sal-čiŋ-i] (경남)양산 · 김해
㊳ **애옹구**[ɛ-oŋ-gu] (경남)남해
㊴ **앵구**[ɛŋ-gu] (경남)거제 · 통영

17548 갈기鬣 : たてがみ

❶ **갈기**[kal-gi] (제주)제주 · 성산 · 서귀 · 대정, (전남)여수 · 순천 · 보성 · 강진 · 영암 · 목포 · 나주 · 광주 · 장성 · 곡성, (전북)운봉 · 남원 · 순창 · 정읍 · 김제 · 전주 · 무주, (경남)양산 · 동래 · 부산 · 김해 · 마산 · 진주 · 남해 · 함양 · 거창 · 합천 · 창녕 · 밀양, (경북)고령 · 예천 · 안동, (충남)홍성, (충북)충주, (경기)경성 · 개성 · 장단 · 연천, (강원)춘천, (황해)금천 · 연안 · 해주 · 옹진 · 태탄 · 장연 · 은율 · 안악 · 재령 · 황주 · 서흥 · 신계 · 수안 · 곡산, (함남)덕원, (평남)중화 · 평양 · 숙천 · 안주, (평북)선천
❷ **깔기**[k'al-gi] (경북)의성
❸ **갈기머리**[kal-gi#mə-ri] (충북)보은
❹ **갈긴머리**[kal-gin#mə-ri] (충남)강경 · 서천
❺ **갈키**[kal-k^{h}i] (전남)담양
❻ **갈개**[kal-gɛ] (경남)하동
❼ **갈갠머리**[kal-gɛn-mə-ri] (충남)천안
❽ **갈게**[kal-ge] (경북)영주
❾ **까악지**[k'a-ak-či] (경북)청송
❿ **꾀피**[k'ö-p^{h}i] (전북)정읍 · 김제
⓫ **마목**[ma-mok] (평북)용암
⓬ **모래기**[mo-rɛ-gi] (함남)함흥 · 오로 · 신흥 · 홍원 · 이원 · 갑산 · 혜산, (함북)명천 · 나남 · 부거 · 부령
⓭ **모랭이**[mo-rɛŋ-i] (함남)북청 · 풍산
⓮ **모레기**[mo-re-gi] (함남)신고산 · 안변 · 덕원 · 문천 · 고원 · 영흥 · 정평
⓯ **타랭이**[t^{h}a-rɛŋ-i] (평북)박천 · 영변 · 희천 · 구성 · 정주 · 선천 · 용암 · 의주 ·

강계 · 자성 · 후창
⑯ **타리**[tʰa-ri] (평북)박천
⑰ **셔기**[syə-gi] (함북)회령

■ 17549 강아지犬の子

❶ **가아지**[ka-a-ji] (경북)울진
❷ **강아지**[kaŋ-a-ji] (전남)여수 · 영암 · 광주, (전북)운봉 · 남원 · 순창 · 정읍 · 김제 · 전주 · 장수 · 진안 · 무주 · 금산, (경남)울산, (경북)영천 · 포항 · 예천 · 안동 · 영주 · 청송, (충남)공주 · 강경 · 서천 · 홍성 · 천안, (충북)청주 · 보은 · 영동 · 충주, (강원)양양 · 강릉 · 삼척
❸ **강아치**[kaŋ-a-cʰi] (충북)단양
❹ **강생이**[kaŋ-sɛŋ-i] (제주)제주 · 성산 · 서귀 · 대정, (전남)여수 · 순천 · 담양, (전북)남원 · 순창, (경남)울산 · 양산 · 동래 · 부산 · 김해 · 마산 · 거제 · 통영 · 진주 · 남해 · 하동 · 함양 · 거창 · 합천 · 창녕 · 밀양, (경북)영천 · 포항 · 영덕 · 대구 · 고령 · 김천 · 의성 · 청송, (충남)서천
❺ **강싱이**[kaŋ-siŋ-i] (경북)평해
❻ **개샏기**[kɛ-sɛt-ki] (전남)장성
❼ **갱생이**[kɛŋ-sɛŋ-i] (전남)보성
❽ **갱아지**[kɛŋ-a-ji] (전남)순천 · 보성 · 강진 · 목포 · 나주 · 장성 · 담양 · 곡성 · 구례, (경남)하동

■ 17550 거북龜

❶ **거북**[kə-buk] (제주)제주 · 성산 · 서귀 · 대정, (전남)여수 · 보성 · 강진 · 담양 · 곡성 · 구례, (전북)운봉 · 정읍 · 김제 · 전주 · 임실 · 장수 · 진안 · 무주 · 금산, (경남)울산 · 양산 · 동래 · 부산 · 김해 · 마산 · 거제 · 통영 · 진주 · 남해 · 하동 · 함양 · 거창 · 합천 · 창녕 · 밀양, (경북)영천 · 포항 · 영덕 · 대구 · 고령 · 김천 · 의성 · 예천 · 안동 · 영주 · 청송 · 울진 · 평해,

(충남)공주 · 강경 · 서천, (충북)청주 · 보은 · 영동 · 충주 · 단양 · 제천, (경기)경성 · 장단, (강원)통천 · 장전 · 고성 · 간성 · 원주 · 춘천, (황해)금천 · 연안 · 신계, (함남)덕원 · 문천 · 고원 · 영흥 · 정평 · 함흥 · 오로 · 신흥 · 홍원 · 북청 · 이원 · 단천 · 풍산, (함북)성진 · 길주 · 명천 · 경성 · 나남 · 청진 · 부령 · 무산 · 회령 · 종성 · 경흥

❷ **거부기**[kə-bu-gi] (경북)울진 · 평해, (충남)홍성 · 천안, (경기)개성 · 연천, (강원)간성 · 양양 · 주문진 · 강릉 · 삼척 · 영월 · 평창 · 원주 · 횡성 · 인제, (황해)해주 · 옹진 · 태탄 · 장연 · 은율 · 안악 · 재령 · 황주 · 서흥 · 수안 · 곡산, (함남)신고산 · 안변 · 북청 · 풍산 · 갑산 · 혜산, (평남)평양, (평북)박천 · 영변 · 희천 · 구성 · 강계 · 자성 · 후창

❸ **거벅**[kə-bək] (전남)순천 · 영암 · 목포 · 나주 · 광주 · 장성, (전북)남원 · 순창

❹ **거복**[kə-bok] (전남)담양

17551 꼬리尾

❶ **꼬리**[k'o-ri] 대다수 지방

❷ **꼬랑대기**[k'o-raŋ-dɛ-gi] (경남)울산 · 양산 · 동래 · 부산 · 마산 · 남해, (경북)영천 · 포항 · 영덕 · 대구 · 김천 · 의성 · 청송, (함남)이원

❸ **꼬랑댕이**[k'o-raŋ-dɛŋ-i] (전남)여수 · 순천 · 곡성, (전북)운봉 · 김제 · 전주 · 임실 · 장수 · 진안 · 무주 · 금산, (경남)거체 · 통영 · 진주 · 하동 · 함양 · 거창 · 합천 · 밀양, (경북)고령, (충북)보은 · 영동 · 충주 · 단양, (함남)문천 · 고원 · 영흥

❹ **꼬랑이**[k'o-raŋ-i] (황해)금천 · 연안 · 해주 · 옹진 · 태탄 · 장연 · 은율 · 안악 · 재령 · 서흥 · 신계

❺ **꼬랑지**[k'o-raŋ-ji] (전남)장성 · 담양, (전북)남원 · 순창 · 정읍, (충남)공주 · 강경 · 서천 · 홍성 · 천안, (경기)연천, (황해)금천 · 해주 · 옹진 · 태난 · 장연 · 은율 · 안악 · 재령 · 서흥, (함남)신고산 · 안변 · 덕원 · 북청 · 이원 ·

풍산·갑산
⑥ 꼬랭이[k'o-rɛŋ-i] (전남)담양, (전북)순창·김제, (경남)마산·거제·통영·진주·남해·함양·거창, (충남)공주·강경·서천·홍성·천안, (충남)청주·보은·충주, (황해)황주·신계, (함남)함흥·오로, (평남)평양, (평북)박천·영변·희천·구성·강계·자성·후창
⑦ 꼬랭기[k'o-rɛŋ-gi] (함남)정평·신흥
⑧ 꼬랭지[k'o-rɛŋ-ji] (평북)박천
⑨ 꼴랑지[k'ol-laŋ-ji] (제주)성산·서귀·대정, (전남)보성·강진·영암·목포·나주
⑩ 꼴랭이[k'ol-lɛŋ-i] (제주)제주·성산·서귀·대정
⑪ 꽁대[k'oŋ-dɛ] (경남)양산, (함남)문천·영흥
⑫ 꽁대기[k'oŋ-dɛ-gi] (경남)울산, (경북)영천·포항·영덕
⑬ 꽁댕이[k'oŋ-dɛŋ-i] (전북)남원, (강원)양양·강릉·삼척·울진·평해, (함남)고원, (평남)평양
⑭ 꽁지[k'oŋ-ji] (전남)장성·담양, (전북)남원, (경남)울산·양산·마산·거제·남해·함양, (경북)영천·포항·영덕·예천·안동·영주·울진·평해, (충남)공주·강경·서천·홍성, (충북)단양, (경기)개성·장단·연천, (황해)황주·신계·수안·곡산, (함남)신고산·안변·덕원
⑮ 궁딩이[kuŋ-diyŋ-i] (경남)김해
⑯ 기고리[ki-go-ri] (경남)창녕

■ 17552 암수雌雄 (금수禽獸에)
❶ 가바씨[ka-ba-s'i] (함남)정평·함흥·신흥

■ 17553 개犬
❶ 개[kɛ] 【「三才」犬, 加伊. 「物語」犬, かい】 대다수 지방
❷ 가이[ka-i] (황해)금천·옹진·태탄·장연·은율·안악·재령·서흥·수안

❸ 공공이[koŋ-goŋ-i] (❸에서 ❺까지 산삼채취자들의 은어)(함남)갑산, (평북)강계
❹ 마당너울[ma-daŋ#nə-il] (함남)풍산
❺ 즈즐폐[či-jil-pʰye] (함남)풍산, (평북)강계

17554 일본 개의 일종—一種の矮狗

❶ 발바리[pal-ba-ri] (경기)경성·개성·장단·연천, (황해)금천·연안·해주·옹진·태탄·장연·은율·안악·재령·황주·서홍·신계·수안·곡산, (함남)신고산·안변·덕원·문천·고원·영흥·정평·함흥·오로·신흥·홍원·북청·이원·풍산·갑산·혜산, (평남)평양, (평북)박천·영변·희천·구성·강계·자성·후창

17555 강아지를 부르는 소리子犬を呼ぶ聲

❶ 고도고도[ko-do#ko-do] (함남)풍산·갑산·혜산, (함북)나남·부령·무산, (평북)자성·후창
❷ 꼬도꼬도[kʼo-do#kʼo-do] (함남)단천, (함북)성진·길주·경성·청진·회령·종성·경흥
❸ 꼬독꼬독[kʼo-dok#kʼo-dok] (평북)강계
❹ 구두구두[ku-du#ku-du] (평북)강계·자성·후창
❺ 오요오요[o-yo#o-yo] (황해)황주, (함남)북청·풍산·갑산·혜산, (평남)평양, (평북)박천·영변·희천·구성·자성
❻ 주축[ču-čʰuk] (함남)북청
❼ 축축[čʰuk-čʰuk] (함남)홍원

17556 고양이 부르는 소리猫を呼ぶ聲

❶ 매매[mɛ-mɛ] (제주)제주·성산·서귀·대정
❷ 세코마[se-kʰo-ma] (전북)남원·전주
❸ 세카마[se-kʰa-ma] (전남)담양, (전북)순창·정읍·김제

④ 야:나야:나[aː-na#aː-na] (경기)경성・장단・연천, (황해)신계
⑤ 야:나노오[aː-na#na-o] (황해)연안
⑥ 야:나쥐[aː-na#čwi] (전남)광주, (전북)운봉・임실・장수・진안・무주・금산
⑦ 야:나밥[aː-na#pap] (전남)광주
⑧ 야:나괴야[aː-na#kö-ja] (전남)강진
⑨ 야:나꿰야[aː-na#kwe-ja] (전남)목포
⑩ 야:나새꼬마[aː-na#sɛ-kʼo-ma] (전북)운봉・임실・장수・진안・무주・금산
⑪ 야:나새뀌마[aː-na#sɛ-kʼi-ma] (경남)하동, (전남)여수・순천・보성
⑫ 애:누애:누[ɛː-nu#ɛː-nu] (황해)곡산

17557 곰熊

① 곰:[koːm] 대다수 지방
② 너:폐[nəː-pʰye] (②에서 ⑤까지는 산삼채취자들의 은어)(평북)강계
③ 너:페[nəː-pʰe] (함남)풍산・혜산, (함북)명천, (평북)후창
④ 너:팽이[nəː-pʰɛŋ-i] (평북)자성
⑤ 곰폐[kom-pʰye] (함남)풍산

17558 노루獐

① 노루[no-ru] (전남)김제・전주・장수・진안・무주・금산, (경남)거창, (경북)김천・예천・안동・청송, (충남)공주・강경・서천・홍성・천안, (충북)청주・보은・영동・충주・단양, (경기)경성・개성・장단・연천, (강원)양양・강릉, (황해)금천・연안, (황해)옹진・태탄・장연・은율・안악・재령・황주・서흥・신계・수안, (평남)평양, (평북)박천・영변・희천・구성・강계・자성
② 노리[no-ri] (제주)제주・성산・서귀・대정・여수・순천・보성・강진・영암・목포・나주・광주・장성・담양・곡성・구례, (전북)운봉・남원・순

창·정읍·임실, (경남)울산·양산·동래·부산·김해·마산·거제·통영·진주·남해·하동·함양·합천·창녕·밀양, (경북)영천·포항·영덕·대구·고령·의성·안동·영주·청송·평해

❸ 놀가지[nol-ga-ji] (경기)개성, (황해)수안·곡산, (함남)문천·고원·신흥·홍원·북청·이원·단천·풍산·갑산·혜산, (함북)성진·길주·명천·경성·나남·청진·부거·부령·무산·회령·종성·경원·경흥·웅기, (평북)박천·영변·희천·구성·강계·후창

❹ 놀기[nol-gi] (함남)신고산·안변·문천·고원·영흥·정평·함흥·오로·신흥·갑산·혜산

❺ 놀개지[nol-gɛ-ji] (함남)영흥·정평

❻ 놀갱이[nol-gɛŋ-i] (강원)강릉·삼척, (경북)울진

❼ 장사니[čaŋ-sa-ni] (❼, ❽은 산삼채취자들의 은어)(함북)명천, (평북)강계

❽ 장귀미[čaŋ-gwi-mi] (함남)혜산

17559 암노루雌獐

❶ 어시[ə-si] (제주)성산

17560 사슴의 일종鹿の一種

❶ 고라니[ko-ra-ni] (제주)성산, (전남)여수·순천·보성·강진·영암·광주(사슴의 일종)·곡성(암수 불명), (경남)하동(사슴의 일종.)

17561 다람쥐栗鼠 : りす

❶ 다람쥐[ta-ram-jwi] 대다수 지방
❷ 볼조비[pol-čo-bi] (❷, ❸, ❹는 산삼채취자들의 은어)(평북)강계
❸ 볼제비[pol-če-bi] (함남)풍산
❹ 쥐암매[čwi-am-mɛ] (함남)풍산

■ **17562 두더쥐**鼹 : むぐら

① 두더쥐[tu-də-ǰwi] (충남)부여・홍산・갈산
② 두더지[tu-də-ǰi] (충남)천안, (강원)양양・강릉・원주・횡성・홍천・인제
③ 두데기[tu-de-gi] (경북)포항・영덕・울진・평해, (충남)공주, (충북)괴산・충주, (강원)횡성
④ 두두래기[tu-du-re-gi] (전북)금산
⑤ 두두리기[tu-du-ri-gi] (충북)영동
⑥ 두듸기[tu-diy-gi] (경북)김천, (충남)천안, (충북)청주・보은
⑦ 두듸기[tu-diyl-gi] (전북)금산
⑧ 두저기[tu-ǰə-gi] (전북)군산, (충남)해미・서산・오산・예산
⑨ 두제기[tu-ǰe-gi] (전남)순천・보성・장흥・구례, (전북)김제・임실, (충남)부여・홍산・청양・서천・남포・보령・광천・홍성・조치원, (충북)진천・제천, (강원)삼척・영월・평창
⑩ 두주기[tu-ǰu-gi] (전남)영광
⑪ 두쥐기[tu-ǰwi-gi] (전남)광주・곡성, (전북)임실
⑫ 두지기[tu-ǰi-gi] (전남)완도・지도・해남・목포・함평・나주・담양, (전북)운봉・정읍・전주・장수・진안・무주, (충남)강경, (충북)충주・단양, (강원)원주
⑬ 뛰듸기[t'wi-diy-gi] (경북)홍해
⑭ 뒤재기[twi-ǰɛ-gi] (경북)영주
⑮ 뒤제기[twi-ǰe-gi] (전남)여수・순천・광양・옥과・곡성
⑯ 뒤쥐기[twi-ǰwi-gi] (전남)강진
⑰ 뒤지기[twi-ǰi-gi] (전남)영암・장성・구례, (전북)남원・순창, (경남)양산・김해・거창・합천・창녕・밀양, (경북)고령・의성・예천・안동・청송
⑱ 뒤뒤기[twi-dwi-gi] (경남)남해・함양, (경북)상주・함창・문경
⑲ 뒤지기[twi-ǰi-gi] (경남)울산・동래・부산・마산・거제・통영・진주・하동
⑳ 데데기[te-de-gi] (경북)평해

㉑ 뒤데기[čwi-de-gi] (전남)벌교·고흥
㉒ 쥐제기[čwi-je-gi] (전남)돌산·여수
㉓ 지지기[či-ji-gi] (경남)마산
㉔ 족[čok] (제주)성산·서귀
㉕ 족제비[čok-če-bi] (제주)제주·성산·서귀·대정

17563 돼지豚
❶ 도야지[to-ya-ji] 대다수 지방
❷ 쿨쿨이[kʰul-kʰul-i] (강원)춘천

17564 돼지 부르는 소리豚を呼ぶ聲
❶ 꼴꼴[k'ol-k'ol] (함북)성진·길주·부영·무산·회령
❷ 꿀꿀[k'ul-k'ul] (함북)청진
❸ 똘똘[t'ol-t'ol] (함남)홍원·북청·단천, (함북)경성·나남
❹ 쫄쫄[č'ol-č'ol] (함북)종성·경흥
❺ 검제검제[kəm-je#kəm-je] (함북)성진

17565 멧돼지猪
❶ 맫돋[mɛt-tot] *(전남)광주
❷ 맫대지[mɛt-tɛ-ji] (전남)여수, (전북)운봉
❸ 맫데지[mɛt-te-ji] (강원)삼척
❹ 맫되아지[mɛt-tö-a-ji] (전남)보성·강진·영암·목포·나주·장성·담양, (전북)남원·순창·정읍·김제·전주·
❺ 맫돼지[mɛt-twɛ-ji] (전북)장수·진안·무주·금산
❻ 맫돌[mɛt-tol] (전남)순천
❼ 맫돼지[mɛt-twɛ-ji] (전남)곡성·구례, (전북)임실
❽ 멧대지[met-tɛ-ji] (경남)남해

⑨ 멘돼지[met-twɛ-ji] (충남)홍성
⑩ 멘뒈지[met-twe-ji] (충남)공주・강경・서천, (충북)보은・영동
⑪ 민대지[mit-tɛ-ji] (경남)밀양, (경북)고령・김천
⑫ 밀대지[mil-tɛ-ji] (경남)거창
⑬ 산돋[san-tot] (제주)제주・성산・서귀・대정
⑭ 산대지[san-tɛ-ji] (경남)울산・양산・동래・부산・김해・마산・진주・하동・함양・거창・합천・창녕・밀양, (경북)영천・포항・영덕・대구・고령・예천・안동・영주・청송・평해
⑮ 산테지[san-te-ji] (경남)거제・통영, (충북)단양, (경북)울진
⑯ 산돼지[san-twɛ-ji] (경북)의성, (충남)홍성・천안, (충북)청주, (강원)양양・강릉
⑰ 산뒈지[san-twe-ji] (충북)충주
⑱ 쭝미리[ču ŋ-mi-ri] (함남)풍산・갑산・혜산, (평북)강계・자성(자성에서는 돼지의 의미로 쓰임)・후창(후창에서는 멧돼지와 돼지의 의미로 쓰임.)

17566 말馬

❶ 몰[mɔl] 【「龍歌」ǒɔn mɐni(건마), 「杜詩」馬 mɐr】 (제주)제주・성산・서귀・대정
❷ 말[mal] (전남)여수・순천・보성・강진・영암・목포・나주・광주・장성・담양・곡성・구례, (전북)운봉・남원・순창・정읍・김제・군산・전주・임실・장수・진안・무주・금산, (경남)울산・양산・동래・마산・거제・통영・진주・남해・하동・함양・거창・합천・창녕・밀양, (경북)포항・흥해・영덕・대구・고령・김천・의성・상주・함창・문경・예천・안동・영주・청송・울진・평해, (충남)공주・강경・부여・홍산・청양・남포・보령・광천・홍성・해미・서산・오천・예산・조치원, (충북)제천, (경기)경성・개성・장연・연천, (강원)통천・장전・고성・간성・양양・주문진・강릉・영월・평창・원주・횡성・홍천・춘천・인제・철원・평강, (황해)금천・연안・해주・옹진・태탄・장연・은율・안악・재령・황주・서홍・

신계·수안·곡산, (함남)신고산·안변·덕원·문천·고원·영흥·정평·함흥·오로·신흥·홍원·북청·이원·풍산·장진, (함북)성진·길주·경성·나남·청진·부령·무산·종성·웅기, (평남)중화·평양·순천·숙천안주, (평북)박천·영변·희천·구성·선천용암·미주·강계·자성·순창

❸ 마리[ma-ri] (함북)경원·경흥
❹ 몰[mol] (전남)강진·영암·나주·광주·담양·곡성·구례, (전북)남원·순창, (경남)거제·통영·남해·하동(거제·통영·남해·하동에서는 읍내에서도 무학자無學者나 여자는 [mol], 시골로 가면 일반적으로 [mol]이라 한다), (함남)갑산·혜산, (함북)회령·종성
❺ 모리[mo-ri] (함북)경원

■ 17567 망아지馬の子

❶ 마아지[ma-a-ji] (경북)고령
❷ 말샏기[mal#sɛt-ki] (전남)강진·영암·나주·장성·담양·곡성·구례, (전북)운봉·순창·정읍·김제·임실·진안, (경남)동래·부산, (경북)영천·울진·평해, (충남)공주·서천·천안, (충북)청주·보은·영동, (강원)삼척
❸ 말생이[mal-sɛŋ-i] (경남)울산, (경북)포항
❹ 말마지[mal-ma-ji] (경북)의성·안동·영주·청송
❺ 말망아지[mal-maŋ-a-ji] (경북)김천
❻ 말망생이[mal-maŋ-sɛŋ-i] (경남)창녕, (경북)대구·의성
❼ 말망싱이[mal-maŋ-siŋ-i] (경북)영덕
❽ 망아지[maŋ-a-ji] (전남)여수·순천·보성·강진·영암·목포·나주·광주·장성·담양, (전북)운봉·남원·순창·김제·전주·장수·무주, (경남)마산·거제·통영·하동, (경북)영천·예천·안동·영주·청송, (충남)강경·홍성·천안, (충북)충주·단양, (강원)양양·강릉
❾ 망아치[maŋ-a-cʰi] (전북)정읍·금산

⑩ 몽생이[mɔŋ-sɛŋ-i] (제주)제주・성산・서귀・대정
⑪ 망생이[maŋ-sɛŋ-i] (전남)여수・순천・보성, (경남)양산・김해・진주・남해・하동・함양・거창・합천・밀양, (경북)고령
⑫ 몰샏기[mol-sɛt-ki] (전북)남원

■ 17568 검은 말黑馬
❶ 가라몰[ka-ra-mɔl] 【「譯語」, 「漢淸」 黑馬 ka-ra-mɐr】 (제주)성산
❷ 가래몰[ka-rɛ-mɔl] (제주)제주・대정

■ 17569 흰말白馬 (청 흑색이 섞임)
❶ 거을[kə-il] 【「星湖僿設」 㹈白俗謂之巨割, 「譯語」 粉嘴馬 kə-hər-mɐr】 (제주)성산

■ 17570 간자말線臉馬
❶ 간저니몰[kan-jə-ni-mɔl] 【「譯語」 線臉馬 kan-čia-mɐr, 「老解」 破臉馬 kan-čia-mɐr, 「漢淸」 線臉 sir-kan-čia】 (제주)제주・성산
❷ 간전몰[kan-jən-mɔl] (제주)대정

■ 17571 구렁말栗毛馬
❶ 구렁몰[ku-rəŋ-mɔl] 【「譯語」 栗毛馬 kur-hiəŋ-mɐr, 「老解」 栗色馬 ku-rəŋ-mɐr】 (제주)성산

■ 17572 고라말黃馬
❶ 고라몰[ko-ra-mɔl] 【「譯語」 黃馬 ko-ra-mɐr, 「星湖僿說」 脊黑俗謂之骨羅, 「山林經濟」 黑鬃尾黃, 「老解」 土黃馬 ko-ra-mɐr, 「同文」 黃馬 ko-ra-mɐr】 (제주)성산
❷ 고래몰[ko-rɛ-mɔl] (제주)대정

17573 흰말紅紗馬
❶ 부루물[pu-ru-mɔl]【「譯語」,「漢淸」紅紗馬 pu-ru-mer,「星湖僿說」彤白雜毛謂之騢 亦謂之赭白馬 俗謂之夫老】(제주)대정

17574 얼룩말斑馬
❶ 월라물[wəl-la-mɔl]【「詩經物名」駱 uər-ra,「譯語」,「同文」花馬 uər-ra-mer,「山林經濟」花肚膊】(제주)성산(군데군데 백색도 있음.)
❷ 월래물[wəl-lɛ-mɔl] (제주)제주

17575 박흑마薄黑馬
❶ 유마물[yu-ma-mɔl] (제주)제주·성산·대정

17576 적마赤馬
❶ 절다말[čəl-ta-mal]【「譯語」,「同文」赤馬 ćiər-sta-mer,「華夷」赤馬 者兒迭抹林】함남·혜산
❷ 적다물[čək-ta-mɔl] (제주)성산
❸ 적대물[čək-te-mɔl] (제주)제주·대정
❹ 적토마[čək-tʰo-ma] (황해)옹진·태탄·은율, (함남)고원·정평·신흥·갑산
❺ 적토말[čək-tʰo-mal] (황해)연안·해주·신계·곡산, (평북)박천·영변·희천·구성·강계·자성·후창
❻ 적투말[čək-tʰu-mal] (경북)고령

17577 적마赤馬 (붉은기가 옅어서 검게 보인다)
❶ 조류물[čɔ-ryu-mɔl] (제주)성산

17578 청마靑馬
① 청총몰[čʰəŋ-čʰoŋ-mɔl]【「譯語」,「漢淸」靑馬 čʰoŋ-i-mɐr,「漢淸」粉靑 pu-húin#čloŋ-i-mɐr】(제주)제주 · 성산
② 청총마[čʰəŋ-čʰoŋ-ma] (제주)대정

17579 태성마台星馬
① 퇴성몰[tʰö-səŋ-mɔl] (제주)성산

17580 말의 귀 옆에 나는 긴 털馬の耳わきの長い毛
① 소솔와지[so-sol-wa-ji] (제주)성산 · 서귀

17581 소牛
① 쇼[so] 대다수 지방
② 쇼[syo]【「三才」牛 之興,「物語」牛 수】(함북)종성 · 경원
③ 쇠[sö] (전남)여수 · 순천, (강원)강릉 · 삼척, (함남)신고산 · 안변 · 덕원 · 문천 · 고원 · 영흥 · 정평 · 함흥 · 오로 · 신흥 · 홍원 · 북청 · 이원 · 단천 · 풍산 · 갑산 · 혜산, (함북)성진 · 길주 · 경성 · 나남 · 청진 · 부영 · 무산회령 · 종성 · 경원 · 경흥 · 웅기
④ 쇄[swɛ] (경북)의성
⑤ 쉐[swe] (제주)제주 · 성산 · 서귀 · 대정, (경북)영덕 · 안동 · 영주 · 청송 · 울진 · 평해, (함북)명천 · 부거
⑥ 쉬[swi] (경북)안동
⑦ 세[se] (경남)마산([so]라고도 한다)거제 · 통영 · 진주 · 남해 · 하동
⑧ 시[si] (경남)합천
⑨ 웅치[uŋ-čʰi] (⑨에서 ⑪까지는 산삼 취채자들의 은어)(평북)강계
⑩ 웅어지[uŋ-ə-ji](강원)춘천
⑪ 우워지[u-wə-ji](함남)풍산

17582 쇠고기牛肉

❶ 소개기[so-kɛ-gi] (경남)양산 · 동래 · 부산 · 김해 · 밀양
❷ 소기기[so-ki-gi] (경남)창녕, (경북)김천
❸ 쇠고기[sö-ko-gi] (경기)경성
❹ 쇠괴기[sö-kö-gi] (전남)장성 · 담양, (전북)남원 · 순창 · 정읍 · 김제 · 전주
❺ 쇠게기[sö-ke-gi] (경남)마산 · 거제 · 통영 · 진주 · 남해 · 함양
❻ 쉐고기[swe-ko-gi] (전남)목포 · 나주
❼ 세게기[se-ke-gi] (전남)나주, (경남)거창
❽ 웅치버스스리[uŋ-čʰi#pə-si-si-ri] (산인삼채취업자의 은어)(평북)강계

17583 송아지牛の子

❶ 쇠아치[sö-a-čʰi] (전북)운봉
❷ 쇠앙치[sö-aŋ-čʰi] (전남)여수 · 순천 · 곡성 · 구례
❸ 송아치[soŋ-a-čʰi] (전북)운봉 · 임실 · 장수 · 진안 · 무주 · 금산, (경남)하동
❹ 송애기[soŋ-ɛ-gi] (제주)제주 · 성산 · 서귀 · 대정

17584 붉은소赤牛

❶ 발간소[pal-gan-so] (경북)예천
❷ 발간세[pal-gan-se] (경남)남해
❸ 뺄간소[pʼɛl-gan-so] (경남)마산
❹ 벌건소[pəl-gən-so] (경기)경성 · 연천, (황해)황주 · 신계 · 곡산, (함남)홍원 · 풍산 · 갑산 · 혜산, (평북)박천 · 영변 · 희천 · 강계
❺ 벌건쇠[pəl-gən-sö] (함남)신고산 · 문천 · 고원 · 영흥 · 정평 · 오로 · 신흥
❻ 뻘건쇠[pʼəl-gən-sö] (함남)함흥
❼ 벌경소[pəl-gəŋ-so] (경남)진주, (평북)자성 · 후창
❽ 뺄경소[pʼəl-gəŋ-so] (평북)구성
❾ 벌경쇠[pəl-gəŋ-sö] (함남)홍원 · 북청, (함북)성진 · 경성

⑩ 불건소[pul-gən-so] (경남)부산 · 김해
⑪ 불건세[pul-gən-se] (경남)진주
⑫ 불경쇠[pul-gyəŋ-sö] (함북)회령 · 종성 · 경원
⑬ 불갼쇠[pul-gyan-sö] (함북)무산
⑭ 황자위[hwaŋ-ja-wi] (함북)길주

17585 한 살배기 소一歲牛

❶ 하릅[ha-rip] (평북)박천 · 영변 · 구성
❷ 하르비[ha-ri-bi] (함북)무산 · 회령 · 종성, (평북)자성 · 후창

17586 두 살배기 소二歲牛

❶ 이듭[i-dip] (평북)박천 · 영변 · 구성
❷ 이드비[i-di-bi] (평북)자성 · 후창
❸ 이들비[i-dil-bi] (함북)무산 · 회령 · 종성

17587 세 살배기 소三歲牛

❶ 사릅[sa-rip] (평북)박천 · 영변 · 구성
❷ 사르비[sa-ri-bi] (함북)무산 · 회령 · 종성, (평북)자성 · 후창

17588 네 살배기 소四歲牛

❶ 나릅[na-rip] (평북)박천 · 영변 · 구성
❷ 나르비[na-ri-bi] (함북)무산 · 회령 · 종성, (평북)자성 · 후창

17589 열 살배기 소十歲牛

❶ 한다물[han-da-mul] (함북)무산 · 회령 · 종성

17590 스무 살배기 소二十歲牛
❶ 두다물[tu-da-mul] (함북)무산·회령·종성

17591 발육상태가 좋지 않은 소發育惡しき牛
❶ 똥송아기[t'oŋ-soŋ-a-gi] (제주)성산

17592 새끼소가 우는 소리子牛を呼ぶ聲
❶ 미어미어[mi-ə#mi-ə] (함남)홍원·북청·단천, (함북)성진·길주·경성·나남·청진·부령·무산·회령·종성·경흥

17593 세우貰牛 (소를 타인에게 대여하고 그 보수로서 송아지를 무료로 양도해 받는 것)
❶ 윤두리쇠[yun-du-ri-sö]【「北塞記略」貰牛日輪道里】(함남)풍산, (함북)경성·무산·회령·종성·경원·경흥·웅기
❷ 윤둘[yun-dul] (함남)안변·덕원·문천·영흥·정평·함흥·오로·신흥·홍원·이원·혜산
❸ 윤두쇠[yun-du-sö] (함남)홍원·북청·단천·갑산, (함북)성진·길주
❹ 인두[in-du] (함남)갑산
❺ 배내쇠[pɛ-nɛ-sö] (함남)홍원·북청·풍산
❻ 임소[im-so] (평남)숙천·안주(중화·순천에는 없다), (평북)박천·영변·회천·구성·정주·선천·용암·의주·강계·자성·후창

17594 마소牛馬
❶ ᄆᆞ쉬[mɔ-swi] (제주)제주·성산·서귀·대정
❷ 말소[mal-so] (전남)순천·장성·담양·곡성, (전남)운봉·남원·정읍·김제·전주·임실·장수·진안

❸ 마소[ma-so] (전남)광주, (전북)무주・금산
❹ 소말[so-mal] (전북)순창

17595 뿔角 : つの
❶ 뿔[pʼul] 대다수 지방
❷ 뿔다구[pʼul-ta-gu] (❷에서 ❻까지 비속어)(경남)울산・양산・김해・거제・통영・진주・남해・함양・창녕・밀양, (경북)영천・포항・영덕・의성・예천, (충북)충주
❸ 뿔대기[pʼul-tɛ-gi] (경남)거창・합천, (경북)고령
❹ 뿌다구[pʼu-da-gu] (함남)고원・풍산・갑산・혜산, (평북)박천・영변・희천・구성
❺ 뿌당구[pʼu-daŋ-gu] (평북)희천・자성・후창
❻ 뿌장구[pʼu-ȷ̃aŋ-gu] (평북)강계

17596 담비털貂皮
❶ 돈피[ton-pʰi] (경기)경성
❷ 동피[toŋ-pʰi] (함남)신고산・고원・북청・풍산・갑산・혜산, (평북)박천・영변・희천・구성・강계・자성・후창

17597 담비쥐貂鼠
❶ 됭피[tön-pʰi] (❶에서 ❸까지 산인삼채취업자의 은어)(함북)명천
❷ 진상이[čin-saŋ-i] (평북)강계
❸ 썩캐[sʼək-kʰɛ] (함남)혜산

17598 호랑이虎
❶ 범[pəm] 대다수 지방
❷ 도루바리[to-ru-ba-ri] (❷에서 ❼까지는 산인삼채취업자의 은어)(평북)강계・자성

❸ 두루바리[tu-ru-ba-ri] (함남)혜산
❹ 도리바리[to-ri-ba-ri] (함남)풍산
❺ 대추니[tɛ-čʰu-ni] (강원)춘천
❻ 산주인[san-ču-in] (평북)후창
❼ 왕누니[waŋ-nu-ni] (경기)양주

17599 표범豹

❶ 표[pʰyo] (평북)자성・후창
❷ 표표[pʰyo#pʰyo] (함남)북청, (평북)박천・영변・회천・구성
❸ 표호[pʰyo-ho] (평북)강계
❹ 표범[pʰyo-bəm] (제주)제주, (전남)광주, (경기)경성・장단・연천, (황해)황주・신계・곡산(그 외의 지방에서는 이름을 모름)(함남)신고산・문천・고원
❺ 포범[pʰo-bəm] (함남)북청・이원・단천・풍산, (함북)성진・길주
❻ 푀범[pʰö-bəm] (함남)북청
❼ 푀퓌[pʰö-pʰwi] (함남)북청
❽ 토범[tʰo-bəm] (함북)길주・명천
❾ 토피[tʰo-pʰi] (함북)청진・부령・무산・회령・종성
❿ 퇴피[tʰö-pʰi] (함북)경성・나남
⓫ 돈범[ton-bəm] (함남)영흥・정평・함흥・오로・신흥
⓬ 불범[pul-bəm] (평남)평양

17600 수달水獺 : かはをそ

❶ 수달[su-dal] (함남)함흥・신흥・북청, (함북)부령・무산・회령・종성
❷ 너에[nə-e] (함남)단천, (함북)・성진・나남・회령・경흥

17601 사슴鹿

❶ 사슴[sa-sim] 대다수 지방

❷ **대울결**[tɛ-ul-kyəl] (산삼채취업자의 은어)(함남)혜산

17602 여우狐

❶ **여호**[yə-ho] (경북)안동, (충남)천안・조치원

❷ **여후**[yə-hu] (충남)부여

❸ **여히**[yə-hi] (제주)제주・성산・서귀, (경북)경주・포항・홍해・영덕・의성・예천

❹ **영호**[yəŋ-ho] (함남)고원・정평・함흥・신흥, (평남)평양・숙천

❺ **여우**[yə-u] 【「杜詩」 iə-ɐ-oa#ir-hûi-厄-ûr(狐貉厄), 「譯語」 狐狸 Iə-ɐ】 (충남)해미, (충북)괴산・충주・제천, (경기)경성・개성・장단, (강원)통천・장전・양양・고성・간성・영월・평창・원주・횡성・홍천・춘천・인제, (황해)연안・수안・곡산, (함남)신고산, (평남)중화・순천, (평북)박천・영변・희천・구성・선천・용암・의주・강계・

❻ **여위**[yə-wi] (경기)연천, (황해)금천・해주・옹진・태탄・재령・황주・신계

❼ **영**[yəŋ] (함남)정평・함흥

❽ **영우**[yəŋ-u] (강원)간성, (함남)안변・덕원・문천, (평남)평양・안주, (평북)정주・후창

❾ **영이**[yəŋ-i] (함남)오로・신흥

❿ **엥이**[yeŋ-i] (평남)숙천, (평북)강계・자성

⓫ **잉ː**[iːŋ] (함남)영흥

⓬ **야수**[ya-su] 【「訓蒙」 狐 Iə-żù, 「四聲」 狐狸 iə-áż-ɐ, 「內訓」 iə-że-oa#sɐr-kɐr(狐狸), 「牛疫」 狐腸 如兒昌子 iə-żei#čaŋ-ču】 (경북)문경・평해

⓭ **야시**[ya-si] (경남)양산・동래・부산・김해・마산・창녕・밀양, (경북)대구・김천・상주・함창

⓮ **여수**[yə-su] (전남)돌산・여수・광양・순천・벌교・고흥・장흥, (전북)군산・무주・금산, (경남)남해(남해에서는 개를 [kɛ-yə-su]라고 한다)하동・함양・

거창, (충남)공주·강경·부여·홍산·청양·서천·남포·보령·경천·
홍성·해미·서산·오천·예산·천안·조치원, (충북)청주·보은·영동·
진천·충주·제천

⑮ **여시**[yə-si] (제주)제주, (전남)보성·강진·완도·지도·해남·영암·목
포·함평·영광·나주·광주·장성·담양·옥과·곡성·구례, (전북)운봉·
남원·순창·정읍·김제·전주·임실·장수·진안, (경남)거제·통영(거
제·통영에서는 개를 [kɛ-yə-si]라고 한다)·진주·함양·합천, (경북)고령·상주

⑯ **얘수**[yɛ-su] (경남)울산, (경북)영천·의성·안동·청송

⑰ **예수**[ye-su] (경북)경주·포항·홍해·영덕·의성

⑱ **약갱이**[yak-kɛŋ-i] (경북)함창·문경, (충남)단양·제천

⑲ **약광이**[yak-kwaŋ-i] (경북)예천

⑳ **역쾡이**[yək-kʰwɛ-i] (황해)장연·은율·안악

㉑ **역갱이**[yək-kɛŋ-i] (경북)울진·평해, (강원)강릉·삼척·영월·평창·원
주·홍천·춘천·인제

㉒ **역괭이**[yək-kwɛŋ-i] (경북)영주

㉓ **역기**[yək-ki] (함남)이원·풍산·갑산·혜산, (함북)청진·부령·무산·회
령·종성·경원·경흥

㉔ **엉끼**[yəŋ-kʼi] (함남)북청

㉕ **엑기**[yek-ki] (경북)예천·안동, (함남)단천, (함북)성진·길주·명천·경
성·나남·부거

㉖ **엥끼**[yeŋ-kʼi] (함남)홍원

17603 쥐鼠

❶ **쥐**[čwi] 대다수 지방
❷ **지**[či] (경남)양산·동래·마산·거제·통영·진주·남해·하동·함양·
거창·합천·창녕·밀양, (경북)대구·김천
❸ **찌**[čʼi] (경남)부산·김해

❹ 졍이[čwiŋ-i] (제주)제주・서귀・대정
❺ 졩이[čweŋ-i] (제주)성산・서귀
❻ 노승[no-siŋ] (❻ 및 ❼은 산인삼채업자의 은어)(함남)혜산, (함북)명천
❼ 송쿠[soŋ-kʰu] (평북)강계

■ 17604 원숭이猿

❶ 잔나비[čan-na-bi] 대다수 지방
❷ 원승이[wən-siŋ-i] 대다수 지방
❸ 잠나비[čam-na-bi] (함남)정평・함흥・신흥
❹ 납[nap] (경북)울진・평해, (강원)통천・장전・고성・간성・양양・주문진・강릉・춘천

■ 17605 족제비鼬 : いたち

❶ 족저비[čok-čə-bi] 대다수 지방
❷ 노래맹이[no-rɛ-mɛŋ-i] (산인삼 채취자의 은어)(평북)강계

■ 17606 토끼兎

❶ 토끼[tʰo-kʼi] (제주)제주, (전남)광주・장성, (경북)예천・안동・영주・청송・울진・평해 (충남)홍성・천안, (충북)충주・단양, (강원)양양・강릉・삼척
❷ 토까이[tʰo-kʼa-i] (경남)거창
❸ 토까니[tʰo-kʼa-ni] (경남)함양
❹ 토강이[tʰo-gʼaŋ-i] (경남)양산・김해・창녕・밀양, (경북)고령
❺ 토깡이[tʰo-kʼaŋ-i] (경남)동래・부산・마산・합천
❻ 토깽이[tʰo-kʼɛŋ-i] (경남)울산・거제・통영
❼ 토캥이[tʰo-kʰɛŋ-i] (충북)청주・보은・영동
❽ 토께[tʰo-kʼe] (제주)성산・대정

⑨ 퉤끼[tʰö-k'i] (전북)정읍・김제・금산, (충남)공주・강경・서천・천안
⑩ 퉤까니[tʰö-k'a-ni] (전남)여수・순천・구례, (전북)김제, (경남)진주
⑪ 퉤껭이[tʰö-k'ɛŋ-i] (전남)보성・강진・영암・목포・나주・장성・담양・곡성, (전북)운봉・남원・순창・전주・임실, (충남)홍성
⑫ 퉤께[tʰwe-k'e] (제주)서귀
⑬ 테까니[tʰe-k'a-ni] (경남)남해・하동

■ 17607 박쥐蝙蝠

① 박쥐[pak-čwi] (충남)공주・강경・서천・홍성・천안, (충북)청주・보은・영동・충주・단양, (경기)경성・연천, (황해)금천・해주・옹진・서흥・신계
② 빡쥐[p'ak-čwi] (전북)전주・임실・진안・금산
③ 빡지[p'ak-či] (경남)마산
④ 빡주[p'ak-ču] (전북)정읍・김제・무주
⑤ 박주기[pak-ču-gi] (경기)개성・장단, (황해)금천・연안
⑥ 빨쥐[pa'l-čwi] (경남)울산, (경북)영천・포항・영덕・대구・의성, (강원)양양・강릉, (황해)신계・수안・곡산, (함남)문천・고원・영흥・정평・함흥・오로・홍원・북청, (함북)명천・경성・나남・부거・부령
⑦ 빨주[p'al-ču] (경북)울진・평해, (강원)삼척, (함남)신고산・안변・덕원
⑧ 빨지[p'al-či] (경북)김천・안동
⑨ 복쥐[pok-čwi] (전남)순천・광주, (황해)연안・옹진・태탄・장연・은율・안악・재령
⑩ 뽁쥐[po'k-čwi] (전남)보성・강진・영암・목포・나주・장성, (전북)남원・장수
⑪ 뽁지[p'ok-či] (경남)함양
⑫ 복주[pok-ču] (전남)곡성・구례
⑬ 뽁주[p'ok-ču] (전남)여수・담양, (전북)운봉・순창

⑭ **뽈쥐**[pʼol-čwi] (경남)거창·합천·창녕·밀양, (경북)고령·청송, (함북)회령

⑮ **뽈지**[pʼol-či] (경남)양산·동래·부산·김해·거제·통영·진주·남해·하동, (경북)예천·영주

⑯ **드람쥐**[tɔ-ram-čwi] (제주)제주·성산·서귀·대정

수중 생물 水族

18608 게 蟹

❶ **거이**[kə-i] (경기)개성, (황해)해주·옹진·태탄·장연·은율·안악·재령·황주·서흥·신계·수안·곡산, (함남)신고산·안변·원산·덕원·문천, (평남)평양, (평북)박천·영변·희천·구성·강계·자성·후창

❷ **게**[ke] (전남)여수·광양·순천·벌교·고흥·보성·함평·영광·옥과·곡성·구례, (전북)운봉·남원·순창·임실·장수·진안, (경남)마산·거제·통영·진주·남해·하동·함양·거창, (경북)지례·김천·평해, (함남)원산·문천·고원·영흥·정평·함흥·오로·신흥·홍원·북청·이원·단천·풍산·갑산·혜산, (함북)성진·길주·명천·경성·나남·청진·부거·부령·무산·회령·종성·경원·경흥·웅기

❸ **께**[k'e] (경남)마산·합천

❹ **갱이**[keŋ-i] (제주)성산·서귀

❺ **개**[kɛ] (경남)부산

❻ **깽이**[k'ɛŋ-i] (전남)여수·보성·영암·담양, (전북)정읍

❼ **괘**[kwɛ] (충남)서천

❽ **궈이**[kwə-i] (평북)박천

❾ **궤**[kwe] (경기)경성·장단, (황해)연안

❿ **그이**[ki-i] (충남)공주·강경·부여·홍산·청양·서천·남포·보령·광천·

홍성・해미・서산・오천・예산・천안・조치원, (충북)청주・진천・괴산, (경기)연천, (강원)통천・원주・횡성・홍천・춘천・평강, (황해)금천, (함남)안변

⑪ **기**[ki] (전남)돌산・여수・벌교・보성・장흥・강진・완도・지도・해남・영안・목포・광주・장성・담양, (전북)순창・정읍・김제・군산・전주・무주・금산, (경남)울산・양산・동래・김해・밀양, (경북)영천・경주・포항・흥해・영덕・김천・의성・상주・함창・문경・예천・안동・영주・청송・울진, (충남)강경, (충북)보은・영동・충주・단양・제천, (강원)통천・장전・고성・간성・양양・주문진・강릉・삼척・영월・평창・원주・횡성・인제

⑫ **끼**[k'i] (경남)마산・합천・창녕・밀양, (경북)대구・고령・성주

⑬ **깅이**[kiŋ-i] (제주)제주・대정

18609 거머리蛭

❶ **거머리**[kə-mə-ri] (전남)여수, (전북)무주・금산, (경남)부산・하동, (경북)안동・영주・청송, (경기)경성, (황해)해주・옹진

❷ **거멀**[kə-məl] (제주)성산・서귀・대정

❸ **거멀쟝**[kə-məl-jaŋ] (제주)제주

❹ **거마리**[kə-ma-ri] (전남)순천・보성・강진・영암・목포・나주・광주・장성・담양・곡성・구례, (전북)운봉・남원・순창・정읍・김제・전주・임실・장수・진안・금산, (경남)함양, (강원)양양, (황해)태탄・장연・은율・안악・재령・황주・서흥・신계・수안・곡산, (함남)신고산・안변・덕원・문천・고원・영흥・정평・함흥・오로・신흥・홍원・북청・이원・풍산・갑산・혜산, (함북)명천, (평남)평양, (평북)박천・영변・희천・구성・강계・자성・후창

❺ **거무**[kə-mu] (경남)동래

❻ **거무락지**[kə-mu-rak-či] (전북)김제

❼ **거무리**[kə-mu-ri] (경남)양산・부산・김해・마산・거제・통영・진주・남해・거창・합천・창녕・밀양, (경북)고령
❽ **거미**[kə-mi] (함남)홍원・북청・단천, (함북)성진・길주・경성・나남・청진・부거・부령・무산・회령・종성・경흥
❾ **그마리**[ki-ma-ri] (강원)강릉・삼척
❿ **그머리**[ki-mə-ri] (경북)경주・포항・홍해・함창, (충남)공주・서천・홍성・천안, (충북)보은・진천・괴산・충주・단양, (경기)개성・장단・연천, (황해)금천・연안
⑪ **그무리**[ki-mu-ri] (경남)울산, (경북)영천・영덕・울진・평해
⑫ **검자리**[kəm-ǰa-ri] (전남)보성・강진, (전북)남원・순창, (경북)김천
⑬ **검저리**[kəm-ǰə-ri] (경북)의성・예천・안동・영주
⑭ **검채리**[kəm-čʰɛ-ri] (경북)대구
⑮ **검챙이**[kəm-čʰɛŋ-i] (경북)경주
⑯ **검처리**[kəm-čʰə-ri] (경남)진주(산청 지방에서 많이 사용한다), (경북)대구
⑰ **금자리**[kim-ǰa-ri] (충남)공주・홍성
⑱ **금저리**[kim-ǰə-ri] (경북)상주・함창・문경, (충남)천안, (충북)청주・영동・괴산・충주
⑲ **지기**[či-gi] (함남)신고산

18610 새우蝦

❶ **사위**[sa-wi] 【『訓蒙』蝦 sai-io, 「四聲」蝦兒 sai-io, 「譯語」蝦 sai-io, 「東醫」蝦 sa-io】 (제주)성산
❷ **새**[sɛ] (경남)양산・동래
❸ **쌔**[s'ɛ] (경남)김해
❹ **새오**[sɛ-o] (충남)서산・오천・예산
❺ **새우**[sɛ-u] (제주)제주, (전남)영광, (전북)무주・금산, (경북)상주・함창・문경・예천・안동・영주・청송, (충남)공주・강경・부여・홍산・청양・

서천·남포·보령·광천·홍성·해미·천안·조치원, (충북)청주·보은·영동·진천·괴산·제천(충청남북도 지방에서는 일반적으로 [sɛ-u]가 대·중형의 새우를 지칭하며, 작은 것을 [sɛ-bɛŋ-i], [sɛ-uŋ-gɛi] 등(별항)이라고 한다. 다만 단양에서는 [sɛ-u]는 작은 것을, 중간 정도의 것을 [čin-ge-mi]라고 한다), (경기)경성·개성·장단·연천(이상 각지에서 대·중형의 새우를 [sɛ-u], 소형의 새우를 [sɛn-i]라 한다), (강원)고성·간성·양양(양양에서는 하천이나 바다와 같은 산지의 차이나 크기의 크고 작음에 따른 이름의 구별이 없다)·영월·평창·횡성·홍천·춘천·인제·철원·평강, (황해)금천·연안·해주·옹진·태탄·장연·은율·안악·재령·황주·서흥·신계·수안·곡산, (함남)신고산, (평북)박천·영변·희천·구성·정주·강계·자성·후창

⑥ 새우지[sɛ-u-ji] (평북)선천
⑦ 새웅개[sɛ-uŋ-gɛ] (전북)정읍·김제·전주, (충남)강경·서천
⑧ 새웅지[sɛ-uŋ-ji] (평남)숙천·안주
⑨ 새위[sɛ-wi] (전남)서귀·대정
⑩ 생오[sɛŋ-o] (경북)울진·평해, (강원)강릉·삼척(하천이나 바다와 같은 산지의 차이나 크기의 크고 작음에 따른 이름의 구별이 없다.)
⑪ 생우[sɛŋ-u] (평남)중화·평양
⑫ 생우지[sɛŋ-u-ji] (평남)순천, (평북)용암·의주
⑬ 생이[sɛŋ-i] (경기)경성·개성·장단·연천(이상 소형 새우, 대형은 [sɛ-u]라 한다), (강원)원주
⑭ 쇄[swɛ] (경북)경주·포항·영덕
⑮ 새뱅이[sɛ-bɛŋ-i] 【「華夷」 蝦蟹. 酒必格以】 (충남)공주·홍성·천안, (충북)청주·영동·진천·괴산·충주(충청남북도 지방에서는 소형 새우를 가리킨다.)
⑯ 새부랭이[sɛ-bu-rɛŋ-i] (충북)보은(소형 새우를 가리킨다.)
⑰ 새붕개[sɛ-buŋ-gɛ] (전북)정읍·김제·무주·금산
⑱ 새비[sɛ-bi] (전남)돌산·여수·광양·순천·벌교·고흥·보성·장흥·강진·해남·영암·목포·함평·나주·광주·장성·담양·옥과·곡성·구례, (전북)운봉·남원·순창·정읍·김제·임실·장수·진안(임실·장수·

진안에서는 대·소형, 하천·바다에 관계없이 모든 새우를 가리킨다)·무주·금산(무주·금산에서는 소형 새우를 가리킨다), (경남)부산·마산·거제·통영·남해·거창·합천·밀양(이상, 대·소형에 관계없이 모든 새우를 가리킨다)·진주·함양(이상, 소형 새우를 가리킨다), (경북)영천·고령·포항·영덕(포항·영덕에서는 하천이나 바다와 같은 산지의 차이나 크기의 크고 작음에 따른 이름의 구별이 없다), (강원)통천·장전·고성·간성, (함남)안변·덕원·문천·고원·영흥·정평·함흥·오로·신흥·홍원·북청·이원·단천·풍산·갑산·혜산, (함북)성진·길주·명천·경성·나남·부거·부령·무산·회령·종성·경원·경흥·웅기

⑲ 쌔비[sʼɛ-bi] (경남)하동·창녕, (경북)김천
⑳ 새파우[sɛ-pʰa-u] (경북)예천
㉑ 쇄비[swɛ-bi] (경북)경주·포항·영덕
㉒ 쐐비[sʼwɛ-bi] (경북)흥해·대구·의성
㉓ 쉐비[swe-bi] (경남)울산
㉔ 징개미[čiŋ-gɛ-mi] (㉔에서 ㉖까지 큰 새우)(전북)무주·금산
㉕ 징기미[čiŋ-gi-mi] (경남)진주·함양
㉖ 진게미[čin-ge-mi] (충북)단양

■ 18611 소라螺螖 : ㅎ > ㅊ

❶ 소라[so-ra] (전남)광주·장성·곡성, (전북)임실·진안·무주·금산, (충남)공주·강경·홍성·천안, (충북)청주·보은·영동·충주
❷ 소라고동[so-ra#ko-doŋ] (경남)동래·부산, (충남)홍성
❸ 소라고딩이[so-ra#ko-diyŋ-i] (경남)양산·거창·합천·창녕·밀양, (경북)고령
❹ 소랑[so-raŋ] (전남)강진·영암·목포(나주 담양 불명.)
❺ 소래[so-rɛ] (전남)순천·보성, (전북)운봉·정읍·김제, (충남)서천
❻ 소래고동[so-rɛ#ko-doŋ] (전남)여수·구례, (경남)김해·하동

❼ **구제기**[ku-je-gi] (제주)서귀・대정
❽ **구젱이**[ku-jeŋ-i] (제주)제주・성산・서귀

■ 18612 우렁이田螺 : たにし

❶ **고동**[ko-doŋ] (경남)동래・김해
❷ **고딩이**[ko-diyŋ-i] (경남)울산・양산・거창・합천・창녕, (경북)포항・고령
❸ **골뱅이**[kol-bɛŋ-i] 【「訓蒙」 螺 kor-oaŋ-i, 「四聲」 螺螄 kor-oaŋ-i, 「譯語」 水螺子 kor-oaŋ-i】 (경북)김천・예천・안동・영주・울진・평해, (강원)양양・강릉・삼척, (함남)북청・풍산・혜산
❹ **골빙이**[kol-biŋ-i] (경북)영덕
❺ **골부리**[kol-bu-ri] (경북)의성・청송
❻ **논고동**[non#ko-doŋ] (경남)부산・마산・거제・통영・진주・남해・함양
❼ **논고딩이**[non#ko-diyŋ-i] (경남)밀양
❽ **우랭이**[u-rɛŋ-i] (경기)개성・연천
❾ **우렝이**[u-reŋ-i] (경기)경성
❿ **황새고딩이**[hwaŋ-sɛ#ko-diyŋ-i] (경북)영천

■ 18613 조개貝

❶ **조개**[čo-gɛ] (전남)여수・보성・강진・영암・목포・나주・장성・담양・곡성, (전북)운봉・남원・순창・정읍・김제・전주・임실・장수・진안・무주・금산, (경남)울산・양산・동래・부산・김해・마산・거제・통영・남해・하동, (경북)포항・예천・안동・영주・청송・울진, (충남)공주・강경・서천・홍성・천안, (충북)정주・보은・영동・충주・단양, (강원)양양・강릉, (함남)신고산・안변・덕원・문천・고원・영동・정평
❷ **조갱이**[čo-gɛŋ-i] (제주)제주・성산・서귀
❸ **조가기**[čo-ga-gi] (제주)대정
❹ **조개기**[čo-gɛ-gi] (제주)서귀

⑤ **조가지**[čo-ga-ji] (함남)함흥・오로・신흥・홍원・이원
⑥ **조가피**[čo-ga-pʰi] (경북)평해
⑦ **조개비**[čo-gɛ-bi] (경남)진주・함양・거창・합천・창녕・밀양, (경북)영천・고령・김천, (충남)천안
⑧ **쪼개비**[č'o-gɛ-bi] (경북)영덕
⑨ **쪼감지**[č'o-gam-ji] (경북)안동
⑩ **쪼갑지**[č'o-gap-či] (경북)대구・김천・의성
⑪ **자개**[ča-gɛ] (전북)군산・전주
⑫ **자갑**[ča-gap] (충남)예산
⑬ **자갭**[ča-gɛp] (충남)공주・강경・부여・홍산・청양・남포・보령・안면도・광천・홍성・해미・서산・오천・천안・조치원
⑭ **짜복**[č'a-bok] (강원)삼척

18614 고기魚

① **고기**[ko-gi] 【「三才」魚, 古木, 「物語」魚, こき】 대다수 지방
② **얘리**[yɛ-ri] (산삼채취업자의 은어)(함남)혜산, (평북)강계

18615 고등어鯖

① **고등어**[ko-diŋ-ə] (전남)순천・광주・장성・곡성, (전북)운봉・정읍・김제・전주・임실・장수・진안・무주・금산, (경기)장단, (황해)황주, (평남)평양, (평북)박천・영변
② **고등아**[ko-diŋ-a] (경기)경성・개성・연천, (황해)금천・연안・옹진・태탄・장연・은율・안악・재령・서흥・신계・수안
③ **고등에**[ko-diŋ-ɛ] (전남)여수・보성・강진・영암, (경남)하동
④ **고등에**[ko-diŋ-e] (제주)제주・성산・서귀・대정, (전남)목포・담양, (전북)남원・순창, (평북)영변・희천・구성・강계・자성・후창
⑤ **고동이**[ko-doŋ-i] (함남)북청・단천・풍산

⑥ 고동에[ko-doŋ-e] (함남)홍원
⑦ 고도에[ko-do-e] (함남)혜산
⑧ 고둥이[ko-duŋ-i] (함남)홍원
⑨ 고둥에[ko-duŋ-e] (함남)정평・함흥・오로・신흥, (함북)성진・길주・경성・나남・부령・무산・회령・종성・경흥
⑩ 고망아[ko-maŋ-a] (황해)신계
⑪ 고망애[ko-maŋ-ɛ] (경기)개성, (황해)수안・곡산
⑫ 고망에[ko-maŋ-e] (함남)신고산・안변・덕원・고원, (함북)청진
⑬ 고망이[ko-maŋ-i] (함남)북청・단천
⑭ 고마이[ko-ma-i] (함남)홍원・이원・혜산
⑮ 고마:[ko-ma:] (함남)문천・영흥

■ 18616 도미鯛

① 도:미[to:-mi] 【「三才」鯛, 止车「物語」鯛, とんこき】 (전북)진안・무주・금산, (경남)동래・김해, (경북)영천・포항・영덕・김천・의성・안동・영주・청송・울진・평해, (충남)천안, (충북)청주・보은・영동・충주・단양, (강원)강릉・삼척
② 대:미[tɛ:-mi] (경남)울산・양산・부산, (충남)홍성
③ 되:미[tö:-mi] (전북)운봉・남원・정읍・김제・전주・장수, (충남)공주・강경・서천, (강원)양양
④ 돔:[to:m] (제주)제주・성산・서귀・대정, (전남)여수・순천・보성・강진・영암・목포・나주・광주・장성・담양・곡성, (전북)순창, (경남)마산・거제・통영・진주・남해・하동・함양・거창・합천・창녕・밀양, (경북)대구・고령・예천・안동
⑤ 동치[toŋ-čʰi] (제주)제주

18617 멸치鯷

① **매래치**[mɛ-rɛ-čʰi] (①에서 ⑰까지는 대부분 소형 멸치를 말한다)(경남)울산·동래·부산·함양, (경북)영천·포항·영덕

② **매러치**[mɛ-rə-čʰi] (경남)양산·김해·마산·진주·남해

③ **매리치**[mɛ-ri-čʰi] (경남)거제·통영

④ **메래치**[me-rɛ-čʰi] (강원)양양·강릉

⑤ **메러치**[me-rə-čʰi] (경북)평해

⑥ **메레치**[me-re-čʰi] (경북)영주·청송·울진

⑦ **메루치**[me-ru-čʰi] (경기)경성

⑧ **메리치**[me-ri-čʰi] (경남)거창·합천, (경북)고령, (충북)청주·보은·영동·충주·단양, (강원)삼척

⑨ **멜**[mel] (제주)제주·성산·서귀·대정·

⑩ **멜치**[mel-čʰi] (전남)여수·보성·강진·양암·목포·나주·광주·곡성, (전북)운봉·남원·순창·전주·임실([il-bon#mel-čʰi]라고도)·장수·진안(장수·진안에서는 대·소형 모두를 가리킨다)·무주·금산, (경남)하동, (경기)경성·장단·연천, (황해)신계·곡산, (함남)홍원·풍산·혜산·

⑪ **멸치**[myəl-čʰi] (전북)정읍·김제, (충남)공주·강경·서천·홍성, (황해)연안·서흥·수안

⑫ **밀치**[mil-čʰi] (전남)장성·담양

⑬ **미래치**[mi-rɛ-čʰi] (경북)예천

⑭ **미리치**[mi-ri-čʰi] (경남)창녕·밀양, (경북)대구·김천·의성·안동

⑮ **멧치**[met-čʰi] (함남)신고산·안변·덕원·문천·고원·영흥·북청·이원·갑산

⑯ **멘치**[men-čʰi] (함남)정평·함흥·오로·신흥

⑰ **열치**[yəl-čʰi] (황해)해주·옹진·태탄·장연·은율·안악·재령

⑱ **멜다구**[mel-da-gu] (⑱에서 ㉒까지는 대부분 보통 크기의 새우를 말한다)(전남)여수·순천·곡성, (전북)운봉·남원·순창·임실·장수·진안(장수·진안에서

는 대·소형 모두를 가리킨다), (경남)하동
⑲ 청아[cʰən-a] (황해)(조사가 잘못된 것임)서흥
⑳ 청애[cʰən-ɛ] (황해)(조사가 잘못된 것임)금천
㉑ 청어리[cʰən-ə-ri] (경남)마산·거제·통영·진주·남해
㉒ 이아치[i-a-cʰi] (일본어 いわし [iwashi]에서 전용)(경남)거제·통영

■ 18618 망어 望魚

❶ 망치[maŋ-cʰi] (제주)제주·성산·서귀·대정, (전남)광주

■ 18619 붕어 鮒

❶ 붕어[puŋ-ə] 【『三才』鮒, 布賀伊.『物語』鮒, ふがい】 대다수 지방
❷ 붕아[puŋ-a] (황해)금천·연안·해주·옹진·태탄·장연·은율·안악·재령·서흥

■ 18620 숭어 鯔魚秀魚

❶ 숭어[suŋ-ə] 대다수 지방
❷ 숭아[suŋ-a] (경기)개성, (황해)금천·연안·해주·옹진·태탄·장연·은율·안악·재령·서흥·신계·수안·곡산

■ 18621 미꾸라지 鰍 : どぢやう

❶ 소천에[so-cʰən-e] (함남)단천
❷ 쇠천에[sö-cʰən-e] (함남)홍원
❸ 쇠친에[sö-cʰin-e] (함남)북청
❹ 종개[čoŋ-gɛ] (함북)경흥
❺ 종개미[čʰoŋ-gɛ-mi] (함북)부령
❻ 징구매[čiŋ-gu-mɛ] (함북)길주·나남

❼ 돌중개[tol-juŋ-gɛ] (함북)회령・종성
❽ 버들개[pə-dɨl-gɛ] (함남)청진

18622 은어鮎 : あゆ

❶ 은어[in-ə] (제주)제주・대정, (전남)순천・담양・곡성・구례, (전북)운봉・전주・임실・장수(진안・무주・금산에서는 사물과 이름을 모름), (경남)양산・동래・마산・거제・진주・하동・거창・창녕, (경북)영천・영덕・대구・고령・김천・의성・예천・안동・청송・울진・평해, (충남)공주・서천・홍성・천안, (충북)청주・보은・영동, (경기)경성, (강원)양양・강릉・삼척
❷ 은에[in-e] (전남)강진, (전북)남원・순창, (경남)남해
❸ 은아[in-a] (황해)태탄・장연・은율・안악
❹ 은애[in-ɛ] (경북)영덕
❺ 은억[in-ək] (경남)김해
❻ 은이[in-i] (경남)합천・밀양
❼ 은광[in-gwaŋ] (함남)신고산・안변・덕원・고원・문천・영흥・정평・신흥 (함흥・오로・홍원・북청・이원・풍산・갑산・혜산 외의 지방에서는 이름을 모름.)
❽ 은과[in-gwa] (황해)금천
❾ 인에[in-ə] (제주)서귀, (경남)부산
❿ 연애[yən-ɛ] (경남)울산, (경북)포항
⓫ 메사구[me-sa-gu] (황해)황주・곡산(연안・해주・웅진・신계 외는 그 이름을 모름), (평남)평양, (평북)박천・영변・희천・구성・강계・자성・후창
⓬ 메기[me-gi] (황해)황주, (평남)평양

18623 송어松魚

❶ 야래[ya-rɛ] 【「北塞記略」豆滿江産松魚(中略)夏有魚似秀魚而小, 俗名夜來, 秋産鯉魚, 長數尺, 連隊泝流而上, 一綱或得數十】 (평북)강계・자성・후창(정주・선천・용암・의주 등에는 없다.)

❷ 야리[ya-ri] (함남)풍산·갑산·혜산((평남)중화·고천·순천·숙천·안주 등에는 없음), (함북)경흥·웅기(성진·길주·경성·청진 등에는 없음.)
❸ 야뤼[ya-rwi] (함북)무산·회령·종성·경원

18624 오징어烏賊 : いか

❶ 오증어[o-ǰiŋ-ə] (경남)부산·합천·창녕, (경북)고령, (충남)공주·강경·서천·홍성·천안, (충북)청주·보은·영동, (강원)양양
❷ 오징어[o-ǰiŋ-ə] (전남)장성·곡성, (전북)운봉·정읍·김제·임실·장수·진안·무주·금산, (경남)거제, (충북)충주
❸ 오징에[o-ǰiŋ-e] (제주)제주·성산·서귀·대정, (전남)담양, (전북)남원·순창, (경남)진주·남해
❹ 오징애[o-ǰiŋ-ɛ] (전남)여수, (경남)마산·통영·하동
❺ 오등애[o-diŋ-ɛ] (경남)거창
❻ 오동애[o-doŋ-ɛ] (경남)양산·밀양
❼ 낙지[nak-či] (의미조사가 잘못됨)(강원)강릉·삼척((경북)울진·평해 등에서는 이름을 모름)
❽ 각시기[kak-si-gi] (경남)거제
❾ 이가[i-ga] (일본어「いか[ika]」가 기원일지도)(경남)울산, (경북)영천·포항·영덕
❿ 홀짇개[hol-čit-kɛ] (오징어보다 작은 종류)(경남)울산

18625 낚시밥魚を釣る餌

❶ 게기밥[ke-gi-pap] (경남)함양
❷ 낙수(밥)[nak-su-(pap)] (경남)양산·김해·거창·합천·창녕·밀양, (경북)영천·예천, (충남)공주·강경, (충북)보은·영동·단양
❸ 낙시(밥)[nak-si-(pap)] (충남)홍성·천안, (충북)청주·충주
❹ 밥[pap] (전남)곡성, (전북)운봉·임실·장수·진안·무주·금산
❺ 맨기[met-ki] (경북)평해, (강원)삼척

❻ **멕기**[mek-ki] (함남)안변·덕원·문천·고원·영흥·북청
❼ **멛갇**[met-kat] (경북)영덕·울진
❽ **미**[mi] (함북)명천
❾ **믹기**[mik-ki] (함남)신고산·정평·함흥·오로·신흥·홍원·북청·이원·단천·풍산·갑산·혜산, (함북)명천
❿ **믿기**[mit-ki] (전남)영암, (충북)충주·단양, (경기)경성·개성·장단·연천, (강원)양양·강릉, (황해)금천·연안·해주·옹진·태탄·장연·은율·안악·재령·서흥·신계·수안·곡산
⓫ **믿갑**[mit-kap] (경남)울산, (경북)포항
⓬ **믵겁**[miyt-kəp] (제주)제주·대정
⓭ **믇겁**[mit-kəp] (제주)성산·서귀
⓮ **읻갑**[it-kap] (전남)목포·나주, (경남)마산·거제·통영·진주·남해, (충남)서천
⓯ **읻감**[it-kam] (전남)영암
⓰ **입갑**[ip-kap] (충남)강경·서천

곤충파충 昆蟲爬蟲

19626 벌레 蟲

❶ **버러지**[pə-rə-ji] (전남)광주, (전북)정읍 · 전주, (충남)공주 · 강경 · 서천 · 홍성, (충북)진천 · 괴산 · 충주, (경기)경성 · 장단, (강원)영월 · 평창 · 원주 · 횡성 · 홍천 · 인제

❷ **버룡이**[pə-röŋ-i] (제주)제주 · 성산 · 서귀 · 대정

❸ **버럭지**[pə-rək-či] (전북)김제 · 임실, (충남)강경, (황해)장연 · 은율 · 안악 · 재령

❹ **버레**[pə-re] (경기)경성

❺ **버레기**[pə-re-gi] (전북)김제

❻ **벌러지**[pəl-lə-ji] (충남)천안

❼ **벌레**[pəl-le] (충남)서천 · 홍성 · 천안, (경기)개성 · 장단 · 연천, (황해)금천 · 연안 · 해주 · 옹진 · 태탄 · 장연 · 은율 · 안악 · 재령 · 서흥 · 수안

❽ **벌거지**[pəl-gə-ji] (전남)여수 · 순천 · 보성 · 나주 · 광주 · 장성 · 담양 · 곡성 · 구례, (전북)운봉 · 남원 · 순창 · 정읍 · 장수 · 진안 · 무주 · 금산, (경남)울산 · 양산 · 동래 · 부산 · 마산 · 거제 · 통영 · 진주 · 남해 · 하동 · 함양 · 거창 · 합천 · 창녕 · 밀양, (경북)영천 · 경주 · 영덕 · 대구 · 고령 · 상주 · 함창 · 문경 · 예천 · 안동 · 영주 · 청송 · 울진 · 평해, (충남)공주, (충북)청주 · 보은 · 영동 · 진천 · 괴산 · 단양, (경기)개성, (강원)양양 · 강릉 ·

삼척 · 영월 · 평창 · 원주 · 횡성 · 홍천 · 인제 · 춘천, (황해)황주 · 신계 · 수안 · 곡산, (함남)신고산 · 안변 · 덕원 · 문천 · 고원 · 영흥 · 정평 · 함흥 · 오로 · 신흥 · 홍원 · 북청 · 이원 · 풍산 · 갑산 · 혜산, (함북)성진 · 길주 · 경성 · 나남 · 청진 · 부령 · 무산 · 회령 · 종성 · 경원 · 경흥 · 웅기, (평남)평양, (평북)박천 · 영변 · 희천 · 구성 · 강계 · 자성 · 후창

⑨ **벌가지**[pəl-ga-ji] (전남)강진 · 영암 · 목포
⑩ **벌기**[pəl-gi] (경남)울산, (경북)포항 · 흥해, (함남)신고산 · 안변 · 덕원 · 함흥
⑪ **벌겅이**[pəl-gəŋ-i] (경남)마산
⑫ **벌갱**[pəl-gɛŋ] (경북)김천
⑬ **벌갱이**[pəl-gɛŋ-i] (경남)양산 · 김해, (경북)경주 · 포항 · 영덕 · 대구 · 의성
⑭ **벌격지**[pəl-gək-či] (함남)신고산 · 안변

19627 반딧불螢

① **개똥버러지**[kɛ-t'oŋ#pə-rə-ji] (충남)공주 · 강경, (충북)청주
② **개똥벌거지**[kɛ-t'oŋ#pəl-gə-ji] (경남)울산 · 양산 · 동래 · 부산 · 거제 · 통영 · 진주 · 하동 · 함양 · 거창, (경북)영천 · 고령 · 김천 · 울진, (충북)영동, (강원)삼척, (함남)북청
③ **깨똥벌거지**[k'ɛ-t'oŋ#pəl-gə-ji] (경북)평해
④ **개똥벌갱이**[kɛ-t'oŋ#pəl-gɛŋ-i] (경남)합천, (경북)대구
⑤ **개똥벌레**[kɛ-t'oŋ#pəl-le] (충남)홍성 · 천안, (충북)단양, (경기)개성 · 장단 · 연천
⑥ **개똥벌기**[kɛ-t'oŋ#pəl-gi] (경북)포항 · 영덕 · 예천 · 안동 · 영주 · 청송
⑦ **개똥불**[kɛ-t'oŋ#pul] (전남)여수 · 순천 · 보성 · 강진 · 영암 · 목포 · 나주 · 광주 · 장성 · 담양 · 곡성 · 구례, (전북)운봉 · 남원 · 순창 · 정읍 · 김제 · 전주 · 임실 · 장수 · 진안 · 무주 · 금산, (충남)서천 · 홍성, (충북)보은 · 충주, (강원)양양 · 강릉, (함남)신고산 · 수안

⑧ 개똥파리[kɛ-t'oŋ#pʰa-ri] (황해)장연・은율・안악・재령
⑨ 갣지불[kɛt-či-bul] (함남)정평
⑩ 갣지벌기[kɛt-či#pəl-gi] (함남)영흥
⑪ 깬지벌기[k'ɛt-či#pəl-gi] (함남)문천・고원
⑫ 깬지버리[k'ɛt-či-bə-ri] (함남)덕원
⑬ 고개빤드기[ko-gɛ#p'an-di-gi] (황해)곡산
⑭ 굴래기[kul-lɛ-gi] (황해)연안
⑮ 까랑[k'a-raŋ] (전남)나주
⑯ 까랭이[k'a-rɛŋ-i] (경남)김해・마산・밀양
⑰ 까리[k'a-ri] (황해)금천・해주・재령・서흥・신계・수안・곡산
⑱ 반듸뿔[pan-diy-p'ul] (경기)경성
⑲ 반대뿔[pan-dɛ-p'ul] (황해)연안
⑳ 반득개비[pan-dik-kɛ-bi] (황해)해주・옹진・태탄
㉑ 불황듸[pul-hwaŋ-diy] (제주)대정
㉒ 불한듸[pul-han-diy] (제주)제주・성산・서귀
㉓ 불한지[pul-han-ji] (제주)제주
㉔ 때때벌갱이[t'ɛ-t'ɛ#pəl-gɛŋ-i] (경북)의성
㉕ 소곰장이[so-gom-jaŋ-i] (경남)남해

19628 나비蝶

❶ 나비[na-bi] (제주)제주・성산・서귀・대정, (전남)여수・순천・나주・광주, (전북)김제, (경남)동래・마산・거제・통영・창녕, (경북)포항・안동・영주・청송・울진, (충남)공주・서천・홍성・천안, (충북)청주・보은・영동・충주・단양, (강원)양양・강릉
❷ 나부[na-bu] (전남)보성・강진・영암・목포・장성・담양・곡산・구례, (전북)운봉・남원・순창・정읍・김제・전주・임실・장수・진안・무주・금산, (경남)울산・양산・부산・김해・진주・남해・하동・함양・거창・합

천·밀양, (경북)울진·평해, (충남)강경, (충북)보은·단양
❸ **나붕이**[na-buŋ-i] (강원)삼척
❹ **나배**[na-bɛ] (경북)예천
❺ **나뱅이**[na-bɛŋ-i] (경북)의성

19629 등애蝱

❶ **등에**[tiŋ-e] (충남)홍성·천안, (충북)진천, (경기)경성, (강원)영월·평창·원주·횡성·홍천·인제
❷ **등이**[tiŋ-i] (충남)서천
❸ **등게**[tiŋ-ge] (충남)강경
❹ **등에파리**[tiŋ-e#pʰa-ri] (경북)함창
❺ **딩기**[tiyŋ-gi] (충북)보은·영동
❻ **틍어**[tʰiŋ-ə] (충북)괴산·충주
❼ **틍에**[tʰiŋ-e] (충북)청주
❽ **틍쉐**[tʰiŋ-swe] (충북)충주·단양

19630 진디물蚜蟲 : あぶらむし

❶ **뜨물**[t'i-mul] (전남)순천, (전북)남원
❷ **뜨믈**[t'i-mil] (전남)여수·강진·영암·목포, (전북)정읍, (경남)양산·남해·거창, (경북)고령
❸ **뜬물**[t'in-mul] (전북)전주, (충남)공주·강경·서천·홍성·천안, (충북)청주·보은·영동·충주·단양
❹ **뜬믈**[t'in-mil] (전남)목포·장성·담양·곡성, (전북)운봉·순창·김제·임실·장수·진안·무주·금산, (경남)울산, (경북)영천·포항·대구·김천·의성·예천·안동·영주·청송·울진, (강원)양양·강릉·삼척
❺ **뜬물지**[t'in#mul-ji] (경북)영덕·평해
❻ **진쉬**[čin-swi] (제주)제주·성산·서귀·대정

19631 매미蟬

❶ 맴:[mɛːm] (경북)영덕, (강원)양양
❷ 매:미[mɛː-mi] (전남)여수・순천・보성・강진・영암・목포・광주・장성・담양・곡성・구례, (전북)운봉・남원・순창・정읍・김제・임실・장수・무주・금산, (경남)양산・동래・부산・거제・통영・진주・남해・하동・함양・거창, (경북)김천・의성・예천・안동・영주・울진・평해, (충남)공주・강경・홍성・천안, (충북)청주・보은・영동・충주・단양, (강원)강릉・삼척
❸ 매애미[mɛ-ɛ-mi] (경남)김해・마산
❹ 매랭이[mɛ-rɛŋ-i] (경남)양산・밀양, (경북)영천・포항
❺ 매렁이[mɛ-rəŋ-i] (경북)청송
❻ 매렝이[mɛ-reŋ-i] (경북)의성
❼ 매롱[mɛ-roŋ] (경남)울산
❽ 매링이[mɛ-riŋ-i] (경남)합천・창녕, (경북)대구・고령
❾ 매영이[mɛ-yəŋ-i] (경북)영덕・청송・평해
❿ 매:암[mɛː-am] (충남)서천
⓫ 메:미[meː-mi] (전남)나주, (전북)전주
⓬ 므:암[miː-am] (전북)진안
⓭ 재열[čɛ-yəl] (제주)제주・서귀・대정
⓮ 자리[ča-ri] (제주)성산
⓯ 잴:[čɛːl] (제주)제주

19632 메뚜기蝗斯 : いなご

❶ 맫대기[mɛt-tɛ-gi] (전북)장수, (경남)울산・동래・부산・김해・함양, (경북)영천・포항・영덕
❷ 맫데기[mɛt-te-gi] (전남)여수・강진・영암・목포, (전북)무주・금산
❸ 맫두기[mɛt-tu-gi] (전남)광주・곡성
❹ 맫되기[mɛt-tö-gi] (전북)정읍・진안

408 | 조선어방언사전

❺ 맫뒤기[mɛt-twi-gi] (전남)순천 · 담양, (전북)운봉 · 남원 · 순창 · 임실
❻ 매디기[mɛt-tiy-gi] (경남)양산 · 마산 · 거제 · 통영 · 진주 · 남해 · 하동 · 합천 · 밀양
❼ 멘대기[met-tɛ-gi] (전남)장성
❽ 멘데기[met-te-gi] (전남)나주, (전북)전주, (경북)영주 · 청송 · 울진 · 평해, (충북)충주 · 보은, (강원)삼척
❾ 멘두기[met-tu-gi] (강원)양양 · 강릉
❿ 멘듸기[met-tiy-gi] (경남)거창 · 창녕, (충남)홍성 · 천안, (충북)충주
⓫ 몬데기[mot-te-gi] (충남)서천
⓬ 뫁데기[möt-te-gi] (충남)공주 · 강경, (충북)영동
⓭ 믿대기[mit-tɛ-gi] (경북)예천
⓮ 믿듸기[mit-tiy-gi] (경남)거창, (경북)고령 · 김천 · 의성 · 안동, (충북)단양
⓯ 밀듸기[mil-tiy-gi] (경북)대구 · 의성
⓰ 연치[yən-čʰi] (특히 큰 것을 지칭)(경남)동래 · 부산
⓱ 말축[mal-čʰuk] (제주)제주 · 성산 · 대정
⓲ 만축[man-čʰuk] (제주)대정
⓳ 땅구[t'aŋ-gu] (전북)전주

19633 벌蜂

❶ 벌:[pə:l] (제주)제주 · 성산 · 서귀 · 대정, (전남)여수 · 순천 · 보성 · 강진 · 영암 · 목포 · 나주 · 광주 · 장성 · 담양 · 곡성, (전북)운봉 · 남원 · 순창 · 정읍 · 김제 · 전주 · 임실 · 장수 · 진안 · 무주 · 금산, (경남)양산 · 김해 · 마산 · 거제 · 통영 · 진주 · 남해 · 하동 · 함양 · 거창 · 밀양, (충남)공주 · 강경 · 홍성, (충북)보은 · 영동 · 충주 · 단양, (경기)경성 · 개성, (강원)양양
❷ 버:리[pə:-ri] (경남)울산 · 동래 · 부산 · 거창 · 합천 · 창녕, (경북)영천 · 포항 · 영덕 · 대구 · 고령 · 김천 · 예천 · 안동 · 영주 · 청송 · 울진 · 평해, (충남)홍성, (충북)청주, (강원)강릉 · 삼척, (황해)태탄 · 장연 · 은율 · 안

악 · 재령 · 서흥
❸ 부얼[pu-əl] (경기)연천
❹ 부어리[pu-ə-ri] (충남)천안, (황해)수안
❺ 부ː리[puː-ri] (황해)연안
❻ 뷀[pwəl] (황해)금천
❼ 블ː[piːl] (충남)서천

19634 잠자리蜻蜓 : とんぼ · やんまなど

❶ 까랭이[k'a-rɛŋ-i] (경북)상주 · 함창
❷ 간진자리[kan-ǰin-ǰa-ri] (전북)전주
❸ 깽자리[k'ɛŋ-ča-ri] (경남)부산
❹ 꼬부리[k'o-bu-ri] (전북)남원
❺ 굼머리[kum-mə-ri] (경남)남해
❻ 나마리[na-ma-ri] (충북)청주 · 보은 · 진천 · 괴산 · 충주
❼ 남자리[nam-ǰa-ri] (경남)남해, (경북)김천 · 상주 · 함창 · 문경, (충북)청주 · 보은 · 영동 · 괴산 · 충주
❽ 동궁리[toŋ-guŋ-i] (큰 것)(경남)합천
❾ 마래[ma-rɛ] (중형)(경남)합천
❿ 말잔자리[mal-ǰan-ǰa-ri] (큰 것)(경남)거창
⑪ 밤버리[pam-bə-ri] (제주)제주 · 서귀 · 대정
⑫ 밥주리[pap-ču-ri] (제주)성산 · 서귀 · 대정
⑬ 소곰재[so-gom-ǰɛ] (함북)명천 · 경성 · 청진 · 회령 · 종성 · 경흥
⑭ 소곰쟁이[so-gom-ǰɛŋ-i] (충북)제천(여기에서는 '물매암이'를 가리킨다), (강원)연천 · 장전 · 고성 · 간성 · 주문진 · 강릉 · 삼척 · 영월 · 평창 · 홍천(홍천에서는 '물매암이'를 가리킨다) · 인제, (함북)나남 · 부령 · 무산
⑮ 수뱅이[su-bɛŋ-i] (경남)진주
⑯ 어러리[ə-rə-ri] (경북)안동

⑰ **왕철구**[waŋ-čʰəl-gu] (큰 것)(경남)양산·김해·밀양
⑱ **왕철기**[waŋ-čʰəl-gi] (경남)창녕
⑲ **웬도리**[wɛt-to-ri] (경북)고령(큰 것)
⑳ **자마리**[ča-ma-ri] (전남)영암·목포·나주·곡성, (전북)임실, (충남)공주·강경·서천·홍성·천안
㉑ **자마지**[ča-ma-ji] (충북)영동
㉒ **짠자리**[č'an-ja-ri] (작은 것)(경남)거창·합천, (경북)고령
㉓ **잠마리**[čam-ma-ri] (전남)광주
㉔ **잠자리**[čam-ja-ri] (전남)여수·순천·보성·강진, (경남)하동·함양, (경북)안동, (충남)홍성·천안, (충북)영동
㉕ **짬자리**[č'am-ja-ri] (충북)단양·제천, (강원)양양·영월·평창·원주·횡성·홍천
㉖ **잼재**[čɛm-jɛ] (함남)홍원
㉗ **잼제리**[čɛm-je-ri] (함남)북청·단천, (함북)성진·길주
㉘ **잼재리**[čɛm-jɛ-ri] (경북)예천
㉙ **잘래비**[čal-lɛ-bi] (경남)마산·거제·통영
㉚ **절갱이**[čəl-gɛŋ-i] (경북)청송
㉛ **절랭이**[čəl-lɛŋ-i] (경북)의성
㉜ **차랭이**[čʰa-rɛŋ-i] (경북)울진
㉝ **차렝이**[čʰa-reŋ-i] (경북)울진
㉞ **차마리**[čʰa-ma-ri] (전남)장성·담양, (전북)남원·순창
㉟ **참맹오리**[čʰa-meŋ-o-ri] (큰 것)(경남)통영
㊱ **찰기**[čʰal-gi] (경북)평해
㊲ **찰래비**[čʰal-lɛ-bi] (작은 것)(경남)진주
㊳ **참마리**[čʰam-ma-ri] (전북)정읍·김제
㊴ **참바리**[čʰam-ba-ri] (전북)김제
㊵ **참자리**[čʰam-ja-ri] (전남)곡성·구례, (전북)운봉·순창·장수·진안·무

주·금산, (강원)춘천·인제
㊹ 처리[cʰə-ri] (경북)경주·포항
㊷ 철갱이[cʰəl-gɛŋ-i] (경북)영천·영덕·흥해·포항·대구
㊸ 철껭이[cʰəl-k'eŋ-i] (경북)청송
㊹ 철구[cʰəl-gu] (경남)밀양
㊺ 철기[cʰəl-gi] (경남)울산·양산·동래·부산·김해·마산·창녕, (경북)포항·흥해·영주(영주에서는 유충을 가리킨다), (경북)평해
㊻ 철렝이[cʰəl-leŋ-i] (경북)의성·청송
㊼ 철리뱅이[cʰəl-li-bɛŋ-i] (경북)경주
㊽ 초ː리[cʰoː-ri] (경북)영주
㊾ 행오리[hɛŋ-o-ri] (작은 것)(경남)거제·통영

19635 파리蠅

❶ 프리[pʰo-ri] (제주)제주·성산·서귀·대정
❷ 파리[pʰa-ri] (전북)김제·군산·전주·무주·금산, (경남)거제·거창, (경북)영천·경주·포항·흥해·영덕·대구·성주·김천·의성·상주·함창·문경·예천·안동·영주·청송, (충남)공주·강경·부여·홍산·청양·남포·보령·광천·홍성·해미·서산·오천·예산·조치원, (경기)경성·개성문경·장단·연천, (강원)통천·장전·고성·간성·양양·주문진·강릉·울진·평해·영월·평창·원주·횡성·홍천·춘천·인제·철원·평강, (황해)금천·연안·해주·옹진·태탄·장연·은율·안악·재령·황주·서흥·신계·수안·곡산, (함남)신고산·안변·덕원·문천·고원·영흥·정평·함흥·오로·신흥·홍원·북청·이원·서천·풍산·혜산, (함북)성진·길주·명천·경성·나남·청진·부거·부령·무산·경원·경흥·웅기, (평남)중화·평양·순천·숙천·안주, (평북)박천·영변·회천·구성·정주·선주·용암·의주·강계·자성·후창
❸ 파랭이[pʰa-rɛŋ-i] (경남)창녕·밀양, (경북)대구·의성

④ 퍼리[pʰə-ri] (전남)고흥, (전북)김제, (충남)부여·홍산·남포
⑤ 포리[pʰo-ri] (전남)돌산·여수·광양·순천·벌교·보성·장흥·강진·완도·지도·해남·영암·목포, (함평)영광·나주·광주·담양·옥과·곡성·구례, (전북)남원·순창·정읍·김제·임실, (경남)울산·양산·동래·마산·거제·통영·진주·남해·하동·함양, (함남)풍산·갑산·혜산·장진, (함북)회령·종성·경원
⑥ 포랭이[pʰo-rɛŋ-i] (경남)양산

19636 쇠파리牛蠅

① 새파랭이[sɛ-pʰa-rɛŋ-i] (경북)의성
② 새파리[sɛ-pʰa-ri] (경남)부산·마산, (경북)영천·예천·안동·청송
③ 새퍼리[sɛ-pʰə-ri] (경남)김해
④ 새포리[sɛ-pʰo-ri] (경남)양산·함양
⑤ 쌔포리[sʼɛ-pʰo-ri] (경남)동래·마산
⑥ 세포리[se-pʰo-ri] (경남)거제·통영·진주·남해
⑦ 소파랭이[so-pʰa-rɛŋ-i] (경남)창녕·밀양, (경북)대구
⑧ 소포리[so-pʰo-ri] (경남)마산
⑨ 쇠파리[sö-pʰa-ri] (경북)경주·상주·함창·문경
⑩ 쉐파랭이[swe-pʰa-rɛŋ-i] (경북)고령
⑪ 쉐파리[swe-pʰa-ri] (경북)포항
⑫ 쉬파랭이[swi-pʰa-rɛŋ-i] (경북)울진·평해, (강원)삼척
⑬ 쉬파리[swi-pʰa-ri] (경북)홍해·영덕·영주, (강원)양양·강릉
⑭ 시파랭이[si-pʰa-rɛŋ-i] (경북)대구·김천
⑮ 시파리[si-pʰa-ri] (경남)울산·거창·합천, (경북)안동

19637 하루살이蜉蝣 : かげろふ

① 하로사리[ha-ro-sa-ri] (경남)합천, (경북)김천·의성·청송, (충남)강경·

홍성・천안, (충북)청주・보은, (강원)양양

❷ **하루사리**[ha-ru-sa-ri] (전북)운봉・김제・임실・장수・진안・무주・금산, (경남)진주, (경북)예천・영주・평해, (충북)충주・단양, (강원)강릉・삼척

❸ **하리사리**[ha-ri-sa-ri] (전남)여수・보성・강진・영암・목포・장성・담양・곡성, (전북)순창・정읍・전주, (경남)동래・거제・통영・남해・하동, (경북)영덕・고령

❹ **하러사리**[ha-rə-sa-ri] (경남)부산・거창・창녕・밀양

❺ **하립사리**[ha-rəp-sa-ri] (경남)양산

❻ **날파리**[nal-pʰa-ri] (충남)공주, (충북)영동

❼ **날타리**[nal-tʰa-ri] (충남)강경・서천

❽ **누에누니**[nu-ne-nu-ni] (제주)제주・서귀・대정

❾ **누니누니**[nu-ni-nu-ni] (제주)성산

19638 굼벵이蜻蛬 : ぢむし

❶ **굼뱅이**[kum-bɛŋ-i] (경북)의성・예천

❷ **굼벙이**[kum-bəŋ-i] (평북)박천・영변・구성

❸ **굼버지**[kum-bə-ji] (함남)북청

❹ **굼베**[kum-be] (함남)정평・신흥・이원・단천, (함북)성진・길주・부거・회령・종성・경흥

❺ **굼베이**[kum-be-i] (황해)금천・연안・해주・옹진・태탄・장연・은율・안악・재령・서흥

❻ **굼베지**[kum-be-ji] (함남)정평・함흥・오로・신흥・홍원・풍산・갑산・혜산, (함북)명천・청진・경성

❼ **굼벵이**[kum-beŋ-i] (제주)제주・성산・서귀・대정, (전남)여수・순천・보성・강진・영암・목포・나주・광주・장성・담양・곡성・구례, (전북)운봉・남원・순창・정읍・김제・전주・임실・장수・진안・금산(금산에서는 해충을 가리킨다), (경남)하동, (경북)안동・영주・울진・평해, (충남)강경・

414 | 조선어방언사전

서천·홍성·천안, (충북)단양, (경기)경성·개성·장단·연천, (강원)양양·강릉·삼척, (황해)황주·신계·수안·곡산, (함남)신고산·안변·덕원, (평북)희천·강계·자성·후창

⑧ 굼부리[kum-bu-ri] (경남)부산
⑨ 굼붕이[kum-buŋ-i] (평남)평양
⑩ 굼비[kum-bi] (함남)영흥
⑪ 굼비기[kum-bi-gi] (경북)포항
⑫ 굼빙이[kum-biŋ-i] (전북)무주, (경남)울산(여기에서는 해충)·양산·동래·김해·마산·거제·통영·진주·남해·함양·거창·합천·창녕·밀양, (경북)영천(여기에서는 구더기蛆蟲)·대구·고령·김천·청송, (충남)공주, (충북)청주·보은·영동·충주, (함남)문천·고원
⑬ 금베[kɨm-be] (함북)무산
⑭ 금베지[kɨm-be-ji] (함북)나남·부령
⑮ 구두리[ku-du-ri] (경남)김해

19639 귀뚜라미蟋蟀

① 깨떠러미[k'ɛ-t'ə-rə-mi] (경북)영천
② 깨또래미[k'ɛ-t'o-rɛ-mi] (경남)밀양
③ 꼴도래미[k'ol-to-rɛ-mi] (경남)밀양
④ 꾸따래미[k'u-t'a-rɛ-mi] (경북)영주
⑤ 구둘뻬미[ku-dul-p'ɛ-mi] (경남)거제·통영·남해
⑥ 꿀두래미[k'ul-du-rɛ-mi] (경북)예천
⑦ 꿰따래미[k'we-t'a-rɛ-mi] (경북)청송
⑧ 귀따라미[kwi-t'a-ra-mi] (경북)울진, (강원)삼척
⑨ 뀌따라미[k'wi-t'a-ra-mi] (경북)의성
⑩ 귀때래미[kwi-t'ɛ-rɛ-mi] (충남)홍성
⑪ 귀또래미[kwi-t'o-rɛ-mi] (전남)광주, (전북)남원·전주

⑫ **귀뚜래미**[kwi-t'u-rɛ-mi] (전남)강진·영암·목포·나주·담양·곡성·구례, (전북)운봉·순창·임실·장수·진안·무주·금산
⑬ **뀌뚜래미**[k'wi-t'u-rɛ-mi] (전남)장성, (전북)정읍·김제, (충남)천안
⑭ **귀똘개미**[kwi-t'ol-gɛ-mi] (전남)순천·보성
⑮ **귀뜨래미**[kwi-t'ɨ-rɛ-mi] (충남)공주·강경·서천, (충북)청주·보은·영동·충주·단양
⑯ **귀뚤개미**[kwi-t'ul-gɛ-mi] (전남)여수
⑰ **끼따래미**[k'i-t'a-rɛ-mi] (경북)안동
⑱ **기또래미**[ki-t'o-rɛ-mi] (경남)양산·마산·하동·함양·거창·합천·창녕, (경북)고령, (강원)양양
⑲ **기뚜라미**[ki-t'u-ra-mi] (강원)강릉
⑳ **끼드라미**[k'i-dɨ-ra-mi] (경남)진주, (경북)대구·김천
㉑ **공중이**[koŋ-juŋ-i] (제주)제주·성산·서귀·대정
㉒ **질지리**[čil-ǰi-ri] (경남)부산
㉓ **짓저래기**[čit-čə-rɛ-gi] (경남)김해

■ 19640 누에蠶

❶ **누에**[nu-e] (제주)제주·성산·서귀·대정, (전남)목포·광주·구례, (경북)의성·안동·청송, (충남)공주·서천·홍성·천안, (충북)청주·충주, (경기)경성·개성·장단·연천, (강원)원주·횡성·홍천·춘천·인제·철원·평강, (황해)금천·옹진·재령·황주·서흥·신계·수안·곡산, (함남)풍산·갑산·혜산, (평남)평양, (평북)희천·강계·후창
❷ **누애**[nu-ɛ] (경북)예천
❸ **누여**[nu-yə] (충남)강경
❹ **누왜**[nu-wɛ] (강원)주문진
❺ **누웨**[nu-we] (황해)은율·안악
❻ **누이**[nu-i] (황해)태탄·장연·은율·안악

❼ 눼[nwe] (전남)순천·곡성, (전북)운봉·임실·장수·금산, (강원)원주·횡성, (황해)연안·해주
❽ 뉘[nwi] (전남)여수·보성, (전북)무주, (경북)의성·안동, (충북)보은·영동
❾ 뉘에[nwi-e] (전남)강진·영암·나주·장성·담양, (전북)남원·순창·전주
❿ 뉘여[nwi-yə] (전북)정읍·김제·전주·진안
⓫ 늬[niy] (경남)진주·하동
⓬ 니:[ni:] (경남)진주·함양, (경북)김천
⓭ 니의[ni-iy] (경남)거창
⓮ 눙애[nuŋ-ɛ] (경북)영주, (충북)제천, (강원)주문진·영월·평창
⓯ 눙에[nuŋ-e] (경북)영주·울진 (충북)단양, (강원)통천·장전·고성·간성·양양·강릉·삼척, (함남)신고산·안변·원산·덕원·문천, (평북)박천·영변·구성·자성
⓰ 누베[nu-be] (경북)포항·영덕·청송, (함남)문천·고원·영흥·정평·함흥·오로·신흥·홍원·북청·이원·단천·풍산·갑산·혜산, (함북)성진·길주·명천·경성·나남·청진·부거·부령·무산·회령·종성·경원·경흥·웅기
⓱ 누비[nu-bi] (함남)문천
⓲ 뉘비[nwi-bi] (경남)부산
⓳ 늬비[niy-bi] (경남)양산·동래·김해·마산·합천·창녕·밀양
⓴ 니비[ni-bi] (경남)울산·마산·거제·통영·남해, (경북)영천

19641 번데기蛹

❶ 번듸기[pən-diy-gi] (경남)거창·합천, (경북)영천·고령, (충북)청주·보은·영동·충주
❷ 번데기[pən-de-gi] (제주)제주·서귀·대정, (경북)울진, (충남)공주·강경·서천·홍성·천안, (강원)양양·삼척
❸ 뻔듸기[p'ən-diy-gi] (경남)양산·동래·부산·김해·거제·함양·밀양, (경

북)김천

④ 뻔데기[p'ən-de-gi] (전남)영암·장성·담양, (전북)남원·순창·정읍·김제·전주·임실·무주·금산
⑤ 뻔떼기[p'ən-t'e-gi] (전북)장수·진안
⑥ 번더지[pən-də-ji] (강원)강릉
⑦ 번대[pən-dɛ] (충남)홍성
⑧ 뽄듸기[p'on-diy-gi] (경남)마산·창녕
⑨ 뽄데기[p'on-de-gi] (전남)목포·나주
⑩ 껀듸기[k'ən-diy-gi] (경남)진주, (충북)단양
⑪ 건데기[kən-de-gi] (경북)평해
⑫ 꿴데기[k'wen-de-gi] (전남)순천·보성·강진
⑬ 꿴되기[k'wen-dö-gi] (전남)곡성
⑭ 꼰대기[k'on-dɛ-gi] (경북)포항·영덕·의성·예천·안동·영주
⑮ 꼰데기[k'on-de-gi] (전남)나주, (전북)운봉·남원
⑯ 꼰듸기[k'on-diy-gi] (경남)통영·남해·하동
⑰ 쬔듸기[k'ön-diy-gi] (전남)여수

19642 이蝨

❶ 이[i] 대다수 지방
❷ 니[ni] (제주)성산·서귀
❸ 늬[niy] (제주)제주·대정

19643 벼룩蚤

❶ 벼룩[pyə-ruk] (전남)함평·장성, (경기)경성
❷ 벼록[pyə-rok] (충북)괴산
❸ 벼루기[pyə-ru-gi] (황해)연안·해주·옹진·태탄·장연·은율·안악·재령
❹ 벼루지[pyə-ru-ji] (황해)황주·재령

⑤ 베럭[pe-rək] (전남)광양・벌교・고흥, (경남)거제・통영・진주・남해・하동・함양・거창
⑥ 베레기[pe-re-gi] (경북)영덕・대구・의성・안동・영주・청송・울진・평해, (강원)장전・고성・간성・주문진・강릉・삼척・영월, (함남)신고산・안변・함흥・홍원・북청・이원・풍산・갑산・혜산, (함북)나남・부령・무산
⑦ 베록[pe-rok] (제주)제주・성산・서귀・대정, (전남)보성, (경남)거창・합천, (충북)괴산
⑧ 베룩[pe-ruk] (전남)순천・보성・장흥・강진・영암・목포・영광・나주・광주・옥과・곡성・구례, (전북)운봉・남원・정읍・김제・전주・임실・장수・진안・무주・금산, (경남)마산, (경북)영천・청송, (충남)공주・강경・서천・홍성・천안, (충북)청주・보은・영동・진천・충주・단양, (강원)원주・홍천・평강
⑨ 베루기[pe-ru-gi] (충북)제천, (경기)개성・장단・연천, (강원)통천・양양・평창・원주・횡성・홍천・춘천・인제・철원, (황해)연안・서흥・신계
⑩ 베루디[pe-ru-di] (평남)평양
⑪ 베루지[pe-ru-ji] (황해)수안・곡산, (함남)덕원・문천・영흥
⑫ 베리기[pe-ri-gi] (경북)울진・평해, (황해)금천, (함남)정평・오로・신흥・홍원・북청・단천, (함북)성진・길주・명천・경성・청진・부거・회령・종성・경흥
⑬ 베리디[pe-ri-di] (평북)박천・회령・희천・구성・강계・자성
⑭ 베리지[pe-ri-ji] (함남)고원, (평북)후창
⑮ 배래기[pɛ-rɛ-gi] (경남)울산, (경북)영천・경주・포항・홍해・영주
⑯ 배럭[pɛ-rək] (경남)양산・김해・마산, (경북)예천
⑰ 배록[pɛ-rok] (경남)울산・동래・부산, (경북)경주
⑱ 배룩[pɛ-ruk] (전남)완도・지도・해남・목포
⑲ 비래기[pi-rɛ-gi] (경북)의성・안동
⑳ 비럭[pi-rək] (전남)돌산・여수, (경남)합천・창녕・밀양, (경북)대구・고

령 · 김천 · 상주 · 함창 · 문경 · 예천
㉑ **비록**[pi-rok] (경남)창녕 · 밀양, (경북)영천 · 성주 · 지례 · 김천
㉒ **비룩**[pi-ruk] (전남)함평 · 나주 · 광주 · 장성 · 담양, (전북)순창
㉓ **비리기**[pi-ri-gi] (경북)울진

■ 19644 달팽이蝸牛

❶ **둘빙이**[tɔl-böŋ-i] (제주)제주 · 성산 · 서귀 · 대정
❷ **달뱅이**[tal-bɛŋ-i] (함남)함흥
❸ **달파니**[tal-pʰa-ni] (전남)여수 · 순천 · 보성 · 강진 · 영암 · 나주 · 담양 · 곡성 · 구례, (전북)운봉 · 남원 · 임실, (경남)진주 · 남해 · 하동 · 함양, (황해)금천 · 연안 · 해주 · 옹진 · 태탄 · 장연 · 은율 · 안악 · 재령 · 황주 · 신계 · 수안 · 곡산, (평남)평양, (평북)박천 · 영변 · 희천 · 구성 · 강계 · 자성 · 후창
❹ **달팽이**[tal-pʰɛŋ-i] (전남)목포 · 나주 · 광주 · 장성, (전북)순창 · 정읍 · 김제 · 전주 · 장수 · 진안 · 무주 · 금산, (경남)거제 · 통영, (경북)상주 · 함창, (충남)공주 · 강경 · 서천 · 홍성 · 천안, (충북)청주 · 보은 · 영동 · 진천 · 괴산 · 충주 · 단양, (경기)경성 · 장단 · 연천, (강원)통천 · 장전 · 고성 · 간성 · 영월 · 평창 · 원주 · 횡성 · 홍천 · 춘천 · 인제, (함남)신고산 · 안변 · 덕원 · 문천 · 고원 · 영흥 · 신흥
❺ **들팽이**[tɨl-pʰɛŋ-i] (경북)흥해 · 상주 · 문경, (강원)양양 · 강릉 · 삼척
❻ **탈팽이**[tʰal-pʰɛŋ-i] (충북)제천(여기에서는 해충을 기리킨다.)
❼ **털팽이**[tʰəl-pʰɛŋ-i] (경북)예천
❽ **틀팽이**[tʰɨl-pʰɛŋ-i] (강원)주문진
❾ **늘팽이**[nɨl-pʰɛŋ-i] (경북)울진 · 평해
❿ **골뱅이**[kol-bɛŋ-i] (경남)안동 · 청송 · 울진, (함남)단천, (함북)성진 · 길주 · 명천 · 경성 · 나남 · 청진 · 부거 · 부령 · 무산 · 회령 · 종성 · 경원 · 경흥 · 웅기

⑪ 고래[ko-rɛ] (경기)개성
⑫ 올뱅이[ol-bɛŋ-i] (함남)홍원
⑬ 하마고딩이[ha-ma-go-diyŋ-i] (경북)경주
⑭ 할마고딩이[hal-ma-go-diyŋ-i] (경남)울산·양산
⑮ 할망고동[hal-maŋ-go-doŋ] (경남)김해
⑯ 할매고딩이[hal-mɛ-go-diyŋ-i] (경북)영천
⑰ 할미고동[hal-mi-go-doŋ] (경남)부산
⑱ 할미고딩이[hal-mi-go-diyŋ-i] (경남)동래·마산·진주·거창·합천·창녕·밀양, (경북)대구·고령·김천
⑲ 하:매[ha:-mɛ] (경북)포항
⑳ 함:[ha:m] (경북)포항
㉑ 무당[mu-daŋ] (경북)울진
㉒ 문듸[mun-diy] (경북)안동·청송
㉓ 굼뱅이[kum-bɛŋ-i] (경북)의성
㉔ 굼비[kum-bi] (경북)평해
㉕ 군비[kun-bi] (경북)영덕
㉖ 동바리[toŋ-ba-ri] (경남)진주
㉗ 잘래비[čal-lɛ-bi] (전남)여수

■ 19645 지네蜈蚣 : むかで

❶ 지내[či-nɛ] (전남)여수·보성·강진·영암·목포·나주·담양·곡성, (전북)운봉·남원·순창·전주·임실·장수·진안·무주·금산, (경남)울산·양산·동래·부산·마산·거제·통영·진주·남해·하동·함양·거창·합천·밀양, (경북)영천·포항·영덕·예천·울진·평해, (충남)공주·강경·서천·홍성·천안, (충북)청주·보은·영동·충주·단양, (강원)양양·강릉·삼척

❷ 지네[či-ne] (전남)장성, (전북)정읍·김제, (경북)대구·의성·안동·영주·

자료편 | 421

청송
③ 지니[či-ni] (경남)김해·창녕, (경북)고령·김천
④ 지냉이[či-nɛŋ-i] (제주)제주
⑤ 주냉이[ču-nɛŋ-i] (제주)성산·서귀·대정
⑥ 돌지내[tol-ji-nɛ] (경북)평해

19646 송충이松蟲 (소나무에 기생하는 일종의 벌레)
① 가:다니[ka:-da-ni] (①, ② 모두 산삼채취업자의 은어)(평북)강계
② 가잠매[ka-jam-mɛ] (함남)혜산

19647 지렁이蚯蚓
① ᄀᆞ우리[kɔ-u-ri] (제주)제주·서귀·대정(이상의 지방에서는 큰 것을 가리킨다. 작은 것을 [či-reŋ-i]라 한다)·성산(큰 것과 작은 것 모두.)
② 꺼깽이[k'ɔ-k'ɛŋ-i] (경북)영천·포항
③ 거생이[kɔ-sɛŋ-i] (전남)여수·강진·영암, (전북)진안, (경남)함양
④ 꺼생이[k'ɔ-sɛŋ-i] (전북)무주·금산
⑤ 거성거리[kɔ-sǝŋ-gǝ-ri] (경남)거제
⑥ 거시[kǝ-si] (전남)장성, (전북)김제
⑦ 거시랑[kǝ-si-raŋ] (전남)순천·광주·장성·담양, (전북)순창·정읍·김제
⑧ 거시랑치[kǝ-si-raŋ-čʰi] (전남)나주
⑨ 거시랭이[kǝ-si-rɛŋ-i] (전남)보성·목포·곡성·구례, (전북)운봉·남원·임실·장수, (경남)동래
⑩ 거싱이[kǝ-siŋ-i] (경남)양산·김해·마산·거제·통영·진주·남해·하동·거창·합천·창녕·밀양, (경북)고령
⑪ 꺼싱이[k'ǝ-siŋ-i] (경남)울산(여기에서는 회충을 가리킨다)·부산, (경북)영천(여기에서는 회충을 가리킨다.)
⑫ 걸갱이[kǝl-gɛŋ-i] (경북)대구

⑬ **껄깽이**[kʼəl-kʼɛŋ-i] (경북)영덕 · 예천
⑭ **껄구리**[kʼət-ku-ri] (경남)울산
⑮ **껄껑이**[kəl-kʼəŋ-i] (경북)안동
⑯ **껄궹이**[kəl-kʼweŋ-i] (경북)의성 · 청송
⑰ **껃깽이**[kət-kʼɛŋ-i] (경북)김천
⑱ **껄겅이**[kʼət-kəŋ-i] (경남)양산
⑲ **그시랑**[ki-si-raŋ] (전북)전주
⑳ **끈깽이**[kʼin-kʼɛŋ-i] (충북)보은 · 영동(양 지방 모두 회충을 가리킨다.)
㉑ **닫지네**[tat-či-ne] (함북)경성
㉒ **닫지레**[tat-či-re] (함북)회령 · 종성
㉓ **대찐**[tɛ-čʼin] (함북)길주
㉔ **댄지네**[tɛt-čʼi-ne] (함북)명천 · 부거 · 부령
㉕ **땓찌레**[tɛt-čʼi-re] (함북)부령
㉖ **디렝이**[ti-reŋ-i] (평남)평양, (평북)박천 · 영변 · 희천 · 구성 · 강계 · 자성
㉗ **지랭이**[či-rɛŋ-i] (경북)영천
㉘ **지레**[či-re] (함남)함흥 · 서천 · 풍산, (함북)성진 · 무산 · 부령 · 경흥
㉙ **지레이**[či-re-i] (황해)금천 · 연안 · 해주 · 옹진 · 태탄 · 장연 · 은율 · 안악 · 재령 · 서흥
㉚ **지레지**[či-re-ji] (함남)홍원 · 풍산 · 갑산 · 혜산
㉛ **지렝**[či-reŋ] (함남)북청
㉜ **지렝이**[či-reŋ-i] (제주)제주 · 대정(작은 것을 가리킨다), (경북)울진 · 평해, (충남)서천 · 홍성, (충북)충주 · 단양 · 제천, (경기)경성 · 개성 · 장단 · 연천, (강원)통천 · 장전 · 고성 · 간성 · 양양 · 주문진 · 강릉 · 영월 · 평창 · 원주 · 횡성 · 홍천 · 춘천 · 인제, (황해)황주 · 신계 · 수안 · 곡산, (함남)신고산 · 안변 · 덕원 · 문천 · 영흥 · 정평 · 오로 · 신흥 · 북청 · 이원, (함북)나남 · 청진, (평북)후창
㉝ **지링이**[či-riŋ-i] (경남)남해(작은 것을 가리킨다), (충남)공주 · 강경 · 천안, (충

북)청주・보은・영동, (함북)문천・고원
㉞ 찌링이[č'i-riŋ-i] (경북)평해
㉟ 찔껭이[č'il-k'eŋ-i] (경북)울진
㊱ 찔꽁이[č'il-k'oŋ-i] (강원)삼척

19648 개구리蛙

❶ 가개비[ka-gɛ-bi] (제주)성산・서귀
❷ 굴개비[kɔl-gɛ-bi] (제주)제주・성산・대정
❸ 개고락지[kɛ-go-rak-či] (전남)영암, (강원)통천・장전・고성・간성・양양・강릉・울진
❹ 깨고락지[k'ɛ-go-rak-či] (전남)목포・담양・곡성・구례, (전북)남원・순창・정읍・전주, (충남)강경・서천, (충북)단양
❺ 깨고래기[k'ɛ-go-rɛ-gi] (전북)김제・임실, (충남)공주・강경
❻ 개고리[kɛ-go-ri] (전남)광주・장성, (경북)울진・평해, (강원)양양・주문진・강릉
❼ 깨고리[k'ɛ-go-ri] (전남)여수・나주・광주, (전북)운봉・장수・무주, (경남)동래・부산・마산・거제・통영・진주・남해・하동, (경북)대구・김천・예천・영주・울진・평해, (강원)삼척
❽ 개고테기[kɛ-go-tʰe-gi] (전남)영암
❾ 개구락지[kɛ-gu-rak-či] (강원)춘천, (함남)홍원
❿ 깨구래기[k'ɛ-gu-rɛ-gi] (전남)금산
⓫ 개구리[kɛ-gu-ri] (경북)안동, (강원)원주・횡성・홍천・인제, (함남)고산・안변・원산・문천・고원・영흥・정평・함흥・신흥
⓬ 깨구리[k'ɛ-gu-ri] (전북)진안・금산, (강원)영월, (경남)울산・양산・김해・함양・거창・합천・창녕・밀양, (경북)영천・포항・영덕・고령・의성・청송, (충남)홍성・천안, (충북)청주・보은・영동・충주・제천
⓭ 깨오락지[k'ɛ-o-rak-či] (전남)순천・보성・강진

⑭ 맥재기[mɛk-jɛ-gi] (함남)북청
⑮ 머구락지[mə-gu-rak-či] (함북)회령・종성・경흥
⑯ 머구리[mə-gu-ri] (함남)고산・영흥・정평・함흥・신흥
⑰ 멀구락지[məl-gu-rak-či] (함북)무산
⑱ 메구락지[me-gu-rak-či] (함북)성진・길주・경성・나남・청진・부령
⑲ 메구래기[me-gu-rɛ-gi] (함남)북청・단천
⑳ 메그락지[me-gɨ-rak-či] (함남)단천

19649 올챙이蝌蚪

❶ 올챙이[ol-čʰɛŋ-i] (전남)여수・보성・강진・영암・목포・나주・광주・장성・담양・곡성, (전북)운봉・남원・순창・정읍・김제・전주・임실・장수・진안・무주, (경남)울산・양산・동래・부산・김해・마산・거제・통영・진주・남해・하동・함양・거창・합천・창녕・밀양, (경북)포항・대구・고령・김천・예천・안동・영주・청송・울진・평해, (충남)공주・강경・서천・홍성・천안, (충북)청주・보은・영동・충주・단양, (경기)경성, (강원)양양・강릉・삼척, (함남)신고산・안변・덕원・문천・고원・영흥・정평・함흥・오로・신흥
❷ 올고챙이[ol-go-čʰɛŋ-i] (경북)영천
❸ 홀창이[hol-čʰaŋ-i] (경북)영덕・의성
❹ 홀챙이[hol-čʰɛŋ-i] (전북)금산
❺ 메구리[me-gu-ri] (함남)홍원
❻ 멘주애기[men-ju-ɛ-gi] (제주)제주・대정
❼ 간비역[kan-bi-yək] (제주)서귀
❽ 강벼리[kaŋ-byə-ri] (제주)성산

19650 두꺼비蟾蜍 : ひきがへる

❶ 두꺼비[tu-k'ə-bi] (평북)영변・구성・강계・자성

❷ 두께비[tu-k'e-bi] (전남)여수・순천・강진・광주・곡성, (전북)운봉・임실・장수・진안・무주・금산, (경남)하동, (황해)황주, (함남)신고산・안변・덕원・문천・고원・영흥・정평・함흥・오로・신흥・홍원・북청・이원・단천・풍산・갑산・혜산, (함북)성진・청진, (평남)평양, (평북)박천・희천・후창

❸ 두테비[tu-tʰe-bi] (함북)길주・경성・나남・부령・무산・회령・종성・경흥

❹ 명마구리[myəŋ-ma-gu-ri] (제주)제주・성산・서귀・대정

19651 뱀蛇

❶ 배:암[pɛ:-am], 배:얌[pɛ:-yam] 대다수 지방
❷ 긴당이[kin-daŋ-i] (❷에서 ❼까지 산삼 채취자들의 은어)(평북)강계
❸ 긴댕이[kin-dɛŋ-i] (함남)풍산, (평북)자성・후창
❹ 진댕이[čin-dɛŋ-i] (함남)갑산
❺ 진장이[čin-ǰaŋ-i] (강원)춘천
❻ 당해[taŋ-he] (평북)강계
❼ 딱가지[t'ak-ka-ǰi] (함남)혜산

19652 도마뱀蜥蜴 : とかげ

❶ 도마배:암[to-ma#pɛ:-am] (경남)합천, (경북)고령, (경기)경성
❷ 도매배:암[to-mɛ#pɛ:-am] (전남)구례(경남)마산・거제・통영・남해・함양・거창, (경북)김천, (충북)영동・단양
❸ 도매뱀:[to-mɛ#pɛ:m] (경남)양산・부산・김해・하동, (경북)대구・예천・안동・영주・청송・울진・평해, (강원)양양・강릉・삼척
❹ 도매비암[to-mɛ#pi-am] (전북)운봉・무주・금산
❺ 도매배:아미[to-mɛ#pɛ:-a-mi] (경남)동래
❻ 도매구리[to-mɛ#ku-ri] (경남)울산
❼ 도매재:비[to-ma#čɛ:-bi] (전남)여수

⑧ **돈도배:미**[ton-do#pɛ:-mi] (경북)포항
⑨ **돔배:미**[tom-bɛ:-mi] (경남)창녕·밀양
⑩ **돔뱀:**[tom-bɛ:m] (경북)대구
⑪ **돔배:배:미**[tom-bɛ:#pɛ:-mi] (경북)영천·영덕·의성
⑫ **동아배:암**[toŋ-a#pɛ:-am] (충남)공주·강경·서천·홍성·천안, (충북)청주
⑬ **동아비:암**[toŋ-a#pi:-am] (충북)보은
⑭ **동애배:암**[toŋ-ɛ#pɛ:-am] (전남)보성·강진·영암·목포·나주, (전북)장수·진안, (충북)충주
⑮ **동애비:암**[toŋ-ɛ#pi:-am] (전남)장성·담양·곡성, (전북)남원·순창·정읍·김제·전주·임실
⑯ **장칼래비**[čaŋ-kʰal-lɛ-bi] (제주)제주·성산·서귀·대정

초목草木

20653 나무木

❶ 나무[na-mu] 【「三才」木, 奈车.「物語」木, なん】 (제주)제주・서귀, (전남)여수・순천・보성・강진・영암・목포・장성・담양・곡성, (전북)운봉・남원・순창・정읍・김제・전주・임실・장수・진안・무주・금산, (경남)울산・양산・동래・부산・김해・마산・거제・통영・진주・남해・하동・함양・거창・합천・창녕・밀양, (경북)영천・포항・영덕・대구・고령・김천・의성・예천・안동・영주・청송・울진・평해, (충남)공주・강경・서천・홍성・천안, (충북)청주・보은・영동・충주・단양, (경기)경성・개성・장단, (강원)양양・강릉・삼척, (황해)금천・연안・해주・옹진・태탄・장연・은율・안악・재령・황주・신계・수안・곡산, (함남)신고산・안변・덕원・문천・고원・영흥・정평・함흥・오로・신흥・홍원・북청・이원・풍산・갑산・혜산, (평남)평양, (평북)박천・영변・희천・구성・강계・자성・후창

❷ 남[nam] (제주)성산

❸ 낭[naŋ] (제주)제주・성산・서귀・대정

❹ 낭개[naŋ-gɛ] (경남)거제

❺ 낭구[naŋ-gu] (전남)순천・영암・목포・곡성, (충남)공주・강경・서천・홍성・천안, (충북)청주・충주, (경기)경성・개성・연천, (강원)양양・강릉・

삼척, (황해)금천·연안·해주·옹진·태탄·장연·은율·안악·재령·서흥·수안

❻ **낭그**[naŋ-gi] (황해)신계
❼ **낭기**[naŋ-gi] (함남)신고산·안변·덕원·문천·고원·영흥·정평·함흥·오로·신흥·홍원·북청·이원·풍산·갑산·혜산(주격은 [naŋ-gi]이기도 하고, [naŋ-gi-ga]라고도 한다), (함북)청진·회령·종성·경흥(목적격을 [naŋ-gi]라 한다.)
❽ **낭이**[naŋ-i] (황해)황주, (평남)평양, (평북)박천·영변·희천·구성·강계·자성·후창([naŋ-i]는 그대로 주격도 된다.)
❾ **낭키**[naŋ-kʰi] (경남)양산·동래·부산·김해·마산·진주·거창·합천·창녕·밀양, (경북)고령
❿ **냉기**[nɛŋ-gi] (경남)마산·거제, (함남)단천, (함북)성진·길주·경성([nɛŋ-gi]는 그대로 주격도 된다.)
⓫ **냉이**[nɛŋ-i] (함북)명천·나남·부령·무산([nɛŋ-i]는 그대로 주격도 되고 목적격은 [naŋ-gi]라고 한다.)
⓬ **무투**[mu-tʰu] (⓬, ⓭은 산삼채취자들의 은어)(평북)강계·자성·후창
⓭ **무튀**[mu-tʰwi] (함남)풍산

20654 풀草

❶ **풀**[pʰul] 일반
❷ **초사니**[cʰo-sa-ni] (산인삼채취자들의 은어)(강원)춘천

20655 꽈리酸漿 : ほゝづき

❶ **꼬아리**[kʼo-a-ri] (전남)목포, (경남)창녕·밀양, (경북)고령·영주, (충남)천안
❷ **꽈아리**[kʼwa-a-ri] (전북)무주, (경북)영덕·의성·청송, (충남)공주·강경·홍성, (충북)청주·보은·영동·충주·단양, (경북)평해
❸ **꽤:리**[kʼwɛ:-ri] (경북)울진, (강원)양양·강릉·삼척
❹ **꽈루**[kʼwa-ru] (충남)서천, (충북)청주

⑤ 꽐:[k'wa:l] (전남)강진 · 나주
⑥ 까:리[k'a:-ri] (경남)거창 · 합천, (경북)대구 · 김천 · 예천 · 안동
⑦ 깔:[k'a:l] (전남)나주
⑧ 때꽐[t'ɛ-k'wal] (전남)곡성, (전북)운봉 · 남원 · 순창 · 정읍 · 김제 · 임실 · 장수 · 진안 · 금산
⑨ 때깔[t'ɛ-k'al] (전남)영암 · 담양 · 구례, (전북)전주
⑩ 때갈[t'ɛ-gal] (전남)장성
⑪ 땡꽐[t'ɛŋ-k'wal] (경남)창녕
⑫ 땡깔[t'ɛŋ-k'al] (전남)여수 · 보성, (경남)진주 · 함양
⑬ 땡갈[t'ɛŋ-gal] (경남)하동
⑭ 땅깔[t'aŋ-k'al] (경남)마산 · 거제 · 통영 · 남해 · 밀양
⑮ 뚜까리[t'u-k'a-ri] (경남)동래
⑯ 뚜갈:[t'u-ga:l] (경남)부산 · 김해
⑰ 두까리[tu-k'a-ri] (경남)울산 · 양산, (경북)영천 · 포항

20656 질경이桔梗

① 도랏[to-rat]【「救急」桔梗, 蠻名道羅次.「採取」桔梗, 蠻名都乙羅叱.「訓蒙」苦蕒 to-ras】 *(전남)완도 · 지도 · 함평
② 도라지[to-ra-ji] (제주)제주, (전남)영광 · 곡성, (전북)정읍 · 김제 · 전주 · 임실 · 장수 · 진안 · 무주 · 금산, (경남)진주, (경북)영덕 · 영주, (충남)공주 · 강경 · 서천 · 홍성 · 천안, (충북)청주 · 보은 · 영동 · 충주 · 단양, (강원)양양 · 강릉 · 삼척 ·
③ 도래[to-rɛ] (경남)거창 · 합천 · 창녕 · 밀양, (경북)고령 · 김천
④ 돌간[tol-gat] *(전남)보성 · 강진 · 영암 · 고흥 · 장흥 · 해남
⑤ 돌가지[tol-ga-ji] (전남)돌산 · 여수 · 순천 · 벌교 · 목포 · 나주 · 광주 · 장성 · 담양 · 옥과 · 곡성 · 구례, (전북)운봉 · 남원 · 순창 · 임실 · 장수, (경남)양산 · 동래 · 부산 · 김해 · 마산 · 거제 · 통영 · 남해 · 하동 · 함양, (경북)예

천·안동·울진·평해
❻ 돌개[tol-gɛ] (경남)울산, (경북)영천·포항·대구·의성·청송

20657 덩굴蔓

❶ 덤불[təm-bul] (경남)진주·함양, (경북)경주·홍해·영덕·대구·김천·의성·상주·함창·문경·예천·안동·영주·청송, (충북)보은·괴산·충주·단양·제천, (강원)양양·강릉·영월·평창·원주·횡성·홍천·인제
❷ 덤풀[təm-pʰul] (경남)울산·부산, (경북)영천·포항, (충남)공주·강경·서천·홍성·천안, (충북)청주·보은·영동
❸ 던풀[tən-pʰul] (경남)동래
❹ 덩굴[təŋ-gul] (충북)영동·괴산
❺ 덩쿨[təŋ-kʰul] (충북)진천
❻ 듬불[tim-bul] (강원)삼척
❼ 텀불[tʰəm-bul] (경남)남해
❽ 텀풀[tʰəm-pʰul] (경남)남해
❾ 틈불[tʰim-bul] (경북)울진·평해
❿ 넝굴[nəŋ-gul] (경남)마산
⓫ 넝쿨[nəŋ-kʰul] (경남)양산·김해·마산·거제·통영·진주·함양·거창·합천·창녕·밀양, (경북)고령
⓬ 넝킈[nəŋ-kʰiy] (충북)청주·영동·진천

20658 떼芝草

❶ 띄[tʼiy] (전남)곡성, (전북)운봉·임실·장수·진안·무주·금산, (경남)거창·합천·창녕·밀양, (경북)고령·김천, (강원)강릉
❷ 떼[tʼe] (전남)영암·나주·담양·곡성, (전북)운봉·남원·순창·정읍·전주·임실·장수·진안·무주·금산, (경남)하동, (경북)안동·영주·청송·울진·평해, (충남)공주·강경·서천·홍성, (충북)청주·보은·영동·충

주 · 단양, (강원)양양 · 삼척
❸ 떼뿌렝이[t'e-p'u-rɛŋ-i] (전남)순천
❹ 쐬[s'ö] (전남)여수 · 광주 · 장성, (전북)김제, (충남)천안
❺ 뛰[t'wi] (전남)강진 · 목포
❻ 때[t'ɛ] (경남)울산 · 양산 · 동래 · 김해 · 진주 · 함양, (경북)영천 · 포항 · 영덕 · 대구 · 의성 · 예천
❼ 때딴지[t'ɛ#t'an-ji] (경남)울산, (경북)영천 · 포항 · 영덕 ·
❽ 잔듸[čan-diy] (경남)남해
❾ 짠듸[č'an-diy] (경남)부산 · 마산 · 거제 · 통영
❿ 잔떼[čan-t'e] (강원)양양 · 강릉
⓫ 잠떼[čam-t'e] (강원)삼척
⓬ 때역[t'ɛ-yək] (제주)제주 · 대정
⓭ 떼역[t'e-yək] (제주)성산 · 서귀

▪ 20659 띠茅 : ちがや
❶ 띄[t'iy] 대다수 지방
❷ 새[sɛ] (제주)제주 · 성산 · 서귀 · 대정

▪ 20670 들깨荏子 : えごまの種子
❶ 들깨[til-k'ɛ] (전남)여수 · 강진 · 영암 · 목포, (전북)운봉, (경남)하동
❷ 들꽤[til-k'wɛ] (전남)장성 · 담양 · 곡성, (전북)남원 · 순창 · 정읍 · 김제 · 임실 · 장수 · 진안 · 무주 · 금산
❸ 유[yu] (제주)제주 · 성산 · 서귀 · 대정

▪ 20671 이끼靑苔 (수중의 암석 등에 피는 것, 민물과 바닷물의 것을 구분하지 않음)
❶ 일기[it-ki] (경남)진주

❷ 잍개[it-kɛ] (경남)울산, (경북)영천
❸ 인깽이[in-k'ɛŋ-i] (전남)곡성
❹ 청태[cʰəŋ-tʰɛ] (전남)곡성, (전북)운봉・임실・장수・진안・무주・금산, (경북)포항・영덕・울진・평해, (충북)청주・보은・영동・충주・단양, (강원)강릉・삼척
❺ 파래[pʰa-rɛ] (경남)김해・마산・거제・통영・진주・남해, (충남)공주・강경・서천・홍성・천안, (경북)평해
❻ 파랭이[pʰa-rɛŋ-i] (경남)울산, (경북)영천・포항・영덕, (강원)양양・삼척
❼ 갣파래[kɛt-pʰa-rɛ] (경남)거제
❽ 맹물파래[mɛŋ-mul#pʰa-rɛ] (경남)마산
❾ 포래[pʰo-rɛ] (전남)여수・보성・강진・영암・목포・나주, (경남)거제・남해・하동
❿ 깨고리포래[k'ɛ-go-ri#pʰo-rɛ] (경남)남해
⓫ 물포래[mul#pʰo-rɛ] (경남)거제

20672 가지枝

❶ 가지[ka-ji] (제주)제주・성산・서귀・대정, (전남)곡성, (전북)임실, (충북)제천, (경기)경성・개성・장단・연천, (경북)울진・평해, (강원)통천・장전・고성・간성・양양・주문진・강릉・영월・평창・원주・횡성・홍천・춘천・인제, (황해)금천・연안・해주・옹진・태탄・장연・은율・안악・재령・황주・서흥・신계・수안・곡산, (함남)신고산・안변・덕원・문천・고원・영흥・정평・함흥・오로・신흥・홍원・이원・단천, (함북)회령・종성・경흥, (평남)평양, (평북)박천・영변・희천・구성・강계・자성・후창
❷ 가쟁이[ka-jɛŋ-i] (제주)성산・서귀, (전북)운봉・장수・진안・무주・금산
❸ 가치[ka-cʰi] (강원)장전・고성
❹ 아지[a-ji] (강원)평창・홍천, (함남)덕원・문천・영흥・정평・함흥・오로・

신흥 · 북청 · 풍산 · 갑산 · 혜산, (함북)나남 · 부령 · 무산 · 회령 · 종성 · 경흥, (평북)희천 · 강계 · 자성 · 후창

❺ 아치[a-cʰi] (강원)통천, (함남)신고산 · 안변 · 고원 · 홍원 · 단천, (함북)성진 · 길주 · 경성 · 나남 · 청진 · 부령 · 무산
❻ 아카지[a-kʰa-ji] (함남)홍원
❼ 아두래기[a-du-rɛ-gi] (함남)북청

20673 잎葉

❶ 닙사귀[nip-sa-gwi] (황해)황주(천계면에서. 타지방에서는 [ip-sa-gu]라 한다), (평남)안주, (평북)자성 · 후창
❷ 닙사구[nip-sa-gu] (평남)중화 · 평양 · 순천 · 숙천, (평북)박천 · 영변 · 희천 · 구성 · 정주 · 선천 · 용암 · 의주 · 강계
❸ 입사구[ip-sa-gu] (전남)여수, (전북)운봉 · 남원 · 순창 · 정읍 · 김제 · 임실 · 장수 · 진안 · 무주 · 금산, (경남)양산 · 부산 · 김해 · 하동, (경북)경주 · 포항 · 흥해 · 영덕 · 대구 · 김천 · 의성 · 상주 · 함창 · 문경 · 예천 · 안동 · 영주 · 청송 · 울진 · 평해, (충남)공주 · 강경, (충북)청주 · 보은 · 영동 · 충주 · 단양, (강원)양양 · 강릉
❹ 입사귀[ip-sa-gwi] (전남)보성 · 장성 · 곡성, (충남)홍성 · 천안, (충북)괴산
❺ 입사기[ip-sa-gi] (전남)순천
❻ 입삭[ip-sak] (전남)강진 · 영암 · 목포 · 담양 · 곡성, (전북)정읍 · 김제
❼ 입사[ip-sa] (충남)서천
❽ 입새[ip-sɛ] (충남)홍성
❾ 입새기[ip-sɛ-gi] (전북)전주
❿ 입생이[ip-sɛŋ-i] (제주)제주 · 성산 · 대정
⓫ 입파리[ip-pʰa-ri] (경남)동래 · 마산 · 거제 · 통영 · 진주 · 남해 · 함양 · 거창 · 합천 · 창녕 · 밀양, (경북)울진, (강원)삼척
⓬ 입퍼리[ip-pʰə-ri] (경남)울산 · 부산, (경북)영천 · 경주 · 포항 · 흥해 · 영덕 ·

대구·고령·의성·상주·함창·문경·예천·안동·영주·청송·평해
⑬ 입푸리[ip-pʰu-ri] (경북)김천
⑭ 남섭[nam-səp] *(제주)성산
⑮ 낭섭[naŋ-səp] *(제주)서귀

20674 떡잎嫩葉 : わがば

❶ 떵닙[t'əŋ-nip] *대다수 지방
❷ 짜구지[č'a-gu-ji] (함남)신흥

20675 줄기莖

❶ 줄기[č'ul-gi] 대다수 지방
❷ 줄거리[čul-gə-ri] (경기)경성·개성·장단·연천, (황해)금천·서홍·신계·수안·곡산, (함남)신고산·안변·덕원·문천·고원·영흥·정평·함흥·오로·신흥·홍원·북청·이원·풍산·갑산·혜산
❸ 줄걱지[čul-gək-či] (황해)연안·해주·옹진·태탄·장연·은율·안악·서홍·신계
❹ 둥치[tuŋ-čʰi] (경남)하동
❺ 댕가리[tɛŋ-ga-ri] (제주)제주·성산·서귀·대정
❻ 남댕이[nam-dɛŋ-i] (제주)성산·서귀·대정

20676 상수리나무橡樹 : ならの木

❶ 가시나무[ka-si#na-mu] (전남)순천·광주
❷ 까시나무[k'a-si#na-mu] (전남)장성·담양·곡성·구례, (전북)운봉·남원·순창·정읍·김제·전주·임실·장수·진안·무주·금산
❸ 가시남[ka-si-nam] (제주)성산
❹ 가시낭[ka-si-naŋ] (제주)제주·성산·서귀·대정

20677 귤蜜柑

❶ 감뉼[kam-nyul] (전남)여수・강진
❷ 감자[kam-ǰa] (경남)하동
❸ 밀감[mil-gam] (전남)곡성・구례
❹ 왜감[wɛ-gam] (전남)보성・목포・보성・구례, (전북)운봉・남원・순창・정읍・김제・임실・장수・진안・무주・금산
❺ 외감[ö-gam] (전남)장성・담양
❻ 애:감자[ɛ:-gam-ǰa] (경남)하동
❼ 애:감[ɛ:-gam] (전남)영암, (전북)전주
❽ 에:감[e:-gam] (전남)나주
❾ 산물[san-mul] (재래종)제주・성산・서귀・대정
❿ 귤[kyul] (전남)목포
⓫ 줄[ǰul] (전남)목포

20678 단풍나무楓 : かへで

❶ 단풍나무[tan-pʰuŋ#na-mu] (제주)제주・성산・서귀, (전남)여수・보성・강진・영암・목포・나주・장성・담양・곡성, (전북)운봉・남원・순창・정읍・김제・전주・임실・장수・진안・무주・금산, (경남)울산・양산・동래・부산・김해・마산・거제・통영・진주・남해・하동・함양・거창・합천・창녕・밀양, (경북)영천・경주・포항・흥해・영덕・대구・고령・김천・의성・상주・함창・문경・예천・안동・영주・청송・울진・평해, (충남)공주・강경・서천・홍성・천안, (충북)청주・보은・영동・진천・괴산・충주・단양, (경기)경성・개성(개성에서는 작은 것을 [sɛŋ-i]라고 한다)・장단・연천, (강원)양양・강릉・삼척, (황해)재령, (함남)홍원・북청・단천, (함북)성진・길주・명천・경성・나남・청진・부거・부령・무산・회령・종성・경흥
❷ 시닥째나무[si-dak-čʼɛ#na-mu] (황해)금천・서흥・수안

❸ 시당나무[si-daŋ#na-mu] (강원)통천・장전・고성・간성, (황해)신계・곡산, (함남)신고산・안변・덕원, (평남)평양, (평북)박천・영변・희천・구성・강계・자성・후창

❹ 시대나무[si-dɛ#na-mu] (함남)문천・고원・영흥・정평・함흥・오로・신흥・홍원・북청・이원・풍산・갑산・혜산, (함북)성진・길주・명천・경성・부령・무산・회령・종성・경흥

❺ 시대기나무[si-dɛ-gi#na-mu] (황해)옹진・태탄・장연・은율・안악・황주

❻ 신나무[sin#na-mu] (경북)경주・홍해・영덕・의성・상주・함창・문경・안동・영주・청송・울진・평해, (충북)청주・영동・진천・괴산・충주・제천, (경기)경성, (강원)주문진・강릉・영월・평창・원주

❼ 신당나무[sin-daŋ#na-mu] (강원)양양・평창・횡성・홍천

❽ 신탕나무[sin-tʰaŋ#na-mu] (강원)인제

20679 두릅나무 木頭菜 : たらの木

❶ 두룹[tu-rup] (경기)경성・개성・장단・연천, (황해)금천・연안・해주・옹진・태탄・장연・은율・안악・재령・황주・서흥・신계・수안・곡산, (함남)신고산・안변・덕원・문천・고원・영흥, (평남)평양, (평북)박천・영변・희천・구성・강계・자성・후창

❷ 두룹피[tu-rup-pʰi] (함남)정평・함흥・오로・신흥・이원・풍산

❸ 두룹채[tu-rup-čʰɛ] (함남)홍원・북청・단천, (함북)성진

20680 뿌리 根

❶ 뿌리[pʼu-ri] (전남)강진・영암・목포・나주・광주, (전북)남원・정읍・김제・군산・전주・임실, (충남)공주・강경・부여・홍산・청양・서천・남포・보령・광천・홍성・해미・서산・오천・예산・천안・조치원, (충북)청주・보은・영동・충주・단양, (경남)울산・양산・동래・김해・거창・창녕・밀양, (경북)영천・포항・영덕・대구・김천・의성・청송・평해

② 뿌리기[pʼu-ri-gi] (경북)울진
③ 뿌링이[pʼu-riŋ-i] (전남)무주・금산, (경남)부산・마산・거제・통영・진주・남해・하동・함양・거창・합천・창녕・밀양, (경북)대구・고령・김천, (충남)공주・강경, (충북)청주・보은・영동・충주・단양
④ 뿌래기[pʼu-rɛ-gi] (충남)홍성
⑤ 뿌랙지[pʼu-rɛk-či] (경북)의성
⑥ 뿌랭기[pʼu-rɛŋ-gi] (전남)여수
⑦ 뿌랭이[pʼu-rɛŋ-i] (전남)순천・보성・담양・곡성, (전북)운봉・남원・순창・정읍・김제・전주・임실・장수・진안, (경남)양산・김해, (경북)예천, (충남)서천・천안
⑧ 뿌러기[pʼu-rə-gi] (충남)갈산・해미
⑨ 뿌럭지[pʼu-rək-či] (충남)서산
⑩ 뿌런거지[pʼu-rən-gə-ji] (경북)평해
⑪ 뿌렁구[pʼu-rəŋ-gu] (전북)정읍・김제
⑫ 뿌레기[pʼu-re-gi] (경북)안동・영주・청송, (충남)강경・부여, (강원)양양・강릉・삼척
⑬ 뿌렝이[pʼu-reŋ-i] (충남)부여・홍산・갈산・예산・조치원
⑭ 뿌룽구[pʼu-ruŋ-gu] (경남)마산・거제
⑮ 뿔거지[pʼul-gə-ji] (경남)울산, (경북)영천・포항・영덕
⑯ 뿔리[pʼul-li] (제주)제주・성산・서귀・대정

20681 삼나무杉

① 삼나무[sam#na-mu] (경북)영천・경주・성주・상주・함창・문경・청송
② 수구[su-gu] (일본어「すぎ스기」에서 이입된 것일지도)(전남)곡성, (전북)임실(운봉・장수・진안・무주・금산 등에서는 이 말이 없다.)
③ 수구목[su-gu-mok] (경남)울산
④ 익갈나무[ik-kal#na-mu] 【『北塞記略』伊叱檟木,「譯語」杉木我俗稱 ik-kai#na-mo】(곳에

따라 낙엽송을 가리킨다)(제주)제주·성산·서귀·대정, (강원)통천·장전·주문진, (황해)금천·연안·해주·옹진·태탄·장연·은율·안악·재령·서흥·수안, (함남)신고산·안변·덕원·문천·고원·영흥·정평·함흥·오로·신흥·홍원·북청·이원·단천·풍산·갑산·혜산, (함북)성진·길주·종성·나남·청진·부령·무산·회령·종성·경원·경흥·웅기, (평남)평양, (평북)박천·영변·의주·구성·강계·자성·후창

20682 석류石榴

❶ **성뉴**[səŋ-nyu] (전남)장흥·해남·영광, (전북)김제·전주·무주·금산
❷ **성누**[səŋ-nu] (전남)돌산·여수·광양·순천·벌교·고흥·보성·장흥·완동·지도·목포·함평·나주·광주·장성·옥과·곡성·구례, (전북)정읍·김제·임실

20683 소나무松の木

❶ **소나무**[so#na-mu] 【三才』松, 曾奈车.「物語」松, そよなん】 대다수 지방
❷ **솔라무**[sol-la-mu] (제주)제주·서귀·대정, (전남)여수·순천·장성·담양·곡성, (전북)운봉·남원·순창·정읍·김제·전주·임실·장수·진안, (경남)하동
❸ **소낭**[so-naŋ] (제주)제주·성산·서귀·대정

20684 등걸油木

❶ **유목**[yu-mok] 대다수 지방
❷ **퉁궈니**[tʰuŋ-gwə-ni] (산인삼 채취자들의 은어)(평북)후창

20685 호도胡桃 : くるみ

❶ **호도**[ho-do] (경남)하동, (경기)경성·개성·장단·연천, (황해)금천·해

주・옹진・태탄・장연・은율・안악・재령・서흥・황주・수안, (함남)홍원・북청・단천, (함북)성진・나남, (평남)평양, (평북)박천・희천
❷ 가래[ka-rɛ] (함남)단천, (함북)청진
❸ 가래토시[ka-rɛ-tʰo-si] (함북)길주・무산・회령・종성・경흥
❹ 추자[čʰu-ǰa] (전남)곡성, (전북)운봉・임실・장수・진안・무주・금산
❺ 당추새[taŋ-čʰu-sɛ] (함남)신고산・안변・덕원・고원

20686 인삼人參

❶ 인삼[in-sam] 【「三才」人蔘, 伊年曾车.「物語」人參, いんそん】 대다수 지방
❷ 뿌리시리[p'u-ri-si-ri] (❷에서 ❺까지 산인삼채취자들의 은어)(평북)후창
❸ 부리시리[pu-ri-si-ri] (함남)풍산, (평북)자성
❹ 방초[paŋ-čʰo] (함남)풍산・혜산
❺ 방추[paŋ-čʰu] (함남)갑산

20687 인삼人參

❶ 기둥이(잎이 똑같이 생긴 것)(산인삼채취자들의 은어)[ki-duŋ-i] (평북)강계

20688 인삼人參

❶ 기둥이비러붇타(잎이 똑같이 생기지 않은 것)(산인삼채취자들의 은어)[ki-duŋ-i#pi-rə-put-tʰi] (평북)강계

20689 인삼人參

❶ 세간바리(잎이 석 장인 것)(산인삼채취자들의 은어)[se-gat#pa-ri] (평북)강계

20690 인삼人參

❶ 네간바리(잎이 넉 장인 것)(산인삼채취자들의 은어)[ne-gat#pa-ri] (평북)강계

20691 인삼人蔘
❶ 네입외귀(3년 이상 경과해서 잎이 넉 장인 것)(산인삼채취자들의 은어)[ne-nip#ö-gwi] (평북)강계

20692 인삼人蔘
❶ 알코(3년 이상 경과해서 잎이 석 장인 것)(산인삼채취자들의 은어)[al-kʰo] (평북)강계

20693 인삼人蔘
❶ 무립디기(잎이 다섯 장이고 마디가 있는 것)(산인삼채취자들의 은어)[mu-rip#ti-gi] (평북)강계

20694 인삼人蔘
❶ 오방초(잎이 다섯 장인 것)(산인삼채취자들의 은어)[o-baŋ-čʰo] (평북)강계

20695 인삼채취자의 우두머리入山者の長
❶ 어인(산인삼채취자들의 은어)[ə-in] (「어인御人」의 의미, [kin#ə-in](대어인大御人) · [tuŋ#ə-in] (중어인中御人) · [u-duŋ#ə-in](입산 경험이 있는 사람) 등 다른 이름이 있다)(평북)자성

20696 처음 산에 들어가는 인삼채취자始めて入山する者
❶ 소당이[so-daŋ-i] (평북)자성

20697 장작薪 : たきぎ
❶ 정재사리[čəŋ-ʒɛ-sa-ri] (❶, ❷ 산인삼채취자들의 은어)(함남)혜산
❷ 자라[ča-ra] (강원)춘천

20698 덤불藪 (의미역의 차이가 있음)

① 곶[kot] 【「耽羅志」以藪爲高之】 *(제주)제주・성산・서귀・대정(이 지명에 「大橋藪」, [han-dɔ-ri-kot] 「大藪」[han-kot] 등이 있다.)
② 고지[ko-ji] (제주)제주・성산・서귀・대정([ko-ji-e#kan-da] (대숲에 가다) 등으로 말한다.)
③ 숲[sup] [「物語」林, すぶ] *(의미역의 차이가 있음)(전북)장수・진안
④ 숲부[sup-pu] (의미역의 차이가 있음)(전북)진안
⑤ 숲풀[sup-pʰul] (의미역의 차이가 있음)(전남)여수・순천・광주, (전북)정읍
⑥ 숨풀[sum-pʰul] (의미역의 차이가 있음)(전남)보성・강진・영암・목포・장성・담양・곡성, (전북)운봉・순창・정읍・김제・전주・진안
⑦ 덤풀[təm-pʰul] (의미역의 차이가 있음)(전남)곡성, (전북)임실・무주・금산
⑧ 포기[pʰo-gi] (전북)남원・정읍・전주・임실
⑨ 폐기[pʰe-gi] (전북)김제・무주
⑩ 푀기[pʰö-gi] (전북)금산

형용사形容詞

21699 가볍다輕い

① **가갑다**[ka-gap-ta] (함남)안변·원산·고산·문천, (평북)후창
② **가갭다**[ka-gɛp-ta] (함남)고원·영흥·홍원·북청·이원·단천·풍산·갑산·혜산, (함북)성진
③ **가겁다**[ka-gəp-ta] (강원)통천
④ **가굽다**[ka-gup-ta] (함남)신고산·안변·덕원·문천·고원
⑤ **가볍다**[ka-bəp-ta] (전남)벌교·고흥·장흥·강진·완도·지도·해남·영암·목포·영광, (경기)개성, (강원)강릉, (황해)태탄·수안
⑥ **가볍다**[ka-byəp-ta] (제주)제주, (경기)경성·장단·연천, (강원)횡성·철원·평강, (황해)금천·연안·해주·옹진·은율·안악·재령·황주·서흥·신계, (평남)평양, (평북)박천·영변·희천·구성
⑦ **가붑다**[ka-bup-ta] (평북)강계·자성
⑧ **가빕다**[ka-bip-ta] (황해)장연
⑨ **갑삭하다**[kap-sak-ha-da] (황해)황주, (평남)평양, (평북)박천·영변·희천·구성
⑩ **개갑다**[kɛ-gap-ta] (경남)울산, (경북)영천·포항·대구·김천·의성·예천·안동·영주·청송, (함남)정평·함흥·오로·신흥, (함북)길주
⑪ **개갭다**[kɛ-gɛp-ta] (함남)홍원

⑫ 개:겁다[kɛ:-gəp-ta] (전남)돌산·여수·순천, (경남)부산·하동, (강원)장전·고성·간성·평창
⑬ 개곱다[kɛ-gop-ta] (경남)동래
⑭ 개굽다[kɛ-gup-ta] (전북)무주, (경남)양산·김해·거창·창녕·밀양, (경북)울진·평해, (충북)보은, (강원)삼척, (함남)영흥
⑮ 개급다[kɛ-gɨp-ta] (경남)마산·거제·진주·남해·함양·합천, (충북)영동
⑯ 개법다[kɛ-bəp-ta] (전남)광양·보성·함평·나주·광주·장성·담양·옥과·곡성·구례, (전북)운봉·남원·후창·정읍·전주·임실·장수·진안, (충북)청주·충주·단양, (강원)양양·주문진
⑰ 개밥다[kɛ-bap-ta] (충남)서천
⑱ 개볍다[kɛ-byəp-ta] (제주)제주·성산·대정·서귀, (충남)홍성·천안, (강원)원주·홍천·춘천·인제
⑲ 개붑다[kɛ-bup-ta] (전북)김제·금산, (충남)공주·강경, (충북)보은, (강원)양양
⑳ 해겁다[hɛ-gəp-ta] (전남)여수
㉑ 햍갑다[hɛt-kap-ta] (경북)영덕·의성·안동·청송, (함북)성진·길주·명천·경성·나남·청진·부령·무산·회령·종성·경흥
㉒ 햍겁다[hɛt-kəp-ta] (경남)부산·마산·거제·통영·진주·남해
㉓ 햍굽다[hɛt-kup-ta] (경북)평해

21700 깊다深い

❶ 기푸다[ki-pʰu-da] (경북)영덕·안동·청송, (충남)천안, (경기)경성·연천, (강원)철원
❷ 지푸다[či-pʰu-da] (제주)제주·성산·서귀·대정, (전남)돌산·여수·광양·순천·벌교·고흥·보성·장흥·강진·완동·지도·해남·영암·목포·함평·영광·나주·광주·장성·담양·옥과·곡성·구례, (경남)울

산양산·동래·부산·김해·마산·거제·통영·진주·남해·하동·함양·거창·합천·창녕·밀양, (경북)영천·경주·포항·홍해·대구·고령·성주·지례·김천·의성·상주·함창·문경·예천·안동·영주·청송·울진·평해, (충남)공주·강경·부여·홍산·청양·서천·남포·보령·광천·홍성·해미·갈산·서산·오천·예산·천안·조치원, (충북)청주·보은·영동·충주·단양·제천, (강원)통천·장전·고성·간성·양양·주문진·강릉·삼척·영월·평창·원주·횡성·홍천·춘천·인제·평강, (함남)고산·안변·원산·문천·고원·영흥·정평·함흥·신흥

21701 가깝다近い

❶ **가죽다**[ka-juk-ta] (경남)양산·동래·부산·김해·창녕·밀양
❷ **가즉다**[ka-jĭk-ta] (경남)합천
❸ **가직다**[ka-jĭk-ta] (전남)보성·담양·곡성·구례, (전북)운봉·남원·순창·장수, (경남)진주·남해·함양·거창, (경북)대구·고령·안동·영주
❹ **가직하다**[ka-jĭk-ha-da] (전남)강진
❺ **갇갑다**[kat-kap-ta] (전남)강진·목포·나주·광주·장성·담양·곡성·구례, (전북)남원·순창·정읍·김제·임실·장수·진안·무주·금산, (충남)강경·서천·홍성·천안, (충북)충주·담양, (경기)경성·장단·연천, (황해)금천·연안·해주·옹진·태탄·장연·은율·안악·재령·황주·서흥·신계, (평북)박천·영변·희천·구성·강계·자성·후창
❻ **갇잡다**[kat-čap-ta] (함남)북청·풍산·갑산·혜산, (평북)희천·영변·강계·자성·후창
❼ **갇찹다**[kat-čʰap-ta] (제주)제주·성산·서귀, (전남)영암·장성·담양, (전북)남원·순창·정읍·김제·전주·진안·금산, (충남)공주·강경·서천·홍성·천안, (충북)청주·영동·충주·단양, (경기)개성, (강원)양양·강릉·삼척·울진, (황해)은율·안악·황주·서흥·신계·수안·곡산, (함남)신고산·안변·덕원·문천·고원·영흥·정평·함흥·오로·신흥·

홍원・북청・이원・단천, (함북)성진・길주・명천・경성・나남・청진・
부거・부령・무산・회령・종성・경흥, (평남)평양, (평북)박천・구성・

⑧ 개작다[kɛ-jak-ta] (경남)울산, (경북)영천・포항・영덕・대구・김천

⑨ 개잡다[kɛ-jap-ta] (경북)김천

⑩ 개적다[kɛ-jək-ta] (경남)하동

⑪ 개접다[kɛ-jəp-ta] (전남)순천

⑫ 개죽다[kɛ-juk-ta] (전남)여수, (경남)마산・거제・통영

⑬ 개직다[kɛ-jik-ta] (경북)의성・청송, (경북)평해

⑭ 개찹다[kɛ-čʰap-ta] (경북)예천, (충북)보은, (경북)울진

⑮ 개춥다[kɛ-čʰup-ta] (충북)영동

⑯ 개칩다[kɛ-čʰip-ta] (경북)울진

⑰ 갤갑다[kɛt-kap-ta] (충북)단양

⑱ 브듸다[pɔ-diy-da] (제주)제주・성산・서귀・대정

21702 길다長い (어두 k-구개음화 분포)

❶ 길다[kil-da] 【物語』長, きるた】 (경북)안동・영주, (충남)갈산・천안, (충북)충주, (경기)경성, (함남)정평

❷ 걸다[kəl-da] (제주)성산・서귀

❸ 질다[čil-da] (제주)제주・성산・대정, (전남)여수・보성・강진・영암・목포・장성・담양, (전북)남원・순창・정읍・김제・군산・전주・임실, (경남)울산・양산・동래・부산・김해・마산・거제・통영・진주・남해・하동・함양・거창・합천・창녕・밀양, (경북)영천・경주・포항・홍해・영덕・대구・고령・성주・지례・김천・의성・상주・함창・문경・예천・안동・영주・청송・울진・평해, (충남)공주・강경・부여・홍산・청양・서천・남포・보령・광천・홍성・해미・서산・오천・예산・천안・조치원, (충북)청주・보은・영동・진천・괴산・충주・단양・제천, (강원)통천・장전・고성・간성・양양・주문진・강릉・삼척・영월・평창・원주・횡성・홍

천·춘천·인제, (함남)정평·함흥·신흥

21703 같다ようである·如し

❶ 갇다[kat-ta] 대다수 지방
❷ 곧다[kɔt-ta] (제주)제주·성산·서귀·대정
❸ 걷다[kət-ta] (전남)곡성

21704 굵다太い

❶ 퉁겁다[tʰuŋ-gəp-ta] (전남)여수·순천·보성·강진·영암·목포·나주·장성·담양, (전북)남원·순창·정읍·김제·전주
❷ 퉁퉁하다[tʰuŋ-tʰuŋ-ha-da] (전남)곡성, (전북)운봉·임실·장수·진안·무주·금산
❸ 툭쿠다[tʰuk-kʰu-da] (경남)하동

21705 조용하다寂しい

❶ 고요ː하다[ko-yo:-ha-da] (전남)돌산·나주, (전북)금산, (경기)경성
❷ 괴요ː하다[kö-yo:-ha-da] (전북)남원·전주·임실·무주
❸ 고욕하다[ko-yok-ha-da] (전남)고흥·완도·지도·목포·함평·영광·장성
❹ 괴욕하다[kö-yok-ha-da] (전남)여수·광양·순천·벌교·보성·장흥·해남·광주·옥과·곡성·구례, (전북)정읍·김제
❺ 고적하다[ko-čək-ha-da] (전북)전주·임실

21706 가렵다痒い

❶ 가렵다[ka-ryəp-ta] (경기)경성, (강원)춘천
❷ 가랍다[ka-rap-ta] (함남)정평·함흥·신흥
❸ 개랍다[kɛ-rəp-ta] (충북)제천, (경북)울진·평해, (강원)통천·장전·고성·간성·양양·주문진·강릉·영월·평창·원주·횡성·홍천·인제

❹ 간지럽다[kan-ji-rəp-ta] (전북)전주
❺ 근지럽다[kin-ji-rəp-ta] (전남)돌산·여수·광양·순천·벌교·보성·장흥·완도·지도·해남·목포·함흥·영광·나주·광주·장성·옥과·곡성·구례, (전북)남원·정읍·김제·임실·무주·금산

21707 괴롭다煩はしい

❶ 괴롭다[kö-rop-ta] (경기)경성·개성·장단·연천, (강원)춘천·인제, (황해)금천·해주·옹진·태탄·장연·은율·안악·재령·서흥
❷ 고롭다[ko-rop-ta] (경남)양산·김해·마산
❸ 게롭다[ke-rop-ta] (경남)마산·통영, (황해)금천·연안
❹ 게룹다[ke-rup-ta] (황해)연안
❺ 개롭다[kɛ-rop-ta] (경남)양산·김해
❻ 궤롭다[kwe-rop-ta] (제주)제주·성산·서귀·대정, (경기)개성·장단, (함북)부령·회령
❼ 귀롭다[kwi-rop-ta] (경북)고령
❽ 기롭다[ki-rop-ta] (경남)창녕·밀양

21708 냅다煙い

❶ 냅다[nɛp-ta] (전남)광주, (경기)경성·개성·장단·연천, (황해)금천·연안·해주·옹진·태탄·장연·은율·안악·재령·서흥·신계·수안·곡산
❷ 내웁다[nɛ-up-ta] (전남)강진·나주·장성·담양, (전북)순창·정읍·김제
❸ 내구다[nɛ-gu-da] (함남)함흥·오로·신흥·홍원·이원·단천·풍산, (함북)성진·길주·명천·경성·나남·청진·부령·무산·회령·종성·경흥
❹ 내굽다[nɛ-gup-ta] (황해)곡산
❺ 내구랍다[nɛ-gu-rap-ta] (함남)풍산·갑산·혜산
❻ 내구롭다[nɛ-gu-rop-ta] (함남)신고산·안변·덕원·문천·고원·영흥·정평

❼ 내다[nɛ-da] (황해)황주
❽ 맵다[mɛp-ta] (전남)순천・보성・곡성・구례, (전북)운봉・임실・장수・진안・무주・금산, (경남)하동
❾ 매웁다[mɛ-up-ta] (전남)영암・목포, (전북)남원・전주

21709 뜨겁다熱い

❶ 따갑다[t'a-gap-ta] (경기)장단, (황해)황주, (함북)성진・길주・명천・경성・나남・청진・부령・무산・회령・종성・경원・경흥・웅기, (평남)평양, (평북)박천・영변・희천・구성・강계・자성・후창
❷ 따굽다[t'a-gup-ta] (경기)개성, (황해)수안・곡산
❸ 뜨겁다[t'i-gəp-ta] (전남)여수・순천・강진・영암・목포・광주・장성・담양・곡성, (전북)운봉・순창・정읍・김제・전주・임실・장수・진안・무주・금산, (경기)경성・장단・연천, (황해)금천・연안・해주・옹진・태탄・장연・은율・안악・재령・황주・서홍・신계, (함남)신고산・안변・덕원, (평남)평양, (평북)박천・영변・희천・구성・강계・자성・후창
❹ 딱다[t'ak-ta] (함남)정평・함흥・오로・신흥・홍원・북청・이원・단천・풍산・갑산・혜산
❺ 뜩다[t'ik-ta] (함남)문천・고원・영흥
❻ 지접다[či-jəp-ta] (제주)제주・성산・서귀・대정

21710 맑다淸らかである

❶ 몱다[mɔlk-ta] (제주)제주・성산・서귀・대정
❷ 말다[mal-ta] (경남)울산・양산・김해・마산・합천(술이 맑은 것을 말한다)・창녕・밀양, (경북)영천・포항・영덕・대구・고령・김천・의성・예천・안동・영주・청송・울진・평해, (충남)공주・강경・서천・홍성・천안, (충북)청주・보은・영동・충주・단양, (강원)양양・강릉・삼척
❸ 말근하다[mal-kɨm-ha-da] (경남)남해

④ **막다**[mak-ta] (전남)순천・강진・영암・목포・나주・광주・장성・담양・곡성, (전북)운봉・남원・순창・정읍・김제・전주・임실・장수・진안・무주・금산, (경남)거제・통영・진주・남해・함양・거창
⑤ **몰다**[mol-da] (경남)양산・마산
⑥ **목다**[mok-ta] (전남)여수・보성・강진・영암・구례, (전북)남원, (경남)통영・진주・남해・하동

21711 밝다明るい

① **복다**[pɔk-ta] (제주)제주・성산・서귀・대정
② **박다**[pak-ta] (전남)강진・목포・나주・장성・담양, (전북)정읍・김제・전주・임실・장수・진안・무주・금산, (경남)거제・통영・진주・남해・함양・거창・합천, (경북)고령, (충남)공주・강경・서천・홍성・천안, (충북)청주・보은・영동・충주・단양, (경기)경성
③ **발다**[pal-ta] (경남)울산・양산・동래・부산・김해・마산・창녕・밀양, (경북)영천・포항・영덕・대구・김천・의성・예천・안동・영주・청송・울진・평해, (강원)양양・강릉・삼척
④ **복다**[pok-ta] (전남)여수・순천・보성・영암・목포・나주・곡성・구례, (전북)운봉・남원・순창, (경남)양산・거제・통영・진주・남해・하동・함양
⑤ **볼다**[pɔl-ta] (경남)마산

21712 시다酸い

① **시다**[si-da] (제주)제주・성산・서귀・대정, (전남)여수・보성・강진・영암・목포・나주・장성・담양・곡성, (전북)운봉・남원・순창・정읍・김제・전주・임실・장수・진안・무주・금산, (경남)부산・마산・거제・통영・진주・남해・하동・함양・거창・합천・창녕・밀양, (경북)고령・예천・안동・청송・울진・평해, (충남)공주・강경・서천・홍성・천안, (충북)청주・보은・영동・충주, (경기)경성・개성・장단・연천, (강원)통천・

장전·고성·간성·양양·강릉·울진·평해·춘천, (황해)금천·연안·해주·옹진·태탄·장연·은율·안악·재령·황주·서흥·신계·수안·곡산, (함북)나남·부령, (평남)평양, (평북)박천·영변·희천·구성·강계·자성·후창

❷ 씨다[sʼi-da] (경남)김해, (경북)울진·평해, (강원)주문진·강릉
❸ 시거럽다[si-gə-rəp-ta] (경북)김천
❹ 시겁다[si-gəp-ta] (충북)충주, (강원)간성·양양
❺ 씨겁다[sʼi-gəp-ta] (경북)울진, (강원)주문진·강릉
❻ 시구다[si-gu-da] (함남)정평·함흥·오로·신흥·홍원·북청·이원·단천·풍산·갑산·혜산, (함북)성진·길주·명천·경성·나남·청진·부령·무산·회령
❼ 시구럽다[si-gu-rəp-ta] (경북)안동, (강원)통천·장전·고성, (함남)정평·함흥·신흥
❽ 시구롭다[si-gu-rop-ta] (함남)신고산·안변·덕원·문천·고원
❾ 시굴다[si-gul-da] (함남)문천·고원·영흥
❿ 시굽다[si-gup-ta] (경북)예천·영주, (강원)영월·평창·원주·횡성·홍천·인제
⓫ 시그럽다[si-gi-rəp-ta] (경남)동래·마산, (경북)대구·의성, (강원)양양
⓬ 시급다[si-gip-ta] (충북)청주·보은·단양, (강원)삼척
⓭ 시쿠다[si-kʰu-da] (함북)무산·회령·종성·경흥
⓮ 서다[sə-da] (전남)순천
⓯ 세구랍다[se-gu-rap-ta] (경북)청송
⓰ 세구럽다[se-gu-rəp-ta] (경북)영덕
⓱ 새구럽다[sɛ-gu-rəp-ta] (경남)울산, (경북)포항
⓲ 새굽다[sɛ-gup-ta] (경북)영주
⓳ 새그랍다[sɛ-gi-rap-ta] (경북)영천
⓴ 새그룹다[sɛ-gi-rup-ta] (경남)양산

■ 21713 쓰다苦い

❶ 쓰다[sʼi-da] (전남)보성・장흥・해남・함평・영광・나주, (전북)전주, (경기)경성
❷ 씨다[sʼi-da] (전남)돌산・여수・광양・순천・벌교・고흥・완도・지도・목포・함평・광주・장성・옥과・곡성・구례
❸ 쓰겁다[sʼi-gəp-ta] (함남)단천, (함북)성진・길주・경성・나남
❹ 씁다[sʼip-ta] (함북)성진・경성・나남・청진・부령・무산・회령・종성・경흥
❺ 쑥다[sʼuk-ta] (함남)홍원・북청・단천

■ 21714 속이 시원하다心地よい

❶ 시원하다[si-wən-ha-da] (제주)성산・서귀, (전남)순천, (경기)경성
❷ 씨원하다[sʼi-wən-ha-da] (제주)제주・대정
❸ 시언하다[si-ən-ha-da] (전남)여수・장성・담양, (전북)남원・순창・정읍・김제・전주・장수・진안・무주・금산, (경남)하동
❹ 시연하다[si-yən-ha-da] (전남)곡성, (전북)운봉・임실
❺ 건드롭다[kən-di-rop-ta] (제주)서귀・대정
❻ 건듭다[kən-dip-ta] (제주)성산

■ 21715 고독하다孤獨である

❶ 외롭다[ö-rop-ta] (경기)경성, (강원)춘천, (평남)평양, (평북)박천・영변
❷ 위롭다[wi-rop-ta] (경북)고령
❸ 웨롭다[we-rop-ta] (함남)혜산, (함북)회령
❹ 왜롭다[wɛ-rop-ta] (평북)희천・구성・선천・강계・
❺ 애롭다[ɛ-rop-ta] (경남)양산・김해・밀양, (평남)안주
❻ 에롭다[e-rop-ta] (경남)통영
❼ 이롭다[i-rop-ta] (경남)창녕

21716 어렵다難い・むづかしい

❶ **어렵다**[ə-ryəp-ta] (충북)청주・영동・진천, (경기)경성
❷ **어럽다**[ə-rəp-ta] (경북)포항・청송, (강원)・강릉
❸ **에럽다**[e-rəp-ta] (경북)함창・울진・평해, (충북)괴산・충주, (강원)통천・장전・고성・간성・양양・강릉
❹ **에렙다**[e-rep-ta] (강원)주문진
❺ **애랍다**[ɛ-rap-ta] (경북)의성
❻ **애럽다**[ɛ-rəp-ta] (경남)양산・김해・밀양, (경북)포항・홍해・영덕・의성・문경・예천・영주・청송
❼ **애룹다**[ɛ-rup-ta] (경북)영주
❽ **이럽다**[i-rəp-ta] (경북)상주・함창・예천・안동

21717 가소롭다可笑しい

❶ **우숩다**[u-sup-ta] (제주)제주・성산・서귀・대정, (경기)경성・개성・장단・연천, (황해)금천・연안・옹진・태탄・장연・은율・안악・재령・황주・서흥・신계・수안・곡산, (평남)평양, (평북)박천・영변・희천・구성・정주・선천・용암・의주・강계・자성・후창
❷ **우섭다**[u-səp-ta] (황해)해주
❸ **욷부다**[ut-pu-da] (함남)신고산・안변・덕원・문천・고원・영흥・정평・함흥・오로・신흥・홍원・북청・이원・단천・풍산・갑산・혜산, (함북)성진・길주・경성・나남・청진・부령・무산・회령・종성・경흥
❹ **욷겝다**[ut-kep-ta] (함남)홍원
❺ **욷깁다**[ut-kip-ta] (함남)홍원・북청

21718 귀하다貴い

❶ **귀하다**[kwi-ha-da] 대다수 지방
❷ **이밥다**[i-bap-ta] (함남)정평

❸ 이법다[i-bəp-ta] (함남)덕원·문천·영흥
❹ 놀다[nol-ta] (함남)신고산·안변·고원

21719 졸리다眠い

❶ 잠이#오다[čam-i#o-da] (전남)여수·영암·목포·나주·장성·담양, (전북)운봉·남원·순창·정읍·김제·전주·장수·진안·무주·금산, (경남)마산·거제·통영·남해·하동
❷ 졸립다[čol-lip-ta] (전남)곡성, (경북)울진·평해, (충남)공주·강경·서천·홍성·천안, (충북)청주·보은·영동·진천·괴산·충주, (경기)개성·장단, (강원)양양·강릉·삼척·철원·평강, (황해)금천·연안·해주·옹진·태탄·장연·은율·안악·재령·황주·서흥·신계·수안·곡산, (평남)평양, (평북)박천·영변·희천·구성·강계·자성·후창
❸ 졸렵다[čol-lyəp-ta] (경기)경서·연천, (강원)원주·횡성
❹ 자고잡다[ča-go-ǰap-ta] (전남)곡성
❺ 자부랍다[ča-bu-rap-ta] (경북)경주·흥해·대구·의성·함창·문경·안동·청송, (함남)단천, (함북)성진·길주·경성·나남·청진·부령·무산·회령·종성·경원·경흥·웅기
❻ 자부럽다[ča-bu-rəp-ta] (경남)울산·양산·김해·마산·거제·통영·밀양, (경북)영천·포항·영덕·대구·김천·영주·청송·울진·평해, (강원)삼척, (함북)명천
❼ 자부롭다[ča-bu-rop-ta] (함남)신고산·안변·덕원·문천·고원·영흥·정평·함흥·오로·신흥·홍원·북청·이원·풍산·갑산·혜산
❽ 자부롬이#오다[ča-bu-rom-i#o-da] (경남)남해
❾ 자브립다[ča-bi-rəp-ta] (경남)동래·부산·합천, (경북)고령, (강원)통천·장전
❿ 자브림이#오다[ča-bi-rom-i#o-da] (경남)거창·창녕
⓫ 자우럽다[ča-u-rəp-ta] (강원)고성·간성·양양·주문진·강릉

⑫ 조부럽다[čo-bu-rəp-ta] (강원)영월
⑬ 조브랍다[čo-bɨ-rap-ta] (충북)단양
⑭ 조블리다[čo-bil-li-da] (충북)단양
⑮ 조랍다[čo-rap-ta] (전북)제주·성산·서귀·대정, (강원)영월·평창·홍천·인제
⑯ 조럽다[čo-rəp-ta] (충북)제천
⑰ 조럅다[čo-ryəp-ta] (강원)춘천
⑱ 조루다[čo-ru-da] (전북)임실

21720 착하다 善い

❶ 됴타[tyo-tʰa] (함북)회령·종성·경원
❷ 조타[čo-tʰa] 【「物語」善, ちょった】 (전남)(전북)(경남)(경북)(충남)(충북)(경기)(강원)(황해) 대부분, (함북)명천·회령, (평남)중화, (평북)순창
❸ 도타[to-tʰa] (함북)회령, (평남)중화·평양·순천·오천·안주, (평북)박천·영변·희천·구성·정주·선천·용암·의주·강계·자성·후창

21721 짜다 鹹い

❶ 짜다[č'a-da] (전남)강진·영암·목포·장성·담양·곡성, (전북)운봉·남원·순창·정읍·김제·임실·장수·진안·무주·금산, (충남)공주·강경·서천·홍성·천안, (충북)청주·영동·충주, (경기)경성·개성·장단·연천, (경북)울진·평해, (황해)금천·연안·해주·옹진·태탄·장연·은율·안악·재령·황주·서흥·신계·수안·곡산, (함남)신고산·문천·고원·영흥·정평·함흥·오로·신흥·홍원·북청·이원·단천·풍산·갑산·혜산, (함북)나남, (평남)평양, (평북)박천·영변·희천·구성·강계·자성·후창
❷ 짝다[č'ak-ta] (함남)문천·고원·영흥·정평·함흥·오로·신흥·홍원
❸ 짜갑다[č'a-gap-ta] (함남)풍산·갑산·혜산, (함북)성진·길주·나남

❹ 짜굽다[čʼa-gup-ta] (경북)영주·울진, (충북)청주·보은·충주, (강원)양양·강릉·삼척, (함남)신고산·안변·덕원, (함북)명천·경성
❺ 짭다[čʼap-ta] (전남)여수, (경남)울산·양산·동래·부산·김해·마산·거제·통영·진주·남해·하동·함양·거창·합천·창녕·밀양, (경북)영천·포항·영덕·대구·고령·김천·의성·예천·안동·청송, (함남)홍원·북청, (함북)나남·청진·부령·무산·회령·종성·경흥
❻ 차다[čʼa-da] (제주)제주·성산·서귀·대정

21722 작다/적다 小さい·少ない

❶ 작다[čak-ta] 【「物語」 少, ちゃくた】 (경남)동래·부산·김해·마산·거제·통영·진주·남해·함양, (경북)대구·고령·김천·의성·예천·안동·영주·청송, (충남)홍성·천안, (강원)양양·강릉·삼척
❷ 적다[čək-ta] (경남)울산·양산·김해·거창·합천·창녕·밀양, (경북)영천·포항·영덕·고령·울진·평해, (충남)공주·강경·홍성·천안, (충북)청주·보은·영동·충주·단양
❸ 조껜타[čo-kʼen-tʰa] (경남)양산·창녕·밀양
❹ 쏙다[sʼok-ta] (경북)청송, (강원)삼척

21723 이쁘게 美しく 활용형

❶ 고아[ko-a-](종지형 [kop-ta]) (전남)벌교·고흥·보성·장흥·해남·목포·함평·영광·나주·광주·장성·옥과·곡성, (전북)남원·정읍·김제·전주·임실·무주·금산
❷ 고와[ko-wa-] (경북)함창·문경·예천·영주·울진 (충남)공주·강경·서천·홍성·천안, (충북)청주·보은·영동·진천·괴산·충주·단양·제천, (경기)경성, (강원)통천·장전·고성·간성·양양·주문진·강릉·영월·평창·원주·횡성·홍천·춘천·인제
❸ 고바[ko-ba-] (전남)돌산·여수·광양·순천·구례, (경남)울산·양산·동

래 · 부산 · 김해 · 마산 · 거제 · 통영 · 진주 · 남해 · 함양 · 거창 · 합천 · 창녕 · 밀양, (경북)영천 · 경주 · 포항 · 홍해 · 영덕 · 대구 · 고령 · 김천 · 의성 · 상주 · 함창 · 예천 · 안동 · 영주 · 청송, (강원)삼척 · 울진 · 평해

21724 가까이近< 활용형

❶ 갇자워[kat-ča-wə-] (종지형 [kat-čap-ta])(평북)영변 · 희천 · 강계 · 자성 · 후창
❷ 갇자버[kat-ča-bə-] (함남)북청 · 풍산 · 갑산
❸ 갇차와[kat-čʰa-wa-] (종지형 [kat-čʰap-ta])(함남)신고산 · 안변 · 덕원 · 문천 · 고원 · 영흥, (평남)평양, (평북)박천 · 구성
❹ 갇차바[kat-čʰa-ba-] (함남)정평 · 함흥 · 오로 · 신흥 · 홍원 · 북청 · 이원 · 단천, (함북)성진 · 길주 · 명천 · 경성 · 나남 · 청진 · 부거 · 부령 · 무산 · 회령 · 종성 · 경흥
❺ 개자바-[kɛ-ǰa-ba-] (종지형 [kɛ-ǰap-ta])(경북)김천

21725 가려워痒< 활용형

❶ 가려워[ka-ryə-wə-] (종지형 [ka-ryəp-ta])(강원)춘천
❷ 가라바[ka-ra-ba-] (종지형 [ka-rap-ta])(함남)정평 · 함흥 · 신흥
❸ 개러워[kɛ-rə-wə-] (종지형 [kɛ-rəp-ta])(경북)울진, (충북)제천, (강원)통천 · 장전 · 간성 · 양양 · 주문진 · 강릉 · 영월 · 평창 · 원주 · 횡성 · 홍천 · 인제
❹ 개러버[kɛ-rə-bə-] (경북)울진 · 평해

21726 더워暑< 활용형

❶ 더와[tə-wa-] (종지형 [təp-ta])(전남)보성 · 강진 · 영암 · 고흥 · 벌교, (경남)함창, (경북)예천 · 울진, (강원)삼척
❷ 더바[tə-ba] (경남)함창, (경북)경주 · 홍해 · 울진
❸ 더워[tə-wə-] (제주)제주 · 성산 · 서귀 · 대정, (전남)광양 · 순천 · 장흥 · 완도 · 지도 · 해남 · 목포 · 함평 · 영광 · 나주 · 광주 · 장성 · 담양 · 옥과 · 곡

성・구례, (전북)운봉・남원・순창・정읍・김제・전주・임실・장수・진안・무주・금산, (경북)영주, (충남)공주・강경・서천・홍성・천안, (충북)청주・보은・영동・충주・단양・제천, (경기)경성・연천, (강원)통천・장전・고성・간성・양양・주문진・강릉・영월・평창・원주・횡성・홍천・인제・철원・평강, (평남)중화・순천・숙천・안주, (평북)안주・선천・용암・의주

❹ 더버[tə-bə-] (전남)돌산・여수・광양, (경남)울산・양산・동래・부산・김해・마산・거제・통영・진주・남해・하동・함양・거창・합천・창녕・밀양, (경북)영천・포항・영덕・대구・고령・김천・의성・안동・청송・평해

21727 매워辛く 활용형

❶ 매와[mɛ-wa-] (종지형 [mɛp-ta])(제주)제주・성산・서귀・대정, (전남)벌교・고흥・보성・장흥・강진・영암・목포・장성・담양・곡성, (전북)운봉・남원・순창・정읍・김제・임실・장수・진안・무주・금산, (경북)함창・예천・영주・울진, (충남)곡성・강경・서천・홍성・천안, (충북)청주・보은・영동・충주・단양・제천, (경기)경성・개성・장단・연천, (강원)삼척, (황해)금천・건안・해주・옹진・태탄・장연・은율・안악・재령・황주・서흥・신계・수안・곡산, (함남)신고산・안변・덕원・문천・고원・영흥

❷ 매바[mɛ-ba-] (전남)광주, (경남)울산・양산・동래・부산・김해・마산・거제・통영・진주・남해・하동・함양・거창・합천・창녕・밀양, (경북)영천・경주・포항・홍해・영덕・고령・김천・안동・청송・평해, (함남)정평・함흥・오로・신흥・홍원・북청・이원・단천・풍산・갑산・혜산, (함북)성진・길주・명천・경성・나남・청진・부거・부령・무산・회령・종성・경원・경흥・웅기

❸ 매워[mɛ-wə-] (전남)순천・함평・영광・나주・광주・옥과・곡성・구례, (전북)전주・임실・무주・금산, (강원)통천・장전・고성・간성・양양・주문진・영월・평창・원주・횡성・홍천・춘천・인제, (평남)평양, (평북)박

천·영변·희천·구성·강계·자성·후창
❹ 매버[mɛ-bə-] (전남)돌산·여수, (경북)대구·의성·함창, (강원)주문진
❺ 매구워[mɛ-gu-wə-] (종지형 [mɛ-gup-ta])(강원)통천·고성·간성·주문진

21728 두려워畏ろしく 활용형

❶ 무서워[mu-sə-wə-] (종지형 [mu-səp-ta])(경기)경성, (충북)제천, (강원)통천·장전·고성·간성·양양·주문진·강릉·영월·평창·원주·횡성·홍천·춘천·인제
❷ 무서버[mu-sə-bə-] (경북)울진·평해, (강원)평창, (함남)정평·함흥·신흥

21729 부러워羨ましく 활용형

❶ 부러워[pu-rə-wə-] (종지형 [pu-rəp-ta])(전남)순천·영암·목포·함평·영광·나주·광주, (전북)전주무주·금산, (충남)공주·강경·부여·홍산·청양·서천·남포·보령·광천·홍성·해미·서산·오천·예산·천안·조치원, (충북)청주(이전 조사에서는 [pul-gə-])·보은·영동(이전 조사에서는 [pul-gə-])·진천·괴산·충주·단양·제천, (경기)경성·개성·장단·연천, (강원)장전·양양·주문진·강릉·영월·평창·원주·횡성·홍천·인제·철원, (황해)금천·연안·해주·옹진·태탄·장연·은율·안악·재령·황주·서흥·신계·수안·곡산, (평남)평양, (평북)박천·영변·희천·구성·강계·자성·후창
❷ 불버[pul-bə] (전남)여수(종지형 [pup-ta])·돌산·광양·순천·벌교·고흥·보성·장흥·해남·광주·옥과·곡성·구례(돌산 이하 제1회 때의 조사), (전북)운봉·남원·임실·무주·금산(무주·금산 종지형 [pul-bəp-ta]), (경남)울산·양산·동래·김해·마산·창녕·밀양(이상 종지형 [pul-ta])·거제·통영·진주·남해·하동·함양·거창·합천(이상 종지형 [pup-ta])·부산(종지형 [pul-ta] 또는 [pu-rəp-ta]), (경북)영천·포항·영덕·대구·김천·의성·예천·안동·영주·청송·울진·평해(이상 종지형 [pul-bu-da])·고령(종지형 [pup-ta])·경주·

홍해・상주・함창・문경, (충북)영동(제2회 조사에서는 [pu-rə-wə])・제천, (강원)통천・고성・간성・영월・홍천・춘천・인제・평강, (함남)신고산・안변・덕원・문천・고원・영흥(이상 종지형 [pup-ta])・정평・함흥・오로・신흥・홍원・이원(이상 종지형 [pul-bu-ta])・북청・풍산・갑산・혜산(이상 종지형 [pul-bəp-ta]), (함북)성진・길주・명천・경성・나남・청진・부거・부령・무산・회령・종선・경원・경흥・웅기(이상 종지형 [pul-bu-da])・연태동(종지형 [pup-ta].)

❸ 불버워[pul-bə-wə-] (종지형 [pul-bəp-ta])(전남)보성, (전북)운봉

❹ 불거[pul-gə-] (종지형 [pul-gəp-ta])(전남)장흥・장성・담양・곡성・구례, (전북)순창・정읍・김제・군산・장수・진안・무주・금산, (충북)청주(제2회 조사에서는 [pu-rə-wə-].)

❺ 불거워[pul-gə-wə-] (종지형 [pul-gəp-ta])(전남)순천・강진・나주・광주・곡성・구례, (전북)전주・장수・진안・무주・금산

❻ 불러워[pul-lə-wə-] (종지형 [pul-ləp-ta])(제주)제주・성산・서귀・대정

21730 슬기롭게賢< 활용형

❶ 슬거워[sil-gə-wə-] (종지형 [sil-gəp-ta])(경기)경성, (강원)통천

❷ 슬거버[sil-gə-bə-] (함남)정평・함흥・신흥

❸ 실거워[sil-gə-wə-] (충북)제천, (강원)고성・간성・양양・주문진・영월・평창・원주・횡성・홍천・인제

21731 짜워 鹹< 활용형

❶ 짜와[č'a-wa-] (종지형 [č'ap-ta])(경북)영천・포항・영덕・고령・예천

❷ 짜바[č'a-ba-] (경남)울산・양산・동래・부산・김해・마산・거제・통영・진주・남해・하동・함양・거창・합천・창녕・밀양, (경북)대구・김천・의성・안동・청송

21732 추워寒< 활용형

❶ 추아[cʰu-a-] (종지형 [cʰup-ta])(경북)예천
❷ 추와[cʰu-wa-] (경북)예천·안동
❸ 추바[cʰu-ba-] (경북)경주·포항·홍해·영덕
❹ 추어[cʰu-ə-] (경북)의성·함창·영주, (강원)통천·장전·고성·간성·주문진·원주·횡성·홍천·춘천·인제
❺ 추워[cʰu-wə-] (경북)청송·울진, (충남)공주·강경·서천·홍성·천안, (충북)청주·보은·영동·충주·단양·제천, (경기)경성·개성·장단·연천, (강원)양양·강릉·삼척·영월·평창, (황해)금천·연안·해주·옹진·태탄·장연·은율·안악·재령·황주·서흥·신계·수안·곡산, (함남)신고산·안변·덕원·문천·고원·영흥, (평남)중화·평양·순천·숙천·안주, (평북)박천·영변·희천·구성·강계·자성·후창
❻ 추버[cʰu-bə-] (경북)포항·영덕·대구·김천·의성·함창·예천·안동·청송울진·평해, (강원)평창, (함남)정평·함흥·신흥
❼ 치바[cʰi-ba-] (종지형 [cʰip-ta])(경남)울산·거제·통영·진주·남해·함양, (경북)영천, (함북)부거
❽ 치버[cʰi-bə-] (경남)양산·동래·부산·김해·마산·거창·합천·밀양, (함남)오로·홍원·북청·이원·서천·풍산·갑산·혜산, (경북)성진·길주·명천·경성·나남·청진·부령·무산·회령·종성·경원·경흥·웅기

21733 많이多< 활용형

❶ 만하[man-ha-] (종지형 [man-tʰa])(전남)광주, (경남)하동
❷ 만해[man-hɛ-] (제주)성산·서귀·대정·순천
❸ 만애[man-ɛ-] (전남)장성
❹ 만어[man-ə-] (전북)남원·전주
❺ 만히여[man-hi-yə-] (전북)김제
❻ 만히[man-hi-] ([man-hi-sə]와 같다)(전남)담양, (전북)순창

자료편 | 461

❼ 만이[man-i-] ([man-i-sə]와 같다)(전북)정읍・김제
❽ 해[hɛ-] ([hɛ-sə]와 같다)(제주)제주
❾ 하[ha-] ([ha-sə]와 같다)(제주)성산・서귀・대정

21734 차워冷たく 활용형

❶ 차[čʰa-] ([čʰa-sə]와 같다) 대다수 지방
❷ 차거[čʰa-gə-] ([čʰa-gə-sə]와 같다)(강원)통천, (함남)정평・함흥・신흥
❸ 차구어[čʰa-gu-ə-] (충북)제천, (경북)울진・평해, (강원)장전・고성・간성・양양・주문진・강릉・영월・평창・원주・횡성・홍천・인제

동사動詞

22735 참다耐へる

❶ **견된다**[kyən-diyn-da] (경남)마산, (경북)안동・청송・울진, (충남)천안, (충북)괴산・충주, (경기)경성, (함남)정평

❷ **전된다**[čən-diyn-da] (제주)제주・성산・서귀・대정, (전남)돌산・여수・광양・순천・벌교・고흥・보성・장흥・강진・완도・지도・해남・영암・목포・함평・영광・나주・광주・장성・옥과・곡성・구례, (전북)운봉・남원・정읍・김제・군산・전주・임실・장수・진안・무주・금산, (경남)울산・양산・동래・부산・김해・마산・거제・통영・진주・남해・하동・함양・거창・합천・창녕・밀양, (경북)영천・경주・포항・홍해・영덕・대구・고령・성주・지례・김천・의성・상주・함창・문경・예천・안동・영주・청송・울진・평해, (충남)공주・강경・부여・홍산・청양・서천・남포・보령・광천・홍성・해미・서산・오천・예산・천안・조치원, (충북)청주・보은・영동・진천・괴산・충주・단양・제천, (강원)통천・장전・고성・간성・양양・주문진・강릉・삼척・영월・평창・원주・횡성・홍천・춘천・인제, (함남)함흥・신흥

❸ **전든다**[čən-din-da] (전남)목포・나주・장성・담양, (전북)남원・순창・정읍・김제・전주

22736 기르다 養ふ

① 기른다[ki-rin-da] (경남)울산, (경북)영천·포항·고령, (충남)공주·강경·서천·홍성·천안, (충북)청주·보은·영동·충주·단양, (경기)경성·개성·장단·연천, (황해)연안·신계·수안·곡산

② 길른다[kil-lin-da] (경남)울진·평해, (강원)양양·강릉·삼척, (황해)금천·해주·옹진·태탄·장연·은율·안악·재령·서흥

③ 질른다[čil-lin-da] (제주)제주·성산·서귀·대정

④ 자리운다[ča-ri-un-da] (함남)신고산·안변·덕원·문천·고원·영흥·정평·함흥·오로·신흥·홍원·북청·이원·풍산·갑산·혜산

⑤ 키운다[kʰi-un-da] (전남)여수·순천·보성·강진·영암·목포·장성·곡성, (전북)운봉·남원·순창·정읍·김제·임실·장수·진안·무주·금산, (경남)울산·양산·동래·부산·김해·마산·거제·통영·진주·남해·하동·함양·거창·창녕·밀양, (경북)영천·포항·영덕·대구·김천·의성·예천·안동·영주·청송·울진·평해, (충남)공주·강경·홍성·천안, (충북)청주·보은·영동·충주·단양, (강원)양양·강릉·삼척

⑥ 킨다[kʰin-da] (전북)전주, (충남)공주·강경·서천, (충북)영동

⑦ 캰다[kʰyan-da] (경남)합천

22737 기뻐하다 喜ふ

① 긷붜한다[kit-pwə#han-da] (전남)순천·광주

② 긷부다[kit-pu-da] (전남)곡성

③ 기프다[ki-pʰi-da] (전남)장성, (전북)남원·순창·정읍·김제

④ 짇붜한다[čit-pwə#han-da] (제주)제주·성산·서귀·대정

⑤ 지프다[či-pʰi-da] (전남)담양, (전북)전주

⑥ 질겁다[čil-gəp-ta] (전남)여수·강진·영암·목포·곡성, (경남)하동

⑦ 질거한다[čil-gə#han-da] (전북)임실

⑧ 반갑다[pan-gap-ta] (전북)운봉·장수·진안·무주·금산

22738 기다리다 待つ

❶ **기다린다**[ki-da-rin-da] (경기)경성, (경북)울진, (강원)·영월·원주·홍천·춘천
❷ **지다린다**[či-da-rin-da] (충북)제천, (경북)울진·평해, (강원)통천·장전·고성·간성·양양·주문진·강릉·재령·평창·원준·횡성·홍천·춘천·인제, (함남)함흥·신흥
❸ **지달군다**[či-dal-gun-da] (함남)함흥

22739 가져오다 持って來る

❶ **ᄀ저온다**[kɔ-jə#on-da] (제주)제주·대정
❷ **가저온다**[ka-jə#on-da] (전남)순천·광주, (경기)경성·개성·장단·연천, (황해)금천·해주·옹진·태탄·장연·은율·안악·재령·황주·서흥·신계·수안·곡산, (평남)평양, (평북)박천·영변·희천·구성
❸ **가제온다**[ka-je#on-da] (함남)북청·단천
❹ **가주온다**[ka-ju#on-da] (함남)홍원·북청, (함북)성진
❺ **가지고온다**[ka-ji-go#on-da] (전남)장성, (전북)정읍·김제
❻ **가지온다**[ka-ji#on-da] (황해)연안, (함남)홍원·북청
❼ **갇고온다**[kat-ko#on-da] (전남)여수·영암·목포·담양·곡성·구례, (전북)운봉·남원·순창·정읍·김제·전주·임실·장수·진안·무주·금산, (경남)하동
❽ **개온다**[kɛ-on-da] (경기)개성, (황해)수안, (함남)신고산·안변·덕원·문천·고원·영흥·정평·함흥·오로·신흥·홍원·북청·이원·단천·풍산·갑산·혜산, (함북)성진·길주·명천·경성·나남·청진·부령·무산·회령·종성·경흥, (평남)평양, (평북)박천·영변·희천·구성·강계·자성·후창
❾ **아저온다**[a-jə#on-da] (제주)제주·성산·서귀

22740 멈추다止める

① 끈친다[kit-ᶜʰin-da] (제주)제주・성산・서귀・대정, (전남)순천・광주, (전북)김제・무주・금산
② 끋친다[kʼit-ᶜʰin-da] (전남)영광, (전북)김제・전주・임실
③ 끈친다[kin-ᶜʰin-da] (전남)여수・보성・강진・영암・목포・나주・광주・장성・담양・곡성, (전북)운봉・남원・순창・정읍・전주・임실・장수・진안, (경남)하동
④ 끈친다[kʼin-ᶜʰin-da] (전남)장흥・완도・지도・해남・목포・함평・나주・장성, (전북)남원・정읍・김제
⑤ 설른다[səl-lin-da] (제주)제주・성산・서귀・대정

22741 가린다曰ふ

① ᄀᆞ린다[kɔ-rin-da] ([kɔ-rip-sə] 「말씀 하십시오」와 같이 말함)(제주)제주・성산・서귀・대정

22742 고치다改める

① 고친다[ko-ᶜʰin-da] (전남)고흥・보성・장흥・해남・목포・함평・나주・광주・장성・옥과・곡성, (전북)남원・정읍・김제・전주・임실・무주・금산
② 곤친다[kon-ᶜʰin-da] (전남)여수・광양・순천・벌교・지도・구례

22743 건너가다渡り(水を)行く

① 건너간다[kən-nə#kan-da] (전남)여수・순천・보성・강진・영암・목포・나주・광주・장성・담양・곡성, (전북)운봉・남원・순창・정읍・김제・전주・임실・장수・진안・무주・금산, (경남)하동, (경기)경성・개성・장단・연천, (황해)금천・연안・해주・옹진・태탄・장연・은율・안악・재령・서흥・신계・수안・곡산, (함남)신고산・안변・고원・함흥・오로

홍원
② **건내간다**[kən-nɛ#kan-da] (함남)정평·신흥
③ **건늬간다**[kən-nɨy#kan-da] (함남)덕원·문천·영흥
④ **걸러간다**[kəl-lə#kan-da] (함남)북청·풍산·혜산
⑤ **걸레간다**[kəl-le#kan-da] (함남)이원·갑산
⑥ **걸리간다**[kəl-li#kan-da] (함남)북청
⑦ **너머간다**[nə-mə#kan-da] (제주)제주·성산·서귀·대정

22744 가다·오다 行く·來る

① **자인다**[ča-in-da] ([hil-lim-i#ča-in-da] 「비내리다」와 같다)(①에서 ④까지 산삼채취자들의 은어)(함남)갑산
② **잰다**[čɛn-da] ([čɛ-ja] 「가자」와 같다)(함남)혜산, (평북)자성
③ **내긴다**[nɛ-gin-da] (함남)풍산
④ **내잰다**[nɛ-jɛn-da] (함남)풍산

22745 달리다 走らす

① **달린다**[tal-lin-da] 대다수 지방
② **달긴다**[tal-gin-da] (경남)밀양, (경북)영천·청송
③ **달군다**[tal-gun-da] (경북)울진, (강원)삼척

22746 줄다 減る（自動）

① **덜린다**[təl-lin-da] 대다수 지방
② **덜긴다**[təl-gin-da] (함남)정평·함흥·신흥

22747 흔들어 떨어뜨리다 振ひ落す

① **떨린다**[t'əl-lin-da] 대다수 지방
② **떨군다**[t'əl-gun-da] (경남)양산·김해, (경기)연천, (강원)양양·강릉, (황

해)수안

■ 22748 돌리다廻す

① 돌린다[tol-lin-da] 대다수 지방
② 돌긴다[tol-gin-da] (경북)울진・평해
③ 돌군다[tol-gun-da] (경남)홍원・북청・단천, (함북)성진・길주・경성・나남・청진・부령・무산・회령・종성・경원・경흥

■ 22749 듣다聞く

① 든는다[tin-nin-da] (경남)신고산・고원・그 외 대다수 지방
② 들른다[til-lin-da] (함남)안변・덕원

■ 22750 때리다殴打する

① 뜨린다[t'ɔ-rin-da] (제주)제주・성산・서귀・대정
② 때린다[t'ɛ-rin-da] (전남)순천・광주・장성・담양・곡성, (전북)운봉・순창・정읍・김제・전주・임실・장수・진안・무주・금산, (경남)하동, (경기)경성
③ 쌔린다[s'ɛ-rin-da] (전남)장성・담양・곡성, (전북)운봉・남원・순창・정읍・김제・전주・금산, (경남)하동

■ 22751 닫다閉じる

① 단는다[tan-nin-da] 대다수 지방
② 덕근다[tək-kin-da] (제주)제주・성산・서귀・대정

■ 22752 메우다塡める

① 매운다[mɛ-un-da] (제주)성산・서귀・대정, (경남)울산・동래・진주・남

해·함양, (경북)영천·경주
❷ 맨다[mɛn-da] (제주)제주
❸ 메운다[me-un-da] (전북)운봉·남원·장수·진안·무주·금산, (경북)울진, (경남)합천, (충북)보은·영동·충주, (강원)양양·강릉·삼척
❹ 메인다[me-in-da] (전남)장성·담양, (전북)순창
❺ 멘다[men-da] (전북)정읍, (충남)홍성
❻ 미운다[mi-un-da] (경남)거창·창녕·밀양, (경북)영천·포항·영덕·대구·성주·지례·김천, (충북)청주
❼ 민다[min-da] (전북)김제·전주, (충남)공주·강경·서천

22753 먹다食ふ

❶ 멍는다[məŋ-nin-da] (제주)제주·성산·서귀·대정, (전남)광주·장성, (전북)정읍·김제·전주·임실·장수·진안·무주·금산, (경북)영덕·김천·의성·안동·영주·청송·울진·평해, (충남)공주·강경·서천·홍성·천안, (충북)청주·보은·영동·충주·단양, (경기)경성, (강원)양양·강릉·삼척
❷ 뭉는다[muŋ-nin-da] (전남)여수·순천·보성·강진·영암·목포·나주·광주·담양·곡성, (전북)운봉·남원·순창, (경남)울산·양산·동래·부산·김해·마산·거제·통영·진주·남해·하동·함양·거창·합천·창녕·밀양, (경북)영천·포항·대구·고령·예천
❸ 슨다[sin-da] (❸과 ❹는 산삼채취들의 은어)(평북)강계
❹ 쓴다[s'in-da] (함남)풍산·갑산, (함북)명천(강계에서는 '식사'를 [s'ir-i-gɛ-jil], 자성·후창에서는 '먹읍시다'를 [s'i-ru] 등이라 한다.)

22754 마르다乾く

❶ 몰른다[mɔl-lin-da] (제주)제주·성산·서귀·대정
❷ 마른다[ma-rin-da] 혹은 말른다[mal-rin-da] (전남)광주, (전북)운봉·정읍·

김제・전주・임실・장수・진안・무주・금산, (경남)울산・양산・동래・김해・거창・합천・창녕・밀양, (경북)포항・영덕・대구・고령・김천・의성・예천・안동・영주・청송・울진・평해, (충남)공주・강경・서천・홍성・천안, (충북)청주・보은・영동・충주・단양, (경기)경성, (강원)양양・강릉・삼척

❸ **모른다**[mo-rin-da] (경남)마산・진주・함양

❹ **몰른다**[mol-lin-da] (전남)여수・순천・보성・강진・영암・목포・광주・장성・담양・곡성・구례, (전북)남원・순창, (경남)양산・동래・부산・김해・하동

❺ **모린다**[mo-rin-da] (경남)거제・통영・남해

22755 말리다乾かす

❶ **말륜다**[mal-lyun-da] (경남)김해
❷ **몰륜다**[mol-lyun-da] (경남)양산・부산・김해
❸ **몰랸다**[mol-lyan-da] (경남)마산・거제
❹ **모리운다**[mo-ri-un-da] (경남)통영・남해

22756 (옷감을) 마르다裁つ

❶ **몰른다**[mɔl-lin-da] (제주)제주・성산・서귀・대정
❷ **마른다**[ma-rin-da] (전북)정읍・김제・전주・임실, (경남)밀양, (경북)영천・고령・김천・의성・안동・영주・청송・울진・평해, (강원)강릉・삼척
❸ **말른다**[mal-lin-da] (전남)광주・장성, (전북)전주・임실・장수・진안・무주・금산, (경북)포항・영덕, (충북)공주・강경・서천・홍성・천안, (충북)청주・보은・영동・충주・단양, (강원)양양
❹ **마륜다**[ma-ryun-da] (경남)함양
❺ **만다**[man-da] (경남)진주・밀양, (경북)고령
❻ **말가신다**[mal-ga-sin-da] (전남)여수・광양・순천・벌교・고흥・보성・장

홍 · 곡성 · 구례
⑦ **모른다**[mo-rin-da] (전남)광주 · 옥과 · 곡성, (전북)남원 · 임실, (경남)부산
⑧ **몰른다**[mol-lin-da] (전남)담양 · 곡성 · 구례, (전북)운봉 · 남원 · 순창
⑨ **몰가신다**[mol-ga-sin-da] (전남)완도 · 지도 · 해남 · 목포 · 함평 · 나주 · 광주 · 장성 · 옥과
⑩ **맨든다**[mεn-din-da] (경남)울산
⑪ **빈:다**[pi:n-da] (전북)정읍 · 김제, (경남)양산 · 동래 · 김해 · 마산 · 거제 · 통영 · 남해 · 거창 · 창녕 · 밀양, (경북)대구 · 예천

22757 마르다枯れる

① **몰란다**[mɔl-lan-da] (제주)제주 · 성산 · 서귀 · 대정
② **마른다**[ma-rin-da] (전남)영광 · 나주, (전북)정읍 · 김제 · 전주 · 임실, (경남)양산 · 동래 · 김해 · 거창 · 합천 · 창녕 · 밀양, (경북)대구 · 고령 · 김천 · 의성 · 예천 · 안동 · 영주 · 청송
③ **말른다**[mal-lin-da] (전남)광주 · 장성, (전북)정읍 · 김제 · 임실 · 장수 · 진안 · 무주 · 금산, (경북)울진 · 평해, (충남)공주 · 강경 · 서천 · 홍성 · 천안, (충북)청주 · 보은 · 영동 · 충주 · 단양, (강원)양양 · 강릉 · 삼척
④ **마린다**[ma-rin-da] (경남)울산 · 함양, (경북)영천 · 포항 · 영덕
⑤ **모른다**[mo-rin-da] (전남)돌산 · 여수 · 광양 · 순천 · 벌교 · 고흥 · 보성 · 장흥 · 완도 · 지도 · 해남 · 목포 · 함평 · 영광 · 나주 · 광주 · 장성 · 옥과 · 곡성 · 구례, (전북)남원 · 임실, (경남)부산 · 마산
⑥ **몰른다**[mol-lin-da] (전남)여수 · 순천 · 보성 · 강진 · 영암 · 목포 · 나주 · 담양 · 곡성 · 구례, (전북)운봉 · 남원 · 순창 · 정읍 · 전주, (경남)거제 · 통영 · 남해 · 하동
⑦ **모린다**[mo-rin-da] (경남)진주
⑧ **고라진다**[ko-ra-ǰin-da] (경남)마산 · 거제

22758 밟다踏む

① 볼른다[pɔl-lin-da] (제주)제주·성산·서귀·대정
② 발른다[pal-lin-da] (경남)마산·창녕·밀양, (경북)대구·의성·예천·안동·영주·청송
③ 밤는다[pam-nin-da] (전북)전주·임실·장수·진안·무주·금산, (경남)울산·거창·합천, (경북)영천·포항·영덕·고령·김천·울진·평해, (충남)공주·강경·서천·홍성·천안, (충북)청주·보은·영동·충주·단양, (경기)경성, (강원)양양·강릉·삼척
④ 볼른다[pol-lin-da] (경남)양산·동래·부산·김해·마산
⑤ 봄는다[pom-nin-da] (전남)여수·순천·보성·강진·목포·나주·장성·담양·곡성·구례, (전북)운봉·남원·순창·정읍·김제·임실, (경남)거제·통영·진주·남해·하동·함양

22759 빨다吮ふ

① 뽄다[p'ɔn-da] (제주)제주·성산·서귀·대정
② 빤다[p'an-da] (전남)여수·순천·함평·나주·광주·장성·담양·옥과·곡성·구례, (전북)운봉·남원·순창·정읍·김제·전주·임실·장수·진안·무주·금산, (경남)울산·양산·김해·마산·진주·함양·거창·합천·창녕·밀양, (경북)영천·포항·영덕·대구·고령·김천·의성·예천·안동·영주·청송·울진·평해, (충남)공주·강경·서천·홍성·천안, (충북)청주·보은·영동·충주·단양, (경기)경성, (강원)양양·강릉·삼척
③ 뽄다[p'on-da] (전남)돌산·여수·광양·순천·벌교·고흥·보성·장흥·강진·완도·지도·해남·영암·목포·함평·나주·장성·곡성·구례, (경남)거제·통영·남해·하동

22760 바르다塗る

❶ 볼른다[pɔl-lin-da] (제주)제주·성산·서귀·대정
❷ 바른다[pa-rin-da] (전남)함평·영광·장성, (전북)정읍·김제·전주·임실, (경남)울산·양산·마산·거창·합천·창녕·밀양, (경북)영천·포항·대구·고령·김천·의성·안동·영주·청송
❸ 발른다[pal-lin-da] (전남)목포·광주, (전북)정읍·김제·전주·임실·장수·진안·무주·금산, (경북)영덕·울진·평해, (충남)공주·강경·서천·홍성·천안, (충북)청주·보은·영동·충주·단양, (강원)양양·강릉·삼척
❹ 보른다[po-rin-da] (전남)돌산·여수·광양·순천·벌교·고흥·보성·장흥·완도·지도·해남·목포·함평·나주·광주·장성·옥과·곡성·구례, (전북)남원·정읍, (경남)양산·동래·부산·김해·마산·남해·함양, (경북)예천
❺ 볼른다[pol-lin-da] (전남)순천·보성·강진·영암·목포·나주·광주·장성·담양·곡성·구례, (전북)운봉·남원·순창
❻ 보란다[po-ran-da] (전남)여수, (경남)하동
❼ 보린다[po-rin-da] (경남)거제·통영·진주

22761 비치다照る

❶ 빋친다[pit-cʰin-da] (전남)돌산·여수·광양·순천·벌교·고흥·보성·강진·완도·지도·영암·목포·함평·영광·나주·장성·담양·곡성·구례, (전북)운봉·남원·순창·정읍·김제·전주·임실·장수·진안·무주·금산, (경남)울산·양산·동래·부산·김해·마산·거제·통영·진주·남원·하동·함양·거창·합천·창녕·밀양, (경북)포항·영덕·대구·고령·김천·의성·예천·안동·영주·청송, (충남)공주·강경·서천·홍성·천안, (충북)청주·보은·영동·충주·단양, (경기)경성, (강원)강릉

❷ 빋춘다[pit-cʰun-da] (제주)제주・성산・서귀・대정, (강원)삼척
❸ 빈친다[pin-cʰin-da] (경남)울산・동래・거창・창녕・밀양, (경북)영천・경주・포항・홍해・영덕・대구・성주・의성・상주・함창・문경・청송・울진・평해, (충북)충주, (강원)양양

22762 살리다生かす

❶ 살린다[sal-lin-da] 대다수 지방
❷ 살긴다[sal-gin-da] (경남)밀양, (경북)영덕・울진・평해, (강원)양양・삼척
❸ 살군다[sal-gun-da] (충북)단양, (황해)수안
❹ 살군는다[sal-gun-nin-da] (경북)대구・의성・안동・영주・청송

22763 심다植ゑる

❶ 심는다[sim-nin-da] (전북)정읍・김제・금산, (충남)서천・홍성・천안, (충북)청주・충주, (경기)경성, (강원)양양
❷ 시믄다[si-min-da] (전남)장성, (전북)임실
❸ 시문는다[si-mun-nin-da] (경북)청송
❹ 심근다[sim-gin-da] (제주)제주・성산・서귀・대정
❺ 심군다[sim-gun-da] (충북)충주・단양, (강원)양양
❻ 싱군다[siŋ-gun-da] (충남)공주・강경, (충북)보은・영동, (경북)울진・평해, (강원)강릉・삼척
❼ 신군다[sin-gun-da] (전북)김제・진안・무주
❽ 신긴다[sin-gin-da] (전남)목포・나주, (전북)전주
❾ 싱는다[siŋ-nin-da] (전북)정읍
❿ 숨군다[sum-gun-da] (전남)여수・순천・곡성, (경남)하동
⓫ 순군다[sun-gun-da] (전남)담양, (전북)남원・순창, (경남)울산・양산・동래・부산・김해・마산・거제・통영・진주・남해・함양・거창・합천・창녕, (경북)영천・대구・고령・김천・예천・안동・영주

⑫ 숭군다[suŋ-gun-da] (전북)운봉・장수, (경북)영덕
⑬ 수문는다[su-mun-nin-da] (경북)의성
⑭ 순문는다[sun-mun-nin-da] (경북)포항
⑮ 숭는다[suŋ-nin-da] (전남)장성
⑯ 쉰긴다[swin-gin-da] (전남)보성・강진・영암

22764 사다買ふ

❶ 순다[san-da] 대다수 지방
❷ 싼다[s'an-da] (함남)신고산・안변・덕원・문천・고원・영흥・정평・함흥・오로・신흥・홍원・이원・단천・풍산・갑산・혜산, (함북)성진・길주・명천・경성・나남・청진・부거・부령・무산・회령・종성・경흥, (평북)희천・정주・강계・자성・후창

22765 붙잡다捕へる

❶ 심는다[sim-nin-da] (제주)제주・성산・서귀・대정

22766 여위다瘦せる

❶ 야우다[ya-u-da] (전남)목포・나주・장성, (전북)정읍, (충남)보령
❷ 야의다[ya-iy-da] (충남)홍성
❸ 여위다[yə-wi-da] (경기)경성・개성・장단・연천, (강원)철원・평강, (황해)금천・연안・해주・옹진・태탄・장연・은율・안악・재령・황주・서흥・신계・수안・곡산
❹ 여의다[yə-iy-da] (충남)부여・홍산・서천・홍성・천안
❺ 외다[ö-da] (충북)충주・단양
❻ 웨다[we-da] (충북)청주・보은
❼ 애비다[ɛ-bi-da] 【「華夷」瘦 耶必人】 (경남)울산・동래・거창・창녕・밀양, (경북)영천・대구

⑧ **야부다**[ya-bu-da] (전남)여수
⑨ **애비다**[yɛ-bi-da] (경남)마산·거제·통영·진주·남해·하동·함양·양산·동래·부산·김해, (경북)포항·영덕
⑩ **에비다**[e-bi-da] (강원)통천
⑪ **여비다**[yə-bi-da] (함남)영흥·정평·함흥·오로·신흥·홍원·북청·이원·단천·풍산·갑산·혜산, (함북)성진·길주·명천·경성·나남·청진·부거·부령·연태동·무산·회령·종성·경원·경흥·웅기
⑫ **예비다**[ye-bi-da] (경남)합천, (경북)고령·청송, (함남)신고산·안변·덕원·문천·고원
⑬ **마르다**[ma-ri-da] (경북)대구·김천·의성·안동·영주·청송
⑭ **말라다**[mal-la-da] (경기)연천
⑮ **말르다**[mal-li-da] (전북)정읍·김제·전주·진안·무주·금산, (충남)공주·강경·서천, (충북)영동
⑯ **마리다**[ma-ri-da] (경북)평해(제1회 조사에서는 [phɛ-ran-da].)
⑰ **모르다**[mo-ri-da] (전북)남원
⑱ **몰르다**[mol-li-da] (전남)영암·장성·담양·곡성·구례, (전북)운봉·순창·임실·장수
⑲ **모리다**[mo-ri-da] (전남)순천·보성·강진
⑳ **파리하다**[pʰa-ri#ha-da] (전북)정읍·김제·군산·전주·임실·무주·금산(이상 제1회 때 조사), (충남)부여·홍산·청양·광천·홍성·해미·서산·오천·예산·조치원(이상 제1회 때 조사.)
㉑ **패라다**[pʰɛ-ra-da] (경북)울진·평해(이상 제1회 때 조사), (평남)평양, (평북)박천·영변·희천·구성·강계·자성·후창
㉒ **패래다**[pʰɛ-rɛ-da] (충북)제천, (강원)고성·간성·양양·주문진·강릉·영변·평창·원주·횡성·홍천·춘천·인제
㉓ **페라다**[pʰe-ra-da] (강원)강릉
㉔ **페리다**[pʰe-ri-da] (강원)양양

㉕ 페룹다[pʰe-rup-ta] (경북)울진, (강원)삼척
㉖ 주리다[ču-ri-da] (제주)성산・서귀・대정

22767 엿보다窺ふ

❶ 옅본다[yət-pon-da] (제주)제주・성산・서귀・대정(그 외 각 도 대다수 지방)
❷ 여사본다[yə-sa-pon-da] (제주)제주・대정
❸ 여서본다[yə-sə-pon-da] (강원)인제([yət-pon-da]라고도 함), (함남)영흥・정평・함흥・오로・신흥・홍원・북청・이원・단천・풍산・갑산・혜산(북청・풍산・갑산에서는 [yət-pon-da]라고도 함), (함북)성진・길주・명천・경성・나남・청진・부령・무산・회령・종성・경원・경흥

22768 잊다忘れる

❶ 이저버린다[i-ǰə-bə-rin-da] 대다수 지방
❷ 니저버린다[ni-ǰə-bə-rin-da] (황해)황주(천주면), (함북)회령, (평남)중화([i-ǰə-bə-rin-da]라고도 함)・평양・숙천・안주, (평북)박천・영변・희천・정주・용암
❸ 니저베린다[ni-ǰə-be-rin-da] (평북)강계
❹ 니저비린다[ni-ǰə-bi-rin-da] (평북)선천
❺ 니저뿌린다[ni-ǰə-pʼu-rin-da] (평북)의주
❻ 니지버린다[ni-ǰi-bə-rin-da] (평북)구성
❼ 니지비린다[ni-ǰi-bi-rin-da] (평남)순천

22769 익다熟する

❶ 익다[ik-ta] 대다수 지방
❷ 닉다[nik-ta] (황해)황주(천주면), (평남)중화・평양・순천・숙천・안주, (평북)박천・구성・정주・선천・용암・의주

22770 안되다成らない

① 안된다[an-dön-da] 대다수 지방
② 안댄다[an-dɛn-da] (경남)울산・양산・김해・밀양, (경북)영천・포항・영덕, (함북)함흥([an-dön-da]라고도 함)・북청, (평남)중화
③ 안덴다[an-den-da] (경남)마산・통영・하동, (경북)고령・의성, (황해)금천([an-dön-da]라고도 함)・연안, (함북)성진・길주
④ 안됀다[an-dwɛn-da] (평북)영변・희천・강계
⑤ 안뒨다[an-dwin-da] (경북)고령
⑥ 안뒌다[an-dwen-da] (제주)제주・성산・서귀・대정, (경기)개성・장단(양지방 모두 [an-dön-da]라고도 함), (함남)혜산
⑦ 안된다[an-diyn-da] (경남)창녕

22771 묶다縛る

① 엉는다[əŋ-nin-da] (경남)마산・거제・통영, (충남)공주・강경・서천・홍성・천안, (충북)청주・보은・영동・충주・단양, (경기)경성
② 얼른다[əl-lin-da] (경남)진주・남해, (경북)영천・영덕・대구・김천・의성・예천・안동・영주・청송・울진・평해, (강원)양양・강릉・삼척

22772 열리다開く（自動）

① 열린다[yəl-lin-da] 대다수 지방
② 열긴다[yəl-gin-da] (함남)정평・함흥・신흥

22773 오너라來れ（命令）

① 오나라[o-na-ra] (전남)곡성, (경남)동래, (충남)공주・강경・서천(이 지방에서는 [o-na-sə], [o-nat-ta] 등으로 활용한다), (충북)보은・영동, (강원)양양
② 오너라[o-nə-ra] (전남)목포, (경남)울산・마산・거제・통영, (경북)포항・영덕・대구・울진・평해, (충남)홍성・천안, (충북)청주・충주, (강원)강

릉·삼척
❸ **오느라**[o-ni-ra] (경남)합천·창녕·밀양, (경북)영천·고령, (충북)단양
❹ **오니라**[o-ni-ra] (전남)여수·순천·보성·강진·영암·목포·나주·장성·담양·곡성, (전북)운봉·남원·순창·정읍·김제·전주·임실·장수·진안·무주·금산, (경남)거제·진주·남해·하동·함양
❺ **오이라**[o-i-ra] (경남)거창
❻ **오라**[o-ra] (제주)제주·성산·서귀·대정
❼ **오거라**[o-gə-ra] (충북)충주·
❽ **오구라**[o-gu-ra] (전북)남원
❾ **온나**[on-na] (경남)동래·양산·동래·부산·김해·마산·거제·통영·진주·함양, (경북)영천·영덕·김천·의성·예천·안동·영주·청송·울진·평해, (강원)삼척

22774 외우다 誦んずる

❶ **왼다**[ön-da] (전남)장성·담양·곡성, (전북)운봉·남원·순창·정읍·김제·임실·장수·진안·무주·금산, (충남)공주·강경·서천·홍성·천안, (충북)영동·충주, (경기)경성·개성·장단·연천(개성·연천에서는 과거형 [wɛs-so]), (황해)금천·연안·해주·옹진·태탄·서흥·신계·수안·곡산(이상 과거형 [wɛs-so])·장연·은율·안악·재령(이상 과거형[wɛs-so]), (함남)신고산·안변·덕원·문천·영흥·정평·함흥·오로·신흥·홍원·북청·이원·풍산·갑산·혜산
❷ **외운다**[ö-un-da] (강원)양양·강릉·삼척
❸ **오운다**[o-un-da] (경남)남해, (경북)영덕·의성·예천·안동·영주·청송
❹ **웬다**[wen-da] (경북)포항, (충북)청주·보은
❺ **웨운다**[we-un-da] (제주)제주·대정, (경남)합천, (경북)영천
❻ **윈다**[win-da] (충북)단양
❼ **위안다**[wi-an-da] (경남)창녕

❽ 애운다[ɛ-un-da] (경남)울산·양산·동래·부산·김해·마산·밀양
❾ 에운다[e-un-da] (제주)성산·서귀, (경남)거제·통영·진주·함양·거창, (경북)울진·평해
❿ 에안다[e-an-da] (경남)거제
⓫ 이운다[i-un-da] (경북)대구·김천

22775 있다有る·居る

❶ 시[si] ([ə-diy#si-su-ka] 어디에 있습니까, [ə-diy#si-nya] 어디에 있는가, [ə-diy#si-ni-nya] 어디에 있는가 등)(제주)제주·성산·서귀

22776 읽다讀む

❶ 잉는다[iŋ-nin-da] 【[物語」讀, にくた】 (충남)공주·강경·서천·홍성·천안, (충북)청주·보은·영동·충주·단양, (함남)고원
❷ 이른다[i-rin-da] (경남)마산, (경북)대구·김천·의성·안동·청송
❸ 일른다[il-lin-da] (경북)포항·영덕·예천·영주·울진·평해, (강원)양양·강릉·삼척, (함남)신고산·안변
❹ 이린다[i-rin-da] (경남)울산(활용형 [il-la-])·거제·통영·진주·남해(이상 활용형 [il-lə-].)

22777 예뻐하다可愛く思ふ

❶ 앧겨한다[ɛt-kyə#han-da] (제주)제주·성산·서귀·대정
❷ 엗버한다[et-pə#han-da] (전남)곡성, (전북)운봉·남원·임실·장수
❸ 엗비한다[et-pi#han-da] (경남)하동
❹ 읻버한다[it-pə#han-da] (전남)순천·장성·담양, (전북)순창·정읍·김제·전주·진안·무주·금산
❺ 읻베한다[it-pe#han-da] (전남)보성·강진·영암·목포·나주
❻ 읻비한다[it-pi#han-da] (전남)여수

■ 22778 떨어지다 落ちる

❶ **진다**[čin-da] 대다수 지방
❷ **딘다**[tin-da] (평남)중화([čin-da]라고도)・평양・순천・숙천・안주, (평북)박천・영변・구성・정주・선천・용암・의주(활용형 [te-(sə)].)

■ 22779 무너지다 崩れる

❶ **진다**[čin-da] (전남)여수・영암・목포・나주・장성・담양, (전북)남원・순창・정읍・김제, (경남)하동
❷ **무러진다**[mu-rə-jin-da] (제주)대정
❸ **물러진다**[mul-lə-jin-da] (제주)제주
❹ **너러진다**[nə-rə-jin-da] (제주)대정
❺ **커진다**[kʰə-jin-da] (제주)성산・서귀

■ 22780 지나가다 過ぎ行く

❶ **지나간다**[či-na-kan-da] 대다수 지방
❷ **디나간다**[ti-na-kan-da] (평남)중화
❸ **디내간다**[ti-nɛ-kan-da] (평남)평양・순천・숙천・안주, (평북)박천・영변・희천・구성・정주・선천・용암・의주・자성・후창
❹ **기나간다**[ki-na-kan-da] (함북)회령([či-na-kan-da]라고도 함.)

■ 22781 찧다 搗く

❶ **찐는다**[č'in-nin-da] 대다수 지방
❷ **넘는다**[nəm-nin-da] (평북)박천・구성
❸ **늠는다**[nim-nin-da] (평북)영변
❹ **능근다**[niŋ-gin-da] (황해)황주([č'in-nin-da]라고도 함), (평남)평양, (평북)희천・강계・자성・후창
❺ **띈다**[t'iyn-da] (평남)평양

22782 두려워하다怖れる·憂える

❶ 저든다[čə-tin-da] (제주)제주·성산·서귀·대정

22783 자다寢る

❶ 잔다[čan-da] 일반
❷ 무긴다[mu-gin-da] (❷, ❸ 산인삼채취자들의 은어)(함남)혜산
❸ 찌그린다[č'i-gi-rin-da] (경기)양주, (강원)춘천

22784 죽다·죽이다死ぬ·殺す

❶ 구쉔다[ku-swen-da] (산인삼채취자들의 은어)(함남)혜산

22785 눋다焦げる

❶ 칸다[kʰan-da] (제주)제주·성산·서귀·대정

22786 팔다賣る

❶ 폰다[pʰɔn-da] (제주)제주·성산·서귀·대정
❷ 판다[pʰan-da] (전남)영광·나주·광주·장성·담양·옥과·곡성·구례, (전북)운봉·남원·순창·정읍·김제·전주·임실·장수·진안·무주·금산, (경남)울산·동래·부산·김해·마산·거제·진주·함양·거창·합천·창녕·밀양, (경북)영천·경주·포항·영덕·대구·고령·김천·의성·상주·문경·예천·안동·영주·청송·울진·평해, (충남)공주·강경·서천·홍성·천안, (충북)청주·보은·영동·충주·단양·제천, (경기)경성·개성·장단·연천, (강원)양양·강릉·삼척
❸ 폰다[pʰon-da] (전남)돌산·여수·광양·순천·벌교·고흥·보성·장흥·강진·완도·지도·해남·영암·목포·함평·나주·광주·장성, (경남)거제·통영·진주·남해·하동·

22787 펴다 伸す のば

① **펴다**[pʰyən-da] (전북)전주, (충남)부여・청양・보령・홍성・해미・서산・오천・조치원
② **펜다**[pʰen-da] (제주)제주・대정・여수・광양・순천・보성・영광・나주・광주・옥과・곡성・구례, (전북)운봉・남원・임실, (경남)하동, (충남)공주・홍산・남포・광천・예산・천안
③ **페운다**[pʰe-un-da] (제주)제주・성산・서귀・대정
④ **팬다**[pʰɛn-da] (경남)울산・동래
⑤ **핀다**[pʰin-da] (전남)돌산・여수・벌교・고흥・보성・장흥・강진・완도・지도・해남・영암・목포・함평・나주・장성・담양・곡성, (전북)순창・정읍・김제・군산・전주・임실・장수・진안・무주・금산, (충남)강경

22788 생각하여 헤아리다 考量する

① **헤아린다**[he-a-rin-da] (경북)영주・청송・울진・평해, (충북)괴산・제천, (경기)경성, (강원)강릉・영월・평창・원주・횡성・홍천・춘천・인제, (함남)정평・신흥
② **히아린다**[hi-a-rin-da] (강원)주문진
③ **힌다**[hin-da] (경북)안동・영주
④ **세아린다**[se-a-rin-da] (경남)동래・마산・진주・거창・합천・창녕・밀양, (경북)경주・성산・지례・김천・청송・평해, (충북)괴산, (강원)장전, (함남)정평・함흥・신흥
⑤ **센다**[sen-da] (경남)거제・통영・진주・남해・함양
⑥ **새아린다**[sɛ-a-rin-da] (경남)울산, (경북)경주・대구・성주
⑦ **새아랜다**[sɛ-a-rɛn-da] (경북)영천
⑧ **새린다**[sɛ-rin-da] (경북)영덕・김천
⑨ **시아린다**[si-a-rin-da] (전북)남원・정읍・김제・전주・임실, (경남)울산・양산・동래・부산・김해・마산・합천・밀양, (경북)영천・포항・흥해・

대구 · 고령 · 의성, (충남)서천 · 홍성, (충북)보은 · 영동 · 진천 · 단양, (강원)간성 · 양양 · 주문진
⑩ 시알란다[si-al-lan-da] (경남)창녕
⑪ 시린다[si-rin-da] (경북)상주 · 함창 · 문경 · 예천 · 안동
⑫ 신다[sin-da] (경북)안동 · 영주 · 울진 · 평해, (충남)강경 · 천안, (충북)청주 · 보은 · 충주, (강원)양양 · 강릉 · 삼척

22789 남사를 잣다藍絲を績ぐ

❶ 캔다[kʰɛn-da] (강원)양양 · 강릉 · 삼척
❷ 킨다[kʰin-da] (충북)단양
❸ 헨다[hen-da] (황해)해주, (평남)평양, (평북)박천 · 영변 · 희천 · 구성 · 강계 · 자성 · 후창
❹ 썬다[sʼən-da] (경남)울산 · 양산 · 동래 · 진주 · 남해 · 함양 · 합천 · 밀양, (경북)영덕 · 김천 · 의성 · 예천 · 청송
❺ 쓴다[sʼin-da] (충남)공주 · 홍성, (충북)청주 · 보은 · 영동 · 충주, (경북)울진
❻ 씬다[sʼin-da] (경남)거제, (충남)천안
❼ 끄썬다[kʼi-sʼən-da] (함남)홍원 · 북청 · 서천, (함북)성진 · 길주 · 경성 · 나남 · 청진 · 부령 · 무산 · 회령 · 종성 · 경흥
❽ 푼다[pʰun-da] (경북)영천 · 대구 · 의성 · 영주 · 청송 · 평해

22790 켜다點火する

❶ 현다[hyən-da] (경기)경성
❷ 켠다[kʰyən-da] (함남)북청, (함북)회령 · 종성
❸ 캔다[kʰen-da] (함남)홍원
❹ 썬다[sʼən-da] (함남)홍원 · 북청 · 서천, (함북)성진 · 길주 · 명천 · 경성 · 나남 · 청진 · 부령 · 무산 · 회령 · 종성 · 경흥

22791 훔치다掠める

❶ 훔친다[hum-čʰin-da] (제주)대정
❷ 곱친다[kop-čʰin-da] (제주)제주・성산・서귀

22792 구워炙り (활용형)

❶ 구어[ku-ə-] (종지형 [kum-nin-da])(제주)제주・성산・서귀・대정, (전남)여수・순천・보성・강진・영암・목포・나주・장성・담양・구례, (전북)남원・순창・정읍・김제・전주, (경기)경성・개성・장단・연천, (강원)통천・장전・고성・간성・영월・평창・원주・횡성・홍천・춘천・인제, (황해)금천・연안・해주・옹진・태탄・장연・은율・안악・재령・황주・서흥・신계・수안・곡산, (함남)갑산・혜산
❷ 꾸어[kʼu-ə-] (전남)곡성, (전북)운봉・임실・장수・진안・무주・금산, (경남)거제・통영・남해・함양
❸ 구워[ku-wə-] (전남)광주, (경남)하동, (경북)예천・안동・영주, (충남)공주・강경・서천・홍성・천안, (충북)청주・보은・영동・충주・단양・제천, (강원)양양・강릉・삼척, (함남)신고산・안변・덕원・문천・고원・영흥, (평남)평양, (평북)박천・영변・희천・구성・강계・자성・후창
❹ 구버[ku-bə-] (경남)양산・동래・부산・김해・거창・합천・창녕・밀양, (경북)영덕・고령, (함남)정평・함흥・오로・신흥・홍원・북청・이원・단천・풍산・갑산・혜산, (함북)성진・길주・명천・경성・나남・청진・부거・연태동・부령・무산・회령・종성・경원・경흥・웅기
❺ 꾸버[kʼu-bə-] (경남)울산・마산・진주, (경북)영천・포항・대구・김천・의성・청송・울진・평해

22793 그리워戀ひ (활용형)

❶ 그리워[ki-ri-wə-] (종지형 [ki-rim-nin-da])(경기)경성・개성・장단・연천, (황해)금천・연안・해주・옹진・태탄・장연・은율・안악・재령・서흥・신

계・수안・곡산

❷ 그리버[ki-ri-bə-] (함남)정평・오로・신흥・북청

22794 기워補綴し (활용형)

❶ 기어[ki-ə-] (종지형 [kim-nin-da])(경기)경성
❷ 지어[či-ə-] (전남)함평・영광・광주・옥과・곡성・구례, (전북)남원・정읍・김제・전주・임실・무주・금산, (경북)울진, (강원)통천・장전・고성・간성・양양・주문진・강릉・영월・평창・원주・횡성・홍천・춘천・인제
❸ 주어[ču-ə-] (전남)돌산・여수・광양・순천・벌교・고흥・보성・장흥・완도・해남・목포・장성
❹ 지에[či-e-] (충북)제천
❺ 지버[či-bə-] (경북)울진・평해, (강원)평창, (함남)정평・함흥・신흥

22795 주워拾ひ (활용형)

❶ 주아[ču-a-](종지형 [čum-nin-da]) (경북)경주・포항・흥해・영덕・대구・의성・안동・청송
❷ 주어[ču-ə-] (경북)상주・함창・문경・예천・영주・평해, (충북)제천, (강원)통천・장전・고성・간성・양양・주문진・강릉・영월・평창・원주・횡성・홍천・춘천・인제, (함남)정평・함흥・신흥
❸ 주서[ču-sə-] ([ču-sə-sə]와 같이 말한다)(전북)남원・정읍・김제・전주・임실・무주・금산, (충북)청주・영동・진천・괴산・충주・제천, (강원)고성・영월・평창・홍천・춘천, (함남)정평・함흥・신흥

22796 받들어捧げ (활용형)

❶ 나사(서)[na-sa-(sə)-] (종지형 [nan-nin-da])(함남)신고산・안변・덕원・문천・고원・영흥・정평

22797 나아癒り (활용형)

❶ **나아(서)**[na-a-(sə)-] (종지형 [nan-nin-da])(충북)제천, (경북)울진·평해, (강원)통천·고성·간성·양양·주문진·강릉·영월·평창·원주·횡성·홍천·춘천·인제, (함남)고산·안변·원산·정평

❷ **나서(서)**[na-sə-(sə)-] (제주)제주·성산·서귀·대정, (전남)돌산·여수·광양·순천·벌교·고흥·보성·장흥·강진·완도·지도·해남·영암·목포·함평·영광·나주·광주·장성·담양·옥과·곡성·구례, (전북)운봉·남원·순창·정읍·김제·전주·임실·장수·진안·무주·금산, (경남)하동, (경북)포항·영덕·의성, (충북)청주·영동·진천·괴산·충주, (강원)장전, (함남)문천·고원·영흥·정평·함흥·신흥

22798 씻어洗ひ (활용형)

❶ **써서(서)**[s'i-sə-(sə)-] (종지형 [s'in-nin-da]) 【「物語」洗う, しつこはいら】 (경북)영덕·김천·의성·예천·안동·영주·울진, (충남)공주·강경·서천·홍성·천안, (충북)청주·보은·영동·충주·단양, (강원)양양·강릉·삼척

❷ **씩거(서)**[s'ik-kə-(sə)-] (경남)울산·양산·동래·부산·김해·마산·거제·통영·진주·남해·함양·거창·합천·창녕·밀양, (경북)영천·포항·청송·평해

22799 이어서續き (활용형)

❶ **닝어(서)**[niŋ-ə-(sə)-] (종지형 [nin-nin-da])(강원)양양
❷ **잉어(서)**[iŋ-ə-(sə)-] (강원)강릉
❸ **이어(서)**[i-ə-(sə)-] (경북)영덕·의성·안동·영주·청송, (충북)충주, (강원)강릉
❹ **이샤:(서)**[i-sa:-(sə)-] (경북)영덕·대구·의성·예천
❺ **이서(서)**[i-sə-(sə)-] (경남)울산·마산·거제·통영·진주·남해·함양, (경북)영천·포항·김천·울진·평해, (충남)공주·강경·서천·홍성·천안,

(충북)청주・보은・영동・충주・단양
- ❻ 이서아(서)[i-sə-a-(sə)-] (경북)청송
- ❼ 읻가(서)[it-ka-(sə)-] (강원)삼척
- ❽ 읻거(서)[it-kə-(sə)-] (경북)울진

■ 22800 쪼아서啄み (활용형)

- ❶ 쪼아(서)[č'o-a-(sə)] (종지형 [č'on-nin-da])(경남)울산, (경북)영천・안동・영주・청송・울진・평해, (충북)청주・진천・괴산・충주・단양・제천, (경기)경성・개성・장단・연천, (강원)통천・장전・고성・간성・양양・주문진・강릉・삼척・영월・평창・원주・횡성・홍천・춘천・인제, (황해)금천・연안・해주・옹진・태탄・장연・은율・안악・재령・황주・서홍・신계・수안・곡산, (함남)신고산・안변・덕원・문천・고원・영흥, (평남)평양, (평북)박천・영변・희천・구성・강계・자성・후창
- ❷ 조사(서)[č'o-sa-(sə)] (제주)제주・성산・서귀・대정, (전남)장흥・완도・지도・목포・함평・영광・나주・광주・장성・옥과・곡성・구례, (전북)운봉・김제・군산・전주・임실・장수・진안・무주・금산, (충남)공주・강경・부여・홍산・청양・남포・보령・광천・홍성・해미・서산・오천・예산
- ❸ 쪼사(서)[č'o-sa-(sə)] (전남)돌산・여수・광양・순천・벌교・고흥・보성・강진・영암・목포・나주・장성・담양, (전북)남원・순창・정읍・김제・전주, (경남)양산・동래・부산・김해・거제・통영・진주・남해・하동・함양・거창・합천・창녕・밀양, (경북)포항・흥해・영덕・대구・고령・김천・의성・상주・함창・문경・예천・평해, (충남)강경・서천・천안・조치원, (충북)보은・영동, (함남)정평・함흥・오로・신흥・홍원・북청・이원・단천・풍산・갑산・혜산, (함북)성진・길주・명천・경성・나남・청진・부거・부령・무산・회령・종성・경원・경흥
- ❹ 쪼자(서)[č'o-ja-(sə)] (경북)경주・포항
- ❺ 찌거(서)[č'i-gə-(sə)] (충남)공주・강경・서천・홍성・천안, (충북)청주

22801 모아集まり (활용형)

① 모야[mo-ya-] (황해)연안
② 모얘[mo-yɛ] (경기)경성·연천
③ 모여[mo-yə] (경기)장단, (황해)곡산·
④ 뫼야[mö-ya] (경기)개성, (황해)금천·은율·수안
⑤ 뫼얘[mö-yɛ] (황해)안악·재령
⑥ 무얘[mu-yɛ] (황해)해주·옹진·태탄·장연·서흥
⑦ 모다[mo-da] (함남)영덕·문천·영흥·정평·함흥·오로·신흥·홍원·북청·이원
⑧ 모듸여[mo-diy-yə] (황해)신계

22802 있어서有り (활용형)

① 이서(서)[i-sə-(sə)] (제주)제주·성산·대정, (경남)울산·마산·거제·통영·진주·남해·합천, (경북)영천·고령·의성, (충남)천안, (황해)금천·연안·해주·옹진·태탄·장연·은율·안악·재령·서흥·신계·수안·곡산, (함남)문천·영흥·정평·함흥·오로·신흥·홍원·북청·이원·풍산·갑산·혜산
② 잇서(서)[is-sə-(sə)] (전남)서귀·여수·순천·목포·장성·담양·곡성, (전북)운봉·남원·순창·정읍·김제·전주·임실·장수·진안·무주·금산, (경남)양산·동래·부산·김해·하동·함양·거창·창녕·밀양, (경북)포항·영덕·대구·김천·예천·안동·영주·청송·울진·평해, (충남)공주·강경·서천·홍성, (충북)청주·보은·영동·충주·단양, (경기)경성·개성·장단·연천, (강원)양양·강릉·삼척, (함남)신고산·안변·덕원·고원

22803 짖어吠え (활용형)

① 지저(서)[či-jə-(sə)] (종지형 [čin-nin-da])(충북)충주·단양, (강원)양양·강

릉・삼척

❷ **지서(서)**[či-sə-(sə)] (전남)여수・순천・보성・강진・영암・목포・나주・장성・담양・곡성, (전북)운봉・남원・순창・정읍・김제・군산・전주・임실・장수・진안・무주・금산, (경남)울산・양산・동래・부산・김해・진주・남해・통영・거제・마산・거창・합천・창양・밀양, (경북)영천・포항・영덕・대구・고령・김천・의성・예천・안동・영주・청송・울진・평해, (충남)공주・강경・부여・홍산・청양・서천・남포・보령・광천・홍성・해미・갈산・서산・오천・예산・천안・조치원, (충북)청주・보은・영동

❸ **주쩌(서)**[ču-č'ə-(sə)] (제주)서귀

❹ **주꺼(서)**[ču-k'ə-(sə)] (제주)제주・성산・서귀・대정

■ 22804 (어)서ㄷ ('보고 오다', '해주다' 등의 활용형)

❶ **앙**[aŋ], **왕**[waŋ], **엉**[əŋ], **영**[yəŋ] (어간에 있는 모음의 종류에 따라 이상 각종의 형태를 취한다. 예 [kaŋ#pop-sə] 가 보세요, [po-waŋ#kap-sə] 보고 가세요, [u-su-waŋ#mot-kyən-diy-khiy-yo] 우스워 견딜 수 없다, [ə-dəŋ#po-nɛn-da] 얻어보내다, [ti-rəŋ#pop-sə] 들어보세요, [平安-hi #nu-əŋ#čap-sə] 안녕히 주무세요 등)(제주)제주・성산・서귀・대정

조동사 助動詞

■ **001 -가**[ka], [ga]

(문)(대하對下) [ham-ni-k'a], [ha-nin-ga] 등 보통의 [-ka], [-ga] 외에, [put-ka] 붓筆가, [muk-ka]먹墨가 등과 같이 명사에 직접 연결되는 [-ka] (굳이 [pus-i-k'a] 붓이가, [mə-gi-k'a]먹墨이가 라고 하지 않더라도)가 있다. 참조 No. 212
(제주)제주・성산・서귀・대정, (경남)진주・하동

■ **002 -가이**[ka-i], [ga-i]

(문)(현재・미래)(겸양)(대등對等)([mu-ət#ha-ga-i] 어디에서 살고 있습니까 등)(동양東洋 160쪽), 참조 No. 004, 007, 010, 011, 012, 013, 023
(황해)연안・해주・옹진・태탄・장연・은율・안악・수안

■ **003 -가이다**[ka-i-da], [ga-i-da]

(문)(겸양)(대상對上)(친한 사이)([mu-ət#ham-hi-k'a-i-da] 무엇 합니까, [mu-ət#ha-nin-ga-i-da] 무엇을 합니까, [mu-ət#hɛn-nin-ga-i-da] 무엇을 했습니까, [pus-im-ni-k'a-i-da] 붓입니까 등.)
(경남)남해(거제지방에서도 다소 들을 수 있다고 한다.)

■ **004 -간**[kan], [gan]

(문)(현재)(대등對等)([mu-ət#ha-gan] 어디에서 살고 있나(맞춰 보자) 정도의 의미)(동양東

자료편 | 491

洋 159쪽), 참조 No. 002, 007, 010, 012, 013, 023, 213
(황해)옹진·황주, (평남)중화·평양·순천·숙천·안주, (평북)정주·선천·
용암·의주

005 -강[kaŋ], [gaŋ]

(문)([pus-in-gaŋ#mo-ri-get-ta] 붓筆인지 모르겠다), 참조 No. 001, 005, 021, 022, 040, 053, 054, 055, 214
(경남)울산·양산·동래·김해, (경북)영천·경주·포항·홍해·대구·김천·
의주·청송

006 -깨[k'ɛ]

(문)([pus-im-ni-k'ɛ] 붓筆입니까), 참조 No. 001, 005, 021, 022, 040, 053, 054, 055
(전남)여수

007 -개[kɛ], [gɛ]

(문)(현재·미래)(대등對等)([mu-ət#ha-gɛ] 무엇하고 삽니까), 참조 No. 002, 004, 010, 011, 012, 013, 023
(전북)진안·금산(무주에는 없음), (함북)명천·부령·연태동·회령

008 -개서[kɛ-sə], [gɛ-sə]

(연용-)(존경)([kyə-sə]의 전용, [ka-gɛ-sə], [kɛ-gɛ-sə] 가서, [wa-gɛ-sə], [wɛ-gɛ-sə] 와서), 참
조 No. 028, 043
(전북)보성·강진·영암·목포

009 -개요[kɛ-yo], [gɛ-yo]

(현재)(존경)(대상對上)([kyə-yo]의 전용), 참조 No. 030, 046
(가)(문) ([hɛ-gɛ-yo] 당신은 하십니까 등)(동양東洋 207쪽)

(전남)여수 · 보성 · 강진 · 영암 · 목포 · 나주, (충남)강경([yo]를 [yu]라고도 함) · 서천, (충북)단양(대남면)

(나)(답) ([hɛ-gɛ-yo] 저 분이 하십니까 등)(동양 209쪽)

(전남)목포

010 −개이[kɛ-i], [gɛ-i]

(문)(현재 · 미래)(겸양)(대등對等)([mu-ət#ha-gɛ-i] 무엇을 하고 있습니까)(동양東洋 160쪽), 참조 No. 002, 004, 007, 011, 012, 013, 023, 216

(전북)운봉 · 장수(임실 · 무주에는 없음), (황해)금천 · 재령 · 서흥

011 −갠[kɛn], −갠[gɛn]

(문)(현재 · 미래)(대등對等)([mu-ət#ha-gɛn] 무엇을 하고 있습니까), 참조 No. 002, 004, 007, 010, 012, 013, 023

(함남)고원

012 −갱[kɛŋ], [gɛŋ]

(문)(현재 · 미래)(대등對等)([mu-ət#ha-gɛŋ] 무엇을 하고 있습니까), 참조 No. 002, 004, 007, 010, 011, 013, 023

(함북)경성

013 −갱이[kɛŋ-i], [gɛŋ-i]

(문)(현재 · 미래)(겸양)(대등對等)([mu-ət#ha-gɛŋ-i] 무엇을 하고 있습니까)(동양東洋 160쪽), 참조 No. 002, 004, 007, 010, 011, 012, 023, 217

(황해)신계 · 수안 · 곡산

014 −갠네[kɛn-ne], [gɛn-ne]

(답)(과거)(존경)(대상對上)([kyən-ne]의 전용. [hɛ-gɛn-ne] 저 분이 하시다), 참조 No.

034, 047
(전남)목포, (경북)안동(서후면에서 행해진다)·영주·청송

015 -갠늬꺄[kɛn-nɨy-k'yə], [gɛn-nɨy-k'yə]
(문)(과거)(존경)(대상對上)([kyən-nɨy-k'yə]의 전용. [hɛ-gɛn-nɨy-k'yə] 하십니까, [pwa-gɛn-nɨy-k'yə] 보셨습니까, [twə-gɛn-nɨy-k'yə] 들었습니까)(동양東洋 210쪽)
(경북)안동(영주군에 접한 북후면, 서후면에서 사용하고 있다. 또 이 단어는 노부녀자 등이 사용하고 있다)·영주·청송

016 -갠늬더[kɛn-nɨy-də], [gɛn-nɨy-də]
(답)(과거)(존경)(대상對上)([kyən-nɨy-ta]의 전용. [hɛ-gɛn-nɨy-də] 하셨습니까 등)(동양東洋 212쪽)
(경북)안동(북후면, 서후면 등에서)·영주·청송

017 -갣다[kɛt-ta], [gɛt-ta]
(답)(과거)(존경)(대상對上)([kyət-ta]의 전용. [hɛ-gɛt-ta] 저 분이 하셨다 등)(동양東洋 213쪽), 참조 No. 036, 048
(전남)목포, (경북)안동(서후면에서)·영주·청송

018 -갯서라오[kɛs-sə-ra-o], [gɛs-sə-ra-o]
(문)(과거)(존경)(대상對上)([kyəs-sə-ra-o]의 전용, [hɛ-gɛs-sə-ra-o] 저 분이 하셨습니까 등) (동양東洋 211쪽), 참조 No. 037, 049
(전남)강진·영암·목포·나주

019 -갯소[kɛs-so], [gɛs-so]
(과거)(존경)(대상對上)([kyəs-so]의 전용), 참조 No. 038, 050

(가)(문)([hɛ-gɛs-so] 당신은 하셨습니까 등)(동양東洋 210쪽)
(전북)보성 · 강진 · 영암 · 목포
(나)(답)([hɛ-gɛs-so] 저 분이 하셨습니까 등)(동양東洋 212쪽)
(경북)안동(서후면에서) · 영주 · 청송

020 -갣지라오[kɛt-či-ra-o], [gɛt-či-ra-o]

(문)(과거)(존경)(대상對下)([kyət-či-ra-o]의 전용. [hɛ-gɛt-či-ra-o] 저 분이 하셨습니까 등), 참조 No. 039, 051
(전남)강진 · 영암 · 목포 · 나주

021 -꺄[k'ya]

(문)([ham-ni-k'ya] 할까요, [pus-im-ni-k'ya] 붓입니까 등. [ka]보다도 훨씬 정중), 참조 No. 001, 005, 006, 021, 022, 040, 053, 054, 055
(전남)강진 · 영암 · 구례, (전북)금산, (충남)공주 · 남포 · 보령 · 광천, (강원)주문진 · 강릉, (황해)해주 · 옹진 · 태탄 · 은율 · 안악 · 재령 · 서홍 · 신계 · 수안 · 곡산

022 -꺼[k'ə]

(문)([ham-ni-k'ə] 할까요, [pus-i-k'ə] 붓입니까 등), 참조 No.1, 005, 006, 021, 040, 053, 054, 055
(경남)양산 · 동래 · 부산 · 김해 · 마산 · 합천, (경북)대구 · 군위 · 의성 · 안동

023 -게[ke], [ge]

(문)(현재)(대하對下)([mu-ət#ha-ge] 무엇을 할까 등), 참조 No. 002, 004, 007, 010, 011, 012, 013
(경기)개성

■ **024 -게나**[ke-na], [ge-na]

(명령)(대하對下)([ha-ge-na] 해요 등.)

(충북)제천, (강원)고성・양양・강릉・영월・평창・원주・횡성・홍천・춘천・인제

■ **025 -게는**[ke-nin], [ge-nin]

(현재)(연체)(존경)([kyə-nin]의 전용. [散步-ha-ge-nin#先生-nim] (산책하시는 선생님), [i-ri#wa-ge-nin#先生-nin] 이쪽으로 오시는 선생님 등)(동양東洋 216쪽), 참조 No. 031, 035

(경북)청송

■ **026 -게라**[ke-ra], [ge-ra]

(명령)(대하對下)([ha-ge-ra] 해요 등.)

(제주)제주・성산・서귀

■ **027 -게라오**[ke-ra-o], [ge-ra-o]

(현재)(존경)(대상對上)([kyə-ra-o]의 전용), 참조 No. 042, 219

(가)(문)([ha-(hə-, he-, hɛ-)-ge-ra-o] (당신은 하십니까 등)(동양東洋 207쪽)

(전남)보성, (전북)운봉・남원・순창・전주・임실・장수・진안(무주・금산에 존재하지 않는다. 임실・운봉에서는 [hə-ge-ra-o], 장수・진안에서는 [he-ge-ra-o], 남원・순창에서는 [hɛ-ge-ta-o] 등으로 발음된다.)

(나)(답)([ha-(hə-, he-, hɛ-)-ge-ra-o] 저 분이 하셨습니까 등.)

(전남)광주・곡성(구례에는 없음), (전북)운봉・장수(임실・진안・무주・금산에는 없음.)

■ **028 -게서**[ke-sə], [ge-sə]

(연용)(존경)([kyə-sə]의 전용. [ka-ge-sə], [kɛ-ge-sə] 가서서 [wa-ge-sə], [wɛ-ge-sə] 오셔서 등), 참조 No. 008, 043

(전남)나주

■ 029 －게시오[ke-si-o], [ge-si-o]

(현재)(존경)([kyə-si-o]의 전용.)
(가)(문)([hə-ge-si-o] 당신은 하십니까 등)(동양東洋 207쪽)
(전남)나주
(나)(답)([po-ge-si-o] 저 분은 보고 있습니다 등.)
(전남)나주

■ 030 －게요[ke-yo], [ge-yo]

(현재)(존경)(대상對上)([kyə-yo]의 전용), 참조 No. 009, 033, 046
(가)(문)([hə-ge-yo] 당신은 하십니까 등)(동양東洋 207쪽)
(전남)나주([hə-ge-yo]로 발음한다), (전북)운봉·정읍·김제·임실·장수·진안
 (무주·금산에는 없음. 정읍·김제·임실·진안에는 [hə-ge-yo], 운봉·장수에서[he-ge-yo]
 로 발음한다), (경남)마산·통영(거제에는 없음.)
(나)(답)([hə-ge-yo] 저 분은 하십니다 등.)
(전남)나주, (전북)순창·정읍·김제·장수(순창에는 [hɛ-ge-yo]로 발음한다.)

■ 031 －게인는[ke-in-nin], [ge-in-nin]

(현재)(연체)(존경)([kyə-in-nin]의 전용. [cʰɛg-il#pwa-ge-in-nin#先生-nim] 책을 보고 있는
 선생님, [i-ri#wa-ge-in-nin##先生-nim] 이쪽에 계시는 선생님 등.)
(경북)청송

■ 032 －껜다[k'en-da]

(답)(현재)(존경)(대상對上)([ha-k'en-da] 저 분이 하시다 등), 참조 No. 059
(경남)통영

■ 033 －껨니까[k'em-ni-k'a]

(문)(현재)(존경)(대상對上)([ha-k'enm-ni-k'a] 당신이 하십니까 등), 참조 No. 030

(경남)통영

■ 034 -겐네[ken-ne], [gen-ne]
(답)(과거)(존경)(대상對上)([kyən-ne]의 전용, [hɛ-gen-ne] 저 사람이 하셨다 등)(동양東洋 213쪽), 참조 No. 014, 047
(전남)나주·곡성, (전북)운봉·임실·장수·진안(무산·금산에는 없음.)

■ 035 -겐는[ken-nin], [gen-nin]
(과거)(연체)(존경)([kyən-nin]의 전용, [cʰɛg-il#pwa-gen-nin#先生-nim] 책을 보고 계신 선생님, [i-ri#wa-gen-nin#先生-nim] 이쪽으로 오신 선생님 등)(동양東洋 216쪽), 참조 No. 025, 031
(경북)청송

■ 036 -겓다[ket-ta], [get-ta]
(답)(과거)(존경)(대상對上)([kyət-ta]의 전용, [hɛ-get-ta] 하셨다 등)(동양東洋 213쪽), 참조 No. 017, 048
(전남)나주·곡성, (전북)운봉·임실·장수·진안(무주·금산에는 없음.)

■ 037 -겟서라오[kes-sə-ra-o], [ges-sə-ra-o]
(과거)(존경)(대상對上)([kyəs-sə-ra-o]의 전용), 참조 No. 018. 049
(가)(문)([hɛ-kyəs-sə-ra-o] 당신은 하셨습니까 등.)
(전남)구례, (전북)장수·진안(무주·금산에는 없음.)
(나)(답)([kyəs-sə-ra-o] 저 분이 하셨습니까 등.)
(전남)구례, (전북)장수·진안(무주·금산에는 없음.)

■ 038 -겟소[kes-so], [ges-so]
(과거)(존경)(대상對上)(kyəs-so]의 전용), 참조 No. 019, 050

(가)(문)([hɛ-ges-so] 당신은 하셨습니까 등)(동양東洋 210쪽)
(전남)나주, (전북)남원 · 장수 · 진안(무주 · 금산에는 없음.)
(나)(답)([hɛ-kyəs-so] 저 분이 하셨습니까 등.)
(전남)곡성, (전북)운봉 · 임실 · 장수 · 진안(무주 · 금산에는 없음.)

■ 039 -겟지라오[ket-či-ra-o], [get-či-ra-o]

(과거)(존경)(대상對上)([kyət-či-ra-o]의 전용), 참조 No. 021, 051
(가)(문)([hɛ-get-či-ra-o] 당신은 하셨습니까 등.)
(전남)순천 · 보성 · 강진 · 영암 · 목포 · 나주 · 광주 · 담양, (전북)남원 · 순창 · 정읍 · 김제 · 전주 · 장수 · 진안(무주 · 금산에는 없음.)
(나)(답)([hɛ-get-či-ra-o] 저 분은 하셨죠 등.)
(전남)(전북)(문)의 경우와 동일한 지방에서 사용된다.

■ 040 -껴[k'yə]

(문)([ham-ni-k'yə] 할까요 등, [pus-im-ni-k'yə] 붓입니까 등, [ka]보다 훨씬 정중), 참조 No. 001, 005, 006, 021, 022, 053, 054, 055
(전남)돌산 · 여수 · 광양 · 순천 · 고흥 · 보성 · 장흥 · 해남 · 목포 · 함평 · 영광 · 광주 · 장성 · 담양 · 옥과 · 곡성 · 구례, (전북)운봉 · 남원 · 순창 · 정읍 · 김제 · 전주 · 임실 · 장수 · 진안 · 무주(군산 · 무주에서는 [ham-ni-k'a], 또 이들 지방에서는 [ham-niŋ-k'yə]라고도 한다), (경남)창녕 · 밀양, (경북)고령 · 예천 · 안동 · 청송 · 울진

■ 041 -겨[kyə], [gyə]

(현재)(존경)(대등對等)
(가)(문)([hɛ-gyə] 당신은 하시는가 등)(동양東洋 207쪽)
(전남)곡성(목포 · 나주 · 장성 등에서는 [hə-gyə]를 명령의 의미로 사용한다), (전북)운봉 · 남원 · 순창 · 김제 · 전주 · 임실 · 장수 · 진안(무주 · 금산에는 없음.)

(나)(답)([hɛ-gyə] 저 분이 하시다 등.)
(전북)운봉·전주·장수

■ 042 -겨라오[kyə-ra-o], [gyə-ra-o]

(현재)(존경)(대상對上), 참조 No. 027
(가)(문)([hɛ-kyə-ra-o] 당신은 하십니까 등)(동양東洋 207쪽)
(전남)순천·벌교·보성·장흥·목포·광주·장성·옥과·곡성·구례(돌산·여수·광양·고흥·해남·영광·나주에는 없다. 또 나주·장성에서 [hə-kyə-ra-o]는 명령의 의미로 사용된다), (전북)김제·정읍·김제·전주(정읍에서는 [hɛ-kyə-ra-u]라고 한다. 또 이 형태는 군산·임실·무주·금산 등에는 없다.)
(나)(답)([hɛ-kyə-ra-o] 저 분이 하십니다 등.)
(전남)광양·순천·벌교·보성·장흥·목포·광주·장성·옥과·곡성(돌산·여수·고흥·해남·함평·영광·나주·구례 등에는 없다. 또 나주·장성에서 [hə-kyə-ra-o]는 명령의 의미로 사용된다), (전북)정읍·전주

■ 043 -겨서[kyə-sə], [gyə-sə]

(연용)(존경)([ka-gyə-sə], [kɛ-gyə-sə] 가서, [wa-gyə-sə], [wɛ-gyə-sə] 와서 등)(동양東洋 215쪽), 참조 No. 008, 028
(전남)순천·강진·목포·광주·담양·곡성, (전북)운봉·남원·순창·정읍·김제·임실·장수·진안(무주에는 없다), (경북)안동(영주군에서 가까운 북후면·서후면 등에서 이루어진다)·영주·청송

■ 044 -겨선늬껴[kyə-sən-niy-k'yə], [gyə-sən-niy-k'yə]

(문)(과거)(존경)(대상對上)([hɛ-gyə-sən-niy-k'yə] 하셨습니까 등. 하인이 주인을 대할 때에 사용한다)(동양東洋 210쪽)
(경북)영주·청송

045 －겨섯소[kyə-səs-so], [gyə-səs-so]

(과거)(존경)(대상對上)

(가)(문)([hɛ-gyə-səs-so] 당신은 하셨습니까 등)(동양東洋 210쪽)

(전남)목포 · 나주 · 담양, (전북)운봉 · 남원 · 순창 · 정읍 · 전주 · 장수 · 진안

(김제 임실 무주 금산에는 없다.)

(나)(답)([hɛ-gyə-səs-so] 저 분이 하셨습니까 등.)

(전남)(전북)(문)의 경우와 동일한 지방에서 사용된다.

046 －겨요[kyə-yo], [gyə-yo]

(현재)(존경)(대상對上), 참조 No. 009, 030, 052

(가)(문)([ha(hɛ)-gyə-yo] 당신은 하십니까 등)(동양東洋 207쪽)

(전남)목포 · 나주, (전북)순창

(나)(답)([ha(hɛ)-gyə-yo] 저 분이 하십니다 등)(동양東洋 209쪽)

(전남)(전북)(문)의 경우와 동일한 지방에서 사용된다.

047 －견네[kyən-ne], [gyən-ne]

(답)(과거)(존경)(대상對上)([hɛ(he)-gyən-ne] 저 분이 하셨다 등)(동양東洋 213쪽), 참조 No. 014, 034

(전남)광양 · 순천 · 벌교 · 보성 · 장흥 · 해남 · 목포 · 함평 · 나주 · 장성 · 담양 · 옥과 · 곡성 · 구례, (전북)남원 · 순창 · 정읍 · 김제 · 전주 · 무주 · 금산

048 －겯다[kyət-ta], [gyət-ta]

(답)(과거)(존경)(대상對上)([hɛ(he)-gyət-ta] 하셨다 등)(동양東洋 212쪽), 참조 No. 017, 036

(전남)여수 · 광양 · 순천 · 벌교 · 보성 · 장흥 · 해남 · 목포 · 함평 · 나주 · 장성 · 담양 · 옥과 · 곡성 · 구례(돌산 · 고흥 · 영광에는 없다), (전북)남원 · 순창 · 정읍 · 김제 · 전주 · 무주 · 금산

049 -겻서라오[kyəs-sə-ra-o], [gyəs-sə-ra-o]

(과거)(존경)(대상對上), 참조 No. 018, 037

(가)(문)([hɛ(he, hə)-gyəs-sə-ra-o] 당신이 하셨습니까 등)(동양東洋 210쪽)

(전남)담양, (전북)운봉・남원・순창・정읍・김제・임실(무주・금산에는 없다. 더욱이 운봉에서는 [he-gyəs-sə-ra-o], 남원・후창・정읍 등에서는 [hɛ-gyəs-sə-ra-o], 임실에서는 [ha-gyəs-sə-ra-o] 등으로 발음한다.)

(나)(답)([hɛ(he, hə)-gyəs-sə-ra-o] 저 분이 하셨습니다 등)(동양東洋 213쪽)

(전남)담양, (전북)남원・순창・정읍・전주・장수・진안

050 -겻소[kyəs-so], [gyəs-so]

(과거)(존경)(대상對上), 참조 No. 018, 038

(가)(문)([hɛ(he)-gyəs-so] 당신은 하셨습니까, [pwɛ(poa)-gyəs-so] 당신은 보셨습니까, [twe-gyəs-so] 당신은 들었습니까 등)(동양東洋 210쪽)

(전남)광양・순천・벌교・보성・장흥・해남・목포・함평・영광・나주・장성・담양・옥과・곡성・구례(돌산・여수・고흥・영광 등에는 없다. 전남 각지에는 ([hɛ-gyəs-so]로 발음하는 지방이 많다), (전북)운봉・남원・순창・정읍・김제・군산・전주・임실・무주(금산에는 없다.)

(나)(답)([hɛ(he)-gyəs-so]저 분이 하셨습니까, [bwɛ-gyəs-so] 저 분이 보셨습니까 등.)

(전남)(전북)(문)의 경우와 동일한 지방에서 사용된다.

051 -겯지라오[kyət-či-ra-o], [gyət-či-ra-o]

(과거)(존대)(대상對上), 참조 No. 020, 039

(가)(문)([hɛ(he)-gyət-či-ra-o] 당신은 하셨습니까 등.)

(전남)담양([he-gyət-či-ra-o]로 발음), (전북)운봉・남원・순창・김제・임실(무주・금산에는 없다. 더욱이 운봉에서는 [he-gyət-či-ra-o], 임실에서는 [ha-gyət-či-ra-o] 등으로 발음한다.)

(나)(답)([hɛ(he)-gyət-či-ra-o] 저 분이 하셨죠 등)(동양東洋 213쪽)

(전남)(전북)(문)의 경우와 동일한 지방에서 사용된다.

052 －계요[kye-yo], [gye-yo]

(문)(현재)(존경)(대상對上)([hɛ(ha)-gye-yo] 당신은 하십니까 등), 참조 No. 046
(전북)남원

053 －고[ko], [go]

(문)([mu-əl#ha-nin-go#mo-ri-get-ta] 어떻게 하면 좋을지 모르겠다 등), 참조 No. 001, 005,
006, 021, 022, 040, 054, 055
(경남)동래 · 마산 · 진주, (경북)경주 · 포항 · 홍해 · 대구

054 －공[koŋ], [goŋ]

(문)([mu-əl#ha-nin-goŋ#mo-ri-get-ta] 어떻게 하면 좋을지 모르겠다 등), 참조 No. 001, 005,
006, 021, 022, 040, 053, 055
(경남)동래 · 부산, (경북)경주 · 홍해 · 대구 · 의성

055 －과[kwa]

(문)([ham-ni-kʰwa], [ho-yəm-su-kʰwa], [ho-yəm-si-ni-kʰwa] 합니까 등), 참조 No. 001, 005,
006, 021, 022, 040, 053, 054
(제주)제주 · 성산 · 서귀 · 대정, (황해)장연 · 송화 · 은율

056 －기러[ki-rə], [gi-rə]

(답)(현재 · 미래)(대하對下)([ha-gi-rə] 하다 등), 참조 No. 057, 419
(경남)부산, (경북)대구

057 －기로[ki-ro], [gi-ro]

(답)(현재 · 미래)(대하對下)([ha-gi-ro] 하다 등.)
(경남)진주

■ 058 －긴[kin], [gin]

(과거)(연체)(존경)([kyən]의 전용. [散步-hɛ-gin#先生-nim] 산책하신 선생님, [čə-gi#ka-gin# 先生-nim] 저쪽으로 가신 선생님, [čhæg-il#pwa-gin#先生-nim] 책을 보신 선생님 등)(동 양東洋 216쪽)

(경북)의성

■ 059 －긴다[kin-da], [gin-da]

(답)(현재)(존경)(대상對上)([kyən-da]의 전용, [ha-gin-da] 하시다 등.)

(전남)목포

■ 060 －ㄴ[n]

(문)(과거)(대등對等)([mu-ət#hɛn] 무엇을 했는가 등.)

(강원)양양・강릉, (경북)울진

■ 061 －ㄴ가[n-ga]

(문)(과거)(대하對下)(노인이 아랫사람 등에게 하는 말. [hɛ-yən-ga] 했는가 등.)

(제주)제주・성산・서귀・대정

■ 062 －ㄴ가라오[n-ga-ra-o]

참조 No. 065, 066, 069

(가)(문)(현재)(존경)(대상對上)([mu-ət#han-ga-ra-o] 무엇을 합니까 등.)

(충남)서천

(나)(문)(현재)(지정)(존경)([pus-in-ga-ra-o] 붓입니까 등.)

(충남)서천

■ 063 －ㄴ개[n-gɛ]

(문)(현재)(지정)(대등對等)([pus-in-gɛ] 붓입니까 등), 참조 No. 064

(경남)마산·창녕·밀양, (경북)영천·대구·고령·의성·청송

■ 064 -ㄴ개요[n-gɛ-yo]

(문)(현재)(지정)(대등對等)([pus-in-gɛ-yo] 붓입니까 등), 참조 No. 068, 070
(경남)밀양, (경북)청송

■ 065 -ㄴ고라오[n-go-ra-o]

참조 No. 062, 066, 069
(가)(문)(현재)(존경)(대상對上)([mu-ət#han-gə-ra-o] 무엇을 합니까 등.)
(충남)홍성
(나)(답)(현재)(존경)([han-gə-ra-o] 저 사람이 합니까 등.)
(충남)홍성
(다)(문)(현재)(지정)(존경)([pus-in-gə-ra-o] 붓입니까 등.)
(충남)홍성

■ 066 -ㄴ게라오[n-ge-ra-o]

참조 No. 062, 065, 069
(가)(현재)(존경)(대상對上)([mu-ət#han-ge-ra-o] 저 사람이 합니까 등.)
(전남)광양·순천·벌교·보성·해남·목포·함평·나주·광주·장성·옥과·곡성·구례(돌산·여수·고흥·영광 등에는 없다.)
(전북)운봉·남원·정읍·김제·군산·전주·임실·장수·진안(무주·금산에는 없다. 더욱이 정읍·김제에서는 [han-ge-ra-u]로 발음하고 무주에서는 [han-ge-ra]라 한다), (경북)울진
(나)(답)(현재)(존경)(대상對上)([pus-in-ge-ra-o] 붓입니다 등.)
(전남)순천·벌교·보성·장흥·장성, (전북)진안, (경북)함양, (경북)울진

■ **067 -ㄴ껴**[n-k'yə]

(문)(현재)(지정)(대등對等)([pus-in-k'yə] 붓입니까 등.)
(경북)영주 · 청송

■ **068 -ㄴ교**[n-gyo]

(문)(현재)(지정)(대등對等)([pus-in-gyo] 붓입니까 등), 참조 No. 064, 070
(경남)창녕

■ **069 -ㄴ그라오**[n-gi-ra-o]

(가)(문)(현재)(존경)(대상對上)([mu-ət#han-gi-ra-o] 무엇을 합니까 등.)
(전남)담양, (전북)순창 · 정읍(정읍에서는 [hən-gi-ra-u]로 발음한다. 또 장성에서는 이 형태가 없고 [ha-sin-gi-ra-o]로 발음이 이루어진다.)
(나)(문)(현재)(지정)(존경)([pus-in-gi-ra-o] 붓입니까 등.)
(전남)(전북)(가)의 경우와 같은 지방에서 사용된다.

■ **070 -ㄴ기오**[n-gi-o]

참조 No. 064, 068
(가)(문)(현재)(존경)(대등對等)([mu-ət#han(hən)-gi-o] 무엇을 합니까 등.)
(전남)담양 · 구례, (전북)운봉 · 장수(임실 · 진안 · 무주 · 금산에는 없다.)
(나)(문)(현재)(지정)(존경)([pus-in-gi-o] 붓입니까 등.)
(경남)울산 · 동래 · 부산 · 김해 · 마산 · 함양 · 거창 · 합천, (경북)영천 · 경주 · 포항 · 흥해 · 영덕 · 대구 · 고령 · 의성 · 청송 · 울진 · 평해

■ **071 -ㄴ다야**[n-da-ya]

(답)(현재)(대하對下)([han-da-ya] 해요 등), 참조 No. 100, 251
(충남)제천, (경북)울진 · 평해, (강원)주문진 · 영월 · 평창 · 원주 · 횡성 · 홍천 · 인제, (함남)풍산 · 갑산 · 혜산, (평남)(평북)전부

■ **072 -ㄴ두**[n-du]

(문)(현재)(지정指定)([pus-in-du#mo-ri-get-ta] 붓일지도 모른다 등), 참조 No. 088, 170
(함남)함흥・오로, (함북)명천・경성・부거・부령・회령

■ **073 -ㄴ둥**[n-duŋ]

(문)(현재)(지정指定)([pus-in-duŋ#mo-ri-get-ta] 붓일지도 모른다 등), 참조 No. 089, 171
(함남)신흥, (함북)연태동

■ **074 -ㄴ듸**[n-diy]

(문)(과거)(대등對等)([mu-ət#hɛn-diy] 무엇을 했나, [ə-dɛ#kano-ran-diy] 어디에 갔다 왔나 등.)
(제주)제주・성산・서귀・대정

■ **075 -ㄴ듸야**[n-diy-ya]

(문)(과거)(대등對等)([ədɛ#kan-diy-ya] 어디에 갔는가, [mu-ət#pə-an-diy-ya] 무엇을 봤는가, [mək-či-a-ni-hɛn-diy-ya] 안 먹었는, [ma-daŋ-jil#hɔ-yən#diy-ya] 청소를 했는가 등), 참조 No. 074, 173
(제주)제주・성산・서귀・대정

■ **076 -느**[ni]

(문)(현재)(대하對下)([mu-ət#ha-ni] 무엇을 하는가 등), 참조 No. 078, 234
(함북)경흥

■ **077 -느마**[ni-ma]

(문)(현재)(대하對下)([mu-ət#ha-ni-ma] 무엇을 하는가 등.)
(경북)대구・울진

■ 078 -는[nin]

(문)(현재)(대하對下)([mu-ət#ha-nin] 무엇을 하는가 등), 참조 No. 076, 235
(함북)경흥

■ 079 -는가더[nin-ga-tə]

(문)(대등對等)([mu-ət#ha-nin-ga-tə] 무엇을 하는가, [mu-ət# hɛn-nin-ga-tə] 무엇을 했는가 등), 참조 No. 106, 115
(경남)마산

■ 080 -는가라우[nin-ga-ra-u]

(문)(답)(현재)(존경)(대상對上)([ha-nin-ga-ra-u] 당신은 합니까, 저 분은 합니까 등. 용도가 적고 부녀자들 사이에서만 사용된다), 참조 No. 082, 084, 086
(충남)서천

■ 081 -는개[nin-gɛ]

(문)(현재)(대등對等)([mu-ət#ha-nin-gɛ] 무엇을 합니까 등), 참조 No. 090
(경남)마산·창녕·합천·밀양, (경북)영천·대구·고령·의성

■ 082 -는거라오[nin-gə-ra-o]

(문)(현재)(존경)(대상對上)([mu-ət#ha-nin#gə-ra-o] 무엇을 합니까 등), 참조 No. 080, 084, 086, 219
(경남)함양·거제(용도가 적다), (경북)울진, (충남)홍성(용도가 적다.)

■ 083 -는걷고[nin-gət-ko]

(문)(현재·과거)(대등對等)([mu-ət#ha-nin#gət-ko] 무엇을 하는가, [mu-ət#hɛn-nin# gət-ko] 무엇을 했는가 등), 참조 No. 109
(경남)양산·김해·마산·거제·통영·진주·하동·함양·거창·합천·창

녕·밀양, (경북)영덕·대구·고령

084 -는게라오[nin-ge-ra-o]

참조 No. 080, 082, 086, 087, 222, 236, 237

(가)(문)(현재)(존경)(대등對等)([mu-ət#ha-nin-ge-ra-o] 무엇을 합니까 등.)

(전남)광양·순천·벌교·보성·해남·목포·함평·나주·광주·장성·곡성·구례(돌산·여수·고흥·영광에는 없다. 더욱이 광주에서는 오로지 부녀자들 사이에서만 사용된다), (전북)운봉·남원·전주·장수·진안·무주(임실·금산에는 없다. 더욱이 무주에서는[ha-nin-ge-ra]라 한다), (경남)마산, (경북)울진, (강원)간성·고성·양양

(나)(답)(현재)(겸양)(대등對等)([ha-nin-ge-ra-o] 저 분이 합니다 등.)

(전남)벌교·보성·장흥·광주·장성, (경남)함양, (경북)울진, (충남)천안

085 -는게오[nin-ge-o]

(문)(현재)(존경)(대등對等)([mu-ət#ha-nin-ge-o] 무엇을 합니까 등), 참조 No. 087, 237

(전남)보성·강진·나주·곡성·구례, (전북)운봉·장수(임실·진안·무주·금산에는 없다), (경남)마산, (경북)울진, (강원)고성·간성·양양

086 -는그라오[nin-gi-ra-o]

(문)(현재·과거)(존경)(대상對上)([mu-ət#ha-nin-gi-ra-o] 무엇을 합니까 등.)

(전남)담양, (전북)순창·정읍·김제·군산

087 -는기오[nin-gi-o]

참조 No. 085, 091, 094, 239

(가)(현재)(존경)(대등對等)([mu-ət#ha-nin-gi-o] 무엇을 합니까 등.)

(전남)순천·벌교·보성·장흥·목포·함평·나주·광주·장성·담양·곡성·구례(돌산·여수·광양·고흥·해남·영광·옥과에는 없다), (전북)운봉·순창·

김제・전주・장수・금산(남원・정읍・군산・임실・진안・무주에는 없다. 더욱이 금산군에서는 동부 무풍면・설천면에서 사용한다고 한다), (경남)양산・동래・부산・김해・마산・거제・통영・진주・하동・함양・합천・창녕, (경북)영천・경주・포항・영덕・대구・고령・의성・상주・청송・울진・평해(함창・예천・안동・영주에는 없다), (충남)공주, (충북)청주・보은・단양(단양군에서는 대암면에 많다. 또한 보은에서는 [ha-nin-gi-u]로 발음한다), (강원)주문진・강릉
(나)(답)(현재)(존경)([ha-ni-gi-o] 당신은 합니다 등.)
(전남)돌산・광양・순천・벌교・보성・장흥・목포・함평・장성・곡성(여수・고흥・해남・영광・나주・광주・옥과・구례에는 없다), (경남)동래・부산・거제・통영・진주・함양(거제에서는 용도가 적다), (경북)대구・울진・평해, (함남)풍산・갑산

■ 088 －는두[nin-du]

(문)(현재)([ha-nin-du#mo-ri-get-ta] 할지도 모른다 등), 참조 No. 072, 170, 240
(함남)함흥・오로, (함북)명천・경성・부거・부령・회령

■ 089 －는둥[nin-duŋ]

(문)(현재)([ha-nin-duŋ#mo-ri-get-ta] 할지도 모른다 등), 참조 No. 073, 171, 241
(함남)정평・신흥, (함북)연태동

■ 090 －능게[niŋ-gɛ]

(문)(현재)(대등對等)([mu-ət#ha-niŋ-gɛ] 무엇을 하는가 등), 참조 No. 242
(경북)대구・청송

■ 091 －능기오[niŋ-gi-o]

(문)(현재)(존경)(대등對等)([mu-ət#ha-niŋ-gi-o] 무엇을 합니까 등), 참조 No. 087, 094, 243

(경북)포항

092 -늬꺼[niy-k'ə]

(문)(동양東洋 149쪽), 참조 No. 095, 096, 097, 244
(가)(현재)(겸양)(대상對上)([mu-ɔt#ha-niy-k'ə] 무엇을 하십니까 등.)
(경북)울진·평해
(나)(현재)(지정)(겸양)(대상對上)([pus-i-núi-ʔkə] 붓 말입니까 등.)
(경북)울진·평해

093 -늬더[niy-də]

(답)(동양東洋 32·148쪽), 참조 No. 098, 246
(가)(현재)(겸양)(대상對上)([ha-niy-də] 하겠습니다 등.)
(경북)경주·포항·흥해·영덕·의성·예천·안동·영주·청송·울진·평해, (강원)삼척(삼척에서는 [ha-niy-də]로 발음한다.)
(나)(현재)(지정)(겸양)(대상對上)([pus-i-niy-də] 붓이옵니다 등.)
(경북)(가)의 경우와 같은 지방에서 사용된다.

094 -닁기오[niyŋ-gi-o]

(문)(현재)(존경)(대등)(대상對上)([mu-ɔt#ha-niyŋ-gi-o] 무엇을 합니까 등), 참조 No. 087, 091, 247
(경북)흥해

095 -니:까[ni:-k'a]

(문)(현재)(겸양)(대상對上)([mu-ɔt#ha-ni:-k'a] 무엇을 하십니까 등), 참조 No. 092, 096, 097
(경기)개성, (황해)금천·연안·서흥(서흥에서는 [ha-ni:-k'ya]라고 한다.)

096 -니:꺼[ni:-k'ə]

(문)(현재)(겸양)(대상對上)([mu-ət#ha-ni:-k'ə] 무엇을 하십니까 등), 참조 No. 092, 095, 097, 248

(경남)거제(용도가 적다), (경북)영천(군내, 화북면·자양면 등, 청송·군위 모든 면에 접하는 지방에서 사용됨)·군위·의성·안동·울진·평해

097 -니:껴[ni:-k'yə]

(문)(현재)(겸양)(대상對上)([mu-ət#ha-ni:-k'yə] 무엇을 합니까, [pus-i-ni:-k'yə] 붓 말입니까 등), 참조 No. 092, 095, 096

(경북)예천·영주·청송, (충북)단양(영주군에 접한 대암면에서 사용됨.)

098 -니:더[ni-də]

(답)(대상)(동양東洋 32·148쪽), 참조 No. 093, 249

(가)(현재)(겸양)([ha-ni:-də] 하겠습니다 등.)

(경남)울산(울산읍내 성안·옥리, 또 울산군내 범서면에서 사용됨)·마산·거제(거제에서는 용도가 적다), (경북)영천·포항·영덕·군위·울진·평해

(나)(현재)(지정)(겸양)([pus-i-ni:-də] 붓입니다 등.)

(경남)(경북)(강원)(가)의 경우와 같은 지방에서 사용된다.

099 -다네[ta-ne], [da-ne]

(문)(대등對等)([ha-sin-da-ne] 하시는가, [hat-da-ne] 했는가, [pus-i-da-ne] 붓입니까 등.)

(충남)공주·홍산·남포·해미·서산

100 -다야[ta-ya], [da-ya]

(답)(현재)(대하對下)([pus-i-da-ya] 붓이에요 등), 참조 No. 071, 251

(경북)울진·평해, (충남)제천, (강원)주문진·삼척·강릉·영월·평창·횡성·홍천·인제, (함북)성진·경성·청진·회령·종성·경원·경흥·웅기

■ **101 -대:**[tɛ:], [dɛ:]

(문)(과거)(대하對下)([mu-ət#ha-dɛ:] 저 사람이 무엇을 했는가 등), 참조 No. 102, 103
(전북)운봉·장수·진안·무주·금산

■ **102 -대:이**[tɛ:-i], [dɛ:-i]

(문)(현재완료)(겸양)(대등對等)([mu-ət#ha-dɛ:-i])(무엇을 했습니까 등)(동양東洋 160쪽), 참조 No. 101, 103, 253
(경기)개성, (황해)금천·재령·서흥

■ **103 -댕이**[tɛŋ-i], [dɛŋ-i]

(문)(현재완료)(겸양)(대등對等)([mu-ət#ha-dɛŋ-i]) 무엇을 했습니까 등)(동양東洋 160쪽), 참조 No. 101, 102, 254
(경기)개성

■ **104 -더**[tə], [də]

(답)(현재)(겸양)(대상對上)(pus-i-də) 붓입니다 등.)
(경북)울진

■ **105 -데**[te], [de]

(답)(과거)(대하對下)([mu-ət#ha-de] 저 사람이 무엇을 했나, [mu-ət#ha-si-de] 무엇을 하셨는가 등.)
(경남)마산, (충남)강경·홍산·보령·안면도·홍성

■ **106 -ㄹ가더**[l-ga-tə]

(문)(미래)(겸양)(대상對上)(hal-ga-tə) 할까요 등), 참조 No. 079, 115
(경남)마산

■ **107 -ㄹ깨요**[l-k'ɛ-yo]

(미래), 참조 No. 119, 215, 233

(가)(문)(대등對等)([mu-ət#hal-k'ɛ-yo] 당신은 무엇을 하는가 등.)

(경북)안동 · 영주 · 청송

(나)(답)(대등對等)([hal-k'ɛ-yo] 저 사람이 해요 등.)

(경북)안동 · 영주 · 청송

■ **108 -ㄹ거라**[l-kə-ra]

(문)(미래)(대하對下)(mu-ət#hɔl-kə-ra] 무엇을 하는가 등.)

(제주)제주 · 성산 · 서귀

■ **109 -ㄹ겉고**[l-gət-ko]

(문)(미래)(대등對等)([mu-ət#hal-gət-ko] 무엇을 하는가 등), 참조 No. 083

(경남)울산 · 양산 · 김해 · 마산 · 거제 · 통영 · 진주 · 하동 · 함양 · 거창 · 합천 · 창녕 밀양(남해에는 없다), (경북)포항 · 영덕 · 고령

■ **110 -ㄹ께**[l-k'e]

(문)(미래)(대하對下)([mu-ət#hal-k'e] 무엇을 하는가 등), 참조 No. 221

(경기)개성, (경북)울진

■ **111 -ㄹ께**[l-k'e]

(답)(미래)(대하對下)([hal-k'e] 내가 한다 등.)

(경남)마산 · 거제 · 통영 · 남해

■ **112 -ㄹ께**[l-k'e]

(명령)(대하對下)([hal-k'e] 해라 등.)

(함북)명천

■ 113 －ㄹ께유[l-k'e-yu]

(문)(미래)(대등對等)([mu-ət#hal-k'e-yu] 무엇을 할는지 등), 참조 No. 223
(충북)충주

■ 114 －ㄹ꼬[l-k'o]

(문)(미래)([mu-ət#hal-k'o] 무엇을 할까 등, 자문), 참조 No. 225
(전남)보성·영암·목포·나주·담양·곡성·구례, (전북)운봉·남원·순창·
전주·임실·장수·진안(무주·금산에는 없다), (경남)마산·거제·통영·남
해·함양, (경북)울진·평해, (강원)양양·강릉·삼척

■ 115 －ㄹ고다[l-ko-da]

(문)(미래)(대등對等)([mu-ət#hal-ko-da] 무엇을 할까 등), 참조 No. 079, 106
(경남)거제·남해

■ 116 －ㄹ그라오[l-ki-ra-o]

(문)(미래)(존경)(대상對上)([mu-ət#hal-ki-ra-o] 무엇을 하실까 등), 참조 No. 079, 106
(전북)순창

■ 117 －ㄹ끼다[l-k'i-da]

(답)(미래)(대등對等)([hal-k'i-da] 합니다 등), 참조 No. 118, 119, 230
(경남)울산·양산·김해·마산·거제·통영·진주·남해·하동·함양·거
창·합천·창녕·밀양(양산·김해 부근에서는 [da]를 [də]로 발음한다), (경북)영
천·포항·영덕·대구·고령·김천·청송

▓ 118 －ㄹ끼더[l-kʼi-də]

(문)(미래)(대등對等)([mu-ət#hal-kʼi-də] 무엇을 합니까 등), 참조 No. 117, 119, 231
(경북)울진・평해

▓ 119 －ㄹ끼오[l-kʼi-o]

(미래), 참조 No. 107, 227, 233
(가)(문)(대등對等)([mu-ət#hal-kʼi-o] 당신은 무엇을 하는가 등.)
(경남)양산・김해・마산・거제・통영・진주・남해・함양・거창・합천・창녕・밀양, (경북)영천・포항・영덕・김천・예천・청송・울진, (충남)공주, (충북)보은・단양
(나)(답)(대등對等)([hal-kʼi-o] 저 사람이 한다 등.)
(경남)(경북)(충남)(충북)(문)의 경우와 같은 지방에서 사용된다.

▓ 120 －ㄹ락하[l-lak-ha-]

(미래)
(가)(문)([hal-lak-ham-ni-kʼa], [hal-lak-ha-nin-gi-o] 무엇을 할 작정입니까, [hal- lak-ha-na] 할 작정인가 등.)
(제주)서귀([hal-lak-hɔ-yəm-su-ka]라 한다, 제주・성산・대정에는 없다), (전남)순천・벌교・해남・목포・광주・곡성, (전북)장수(장수면의 동부, 그리고 부암면 등 경남에 접하는 지방에서 사용한다)・무주(무풍면 설천면 등에서는 활발하게 사용한다), (경남)울산・양산・동래・부산・김해・마산・거제・통영・진주・남해・하동・함양・거창・합천・창녕・밀양, (경북)영천・경주・포항・흥해・영덕・대구・고령・김천・의성・함창・문경・안동・영주・청송・울진・평해, (충북)보은, (함남)풍산・갑산・혜산
(나)(답)([hal-lak-ha-niy-də] 할 예정입니다, [hal-lak-han-da] 할 예정이다 등.)
(경남)(경북)(충북)(함남)(문)의 경우와 같은 지방에서 사용한다.

■ **121 －ㄹ랑이**[l-laŋ-i]

(문)(미래)(겸양)(대등對等)([mu-ət#hal-laŋ-i] 무엇을 할 예정입니까 등.)
(경북)영천・포항・영덕

■ **122 －ㄹ래이**[l-lɛ-i]

(문)(미래)(겸양)(대등對等)([mu-ət#hal-lɛ-i] 무엇을 할 예정입니까 등.)
(황해)금천・연안・해주・옹진・태탄・장연・은율・안악・재령・서흥, (함북) 부령・연태동

■ **123 －ㄹ랭이**[l-lɛŋ-i]

(문)(미래)(겸양)(대등對等)([mu-ət#hal-lɛŋ-i] 무엇을 할 예정입니까 등.)
(경북)울진・평해, (황해)신계・수안・곡산

■ **124 －ㄹ래이**[l-le-i]

(문)(미래)(겸양)(대등對等)([mu-ət#hal-le-i] 무엇을 할 예정입니까 등.)
(강원)고성・춘천

■ **125 －ㄹ뤼꺼**[l-lwi-k'ə]

(문)(미래)(겸양)(대상對上)([mu-ət#hal-lwi-k'ə] 무엇을 할 예정입니까 등), 참조 No. 126
(경북)의성・예천・안동・영주

■ **126 －ㄹ뤼껴**[l-lwi-k'yə]

(문)(미래)(겸양)(대상對上)([mu-ət#hal-lui-k'yə] 무엇을 할 예정입니까 등), 참조 No. 125
(경북)예천・청송

127 -ㄹ리다[l-li-da]
(답)(미래)(겸양)(대상對上)([hal-li-da] 나는 할 예정입니다 등.)
(경기)개성, (황해)금천·장연·은율·재령·수안

128 -ㄹ리웨[l-li-we]
(답)(미래)(대등對等)([hal-li-ɔ-da]의 축약 전용, [hal-li-we] 할 예정이다 등.)
(황해) 장연·은율

129 -ㄹ다[l-ta]
(가)(문)(미래)(대하對下)([mu-si-gi#hɔl-ta] 무엇을 할까 등.)
(제주)제주·성산·서귀
(나)(답)(미래)(대하對下)([hal-ta] 내가 한다 등.)
(경남)울산, (경북)영천·포항·영덕·대구·의성·예천·안동·영주·청송·울진·평해, (충남)남포·광천·홍성·해미·서산, (강원)삼척

130 -ㄹ듸[l-tiy]
(문)(미래)(대하對下)([mu-ət#hɔl-tiy] 무엇을 할 예정입니까 등.)
(제주)제주·성산·서귀·대정

131 -ㄹ듸냐[l-tiy-nya]
(문)(미래)(대하對下)([mu-ət#hal-tiy-nya] 무엇을 할 예정입니까 등.)
(전남)순천

132 -ㄹ듸야[l-tiy-ya]
(문)(미래)(대하對下)([mu-ət#hɔl-tiy-ya] 무엇을 할 예정입니까 등.)
(제주)제주·성산·서귀·대정

■ **133 -ㄹ듸지**[l-tiy-ji]

(문)(미래)(대하對下)([mu-ət#hal-tiy-ji] 무엇을 할 예정일까 등.)
(전남)순천

■ **134 -ㄹ러마**[l-lə-ma]

(명령)(대하對下)([hal-lə-ma] 해야 한다 등), 참조 No. 135, 156, 157
(함남)고원

■ **135 -ㄹ러무나**[l-lə-mu-na]

(명령)(대하對下)([hal-lə-mu-na] 해야 한다 등), 참조 No. 134, 156, 157
(함남)신고산 · 안변 · 덕원 · 문천 · 영흥 · 정평 · 함흥 · 오로 · 신흥 · 홍원 · 이원 · 갑산 · 혜산

■ **136 -ㄹ마**[l-ma]

(답)(미래)(대하對下)([hal-ma] 내가 하지 등.)
(경남)함양, (경북)안동, (황해)은율, (함남)신고산 · 정평 · 함흥 · 오로 · 신흥 · 홍원 · 풍산 · 갑산 · 혜산, (함북)청진, (평북)자성 · 후창

■ **137 -ㄹ새**[l-sɛ]

(답)(현재)(지정指定)(겸양)(대등對等)([l-sö-da]의 축약 전용, [pus-il-sɛ] 붓입니다 등), 참조 No. 138, 139, 141, 257
(전북)금산, (경남)부산, (경북)경주 · 포항 · 홍해 · 영덕 · 의성 · 함창 · 예천 · 안동 · 청송

■ **138 -ㄹ세**[l-se]

(답)(현재)(지정指定)(겸양)(대등對等)([l-sö-da]의 축약 전용, [pus-il-se] 붓입세 등)(동

양東洋 81쪽), 참조 No. 137, 139, 141, 330
(제주)제주·성산·서귀·대정, (전남)순천·목포·나주·광주·담양, (전북)남원·순창·정읍·김제·군산·전주·임실·무주·금산, (경남)울산·양산·거제·진주·거창·합천·창녕·밀양, (경북)포항·영덕·대구·고령·의성·상주·문경·예천·안동·영주·청송·울진·평해, (충남)공주·강경·부여·홍산·서천·남포·보령·광천·홍성·해미·서산·오천·풍산·천안·조치원, (충북)청주·보은·영동·진천·괴산·충주·단양·제천, (경기)경성·개성·장단·연천, (강원)통천·장전·고성·간성·양양·강릉·삼척·영월·평창·원주·횡성·홍천·춘천·인제, (황해)전부, (함남)신고산·안변·원산·덕원·문천·고원·함흥·북청·풍산·갑산, (평남)숙천, (평북)박천·희천·자성·후창

139 －ㄹ쇄[l-swɛ]

(답)(현재)(지정指定)(겸양)(대등對等)([l-sö-da]의 축약 전용, [pus-il-swɛ] 붓입니다 등), 참조 No. 137, 138, 141
(경북)경주·홍해·청송

140 －ㄹ쇠다[l-sö-da]

(답)(현재)(지정指定)(겸양)(대상對上)([pus-il-sö-da] 붓이옵니다 등), 참조 No. 140, 142, 143
(충남)남포

141 －ㄹ시[l-si]

(답)(현재)(지정指定)(겸양)(대등對等)([l-sö-da]의 축약 전용, [pus-il-si] 붓입니다 등), 참조 No. 137, 138, 139
(전북)남원·순창

142 －ㄹ시다[l-si-da]

(답)(현재)(지정指定)(겸양)(대상對上)(원형 [l-sö-da], [pus-il-si-da] 붓이옵니다 등), 참조 No. 140, 143
(황해)해주

143 －ㄹ시더[l-si-də]

(답)(현재)(지정指定)(겸양)(대상對上)(원형 [l-sö-da], [pus-il-si-də] 붓이옵니다 등), 참조 No. 140, 142, 311
(경남)(부산·동래·진주에는 없다), (경북)영천·경주·포항·흥해·영덕·의성·예천·안동·영주·청송·울진·평해(대구에는 없다), (강원)삼척

144 －ㄹ웨다[l-we-da]

(답)(현재)(지정指定)(겸양)(대상對上)(원형 [l-ö-da], [pus-il-we-da] 붓이옵니다 등), 참조 No. 145
(함북)부령·연태동, (평남)순천

145 －ㄹ위다[l-wi-da]

(답)(현재)(지정指定)(겸양)(대상對上)(원형 [l-ö-da], [pus-il-wi-da] 붓이옵니다 등), 참조 No. 144
(황해)은율

146 －ㄹ켄가[l-khen-ga]

(문)(미래)(대등對等)([mu-si-gi#hɔl-khen-ga] 무엇을 합니까 등), 참조 No. 147
(제주)제주·성산·대정(서귀에서는 [hɔl-kən-ga]라 한다.)

147 －ㄹ쿠과[l-khu-gwa]

(문)(미래)(대등對等)([mu-si-gi#hɔl-khu-gwa] 무엇을 합니까 등), 참조 No. 146, 423

(제주)제주・서귀・대정(성산에는 없다.)

■ 148 －ㄹ쿠다[l-kʰu-da]

(답)(미래)(대등對等)([hɔl-kʰu-da] 내가 합니다 등), 참조 No. 147, 424
(제주)제주・성산・서귀・대정

■ 149 －ㄹ쿠켄[l-kʰu-kʰen]

(미래)(인용구에서. [hɔl-kʰu-kʰen#hɔ-yəm-su-da] 할 것이라 말합니다 등), 참조 No. 278
(제주)제주・성산・서귀・대정

■ 150 －ㄹ키여[l-kʰi-yə]

(미래)(대등對等), 참조 No. 425
(가)(문)([mu-ət#hɔl-kʰi-yə] 무엇을 합니까 등.)
(제주)제주・대정(성산・서귀에는 없다.)
(나)(답)([hɔl-kʰi-yə] 제가 하겠습니다 등.)
(제주)제주・대정(성산・서귀에는 없다.)

■ 151 －라[ra]

(문)(현재)(지정指定)(대하對下)([ra-o]의 약어, [pus-i-ra] 이것은 붓인가 등), 참조 No. 153
(제주)제주・성산・서귀・대정, (전북)무주, (경남)(동래・부산・진주 등에는 없다), (경북)포항・홍해・의성・함창・예천・안동・영주・청송(경주・영덕・대구 등에는 없다.)

■ 152 －라구[ra-gu]

(명령)(대하對下)
(황해)금천・연안・해주・옹진・태탄・장연・은율・안악・재령・서흥・신

계・곡산, (함북)명천・경성・회령

153 -라오[ra-o]

(현재)(지정指定)(겸양)(대상對上), 참조 No. 151

(가)(문)([pus-i-ra-o] 이것은 붓이옵니까 등.)

(전남)광양・순천・벌교・보성・장흥・목포・함평・광주・장성・옥과・곡성・구례(돌산・여수・고흥・나주에는 없다), (전북)운봉・남원・정읍・김제・군산・전주・임실・장수・진안(무주・금산에는 없다), (경남)함양, (경북)울진・평해, (충남)서천・홍성

(나)(답)([pus-i-ra-o] 이것은 붓이옵니까 등.)

(전남)보성・강진・영암・목포・나주・담양(여수・순천・광주・장성・곡성・구례에는 없다), (전북)운봉・남원・순창・정읍・김제・전주・장수・진안・금산(무주에는 없다), (경남)함양, (경북)울진, (충남)서천・홍성

154 -랑이[raŋ-i]

(명령)(겸양)(대등對等)([ha-raŋ-i] 하시오 등.)

(함남)덕원・문천・고원・영흥・정평・신흥・북청・이원・단천・풍산, (함북)성진

155 -러다[rə-da]

(답)(미래)(대하對下)([ha-rə-da] 할 것이다 등.)

(경남)거창・창녕

156 -러마[rə-ma]

(명령)(대하對下)([ha-rə-ma] 해요 등), 참조 No. 134, 135, 157

(황해)금천・연안・해주・옹진・태탄・장연・은율・안악・재령・황주・신계・수안・곡산, (함남)안변・문천・갑산・혜산, (함북)부령・연태동, (평

남)평양・숙천・안주

■ 157 −럼[rəm]
(명령)(대하對下)([ha-rəm] 해요 등), 참조 No. 134, 135, 156
(전남)옥과

■ 158 −레[re]
(명령)(대하對下)([ha-re] 해요 등.)
(강원)춘천

■ 159 −려마[ryə-ma]
(명령)(대하對下)([ha-ryə-ma] 해요 등), 참조 No. 160
(경기)개성, (황해)해주・옹진・태탄・장연・은율・안악・재령

■ 160 −렴[ryəm]
(명령)(대하對下)([ha-ryəm] 해요 등), 참조 No. 159
(황해)장연

■ 161 −례[rye]
(명령)(대하對下)([ha-rye] 해요 등.)
(황해)은율, (함남)신고산・안변・덕원・풍산, (함북)명천・경성・청진・부거・경원・경흥・웅기, (평북)박천・영변・구성

■ 162 −로다[ro-da]
(답)(미래)(대하對下)([ha-ro-da] 해야지 등.)
(전남)보성・나주, (전북)정읍

163 －루마[ru-ma]

(명령)(대하對下)([ha-ru-ma] 해요 등.)

(황해)안악 · 재령 · 서홍

164 －리[ri]

(미래)(대하對下)

(가)(문)([a-ni#ha-ri] 하지 않을까 등, 반어.)

(전남)순천 · 강진 · 영암 · 목포 · 광주 · 장성 · 담양 · 구례, (전북)남원 · 순창 · 장수, (경남)양산 · 김해 · 함양 · 거창 · 창녕 · 밀양, (경북)예천 · 영주, (황해)황주, (함남)정평 · 북청 · 풍산, (평남)순천 · 안주, (평북)박천 · 영변 · 구성

(나)(답)([ha-ri] 내가 하지 등.)

(전남)순천 · 보성 · 강진 · 영암 · 목포 · 나주 · 광주 · 담양, (전북)운봉 · 남원 · 순창 · 정읍 · 전주 · 장수, (경남)거창 · 합천 · 창녕, (경북)고령, (충북)제천, (강원)횡성 · 춘천 · 인제, (황해)연안 · 해주 · 옹진 · 태탄 · 장연 · 은율 · 안악 · 재령 · 황주 · 신계 · 곡산, (함남)정평 · 북청 · 단천 · 풍산, (함북)길주, (평남)중화 · 평양 · 순천 · 숙천, (평북)박천 · 영변 · 구성 · 선천 · 용암 · 의주 · 자성

165 －리까[ri-k'a]

(문)(미래)(대등對等)([a-ni#ha-ri-k'a] 하지 않을까요 등, 반어), 참조 No. 369

(전남)보성 · 나주 · 담양, (전북)김제, (경남)마산 · 거제 · 함양 · 거창 · 창녕, (경북)울진, (충남)홍성, (충북)제천, (경기)경성 · 개성 · 장단 · 연천(개성에서는 [ha-ri-k'ya] 등), (황해)금천 · 연안(이상 [ha-ri-k'a]) · 해주 · 옹진 · 태탄 · 은율 · 안악 · 재령 · 서홍 · 신계 · 수안(이상 [ha-ri-k'ya]) · 장연([ha-ri-k'wa]).

166 －리이[ri-i]

(명령)(대등對等)([ha-ri-i] 하시오 등.)

(함남)북청・풍산, (함북)명천

167 -ㅁ[m]

(현재)(대하對下), 참조 No. 288
(가)(문)([mu-ət#ham] 무엇을 할까 등.)
(함남)정평・신흥・이원・단천, (함북)길주
(나)(답)([nɛ-ga#ha:m] 내가 한다 등.)
(함남)정평・신흥

168 -ㅁ까[m-k'a]

(문)(현재)(대하對下)([mu-ət#ham-k'a] 무엇을 할까 등), 참조 No. 169, 186, 289
(제주)성산・서귀, (충북)단양(영주군에 가까운 대암면에서.)

169 -ㅁ껴[m-k'yə]

(문)(겸양)(대상對上), 참조 No. 168
(가)(현재)([mu-ət#həm-k'yə] 무엇을 합니까 등.)
(전남)광양・순천・벌교・고흥・보성・나주・옥과・곡성・구례(돌산・여수・
   장흥・해남・목포・함평・광주・장성에는 없다.)
(나)(지정指定)([pus-im-k'yə] 붓이웁니까 등.)
(전남)나주

170 -ㅁ두[m-du]

(문)(대등對等)(동양東洋 83쪽), 참조 No. 072, 088, 290
(가)(현재)([ha:m-du#mo-ri-get-ta] 할지도 모른다 등.)
(함북)부거・무산・회령・웅기
(나)(지정指定)([pus-im-du#mo-ri-get-ta] 붓일지도 모른다 등.)
(함북)부거・무산・회령・웅기

171 -ㅁ둥[m-duŋ]

(문)(대등對等)(동양東洋 83쪽), 참조 No. 073, 089, 291
(가)(현재)([ham-duŋ#mo-ri-get-ta] 할지도 모른다 등.)
(함북)연태동·회령·종성
(나)(지정指定)([pus-im-duŋ#mo-ri-get-ta] 붓일지도 모른다 등.)
(함북)연태동·회령·종성

172 -ㅁ듸[m-diy]

(문)(현재)(대등對等)([mu-ət hɔ-yəm-diy] 무엇을 합니까 등.)
(제주)제주·성산·서귀·대정

173 -ㅁ듸야[m-diy-ya]

(문)(현재)(대등對等)([ə-dɛ#kam-diy-ya] 어디에 갑니까 등.)
(제주)제주·성산·서귀·대정

174 -ㅁ마[m-ma]

(문)(현재)(지정指定)(대하對下)([pus-im-ma] 붓인가 등), 참조 No. 175, 176, 292
(평남)평양·순천·숙천, (평북)영변·희천·구성·자성·후창

175 -ㅁ매[m-mɛ]

(현재)(대등對等), 참조 No. 174, 176, 293
(가)(문)([mu-ət#ham-mɛ] 무엇을 하는가 등.)
(함남)북청·단천
(나)(답)([nɛ-ga#ham-mɛ] 내가 한다 등.)
(함남)북청·단천
(다)(지정)([pus-im-mɛ] 붓입니다 등.)

(함남)북청・단천

176 -ㅁ메[m-me]

(현재)(대등對等), 참조 No. 174, 175, 294

(가)(문)([mu-ət#ham-me] 무엇을 하는가 등.)

(황해)해주, (함남)정평・함흥・오로・신흥・홍원・북청・이원・풍산・갑산・혜산(대부분 중년이상의 사람들이 사용한다), (함북)성진・길주, (평남)순천・숙천・안주, (평북)박천・영변・희천・구성・정주・선천・용암・의주・강계・자성・후창

(나)(답)([nɛ-ga#ham-me] 내가 한다 등.)

(황해)(함남)(함북)(가)의 경우와 같은 지방에서 사용된다.

(다)(지정指定)([pus-im-me] 붓입니까, 붓입니다 등.)

(황해)(함남)(함북)(가)의 경우와 같은 지방에서 사용된다.

177 -ㅁ서[m-sə]

(현재)(대등對等)(대부분 부부사이 등에서.)

(가)(문)(mu-sa#ki-yəŋ#hɔ-yəm-sə] 왜 그렇게 합니까 등.)

(제주)제주・성산・서귀・대정

(나)(답)([nɛ-ga#hɔ-yəm-sə] 내가 합니다 등.)

(제주)(문)의 경우와 같은 지방에서 사용된다.

178 -ㅁ세[m-se]

(답)(미래)(대등對等)([hɔ-yəm-se] 같이 합시다 등.)

(제주)제주

179 -ㅁ수꽈[m-su-k'wa]

(문)(현재)(겸양)(대상對上)([mu-sa#ki-yəŋ#hɔ-yəm-su-k'wa] 왜 그렇게 합니까, [ə-dɛ# ka-səm-

su-k'wa] 어디에 가십니까, [mu-ət#mə-gəm-su-k'wa] 무엇을 먹고 있습니까, [mu-sa#pul-ləm-su-k'wa] 왜 부릅니까 등.)
(제주)제주·성산·서귀·대정

■ 180 －ㅁ수니꽈[m-su-ni-k'wa]

(문)(현재)(겸양)(대상對上)([mu-sa#ki-yəŋ#hɔ-yəm-su-ni-k'wa] 왜 그렇게 합니까 등.)
(제주)제주·성산·서귀·대정

■ 181 －ㅁ수다[m-su-da]

(답)(현재)(겸양)(대상對上)([hɔ-yəm-su-da] 하겠습니다 등), 참조 No. 184
(제주)제주·성산·서귀·대정

■ 182 －ㅁ수켄[m-su-kʰen]

(현재)(인용구에서. [hɔ-yəm-su-kʰen#hɔ-yəm-su-da] 합니다고 말합니다 등.)
(제주)제주·성산·서귀·대정

■ 183 －ㅁ시니[m-si-ni]

(문)(현재)(겸양)(대상對上)([mu-si-gi#hɔ-yəm-si-ni] 무엇을 합니까 등.)
(제주)제주·성산·서귀·대정

■ 184 －ㅁ시더[m-si-də]

(답)(현재)(겸양)(대상對上)(원형 [ni-sö-da]나, [ham-si-də] 내가 합니다 등)(동양東洋 38쪽), 참조 No. 181
(경북)포항·영덕·의성·예천·안동·영주·청송·평해

■ 185 －ㅁ신가[m-sin-ga]

(문)(현재)(존경)(대등對等)([mu-si-gi#hɔ-yəm-sin-ga] 무엇을 하실까 등.)

(제주)제주·성산·서귀·대정

■ 186 -ㅁ이꽈[m-i-k'wa]

(문)(현재)(겸양)(대등對等)([mu-si-gi#hɔm-i-k'wa] 무엇을 하실까 등.)
(제주)성산(대정에서는 [hɔm-i-k'wa].)

■ 187 -ㅁ이니[m-i-ni]

(문)(현재)(겸양)(대등對等)([mu-si-gi#hɔm-i-ni] 무엇을 하실까 등.)
(제주)제주·성산·서귀

■ 188 -ㅁ이우꽝[m-i-u-k'waŋ]

(문)(현재)(겸양)(대상對上)([mu-si-gi#hɔm-i-u-k'waŋ] 무엇을 하십니까 등), 참조 No. 296
(제주)제주

■ 189 -ㅁ저[m-jə]

(답)(현재)(대등對等)([hɔ-jen#hɔ-yəm-jə] 하려고 합니다, [ka-po-rɛn#hɔ-yəm-jə] 가 보자고 말합니다 등.)
(제주)제주·성산·서귀·대정

■ 190 -ㅁ쭈[m-č'u]

(답)(현재)(대등對等)([hɔ-yəm-č'u] 합니다 등, 부부사이의 용어.)
(제주)제주·성산·서귀·대정

■ 191 -ㅁ쭈기[m-č'u-gi]

(답)(현재)(대등對等)([hɔ-yəm-č'u-gi] 합니다 등, 부부사이의 용어.)
(제주)제주·성산·서귀·대정

■ **192 −마[ma]**

(문)(현재)(대하對下)([mu-ət#ha-ma] 무엇을 할까 등.)
(평남)평양·순천·숙천·안주, (평북)박천·영변·희천·구성·정주·선천·
용암·의주·강계·자성·후창

■ **193 −ㅂ게[p-ke]**

(명령)(대등對等)([hap-ke] 하시오 등)(동양東洋 25·53쪽), 참조 No. 378
(함남)풍산, (함북)경원·경흥

■ **194 −ㅂ궈니[p-kwə-ni]**

(답)(미래)(대등對等)([ha:p-kwə-ni] 저 사람이 합시다 등)(동양東洋 54쪽), 참조 No. 205, 379
(함북)청진·연태동·회령·종성·경원·경흥·웅기

■ **195 −ㅁ나[m-na]**

(문)(현재)(대등對等)([ham-na] 저 사람이 합니까 등)(동양東洋 47쪽), 참조 No. 297
(황해)해주·장연·안악·재령

■ **196 −ㅁ네[m-ne]**

(답)(현재)(대등對等)([ham-ne] 저 사람이 합니다 등)(동양東洋 28·47쪽), 참조 No. 298
(충북)제천, (경기)개성, (강원)횡성, (황해)해주·옹진·태탄·장연·은율·
안악·재령·황주·서흥·곡산, (함남)문천·고원·영흥·정평·신흥, (함
북)명천, (평남)중화·평양·순천·숙천, (평북)박천·정주·자성·후창

■ **197 −ㅁ는가[m-nɨn-ga]**

(문)(대등對等), 참조 No. 299, 380

(가)(현재)([ham-nin-ga] 저 사람이 합니까 등)(동양東洋 45쪽)

(경북)울진, (함북)홍원, (함북)길주・명천・경성・부거・경원・경흥・웅기(명천・부거에서는 대부분 부녀자들 사이에 쓰이는 용어.)

(나)(지정指定)([pus-im-nin-ga] 붓입니까 등.)

(함북)명천・경성・부거・회령・종성・경원・경흥・웅기

198 －ㅁ메다[m-me-da]

(답)(겸양)(대상對上)(동양東洋 33쪽), 참조 No. 199, 300, 377

(가)(현재)([ham-me-da] 제가 하겠습니다 등.)

(함남)정평・함흥・오로・신흥・홍원・북청・이원・갑산・혜산, (함북)경성・부령・연태동, (평남)순천・숙천, (평북)박천・구성

(나)(지정指定)([pus-im-me-da] 붓이옵니다 등.)

(함남)(함북)(평남)(평북)(가)의 경우와 같은 지방에서 사용된다.

199 －ㅁ미다[m-mi-da]

(답)(겸양)(대상對上)(동양東洋 33쪽), 참조 No. 198

(가)(현재)([ham-mi-da] 내가 하겠습니다 등.)

(함남)북청・풍산

(나)(지정指定)([pus-im-mi-da] 붓이옵니다 등.)

(함남)북청・풍산

200 －ㅂ새[p-sɛ]

(명령)(대등對等)([hap-sɛ] 해주시오 등. 또 '같이 합시다'의 의미로도 사용.)

(함남)홍원・북청・단천

201 －ㅂ서[p-sə]

(명령)(대등對等)([hɔp-sə] 해 주세요 등)(동양東洋 51쪽), 참조 No. 355

(제주)제주 · 성산 · 서귀 · 대정

202 -ㅂ세[p-se]

(명령)(대등對等)([hap-se] 해 주세요 등. 또 '함께 합시다'의 의미로도 사용.)
(경기)개성 · 연천, (함남)전부, (함북)길주

203 -ㅂ소[p-so]

(명령)(존경)(대상對上)([hap-so] 하십시오 등)(동양東洋 43쪽), 참조 No. 334, 356
(경남)마산, (충남)홍성 · 천안, (황해)금천 · 해주 · 옹진 · 태탄 · 장연 · 은율 · 안악 · 재령 · 서흥, (함남)영흥, (함북)종성 · 경원(이상 [so]를 '쇼'로 발음) · 웅기 · 경흥(이상 [so]를 '쇼' 또는 '소'로 발음.)

204 -ㅂ소사[p-so-sa]

(명령)(존경)(대상對上)([hɔp-so-sa] 하십시오 등.)
(제주)제주 · 성산 · 서귀(대정에는 없다.)

205 -ㅂ시꽈니[p-si-k'wa-ni]

(명령)(존경)(대상對上)([hap-si-k'wa-ni] 하십시오 등), 참조 No. 194, 354, 358
(함북)부거 · 경흥

206 -ㅂ시오[p-si-o]

(명령)(존경)(대상對上)([hap-si-o] 하십시오 등)(동양東洋 49쪽), 참조 No. 384
(전남)여수 · 순천 · 벌교 · 고흥 · 보성 · 강진 · 목포 · 나주 · 광주 · 장성 · 담양, (전북)남원 · 순창 · 정읍 · 김제 · 전주 · 장수 · 금산, (경남)마산 · 거제 · 통영 · 진주 · 남해 · 하동 · 함양, (경북)울진 · 평해, (충남)공주 · 강경 · 서천 · 홍성 · 천안, (충북)영동 · 제천, (경기)개성, (강원)강릉 · 영월 · 평창 · 원

주·횡성·홍천·인제, (황해)금천·연안·해주·옹진·태탄·장연·은율·안악·신계·수안·곡산, (함남)신고산·안변·덕원·문천·고원·영흥·정평·함흥·오로·신흥·북청·이원·단천·풍산·갑산·혜산

■ 207 -ㅂ저[p-čə]

(명령)(대등對等)([hɔp-čə] 해 주십시오 등.)
(제주)제주·성산·서귀·대정

■ 208 -ㅂ조냐[p-čo-nya]

(답)(겸양)(대상對上)(동양東洋 46쪽), 참조 No. 301
(가)(현재)([hap-čo-nya] 제가 하겠습니다 등.)
(경기)연천
(나)(지정指定)([pus-ip-čo-nya] 붓이옵니다 등.)
(경기)연천

■ 209 -ㅂ지[p-či]

(겸양)(대상對上), 참조 No. 210
(가)(답)(현재)([ha:p-či] 제가 하지요 등.)(동양東洋 52쪽)
(함남)함흥·신흥·풍산, (함북)명천·부거·무산·회령(명천·부거 등에서는 대부분 부녀자들의 용어.)
(나)(명령)([ha:p-či] 해 주십시오 등.)
(함남)(함북)(가)의 경우와 같은 지방에서 사용된다.

■ 210 -ㅂ디[p-ti]

(겸양)(대상對上), 참조 No. 209, 385
(가)(답)(현재)([ha:p-ti] 제가 하지요 등.)
(평남)순천·안주, (평북)박천·영변·정주·용암·의주·자성

(나)(명령)([ha:p-ti] 해 주십시오 등.)
(평남)(평북)(가)의 경우와 같은 지방에서 사용된다.

▆ 211 －ㅂ지비[p-či-bi]

(답)(현재)(겸양)(대등對等)([ha:p-či-bi] 하겠습니다 등)(동양東洋 48쪽), 참조 No. 302, 386
(함남)갑산, (함북)경성(시골 부녀자들사이에서 등)・연태동

▆ 212 －ㄷ가[t-ka]

(문)(현재)(지정指定)([pus-it-ka] 붓인가 등), 참조 No. 001
(전남)보성・영암・목포・나주・단양, (전북)전주・장수, (경남)거창・창녕・밀양, (경북)영천・대구・예천, (경기)개성・장단・연천

▆ 213 －ㄷ간[t-kan]

(문)(과거)(대등對等)([mu-ət#hɛt-kan] 무엇을 했는가 등)(동양東洋 161쪽), 참조 No. 004
(황해)해주・황주, (함북)부령・연태동, (평남)중화・평양・순천・숙천・안주, (평북)정주・선천・용암・의주

▆ 214 －ㄷ강[t-kaŋ]

(문)(미래)([ən-je#hat-kaŋ#mo-ri-get-ta] 무엇을 할까 등), 참조 No. 005
(경남)거제

▆ 215 －ㄷ개요[t-kɛ-yo]

(문)(미래)(대등對等)([mu-ət#hat-kɛ-yo] 무엇을 할까요 등), 참조 No. 107
(경북)고령

216 －ㄷ개이[t-kɛ-i]

(문)(과거)(겸양)(대등對等)([mu-ət#hat-kɛ-i] 무엇을 했습니까 등)(동양東洋 161쪽), 참조 No. 010

(황해)금천・연안・해주・옹진・태탄・장연・은율・안악・재령・서흥・수안

217 －ㄷ갱이[t-kɛŋ-i]

(문)(과거)(겸양)(대등對等)([mu-ət#hɛt-kɛŋ-i] 무엇을 했습니까 등)(동양東洋 162쪽), 참조 No. 013

(경기)개성, (황해)연안・신계, (함북)부령・연태동

218 －ㄷ꺄[t-k'ya]

(문)(지정指定)(대등對等)([pus-it-k'ya] 붓입니까 등), 참조 No. 021

(경기)개성, (황해)해주・은율・안악・재령・수안(금천에서는 [t-k'a]로 발음.)

219 －ㄷ거라오[t-kə-ra-o]

(문)(미래)(대상對上)([mu-ət#hat-kə-ra-o] 무엇을 하셨습니까 등), 참조 No. 027, 082

(전북)정읍・김제・군산・전주・임실(정읍 김제 등에서는 [hət-ku-ra-u]로 발음하고, 무주에서는 [hat-kɛ-ra]라고 한다.)

220 －ㄷ거로[t-kə-ro]

(문)(미래(대하對下)([mu-ət#hat-kə-ro] 무엇을 할 것인가 등), 참조 No. 222

(경북)평해

221 －ㄷ게[t-ke]

(대하對下), 참조 No. 110, 223

(가)(문)(미래)([mu-ət#hat-ke] 무엇을 할까 등.)

(경남)양산・창녕・밀양, (경북)영천・대구・김천・의성・예천・울진(영천에서

는 [hat-kɛ]), (충남)공주・강경・서천, (충북)청주・보은・영동・충주・단양, (강원)양양

(나)(답)(미래)([hat-ke] 내가 하지 등.)

(경남)거제・통영・남해

(c)(명령)([hat-ke] 해라 등.)

(함남)신고산・안변・고원(친족간에), (함북)부거

■ 222 －ㄷ게라오[t-ke-ra-o]

(미래)(존경)(대등對等), 참조 No. 084, 220, 229, 232

(가)(문)([mu-ət#hat-ke-ra-o] 무엇을 할까요 등.)

(전남)순천・보성・강진・영암・목포・나주・담양・곡성・구례, (전북)운봉・남원・전주・임실・장수・진안(무주・금산에는 없다. 또 남원에서는 [hak-ke-ra-o], 김제에서는 [hət-kə-ra-o]라 한다), (경북)울진

(나)(답)([hat-ke-ra-o] 저 사람이 합시다 등.)

(전남)목포, (전북)남원・순창・정읍・김제・전주

■ 223 －ㄷ게유[t-ke-yu]

(문)(미래)(대등對等)([mu-ət#hat-ke-yu] 무엇을 할까요 등), 참조 No. 113, 221

(충남)공주・강경・서천, (충북)청주・보은・영동・충주・단양

■ 224 －ㄷ겐다[k-ken-da]

(문)(미래)([mu-ət#hat-ken-da] 무엇을 할까, [ɔ-diy#tut-ken-da] 어디에 둘까, [mu-ɔt#pot-ken-da] 무엇을 볼까 등.)

(경남)하동

■ 225 －ㄷ고[t-ko]

(문)(미래)([mu-ət#hat-ko] '나는 무엇을 할까'(자문) 또는 '저 사람은 무엇을 할 것인가' 등.)

(전남)보성・곡성・구례, (전북)운봉・임실・진안(장수・무주・금산에는 없다), (경남)울산・양산・김해・마산・거제・통영・남해・하동・함양・거창・합천・창녕・밀양, (경북)울진

■ 226 －ㄷ과[t-kwa]

(문)(현재)(지정指定)(대등對等)([pus-it-kwa] 붓입니까 등.)
(제주)제주・성산・서귀(대정에는 없다.)

■ 227 －ㄷ교[t-kyo]

(문)(미래)(대등對等)([mu-ət#hat-kyo] 무엇을 하는가 등.)
(경남)창녕

■ 228 －ㄷ궈[t-kwə]

(답)(미래)(대등對等)([hat-kwə] 나는 합시다 등.)
(함북)무산

■ 229 －ㄷ그라오[t-ki-ra-o]

(문)(미래)(존경)(대등對等)([hat-ki-ra-o] 저 사람은 무엇을 하실까요 등), 참조 No. 116, 222, 232
(전남)장성・담양 (전북)정읍・김제

■ 230 －ㄷ기다[t-ki-da]

(답)(미래)(대등對等)([hat-ki-da] 합니다 등), 참조 No. 117
(경남)마산・거제・통영・남해

■ 231 －ㄷ기더[t-ki-də]

(답)(미래)(겸양)(대상對上)([hat-ki-də] 하지요 등), 참조 No. 118

(경남)김해

■ 232 -ㄷ기라오[t-ki-ra-o]

(문)(미래)(존경)(대등對等)([mu-ət#hat-ki-ra-o] 무엇을 할까요 등), 참조 No. 116, 222, 229

(전남)담양·구례, (전북)장수·진안(임실·운봉·무주·금산에는 없다.)

■ 233 -ㄷ기오[t-ki-o]

(미래)(겸양)(대등對等), 참조 No. 107, 119

(가)(문)([mu-ət#hat-ki-o] 무엇을 할까요 등.)

(경남)울산·양산·동래·부산·김해·마산·거제·통영·진주·남해·함양·밀양, (경북)영천·청송·울진

(나)(답)([hat-ki-o] 제가 합시다 등.)

(경남)양산·마산·거제·통영·진주·남해·밀양, (경북)영천·청송·울진

■ 234 -ㄴ느[n-nɨ]

(문)(과거·미래)(대하對下)(mu-ət#hɛn-nɨ] 무엇을 했는가, [mu-ət#ha-gen-ni] 무엇을 할 것인가 등), 참조 No. 076, 235

(함북)경흥

■ 235 -ㄴ는[n-nin]

(문)(과거·미래)(대하對下)([mu-ət#hɛn-nin] 무엇을 했는가, [mu-ət#ha-gen-nin] 무엇을 할 것인가 등), 참조 No. 078, 234

(경기)개성, (황해)금천, (함북)경흥

■ 236 -ㄴ는게라오[n-nin-ge-ra-o]

(과거·미래)(존경)(대등對等), 참조 No. 084

(가)(문)([mu-ət#hɛn-nin-ge-ra-o] 무엇을 했는가, [mu-ət#ha-gen-nin-ge-ra-o] 무엇을 할까요 등.)
(전남)순천・보성・나주・광주・곡성・구례, (전북)운봉・남원・전주・임실・
장수・진안(무주・금산에는 없다.)
(나)(답)([hɛn-nin-ge-ra-o] 했습니다, [ha-gen-nin-ge-ra-o] 합시다 등.)
(전북)남원・전주

237 -ㄴ는게오[n-nin-ge-o]

(문)(미래)(존경)(대등對等)([mu-ət#ha-gen-nin-ge-o] 무엇을 할까요 등), 참조 No. 085
(전남)곡성・구례, (전북)운봉・임실・장수・진안(무주・금산에는 없다.)

238 -ㄴ는그라오[n-nin-gi-ra-o]

(문)(미래)(존경)(대상對上)([mu-ət#ha-gen-nin-gi-ra-o] 무엇을 할까요 등), 참조 No. 086
(전남)담양, (전북)순창・정읍・김제

239 -ㄴ는기오[n-nin-gi-o]

(과거・미래)(존경)(대등對等), 참조 No. 087
(가)(문)([mu-ət#hɛn-nin-gi-o] 무엇을 했습니까, [mu-ət#ha-gen-nin-gi-o] 무엇을 할까요 등.)
(전남)나주・담양・구례, (전북)운봉・순창・김제・장수, (경남)동래・부산・
마산(마산에서는 [ha-gen-nin-gɛ]라고도 한다), (경북)경주・영덕・대구・의성, (강
원)양양・주문진・강릉
(나)(답)([hɛn-nin-gi-o] 했습니다, [ha-gen-nin-gi-o] 합시다 등.)
(경남)동래・부산・마산・거제・통영・진주・함양(마산에서는 [ha-gen-nin-gɛ]라고도
한다), (경북)대구・의성(의성에서는 물을 때 [gi]를 쓰고, 답할 때 [gɛ]를 쓴다)・울
진・평해, (함남)풍산・갑산

■ **240 -ㄴ는두**[n-nin-du]

(문)(과거・미래)([hɛn-nin-du#mo-ri-get-ta] 했을지도 모른다, [ha-gen-nin-du# mo-ri-get-ta] 할 것인지도 모른다 등), 참조 No. 088
(함남)함흥・오로, (함북)명천・부거・부령・회령

■ **241 -ㄴ는둥**[n-nin-duŋ]

(문)(과거・미래)([hɛn-nin-duŋ#mo-ri-get-ta] 했을지도 모른다), [ha-gen-nin-duŋ#mo-ri-get-ta] 할 것인지도 모른다 등), 참조 No. 089
(함남)신흥, (함북)연태동

■ **242 -ㄴ능개**[n-niŋ-gɛ]

(문)(과거)(대등對等)([mu-ət#hɛn-niŋ-gɛ] 무엇을 했는가 등.)
(경북)대구・의성・청송

■ **243 -ㄴ능기오**[n-niŋ-gi-o]

(문)(과거)(존경)(대등對等)([mu-ət#hɛn-niŋ-gi-o] 무엇을 했습니까 등), 참조 No. 091
(경북)포항

■ **244 -ㄴ늬꺼**[n-niy-k'ə]

(문)(과거・미래)(겸양)(대상對上)([mu-ət#hɛn-niy-k'ə] 무엇을 하셨습니까, [mu-ət#ha-gen-niy-k'ə] 무엇을 하실까요 등)(동양東洋 149쪽), 참조 No. 092
(경북)군위・의성・안동

■ **245 -ㄴ늬껴**[n-niy-k'yə]

(문)(과거・미래)(겸양)(대상對上)([mu-ət#hɛn-niy-k'yə] 무엇을 하셨습니까, [mu-ət#ha-gen-nii-k'yə] 무엇을 하실까요 등)(동양東洋 149쪽)
(경북)예천・영주・청송, (충북)단양(영주군에 접하는 대암면에서.)

■ 246 -ㄴ늬더[n-niy-də]

(답)(과거・미래)(겸양)(대상對上)([hɛn-niy-də] 했습니다, [ha-gen-niy-də] 하겠습니다 등)
(동양東洋 32・148쪽), 참조 No. 093
(경남)(동래・부산・진주에는 없다), (경북)경주・포항・홍해・영덕・의성・예천・
안동・영주・청송・울진・평해(대구에는 없다), (강원)삼척(삼척에서는 [n-niy-da]
로 발음한다.)

■ 247 -ㄴ닝기오[n-niyŋ-gi-o]

(문)(과거)(존경)(대등對等)([mu-ət#hɛn-niyŋ-gi-o] 무엇을 하셨습니까 등), 참조 No. 094
(경북)홍해

■ 248 -ㄴ니꺼[n-ni-kʼə]

(문)(과거)(겸양)(대상對上)([mu-ət#hɛn-ni-kʼə] 무엇을 하셨습니까 등), 참조 No. 096
(경북)울진・평해

■ 249 -ㄴ니더[n-ni-də]

(답)(과거・미래)(겸양)(대상對上)([hɛn-ni-də] 했습니다, [ha-gen-ni-də] 하겠습니다 등)
(동양東洋 32・148쪽), 참조 No. 098, 309
(경남)거제(용도가 적다), (경북)영천・포항・영덕・군위・의성・예천・안동・영
주・청송・울진・평해

■ 250 -ㄷ다[t-ta]([kɔt-ta])

(답)(미래)(대하對下)([ket-ta]에 해당한다, [ka-ya-gət-ta] 가지 않으면 안 된다, [po-a-ya-gət-ta]
보지 않으면 안된다 등.)
(제주)제주・성산・서귀・대정

■ **251 －ㄷ다야**[t-ta-ya]

(답)(과거)(대하對下)([hɛt-ta-ya] 했어요 등), 참조 No. 071, 100
(경북)울진・평해, (충북)제천, (강원)간성・양양・주문진・삼척・강릉・영월・
평창・횡성・홍천・인제, (평남)전부, (평북)전부

■ **252 －ㄷ다와**[t-ta-wa]

(과거・미래)(대하對下), 참조 No. 262
(가)(문)([mu-ət#hɛt-ta-wa] 무엇을 했는가, [mu-ət#ha-get-ta-wa] 무엇을 하는가 등.)
(경북)영천・포항, (강원)삼척
(나)(답)(hɛt-ta-wa] 내가 했어요, [ha-get-ta-wa] 내가 하죠 등. 친밀한 사이에서.)
(경남)울산・마산・통영・진주・남해・함양, (경북)영천・포항・영덕, (강원)
삼척

■ **253 －ㄷ대이**[t-tɛ-i]

(문)(과거완료)(겸양)(대등對等)([mu-ət#hɛt-tɛ-i] 무엇을 했습니까 등)(동양東洋 162쪽),
참조 No. 102
(황해)금천・연안・해주・태탄・옹진・장연・은율・안악・재령

■ **254 －ㄷ댕이**[t-tɛŋ-i]

(문)(과거완료)(겸양)(대등對等)([mu-ət#hɛt-tɛŋ-i] 무엇을 했습니까 등)(동양東洋 162쪽),
참조 No. 103
(황해)신계・곡산, (함북)부령・연태동

■ **255 －ㅅ사와요**[s-sa-wa-yo]

(답)(겸양)(대상對上), 참조 No. 256, 263, 275, 388
(가)(과거・미래)([hɛs-sa-wa-yo] 했습니다, ha-ges-sa-wa-yo] 하지요 등)(동양東洋 107쪽)
(강원)영월・평창・원주・횡성・홍천・춘천・인제, (함북)부령・연태동, (평

자료편 ǀ 543

북)박천·영변·구성·선천·용암·의주·후창

(나)(현재)([is-sa-wa-yo] 입니다 등)(동양東洋 107쪽)

(강원)(함북)(평북)(가)의 경우와 같은 지방에서 사용된다.

■ 256 ―ㅅ사워요[s-sa-wə-yo]

(답)(겸양)(대상對上), 참조 No. 255, 363, 275, 401

(가)(과거·미래)([hɛs-sa-wə-yo] 했습니다, ha-ges-sa-wə-yo] 하지요 등.)

(충북)제천

(나)(현재)([is-sa-wə-yo] 입니다, [əp-sa-wə-yo] 아닙니다 등.)

(충북)제천

■ 257 ―ㅅ새[s-sɛ]

(답)(현재)(지정指定)(겸양)(대등對等)([l-sö-da]의 축약 전용, [pus-is-sɛ] 붓입니다 등),
  참조 No. 137, 262, 264, 265, 268, 276, 279, 283

(경북)예천·안동·영주

■ 258 ―ㅅ서라오[s-sə-ra-o]

(과거·미래)(겸양)(대상對上)

(가)(문)([mu-ət#hɛs-sə-ra-o] 무엇을 하셨습니까, [mu-ət#ha-ges-sə-ra-o] 무엇을 하시겠습니까 등.)

(전남)벌교·보성·장흥·강진·해남·목포·함평·영광·나주·광주·장성·담양·옥과·곡성·구례(돌산·여수·광양·순천·고흥 등에는 없다), (전북)운봉·남원·순창·정읍·김제·군산·전주·임실·장수·진안(무주·금산에는 없다. 더욱이 무주·금산에서는 [hɛs-sə-ra-u]로 발음한다), (충남)부여·홍산·남포·보령·홍성·오천, (충북)영동(시장 등에서 사용하는 비속어.)

(나)(답)([hɛs-sə-ra-o] 했습니다, [ha-ges-sə-ra-o] 합시다 등.)

(전남)(전북)(충남)(충북)(가)의 경우와 같은 지방에서 사용된다.

259 －ㅅ서유[s-sə-yu]

(문)(과거)(겸양)(대상對上)([mu-ət#hɛs-sə-yu] 무엇을 했습니까 등), 참조 No. 313

(충북)청주・보은・충주(단양에서는 [hɛs-sə-yo]. 또한 청주・보은・영동・충주・단양에서는 [hɛs-si-yu]라고도 한다.)

260 －ㅅ섣고[s-sət-ko]

(문)(과거)(대등對等)([mu-ət#hɛs-sət-ko] 무엇을 했는가 등), 참조 No. 317

(경남)양산・김해・밀양

261 －ㅅ소다[s-so-da]

(답)(겸양)(대상對上)([s-so-i-da]의 전용)(동양東洋 111쪽), 참조 No. 266, 267, 269, 270, 274, 277, 280, 282, 284

(가)(과거・미래)([hɛs-so-da] 했습니다, [ha-ges-so-da] 할까요 등.)

(경남)거제・통영・남해, (경북)울진, (강원)삼척・평창, (함남)정평・함흥・오로・신흥・홍원・북청・단천・풍산・갑산・혜산, (함북)명천・나남・경성・청진・부거・부령・연태동・회령・종성・경원

(나)(현재)([is-so-da] 입니다 등.)

(경남)(강원)(함남)(함북)(가)의 경우와 같은 지방에서 사용된다.

262 ㅅ소와[s-so-wa]

(겸양)(대등對等)([s-so-i-da]의 축약 전용)(동양東洋 110쪽), 참조 No. 252, 257, 264, 265, 268, 276, 279, 283, 285, 305

(가)(문)(과거・미래)([mu-ət#hɛs-so-wa] 무엇을 했습니까, [mu-ət#ha-ges-so-wa] 무엇을 할까요 등.)

(경남)마산・통영・진주・남해・함양, (경북)울진・평해, (함남)영흥

(나)(답)(과거・미래)([hɛs-so-wa] 제가 했습니다, [ha-ges-so-wa] 제가 합시다 등.)

(경남)(강원)(함남)(가)의 경우와 같은 지방에서 사용된다.

(다)(문)(답)(현재)([is-so-wa] 있습니까·있습니다 등.)
(경남)(강원)(함남)(가)의 경우와 같은 지방에서 사용된다.

263 ㅅ소와요[s-so-wa-yo]

(답)(겸양)(대상對上), 참조 No. 255, 256, 275
(가)(과거·미래)([hɛs-so-wa-yo] 했습니다, [ha-ges-so-wa-yo] 할까요 등.)
(평북)희천·강계
(나)(현재)([is-so-wa-yo] 입니다 등.)
(평북)희천·강계

264 -ㅅ소왜[s-so-wɛ]

(답)(겸양)(대등對等)([s-so-i-da]의 축약 전용-), 참조 No. 257, 262, 265, 268, 276, 279, 283, 285
(가)(과거·미래)([hɛs-so-wɛ] 했습니다, [ha-ges-so-wɛ] 하지요 등.)
(함북)연태동
(나)(현재)([is-so-wɛ] 입니다 등)(동양東洋 110쪽)

265 -ㅅ소웨[s-so-we]

(답)(겸양)(대등對等)([s-so-i-da] 축약 전용-), 참조 No. 257, 262, 264, 268, 276, 279, 283, 285
(가)(과거·미래)([hɛs-so-we] 했습니다, [ha-ges-so-we] 하지요 등.)
(평북)박천·영변·희천·용암·강계·자성·후창
(나)(현재)([is-so-we] 입니다 등)(동양東洋 110쪽)

266 -ㅅ소웨다[s-so-we-da]

(답)(겸양)(대상對上)([s-so-i-da]의 전용-), 참조 No. 261, 267, 269, 270, 274, 277, 280, 282, 284

(가)(과거·미래)([hɛs-so-we-da] 했습니다, [ha-ges-so-we-da] 하지요 등.)

(함북)명천·부거

(나)(현재)([is-so-we-da] 입니다 등)(동양東洋 112쪽)

(함북)명천·부거

■ 267 －ㅅ소이다[s-so-i-da]

(답)(겸양)(대상對上), 참조 No. 261, 266, 269, 270, 274, 277, 280, 282, 284

(가)(과거·미래)([hɛs-so-i-da] 했습니다, [ha-ges-so-i-da] 하지요 등.)

(충남)홍성, (경기)연천, (평북)회천·강계

(나)(현재)([is-so-i-da] 입니다 등.)

(충북)(경기)(평북)(가)의 경우와 같은 지방에서 사용된다.

■ 268 －ㅅ쇄[s-swɛ]

(답)(겸양)(대등對等)([s-so-i-da]의 축약 전용), 참조 No. 257, 262, 264, 265, 276, 279, 283

(가)(과거·미래)([hɛs-swɛ] 했습니다, [ha-ges-swɛ] 하지요 등.)

(평북)구성·선천

(나)(현재)([is-swɛ] 입니다 등)(동양東洋 111쪽)

(평북)구성·선천

■ 269 －ㅅ쇄다[s-swɛ-da]

(답)(겸양)(대상對上)([s-so-i-da]의 전용), 참조 No. 261, 266, 267, 270, 274, 279, 280, 282, 284

(가)(과거·미래)([hɛs-swɛ-da] 했습니다, [ha-ges-swɛ-da] 하지요 등.)

(평북)구성·선천

(나)(현재)([is-swɛ-da] 입니다 등)(동양東洋 112쪽)

(평북)구성·선천

270 －ㅅ쇠다[s-sö-da]

(답)(겸양)(대상對上)([s-so-i-da] 전용-), 참조 No. 261, 266, 267, 269, 274, 277,
    280, 284, 310
(가)(과거・미래)([hɛs-sö-da] 했습니다, [ha-ges-sö-da] 하지요 등.)
(평북)희천・강계
(나)(현재)([is-sö-da] 입니다 등.)
(평북)희천・강계

271 －ㅅ수까[s-su-kʼa]

(문)(미래)(대등對等)([hɔ-gəs-su-kʼa] 하실까요 등), 참조 No. 272, 281, 306, 315,
    316, 317
(제주)제주・성산・서귀・대정

272 －ㅅ수꽈[s-su-kʼwa]

(문)(대등對等), 참조 No. 271
(가)(과거・미래)([hɔ-yəs-su-kʼwa] 했습니까, [hɔ-gəs-su-kʼwa] 하실까요 등.)
(제주)제주・성산・서귀・대정, (경기)개성・장연・연천
(나)(현재)([is-su-kʼwa] 있습니까 등.)
(제주)제주・성산・서귀・대정

273 －ㅅ수니까[s-su-ni-kʼa]

(문)(과거)(겸양)(대상對上)([hɔ-yəs-su-ni-kʼa] 하셨습니까 등), 참조 No. 286, 308
(제주)제주・성산・서귀(대정에는 없다. 하셨기 때문에는 [hɔ-yəs-si-ni-kʼa]라고 하여 구
    별한다.)

274 －ㅅ수다[s-su-da]

(겸양)(대상對上)([s-so-i-da]의 전용), 참조 No. 261, 266, 267, 269, 270, 277,

280, 282, 284

(가)(현재・과거・미래)([ə-diy#is-su-da] 어디에 있습니까, [mu-ət#hɛs-su-da] 무엇을 하셨습니까, [mu-ət#ha-ges-su-da] 무엇을 하실 건가요 등.)
(함남)영흥・고원・홍원・갑산・혜산
(나)(현재・과거・미래)([is-su-da] 입니다, [hɛs-su-da] 했습니다, [ha-ges-su-da] 하실까요 등)(동양東洋 112쪽)
(제주)제주・성산・서귀・대정(이상 [hɔ-yəs-su-da], [hɔ-gəs-su-da]라고 한다), (함남) 신고산・안변・덕원・문천・고원・영흥・홍원・갑산・혜산, (평남)순천・안주, (평북)박천・영변・희천・구성・정주・선천・용암・의주・강계・자성

275 －ㅅ수와요[s-su-wa-yo]

(답)(겸양)(대상對上), 참조 No. 255, 256, 263
(가)(과거・미래)([hɛs-su-wa-yo] 했습니다, [ha-ges-su-wa-yo] 하실까요 등.)
(평북)박천・자성
(나)(현재)([is-su-wa-yo] 입니다 등.)
(평북)박천・자성

276 －ㅅ수웨[s-su-we]

(답)(겸양)(대등對等)([s-so-i-da]의 축약 전용), 참조 No. 257, 262, 264, 265, 268, 279, 283, 285
(가)(과거・미래)([hɛs-su-we] 했습니다, [ha-ges-su-we] 하실까요 등.)
(황해)은율
(나)(현재)([is-su-we] 입니다 등)(동양東洋 109쪽)
(황해)은율

■ 277 -ㅅ수웨다[s-su-we-da]

(답)(겸양)(대상對上)([s-so-i-da]의 전용), 참조 No. 261, 266, 267, 267, 269, 274,
280, 282, 284

(가)(과거・미래)([hɛs-su-we-da] 했습니다, [ha-ges-su-we-da] 하실까요 등.)

(충남)공주, (함남)영흥, (함북)경성・나남・부령・회령, (평북)박천・영변

(나)(현재)([is-su-we-da] 입니다 등)(동양東洋 112쪽)

(충남)(함남)(함북)(평북)(가)의 경우와 같은 지방에서 사용된다.

■ 278 -ㅅ수켄[s-su-khen]

(과거)(인용구에서. [hös-su-khen#hɔ-yəm-su-da] 했다고 말합니다 등), 참조 No. 149

(제주)제주・성산・서귀・대정

■ 279 -ㅅ쉐[s-swe]

(답)(겸양)(대등對等)([s-so-i-da]의 축약 전용), 참조 No. 257, 262, 264, 265, 268,
276, 283, 285

(가)(과거・미래)([hɛs-swe] 했습니다, [ha-ges-swe] 하지요 등.)

(황해)황주(대부분 부녀자들 사이에서), (평남)평양・순천・안주 (평북)정주・의주

(나)(현재)([is-swe] 입니다 등)(동양東洋 109쪽)

(황해)(평남)(평북)(가)의 경우와 같은 지방에서 사용된다.

■ 280 -ㅅ쉐다[s-swe-da]

(답)(겸양)(대상對上)([s-so-i-da]의 전용), 참조 No. 261, 266, 267, 269, 270, 274,
277, 282, 284

(가)(과거・미래)([hɛs-swe-da] 했습니다, [ha-ges-swe-da] 하지요 등.)

(충남)서천, (황해)황주, (평남)중화・평양・순천

(나)(현재)([is-swe-da] 입니다 등.)

(충남)(황해)(평남)(가)의 경우와 같은 지방에서 사용된다.

281 －ㅅ쉬까[s-swi-k'a]

(문)(과거)(대등對等)([hɛs-swi-k'a] 했습니까 등), 참조 No. 271, 272

(황해)장연・은율

282 －ㅅ쉬다[s-swi-da]

(답)(겸양)(대상對上)([s-so-i-da]의 전용), 참조 No. 261, 266, 267, 269, 270, 274, 277, 280, 284

(가)(과거・미래)([hɛs-swi-da] 했습니다, [ha-ges-swi-da] 하지요 등.)

(황해)은율

(나)(현재)([is-swi-da] 입니다 등)(동양東洋 113쪽)

(황해)은율

283 －ㅅ슈ㅣ[s-syui]

(답)(겸양)(대등對等)([s-so-i-da]의 축약 전용), 참조 No. 257, 262, 264, 265, 268, 276, 279, 285

(가)(과거・미래)([hɛs-syui] 했습니다, [ha-ges-syui] 하지요 등.)

(평남)숙천, (평북)정주

(나)(현재)([is-sjui-da] 입니다 등)(동양東洋 110쪽)

(평남)숙천, (평북)정주

284 －ㅅ슈ㅣ다[s-syui-da]

(답)(겸양)(대상對上)([s-so-i-da]의 전용), 참조 No. 261, 266, 267, 269, 270, 274, 277, 280, 282

(가)(과거・미래)([hɛs-syui-da] 했습니다, [ha-ges-syui-da] 하지요 등.)

(평남)숙천

(나)(현재)([is-syui-da] 하십니다 등)(동양東洋 113쪽)

(평남)숙천

■ **285 -ㅅ스**[s-si]

(답)(과거)(대등對等)([hɛs-si] 내가 했다 등)([s-so-i-da]의 축약 전용), 참조 No. 257,
262, 264, 268, 276, 279, 283
(함남)홍원·갑산

■ **286 -ㅅ스니까**[s-si-ni-k'a]

(문)(과거·미래)(겸양)(대상對上)([mu-ət#hɛs-si-ni-k'a] 무엇을 했습니까, [mu-ət# ha-ges-si-
ni-k'a] 무엇을 하실 건가요 등), 참조 No. 273, 308
(경기)개성

■ **287 -ㅅ슬세**[s-sil-se]

(문)(미래)(대등對等)([mu-ət#ha-ges-sil-se] 무엇을 합니까 등.)
(함북)부령

■ **288 -ㅅ슴**[s-sim]

(답)(과거·미래)([hɛs-sim] 했다, [ha-ges-sim] 하자 등. 대부분 혼잣말이나 농담 등에 사용
된다)(동양東洋 82쪽), 참조 No. 167
(함남)정평·함흥·오로·신흥·홍원·북청·풍산·갑산, (평남)순천·숙천,
(평북)박천·구성·선천·의주·자성·후창

■ **289 -ㅅ슴까**[s-sim-k'a]

(문)(과거·미래)(대하對下)([mu-ət#hɛs-sim-k'a] 무엇을 했는가, [mu-ət#ha-ges-sim- k'a] 무
엇을 할까 등), 참조 No. 168
(전남)광양·순천·벌교·고흥·보성·나주·옥과·곡성·구례(돌산·여수·
장흥·해남·목포·함평·장성 등에는 없다.)

290 －ㅅ슴두[s-sim-du]

(문)(과거·미래)(대등對等)([hɛs-sim-du#mo-ri-get-ta] 했을지도 모른다, [ha-ges-sim-du#mo-ri-get-ta] 할지도 모른다 등)(동양東洋 83쪽), 참조 No. 170

(함북)부거·무산·회령·웅기

291 －ㅅ슴둥[s-sim-duŋ]

(문)(과거·미래)(대등對等)([hɛs-sim-duŋ#mo-ri-get-ta] 했을지도 모른다, [ha-ges-sim-duŋ#mo-ri-get-ta] 할지도 모른다 등)(동양東洋 No. 83쪽), 참조 No. 171

(함북)연태동·회령·종성

292 －ㅅ슴마[s-sim-ma]

(문)(과거·미래)(대하對下)([hes-sim-ma] 했나, [ha-ges-sim-ma] 할까 등), 참조 No. 174

(평남)평양·순천·숙천·안주, (평북)박천·영변·희천·구성·정주·선천·용암·의주·자성·후창

293 －ㅅ슴메[s-sim-mɛ]

(답)(과거·미래)(대등對等)([hes-sim-mɛ] 했습니다, [ha-ges-sim-mɛ] 하겠습니다), 참조 No. 175

(함남)홍원·북청·단천, (함북)성진(대부분 부녀자들사이의 용어.)

294 －ㅅ슴메[s-sim-me]

(과거·미래)(대등對等), 참조 No. 176

(가)(문)([mu-ət#hes-sim-me] 무엇을 했습니까, [mu-ət#ha-ges-sim-me] 무엇을 합니까 등.)

(함남)정평·함흥·오로·신흥·홍원·북청·이원·풍산·갑산·혜산, (함북)성진·길주

(나)(답)([hes-sim-me] 했습니다, [ha-ges-sim-me] 하겠습니다 등.)

(황해)황주, (함남)정평・함흥・오로・신흥・홍원・이원・풍산・갑산・혜산, (함북)성진・길주, (평남)순천・숙천・안주, (평북)박천・영변・희천・정주・선천・용암・의주・강계・자성・후창

■ 295 －ㅅ스미꽝[s-si-mi-k'aŋ]

(문)(과거)(겸양)(대등對等)([hɛs-si-mi-k'aŋ] 했습니까 등), 참조 No. 186
(제주)제주・성산・서사・대정

■ 296 －ㅅ스미우까[s-si-mi-u-k'a]

(문)(미래)(겸양)(대상對上)([hes-si-mi-u-k'a] 합니까 등), 참조 No. 188
(제주)제주・성산・서사・대정

■ 297 －ㅅ슴나[s-sim-na]

(문)(과거)(겸양)(대등對等)([hes-sim-na] 저 사람이 했습니까 등)(동양東洋 47쪽), 참조 No. 195
(황해)해주・장연・안악・재령

■ 298 －ㅅ슴네[s-sim-ne]

(문)(답)(과거)(겸양)(대등對等)([hes-sim-ne] 무엇을 했습니까・했습니다 등, [s-sim-me](No.294)와 관계있다)(동양東洋 28・47쪽), 참조 No. 196
(함북)명천

■ 299 －ㅅ슴는가[s-sim-nin-ga]

(문)(과거・미래)(대등對等)([hes-sim-nin-ga] 했습니까, [ha-ges-sim-nin-ga] 하겠습니까 등), 참조 No. 197
(함남)단천, (함북)길주・명천・경성・부거・경원・경흥・웅기

300 －ㅅ슴메다[s-sim-me-da]

(답)(과거)(겸양)(대상對上)([hɛs-sim-me-da] 했습니다 등), 참조 No. 198
(함북)부령 · 연태동

301 －ㅅ습조냐[s-sip-čo-nya]

(답)(과거 · 미래)(겸양)(대상對上)([hɛs-sip-čo-nya] 내가 했습니다, [ha-ges-sip-čo-nya] 내가 했습니다 등)(동양東洋 46쪽), 참조 No. 208
(경기)연천

302 －ㅅ습지비[s-sip-či-bi]

(답)(과거 · 미래)(대등對等)([hɛs-sip-či-bi]했습니다, [ha-ges-sip-či-bi] 하겠습니다 등)(동양東洋 48쪽), 참조 No. 211
(함북)길주 · 명천 · 경성

303 －ㅅ싣가[s-sit-ka]

(문)(과거)(대등對等)([hɛs-sit-ka] 했습니까 등), 참조 No. 304
(경북)안동 · 영주, (경기)개성, (황해)금천

304 －ㅅ싣고[s-sit-ko]

(문)(과거)(대등對等)([hɛs-sit-ko] 했습니까 등), 참조 No. 303
(경남)창녕

305 －ㅅ승와[s-siŋ-wa]

(문)(과거)(겸양)(대등對等)([mu-ət#hɛs-siŋ-wa] 무엇을 했습니까 등), 참조 No. 262
(황해)장연 · 은율(장연에서는 [hɛs-suŋ-wa]로 발음한다.)

■ **306 ㅡㅅ시까**[s-si-k'a]

(문)(과거・미래)(대등對等)([hɛs-si-k'a] 했습니까, [ha-ges-si-k'a] 하겠습니까 등), 참조 No. 271, 315, 316, 317

(전남)여수・순천・보성・강진・영암・목포・나주・광주・담양・곡성・구례(여수에서는 [s-si-k'o]), (전북)운봉・남원・순창・전주・임실・장수・진안(무주・금산에는 없다. 전주에서는[s-si-k'a]), (경남)울산・하동(하동에서는 [s-si-k'o]), (경북)영천・울진・평해, (황해)해주・태탄・안악・재령・서흥・신계・수안・곡산(이상 각지에서 [s-si-kya]로 발음), (함북)명천・부령・연태동

■ **307 ㅡㅅ시니**[s-si-ni]

(문)(과거)(대등對等)([mu-si-gi#hɔ-yəs-si-ni] 무엇을 했습니까.)
(제주)제주・성산・서귀・대정

■ **308 ㅡㅅ시니꺼**[s-si-ni-k'ə]

(문)(미래)(겸양)(대상對上)([mu-ət#ha-ges-si-ni-k'ə] 무엇을 하겠습니까), 참조 No. 273, 286
(경북)울진・평해

■ **309 ㅡㅅ시니다**[s-si-ni-da]

(답)(과거)(겸양)(대상對上)([hɛs-si-ni-da] 했습니다 등), 참조 No. 249
(전남)구례, (경북)울진

■ **310 ㅡㅅ시다**[s-si-da]

(답)(겸양)(대상對上)([s-so-i-da]의 전용), 참조 No. 270
(가)(과거)([hɛs-si-da] 했습니다 등.)
(경기)개성・장단, (황해)금천・해주・옹진・태탄・장연・은율・안악・재령・황주・서흥・신계・수안・곡산

(나)(현재)([is-si-da]입니다.)
(경기)(황해)(가)경우와 같은 지방에서 사용된다.

311 -ㅅ시더[s-si-də]

(답)(미래)(겸양)(대상對上)([ha-si-də] 하시다), 참조 No. 143, 270
(경북)포항·흥해·영덕

312 -시와[si-wa]

(명령)(존경)(대등對等)([ha-si-wa] 하시다), 참조 No. 387
(강원)삼척

313 -ㅅ시유[s-si-yu]

(과거·미래)(겸양)(대상對上), 참조 No. 259
(가)(문)([mu-ət#hɛs-si-yu] 무엇을 했습니까, [mu-ət#ha-ges-si-yu] 무엇을 하겠습니까.)
(충남)공주·강경·해미, (충북)영동
(나)(답)([hɛs-si-yu] 했습니다, [ha-ges-si-yu] 하겠습니다 등.)
(충북)(충북)(가)경우의 같은 지방에서 사용된다.

314 -ㅅ신가[s-sin-ga]

(문)(과거)(대등對等)(노인이 어른에게 사용하는 경우.)
(제주)제주·성산·서귀·대정([hɔ-yəs-sin-ga])
(황해)황주([hɛs-sin-k'ya])

315 -ㅅ실까[s-sil-k'a]

(문)(과거)(대등對等)([mu-ət#hɛs-sil-k'a] 무엇을 했을까), 참조 No. 271, 306, 316, 317
(경남)울산·마산·거제·통영·진주·남해·함양, (경북)영덕

316 -ㅅ싣가[s-sit-ka]

(문)(과거)(대등對等)([mu-ət#hɛs-sit-ka] 무엇을 했습니까), 참조 No. 271, 306, 315, 317

(경남)울산・마산・거제・통영・진주・남해・함양・합천, (경북)영천・고령・예천

317 -ㅅ싣고[s-sit-ko]

(문)(과거)(대등對等)([mu-ət#hɛs-sit-ko] 무엇을 했습니까), 참조 No. 260, 271, 306, 315, 316

(경남)마산・거제・진주・남해・거창

318 -ㄷ재[t-čɛ]

(문)(과거)(대하對下)([mu-ət#hɛt-čɛ] 무엇을 했나), 참조 No. 327

(경남)동래・부산・진주, (경북)경주・포항・홍해・영덕・대구・의성・청송・울진・평해, (강원)양양・강릉・삼척

319 -ㄷ저[t-čə]

(답)(과거)(대등對等)([hɔ-yət-čə] 했습니다, [o-rat-čə] 왔습니다, [mə-gət-čə] 먹었습니다.)

(제주)제주・성산・서귀・대정

320 -ㄷ주[t-ču]

(문)(과거)(대등對等)([hɔ-yət-ču] 했습니다. 부부사이에 사용. [t-ču-gi]라고도 한다), 참조 No. 416

(제주)제주・성산・서귀・대정

321 -ㄷ지다[t-či-də]

(답)(과거・미래)(겸양)(대등對等)([hɛt-či-də] 했습니다, [ha-get-či-də] 하겠습니다, 참조

No. 417

(경남)김해 · 마산 · 거제 · 통영 · 진주, (경북)예천 · 안동 · 영주 · 울진

322 －ㄷ지라[t-či-ra]

(답)(과거)(대하對下)([hɛt-či-ra] 내가 했다 등.)
(강원)평창

323 －ㄷ지라오[t-či-ra-o]

(과거 · 미래)(겸양)(대상對上), 참조 No. 418
(가)(문)([mu-ət#hɛt-či-ra-o] 무엇을 했습니까, [mu-ət#ha-get-či-ra-o] 무엇을 하겠습니까 등.)
(제주)제주(용도가 적다), (전남)광양 · 순천 · 벌교 · 보성 · 장흥 · 강진 · 해남 · 목포 · 함평 · 영광 · 나주 · 광주 · 장성 · 담양 · 옥과 · 곡성 · 구례, (전북)운봉 · 남원 · 순창 · 정읍 · 김제 · 전주 · 임실 · 장수 · 진안(무주 [hɛt-či-ra], 정읍 · 김제 [hɛ-t-či-ra-u], 금산에는 없다), (경북)울진, (충남)공주 · 부여 · 홍산 · 남포 · 보령 · 광천 · 서산 · 오천, (충북)영동, (강원)평창 · 원주 · 홍천
(나)(답)([hɛt-či-ra-o] 했어요, [ha-get-či-ra-o] 하겠어요.)
(전남)(전북)(경북)(충남)(충북)(강원)(가)의 경우와 같은 지방에서 사용된다.

324 －ㄷ지러[t-či-rə]

(과거 · 미래)(대하對下), 참조 No. 322, 325, 419
(가)(문)([hɛt-či-rə] 했습니까, [ha-get-či-rə] 하겠습니까 등.)
(경남)울산 · 동래 · 부산, (경북)영천 · 경주 · 포항 · 홍해 · 영덕 · 대구 · 의성 · 예천 · 안동 · 영주 · 청송
(나)(답)([hɛt-či-rə] 했습니다, [ha-get-či-rə] 하겠습니다 등.)
(경남)(경북)(가)의 경우와 같은 지방에서 사용된다.

325 －ㄷ지를[t-či-ril]

(문)(과거)(대하對下)([hɛt-či-ril] 했습니다 등), 참조 No. 322, 324

(경북)울진 · 평해

326 －ㄷ지비[t-či-bi]

(과거 · 미래)(대등對等), 참조 No. 211, 420

(가)(문)([hɛt-či-bi] 했습니까, [ha-get-či-bi] 하겠습니까 등.)

(함남)정평 · 함흥 · 오로 · 신흥 · 홍원 · 북청 · 이원 · 갑산 · 혜산

(나)(답)([hɛt-či-bi] 했습니다, [ha-get-či-bi] 하겠습니다 등.)

(함남)정평 · 함흥 · 오로 · 신흥 · 홍원 · 북청 · 이원 · 단천 · 풍산 · 갑산 · 혜산,
  (함북)성진 · 명천 · 연태동

327 －ㄷ지야[t-či-ya]

(문)(과거)(대하對下)([mu-ət#hɛt-či-ya] 무엇을 했습니까 등), 참조 No. 318, 421

(경북)청송

328 －ㄷ키라오[t-kʰi-ra-o]

(미래)(겸양)(대상對上)

(가)(문)([mu-ət#hɛt-kʰi-ra-o] 저 사람은 무엇을 했습니까 등.)

(전남)광양 · 벌교 · 고흥 · 함평 · 광주 · 장성 · 옥과 · 곡성 · 구례(돌산 · 여수 ·
  보성 · 장흥 · 해남 · 목포 · 영광 · 나주 등에는 없다.)

(나)(답)([hat-kʰi-ra-o] 저 사람은 하겠습니까.)

(전남)광양 · 벌교 · 장성 · 광주 · 옥과 · 곡성 · 구례(돌산 · 여수 · 순천 · 고흥 · 보
  성 · 장흥 · 해남 · 목포 · 함평 · 영광 · 나주 등에는 없다.)

329 －ㄷ키오[t-kʰi-o]

(답)(미래)(겸양)(대상對上)([hat-kʰi-o] 했습니다 등.)

(경남)울산, (경북)포항

330 -세[se]

(답)(현재)(지정指定)(겸양)(대등對等)[i-sö-da]의 축약 전용, [pus-i-se] 붓입니다 등), 참조 No. 137, 337

(전북)정읍・임실(임실에서는 [si]라고도 한다.)

331 -세어이[se-ə-i]

(명령)(대등對等)[ha-se-ə-i] 하세요.)
(전남)장흥・해남・목포・나주

332 -셋소[ses-so]

(과거)(존경)(대상對上), 참조 No. 333, 348, 359

(가)(문)[mu-ət#ha-ses-so] 무엇을 하셨습니까.)

(전남)돌산・광양・순천・벌교・고흥・보성・장흥・해남・목포・함평・나주・장성・옥과・곡성・구례(광주・영광에서는 [səs-so]로 발음), (전북)남원・정읍・김제・전주・임실・무주・금산, (경북)포항・홍해・안동・청송・울진・평해, (충남)강경・부여・조치원, (충북)청주・진천・괴산・충주・제천, (강원)통천・장전・고성・간성・양양, (함남)원산・영흥, (함북)나남・부령, (평남)중화・평양・순천, (평북)박천・희천・구성・강계

(나)(답)[ha-ses-so] 저 분이 하셨습니다.)
(전남)(전북)(경북)(충남)(충북)(강원)(함남)(함북)(평남)(평북)(가)의 경우와 같은 지방에서 사용된다.

333 셧소[ʃəs-so]

(과거)(존경)(대상對上), 참조 No. 332, 348, 359

(가)(문)[mu-ət#ha-ʃəs-so] 무엇을 하셨습니까.)

(전남)장성・담양(담양에서는 [sis-so]), (전북)남원・순창・정읍・김제・전주・임실・무주・금산, (경북)의성・영주, (경북)평해, (충남)공주・부여・홍산・남포・보령・조치원, (강원)주문진・강릉, (함북)나남・부령, (평북)후창
(나)(답)([ha-ʃəs-so] 저 분이 하셨습니다 등.)
(전남)(전북)(경북)(충남)(강원)(함북)(평북)(가)의 경우와 같은 지방에서 사용된다.

■ 334 −소[so]

(명령)(존경)(대상對上)([ha-so] 하세요 등)(동양東洋 41쪽), 참조 No. 203
(제주)제주・성산・서귀・대정, (전남)돌산・여수・광양・순천・벌교・고흥・보성・장흥・강진・해남・목포・함평・나주・광주・장성・담양・옥과・곡성・구례, (전북)운봉・남원・순창・정읍・김제・군산・전주・임실・장수・진안・무주・금산, (경남)울산・양산・동래・부산・김해・마산・거제・통영・진주・남해・하동・함양・거창・합천・창녕・밀양, (경북)영천・경주・포항・흥해・영덕・대구・고령・김천・의성・상주・함창・문경・예천・안동・영주・청송・울진・평해, (충남)강경・서천・홍성・천안, (충북)영동・단양(대암면에서), (강원)삼척, (황해)금천・해주・옹진・태탄・은율・안악・재령・황주・서흥・수안・곡산, (함남)안변・영흥・갑산, (평남)중화・평양・순천・숙천・안주, (평북)박천・영변・구성・정주・선천・용암・의주

■ 335 −소세[so-se]

(명령)(대상對上)([pas-so-se] 하세요, [mək-so-se] 잡수세요.)
(함남)정평・함흥・오로・신흥・홍원・북청・이원・풍산・갑산

■ 336 −솟세[sos-se]

(명령)(대상對上)([pas-sos-se] 하세요, [mək-sos-se] 잡수세요.)

(함남)정평 · 함흥 · 오로 · 신흥 · 홍원 · 북청 · 풍산 · 갑산

337 −시[si]

(답)(현재)(지정指定)(겸양)(대등對等)([i-sö-da]의 축약 전용, [pus-i-si] 붓입니다 등), 참조 No. 330

(전남)돌산 · 여수 · 광양 · 순천 · 벌교 · 고흥 · 보성 · 장흥 · 해남 · 목포 · 함평 · 나주 · 광주 · 장성 · 옥과 · 곡성 · 구례, (전북)남원 · 임실(임실에서는 [se].)

338 −시[si]

(명령)(대상對上)([ha-si] 하십시오.)

(경북)의성

339 −시교[si-gyo]

(명령)(대상對上)([ha-si-gyo] 하십시오 등.)

(황해)해주 · 은율 · 사리원

340 −시다[si-da]

(명령)(대상對上)([ha-si-da] 하십시오 등.)

(전남)여수 · 강진, (경남)남해 · 하동

341 −시다나[si-da-na]

(명령)(대등對等)([ha-si-da-na] 하세요 등.)

(함남)오로, (평남)중화 · 평양 · 순천 · 숙천 · 안주, (평북)박천 · 영변 · 희천 · 구성 · 정주 · 선천 · 용암 · 의성

342 −시더[si-də]

(답)(현재)(겸양)(대상對上)

자료편 | 563

(가)(답)([sö-da]의 전용, [ha-si-də] 같이 합시다 등의 의미가 된다.)
(경북)영천・포항・영덕・군위・의성・안동・영주・청송・울진・평해
(나)(지정指定)([l-sə-da]의 전용, [pus-i-si-də] 붓이옵니다 등)(동양東洋 165쪽)
(경북)경주・포항・홍해・영덕・의성・예천・안동・영주・청송・울진・평해

343 -시서[si-sə]

(현재)(연용)(존경)([ha-si-sə] 하세요, [ka-si-sə] 가세요.)
(전남)담양, (전북)장수・진안

344 -시소[si-so]

(명령)(존경)(대상對上)([ha-si-so] 하세요 등)(동양東洋 199쪽)
(전남)돌산・여수・광양・순천・벌교・고흥・보성・장흥・강진・해남・목포・함평・나주・광주・장성・담양・옥과・곡성・구례, (전북)운봉・남원・순창・정읍・김제・장수(진안・무주・금산에는 없다), (경남)울산・양산・동래・부산・김해・마산・거제・통영・진주・함양・거창・합천・창녕・밀양, (경북)경주・포항・홍해・영덕・대구・고령・의성・함창・문경・예천・안동・영주・청송・울진・평해, (황해)해주・장연・은율

345 -시시[si-si]

(명령)(존경)(대상)([ha-si-si] 하세요 등)(동양東洋 198쪽)
(경북)의성

346 -시시소[si-si-so]

(명령)(존경)(대상對上)([ha-si-si-so] 하세요 등)(동양東洋 198쪽)
(경북)경주・영덕・평해

■ **347 −시시오**[si-si-o]

(명령)(존경)(대상對上)([ha-si-si-o] 하세요 등)(동양東洋 197쪽)
(전남)여수・순천・보성・강진・영암・목포・나주・광주・장성・담양・곡성・구례, (전북)운봉・남원・순창・정읍・김제・전주・임실・장수・진안・무주・금산, (경남)울산・양산・동래・부산・김해・마산・거제・통영・진주・남해・하동・함양・거창・창녕・밀양, (경북)영천・포항・홍해・영덕・대구・고령・의성・예천・안동・영주・청송・울진・평해, (충남)강경・서천・홍성・천안, (충북)영동・제천, (강원)간성・주문진・영월・평창・원주・횡성

■ **348 −시엇소**[si-əs-so]

(문)(답)(과거)(존경)(대상對上)([ha-si-əs-so] 하셨습니까・하셨습니다 등), 참조 No. 332, 333, 359
(충북)강경

■ **349 −시오**[si-o]

(답)(현재)(지정指定)(겸양)(대상對上)([sö-o]의 전용, [pus-i-si-o] 붓입니다 등.)
(전남)광양・순천・보성・장흥・해남・구례(여수・고흥・벌교・목포・함평・나주・광주・옥과・곡성 등에는 존재하지 않는다.), (경북)울진・평해

■ **350 −시이다**[si-i-da]

(명령)(존경)(대상對上)([ha-si-i-da] 하십시오, [čin-ji#čap-su-si-i-da] 진지 드십시오, [ol-la#o-si-i-da] 올라 오세요 등)(동양東洋 156쪽)
(전남)여수・순천, (경남)남해・하동

■ **351 −시이소**[si-i-so]

(명령)(존경)(대상對上)([ha-si-i-so] 하세요 등)(동양東洋 156쪽)

자료편 | 565

(경남)양산 · 김해 · 마산 · 거제 · 함양 · 밀양, (경남)영천 · 포항 · 영덕 · 대구 · 김천 · 의성 · 예천 · 안동 · 영주 · 청송

■ 352 -시지비[si-či-bi]

(명령)(존경)(대상對上)([ha-si-či-bi] 하세요 등.)
(함남)홍원 · 북청 · 풍산 · 갑산

■ 353 -심[sim]

(명령)(존경)(대등對等)([ho-sim] 하세요 등.)
(제주)제주 · 성산 · 서귀 · 대정

■ 354 -십꽈니[sip-k'wa-ni]

(명령)(존경)(대상對上)([ha-sip-k'wa-ni] 하세요 등) 참조 No. 194, 205, 358
(함북)길주 · 부거 · 경원 · 경흥 · 웅기

■ 355 -십서[sip-sə]

(명령)(존경)(대상對上)([hö-sip-sə] 하세요 등), 참조 No. 201
(제주)제주 · 성산 · 서귀 · 대정

■ 356 -십소[sip-so]

(명령)(존경)(대상對上)([ha-sip-so] 하세요 등), 참조 No. 203
(함남)풍산, (함북)부거 · 경흥 · 웅기

■ 357 -십소사[sip-so-sa]

(명령)(존경)(대상對上)([hö-sip-so-sa] 하세요 등), 참조 No. 204
(제주)제주 · 서귀(성산 · 대정에는 없다.)

358 －십시콰니[sip-si-k'wa-ni]

(명령)(존경)(대상對上)([ha-sip-si-k'wa-ni] 하세요 등)(동양東洋 54쪽), 참조 No. 205, 354

(함북)길주・부거・경원・경흥・웅기

359 －싯소[sis-so]

(과거)(존경)(대상對上), 참조 No. 332, 333, 348

(가)(문)([mu-ət#ha-sis-so] 무엇을 하셨습니까 등.)

(전남)여수, (전북)김제, (경남)울산・동래・거창・합천・창녕・밀양, (경북)영천・대구・성주・지례・김천・의성・상주・함창・문경・예천, (충북)충주

(나)(답)([ha-sis-so] 저 분이 하셨습니다 등.)

(전남)(전북)(경남)(경북)(충북) (가)의 경우와 같은 지방에서 사용된다.

360 －싯시오[sis-si-o]

(명령)(존경)(대상對上)([ha-sis-si-o] 하세요 등.)

(전남)순천・벌교・보성・장흥・해남・목포・함평・나주・광주・장성・옥과・곡성・구례

361 －앙이[aŋ-i]

(문)(과거)(겸양)(대등對等)([po-aŋ-i] 보셨습니까, [hɛŋ-i] 하셨습니까 등. [aŋ]는 어간의 모음의 종류에 따라 [ɛŋ], [əŋ], [yəŋ] 등도 된다)(동양東洋 161쪽), 참조 No. 410

(경기)개성, (황해)연안・신계・곡산, (함북)연태동

362 －야[ya]

(현재)(지정指定)(대하對下)

(가)(문)([pus-i-ya] 붓이니 등.)

(전북)운봉, (경북)울진, (충남)공주·홍성, (강원)강릉·삼척, (함남)신고산·안변·덕원·문천·고원·영흥·정평·함흥·오로·신흥·북청·이원·단천·풍산·갑산·혜산, (함북)성진·길주·명천·경성·나남·부령·무산·웅기

(나)(답)([pus-i-ya] 붓이다 등.)

(경북)울진, (충북)제천, (강원)통천·장전·양양·주문진·강릉·삼척·영월·평창·홍천·춘천·인제, (황해)금천·연안·해주·옹진·태탄·장연·은율·안악·재령·황주·서홍·신계·수안·곡산, (함남)(가)의 경우와 같은 지방에서 사용된다.

363 -에[e]

(답)(현재)(지정指定)(대등對等)([pus-i-e] 붓입니다 등.)
(충북)진천

364 -예[ye]

(답)(현재)(지정指定)(대등對等)([pus-i-ye] 붓입니다 등.)
(충북)청주·괴산·충주

365 -오[o]

(문)(답)(현재)(겸양)(대상對上·대등對等)([mu-ət#ha-o] 무엇을 합니까, [nɛ-ga#ha-o] 내가 합니다 등)(동양東洋 33·60쪽), 참조 No. 395(전국 각지)

366 -오니까[o-ni-k'a]

(문)(현재)(겸양)(대상對上)([mu-ət#ha-o-ni-k'a] 무엇을 하십니까 등.)
(경북)울진

■ **367 －오다**[o-da]

(현재)(겸양)(대상對上)(동양東洋 73쪽), 참조 No. 371, 391, 392, 394, 398, 404, 408

(가)(문)([mu-ət#ha-o-da] 무엇을 합니까 등.)

(함남)영흥·정평·함흥·오로·신흥·홍원·풍산·갑산·혜산, (함북)명천·경성·부령·연태동

(나)(답)([ha-o-da] 합니다 등.)

(경남)거제, (경북)울진, (함남)영흥·정평·함흥·오로·신흥·홍원·풍산·갑산·혜산, (함북)명천·경성·부령·연태동 회령

(다)(지정指定)([pus-i-o-da] 붓입니다 등.)

(경남)(강원)(함남)(함북)(나)의 경우와 같은 지방에서 사용된다.

(다)(명령)([ha-o-da] 하세요 등.)

(함남)영흥·정평·함흥·오로·신흥·홍원·북청·이원·단천·풍산·갑산·혜산, (함북)길주·명천·청진

■ **368 －오리**[o-ri]

(답)(미래)(겸양)(대등對等)([o-ri-da]의 축약, [nɛ-ga#ha-o-ri] 내가 하겠습니다 등)(동양東洋 67·70쪽), 참조 No. 400, 405

(황해)은율·안악·재령, (함남)정평·함흥·오로·홍원·북청·이원·단천·갑산, (함북)성진·길주·명천·경성·회령·경원·경흥·웅기, (평남)안주, (평북)박천·자성

■ **369 －오리까**[o-ri-k'a]

(문)(미래)(겸양)(대상對上)([mu-ət#ha-o-ri-k'a] 무엇을 하겠습니까, [nɛ-ga#ha-o-ri-k'a] 내가 할까요 등), 참조 No. 165

(전남)보성·목포·나주·광주·담양, (전북)운봉·남원·순창·김제, (경남)마산·거제·함양·거창·합천·창녕(합천에서는 [o-ri-k'ə], 거창에서는 [ha-o-ri-k'a]

로 발음한다), (경북)고령([o-ri-k'yə]로 발음한다)・울진・평해, (충남)서천・홍성・천안, (충북)영동・제천, (경기)경성・개성・장단・연천, (강원)영월・평창・원주・횡성・홍천・인제, (황해)금천・해주・옹진・태탄・장연・은율・안악・재령・황주・서흥・신계(금천・장연 이외에는 [o-ri-k'ya]로 발음한다), (함남)신고산・안변・덕원・고원・정평・함흥・홍원・이원・풍산・갑산・혜산, (함북)경원, (평남)평양, (평북)박천・영변・희천・구성・강계・자성・후창

370 -오리다[o-ri-da]

(답)(미래)(겸양)(대상對上)[nɛ-ga#ha-o-ri-da] 제가 하겠습니다 등)(동양東洋 68쪽), 참조 No. 402, 406, 407

(전남)순천・보성・강진・영암・목포・나주・광주・담양, (전북)남원・순창・정읍・김제・전주・장수・금산, (경남)양산・김해・마산・거제・통영・하동・함양・거창・합천・창녕・밀양, (경북)영천・포항・영덕・대구・고령・예천・영주・청송・울진・평해, (충북)제천, (강원)강릉・영월・평창・원주・횡성・홍천・춘천・인제, (황해)황주, (함남)신고산・안변・덕원・문천・고원・영흥・정평・함흥・오로・신흥・홍원・북청・이원・단천・풍산・갑산・혜산, (함북)성진・길주・명천・경성・청진・부거・연태동・회령・종성・경원・경흥・웅기, (평남)중화・평양・순천・숙천・안주, (평북)박천・영변・희천・구성・정주・선천・용암・의주・강계・자성・후창

371 -오이다[o-i-da]

(답)(현재)(겸양)(대상對上)[nɛ-ga#ha-o-i-da] 제가 하겠습니다 등)(동양東洋 32・72・154쪽), 참조 No. 367, 391, 392, 394, 398, 404, 408

(경기)개성・연천, (황해)금천・연안・해주・옹진・태탄・장연・은율・안악・재령・서흥・신계・수안・곡산

372 -온[on]

(과거)(연체)(겸양)(대상對上)([nɛ-ga#ha-on-il] 제가 하겠습니다 등)(동양東洋 74쪽)

(경남)함양, (경북)포항 · 영덕, (충남)홍성 · 천안(천안에서는 [hɛ-on]로 발음한다), (강원)양양 · 강릉 · 원주 · 횡성 · 홍천, (황해)황주, (함북)명천 · 부령 · 연태동, (평남)중화 · 평화 · 순천 · 숙천 · 안주, (평북)영변 · 구성 · 정주 · 선천 · 용암 · 의주 · 강계 · 자성 · 후창

373 -올[ol]

(미래)(연체)(겸양)(대상對上)([nɛ-ga#ha-ol-il] 내가 해야 할 일 등.)

(충북)제천, (강원)평창

374 -올세[ol-se]

(현재)(겸양)(대상對上).

(가)(문)([nɛ-ga#ha-ol-se] 제가 할까요 등.)

(함남)정평 · 함흥 · 신흥(정평에서는 부인간의 용어), (함북)부령

(나)(답)([nɛ-ga#ha-ol-se] 제가 했습니다 등)(동양東洋 170쪽)

(함남)(함북)(가)의 경우와 같은 지방에서 사용된다.

(다)(지정指定)([pus-i-ol-se] 붓이옵니다 등.)

(함남)(함북)(가)의 경우와 같은 지방에서 사용된다.

375 -올심니까[ol-sim-ni-k'a]

(문)(현재)(지정指定)(겸양)(대상對上)([pus-i-ol-sim-ni-k'a] 붓이옵니까 등.)

(전남)순천 · 나주 · 광주 · 담양, (전북)남원 · 순창 · 정읍 · 김제 · 전주, (경남)양산 · 마산 거제 · 통영 · 함양 · 밀양(마산에서는 [ol-sim-ni-k'yə]라고도 한다), (경북)고령 · 울진 · 평해, (충남)강경 · 서천 · 홍성 · 천안, (충북)제천, (경기)개성 · 장단 · 연천, (강원)삼척 · 영월 · 평창 · 원주 · 횡성 · 홍천 · 춘천 · 인제, (황해)금천 · 연안 · 해주 · 옹진 · 태탄 · 장연 · 은율 · 안악 · 재령 · 서

홍 신계・수안・곡산(금천・연안에서는 [ol-sim-ni-k'a], 태탄・장연에서는 [ol-sim-ni-k'wa], 그 지방에서는[ol-sim-ni-k'ya] 등), (함남)신고산・안변・덕원・문천・고원・영흥・정평・함흥・오로・신흥・홍원・북청・이원・단천・풍산・갑산・혜산, (함북)명천・경성・청진, (평남)중화・평양・순천・숙천・안주, (평북)박천・영변・희천・구성・정주・선천・용암・의주・강계・자성・후창

376 -올심니다[oi-sim-ni-da]

(답)(현재)(지정指定)(겸양)(대상對上)([pus-i-ol-sim-ni-da] 붓이옵니다 등)(동양東洋 81쪽) (제주)제주・성산・서귀・대정(이상 용도가 적다), (전남)순천・나주・담양, (전북)순창, (경남)양산・마산・함양・합천, (경북)고령・울진・평해, (충남)공주・강경・부여 홍산・서천・남포・보령・광천・홍성・해미・서산・오천・예산・천안・조치원, (충북)진천・제천, (경기)개성・장단・연천, (강원)고성・간성・양양・주문진・강릉・영월・평창・원주・횡성・홍천・춘천・인제, (황해)(평남)(평북)앞항목과 같은 지방에서 사용된다, (함북)명천・경성

377 -올심메다[ol-sim-me-da]

(답)(현재)(지정指定)(겸양)(대상對上)([pus-i-ol-sim-me-da] 붓이옵니다 등), 참조 No. 198
(함북)경성・연태동

378 -옵게[op-ke]

(명령)(겸양)(대상對上)([ha-op-ke] 하세요 등)(동양東洋 25・53쪽), 참조 No. 193
(황해)안악, (함북)길주

379 -옵꽈니[op-k'wa-ni]

(명령)(겸양)(대상對上)([ha-op-k'wa-ni] 하세요 등)(동양東洋 53쪽), 참조 No. 194

(함북)길주・부거(길주에서는[op-k'a-ni].)

■ 380 -옴는가[om-nin-ga]

(문)(현재)(겸양)(대상對上)([nɛ-ga#ha-om-nin-ga] 제가 할까요 등)(동양東洋 45쪽), 참조 No. 197

(함북)성진・길주・명천・나남・부거・부령(성진에서는 노인, 부거에서는 부녀자 등의 용어.)

■ 381 -옴니까[om-ni-k'a]

(문)(현재)(겸양)(대상對上)([nɛ-ga#ha-om-ni-k'a] 제가 할까요 등)(동양東洋 32쪽)

(전남)광주・장성, (전북)순창・정읍・전주(정읍에서는 [ha-om-nim-k'a], 그리고 전주에서는 일어 등의 보통사람에 대한 용어), (경남)거제・진주・함양, (함남)함흥・풍산, (함북)명천・나남, (평남)평양, (평북)박천・영변・희천・구성・강계・자성・후창

■ 382 -옴니꺼[om-ni-k'yə]

(문)(현재)(겸양)(대상對上)([nɛ-ga#ha-om-ni-k'yə] 제가 할까요 등.)

(경남)창녕, (황해)곡산(곡산에서는 [om-ni-k'ya].)

■ 383 -옵세[op-se]

(명령)(겸양)(대상對上)([ha-op-se] 해 주세요 등), 참조 No. 202

(함남)풍산・갑산・혜산, (함북)길주

■ 384 -옵시오[op-si-o]

(명령)(겸양)(대상對上)([ha-op-si-o] 해 주세요 등)(동양東洋 49쪽), 참조 No. 206

(전남)순천・목포・나주・광주・장성・담양, (전북)남원・순창・정읍・김제・전주・장수, (경남)양산・김해・마산・거제・하동・함양・거창・합천・

창녕·밀양, (경북)영천·포항·영덕·고령·울진·평해, (충남)서천·홍성·천안, (충남)제천, (경기)경성·개성·장단·연천, (강원)강릉·영월·평창·원주·횡성·홍천·춘천·인제, (황해)금천·해주·옹진·태탄·은율·안악·재령·수안·곡산, (함남)안변·문천·영흥·정평·함흥·오로·신흥·홍원·북청·단천·풍산·갑산·혜산

■ 385 −옵지[op-či], [op-ti]

(겸양)(대상對上), 참조 No. 209, 210

(가)(답)(현재)([ha-op-či] 스스로 합니다 등)(동양東洋 52쪽)

(황해)황주, (함남)북청, (함북)길주·명천·경성·부거·웅기, (평남)평양·숙천(각지에서는 [[ha-op-ti]), (평북)박천·영변·희천·구성·강계·자성·후창([각지에서는 [ha-op-ti].)

(나)(명령)([ha-op-či] 해 주세요 등.)

(함남)풍산, (함북)명천·나남·부거·부령(부거·부령에서는 부녀자의 용어), (평북)정주·용암·의주(각지에서도 [ha-op-ti].)

■ 386 −옵지비[op-či-bi]

(겸양)(대상對上), 참조 No. 211, 326

(가)(답)(현재)([ha-op-či-bi]합니다 등)(동양東洋 48쪽)

(함북)길주·명천

(나)(명령)([ha-op-či-bi] 하세요 등.)

(함남)홍원·풍산·갑산·혜산, (함북)길주·명천

■ 387 −와[wa]

(현재)(대하對下), 참조 No. 192

(가)(문)([mu-ət#ha-wa] 무엇을 할까, [mu-ət#mə-gi-wa] 무엇을 먹고 있을까 등.)

(경북)울진, (강원)삼척, (황해)장연·은율, (함남)영흥, (함북)부령·연태동,

(평남)순천·숙천·안주, (평북)박천·영변·희천·구성·선천·용암·의주·강계
(나)(답)([ha-wa] 내가 한다 등)(동양東洋 86쪽)
(강원)삼척, (함남)영흥, (함북)연태동
(다)(문)(답)(지정指定)([pus-i-wa] 붓이냐, 붓이다 등.)
(강원)(황해)(함남)(함북)(평남)(평북)(가), (나)의 경우와 같은 지방에서 사용된다.
(라)(명령)(대하對下)([ha-wa] 해요, [mə-gi-wa] 먹어요 등), 참조 No. 312
(강원)삼척

388 -와요[wa-yo]

(답)(현재)(겸양)(대상對上)([nɛ-ga#ha-wa-yo] 내가 합니다 등)(동양東洋 86쪽), 참조 No. 255, 401
(강원)영월·평창·원주·횡성·홍천·춘천·인제, (함북)부령·연태동, (평북)박천·희천·구성·선천·용암·의주·강계·자성·후창

389 -왓소[was-so]

(답)(과거)(겸양)(대상對上)([nɛ-ga#ha-was-so] 내가 합니다 등)(동양東洋 87쪽)
(충남)천안, (함북)연태동

390 -왜[wɛ]

(답)(현재)(겸양)(대등對等)([ŏ-da]의 축약 전용, [nɛ-ga#ha-wɛ] 내가 합니다 등)(동양東洋 89·90쪽), 참조 No. 403
(함북)부령·연태동, (평북)선천·용암·의주, (평남)순천

391 -왜다[wɛ-da]

(답)(현재)(겸양)(대상對上)([ŏ-da]의 전용, [nɛ-ga#ha-wɛ-da] 내가 합니다 등)(동양東洋

73쪽), 참조 No. 367, 371, 392, 394, 398, 404, 408
(평북)선천

■ 392 −외다[ö-da]

(겸양)(대상對上)(동양東洋 72쪽), 참조 No. 367, 371, 391, 394, 398, 404, 408
(가)(답)(현재)([nɛ-ga#ha-ö-da] 내가 합니다 등.)
(황해)장연
(나)(답)(지정指定)([pus-i-ö-da] 붓이옵니다 등.)
(황해)장연
(c)(명령)(대상對上)([ha-ö-da] 해 주세요 등.)
(함남)풍산, (함북)청진

■ 393 −요[yo]

(문)(답)(현재)(겸양)(대상對上)([mu-ət#ha(hɛ)-yo] 무엇을 합니까, [nɛ-ga#ha(hɛ)-yo] 제가 합니다 등)(전국 각지)

■ 394 −요다[yo-da]

(답)(현재)(지정指定)(겸양)(대상對上)([ö-da]의 전용, [pus-i-yo-da] 붓이옵니다 등), 참조 No. 367, 371, 391, 392, 398, 404, 408
(경남)남해

■ 395 −우[u]

(문)(답)(현재)(겸양)(대상對上·대등對等)([mu-ət ha-u] 무엇을 합니까, [nɛ-ga#ha-u] 제가 합니다 등)(동양東洋 62쪽), 참조 No. 365
(충남)공주·강경·서천, (충북)청주·충주, (경기)개성·장단·연천(이상 [o]), (황해)금천·연안·해주·옹진·신계·곡산, (함남)신고산·덕원·문천·고원·영흥(이상 [o]), (평남)(평북)대부분

396 -우꽈[u-k'wa]

(문)(현재)

(가)([ət-təhɔ-u-k'wa] 어떻게 할까요, [nɛ-ga#po-u-k'wa] 제가 볼까요, [ə-diy# ka-u-k'wa] 어디로 갈까 등.)

(제주)제주·성산(서귀·대정에 존재하지 않는다.)

(나)(지정指定)([pus-i-u-k'wa] 붓인가 등.)

(제주)제주·성산·서귀·대정

397 -우꿔[u-k'wə]

(답)(미래)(대등對等)([ha-u-k'wə] 제가 합니다 등), 참조 No. 228

(함북)연태동·무산

398 -우다[u-da]

(겸양)(대상對上)([ö-da]의 전용)(동양東洋 74쪽), 참조 No. 367, 371, 391, 392, 394, 404, 408

(가)(문)(현재)([mu-ət#ha-u-da] 무엇을 합니까 등.)

(함남)고원

(나)(답)(현재)([nɛ-ga#ha-u-da] 제가 합니다 등.)

(제주)제주·성산·서귀·대정, (함남)신고산·안변·덕원·문천·고원

(다)(지정指定)(현재)([pus-i-u-da] 붓이웁니다 등.)

(전남)(함남)(나)의 경우와 같은 지방에서 사용된다.

(라)(명령)(대상對上)([ha-u-da] 해 주세요 등.)

(함남)신고산·안변·덕원·문천·고원

399 우레니[u-rye-ni]

(답)(미래)(대등對等)([ha-u-rye-ni] 지금 할테니까 안심하세요 등)(동양東洋 71쪽)

(함북)명천·부거·연태동·회령·종성·경원·경흥·웅기

■ 400 －우리[u-ri]

(답)(미래)(겸양)(대등對等)([nɛ-ga#ha-u-ri] 제가 합니다 등)(동양東洋 70쪽), 참조 No. 368, 405

(함남)신흥, (함북)명천・부거・무산・종성, (평남)순천・숙천, (평북)정주・선천・용암・의주

■ 401 －워요[wə-yo]

(답)(현재)(겸양)(대상對上)([nɛ-ga#ha-wə-yo] 제가 합니다 등)(동양東洋 86쪽), 참조 No. 255, 388

(충북)제천

■ 402 －월다[wəl-da]

(답)(미래)(겸양)(대상對上)([o-ri-da]의 전용, [nɛ-ga#ha-wəl-da] 제가 합니다 등)(동양東洋 70쪽), 참조 No. 370, 406, 407

(평북)자성

■ 403 －웨[we]

(답)(현재)(겸양)(대등對等)([ö-da]의 축약 전용), 참조 No. 390

(가)(대등對等)([nɛ-ga#ha-we] 제가 합니다 등.)

(황해)장연・은율・안악・재령・장연, (평남)중화・평양・숙천, (평북)박천・영변・희천・정주・강계・자성・후창

(나)(지정指定)(대등對等)([pus-i-we] 붓이웁니다 등.)

■ 404 －웨다[we-da]

(현재)(겸양)(대상對上)([ö-də]의 전용), 참조 No. 367, 371, 391, 392, 394, 398, 408

(가)(문)([mu-ət#ha-we-da] 무엇을 합니까 등.)

(함남)영흥・풍산・갑산, (함북)명천・경성・부령・연태동
(나)(답)([nɛ-ga#ha-we-da] 제가 합니다 등)(동양 73쪽)
(충북)공주・서천・천안, (황해)은율・황주, (함남)영흥・풍산・갑산, (함북) 명천・경성・부령・연태동・회령, (평남)중화・순천
(다)(지정)([pus-i-we-da] 붓이웁니다 등.)
(충북)(황해)(함남)(함북)(평남)(나)의 경우와 같은 지방에서 사용된다.

405 -웨리[we-ri]

(답)(미래)(겸양)(대등對等)([o-ri-da]의 축약 전용, [ha-we-ri] 합시다 등)(동양東洋 71쪽), 참조 No. 368, 400
(평북)박천・영변・희천・구성・강계

406 -웨리다[we-ri-da]

(답)(미래)(겸양)(대상對上)([o-ri-da]의 전용, [ha-we-ri-da] 합니다 등)(동양東洋 69쪽), 참조 No. 370, 402, 407
(함남)풍산, (함북)부령, (평북)박천・영변・희천・의주・강계

407 -웰다[wel-da]

(답)(미래)(겸양)(대상對上)([o-ri-da]의 전용, [ha-wel-da] 합니다 등)(동양東洋 70쪽), 참조 No. 370, 402, 406
(평북)박천・구성

408 -위다[wi-da]

(답)(현재)(겸양)(대상對上), 참조 No. 367, 371, 391, 392, 394, 398, 404
(가)(대상對上)([nɛ-ga#ha-wi-da] 제가 합니다 등.)
(황해)장연
(나)(지정指定)([pus-i-wi-da] 붓이웁니다 등.)

(황해)장연

▇ 409 -유[yu]

(현재)(겸양)(대상對上), 참조 No. 393

(가)(문)(답)([hɛ-yu] 했습니까, 합니다 등.)

(충북)공주・강경, (충북)청주・보은・영동・충주・단양

(나)(지정指定)([pus-i-ju] 붓입니다 등.)

(충남)(충북)(가)의 경우와 같은 지방에서 사용한다.

▇ 410 -이[i]

(문)(과거)(겸양)(대등對等)([mu-ət#hɛ-i] 무엇을 했습니까, [ə-diy#ka-i] 어디로 갔었습니까 등), 참조 No. 361

(황해)금천・연안・해주・옹진・태탄・장연・은율・안악・재령・서흥

▇ 411 -이다[i-da]

(명령)(대상對上)([ki-rə-i-da] 그리 하시오, [čin-ji#čap-녀-i-da] 진지를 드십시오, [ol-la-o-si-i-da] 올라 오십시오 등)(동양東洋 156쪽)

(전남)여수, (경남)하동

▇ 412 -이소[i-so]

(명령)(대상對上)([ha-i-so] 하세요, [ka-i-so] 어서오세요 등)(동양東洋 157쪽)

(경남)울산・김해・마산・거제・통영・진주・남해・함양・거창・창녕・밀양, (경북)영천・포항・영덕・대구・김천・의성・예천・영주・청송

▇ 413 -자[ča], [ja]

(문)(현재)(대하對下)([mu-ət#ha-ja] 무엇을 할 생각입니까 등.)

(전북)무주

414 -장[čaŋ], [jaŋ]

(답)(현재)(대하對下)([mu-ət#ha-jaŋ] 무엇을 할 생각입니까 등.)
(전북)무주 · 금산

415 -재[čɛ], [jɛ]

(문)(현재)(지정指定)(대하對下)([pus-i-jɛ] 붓이 아닌가 등), 참조 No. 421
(경남)양산 · 김해 · 거제 · 남해 · 함양 · 창녕 · 밀양, (경북)영천 · 영덕 · 대구 · 예천 · 안동 · 영주 · 청송 · 울진 · 평해, (충북)제천, (강원)통천 · 장전 · 고성 · 간성 · 양양 · 주문진 · 강릉 · 삼척 · 영해 · 평창 · 원주 · 횡성 · 홍천 · 춘천 · 인제

416 -주[ču], [ju]

(답)(현재)(대등對等)(부부사이 등의 용어. [ču-gi], [ju-gi]라고도 한다), 참조 No. 320
(가)([hö-ju] 합니다 등.)
(제주)제주 · 성산 · 서귀 · 대정
(나)(지정指定)([pus-i-ju] 붓입니다 등.)
(제주)제주 · 성산 · 서귀 · 대정

417 -지더[či-də], [ji-də]

(답)(현재)(겸양)(대등對等), 참조 No. 321
(가)(대상對上)([ha-ji] 하고 말고 등.)
(경남)김해 · 마산 · 거제 · 통영(거제 통영에서는 [ha-ji-da].)
(나)(지정指定)([pus-i-ji-də] 붓입니다 등.)
(경남)(가)의 경우와 같은 지방에서 사용된다.

418 -지라오[či-ra-o], [ji-ra-o]

(현재 · 미래)(겸양)(대상對上), 참조 No. 323

(가)(문)([ha-ji-ra-o] 저 사람이 할까요 등.)
(전남)광양·순천·벌교·보성·장흥·강진·목포·나주·광주·장성·담양·옥과·곡성·구례(여수·고흥에는 없다), (전북)운봉·남원·순창·정읍·김제·군산·전주·임실·장수·진안(무주·금산에는 없다. 정읍·김제에서는 [ji-ra-u]로 발음한다), (경북)울진, (충남)서천·홍성
(나)(답)([na-ji-ra-o] 저 사람이 합니다 등.)
(전남)순천·보성·강진·영암·목포·나주·광주·장성·담양, (전북)남원·순창·정읍·김제·전주·금산
(다)(문)(지정指定)([pus-i-ji-ra-o] 붓입니까 등.)
(전남)돌산·광양·순천·벌교·보성·장흥·해남·목포·나주·영광·광주·장성·옥과·곡성·구례(돌산·여수·고흥·보성·함평지방에서는 (답)으로 사용되지 않는다), (전북)진안·금산
(라)(답)(지정指定)([pus-i-ji-ra-o] 붓입니다 등.)
(전남)강진·영암·목포·담양, (전북)남원·순창·정읍·금산, (경남)함양, (경북)울진, (충남)부여·남포·홍성

■ 419 −지러[či-rə], [ji-rə]

(현재·미래)(대하對下), 참조 No. 56, 57, 324
(가)(문)([ha-ji-rə] 할까 등.)
(경남)동래·부산, (경북)경주·포항·홍해·영덕·대구·예천·안동·영주·울진·평해
(나)(답)(경남)(경북)(가)의 경우와 같은 지방에서 사용된다.
(다)(문)(지정指定)([pus-i-ji-rə] 붓입니까 등.)
(경남)울산, (경북)영천·포항·영덕·대구·의성·예천·안동·영주·청송

■ 420 −지비[či-bi], [ji-bi]

(현재·미래)(대등對等), 참조 No. 326, 386

(가)(문)([ha-ji-bi] 합니까 등.)

(함남)정평·함흥·오로·신흥·이원·풍산·갑산·혜산

(나)(답)([ha-ji-bi] 합니다 등.)

(함남)정평·함흥·오로·신흥·홍원·북청·이원·단천·풍산·갑산·혜산, (함북)성진·명천

(다)(답)(지정指定)([pus-i-ji-bi] 붓입니다 등.)

(함남)(함북)(나)의 경우와 같은 지방에서 사용된다.

(라)(명령)([ha-ji-bi] 하세요 등.)

(함남)정평·함흥·오로·신흥·홍원·북청·이원·풍산·갑산·혜산, (함북)명천

421 −지야[či-ya], [ji-ya]

(문)(현재)(대하對下)([mu-ət#ha-ji-bi] 무엇을 할까 등.)

(전남)돌산·여수·광양·순천·벌교·보성·장흥·해남·목포·함평·영광·나주·광주·장성·옥과·곡성·구례, (전북)남원·정읍·김제·군산·전주·임실(금산에는 없다), (경북)울진, (강원)강릉·삼척·평창

422 −지오다[či-o-da], [ji-o-da]

(답)(미래)(겸양)(대상對上)([nɛ-ga#ha-ji-o-da] 제가 하겠습니다 등.)

(함남)함흥·오로·신흥·홍원·북청·풍산·갑산·혜산

423 −쿠과[kʰu-gwa]

(문)(현재·미래)(대등對等)([hɔ-kʰu-gwa] 할까요 등), 참조 No. 147

(제주)제주·성산·서귀·대정

424 −쿠다[kʰu-da]

(답)(현재·미래)(대등對等)([ha-kʰu-da] 합니다 등), 참조 No. 148

(제주)제주・성산・서귀・대정

▨ 425 －기여[ki-yə]
(현재・미래)(대등對等), 참조 No. 150
(가)(문)([mu-si-gi#hɔ-kʰi-yə] 무엇을 합니까, [mu-si-gi#mək-kʰi-yə] 무엇을 먹습니까 등.)
(제주)제주・성산・서귀・대정
(나)(답)([nɛ-ga#hɔ-kʰi-yə] 제가 합니다, [tet-kyə-pə-ri-khi-yə] 밖으로 내팽기치다 등.)
(제주)제주・성산・서귀・대정

24 부사副詞

001 겨우僅かに

❶ **겨우**[kyə-u] (전남)광주, (충남)천안, (충북)괴산, (경기)경성·개성·장단·연천, (황해)금천·연안·해주·옹진·태탄·장연·은율·안악·재령·서흥·신계·곡산

❷ **게우**[ke-u] (전남)돌산·여수·고흥·장흥·목포·함평·영광·곡성, (경남)거제·통영·남해·거창

❸ **개우**[kɛ-u] (경북)영주·청송, (충북)청주·보은

❹ **재고**[čɛ-go] (경북)경주·흥해

❺ **재구**[čɛ-gu] (경북)경주

❻ **재구로**[čɛ-gu-ro] (경남)마산

❼ **재와**[čɛ-wa] (경북)영천·대구·의성

❽ **재우**[čɛ-u] (전남)완도, (경남)양산·동래·김해·마산·거창·합천·창녕·밀양, (경북)경주·대구·고령·성주·영주·청송, (충북)영동

❾ **제고**[če-go] (경북)포항·영덕

❿ **제구**[če-gu] (경남)부산, (경북)포항, (함남)북청

⓫ **제:구래**[če:-gu-rɛ] (함남)덕원·문천·영흥·정평·신흥

⓬ **제와**[če-wa] (강원)강릉·삼척

⓭ **제와라**[če-wa-ra] (함남)신고산·안변·고원

⑭ 제우[če-u] (제주)제주・성산・서귀・대정, (전남)광양・벌교・보성・장흥・해남・목포・함평・나주・광주・옥과・곡성・구례, (전북)운봉・군산・임실・장수・진안・무주・금산, (경남)부산・마산・진주・하동・함평・합천・창녕・밀양, (경북)포항・영덕・대구・지례・김천・울진・평해, (충남)공주・강경・부여・홍산・청양・서천・남포・보령・광천・홍성・해미・서산・예산・천안・조치원, (충북)진천・괴산・충주・단양・제천, (강원)양양・삼척・영월・평창・원주・횡성・홍천・인제

⑮ 제우시[če-u-si] (경남)진주

⑯ 제워[če-wə] (강원)평창・홍천・인제

⑰ 지우[či-u] (전남)해남・영암・목포, (경북)김천・상주・함창・문경・예천・안동

⑱ 지우사[či-u-sa] (전남)영암

⑲ 지유[či-yu] (경북)상주

⑳ 바두:시[pa-du:-si] (충남)공주・강경・홍성

㉑ 빠두:시[pʼa-du:-si] (충남)천안, (충북)영동

㉒ 보도:시[po-do:-si] (전남)장성・담양・곡성, (전북)운봉・남원・순창・정읍・김제・전주・임실・장수・진안・금산, (경남)양산・김해・마산・거제・통영・진주・남원・하동・함양・거창・합천・창녕・밀양, (경북)영천・고령, (충북)보은

㉓ 뽀도:시[pʼo-do:-si] (전남)광양・장성・담양・곡성・구례

㉔ 보돕시[po-dop-si] (전남)순천

㉕ 보로시[po-ro-si] (전남)돌산・여수・벌교・고흥・보성・장흥・강진・완도・해남・영암・목포・함평・영광

■ 002 이렇게斯く

❶ 긔영[kiy-yəŋ]([mu-sa#kiy-yəŋ#hɔ-yən-diy] (왜 그렇게 하셨습니까의 의미))(제주)제주・성산・서귀・대정

003 서서히徐徐に

① **남남**[nan-nam] (함남)홍원
② **남나미**[nam-na-mi] (평북)자성
③ **나랑**[na-raŋ] (함북)성진·길주·경성·청진·회령·종성·경흥·웅기

004 오히려却って

① **오이려**[o-i-ryə] (경기)경성
② **외려**[ö-ryə] (경기)연천
③ **도로혀**[to-ro-hyə] (경남)동래·부산·거창·합천·창녕·밀양, (경북)고령, (충남)공주·강경·서천·홍성, (충북)청주·보은·영동·충주·단양, (황해)은율
④ **도로히**[to-ro-hi] (경남)양산·김해
⑤ **도로여**[to-ro-yə] (전남)곡성
⑥ **도로**[to-ro] (경남)거제·진주·남해·함양, (경북)대구·김천·의성·안동·영주
⑦ **도루혀**[to-ru-hyə] (경북)청송
⑧ **도리혀**[to-ri-hyə] (제주)제주·성산·서귀·대정, (강원)양양, (황해)수안·곡산
⑨ **도리여**[to-ri-yə] (전남)광주, (경북)영덕·평해, (황해)태탄·재령
⑩ **도리**[to-ri] (경남)통영, (강원)진주
⑪ **데려**[te-ryə] (황해)연안
⑫ **되로**[tö-ro] (전북)무주, (충남)강경, (충북)보은·영동, (강원)삼척
⑬ **되루**[tö-ru] (함남)신고산·덕원·문천
⑭ **되랴**[tö-rya] (경기)개성
⑮ **되려**[tö-ryə] (전남)곡성, (경기)경성·장연·연천, (황해)금천·해주·옹진·은율·안악·서흥·신계·수안
⑯ **뒈로**[twe-ro] (충북)충주

⑰ 돼리[twe-ri] (경북)울진
⑱ 뎁데[tep-te] (전남)나주·장성, (전북)정읍·김제·전주·임실·금산
⑲ 됩데[töp-te] (전남)여수·순천·강진·영암, (전북)운봉·장수·진안, (충남)공주·강경·홍성·천안, (충남)청주·보은·영동, (강원)양양
⑳ 됩듸[töp-tiy] (전남)담양, (전북)남원·순창
㉑ 두엡다[tuep-ta] (충북)충주
㉒ 두엘데[tuet-te] (충북)단양
㉓ 뎉데[tet-te] (전남)목포, (경남)마산·거제·통영·하동
㉔ 뎁새[təp-sɛ] (충남)서천
㉕ 됩시[töp-si] (전북)남원
㉖ 다부[ta-bu] (경남)울산·부산·마산·거제·통영·진주·남해, (경북)영천·포항·영덕
㉗ 되비[tö-bi] (함남)영흥·정평·함흥·오로·신흥·홍원·북청·이원

■ 006 다만唯た

❶ 다만[ta:-man] (제주)제주·성산·서귀·대정, (전남)순천·광주·장성·담양·곡성, (전북)운봉·남원·순창·정읍·김제·전주·임실·장수, (경기)경성
❷ 다:먼[ta:-mən] (전북)진안·무주·금산
❸ 다:맏[ta:-mat] (경남)하동
❹ 다:몯[ta:-mot] (제주)제주·성산·서귀·대정, (전남)곡성, (전북)운봉

■ 007 미리豫め

❶ 미리[mi-ri] 대다수 지방
❷ 저리[čə-ri] (함남)문천·함흥·오로·홍원·북청·이원
❸ 제리[če-ri] (함남)신고산·안변·덕원·고원·영흥·정평·신흥

008 마지막으로終に

❶ 맏침[mat-cʰim] (전남)여수·장흥·영암·장성, (전북)남원·정읍·김제·전주·임실·무주·금산, (경기)경성
❷ 몯침[mot-cʰim] (전남)돌산·광양·순천·벌교·고흥·보성·장흥·완도·해남·목포·함평·나주·광주·장성·옥과·곡성·구례

009 모두皆

❶ 모도[mo-do] (전북)무주·금산, (경기)경성
❷ 몬닥[mɔn-dak] (제주)제주·대정
❸ 몬딱[mɔn-t'ak] (제주)성산·서귀
❹ 말창[mal-c'aŋ] (전남)곡성, (전북)운봉·임실·장수·진안·무주·금산

010 왜何故

❶ 왜[we], 웨[wɛ] 대다수 지방
❷ 무사[mu-sa]([mu-sa#a-ni#kan-diy#pʰyən-ji-ga#was-so] 왜 가지 않았는가라는 편지가 왔습니다의 의미)(제주)제주·성산·서귀·대정

011 매우甚だ

❶ 매우[mɛ-u] (전남)순천·광주, (경기)경성
❷ 무루[mu-ru](매우 걱정하다의 의미) (제주)제주·성산·서귀·대정
❸ 모진[mo-jin] (함남)함흥·홍원·북청·이원
❹ 모질[mo-jil] (함남)오로
❺ 모지리[mo-ji-ri] (함남)문천·고원·영흥·정평·신흥
❻ 몹시[mop-si] (경기)경성·개성·장단·연천, (황해)금천·연안·해주·옹진·태탄·장연·은율·안악·재령·황주·서흥·신계·수안·곡산
❼ 참[cʰam] (전남)여수·보성·강진·영암·목포·나주·곡산, (전북)운봉·임실·장수·진안·무주·금산, (경남)하동

⑧ 가장[ka-jaŋ] (함남)홍원・북청・이원・풍산・갑산・혜산
⑨ 퍽[pʰək] (전남)장성・담양, (전북)남원・순창・정읍・김제・전주
⑩ 개우[kɛ-u] (전남)순천
⑪ 대우[tɛ-u] (함남)함흥
⑫ 데우[te-u]
⑬ 되우[tö-u] (황해)금천・연안・신계・곡산, (함남)신고산・안변・덕원・문천・고원・영흥・정평・함흥・오로・신흥・홍원・북청・이원・풍산・갑산・혜산
⑭ 되[tö] (전북)남원・순창, (황해)안악・재령・서흥・수안
⑮ 됸쇄[töt-swɛ] (황해)은율
⑯ 뒈우[twe-u] (제주)성산・서귀・대정

012 뾰족한 모양尖れるさま

① 뾰족[p'yo-jok] (황해)황주・신계・곡산
② 뾰죽[p'yo-juk] (경기)경성・개성・장단・연천, (황해)금천・연안・해주・옹진・태탄・장연・은율・안악・재령・서흥・수안
③ 뻬족[p'ɛ-jok] (함남)함흥・풍산
④ 뻬쪽[p'ɛ-č'ok] (경남)울산・양산・동래・부산・김해・마산・진주・남해・거창・합천・창녕・밀양, (경북)영천・포항・영덕・고령・김천・예천
⑤ 뻬죽[p'ɛ-juk] (함남)북청
⑥ 뻬쭉[p'ɛ-č'uk] (경북)대구・의성・안동・영주・청송
⑦ 뻬족[p'e-jok] (충북)서천・천안, (강원)양양・강릉・삼척
⑧ 뻬쪽[p'e-č'ok] (전북)남원・순창・전주, (경남)함양, (경북)울진・평해, (충남)공주・강경・홍성, (충북)청주・보은・영동・충주・단양
⑨ 뻬쭉[p'e-č'uk] (전남)목포
⑩ 보쪽[po-č'ok] (제주)제주・성산・서귀・대정, (경남)하동
⑪ 뽀족[p'o-jok] (함남)풍산, (평북)영변・희천・구성・강계・자성・후창

⑫ 뽀죽[pʼo-ǰuk] (함남)산·혜산
⑬ 뵈쪽[pö-cʼok] (전남)여수·순천·보성·강진·장성·담양·곡성, (전북)운봉·정읍·김제·임실·장수·진안·무주·금산
⑭ 뾔죡[pʼö-ǰok] (함남)문천·고원·영흥·정평·함흥·오로·신흥, (평남)평양, (평북)박천·구성
⑮ 뾔쥭[pʼö-ǰuk] (함남)신고산·안변·덕원·홍원·이원
⑯ 삗쪽[pʼit-cʼok] (경북)영천·안동·영주·청송
⑰ 삗쭉[pʼit-cʼuk] (경남)진주
⑱ 짿삗[čʼɛt-pʼit] (경남)마산
⑲ 짿빅[čʼot-pik] (경남)통영
⑳ 쫃빋[čʼot-pit] (전남)영암
㉑ 쫑빋[čʼoŋ-pit] (경남)거제
㉒ 쫑굳[čʼoŋ-gut] (경남)거제

013 조속히 速 かに

❶ 뽈리[pʼɔl-li] (제주)제주·성산·서귀·대정
❷ 빨리[pʼal-li] (전남)곡성, (전북)운봉·임실·장수·진안·무주·금산, (경남)울산·동래·김해·거창·합천·창녕·밀양, (경북)영천·포항·영덕·대구·고령·김천·의성·예천·안동·영주·청송·울진·평해, (충남)공주·강경·서천·홍성·천안, (충북)청주·보은·영동·충주·단양, (경기)경성·개성·장단·연천, (강원)양양·강릉·삼척, (황해)금천·연안·해주·옹진·태탄·은율·안악·재령·서흥·신계·수안·곡산, (함남)신고산·안변·덕원·문천·고원·영흥·정평·함흥·오로·신흥·홍원·북청·이원·서천·풍산·갑산·혜산, (함북)성진·길주·명천·경성·나남·청진·부거·부령·무산·경흥, (평남)평양, (평북)박천·영변·희천·구성·강계·자성·후창
❸ 뽈리[pʼol-li] (함북)회령·종성·경원

④ **빵지**[pʼaŋ-ji] (황해)금천・연안・해주・옹진・태탄・장연・은율・안악・재령・황주・서흥・수안
⑤ **싸게**[sʼa-ge] (전남)순천・강진・영암・목포・장성・담양・곡성, (전북)운봉・남원・순창・정읍・김제・전주・임실・장수・진안・무주・금산, (경남)울산, (경북)영천・포항・영덕・의성, (충남)공주・강경・서천, (충북)청주・보은・충주・단양
⑥ **썩기**[sʼək-ki] (경남)마산・거제
⑦ **쎄게**[sʼe-ge] (충북)영동
⑧ **쎄기**[sʼe-gi] (경남)하동
⑨ **쎄**[sʼe] (전남)여수
⑩ **어서**[ə-sə] (경기)경성, (함북)경원・경흥
⑪ **어서라**[ə-sə-ra] (함북)종성
⑫ **얼른**[əl-lin] (충남)홍성・천안, (경기)경성
⑬ **올런**[ol-lən] (경남)통영・진주・남해
⑭ **얼피**[əl-pʰi] (함북)나남
⑮ **얼핑**[əl-pʰiŋ] (함북)나남
⑯ **얼신**[əl-sin] (함남)홍원・북청・서천, (함북)성진・길주・경성・나남・청진・부령・무산・회령・종성・경흥
⑰ **얼킨**[əl-khin] (함남)신고산・안변・덕원・문천・고원・영흥・정평・함흥・오로・신흥・홍원・이원
⑱ **얻덕**[ət-tək] (경남)울산・동래, (경북)영천・포항・영덕・고령・청송・울진・평해
⑲ **날래**[nal-lɛ] (황해)황주, (함남)신고산・안변・덕원・문천・고원・영흥・정평・함흥・오로・신흥・홍원・북청・이원・서천・풍산・갑산・혜산, (함북)성진・길주・경성・나남・청진・부령・무산, (평남)평양, (평북)박천・영변・희천・구성・강계・자성・후창
⑳ **냉캄**[nɛŋ-kʰam] (경남)남해

㉑ 펃덕[pʰət-tək] (경남)부산
㉒ 재기[čɛ-gi] (제주)제주・성산・서귀・대정
㉓ ᄒᆞ저[hɔn-ǰə] (제주)제주・성산・서귀・대정

014 벌써旣に

① 볼서[pɔl-sə] (제주)제주・성산・서귀・대정
② 벗서[pɔs-sə] (제주)성산
③ 벌서[pəl-sə] (전남)순천・목포・자성・곡성・구례, (전북)순창・저읍・김제・장수・진안・무주・금산, (경남)울산・양산・동래・부산・김해・마산・통영・진주・남해・하동・함양・거창・합천・창녕・밀양, (경북)영천・포항・영덕・대구・고령・김천・의성・예천・안동・영주・청송・울진・평해, (충남)공주・강경・서천・홍성・천안, (충북)청주・보은・영동・충주・단양, (경기)경성, (강원)양양・강릉・삼척
④ 벌세[pəl-se] (전남)담양・정북・운봉・임실・장수, (경남)거제
⑤ 벌시[pəl-si] (전북)남원・전주
⑥ 볼서[pol-sə] (전남)여수・나주
⑦ 볼세[pol-se] (전남)보성・강진・영암
⑧ 볼소[pol-so] (경남)하동
⑨ 하마[ha-ma] (전북)금산(감탄사 '어머'의 의미로도 사용된다), (경남)마산・거제・통영・진주・함양, (경북)영천・포항・영덕・예천・안동・영주・청송・울진・평해, (충남)강경, (충북)청주・충주・단양, (강원)양양・강릉・삼척
⑩ 하매[ha-mɛ] (전북)무주, (경남)진주, (경북)대구・김천・의성, (충북)보은・영동
⑪ 하머[ha-mə] (경북)영천
⑫ 하메[ha-me] (경남)함양
⑬ 함마[ham-ma] (경북)포항

015 별로別に

① **별로**[pyə-lo] (제주)제주·서귀, (전남)장흥·함평·곡성, (경남)부산, (경북)포항·의성·문경·예천·안동·영주·청송, (경기)경성, (강원)통천·주문진, (강원)횡성·철원·평강, (황해)금천·연안·해주·옹진·태탄·장연·은율·안악·재령·황주·서흥·신계·수안·곡산, (함남)신고산·문천·정평·오로·홍원·북청, (함북)길주·경성·나남·부령·무산·회령·종성·경원·경흥, (평남)중화·평양·순천·숙천·안주, (평북)영변·희천·구성·정주·선주·용암·의주·강계·후창

② **뻴로**[pel-lo] (제주)성산·서귀·대정, (전남)돌산·여수·광양·순천·벌교·고흥·보성·완도·지도·해남·목포·영광·나주·광주·장성·옥과·곡성·구례, (전북)운봉·남원·순창·정읍·김제·군산·전주·임실·진안·금산, (경남)마산·거제·통영·진주·남해·하동·함양·거창·합천, (경북)영덕·지례·예천·울진·평해, (충북)청주·영동·진천·횡성·충주·제천, (강원)고성·간성·양양·강릉·영월·평창·홍천·춘천·인제, (황해)신계, (함남)신고산·안변·덕원·문천·고원·영흥·함흥·서천·풍산·갑산·혜산, (함북)성진·청진·웅기, (평북)박천·영변·자성

③ **뻴루**[pel-lu] (함남)신흥

④ **뻴로**[pɛl-lo] (경남)울산·동래, (경북)영천·경주·포항·홍해·영덕·성주·영주·청송

⑤ **뺄라**[pɛl-la] (경남)양산

⑥ **빌로**[pil-lo] (전북)순창, (경남)창녕·밀양, (경북)영천·대구·고령·김천·의성·상주·함창·예천

016 모두總て

① **왼통**[ön-tʰoŋ] (경기)경성, (함남)함흥·오로·홍원·북청·이원·풍산
② **엔통**[en-tʰoŋ] (함남)단천, (함북)성진·길주

③ 앤통[ɛn-tʰoŋ] (함남)함흥·북청, (평남)순천
④ 왠통[wɛn-tʰoŋ] (평남)중화
⑤ 웬통[wen-tʰoŋ] (제주)제주·서귀·대정, (함남)갑산·혜산, (함북)회령
⑥ 쇠통[sö-tʰoŋ] (경기)경성·장단, (황해)해주·옹진·태탄·재령·신계·곡산, (함남)정평·함흥·오로·신흥·홍원·풍산·갑산·혜산
⑦ 세통[se-tʰoŋ] (황해)연안
⑧ 소통[so-tʰoŋ] (제주)제주·대정
⑨ 오분걷[o-bun-gət] (함남)홍원·북청·단천, (함북)성진·길주·경성·나남·청진·부령·무산·회령·종성·경흥
⑩ 호통[ho-tʰoŋ] (제주)서귀

017 결코~가 아니다決して～ない

① 원양[wən-yaŋ] (함남)북청
② 원앙[wən-aŋ] (함남)함흥·오로·신흥
③ 원영[wən-yəŋ] (함남)정평
④ 원엉이[wən-əŋ-i] (함남)홍원·이원·풍산·혜산

018 조금僅か

① 조곰[čo-gom] (경기)경성, (제주)제주·대정
② 조콤[čo-kʰom] (경기)경성, (제주)서귀·성산
③ 흑고만[hɔk-ko-man] (제주)제주·성산·서귀·대정

019 늘常に

① 항상[haŋ-saŋ] 대다수 지방
② 늘상[nil-saŋ] (함남)정평·북청·이원·혜산

020 많이多く

❶ 만히[man-hi] 대다수 지방
❷ 하영[ha-yəŋ] (제주)제주·성산·서귀·대정

조사助辭

■ 001 -고(し)て (-바치고, -만들고 등의 -고)

❶ -고[ko], [go] ([til-go#kan-da]바치고 가다, [čit-ko#kan-da]만들고 가다)(함남)정평·함흥·오로·신흥·홍원·북청·이원·풍산·갑산·혜산, 그 외 대다수 지방

❷ -구[ku], [gu] ([til-gu#kan-da]바치고 가다, [čit-ku#kan-da]만들고 가다)(경기)경성·개성·장단·연천, (황해)금천·연안·해주·옹진·태탄·장연·은율·안악·재령·황주·서흥·신계·수안·곡산, (함남)신고산·안변·덕원·문천·고원·영흥·정평·함흥·오로·신흥·홍원·북청·이원·단천·풍산·갑산·혜산, (함북)성진·길주·명천·경성·나남·청진·부령·무산·회령·종성·경원·경흥·웅기, (평남)평양, (평북)박천·영변·희천·구성·강계·자성·후창

■ 002 -거던 ならば

❶ -거든[kə-dɨn] 대다수 지방
❷ -건[kən] (제주)제주·성산·서귀·대정

■ 003 −는지やら (−있는지 없는지의 −는지)

① **−두[du]** ([in-nin-du#əm-nin-du##mo-ru-ges-so] '있는지 없는지 모릅니다'의 의미)(함북) 무산

② **−둥[duŋ]** ([in-nin-duŋ#əm-nin-duŋ##mo-ri-ges-so])(함북)회령・종성・경원

■ 004 −을/를を (목적격)

① **−을[il]** (①에서 ③까지는 앞의 명사가 자음으로 끝나는 경우)(전남)여수・보성・강진・영암・목포・나주・장성, (경남)양산・거창・합천・창녕・밀양, (경북)고령・의성・예천・안동・영주・청송, (경기)경성, (함남)신고산・안변・덕원(이들 지방에는 [i]가 없음.)

② **−얼[əl]** (전남)강진・영암・목포・나주・담양, (전북)남원・순창・정읍・전주, (경남)거창・합천・창녕

③ **−으[i], −우[u]** ([sur-u#məŋ-nin-da] 술을 마시다, [hilg-i#pʰn-da] 땅을 파다 등)(함남)문천・영흥・정평・함흥・오로・신흥・홍원・북청・이원・단천・풍산・갑산・혜산, (함북)성진・길주・경성・나남・부령・무산・회령・종성・경원・경흥・웅기

④ **−를[ril]** (④에서 ⑧까지는 앞의 명사가 모음으로 끝나는 경우)(전남)여수・보성・강진・영암・목포・나주・장성, (경북)김천・의성・예천・안동・영주・청송, (경기)경성, (함남)신고산・안변・덕원・고원

⑤ **−를[rəl]** (전남)보성・강진・영암・목포・나주・담양, (전북)남원・순창・정읍・전주, (경남)양산・거창・창녕・밀양

⑥ **−르[ri]** ([kɛ-ri#tʼɛ-rin-da] 개를 때리다 등)(함남)안변・문천・고원・영흥・함흥・오로・신흥・홍원・북청・이원・풍산・갑산・혜산, (함북)명천・부거

⑦ **−ㄹ[l]** ([kɛl#tʼɛ-rin-da] 개를 때리다 등)(황해)곡산(도내 다른 지방에는 이 어형이 없다), (함남)신고산・안변・문천・고원・영흥・오로・신흥, (함북)명천

⑧ **−로[ro]** ([kɛ-ro#čam-nin-da]개를 잡다, [mul-lo#məŋ-nin-da]물을 먹다 등)(경남)울산・양산・동래・부산・김해・마산・거제・통영・진주・남해・함양・합천・

창녕・밀양, (경북)영천・포항・영덕・대구

▰ 005 -위해ために (-하기 위해, -놀기 위해 등)

❶ **-라**[ra] ([ha-ra#kan-da]하기 위해 가다, [nol-la#kan-da]놀기 위해 가다 등)(함남)신고산・안변・문천・정평・함흥・오로・신흥・홍원

❷ **-러**[rə] (경남)울산・양산, (경북)의성, (충남)전부, (충북)전부, (경기)경성, (강원)양양・강릉・삼척・울진, (함남)덕원・영흥

❸ **-로**[ro] ([ha-ro#kan-da], [nol-lo#kan-da] 등)(전남)보성・강진, (경남)동래・부산・김해・마산・거제・통영・진주・남해・하동・함양・거창・합천・창녕・밀양, (경북)영천・포항・영덕・대구・고령・김천・의성・예천・안동・영주・청송・평해

▰ 006 -와/과と (함께)

❶ **-와**[wa], **-과**[kwa] 일반

❷ **-꽈**[k'wa] ([nə-k'wa#na-k'wa] 너와 나와 등)(강원)횡성・홍천・춘천

❸ **-캉**[kʰaŋ] ([nə-kʰaŋ#na-kʰaŋ] 너와 나와, [so-kʰaŋ#mal-kʰaŋ] 소와 말과 등)(경남)울산・양산・동래・부산・김해・마산・거제・통영・진주・거창・합천・창녕・밀양, (경북)영천・포항・영덕・대구・고령・김천・의성・예천・안동・영주・청송

❹ **-쾅**[kʰwaŋ] (경북)평해

❺ **-랑**[raŋ] ([nə-raŋ#na-raŋ] 너와 나와, [son-i-raŋ#par-i-raŋ] 손과 발과 등)(제주)서귀・대정, (전남)순천・광주・장성・담양・곡성, (전북)운봉・남원・순창・정읍・김제・전주・임실・장수・진안・무주・금산, (경남)마산・거제・통영・진주・남해・함양, (충남)공주・강경(제천・홍성・천안에는 없다), (충북)청주・보은・영동, (황해)해주・은율・안악・재령・서흥・신계・수안・곡산, (함남)신고산・안변・덕원・문천・고원・영흥・정평・함흥・오로・신흥・홍원・북청・이원・풍산・갑산・혜산

❻ -영[yəŋ] (제주)성산·서귀

007 -이/가が (주격)

❶ -이[i], -가[ka] 일반
❷ -래[rɛ] ([so-rɛ#on-da] 소가 오다 등)(제주)대정, (평남)순천, (평북)용암·의주 (전남·경기·황해·함남 등에는 이 어법이 없다.)

008 -요よ (강조사)

❶ 맛슴[mas-sim] ([it-ta#mas-sim] 있습니다요, [hö-sə#mas-sim] 했습니다요 등)(제주)제주·성산·서귀·대정

009 -면ならば

❶ -면[myən] 일반
❷ -멘[men] (경남)거창, (경북)김천·성주·평해, (강원)주문진
❸ -먼[mən] (전남)돌산·광양·순천·벌교·고흥·보성·장흥·완도·목포·함평·나주·광주·장성·옥과·곡성·구례, (전북)남원·순창·김제·전주, (경북)포항·홍해·영주·청송, (충북)청주·진천·괴산·충주
❹ -만[man] (경북)의성·상주·함창·예천·안동
❺ -문[mun] (제주)제주, (강원)통천·장전·고성·간성·양양·주문진·강릉, (함북)나남·무산
❻ -민[min] (제주)성산·서귀·대정
❼ -모[mo] (경북)포항·평해
❽ -무[mu] (경북)포항·홍해

010 -면서ながら

❶ -면서[myən-sə] 일반
❷ -멍[məŋ] (전남)제주·성산·서귀·대정

❸ -도람서[to-ram-sə] ([a-ja-to-ram-sə] 앉으면서, [sa-to-ram-sə] 서면서)

011 -야こそ (하지 않으면 안 된다)

❶ -야[ya] ([ka-ya-han-da] 가지 않으면 안 된다, [is-sə-ya-han-da] 없으면 안된다 등) 일반
❷ -사[sa] ([ka-sa#han-da], [is-sə-sa-han-da]) (제주)제주·성산·서귀·대정, (경남)부산·거제·거창, (경북)청송

012 -에に·へ

❶ -에[e] ([tir-e#kan-da] 들로 가다 등) 일반
❷ -애[ɛ] (경남)마산, (경북)대구·김천
❸ -게[ge] (경북)청송([e]로도.)
❹ -개[gɛ] (경남)울산, (경북)영천·포항·영덕

013 -제(し)ない (부정, 부인용어)

❶ -제[čɛ], [jɛ] ([ka-jɛ-sim] 가지 않습니다, [po-jɛ-me] 보지 않습니다 등)(함남)정평·함흥·오로·신흥·홍원·북청·이원·풍산·갑산·혜산

014 -지(し)ない (부정)

❶ -지[či], [ji] ([mək-či-a-ni-han-da] 먹지 않습니다 등) 대다수 지방
❷ -디[ti], [di] ([mək-ti-a-ni-han-da] 등)(평남)중화·평양·순천·숙천·안주, (평북)박천·영변·희천·구성·정평·선천·용암·의주·자성·후창

015 -츰ね (강조어)

❶ -츰[čʰɔm] ([i-gət#mu-sa-čʰɔm] 이것은 무엇이죠 등)(제주)제주·성산·서귀·대정

016 -지以來

❶ -지[či], [ji] ([en-ji-ga#met-hɛ-o] 온지 몇 년이 되었습니까 등) 대다수 지방
❷ -간듸[kan-diy], -건듸[kən-diy] ([hɛt-kan-diy#sam-nyən-i-o] 한지 3년입니다, [o-gən-diy#met-hɛ-yo] 온지 몇년입니까 등)(제주)제주・성산・서귀・대정

017 -거든 ならば

❶ -거든[kə-dɨn], [gə-dɨn] 대다수 지방
❷ -건[kən], [gən] (제주)제주・성산・서귀・대정

018 -는 즉 (する・した)のに

❶ -ㄴ즉[n-jɨk] ([kan-jɨk] 갔는데, [pon-jɨk] 봤는데 등) 대다수 지방
❷ -나네[na-ne] ([ka-na-ne] 갔는데, [po-na-ne] 봤는데 등)(제주)제주・성산・서귀・대정
❸ -난[nan] ([ka-nan] 갔는데, [po-nan] 봤는데, [ma-rɛn#ha-nan] 하지 말라고 했는데 등)(제주)제주・성산・서귀・대정

019 -다가 (する・した)が・(し)て

❶ -다가[ta-ga], [da-ga] ([ka-da-ka#man-nas-so] 가다 만나다 등) 대다수 지방
❷ -단[dan] ([ka-dan#man-nas-su-da] 가다 만났습니다, [po-dan#was-so] 보고 왔습니다, [čuk-če-hɔ-dan#sa-ras-su-da] 죽다 살았습니다 등)(제주)제주・성산・서귀・대정

020 -든 (する・した)と (인용어구에)

❶ -다고[ta-go], [da-go] ([kan-da-go#ha-o] 간다고 했습니다 등) 대다수 지방
❷ -댄[dɛn] ([hɔn-dɛn#hɔp-tiy-da] 한다고 했습니다, [ol-ka-bu-dɛn#hɔ-yas-so] 올 것이라고 했습니다, [pol-ka-pʰu-dɛn#hɔ-yəs-so] 볼 것이라고 했습니다 등)(제주)제주・성산・서귀・대정

❸ -듸원[tiy-ön], [diy-ön] ([o-ran-diy-ön#ti-rəp-te-da] 왔다고 들었습니다, 그 외 [hɔm-diy-ön⋯] 한다고⋯, [hön-diy-ön⋯] 했다고⋯, [hɔl-diy-ön⋯] 할 것이라고⋯ 등)(제주)제주·성산·서귀·대정

❹ -딘[diyn] ([mu-sa#a-ni-kan-diyn#phyən-ji-ga#was-so] 왜 가지 않으냐고 편지가 왔습니다 등)(제주)제주·성산·서귀·대정

021 -라고(する·した)と (인용어구)

❶ -라고[ra-go] ([o-ra-go#han-da] 온다고 합니다 등) 대다수 지방

❷ -랜[rɛn] ([o-ran-no-rɛn#höm-su-da] 왔습니다고 말했습니다, [ol-lo-rɛn#höp-te-da] 옵시다고 했습니다 등)(제주)제주·성산·서귀·대정

022 -라고(せ)よと (명령구의 인용)

❶ -라고[ra-go] ([ka-ra-go#ha-yas-so] 가라고 했다 등) 대다수 지방

❷ -랜[rɛn] ([ka-bo-rɛn#hɔ-yəm-čə] 가 보자고 했습니다, [mə-gi-rɛn#hɔ-yəs-su-da] 먹자고 했습니다 등)(제주)제주·성산·서귀·대정

023 -시라고(せられ)よと (명령구의 인용)

❶ -시라고[si-ra-go] ([ka-si-ra-go#ha-o] 가시라고 했습니다 등) 대다수 지방

❷ -센[sen], -셍[seŋ] ([ka-sip-sen#hɔ-yəm-su-da] 가시라고 했습니다 등)(제주)제주·성산·서귀·대정

024 -자고(し)ようと (인용어구)

❶ -랴고[rya-go] ([ka-rya-go#han-da] 가자고 한다 등) 대다수 지방

❷ -젠[čen], [jen] ([ku-gyəŋ-hɔ-jen#ka-o] 구경하러 가자고 한다, [t'ə-na-jen#hɔn-da] 나가려고 한다, [čuk-jen-hɔ-dan#sa-ras-su-da] 죽으려고 했으나 살아났다 등)제주·성산·서귀·대정

025 -겐다고(する)だろうと (인용어구)

❶ -겐다고[ket-ta-go], 겐노라고[ken-no-ra-go] ([ka-get-ta-go#ha-o], [ka-gen-no-ra-go#ha-o] 갑시다고 합니다 등) 대다수 지방

❷ -키윈[kʰi-ön] ([ka-kʰi-ön-hɔn-da] 가자고 한다, [ol-kʰi-ön#hɔp-te-da] 올 것이라고 했습니다)(제주)제주・성산・서귀・대정

접두사接頭辭 · 접미사接尾辭

001 연장의年長の (장남·장녀 등의 장)

❶ 몯[mɔt-] (장자를 [mɔ-da-dɔl] 등)(제주)제주·성산·서귀·대정
❷ 맏[mat-] (장자를 [ma-da-dil] 등)(전남)순천·광주, (전북)정읍·김제·전주·임실·무주·금산, (경남)울산·동래·부산·김해·함양·거창·합천·창녕·밀양, (경북)영천·경주·포항·흥해·영덕·대구·고령·김천·의성·상주·함창·문경·예천·안동·영주·청송·울진·평해, (충남)공주·강경·서천·홍성·천안, (충북)청주·보은·영동·진천·괴산·충주·단양·제천, (경기)경성·개성·장단·연천, (강원)통천·정전·고성·간성·양양·주문진·강릉·삼척·영월·평창·원주·횡성·홍천·춘천·인제, (황해)금천·연안·해주·옹진·태탄·장연·은율·안악·재령·황주·서흥·신계·수안·곡산, (함남)신고산·안변·덕원·문천·고원·영흥·정평·함흥·오로·신흥·홍원·북청·이원·풍산·갑산·혜산, (평남)평양, (평북)박천·영변·희천·구성·강계·자성·후창
❸ 몯[mot-] (장자를 [mo-da-dil] 등)(전남)돌산·여수·광양·벌교·고흥·보성·장흥·강진·완도·지도·해남·목포·함평·영광·나주·광양·담양·옥과·곡성·구례, (전북)운봉·남원·순창·장수·진안, (경남)동래·거제·진주·남해·하동·함양, (함남)정평·풍산·갑산·혜산

002 몇幾

❶ 몇[myət-] ([myət-cʰil] 몇일 등)(충남)서산・오천, (경기)경성
❷ 멛[met-] (전남)여수・광양・순천・벌교・고흥・보성・장흥・해남・함평・영광・광주・옥과・곡성・구례, (전북)남원・정읍・김제・군산・전주・임실, (경남)마산・거제・통영・진주・남해・함양・거창・합천, (경북)영덕・영주・청송・평해, (충남)공주・강경・부여・홍산・청양・서천・남포・보령・안면도・광천・홍성・해미・오천・예산・천안・조치원, (충북)청주・보은・영동・진천・괴산・충주・제천, (강원)양양・강릉・삼척・영월・평창・원주・횡성・홍천・인제
❸ 멛[mɛt-] (전남)완도・지도, (경남)울산・양산・동래・부산・김해・마산, (경북)영천・경주・포항・흥해・영덕・예천・영주
❹ 밑[mit-] (전남)돌산・나주・장성, (경남)합천・창녕・밀양, (경북)영덕・대구・고령・성주・지례・김천・의성・상주・함창・문경・예천・안동・울진, (충북)단양

003 -네들 (복수)

❶ -네[-ne] ([kuə-rɛ-ne] 해녀들 등)(함북)나남・부령・무산

004 -들들 (복수)

❶ -돌[-dɔl] ([sa-rɔm-dɔl] 사람들 등)(제주)제주・서귀・대정
❷ -들[-dil] (제주)제주・서귀・대정, (전남)여수・순천・광주・장성, (전북)운봉・정읍・임실・장수・진안・무주・금산, (경남)하동, (경기)경성
❸ -딜[-dəl] (제주)성산, (전남)담양, (전북)남원・순창・김제・전주

005 번째番目

❶ -재[-ʧɛ] 대다수 지방
❷ -쩨[-ʧ'ɛ] (제주)제주・성산・서귀・대정, (전남)여수・순천・목포・광주・

장성·담양, (전북)운봉·남원·순창·정읍·김제·전주·임실·장수·
진안·무주·금산, (경남)하동
❸ -차[-cʰa] (전남)강진·영암

006 질·습·건帙·襲·件 (기구 의류 등을 헤아리는 말)

❶ -벌[-pəl] ([han-bəl] 한 벌, [tu-bəl] 두 벌 등)(전남)순천·보성·목포·나주·장성, (전북)운봉·남원·순창·정읍·김제·전주·임실·장수·진안·무주·금산, (경남)울진, (충남)공주·강경·서천·홍성·천안, (충북)청주·보은·영동·충주·단양, (경기)경성, (강원)양양·강릉·삼척
❷ -볼[-pol] (전남)여수·담양·곡성·구례, (전북)운봉, (경남)하동
❸ -불[-pul] (제주)제주·성산·서귀·대정, (전남)강진·영암, (경남)울산·양산·동래·부산·김해·마산·거제·통영·진주·남해·함양·거창·합천·창녕·밀양, (경북)영천·포항·영덕·대구·고령·김천·의성·예천·안동·영주·청송

007 살歲 (한 살, 두 살 등)

❶ -살[-sal] ([han-sal] 한살, [tu-sal] 두 살 등) 대다수 지방
❷ -설[-səl] (제주)제주·성산·서귀·대정

구句 · 단문短文

■ 001 가에邊りに

❶ ᄀᆞ세[kɔ-se] (제주)제주 · 성산 · 서귀 · 대정
❷ 가상에[ka-saŋ-e] (전남)담양
❸ 가새[ka-sɛ] (경남)양산 · 밀양
❹ 가세[ka-se] (전남)돌산 · 여수 · 광양 · 순천 · 벌교 · 고흥 · 보성 · 장흥 · 완도 · 지도 · 해남 · 영암 · 목포 · 함평 · 영광 · 나주 · 광주 · 담양 · 옥과 · 곡성 · 구례, (전북)운봉 · 남원 · 순창 · 정읍 · 군산 · 전주 · 임실 · 장수 · 진안 · 금산, (경남)울산 · 동래 · 부산 · 마산 · 거제 · 통영 · 진주 · 하동 · 함양 · 거창, (경북)영천 · 포항 · 흥해 · 영덕 · 대구 · 김천 · 의성 · 상주 · 함창 · 문경 · 안동 · 청송 · 울진, (충남)공주 · 부여 · 청양 · 서천 · 염포 · 보령 · 안면도 · 광천 · 홍성 · 해미 · 서산 · 오천 · 예산 · 천안 · 조치원, (충북)청주 · 보은 · 영동 · 진천 · 괴산 · 충주 · 단양
❺ 가시[ka-si] (전북)김제 · 무주, (경남)김해 · 합천 · 창녕, (경북)고령, (충남)강경 · 홍산
❻ 가에[ka-e] (전남)광주 · 장성, (전북)운봉 · 정읍 · 김제 · 금산, (경남)마산 · 진주 · 하동 · 함양 · 거창 · 창녕, (경북)대구 · 김천 · 의성 · 예천 · 안동 · 영주 · 청송 · 평해, (충남)보령 · 홍성 · 천안, (충북)청주 · 보은 · 영동 · 괴산, (경기)경성, (강원)양양 · 강릉

002 -한 모양이다 樣子だ・らしい

① 상이여[saŋ-i-yə] ([töl-saŋ-i-yo] 할 수 있는 듯하다 등)(제주)제주・성산・서귀・대정

003 그럴지 然り

① 그러치[ki-rə-čʰi] 일반
② 게매[ke-mɛ] (제주)제주・성산・서귀・대정
③ 하면[ha-myən] (전남)장성・담양, (전북)정읍
④ 하먼[ha-mən] (전남)보성・강진・영암・목포, (전북)남원・순창・김제
⑤ 하모[ha-mo] (경남)하동

004 예 はい (대답하는 말)

① 예[ye] (제주)제주・성산・서귀・대정, (전남)곡성・구례, (전북)운봉・남원・전주・임실・장수・진안・무주・금산, (경남)마산・거제・통영・남해, (경북)영덕・평해, (황해)황주, (함남)신고산・안변・덕원・문천・고원・영흥・정평・함흥・오로・신흥・홍원・북청・이원・단천・풍산・갑산・혜산, (함북)성진・길주・경성・청진・부령・무산・회령・종성・경원・경흥・웅기, (평남)중화・평양・순천, (평북)박천・영변・희천・구성・선천・의주
② 여[yə] (평북)강계・자성・후창
③ 여호[yə-ho] (평북)용암
④ 얘[yɛ] (경남)울산, (경북)영천・포항, (함북)나남
⑤ 야[ya] (제주)제주・대정, (경남)울산・마산・거제・통영・진주・남해・함양, (경북)영천・포항・울진・평해, (강원)강릉・삼척, (함남)신고산・안변・덕원・문천・고원・영흥・정평・함흥・오로・신흥・홍원・이원・풍산・혜산
⑥ 양[yaŋ] (제주)제주・성산・서귀・대정, (경남)남해, (함북)회령

❼ 긔여[kiy-yə] (제주)제주・성산・서귀・대정

005 (전혀 생각밖이기에) 고맙다有難い
❶ 안심치안소[an-sim-čʰi-an-so] (황해)서흥・신계・곡산, (함남)안변・덕원
❷ 아슴치안소[a-sim-čʰi-an-so] (함남)문천
❸ 아슴챔메[a-sim-čʰɛm-me] ([m-me]는 겸양의 의미를 나타내는 방언적인 표현 제 527쪽 참조)(함남)고원・영흥・정평・함흥・오로・신흥・홍원・북청・이원・풍산・갑산・혜산

006 듣고聞いて
❶ 듣고[tit-ko] (제주)제주・성산・서귀・대정, (전남)여수・순천・광주・곡성, (전북)운봉・임실・장수・진안・무주・금산, (경기)경성, (경남)하동, (함남)신고산・안변・덕원
❷ 듣구[tit-ku] (경기)경성・개성・장단・연천
❸ 들고[til-ko] (함남)안변・덕원
❹ 들구[til-ku] (황해)금천・연안・해주・옹진・태탄・장연・은율・안악・재령・황주・서흥・신계・수안・곡산, (함남)문천・고원・영흥・정평・함흥・오로・신흥・홍원・북청・이원・풍산・혜산

007 꼭해(요)必ずする(よ)
❶ 잰이리[čɛn-i-ri] ([ha-čɛn-i-ri] '할테니 걱정할 것 없다'의 의미, [ha-či-a-ni-ha-ri-o]의 축약일 것이다)(함북)청진・웅기
❷ 재이리[čɛ-i-ri] (함북)명천・부거
❸ 재:리[čɛ:-ri] (함남)문천・고원・영흥・정평・함흥・오로・신흥・홍원・북청・이원
❹ 자이리[ča-i-ri] (함북)성진

28 잡雜

001 경영經營

① **경영**[kyəŋ-yəŋ] (제주)제주·성산·서귀(면내 토평리를 [tʰwə-pʰeŋ-ni]라 한다)·대정(면내 신평리를 [sin-pʰeŋ-ni]라 한다), (경남)울산·동래·부산·밀양, (경북)영천·경주·포항·흥해·대구·의성·상주·함창·문경·안동·영주·청송·울진, (경기)경성, (강원)통천·고성·원주·횡성·홍천·춘천·인제·철원·평강, (황해)연안·해주·옹진·장연·은율·재령·황주·서흥·신계·수안·곡산, (함남)오로·북청·단천·풍산, (함북)성진·길주·경성·나남·청진·부령·무산·회령·종성·경원·경흥·웅기, (평남)중화·평양·순천·숙천·안주, (평북)영변·희천·구성·정주·선천·용암·의주·강계·자성·후창

② **겡영**[keŋ-yəŋ] (전남)돌산·여수(군내 호명리를 [hö-meŋ-ni]라 한다)·광양·순천·벌교·고흥·보성(군내 명봉리를 [meŋ-boŋ-ni]라 한다)·장흥·완도·지도·해남·목포(무안군내 현경면을 [hen-gyəŋ-myən]라 한다)·나주(군내 문평면를 [mun-pʰeŋ-myən]라 한다)·광주·장성·담양·옥과·곡성·구례, (전북)남원·순창·정읍·김제·군산·전주(강경을 [keŋ-geŋ], 청양을 [čʰe-yaŋ]라 한다)·임실, (경남)진주·거창·합천, (경북)영덕·지례·김천·예천·평해, (충북)영동·진천·괴산·제천, (강원)간성·양양·주문진·강릉·영월·창평·홍천, (함남)정평, (평남)평양, (평북)박천·자성

❸ **계영**[ke-yəŋ] (함남)신고산・덕원・문천・고원・영흥・함흥・신흥・이원・갑산・혜산, (함북)명천(명천을 [meŋ-čʰən], 또 군내 서면을 [se-myən], 지경동을 [či-gen-doŋ]라 한다)・부거
❹ **갱영**[kɛŋ-yəŋ] (경북)영덕・성주
❺ **깅영**[kiŋ-yəŋ] (경남)거창
❻ **정영**[čəŋ-yəŋ] (경북)영덕, (강원)평창
❼ **제영**[če-yəŋ] (함흥)신흥

002 낮잠晝寢

❶ **낮잠**[nat-čam] (경기)경성, (황해)황주, (함남)홍원・북청・단천, (함북)성진・길주・경성・청진・무산・종성・경흥, (평남)평양, (평북)박천・영변・희천・구성・정주・선천・용암・의주・강계・자성・후창
❷ **낟잡**[nat-čap] (함남)신고산・안변・덕원・문천・고원・영흥・정평・함흥・오로・신흥・홍원・북청・이원・풍산・갑산・혜산
❸ **낟밥**[nat-pap] (함남)신고산・안변・덕원・문천・고원・영흥・정평・함흥・오로・신흥・홍원・북청・이원・풍산・갑산・혜산, (함북)성진・길주・경성・나남・청진・부령・회령・종성・경흥

003 연기煉

❶ **뇌**[nö] (제주)제주・성산・서귀・대정
❷ **내**[nɛ] (전남)여수・순천, (전북)남원・순창・정읍・김제・전주, (경남)거제・통영・진주, (충남)공주・강경・서천・홍성・천안, (충북)청주, (경기)개성・장연, (황해)금천・연안・해주・옹진・태탄・장연・은율・안악・재령・황주・서흥・신계・수안・곡산, (평남)평양, (평북)박천・영변・구성
❸ **내굴**[nɛ-gul] (함남)덕원・문천・고원・영흥・정평・함흥・오로・신흥・홍원・북청・단천・풍산, (함북)성진・길주・명천・나남・부거・회령・종성

❹ **내구리**[nɛ-gu-ri] (황해)곡산, (함남)신고산·안변·홍원·이원·갑산·혜산, (함북)경성·나남·청진·부령·무산·경흥, (평북)희천·강계·자성·후창
❺ **넝기**[nöŋ-gi] (제주)서귀
❻ **냉기**[nɛŋ-gi] (경남)통영·남해
❼ **냉갈**[nɛŋ-gal] (전남)보성·강진·영암·목포·나주·광주·장성·담양·곡성, (전북)정읍
❽ **냉과리**[nɛŋ-gwa-ri] (평북)박천·영변·희천·구성·강계
❾ **낸내**[nɛn-nɛ] (황해)황주, (평남)평양, (평북)박천·영변·구성
❿ **연긔**[yən-giɨ] (전남)곡성, (전북)전주, (충남)공주·강경·서천·홍성·천안, (충북)청주·보은·영동·단양, (경기)경성·연천, (강원)양양·강릉
⓫ **연기**[yən-gi] (경남)마산·거제·통영·진주·남해·함양·합천·거창·밀양, (경북)대구·고령·김천·의성·안동·영주·청송
⓬ **연개**[yən-gɛ] (경남)양산·동래·부산·김해·마산·합천·밀양, (경북)영천·포항·영덕·대구·예천·안동·청송·울진·평해, (강원)삼척
⓭ **영개**[yəŋ-gɛ] (경남)하동
⓮ **영긔**[yəŋ-giɨ] (전북)전주
⓯ **엥긔**[yeŋ-giɨ] (전북)남원
⓰ **엔기**[yen-gi] (전북)장수
⓱ **엔기**[en-gi] (전북)운봉·진안, (경남)거창

004 냄새臭氣

❶ **냄새**[nɛm-sɛ] (경남)울산·마산·거제·통영·진주·남해·창녕, (경북)영천·포항·영덕·김천·의성·예천·안동·영주·청송·울진·평해, (충남)공주·강경·서천·홍성·천안, (충북)청주·보은·영동·진천·괴산·충주·단양, (경기)경성, (강원)양양·강릉
❷ **냄시**[nɛm-si] (경북)대구

❸ 내금새[nɛ-gim-sɛ] (경남)거창・합천, (경북)김천・예천・울진, (충북)보은・영동, (강원)삼척
❹ 내금[nɛ-gim] (경북)의성・안동・영주・청송
❺ 내미[nɛ-mi] (경남)울산・양산・동래・부산・김해・창녕・밀양
❻ 내[nɛ] (경남)마산・거제・통영

005 웃는 것笑うこと
❶ 낙당갇풀[nak-taŋ-kat-pʰul] (산삼채취업자의 은어)(평북)자성

006 티끌塵
❶ 뜯글[t'it-kil] (황해)황주
❷ 듸끨[tiy-k'il] (경남)부산
❸ 띄끨[t'iy-k'il] (함남)북청, (평북)후창
❹ 딘끨[tin-k'il] (평북)자성
❺ 띤끨[t'in-k'il] (평북)박천・영변・희천・구성
❻ 띋끌[t'it-k'il] (평남)평양
❼ 먼지[mən-ji] (경기)경성・연천
❽ 몬독[mon-dok] (제주)성산・서귀
❾ 몬지[mon-ji] (제주)제주・성산・서귀・대정, (전남)광주, (경남)남해, (충북)영동, (경기)개성・장단, (황해)금천・연안・해주・옹진・태탄・장연・은율・안악・재령・서흥・신계・수안・곡산
❿ 몬지라기[mon-ji-ra-gi] (제주)성산
⓫ 몸지[mom-ji] (전남)영암・목포, (전북)정읍
⓬ 몽당[moŋ-daŋ] (황해)황주, (평남)평양, (평북)박천・영변・구성
⓭ 문지[mun-ji] (전남)여수・순천・보성・강진・나주・장성・담양・곡성, (전북)운봉・남원・순창・정읍・김제・전주・임실・장수・진안・무주・금산, (경남)울산・양산・김해・마산・거제・통영・진주・하동・함양・창

녕·밀양, (경북)영천·포항·영덕·대구·김천·의성·예천·안동·영주·청송·울진·평해, (충북)청주·영동·충주·단양, (강원)삼척, (함남)신고산·안변·덕원·문천·고원·영흥·정평·함흥·오로·신흥·홍원·북청·이원·풍산·갑산·혜산

⑭ **미굼**[mi-gum] (경남)울산·마산·거제·통영·진주·남해·함양
⑮ **봉댕이**[poŋ-dɛŋ-i] (평북)희천·강계·자성·후창
⑯ **틔**[tʰiy] (경남)양산·마산·진주, (충남)공주·강경·서천·홍성·천안, (충북)단양, (경남)울진·평해
⑰ **틔거불**[tʰiy-kə-bul] (경남)거창
⑱ **틔껄**[tʰiy-kʼəl] (경남)양산·김해·창녕·밀양
⑲ **틔겁지**[tʰiy-kəp-ji] (충북)청주·충주
⑳ **틔끄러기**[tʰiy-kʼi-rə-gi] (경남)거창
㉑ **틔끌**[tʰiy-kʼil] (경남)동래·합천, (경북)고령, (강원)양양·강릉
㉒ **틔금버리**[tʰiy-gim-bə-ri] (충북)보은·영동
㉓ **구둠**[ku-dum] (제주)제주·성산·서귀·대정

007 도깨비化物 : ばけもの

❶ **돗개비**[tot-kɛ-bi] (경기)경성, (전남)여수·순천·영암·목포·나주·장성·담양·광주·곡성, (전북)운봉·남원·정읍·김제·전주·장수·진안·무주·금산, (경남)하동
❷ **돗채비**[tot-cʰɛ-bi] (제주)제주·성산·서귀·대정, (전남)순천·광주, (전북)남원·순창·김제·임실, (경남)하동

008 냥兩 (이전의 금전을 세는 단위, 석 냥, 닷 냥 등)

❶ **냥**[nyaŋ] ([tan-nyaŋ] 닷 냥 등) 대다수 지방
❷ **낭**[naŋ] ([tan-naŋ] 닷 냥 등)(평남)중화·평양·순천·숙천·안주, (평북)박천·영변·희천·구성·정주·선천·용암·의주·강계·후창

■ 009 어찌何

❶ **무얻**[mu-ət] 【『物語』何角, もうしが】 (전남)순천・광주, (경기)경성・개성・장단・연천, (황해)금천・연안・해주・옹진・태탄・장연・은율・안악・재령・황주・서흥・신계・수안・곡산, (평남)평양, (평북)박천・영변・희천・구성・후창
❷ **무슨걷**[mu-sin-gət] (함남)신고산・안변・덕원, (평북)후창
❸ **무신걷**[mu-sin-gət] (제주)제주・성산・서귀・대정
❹ **무스개**[mu-si-gɛ] (목적격 [mu-si-gi])(함북)성진・길주・종성・나남・청진・부령・무산・회령・종성・경원
❺ **무스그**[mu-si-gɨ] (함남)덕원・고원
❻ **무시게**[mu-si-ge] (함남)문천・영흥・정평・오로・신흥・홍원・북청・이원・풍산・갑산・혜산

■ 010 모양樣子

❶ **모양**[mo-yaŋ] 대다수 지방
❷ **맹**[mɛŋ] ([so-mɛŋ-i-da] (소 같다 등)(전남)장성・담양, (전북)남원・순창・정읍・김제

■ 011 말言葉

❶ **말삼**[mal-sam] 일반
❷ **고미**[ko-mi] (❷와 ❸은 산인삼채취자들의 은어)(강원)춘천
❸ **번**[pən] (강원)춘천

■ 012 불火

❶ **불**[pul] 일반
❷ **불거디**[pul-gə-di] (인삼채취자은어)(평북)후창

❸ 부구지[pu-gu-ǰi] (인삼채취자은어)(평북)자성
❹ 꼳[k'ot] *(인삼채취자은어)(강원)춘천
❺ 토하리[tʰo-ha-ri] (인삼채취자은어)(만주어 tuwa 참조)(함남)풍산

013 숯炭

❶ 숟[sut] *(제주)제주·성산·서귀·대정, (전남)여수·순천·보성·강진·영암·목포·나주·광주·장성·담양·곡성·구례, (전북)운봉·남원·순창·정읍·김제·전주·임실·장수·진안·무주·금산, (충남)공주·강경·서천·홍성·천안, (충북)청주·보은·영동·충주·단양, (경기)경성·개성·장단·연천, (강원)양양·강릉·삼척, (경북)울진·평해, (황해)금천·연안·해주·옹진·태탄·장연·은율·안악·재령·황주·서흥·신계·수안·곡산, (함남)신고산·안변·덕원, (평남)중화·평양, (평북)박천·구성·용암·의주
❷ 숟구[sut-ku] (함남)문천·고원·영흥
❸ 숟기[sut-ki] (함남)정평·함흥·오로·신흥·홍원·북청·이원·풍산·갑산·혜산, (함북)성진·길주·명천·종성·나남·청진·부거·부령·무산·회령
❹ 숟겅[sut-kəŋ] (경남)울산, (경북)영천·포항·영덕·의성·안동·영주·청송
❺ 숟뎅이[sut-tiyŋ-i] (경북)대구
❻ 숟투[sut-tʰu] (함북)회령
❼ 숟티[sut-tʰi] (함북)부거·회령·종성·경흥
❽ 쑥[s'uk] *(평남)순천, (평북)영변·희천·정주·선천·강계·자성·후창

014 소꿉놀이ま >事

❶ 속꼽질[sok-kop-čil] (경기)경성·개성·장단·연천
❷ 속꼽장난[sok-kop#čaŋ-nan] (경기)개성, (황해)금천·수안

❸ 세간노름[se-gan#no-rim] (함남)홍원・이원
❹ 세간노리[se-gan#no-ri] (황해)안악・재령
❺ 세간사리[se-gan#sa-ri] (황해)장연・은율
❻ 시간장난[si-gan#čaŋ-nan] (황해)해주
❼ 시간사리[si-gan#sa-ri] (황해)태탄
❽ 시감치[si-gam#čʰi] (황해)연안
❾ 똑구박질노름[tʼok-ku-pak-čil#no-rim] (함남)덕원
❿ 똑구바지노름[tʼok-ku-pa-či#no-rim] (함남)문천・영흥
⓫ 똑갑질노름[tʼok-kap-čil#no-rim] (함남)안변
⓬ 똑감노름[tʼok-kam#no-rim] (함남)신고산
⓭ 독구방사리[tok-ku-paŋ#sa-ri] (황해)서흥・곡산
⓮ 독굽장난[tʼok-kup#čaŋ-nan] (황해)신계
⓯ 동구박질[toŋ-ku-pak-čil] (함남)정평・함흥・오로・신계
⓰ 걷투밭노름[kət-tʰu-pat#no-rim] (함남)북청
⓱ 받바노리[pat-pa#no-ri] (황해)옹진
⓲ 빼배[pʼɛ-pɛ] (함남)풍산・갑산・혜산

015 제사・밤제祭祀・夜祭
❶ 식개[sik-kɛ] (제주)제주・성산・서귀・대정

016 머슴살이(밥벌이를 위해 부잣집에 들어가는 것)
❶ 생게사리[sɛŋ-ge#sa-ri]【「北塞記略」狹戶曰生契】(함북)무산・회령・종성・경원・경흥
❷ 끼생게[kʼi-sɛŋ-ge] (함북)무산・회령・종성

017 송명松明 : たいまつ
❶ 홰[hwɛ] 일반

❷ 퉁거니[tʰuŋ-gə-ni] (인삼채취자은어)(평북)자성

018 에누리掛値 : かけね
❶ 외누리[ö-nu-ri] 대다수 지방
❷ 에누리[e-nu-ri] (전남)담양, (전북)남원·전주, (경남)하동
❸ 어너리[ə-nə-ri] (경북)고령

019 여섯六
❶ 여섵[yə-sət] 【「三才」六, 與曾.「物語」六, よこく】 대다수 지방
❷ 여슫[yə-sit] (강원)장전, (함남)고산·고원·정평·신흥
❸ 여슬[yə-sɨl] (강원)통천, (함남)안변·원산·문천·영흥·신흥

020 여덟八
❶ 여들[yə-dɨl] 【「三才」八, 與止呂具.「物語」八, よとろう】 대다수 지방
❷ 여덜[yə-də] (전북)무주·금산, (경북)울진·평해, (충북)제천, (강원)간성·양양·주문진·강릉·영월·창평·원주·횡성·홍천·춘천·인제
❸ 야달[ya-dal] (전남)돌산·여수·광양·순천·벌교·고흥·보성·장흥·완도·지도·해남·목포·광주·구례, (전북)남원·정읍·김제·전주·임실, (경북)울진·평해
❹ 야답[ya-dap] (전남)함평·영광·나주·장성·옥과·곡성
❺ 야들[ya-dɨl] (강원)통천·장전, (함남)정평·함홍·신흥

021 육십六十
❶ 육십[yuk-sip] 대다수 지방
❷ 눅십[nuk-sip] (평남)중화(군내 대유리를 [tɛ-nu-ri], 진율을 [ðil-lul]이라 한다)·평양·순천(군내 유상동을 [nu-saŋ-doŋ]이라 한다)·숙천(군내 유간을 [nu-gan]이라 한

다) · 안주, (평북)박천([nuk-sip]이라고도) · 영변 · 희천 · 구성 · 정평 · 선천 · 용암(군내 율곡동을 [nul-gok-doŋ]이라 한다) · 의주([nuk-sip]이라고도) · 강계 · 자성 · 후창(후창에서는 [yuk-sip]이라고도.)

■ 022 예사例事

❶ 예사[ye-sa] 대다수 지방
❷ 례사[rye-sa] (함북)회령(예성강을 원음대로 [rye-səŋ-gaŋ]이라 한다.)
❸ 네사[ne-sa] (평남)중화 · 평양 · 순천 · 숙천 · 안주, (평북)박천 · 영변 · 희천 · 구성 · 정주 · 선천 · 용암 · 의주 · 강계 · 자성 · 후창(이들 지방에서는 예성강을 [ne-səŋ-gaŋ]라 한다.)

■ 023 일치一致

❶ 일치[il-čʰi] 대다수 지방
❷ 일티[il-tʰi] (함북)회령 · 종성 · 경원, (평남)중화([il-čʰi]라고도) · 평양 · 순천 · 숙천 · 안주, (평북)박천 · 영변 · 희천 · 구성 · 정주 · 선천 · 용암 · 의주 · 강계 · 자성 · 후창(후창에서는 [[il-čʰi]라고도.)

■ 024 얼마幾何

❶ 얼마[əl-ma] (경기)경성
❷ 얼매[əl-mɛ] (함남)홍원 · 북청 · 단천, (함북)성진 · 길주 · 경성 · 나남 · 청진 · 부령 · 무산 · 회령 · 종성 · 경흥
❸ 엠매[em-mɛ] (함남)홍원

■ 025 화톳불篝火 : かゞりび

❶ 우둥탕[u-duŋ-tʰaŋ] (❶과 ❷는 산인삼채취자들의 은어)(평북)후창
❷ 우뒹[u-dwiŋ] (함북)명천

026 희롱弄戲
① 우재[u-čɛ] (함남)북청·단천, (함북)경성·나남·청진·부령·무산·회령·종성·경원·경흥
② 우퉁[u-tʰuŋ] (함남)단천
③ 우툴[u-tʰul] (함남)북청

027 지혜知慧
① 재조[čɛ-ʝo] 대다수 지방
② 오새[o-sɛ] ([o-sɛ#it-ta], [o-sɛl#kʰɛn-da] 박식하다 등)(함남)신고산·안변·덕원·문천·고원·영흥·정평·함흥·오로·신흥·홍원·북청·이원·서천·풍산·갑산·혜산, (함북)나남, (평북)후창(다른 지방에는 없다)
③ 이새[i-sɛ] ([i-sɛ#it-ta], [i-sɛl#kʰɛn-da] 기지가 있다 등)(함남)홍원·북청·단천, (함북)성진·길주·경성·청진·회령·경흥
④ 이사[i-sa] (함북)종성·경원

028 각各
① 제씨[če-s'i] (함남)신흥·홍원·이원
② 제썩[če-s'ik] (함남)함흥

029 재炭
① 재[čɛ] 일반
② 불체[pul-čʰe] (제주)성산·대정
③ 불치[pul-čʰi] (제주)제주·성산

030 무리群
① 퇴[tʰö] ([mol-tʰö] 말무리, [sö-tʰö] 소무리 등)(제주)성산·서귀·대정

031 혼자獨リ

① **혼자**[hon-ja] (제주)제주・성산・서귀・대정, (전남)순천・강진・영암・목포・장성・담양・곡성, (전북)정읍・김제・무주・금산, (경북)대구・김천・의성・예천・안동・영주・청송・울진・평해, (충남)강경・서천, (충북)영동・충주・단양, (경기)경성・장단・연천, (강원)양양・강릉, (황해)금천
② **혼저**[hon-jə] (충남)공주・홍성・천안, (강원)강릉
③ **혼재**[hon-jɛ] (경북)울진・평해
④ **혼차**[hon-čʰa] (전남)여수・보성・강진・영암・목포・곡성・구례, (전북)운봉・남원・정읍・김제・전주・임실・장수・진안・무주・금산, (경남)울산・양산・부산・김해・마산・진주・하동・거창・합천・밀양, (경북)영천・포항・영덕・대구・고령・김천・의성・안동・영주・청송, (충북)청주・보은・충주, (경기)경성
⑤ **혼처**[hon-čʰə] (강원)삼척
⑥ **혼채**[hon-čʰɛ] (경남)남해・창녕・밀양, (경북)의성
⑦ **홈자**[hom-ja] (경기)개성
⑧ **홈차**[hom-čʰa] (황해)연안
⑨ **호문차**[ho-mun-čʰa] (경남)울산
⑩ **호분차**[ho-bun-čʰa] (경북)영천
⑪ **함자**[ham-ča] (황해)장연・은율・안악・재령・서흥・수안
⑫ **함차**[ham-čʰa] (황해)태탄, (경남)거제・통영
⑬ **하므차**[ha-mi-čʰa] (경남)마산

032 되돌아가는 것歸ること (산 속의 임시 거처로)

① **회구비**[hö-gu-bi] (산인삼채취자들의 은어)(함남)풍산・갑산・혜산, (평북)자성

033 회답回答

① **회답**[hö-dap] (전남)돌산・여수・광양・순천・벌교・보성・남해・함평・

영광 · 나주 · 광주 · 장성 · 담양 · 옥과 · 곡성 · 구례, (전북)남원 · 순창 · 정읍 · 김제 · 군산 · 전주 · 임실, (경북)영천 · 경주 · 성주 · 지례 · 울진, (충남)공주 · 강경 · 서천 · 천안, (충북)청주 · 영동 · 진천 · 괴산 · 충주, (경기)경성 · 연천, (강원)통천 · 고성 · 간성 · 양양 · 주문진 · 강릉 · 영월 · 평창 · 원주 · 횡성 · 홍천 · 춘천 · 인제 · 철원 · 평강, (황해)금천 · 연안 · 해주 · 옹진 · 태탄 · 장연 · 은율 · 안악 · 재령 · 황주 · 서흥(군내 화회면을 [hwa-hö-myən]이라 한다) · 신계(군내 회동리를 [hö-doŋ-ni]라 한다) · 수안 · 곡산, (함남)신고산 · 안변 · 덕원 · 문천 · 고원 · 영흥 · 정평 · 함흥 · 오로 · 신흥 · 홍원 · 북청 · 이원 · 서천 · 풍산 · 갑산 · 혜산, (함북)성진 · 경성 · 나남 · 청진 · 부령 · 무산 · 경흥 · 웅기, (평남)중화 · 평양 · 숙천 · 안주

❷ **해답**[hwɛ-dap] (경남)부산 · 거창 · 밀양, (경북)포항 · 흥해 · 영덕 · 대구 · 김천 · 의성 · 예천 · 안동 · 영주 · 청송, (함북)부거 · 회령 · 종성 · 경원 · 경흥, (평남)안주, (평북)박천 · 영변 · 희천 · 구성(군내 용퇴동을 [noŋ-tʰwe-doŋ]이라 한다) · 정주 · 선천 · 용암 · 의주 · 강계 · 자성 · 후창

❸ **혜답**[hwe-dap] (경남)진주 · 거창 · 합천, (경북)영덕 · 의성 · 함창 · 거창 · 문경 · 평해, (충북)보은 · 충주(괴산을 [kwe-san]이라 한다) · 단양(군내 괴평리를 [kwe-pʰyəŋ-ni], 회산리를 [hwe-san-ri], 장회리를 [čaŋ-we-ri]라 한다), (경기)개성 · 장단, (함남)갑산 · 혜산, (함북)명천 · 부거(회령을 [hwe-ryəŋ], 군내 횡병동을 [hweŋ-byəŋ-doŋ], 최현동을 [čhwe-hyən-doŋ]) · 회령

❹ **휘답**[hwi-dap] (경남)거창, (경북)고령 · 예천

❺ **효답**[hyo-dap] (전남)장흥, (전북)김제

❻ **해답**[hɛ-dap] (전남)담양, (경남)울산 · 양산 · 동래 · 부산 · 김해(군내 회현리를 [hɛ-in-ri], 또 [hi-in-ri]라 한다) · 남해 · 함양 · 합천 · 밀양, (경북)영천 · 포항 · 대구 · 의성 · 상주 · 함창 · 예천, (함남)함흥 · 홍원 · 북청, (함북)부거, (평남)중화 · 순천 · 안주, (평북)안변 · 자성

❼ **헤답**[he-dap] (제주)제주(면내 회천리를 [hwe-čhən-ri]라 한다) · 성산 · 서귀(면내 회수리를 [hwe-su-ri]]라 한다) · 대정, (전남)완도 · 지도 · 목포, (경남)마산 · 거

제·통영·진주·하동·거창·합천(군내 가회면을 [ka-hwe-myən], [ka-he-myən], [ka-e-myən]이라 한다), (경북)안동, (충남)홍성, (충북)청주·영동(군내 귀목리를 [ke-moŋ-ni]라 한다), (황해)금천·연안, (함북)성진·길주·명천·경성·부거

❽ **히답**[hi-dap] (경남)김해·합천·창녕·밀양, (경북)김천·상주·예천

| 해설解說 |

小倉進平의 『朝鮮語方言の研究(上)』의 검토

이상규(경북대)

1.

　오구라 신페이小倉進平의 『조선어 방언 연구朝鮮語方言の研究』는 1944년 6월 15일 이와나미쇼텐岩波書店에서 유고작으로 출간되었다. 『조선어 방언 연구 (상)』은 자료집으로 (하)는 연구논문집으로 구성되어 있다. 본고에서는 『조선어 방언 연구(상)』, 자료집을 중심으로 방언 조사를 수행하게 된 경위와 동기에 대한 검토와 더불어 방언 자료 수집 과정과 자료의 성격에 대해 검토를 하고자 한다. 방언사전 『조선어 방언 연구』가 갖는 역사적인 의미와 아울러 이 자료집에 실린 자료의 언어학적인 가치를 평가해 보려는 것이 본고의 목적이다.

　오구라 신페이가 일제 강점기 동안 식민 국가의 국어사 자료를 비롯한 한국어 방언 조사를 하게 된 표면적인 동기는 한국어에 대한 언어학적인 분석을 위한 목적이었겠지만 실질적으로는 일제의 식민지 문화 정책의 일환으로 이루어졌다는 점을 결코 간과할 수 없다. 그러한 근거는 조사 과정에 조선총독부로부터 엄청난 지원을 받고 조사가 진행되었다는 사실에서 충분히 유추할 수 있다. 오구라 신페이의 『조선어 방언 연구』자료편이 간행된 본질적인 이유를 규명하기 위해 앞에서 말한 두 가지 관점을 견지해 나가면서 조사 목적과 배경에 대한 검토와 더불어 언어학적인 관점에서 자료집의 가치에 대해 중점적으로 살펴보고자 한다.

　일제는 개화기 이후부터 식민지화하는 과정에서 이미 식민지 문화 지배의 방식으로 우리말에 대한 정밀한 연구와 자료 수집을 시작하였는데, 침탈 이후 조선총독부와 경성제국대학교를 중심으로 이를 본격화하였다. 경성제국대학교 조선어문학과의 설립 목적은 순수하게 조선의 언어 문학 연구를 위한 것이었지만 다른 한편으로는 이를 통하여 식민지 현지의 사정을 파악하려는 의도도 포함되어 있을 가능성이 충분하다. 그러나 오구라 신페이가 당시 매우 탄탄한 언어학적 지식을 바탕으로 하여 우리말에 대한 자료 수집과 연구를 통해 우리말 연구를 언어 과학의 단계로 끌어올리는데 상당히 기여했다는 사실은 결코 부인할 수는 없다.

2.

먼저 오구라 신페이의 한국어와 한국방언에 대한 자신의 견해와 방언 연구의 목적이 어디에 있는지를 살펴보자. 자신의 학위논문인 『한국방언개요(The Outline of the Korean Dialects)』[1]의 서문에서 한국어와 한국어 방언에 대한 견해를 명료하게 밝히고 있다.

> "한국어는 최근에 이르기까지 일본이나 다른 외국학자들로부터 관심을 받지 못한 언어 가운데 하나였으므로, 방언 연구에 관해서는 두말할 필요 없이 어떠한 주목도 받지 못했다.
> 우선 한국인들은 고대부터 중국 고전古典을 동경해 왔기 때문에 많은 자료들을 거의 한자로 기록했으며, 한국어로는 거의 기록하지 않았다. 한국어를 그들 스스로가 천한 말이라고 생각하여, 결코 학술적인 언어로 사용하지 않았기 때문에 한국어와 그 방언에 대한 연구는 관심 밖으로 내밀리게 되었다."

한국어는 현대적인 언어 연구의 대상으로서 본격적인 조명이 이루어지지 않았다는 점과 오랫동안 한자 문화권에 예속되어 있어서 한국어를 한국

---

[1] Okura Sympei(1940), 『The outline of the korean dialects.』, Memories of the Research Department of the Toyo Bunko. No. 12.

인들 스스로 천한 것으로 여겼으며, 특히 방언은 두말할 필요도 없이 언어학적 연구 대상으로서 어떤 주목도 받지 못했음을 밝히고 있다. 1913년부터 오구라 신페이는 한국어 방언에 관한 논문을 발표하고 있다. 특히 유럽의 언어지리학의 이론을 바탕으로 한 한국어 방언 연구는 거의 오구라 신페이와 그의 제자인 고노 로쿠로河野六郎를 중심으로 한 독무대였다고 할 수 있다.

오구라 신페이가 방언 조사와 더불어 진행한 방언 연구의 동기가 무엇이었을까? 앞에서도 논의 한 바와 같이 순수한 학술적 연구의 목적과 식민지 지배 통치의 정치적 방식으로서의 피지배 민족의 언어 현실을 파악하려는 목적으로 나누어서 생각해 볼 수 있다. 그러나 두 번째의 목적의식을 찾아내기란 매우 어려운 일이다. 식민지적 통치의 목적이란 것은 독수리의 발톱처럼 숨겨져 있기 때문에 이를 찾아내기란 거의 불가능한 일일지도 모른다.

여기서 오구라 신페이의 언어학적 연구 목적으로서 한국어 방언 연구라는 목표가 지향하는 바는 그의 논문 곳곳에서 쉽게 찾아 볼 수 있다. 또한 그의 논문 제2절에 한국어 방언 연구의 목적을 비교적 분명하게 밝혀 두고 있다.

> 오늘날 이용되고 있는 각종 조선어사전을 살펴보았을 때 그 어휘수가 빈약한 것에 놀랄 수밖에 없는 것은 이러한 이유에서이다. 이 결함을 보완하기 위해 나는 특히 조선에서의 방언 채집 사업이 긴급히 필요함을 느낀 것이다.
> 이렇듯 조선어 방언 채집의 목적은 앞에서 말한 것과 같이 새롭게 얻어진 자료에 의해 종래의 어휘 부족을 보완하려는 것에 있음은 말할 것도 없으나 거기에 더해 더욱더 중요한 이유는 살아있는 언어의 연구로 언어학 내지 방언학의 발달에 공헌을 하고 싶다는 점에 있다.

먼저 한국어 어휘가 부족하기 때문에 방언 수집을 통해 한국어 어휘 수를 보충하고 이를 토대로 하여 문헌 연구와 방언 연구를 병행하여 한국어의 역사성에 대한 체계적인 연구와 함께 계통적으로 어떤 특징을 가졌는지 밝히려고 한 것이다. 다시 말하자면 한국어의 특징을 밝히기 위한 것이었다.

오구라 신페이는 1882년 6월 4일 일본 센다이仙台 시에서 태어나 1944년 2월 8일에 세상을 떠났다. 그는 1903년에 도쿄제국대학에 입학하여 언어학을 전공한 뒤에 1911년 우리나라로 건너와서 조선 총독부 편수관(교과서 편찬사업에 종사)으로 봉직하면서 경성제국대학교 설립과 더불어 동대학에서 조선어학을 강의하였다. 1924년에서 1926년 사이에는 유럽과 미국으로 유학길에 올랐으며, 1933년에는 도쿄제국대학 겸임 교수직을 맡았다. 1911년 조선에 온 그는 조선 총독부 편수관으로 봉직하면서 『조선어사전』 편찬에 주도적으로 관여하게 된다.

조선어사전 편찬 업무를 보면서 한국어의 기초 어휘가 부족하다는 인식을 한 것은 매우 자연스러운 결과였을 것이다. 당시 일본에서도 메이지 유신維新 이후 국어조사위원회에서 전국적인 방언 조사를 시행하여 이를 토대로 사전 편찬 사업을 추진한 것을 모델로 생각했음 직하다.

『조선어 방언 연구(상)』권의 자료편에 실린 자료를 수집하기 위해 그는 약 20년간 조선의 각 현지 조사를 하였다. 오구라 신페이가 조선 경성에 입경한 1911년부터 1933년 도쿄제국대학으로 돌아간 기간까지 1차 방언 자료 조사가 수행되었으며, 도일한 이후에도 확인 자료 조사차 여러 차례 우리나라를 방문하였다. 『조선어 방언 연구(상)』권의 자료집과 더불어 (하)권의 연구편은 그의 조선어 방언 연구를 결산하는 의미를 가진다고 할 수 있다.

먼저 조선어 방언 자료 수집을 위한 조사 지점과 그 일정에 대해 살펴보자. 오구라 신페이의 방언 조사 일정에 대한 기록은 거의 없다.[2]

---

[2] 방언조사 일정에 대한 기록은 그의 논문에 "나는 총독부와 경성제국대학교에 재직하면서 공무의 여가를 이용하여 몇 번이나 장기, 단기의 조선 내 여행을 시도, 약 20여 년에 걸쳐 극히 개략적이긴 하나 조선 전국 각지로 조사를 다녔다. 나는 1933년(쇼와 8년) 도쿄제국대학으로 옮겼는데, 이때 매년 공무로 개성을 방문한 기회를 이용하여 단기간이기는 하지만 각지로 출장하며 그 이전의 조사에 대한 미비한 점을 수정, 보충하였다. 처음부터 나는 여행 때마다의 조사 결과를

그의 『조선어 방언 연구(하)』편에서 소개한 조사 지점은 총 259개이다.3) 아래의 조사 보고서와 논문 그리고 저서 자료를 통해 정확하지는 않지만 조선에서의 방언 조사 일정과 경로를 대략으로 추정할 수 있다.

> 처음부터 나는 여행 때마다의 조사 결과를 잡지 등에 발표하는 방침을 취했기 때문에 방언에 관한 단편적인 보고는 현재까지 수 편에 이른다.
>
> <논문/보고서>
> 1. 제주도 방언(1, 2, 3), 『조선 및 만주朝鮮及滿洲』, 1913년 3, 4, 5월
> 2. 서부황해도 방언, 『조선교육회 잡지朝鮮教育會雜誌』, 제27호, 1914년 4월
> 3. 경상남도 방언, 『조선휘보朝鮮彙報』, 1915년 4월
> 4. 경상남북도 방언, 『조선휘보朝鮮彙報』, 1916년 5월
> 5. 경원 함경철도연선 방언, 『조선교육연구회잡지朝鮮教育研究會雜誌』, 제20호, 1918년 5월
> 6. 충청남도의 방언에 대해서, 『조선교육연구회잡지朝鮮教育研究會雜誌』, 제35호, 1919년 8월
> 7. 전라남도 방언(1, 2, 3), 『조선교육연구회잡지朝鮮教育研究會雜誌』, 제44, 45, 46호, 1919년 5, 6, 7월
> 8. 함흥지방의 방언, 『조선교육연구회잡지朝鮮教育研究會雜誌』, 제62호, 1920년 11월
> 9. 전라북도 및 충청북도 방언, 『조선교육朝鮮教育』, 제6권 제5호, 1922년 2월
> 10. 경상북도 방언, 『조선교육朝鮮教育』, 제7권 제6호, 1923년 3월
> 11. 영동 방언, 『조선朝鮮』, 1923년 7월
> 12. 함경남북도 방언, 『조선어朝鮮語』, 조선어연구회, 1927년 4월
> 13. 영서 방언, 『문교조선文教朝鮮』, 1928년 3월
> 14. 제주도 방언, 『청구학총青丘學叢』, 제5호, 1931년 8월

잡지 등에 발표하는 방침을 취했기 때문에 방언에 관한 단편적인 보고는 현재까지 여러 편에 이른다."라는 기록 정도만 남아 있다.
3) 총 259개 지점에 대해 도별 조사 지점과 그 수를 표기하면 각각 다음과 같다. 전남(제주포함)(29), 전북(15), 경남(21), 경북(26), 충남(22), 충북(10), 경기(20), 강원(26), 황해(18), 황남(20), 함북(15), 평남(17), 평북(20)이다.

<시론試論(잡지, 논문집 등에 발표한 것)>
1. 조선어의 역사적 연구에서 볼 수 있는 제주방언의 가치, 『조선朝鮮』, 1924년 2월
2. 신라어와 경상북도 방언, 『아시아연구亞細亞研究』, 오사카동양학회, 제1호, 1924년 6월
3. 명의고名義考, 『민족民族』, 제4권 제1호, 쇼와 3년 11월
4. "말馬"에 관한 조선어, 『문교조선文敎朝鮮』, 쇼와 5년 1월
5. 여우를 의미하는 조선방언, 『청구학총靑丘學叢』, 제1호, 쇼와 5년 8월
6. "추천鞦韆"의 방언분포, 『문교조선文敎朝鮮』, 제73호, 쇼와 6년 9월
7. 60년 전의 함경방언, 『중등조선어강좌中等朝鮮語講座』, 쇼와 6년 2월
8. 서양인의 기록에 남아있는 조선방언, 『국어국문國語國文』, 제2권 제1호, 쇼와 7년 1월
9. "재성在城" 및 "거세간居世干"명의고, 『조선朝鮮』, 제203호, 쇼와 7년 4월
10. 국어 특히 쓰시마津島방언에 영향을 미친 조선어의 영향, 『방언方言』, 제2권 7호, 쇼와 7년 7월
11. 북부조선방언 중 활용어의 어미에 존재하는 [-duŋ] 및 [-me], 『문교조선文敎朝鮮』, 제85호, 쇼와 7년 9월
12. 방언분포상의 단층, 『돌멘』, 제4권 제1호, 쇼와 10년 1월
13. "재在"의 방언분포, 『청구학총靑丘學叢』, 제19호, 쇼와 10년 2월
14. 방언채집추억만담, 『방언方言』, 제5권 제10호, 쇼와 10년 10월
15. "소주燒酎"를 나타내는 조선방언의 분포, 『민족학연구民族學研究』, 제2권 제3호, 쇼와 11년 7월
16. "감저"를 나타내는 조선방언의 분포와 그 유래, 이나미 후유伊波普猷씨 환갑기념 『남도논총南島論叢』, 쇼와 12년 7월
17. "냉이薺" 명의고, 『방언方言』, 제8권 제2호, 쇼와 13년 5월
18. 방언경계선의 일예, 『제국대학신문帝國大學新聞』, 쇼와 13년 11월 14일
19. 조선어 "달팽이" 명의고, 『언어연구言語研究』, 제2호, 쇼와 14년 4월
20. 조선어 말의 중간에 나타나는 [b], 『청구학총靑丘學叢』, 제30호, 쇼와 14년 10월
21. 조선어 음절 중간에 나타나는 [k]·[g], 『언어연구言語研究』, 제7·8호, 쇼와 16년 4월
22. 조선어 "매鷹"의 명칭, 『민족학연구民族學研究』 제7권 제1호, 쇼와 16년 4월
23. 대구 부근의 방언, 『대구부사大邱府史』, 쇼와 18년

<단행본>
1. 『남부조선의 방언』, 조선사학회(경성) 다이쇼 13년
2. 『평안남북도의 방언』, 경성제국대학교 법문학부연구 조사책자 제1집, 쇼와 4년
3. 『함경남도 및 황해도의 방언』, 앞과 같음. 쇼와 5년
4. 『조선어 겸양법·존경법의 조동사』, 동양문고논총 제26, 쇼와 13년
5. 『The outline of the korean dialects』, Memoirs of the Research Department of the Toyo Bunko. No.12. 1940

조사 지점별 조사 일정과 제보자 및 조사경위에 대한 기록은 거의 남아 있지 않지만 자신이 도별조사에 대한 조사보고서를 토대로 하여 도별조사 경위에 대한 내용을 요약하면 조사 지점은 대개 다음과 같다.4)

제주 : 1차 조사(1911년 겨울) : 제주, 성산, 정의, 서귀, 대정 조사
       2차 조사(1930년 6월) : 제주, 대정, 서귀, 성산 조사(도쿄제국대의 출장명령)
전남 : 1차 조사(1918년)
전북 : 1차 조사(1921년)
경남 : 1차 조사(1915년 2월) : 마산, 통영, 거제, 남해, 하동, 진주(조선총독부 명으로 학사 시찰 및 방언조사)
       2차 조사(1916년 2월) : 거창, 합천, 창녕, 밀양, 동래, 부산, 울산
경북 : 1차 조사(1916년 2월) : 경주, 영천, 대구
       2차 조사(1933년)

---

4) 오구라 신페이(1915), 경상도방언, 『조선휘보』 4월호, p. 109
   오구라 신페이(1916), 경상남북도방언, 『조선휘보』 5월호, p. 134
   오구라 신페이(1923), 영동방언, 『조선』 7월호, p. 103
   오구라 신페이(1928), 영서방언, 『문교조선』 3월호, p. 3
   오구라 신페이(1929), 평안남북도방언, 경성제국대학교 법문학부 연구조사책자 제1집, 『조선어 방언 연구(하)』, 재수록, p. 250
   오구라 신페이(1930), 함경남도 및 황해도방언, 경성제국대학교 법문학부연구 조사 책자 제2집, 『조선어 방언 연구(하)』, 재수록, p. 297
   오구라 신페이(1931), 제주도방언, 『청구학총』 5호, p. 26

충남 : 1차 조사(1918년)
충북 : 1차 조사(1922년)
　　　2차 조사(1927년 11월)
경기 : 1차 조사(1929년 12월 19일) : 개성
강원 : 1차 조사(1923년 3월) : 장기, 고성, 간성, 양양, 주문진, 강릉, 경북
　　　　　　　　　　　　　(울진, 평해)
　　　2차 조사(1927년 11월 2일-12월 1일) : 춘천, 인제, 홍청, 횡성, 원주,
　　　　　　　　　　　　　　　　　　　　평창, 영월
황해 : 1차 조사(1913년 11월)
　　　2차 조사(1929년 8월 5일- 10일) : 곡산, 신계
　　　3차 조사(1929년 12월 9일 -18일) : 연안, 해주, 옹율, 태란, 장연,
　　　　　　　　　　　　　　　　　　　은율, 안악, 재령, 서흥, 수안,
　　　　　　　　　　　　　　　　　　　금천
함남 : 1차 조사(1917년 6월) : 영흥, 고원, 문천, 원산, 안변, 신고산
　　　2차 조사(1920년 봄) : 함흥, 정평, 신흥
　　　3차 조사(1926년) : 서천, 북청, 홍원(경성제국대학교 명)
　　　4차 조사(1929년 6월 21-7월 10일) : 북청, 풍산, 갑산, 혜산, 이원,
　　　　　　　　　　　　　　　　　　　 홍원, 함흥, 오로, 신흥, 정평,
　　　　　　　　　　　　　　　　　　　 영흥, 문천, 덕원, 안변, 신고산
　　　5차 조사(1929년 9월) : 고원 * 장진군 조사는 교통이 불편하여 미
　　　　　　　　　　　　　　조사, 그러나 오로, 영흥(보통학교 교직원
　　　　　　　　　　　　　　가운데 장진군 태생을 대상으로 조사)
함북 : 1차 조사, 1917년
　　　2차 조사, 1920년
평남 : 1차 조사(1928년 10월 11일- 30일) : 강계, 자성, 순창, 영변, 박천,
　　　　　　　　　　　　　　　　　　　　구성, 안주, 희천(경성제국대
　　　　　　　　　　　　　　　　　　　　학교 학사원 학술연구보조원)
　　　2차 조사(1928년 12월 17일- 26일) : 안주, 숙천, 순천
　　　* 덕천, 영원 지방은 교통이 불편하여 미조사
평북 : 1차 조사(1928년 10월 11일- 30일) 평양 (경성제국대학교 학사원 학
　　　　　　　　　　　　　　　　　　　술연구보조원)
　　　2차 조사(1928년 12월 17일- 26일) : 의주, 용암포, 선천, 정주, 중화
　　　* 창성, 벽동, 초산지방은 교통이 불편하여 미조사

오구라 신페이의 불완전한 조사 보고서를 토대로, 그의 방언 조사 일정을 추적해 본 결과 몇 가지 문제점을 찾을 수 있었다.

첫째, 조사항목 총 1,220항목(인삼채취자의 방언 제외) 중에서 259개 조사 지점 전체를 대상으로 직접 조사가 정밀하게 행해졌다고 볼 수 없다. 그 실례로 평안남도의 1차 조사에서 1,220항목을 20일 간에 7개 지점이나 조사했다고 했는데, 아무리 뛰어난 조사자라고 하더라도 전 항목에 걸친 조사란 거의 불가능하다고 판단된다. 그리고 경기도 조사는 다른 지방을 조사하고 회귀하는 도중에 조사된 것으로 보인다. 평북 조사에서도 2차 조사가 1차 조사에서 미비한 점을 보완하는 보충 조사의 성격을 띤 것이 아니라 1차 조사 시 조사가 안된 지방을 조사한 것으로 추정된다. 왜냐하면 9일 간에 5개 지점을 조사했다는 사실을 미루어 보아 전 항목에 걸친 완전한 직접 조사가 이루어지지 않았다고 판단되기 때문이다. 그의 자료집에서 항목별 259개 지점의 방언형이 완전하게 제시되고 있지 않다는 사실에 의해서도 이러한 사실은 입증된다.

둘째, 오구라 신페이는 우리나라에 입국한 1911년에서 1933년까지 약 20여 년에 걸쳐 방언 조사를 행했다. 조사 초기에는 조선총독부의 학사시찰 또는 교육시찰 겸 방언 조사를 행했으며, 경성제국대학교 교수로 취임한 이후에는 경성제국대학교의 명을 받고 조사에 임했다.

오늘날처럼 교통이 편리하지 않았던 1900년대 초반에 한 개인의 힘으로 방대한 전국 방언 조사를 한다는 것은 거의 불가능에 가깝다고 할 수 있다. 그러나 이것이 가능했던 것은 조선총독부와 경성제국대학교의 엄청난 재정적·행정적 지원이 있었던 때문으로 추정된다. 1912년(다이쇼 1년) 겨울과 1930년(쇼와 5년) 6월의 2회에 걸쳐 제주도 조사에서 있었던 일을 다음과 같이 회고하고 있다.

"교통기관으로서는 자동차나 인력거 등이 있을 리가 없고 도보가 아니면 말 등에 의존하지 않으면 안 되었다. 게다가 한일합방 후 얼마 지나지 않은 때인지라 민심이 동요하여 치안도 충분히 유지되고 있다고는 할 수 없는

> 상태였다. 내가 조사장소로 택한 보통학교(일본인의 소학교에 해당함)는 제주濟州, 대정大靜, 정의旌義의 세 읍에 신설된 것에 지나지 않고 교장은 학교 창설과 사무에 심신이 지쳐 있는 듯 했다. 이러한 정세 하에 나는 말 한 마리와 마부 한 사람을 고용하여 시종일관 그들과 함께 행동을 같이 하면서 섬을 일주했다. 경찰서에서는 나의 신변을 신경 써서 처음부터 끝까지 순사보 한 사람을 붙여 주었다. 일개의 서생이 경호경관을 수행하는 등 보통으로는 상상하기 어려운 정경이었다. 이러한 불편과 위험을 무릅쓰고 시골을 여행한 사람은 목숨 아까운 줄 모르는 브로커가 아니면 직무상 의무적으로 다닐 수밖에 없는 관리 정도일 것이다."

말을 타고 조사 지방에서는 소학교 교장선생의 도움을 받고 또 순사들의 경호를 받으면서 방언조사를 한 것이다. 실상 오구라 신페이(1944:6-7)는 『조선어 방언 연구(상)』에서 방언 조사의 목적을 한국어의 역사적 연구를 위해 그리고 조선어 사전에 빈약한 어휘 수를 보완을 위한 것이라고 말하고 있지만 기실 그 이면에 총독부의 정책적인 지원을 받았다는 사실은 무엇을 의미하는가?

당시 총독부에서 방언 조사와 관계되는 일체의 관련 서류가 발견되지 않으며 아울러 이러한 엄청난 국가적 사업의 일정에 관한 증거 자료를 거의 찾아 볼 길이 없다는 사실에서 『조선어 방언 연구(상)』은 두 가지 목적을 가지고 이루어졌음을 유추할 수 있다.

첫째, 오구라 신페이가 밝힌 바와 같이 역사언어학적 관점에서 부족한 문헌 자료를 보완하는 측면에서 방언 자료를 수집하기 위한 순수한 목적이다.

둘째, 일본의 식민지 문화 정책의 일환으로 한국 방언자료를 수집하기 위한 목적이다.

3.

한국어 방언 조사를 위해 오구라 신페이는 종래에 일본에서 사용되었던 "방언채집부方言採集簿"를 이용하여 조사항목을 선정한, 국어 방언 조사를 위한 최초의 조사서를 만들어 사용한 것으로 보인다. 이 방언채집부는

1902년 일본의 국어조사위원회 보조위원이었던 호시나保科가 방언조사의 통일성을 기하기 위해 작업한 『방언채집부方言採集簿』(국어조사위원회國語調査委員會, 1904)를 기초로 했을 것으로 보인다.

한국 방언 조사 질문지인 "방언채집부方言採集簿"가 현재까지 전하지 않기 때문에 질문지의 조사항목 구성은 어떤지 그 윤곽을 알 수 없다. 다만 『조선어 방언 연구(상)』 자료집에 수록된 조사 항목 구성과 배열은 다음과 같다. 오구라 신페이의 방언자료집 항목 구성의 전통은 후일 최학근崔鶴根(1964)의 『한국방언사전』과 김형규金亨奎(1974)의 『한국방언연구』에 많은 영향을 미치고 있다.

> 천문(27), 시후(17), 지리·하해(39), 방위(16), 인륜(59), 신체(55), 가옥(39), 복식(51), 음식(32), 농경(30), 화과(14), 소체(38), 금석(11), 기구(76), 배와 수레(11), 날짐승(29), 달리는 짐승(61), 수중 생물(18), 곤충파충(27), 초목(26), 형용사(36), 동사(70), 조동사(426), 부사(24), 접두사·접미사(7), 구·단문(7), 잡(33)

소항목별 배열로 된 총 항목수는 1,220항목으로 구성되어 있다. 항목은 한자나 혹은 일어를 표제어로 삼고 지방별 방언형을 지방 번호 하단에 싣고 있다. 그리고 고문헌에 나타나는 유사 방언형은 문헌명과 문헌에 나타나는 기록을 싣고 있다.

항목 배열상에 나타나는 문제점은 다음과 같다. 항목의 표제어를 한자로 표기함에 따라 의미 차이를 면밀히 보여주지 못하는 예들이 있다. 〈지리·하해〉 항목에 18. 小川, 19. 小川과 20. 溝, 21. 溝, 22. 溝와 23. 川, 24. 川에서와 같은 항목은 그 방언형의 의미 차이가 드러나지 않고 있다.

조사 지점으로는 주로 군청 소재지를 택했으나 필요에 따라 군청 소재지가 아닌 곳을 선정한 것으로 보이는데 정확한 조사 지점에 관한 기록물은 남아 있지 않아 확인할 길이 없다.[5]

---

[5] 오구라 신페이(1944), 『조선어 방언 연구』, p. 11 참조.

제보자는 원칙적으로 보통학교(국민학교) 상급반 남녀학생 10여 명을 선발하여 조사하였으며 조사 항목에 따라 노인들을 조사 대상으로도 선정하였다. 그리고 보통학교 학생을 대상으로 한 통신질문방식을 병행했다. 그러나 지점별 정확한 제보자에 대한 기록도 남아 있지 않은 형편이다.6)

전사는 영문 문자로 기록하였는데 정밀 전사가 아닌 광역전사(Broad Trans cription)로 이루어진 음소적 전사를 하였다. 따라서 s, n, l-구개음 표시나 모음의 정밀 전사가 이 자료집에는 반영이 되어 있지 않다.

이 자료는 오구라 신페이에 의한 단독 직접 조사에 의해 이루어진 것이 아니라 통신질문조사 방법을 아울러 이용했으며 재조사는 1937년 10월부터 3년간 일본학술진흥회의 후원으로 공동조사자인 고노 로쿠로河野六郎도 함께 참여하여 이루어졌다.

4.

이 자료집이 지닌 방언자료의 성격을 중심으로 그 가치와 조사상의 문제점에 대해 살펴보기로 한다. 먼저 자료집의 전반적인 특징에 대해 먼저 살펴본 뒤에 본 자료집의 가치와 한계점을 검토하기로 한다.

오구라 신페이는 한국어방언 연구의 개척자로서 헌신적인 각고 끝에 최초의 국어방언사전을 펴냈다는 점에서 높이 평가하지 않을 수 없다. 특히 이 자료집의 가치는 이러한 한국어연구사의 역사적인 맥락에서 후속되는 방언자료집 간행의 모델이 되었다는 데에서 찾을 수 있다. 구체적으로 자료집 성격상의 전반적 가치는 다음에 제시되는 몇 가지 사실로 요약될 수 있다.

첫째, 표제 항목 하단에 지방별 번호를 부여하고 그 지방의 방언 분화형을 음성부호로 나열하고 있다. 그런데 방언 분화형과 관련되는 역사적 문헌 기록 자료를 제시한 점은 오구라 신페이의 방언자료 조사의 의도를 읽을 수 있다. 곧 국어사적 관점에서 지방적인 방언 분화형이 역사적 변화 과정을 반영하고 있다는 것을 보여준 것이다. 이처럼 문헌어를 방언 분화

---

6) 오구라 신페이(1944), 『조선어 방언 연구』, p. 12 참조.

형과 대비해 둔 점은 자료집으로서 이용 가치면에 큰 도움이 된다.

둘째, 이 자료집은 단순한 지리방언학적 관점에 의한 방언 분화형을 수록한 단계를 뛰어넘어 인삼채취자들의 은어를 수록하고 있다. 따라서 오구라 신페이는 사회방언학적인 관심과 식견을 지니고 있었던 것으로 판단된다. 인삼채취자들의 방언은 주로 평안도 지방 은어隱語들이 발원지이므로 이들의 조어형을 분석한다면 북방계 언어의 침식과정을 연구하는 데 큰 도움을 줄 수 있을 것으로 보인다.

셋째, 이 자료집은 군단위별 광역조사의 성격을 띠고 있는데 일부 군내 방언 차이가 있는 경우 정밀한 방언 차이에 대한 정보를 기록하고 있다는 점도 중요하다.

넷째, 비록 조사가 조선총독부와 경성제국대학교의 정책적인 지원 아래에서 이루어진 것이지만 개인의 힘으로 한국어방언 자료집을 최초로 만들었다는 사실은 이 자료집이 갖는 가치로 꼽을 수 있다.

이러한 반면 이 자료집이 안고 있는 문제점도 한두 가지가 아니다. 구체적인 사실은 부문별로 검토되겠지만 전반적으로 다음과 같은 문제점이 지적될 수 있다.

첫째, 표제항목별 방언 분화형에 전 조사지점의 방언 분화형이 모두 수록되어 있지 않다. 곧 표제항목별 방언형의 기록이 지방별 불균형을 보이고 있다. 이러한 사실은 조사자가 조사 지방 전체에 대해 현지조사를 직접 행하지 않았기 때문이다.

둘째, 음절별 하이픈을 넣어 전사하고 있으나 굴절의 환경이나 파생의 환경에서 어기나 어간말음절의 기본형을 표기하는 음소론적 표기 방법을 취하면서 음절 내부의 음성 변동은 고려하지 않은 형태음소론적 표기방법을 취한 점을 들 수 있다. 이러한 기본적인 잘못은 그 후 국내 방언자료집에서도 그대로 반영된 엄청난 결함으로 지적할 수 있다.

셋째, 『조선어 방언 연구(하)』가 이루어질 수 있었던 목적과 배경이다. 1900년대 교통 수단이 그렇게 원활하지 않았던 실정을 감안한다면 조사자의 어려움은 엄청난 것이었을 것이다. 그런데 방언 조사를 행하게 된 목적이 조사자의 학문적인 관심이 가장 큰 목적이었겠지만 이면적으로는 일제의 문화적 식민지화를 위해 이루어졌다고 할 수 있다.7) 조선총독부나 경성제국대학교로부터 재정적 지원이 없었거나 조사 과정상 현지의 행정기관으로부터의 많은 도움이 없었다면 거의 불가능했을 것이다.

그러나 오구라 신페이의 『조선어 방언 연구(하)』는 우리나라 최초의 방언자료집이라는 측면에서 국어방언 연구의 개척자적 성격을 띠고 있으며, 그나마 전국 방언 분포의 일단을 확인할 수 있다는 면에서 그 가치를 높이 평가하지 않을 수 없다. 그러나 아쉬운 것은 바로 우리나라 사람의 손에 의해 이루어진 것이 아니라 일본인 학자의 손에 의해 이루어졌다는 사실이다.

5.

한국의 인문학의 근대화의 진행 과정에서 특히 한국어학의 근대화를 수립한 학자로 평가될 수 있는 분이 바로 오구라 신페이(1882~1944)다. 1882년 센다이에서 태어나 1903년에 도쿄대학 언어학과에 입학하여 우에다 가즈토시 上田 萬年의 지도로 일본어 연구를 시작한 이후 1906년에 동대학원에 진학하여 국어(일본어)연구실 조수로 일하면서 하시모토 신키치 橋本 進吉, 류큐어를 전공한 이나미 후유 伊波 普猷, 아이누어를 전공한 긴다이치 교스케 金田一 京助 등과 함께 오구라 신페이는 조선어 고어와 조선 방언을 연구하였다.

1910년 조선총독부 학무국 편집과속 겸 편집서기, 편수관 등의 일을 하면서 교과서 편수업무와 함께 경성고등보통학교, 경성의학전문학교에서 일본어를 가르쳤다. 1924~1926년에는 구미 유학을 마친 뒤에 경성제국대학교 법문학부에서 다카하시 도루 高橋 亨와 함께 한국어 한국문학강좌를 맡아 교수로 부임하였다. 이 때 이희승, 이숭녕, 김사엽 등 기라성 같은 제자들을 길러 내었다. 그 후 1933년 일본으로 돌아가 1943년 정년을 맞기까지

---

7) 야스다 도시아키 저, 이진호 외 번역(2009), 『「言語」의 구축 -小倉進平과 植民地 朝鮮-』, 제이앤씨 참조.

도쿄대학 문학부 언어강좌 주임교수로 근무하였다.

조선총독부에 근무 하던 오구라는 총독부 중추원에서 추진하던 『조선어사전』편찬 사업과 학무국의 '언문 철자법' 작성에 직접 관여하면서 한국어 교과서 편찬업무를 담당하였다. 1930년 이후 '황민화정책'에 따라 조선에 일본어 상용을 강요하던 '국어(일본어) 사용' 보급정책에 대해서도 오구라는 비판적 견해를 취하였다. 오구라는 어떤 언어도 "각기 저마다 고유의 국민적 내지 민족정신이 깃들어"[8])있다는 주장을 하였다.

오구라 신페이가 1911년에 한국에 건너온 이후 한국어의 역사적 연구와 방언 연구에 주력하였다. 오구라가 한국에 온 동기가 단순히 조선총독부학무국에 취업을 위해 온 것이 당시 일한비교문법을 강의하던 가나자와 쇼자부로金澤 庄三郎와 당시 동양사학자인 시라토리 구라키치白鳥 庫吉의 영향을 받았던 것으로 추정하고 있다. 오구라의 한국어 연구의 핵심인 『향가 및 이두 연구』(1929)와 『조선어학사』(1920)이다. 그리고 그의 한국어 연구 저서의 중심을 차지하는 부분은 박사학위 논문인 『The outline of the korean dialects.』, (Memoirs of the Research Department of the Toyo Bunko. No.12. 1940)을 비롯한 한국어 방언 연구이다.

오구라의 방언 연구는 경성에 거주하면서 틈틈이 조선 8도 전역을 직접 방문하면서 자료 조사와 함께 이들 자료를 가지고 한국 방언 연구의 체계화를 위해 진력을 다하였다. 『남부 조선어 방언』(1924), 『평안남북도 방언』(1929), 『조선어 방언 연구(상・하)』(1944)의 저작과 많은 논문을 남겼다.

오구라의 조선에 대한 인식을 반영하는 사료가 많이 남아 있지 않아 그의 일본 식민지 정책에 대한 입장을 분명하게 이해하기에는 어려움이 있다. 다만 당대의 많은 지식인들과 마찬가지로 매우 치밀하고 조심스러운 학자적 순수한 태도를 결코 의심할 수는 없다고 판단된다. 조선방언의 현지 조사의 과정과 또 조사의 이유 등에 대한 기록이 남아 있지 않은 점은 매우 안타까운 일이다.

---

8) 오구라 신페이(1938), 「문화정책과 외국어 교육」, 『교육』 6-2.

찾아보기

가

(전혀 생각밖이기에) 고맙다有難い 610
-가[ka], [ga] 491
가까이近く 활용형 457
가깝다近い 445
가다·오다行く·來る 467
가랑비細雨 53
가래鍬 234
가래シャベル (농공구) 235
가려워痒く 활용형 457
가렵다痒い 447
가루粉 221
가린다曰ふ 466
가볍다輕い 443
가소롭다可笑しい 453
가에邊りに 608
가위鋏：はさみ 295
가을秋 59
-가이[ka-i], [ga-i] 491
-가이다[ka-i-da], [ga-i-da] 491
가져오다持って來る 465
가지茄子 264
가지枝 433
각各 621
-간[kan], [gan] 491
간자말線臉馬 378
간장醬油 223
갈기鬣：たてがみ 367
감자馬鈴薯 263

-강[kaŋ], [gaŋ] 492
강보襁褓：おしめ 218
강아지犬の子 368
강아지를 부르는 소리子犬を呼ぶ聲 371
같다ようである·如し 447
-개[kɛ], [gɛ] 492
개犬 370
개구리蛙 424
-개서[kɛ-sə], [gɛ-sə] 492
-개요[kɛ-yo], [gɛ-yo] 492
개울小川 (30064 걸小川과 의미영역이 불분명하다) 82
개浦 86
-개이[kɛ-i], [gɛ-i] 493
-갠[kɛn], -갠[gɛn] 493
-갠네[kɛn-ne], [gɛn-ne] 493
-갠늬껴[kɛn-niy-k'yə], [gɛn-niy-k'yə] 494
-갠늬더[kɛn-niy-də], [gɛn-niy-də] 494
-갣다[kɛt-ta], [gɛt-ta] 494
-갣지라오[kɛt-či-ra-o], [gɛt-či-ra-o] 495
-갯서라오[kɛs-sə-ra-o], [gɛs-sə-ra-o] 494
-갯소[kɛs-so], [gɛs-so] 494
-갱[kɛŋ], [gɛŋ] 493
-갱이[kɛŋ-i], [gɛŋ-i] 493
-거던너라면 597
-거든너라면 602
거룻배舿：はしけ 344
거머리蛭 392
거문깨雀斑：そばかす 163
거북龜 368

641

거울鏡　301
거위鵞鳥　349
거적자루amparo：あんぺら　237
거지乞食　127
거짓말虛言　168
거품泡　94
건너가다渡り(水を)行く　466
걸小川　82
검불屑 (풀・짚 등의)　235
검은 말黑馬　378
-게[ke], [ge]　495
게蟹　391
-게나[ke-na], [ge-na]　496
-게는[ke-nin], [ge-nin]　496
-게라[ke-ra], [ge-ra]　496
-게라오[ke-ra-o], [ge-ra-o]　496
-게서[ke-sə], [ge-sə]　496
-게시오[ke-si-o], [ge-si-o]　497
-게요[ke-yo], [ge-yo]　497
-게인는[ke-in-nin], [ge-in-nin]　497
-겐네[ken-ne], [gen-ne]　498
-겐는[ken-nin], [gen-nin]　498
-겓다[ket-ta], [get-ta]　498
-겓다고(する)だろうと (인용어구)　604
-겓지라오[ket-či-ra-o], [get-či-ra-o]　499
-겟서라오[kes-sə-ra-o], [ges-sə-ra-o]　498
-겟소[kes-so], [ges-so]　498
-겨[kyə], [gyə]　499
겨糠　246
-겨라오[kyə-ra-o], [gyə-ra-o]　500
-겨서[kyə-sə], [gyə-sə]　500
-겨선늬껴[kyə-sən-niy-k'yə],
　　　[gyə-sən-niy-k'yə]　500
-겨싯소[kyə-səs-so], [gyə-səs-so]　501
-겨요[kyə-yo], [gyə-yo]　501
겨우僅かに　585

겨울冬　61
겨울모자冬帽　211
-견네[kyən-ne], [gyən-ne]　501
-겯다[kyət-ta], [gyət-ta]　501
-겯지라오[kyət-či-ra-o], [gyət-či-ra-o]　502
결코~가 아니다決して~ない　595
-겻서라오[kyəs-sə-ra-o], [gyəs-sə-ra-o]　502
-겻소[kyəs-so], [gyəs-so]　502
경영經營　611
곁側　96
-계요[kye-yo], [gye-yo]　503
-고(し)て (-바치고, -만들고 등의 -고)　597
-고[ko], [go]　503
고개・재峠　75
고구마甘藷　262
고기魚　397
고기肉魚　222
고독하다孤獨である　452
고드름垂氷：つらら　55
고등어鯖　397
고라말黃馬　378
고무신ゴム靴　198
고삐手綱　239
고양이 부르는 소리猫を呼ぶ聲　371
고양이猫　365
고욤榛の實 (개암나무의 열매)　251
고추唐辛　261
고치다改める　466
골목橫町　73
곰熊　372
-공[koŋ], [goŋ]　503
-과[kwa]　503
과부寡婦　106
관기官妓　125
괴롭다煩はしい　448
구두쇠吝嗇家　126

642 ｜ 조선어방언사전

구두革靴 197
구두靴：くつ (일본어에서 기원) 193
구들장溫堗の石床：いしゆか 174
구렁말栗毛馬 378
구멍穴 80
구석隅 (모퉁이와 구석은 의미 차이가 있음) 97
구위炙り (활용형) 485
구유馬槽 (우마牛馬의 사료飼料를 넣는 가늘고 긴 통桶) 296
국수羹の汁 223
굴뚝새鷦鷯：みそさざい 352
굴뚝煉出し 173
굵다太い 447
굵은 새끼줄太い縄 347
굼벵이蛴螬：ぢむし 414
궤櫃：ひつ 303
귀뚜라미蟋蟀 415
귀머거리啞者：おし 159
귀얄糊刷毛：のりばけ 298
귀언저리耳の邊 135
귀耳 (卑稱) 134
귀하다貴い 453
귓바퀴耳輪 191
귤蜜柑 436
그기其處・其方 101
그네鞦韆：ぶらんこ 299
그렇지然り 609
그리워戀ひ (활용형) 485
그물網 (해녀들의 허리에 차는 물건) 314
근처 부근近所・隣近 188
근처近處 102
글피明明後日 63
기다리다待つ 465
기둥柱 170
-기러[ki-rə], [gi-rə] 503

기러기雁 348
-기로[ki-ro], [gi-ro] 503
기르다養ふ 464
기름油 287
기뻐하다喜ぶ 464
-기여[ki-yə] 584
기와瓦 171
기와조각瓦の一片 172
기와집瓦屋 172
기위補綴し (활용형) 486
기장黍 261
-긴[kin], [gin] 504
-긴다[kin-da], [gin-da] 504
길다長い (어두 k-구개음화 분포) 446
길路 78
길이長さ 81
김매기雜草 除去 (논밭에) 233
김치漬物 (담근 음식) 220
김海苔 265
깃襟：えり 194
깊다深い 444
까마귀烏：からす 350
까치鵲：かささぎ 348
깜부기黑穗病 (보리에) 265
-깨[k'ɛ] 492
-꺄[k'ya] 495
-꺼[k'ə] 495
껍질殼 (外皮) 265
-껜다[k'en-da] 497
-껨니까[k'em-ni-k'a] 497
-껴[k'ya] 499
꼬리尾 369
꼭해(요)必ずする(よ) 610
꽃봉오리蕾 249
꽃花 249
꽈리酸漿：ほゝづき 429

꿩雉 : きじ 351
끈紐 : ひも 194
끼니때食時 224

나

-ㄴ[n] 504
-ㄴ가[n-ga] 504
-ㄴ가라오[n-ga-ra-o] 504
-ㄴ개[n-gɛ] 504
-ㄴ개요[n-gɛ-yo] 505
-ㄴ게라오[n-ge-ra-o] 505
-ㄴ고라오[n-go-ra-o] 505
-ㄴ교[n-gyo] 506
-ㄴ그라오[n-gi-ra-o] 506
-ㄴ기오[n-gi-o] 506
-ㄴ껴[n-k'yə] 506
-ㄴ니[n-ni] 539
-ㄴ닌[n-nin] 539
-ㄴ닌게라오[n-nin-ge-ra-o] 539
-ㄴ닌게오[n-nin-ge-o] 540
-ㄴ닌그라오[n-nin-gi-ra-o] 540
-ㄴ닌기오[n-nin-gi-o] 540
-ㄴ는두[n-nin-du] 541
-ㄴ는둥[n-nin-duŋ] 541
-ㄴ능개[n-niŋ-gɛ] 541
-ㄴ능기오[n-niŋ-gi-o] 541
-ㄴ늬꺼[n-niy-k'ə] 541
-ㄴ늬껴[n-niy-k'yə] 541
-ㄴ늬더[n-niy-də] 542
-ㄴ능기오[n-niyŋ-gi-o] 542
-ㄴ니꺼[n-ni-k'ə] 542
-ㄴ니더[n-ni-də] 542
-ㄴ다야[n-da-ya] 506
-ㄴ두[n-du] 507
-ㄴ둥[n-duŋ] 507
-ㄴ듸[n-diy] 507

-ㄴ듸야[n-diy-ya] 507
나막신木履 199
나무그릇木製食器 330
나무로 만든 베개木枕 311
나무木 428
나무신木靴 (의식에 사용하는 것) 212
나비蝶 406
나아癒り (활용형) 487
낚시밥魚を釣る餌 402
남녀男女 103
남사를 잣다藍絲を績ぐ 484
남의 남편夫 : 他人の 107
남의 부인夫人 : 他人の 107
남자·남아男子·男兒 111
남他人 130
남편夫 : をっと 107
낫鎌 239
낮잠晝寢 612
내川 85
냄새臭氣 613
냅다煙い 448
냉이薺 : なずな 266
냥兩 (이전의 금전을 세는 단위, 석 냥, 닷 냥 등) 615
너汝 (지칭) 129
너汝 (호칭) 130
네 살배기 소四歲牛 382
-네ら (복수) 606
노끈繩 238
노끈繩 242
노鱸 344
노루獐 372
노인老人 (卑稱) 125
농사)일꾼被雇人 (農事) 124
누에蠶 416
눈꺼풀瞼 : まぶた 136

눈동자瞳: ひとみ 137
눈雪 54
눈眼 136
눈眼 (卑稱) 135
눋다焦げる 482
-느[ni] 507
-느마[ni-ma] 507
-는 즉(する・した)のに 602
-는[nin] 508
-는가더[nin-ga-tə] 508
-는가라우[nin-ga-ra-u] 508
-는개[nin-gɛ] 508
-는거라오[nin-gə-ra-o] 508
-는걷고[nin-gət-ko] 508
-는게라오[nin-ge-ra-o] 509
-는게오[nin-ge-o] 509
-는그라오[nin-gi-ra-o] 509
-는기오[nin-gi-o] 509
-는두[nin-du] 510
-는둥[nin-duŋ] 510
-는지야라 (-있는지 없는지의 -는지) 598
늘常に 595
-능게[niŋ-gɛ] 510
-능기오[niŋ-gi-o] 510
-늬꺼[niy-k'ə] 511
-늬더[niy-də] 511
-닁기오[niyŋ-gi-o] 511
-니:까[ni:-k'a] 511
-니:꺼[ni:-k'ə] 512
-니:껴[ni:-k'yə] 512
-니:더[ni-də] 512

다

-ㄷ가[t-ka] 535
-ㄷ간[t-kan] 535
-ㄷ강[t-kaŋ] 535
-ㄷ개요[t-kɛ-yo] 535
-ㄷ개이[t-kɛ-i] 536
-ㄷ갱이[t-kɛŋ-i] 536
-ㄷ거라오[t-kə-ra-o] 536
-ㄷ거로[t-kə-ro] 536
-ㄷ게[t-ke] 536
-ㄷ게라오[t-ke-ra-o] 537
-ㄷ게유[t-ke-yu] 537
-ㄷ겐다[k-ken-da] 537
-ㄷ고[t-ko] 537
-ㄷ과[t-kwa] 538
-ㄷ교[t-kyo] 538
-ㄷ궈[t-kwə] 538
-ㄷ그라오[t-ki-ra-o] 538
-ㄷ기다[t-ki-da] 538
-ㄷ기더[t-ki-də] 538
-ㄷ기라오[t-ki-ra-o] 539
-ㄷ기오[t-ki-o] 539
-ㄷ꺄[t-k'ya] 536
-ㄷ다[t-ta]([kɔt-ta]) 542
-ㄷ다야[t-ta-ya] 543
-ㄷ다와[t-ta-wa] 543
-ㄷ대이[t-tɛ-i] 543
-ㄷ댕이[t-tɛŋ-i] 543
-ㄷ재[t-čɛ] 558
-ㄷ저[t-čə] 558
-ㄷ주[t-ču] 558
-ㄷ지다[t-či-də] 558
-ㄷ지라[t-či-ra] 559
-ㄷ지라오[t-či-ra-o] 559
-ㄷ지러[t-či-rə] 559
-ㄷ지를[t-či-ril] 560
-ㄷ지비[t-či-bi] 560
-ㄷ지야[t-či-ya] 560
-ㄷ키라오[t-khi-ra-o] 560
-ㄷ키오[t-khi-o] 560

-다가(する・した)が・(し)て 602
-다네[ta-ne], [da-ne] 512
다님足紐 (발목에 바지의 아랫부분을 묶는 천으로 만든 끈) 204
다듬이砧杵：きぬた棒 241
다람쥐栗鼠：りす 373
다로기靿子鞋 (우피 등으로 만든 중국식 신발) 202
다리髢：かもじ 201
다만唯だ 588
다시마荒布：あらめ 274
-다야[ta-ya], [da-ya] 512
단풍나무楓：かへで 436
닫다閉じる 468
달걀雞卵 357
달래野蒜 269
달리다走らす 467
달무리月暈 46
달팽이蝸牛 420
닭 부르는 소리鷄を呼ぶ聲 357
닭鷄 357
담膽 153
담뱃대煙管：きせる 310
담비쥐貂鼠 384
담비털貂皮 384
담요毛布 210
-대:[tɛ:], [dɛ:] 513
-대:이[tɛ:-i], [dɛ:-i] 513
대야盥 (矢쇠眞鍮・철鐵・양철제ブリキ製 등) 308
대지 저택屋敷 187
대추열매棗の實 253
댕기リボン (여자아이들 머리 묶는 것) 205
-댕이[tɛŋ-i], [dɛŋ-i] 513
-더[tə], [də] 513
더워물ㄱ 활용형 457

덕석蓆 244
덤불藪 (의미역의 차이가 있음) 442
덩굴蔓 431
-데[te], [de] 513
도깨비化物：ばけもの 615
도끼斧 307
도랑溝 84
도롱이蓑：みの 237
도마뱀蜥蜴：とかげ 426
도마俎 306
도미鯛 398
독수리鷲 354
돌리다廻す 468
돌石 288
돌확石臼 245
돗자리莫蓆 309
동풍東風 48
돼지 부르는 소리豚を呼ぶ聲 375
돼지고기猪肉 (산삼채취자의 은어) 230
돼지豚 375
댓놈胡奴 (중국인을 천시하여 부르는 말) 129
되돌아가는 것歸ること (산 속의 임시 거처로) 622
두 살배기 소二歲牛 382
두꺼비蟾蜍：ひきがへる 425
두더쥐鼢：むぐら 374
두려워畏ろしく 활용형 459
두려워하다怖れる・憂える 482
두루막掛子 (추운지방에서 착용한다. 중국식의 의상) 192
두루막周衣 202
두릅나무木頭菜：たらの木 437
두부豆腐 223
두지木材の掛 (다량의 쌀을 넣는다) 177
둥근 모양의 떡圓餅 (밤으로 만듦) 224

뒤北 98
-든(する・した)と(인용어구에) 602
듣고聞いて 610
듣다聞く 468
-들ら (복수) 606
들깨荏子：えごまの種子 432
들野原 70
등걸油木 439
등겨籾殻 247
등背 148
등애蝱 407
따벵이蒦蔽 (물건을 머리에 일 때, 충격을 줄이기 위해 머리 위에 얹는 동그란 것) 305
딱따구리啄木鳥 353
딸기苺：いちご 253
때리다毆打する 468
떡餅 227
떡잎嫩葉：わかば 435
떨어지다落ちる 481
떼芝草 431
뗏목筏 345
뚜껑蓋：木製ふた 303
뚜껑蓋：ふた 304
뜨겁다熱い 449
뜰庭 (뜰과 마당의 의미영역이 다르다) 177
띠茅：ちがや 432

라

-ㄹ가더[l-ga-tə] 513
-ㄹ거라[l-kə-ra] 514
-ㄹ걷고[l-gət-ko] 514
-ㄹ고다[l-ko-da] 515
-ㄹ그라오[l-ki-ra-o] 515
-ㄹ깨요[l-k'ɛ-yo] 514
-ㄹ께[l-k'e] 514

-ㄹ께[l-k'e] 514
-ㄹ께[l-k'e] 514
-ㄹ께유[l-k'e-yu] 515
-ㄹ꼬[l-k'o] 515
-ㄹ끼다[l-k'i-da] 515
-ㄹ끼더[l-k'i-də] 516
-ㄹ끼오[l-k'i-o] 516
-ㄹ다[l-ta] 518
-ㄹ듸[l-tiy] 518
-ㄹ듸냐[l-tiy-nya] 518
-ㄹ듸야[l-tiy-ya] 518
-ㄹ듸지[l-tiy-ji] 519
-ㄹ락하[l-lak-ha-] 516
-ㄹ랑이[l-laŋ-i] 517
-ㄹ래이[l-le-i] 517
-ㄹ래이[l-lɛ-i] 517
-ㄹ랭이[l-lɛŋ-i] 517
-ㄹ러마[l-lə-ma] 519
-ㄹ러무나[l-lə-mu-na] 519
-ㄹ뤼꺼[l-lwi-k'ə] 517
-ㄹ뤼껴[l-lwi-k'yə] 517
-ㄹ리다[l-li-da] 518
-ㄹ리웨[l-li-we] 518
-ㄹ마[l-ma] 519
-ㄹ새[l-sɛ] 519
-ㄹ세[l-se] 519
-ㄹ쇄[l-swɛ] 520
-ㄹ쇠다[l-sö-da] 520
-ㄹ시[l-si] 520
-ㄹ시다[l-si-da] 521
-ㄹ시더[l-si-də] 521
-ㄹ웨다[l-we-da] 521
-ㄹ위다[l-wi-da] 521
-ㄹ켄가[l-khen-ga] 521
-ㄹ쿠과[l-khu-gwa] 521
-ㄹ쿠다[l-khu-da] 522

찾아보기 | 647

-ㄹ쿠켄[l-khu-khen] 522
-ㄹ키여[l-khi-yə] 522
-라[ra] 522
-라고(する・した)と (인용어구) 603
-라고(せ)よと (명령구의 인용) 603
-라구[ra-gu] 522
-라오[ra-o] 523
-랑이[raŋ-i] 523
-러다[rə-da] 523
-러마[rə-ma] 523
러시아인ロシア人 (천시하여 부르는 말) 129
-럼[rəm] 524
-레[re] 524
-려마[ryə-ma] 524
-렴[ryəm] 524
-례[rye] 524
-로다[ro-da] 524
-루마[ru-ma] 525
-리[ri] 525
-리까[ri-k'a] 525
-리이[ri-i] 525

마

(담뱃대의) 물부리吸口：煙管 312
(옷감을) 마르다裁つ 470
-ㅁ[m] 526
-ㅁ까[m-k'a] 526
-ㅁ껴[m-k'yə] 526
-ㅁ나[m-na] 531
-ㅁ네[m-ne] 531
-ㅁ는가[m-nin-ga] 531
-ㅁ두[m-du] 526
-ㅁ둥[m-duŋ] 527
-ㅁ듸[m-diy] 527
-ㅁ듸야[m-diy-ya] 527
-ㅁ마[m-ma] 527

-ㅁ매[m-mɛ] 527
-ㅁ메[m-me] 528
-ㅁ메다[m-me-da] 532
-ㅁ미다[m-mi-da] 532
-ㅁ서[m-sə] 528
-ㅁ세[m-se] 528
-ㅁ수꽈[m-su-k'wa] 528
-ㅁ수니꽈[m-su-ni-k'wa] 529
-ㅁ수다[m-su-da] 529
-ㅁ수켄[m-su-khen] 529
-ㅁ시니[m-si-ni] 529
-ㅁ시더[m-si-də] 529
-ㅁ신가[m-sin-ga] 529
-ㅁ이꽈[m-i-k'wa] 530
-ㅁ이니[m-i-ni] 530
-ㅁ이우꽝[m-i-u-k'waŋ] 530
-ㅁ저[m-jə] 530
-ㅁ쭈[m-č'u] 530
-ㅁ쭈기[m-č'u-gi] 530
-마[ma] 531
마늘大蒜：にんにく 273
마루板間・緣：えん 179
마르다乾く 469
마르다枯れる 471
마름 열매菱の實 255
마상이獨木舟 344
마소牛馬 383
마을村落 69
마지막으로終に 589
막걸리濁酒 231
막대기杖 314
만두饅頭 (조선식 만두는 「鮮」, 중국식은 「中」으로 표시함) 225
많이多く 596
많이多く 활용형 461
맏숙모伯叔母 105

말리다乾かす 470
말馬 376
말아서 피우는 담배卷煙草 231
말言葉 616
말의 귀 옆에 나는 긴 털馬の耳わきの長い毛 380
말입마개馬銜: くつはみ 303
맑다淸らかである 449
망아지馬の子 377
망어望魚 400
매鵑: はやぶさ 364
매미蟬 408
매사냥꾼鷹匠 123
매우甚だ 589
매워辛く 활용형 458
맥주병ビール瓶 313
맨앞最前 101
맷돌碾臼: ひきうす 240
머루山葡萄 254
머리頭 (卑稱) 131
머리카락毛髮 132
머슴살이(밥벌이를 위해 부잣집에 들어가는 것) 618
먹다食ふ 469
멈추다止める 466
메뚜기蝗斯: いなご 408
메밀가루로 만든 떡蕎麥粉の餠 226
메밀蕎麥 269
메우다塡める 468
메추리鶉 358
멧돼지猪 375
며느리子の妻 110
-면서ながら 600
-면 ならば 600
면도剃刀 314
면장面長 117

멸치鰯 399
몇幾 606
모두皆 589
모두總て 594
모래砂 289
모레明後日 62
모서리·모퉁이角: かど 74
모아集まり (활용형) 489
모양樣子 616
모이鳥の餌 358
모자笠 199
모자帽子 211
모자帽子 212
모자笠子 (관관의 일종) 195
모퉁이角: かど 97
목頸 147
목이 짧은 구두短靴 (농부가 산이나 들에 풀을 벨 때 신는 신) 215
못釘 178
못池 92
무너지다崩れる 481
무녀巫女: みこ 121
무人根 270
무릎膝 156
무리群 621
무명木棉 206
무서워하는 사람恐ろしがる人 126
무지개虹: にじ 51
묶다縛る 478
물가水邊 92
물레紡車 313
물머리水脈 85
물水 226
미꾸라지鰍: どぢやう 400
미나리芹: せり 273
미리豫め 588

찾아보기 | 649

미수가루炒麵：ほし飯の粉　225
미역若布：わかめ　274
미투리麻製の鞋　207

바

- ㅂ게[p-ke]　531
- ㅂ궈니[p-kwə-ni]　531
- ㅂ디[p-ti]　534
- ㅂ새[p-sɛ]　532
- ㅂ서[p-sə]　532
- ㅂ세[p-se]　533
- ㅂ소[p-so]　533
- ㅂ소사[p-so-sa]　533
- ㅂ시꽈니[p-si-k'wa-ni]　533
- ㅂ시오[p-si-o]　533
- ㅂ저[p-čə]　534
- ㅂ조냐[p-čo-nya]　534
- ㅂ지[p-či]　534
- ㅂ지비[p-či-bi]　535

바가지水汲み杓 (호리병박을 반으로 쪼갠 것)　321
바께쓰 물통バケツ　311
바늘針　323
바다海　86
바닷물결海水のうねり　88
바닷물海水　87
바둑碁　314
바람風　48
바르다塗る　473
바위岩　290
박쥐蝙蝠　389
박瓢 (해녀들 허리에 차는 것)　338
박흑마薄黑馬　379
반딧불螢　405
반찬飯饌　227
받들어 捧げ (활용형)　486

발육상태가 좋지 않은 소發育惡しき牛　383
밝다明るい　450
밟다踏む　472
밥주걱飯杓子　334
방적紡績　333
방한모防寒帽 (털실 등으로 짜서 머리와 이마부분을 감싸 양 눈만을 노출하는 것)　205
방한모자煖帽 (겨울 방한용 모자)　207
밭둑火田の畔　73
배꼽臍：へそ　149
배腹　147
백합꽃百合：ゆり　252
뱀蛇　426
뱃나루渡船場　89
버짐癬瘡　162
번개電光　51
번데기蛹　417
번지人口土盆 (논밭의 흙을 고르는 데 쓰는 농기구)　323
번째番目　606
벌레蟲　404
벌蜂　409
벌써既に　593
베개枕　318
베麻布　209
벼稻 (의미역 조사 실패)　274
벼락霹靂・落雷　52
벼랑길崖路　76
벼루硯　317
벼룩蚤　418
벼슬官職　116
벽장壁藏：押入　182
변소便所　175
별로別に　594
별星　47

병病 158
병瓶 322
병아리雛 360
보리麥 276
보리피리驚篥 (피리의 일종) 339
보습犁 (10361 쟁기의 쟁이[ʨɛŋ-i]항 참조. 쟁기 끝부분의 철) 241
보행步行 168
복숭씨踝：こるぶし 157
복숭아桃 256
볼기尻 150
봇도랑溝 83
봉우리峰 74
부러워羨ましく 활용형 459
부리嘴 359
부삽十能 321
부스름腫・瘡：できもの 161
부엌臺所 (지방에 따라 밥 짓는 아궁이라고도 한다) 181
부저가락火著 320
부치게油揚 230
북梭：をさ 319
북풍北風 48
불무깐鍛冶場 178
불무꾼冶匠 124
불火 616
붉은소赤牛 381
붕어鮒 400
붙잡다捕へる 475
비구니尼 119
비녀簪：かんざし 210
비누石鹼 208
비름莧：ひゆ 275
비雨 52
비장脾臟 152
비지豆腐滓 227

비치다照る 473
빗자루箒 323
빨다吮ふ 472
뺨頰 138
뼈骨 167
뾰족한 모양尖れるさま 590
뿌리根 437
뿔角：つの 384

사

(어)서 ('보고 오다', '해주다' 등의 활용형) 490
-ㅅ사와요[s-sa-wa-yo] 543
-ㅅ사워요[s-sa-wə-yo] 544
-ㅅ새[s-sɛ] 544
-ㅅ서라오[s-sə-ra-o] 544
-ㅅ서유[s-sə-yu] 545
-ㅅ섣고[s-sət-ko] 545
-ㅅ소다[s-so-da] 545
ㅅ소와[s-so-wa] 545
-ㅅ소와요[s-so-wa-yo] 546
-ㅅ소왜[s-so-wɛ] 546
-ㅅ소웨[s-so-we] 546
-ㅅ소웨다[s-so-we-da] 546
-ㅅ소이다[s-so-i-da] 547
-ㅅ쇄[s-swɛ] 547
-ㅅ쇄다[s-swɛ-da] 547
-ㅅ쇠다[s-sö-da] 548
-ㅅ수까[s-su-k'a] 548
-ㅅ수꽈[s-su-k'wa] 548
-ㅅ수니까[s-su-ni-k'a] 548
-ㅅ수다[s-su-da] 548
-ㅅ수와요[s-su-wa-yo] 549
-ㅅ수웨[s-su-we] 549
-ㅅ수웨다[s-su-we-da] 550
-ㅅ수켄[s-su-khen] 550

- ㅅ쉐[s-swe] 550
- ㅅ쉐다[s-swe-da] 550
- ㅅ쉬까[s-swi-k'a] 551
- ㅅ쉬다[s-swi-da] 551
- ㅅ슈ㅣ[s-syui] 551
- ㅅ슈ㅣ다[s-syui-da] 551
- ㅅ스[s-si] 552
- ㅅ스니까[s-si-ni-k'a] 552
- ㅅ스미꽝[s-si-mi-k'aŋ] 554
- ㅅ스미우까[s-si-mi-u-k'a] 554
- ㅅ슫가[s-sit-ka] 555
- ㅅ슫고[s-sit-ko] 555
- ㅅ슬세[s-sil-se] 552
- ㅅ슴[s-sim] 552
- ㅅ슴까[s-sim-k'a] 552
- ㅅ슴나[s-sim-na] 554
- ㅅ슴네[s-sim-ne] 554
- ㅅ슴는가[s-sim-nin-ga] 554
- ㅅ슴두[s-sim-du] 553
- ㅅ슴둥[s-sim-duŋ] 553
- ㅅ슴마[s-sim-ma] 553
- ㅅ슴메[s-sim-me] 553
- ㅅ슴메[s-sim-mɛ] 553
- ㅅ슴메다[s-sim-me-da] 555
- ㅅ습조냐[s-sip-čo-nya] 555
- ㅅ습지비[s-sip-či-bi] 555
- ㅅ승와[s-siŋ-wa] 555
- ㅅ시까[s-si-k'a] 556
- ㅅ시니[s-si-ni] 556
- ㅅ시니꺼[s-si-ni-k'ə] 556
- ㅅ시니다[s-si-ni-da] 556
- ㅅ시다[s-si-da] 556
- ㅅ시더[s-si-də] 557
- ㅅ시유[s-si-yu] 557
- ㅅ신가[s-sin-ga] 557
- ㅅ싣가[s-sit-ka] 558

- ㅅ싣고[s-sit-ko] 558
- ㅅ실까[s-sil-k'a] 557
사다리梯子：はしご 187
사다買ふ 475
사람人 103
사립문柴扉 (섶나무 문) 185
사마구痣 163
사슴鹿 385
사슴의 일종鹿の一種 373
산·묘山·墓 79
산꿩山雉 357
산岳 77
살강食器棚 (식기 얹는 곳, 부엌에 있음) 184
살구 열매杏子の實 257
살리다生かす 474
살歲 (한 살, 두 살 등) 607
삼나무杉 438
상수리나무橡樹：ならの木 435
새끼소가 우는 소리子牛を呼ぶ聲 383
새끼줄藁繩 242
새벽曉 44
새우鰕 393
새鳥：とり 362
샘泉 93
생각하여 헤아리다考量する 483
서랍抽斗：ひきだし 326
서서히徐徐に 587
서울京：みやこ 68
석가래椽木：たるき 186
석단石垣 189
석류石榴 439
석양夕陽 45
석유石油 292
설매橇：そり 319
성냥곽燐寸箱 325
성냥燐村：マッチ 324

세 살배기 소三歲牛 382
-세[se] 561
세계世界 68
세숫대야洗面器 309
-세어이[se-ə-i] 561
세우貰牛 (소를 타인에게 대여하고 그 보수로서 송아지를 무료로 양도해 받는 것) 383
-셋소[ses-so] 561
셧소[ʃəs-so] 561
-소[so] 562
소경盲人 122
소금鹽 228
소꿉놀이まゝ事 617
소나무松の木 439
소라蠑螺：さゞえ 395
소변小便 126
소부리 (소가 끄는 것) 236
소牛 380
-소세[so-se] 562
소주燒酒 228
속이 시원하다心地よい 452
손手 154
손톱手瓜 154
솔개鳶 355
-솟세[sos-se] 562
송명松明：たいまつ 618
송아지牛の子 381
송어松魚 401
송충이松蟲 (소나무에 기생하는 일종의 벌레) 422
솥釜 301
솥鼎 329
쇠고기牛肉 381
쇠鐵・金：かね 290
쇠파리牛蠅 413

수달水獺：かはをそ 385
수레바퀴車輪の綠 342
수레車 (차체 혹은 차륜) 342
수수蜀麥：もろこし 276
수염髭 132
수은水銀 291
숙소宿 189
순무蕪：かぶら 267
숟가락匙：さじ 328
숫돌砥石：といし 329
숭어魚秀魚 400
숯炭 617
스님僧 119
스무 살배기 소二十歲牛 383
슬기롭게賢く 활용형 460
-시[si] 563
-시[si] 563
시계時計 330
시골田舍：いなか 69
-시교[si-gyo] 563
시궁창川 85
-시다[si-da] 563
시다酸い 450
-시다나[si-da-na] 563
-시더[si-də] 563
-시라고(せられ)よと (명령구의 인용) 603
시렁棚：たな 183
시루甑籠：せいろ 330
-시서[si-sə] 564
-시소[si-so] 564
-시시[si-si] 564
-시시소[si-si-so] 564
-시시오[si-si-o] 565
-시엇소[si-əs-so] 565
-시오[si-o] 565
-시와[si-wa] 557

찾아보기 | 653

-시이다[si-i-da] 565
-시이소[si-i-so] 565
-시지비[si-či-bi] 566
신발履ひ物 (눈 올 때의) 187
신부新婦 107
신鞋 (인삼채취자은어) 213
신靴 213
신靴 (중국식의 신) 211
신靴 (중국형, 소아용) 217
-심[sim] 566
심다植ゑる 474
-십꽈니[sip-k'wa-ni] 566
-십서[sip-sə] 566
-십소[sip-so] 566
-십소사[sip-so-sa] 566
-십시꽈니[sip-si-k'wa-ni] 567
-싯소[sis-so] 567
-싯시오[sis-si-o] 567
쌀米 277
쌀밥白米飯 227
쌀밥白米飯 (산삼채취자의 은어) 229
쓰다苦い 452
씨아綿繰車：わたくりぐるま 325
썻어洗ひ (활용형) 487

아

아그배山査子 281
아래頃日 64
아버지父 104
아우弟 108
아욱露葵：あおい 278
아지랑이陽炎：かげろふ 50
아청鴉靑 (염료染料의 일종) 214
아침朝 65
안되다成らない 478
암꿩雌雉 363

암노루雌獐 373
암수雌雄 (금수禽獸에) 370
암초岩礁 95
-앙이[aŋ-i] 567
앞南 98
-야[ya] 567
-야코소 (하지 않으면 안 된다) 601
야채野菜 268
야채野菜 268
양말靴下：くつした 200
양반兩班 115
양친親：おや 104
어금니牙 145
어깨肩 148
어느 곳何處 102
어렵다難い・むづかしい 453
어린 꿩幼雉 363
어린아이幼兒 115
어머니母 104
어미 꿩親雉 363
어제昨日 62
어찌何 616
언덕丘 71
언청이兎脣：いぐち 141
얼룩말斑馬 379
얼마幾何 620
얼음지치기・빙활水滑り 346
-에[e] 568
-에니・へ 601
에누리掛値：かけね 619
여기此處・此方 101
여덟八 619
여드름面疱：にきび 162
여름夏 59
여섯六 619
여女 (卑語) 115

여女 (호칭·지칭에 대한 구분이 없음) 114
여우狐 386
여울淺瀨 90
여위다瘦せる 475
여자女 113
연기煉 612
연장의年長の (장남·장녀 등의 장) 605
연초煉草 224
연필鉛筆 303
열 살배기 소十歲牛 382
열리다開く (自動) 478
염전鹽田 73
엿보다窺ふ 477
옆左 98
-예[ye] 568
예쁘하다可愛く思ふ 480
예사例事 620
예하이 (대답하는 말) 609
옛날昔 64
-오[o] 568
오너라來れ (命令) 478
-오니까[o-ni-k'a] 568
-오다[o-da] 569
오디 열매桑の實 259
-오리[o-ri] 569
오리鴨 363
-오리까[o-ri-k'a] 569
-오리다[o-ri-da] 570
오솔길樵路 77
오얏 열매李の實 258
오얏 열매李の實 (큰 것) 259
오이黃瓜 : きうり 271
-오이다[o-i-da] 570
오징어烏賊 : いか 402
오히려却って 587

옥수수玉蜀麥 : とうもろこし 279
-온[on] 571
온돌방溫堗の部屋 175
-올[ol] 571
올가미鳥網 337
올빼미梟 362
-올세[ol-se] 571
-올심니까[ol-sim-ni-k'a] 571
-올심니다[oi-sim-ni-da] 572
-올심메다[ol-sim-me-da] 572
올챙이蝌蚪 425
올해本年 57
-옵는가[om-nin-ga] 573
-옵니까[om-ni-k'a] 573
-옵니껴[om-ni-k'yə] 573
-옵게[op-ke] 572
-옵꽈니[op-k'wa-ni] 572
-옵세[op-se] 573
-옵시오[op-si-o] 573
-옵지[op-či], [op-ti] 574
-옵지비[op-či-bi] 574
옷감 (의복의 재료) 214
-와/과と (함께) 599
-와[wa] 574
-와요[wa-yo] 575
-왓소[was-so] 575
왕겨租糠 248
-왜[wɛ] 575
왜나막신下駄 (일본인內地人이 신는 나막신. 일본어에서 기원) 192
왜놈倭奴 (일본인을 천시하여 부르는 말) 128
왜何故 589
-왜다[wɛ-da] 575
외外 99
-외다[ö-da] 576
외우다誦んずる 479

외투外套　211
-요[yo]　576
-요다[yo-da]　576
-요요 (강조사)　600
요리料理　229
-우[u]　576
우거리切干 (표주박瓢・호박南瓜 등의)　229
-우꽈[u-k'wa]　577
-우꿔[u-k'wə]　577
-우다[u-da]　577
우렁이田螺：たにし　396
우레니[u-rye-ni]　577
-우리[u-ri]　578
우물井戶　93
우박雹：へう　54
우엉牛蒡　278
우티衣・着物　213
울타리籬　188
웃는 것笑うこと　614
-워요[wə-yo]　578
원숭이猿　388
-월다[wəl-da]　578
월식月蝕　46
-웨[we]　578
-웨다[we-da]　578
-웨리[we-ri]　579
-웨리다[we-ri-da]　579
-웰다[wel-da]　579
-위다[wi-da]　579
-위해ために (-하기 위해, -놀기 위해 등)　599
-유[yu]　580
유리琉璃：硝子　292
유월六月　59
육십六十　619
은어鮎：あゆ　401
-을/를을 (목적격)　598

의사醫者 (침을 놓는 한의사)　123
-이/가が (주격)　600
-이[i]　580
이끼靑苔 (수중의 암석 등에 피는 것, 민물과 바닷물의 것을 구분하지 않음)　432
-이다[i-da]　580
이렇게斯く　586
이마額　133
이쁘게美しく 활용형　456
이서방李書房　117
이蝨　418
-이소[i-so]　580
이어서續き (활용형)　487
이웃隣　188
이월二月　59
이齒　144
익다熟する　477
인가人家　188
인두熨斗：ひのし　304
인삼人蔘　440, 441
인삼채취자의 우두머리入山者の長　441
일본 개의 일종一種の矮狗　371
일식日蝕　43
일일고용日雇人 (日軍)　125
일치一致　620
읽다讀む　480
임시로 만든 집假小屋　178
입口　139
입술脣　140
있다有る・居る　480
있어서有り (활용형)　489
잊다忘れる　477
잎葉　434

-자[ča], [ja]　580

자갈砂礫 292
-자고(し)ようと (인용어구)　603
자녀・여아子女・女兒　114
자다寢る　482
자루袋 (인삼을 넣는 것)　336
자루柄：え　333
자매姉妹　109
자물쇠鎖　328
자尺：ものさし　334
작다/적다小さい・少ない　456
작은 냄비小鍋 (眞鍮製)　330
작은 배小船　343
작은 배小船 (주로 산지山地의)　343
작은 창문小窓 (벽에 뚫은 것)　180
잠자리蜻蛉：とんぼ・やんまなど　410
잡초雜草 (건초)　235
-장[čaŋ], [jaŋ]　581
장단지脹脛：ふくらはぎ　157
장모妻の母　106
장味噌　230
장인妻の父　105
장작薪：たきぎ　441
장작割木 (나무를 깬 것)　242
-재[čɛ], [jɛ]　581
재봉틀裁縫機：ミシン　310
재채기嚔：くしゃみ　161
재炭　621
쟁기農具 (추・조 등)　245
저곳・저쪽彼處・彼方　102
저녁노을夕燒　48
저녁夕　65
저彼：かの　101
적마赤馬　379
적마赤馬 (붉은기가 옅어서 검게 보인다)　379
절구공이杵 (남자용)　240
절구공이杵 (여자용)　240

절寺　189
점심點心 (낮 음식)　230
점쟁이賣卜者　120
젓가락箸　331
정강이脛：すね　157
정거장停車場　175
정거장停車場　175
정월正月　58
-제(し)ない (부정, 부인용어)　601
제기毽 (놀이기구, 발로 차는 것)　335
제방堤防　178
제비燕　352
제사・밤제祭祀・夜祭　618
제자弟子　118
조개貝　396
조금僅か　595
조끼チョッキ (안쪽에 양털이 있는 것)　211
조리笊籬：ざる　330
조밥粟飯　227
조속히速かに　591
조쌀밥粟飯　221
조용하다寂しい　447
족제비鼬：いたち　388
졸리다眠い　454
좁쌀栗　281
좁쌀栗의 糯米　284
종奴：やつ　126
종달새雲雀　363
-주[ču], [ju]　581
주머니巾着　216
주석錫　293
주야晝夜　46
주위拾ひ (활용형)　486
주인雇主　124
죽다・죽이다死ぬ・殺す　482
죽粥　230

줄기莖 435
줄다減る (自動) 467
쥐鼠 387
-지(し)ない (부정) 601
지게작대기棒 (머리 부분이 두 가닥으로 되어 있음) 335
지금今 64
지나가다過ぎ行く 481
지네蜈蚣：むかで 421
-지더[či-də], [ji-də] 581
-지라오[či-ra-o], [ji-ra-o] 581
-지러[či-rə], [ji-rə] 582
지렁이蚯蚓 422
-지비[či-bi], [ji-bi] 582
-지야[či-ya], [ji-ya] 583
-지오다[či-o-da], [ji-o-da] 583
-지以來 602
지팡이杖 314
지혜知慧 621
진달래꽃躑躅 260
진디물蚜蟲：あぶらむし 407
질・습・건帙・襲・件 (기구 의류 등을 헤아리는 말) 607
질경이桔梗 430
짖어吠え (활용형) 489
짚신藁の草鞋 216
짚신草鞋 (부녀용으로 예쁜 장식을 단 신) 208
짜다鹹い 455
짜워 鹹く 활용형 460
쪼아서啄み (활용형) 488
쪽方 (동쪽東方・서쪽左方 등) 102
찧다搗く 481

차

차워冷たく 활용형 462

착하다善い 455
참다耐へる 463
참새雀 362
참외眞瓜：まくはうり 272
찹쌀糯米：もちごめ (된소리로 발음) 283
창문障子窓 (좌우로 여는 것, 미닫이) 180
채篩 (눈이 촘촘한 것) 242
채篩 (눈이 큰 것) 243
처갓집妻の家 175
처마끝軒端：のきば 189
처음 산에 들어가는 인삼채취자始めて入山する者 441
천연두天然痘 164
천지天地 56
청마靑馬 380
체조體操 167
총銃 337
추위寒く 활용형 461
치마裳 (부녀용) 217
친척親戚 104

카

칼庖丁・ナイフ 337
커다點火する 484
코鼻 135
콧물鼻水 135
콩팥腎臟 152
-쿠과[khu-gwa] 583
-쿠다[khu-da] 583
큰가마大釜 310
큰북大鼓 320
큰어머니伯母 104
큰제비胡燕：大形の燕 351
키箕 243
키舵：かじ 345

타

타구唾壺：たんつぼ 338
태성마台星馬 380
턱頤：あご 146
털모자毛帽 (개털 등으로 만든 방한용 모자) 198
토끼兎 388
토수吐手 (천으로 만들어 두 팔을 끼워 방한을 하는 것) 218
티끌塵 614

파

파도波 88
파리蠅 412
파蔥：ねぎ 284
팔다賣る 482
팔臂 154
팥小豆：あづき* 282
팽이獨樂：こま 315
펴다伸す 483
표범豹 385
표票：ふだ・きっぷ 338
풀을 베 둔 것, 꼴葛 235
풀草 429
피리橫笛 336
피마자篦麻子 285
피稗：ひえ 285

하

하늘天 43
하루살이蜉蝣：かげろふ 413
하수구溝：下水などに 84
학교學校 190
학질おこり・マラリヤ 164
학鶴 356
-한 모양이다様子だ・らしい 609
한 살배기 소一歲牛 382
한두루막이周衣 (솜을 넣은 것) 215
할머니祖母 104
할아버지祖父 103
항라亢羅 (직물의 일종) 219
항아리壺 341
해日 43
햇무리日暈 43
햇볕日光 44
허리끈帶：おび 218
허리腰 150
허파肺臟 150
혀舌 143
현판懸板：板の額面 190
형兄 107
호도胡桃：くるみ 439
호랑이虎 384
호미鋤：ホミ 245
호박南瓜：カボチャ 286
호주머니ポケット 195
혼수婚需 (시집 올 때 지참물(목, 면, 견 등)) 218
혼자獨リ 622
홀아비鰥 106
홍진紅疹：はしか 165
화로火鑪 339
화창和暢 67
화톳불篝火：かゞりび 620
환갑還甲 116
활시위弦 47
회답回答 622
회오리바람旋風 48
회膾 232
효자孝子 118
후추胡椒 231

찾아보기 | 659

훔치다掠める 485
흉년凶年 58
흔들어 떨어뜨리다振ひ落す 467
흙손泥鏝：こて 341
흙土 293
희롱弄戯 621

흰말白馬 (청 흑색이 섞임) 378
흰말紅紗馬 379
힘力 167
힘줄筋 166
-춈네 (강조어) 601